KB063847

몽·려 활겨레문화론

몽·려 활겨레문화론

주 채 혁 지음

혜안

고올리칸(T'umen : 弓王) 훈촐로. 부이르 호반 할하(忽本)-놈온한(諾門汗) 건너편 숑크(赤) 타반(五) 톨로고이(頭)에 있었으며 현재 울란바아타르 몽골국립중앙박물관에 소장되어 있다(데. 바이에르 교수 찍음).

고구려고분벽화 무용총 수렵도. 파르티안 샷트(Parthian shot)를 하는 弓士를 왼손잡이라고 보는 견해도 있지만, 이는 그림의 구도상 또는 종교적 이유로 제물사냥도라서 그렇게 그렸을 수가 있다. 당시로서는 당연했겠지만, 지금 한국인이 보기에는 엉뚱하게도 몽골 제물사냥 관행을 口傳하는 詩句에서 그 해답의 실마리를 잡게 됨은 참으로 기묘한 일이다. 저자는 사회주의 해체 직전 몽골고전무용단의 공연에서 무용총 群舞의 춤옷과 춤몸짓을 직접 보았다.

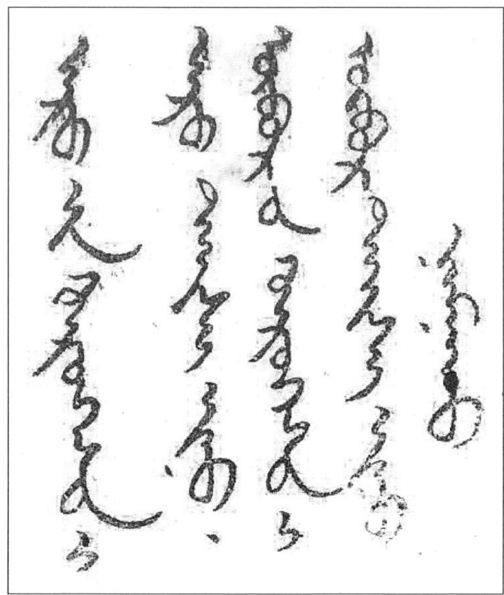

베. 수미야바아타르 교수와 그 친필. 수렵도의 내용을 읽어낼 수 있는 몽골의 제물 사냥하는 詩句는 이러하다. "산 앞에 있는 짐승은 앞으로 쏴서 잡고 산 뒤의 짐승은 뒤로 쏴서 잡는다"는 내용이다. 1990년 5월 서울 단국대학교 캠퍼스 객원교수 숙사에서 그는 저자에게 직접 이 慣用詩句를 써 주었다.

상 文泉 裵永一의 글씨. '多勿都'는 몽골의 起源地 Ergüne市('되물림'시 : 額爾古納市), 그 땅에 활겨레 同胞母胎인 不咸(Burqan)-紅柳東山이 있음에서다. 내가 내 목숨과 내 목숨사랑을 빚지고 태어났으니, 가르침의 핵심은 그 생명사랑. 세상에 어느 聖母의 배움집이, 유안진 시인의 모태 '무릅학교'보다 더 크랴!

하 가센둥(嘎仙洞). 단군신화의 무대로 추정되는 훌룬부이르시 오룬춘기(鄂倫春旗) 대흥안령 분수령 바로 동쪽 嫩江 최상류에 있다. 1980년 米文平의, 『魏書』의 탁발선비 선조석실 석각축문(443년) 발견으로 확인. 朝鮮 · 鮮卑의 鮮(Soyon)族 조상제사터. 花崗巖 절벽의 석굴 입구 : 서남향, 20m(너비)×12m(높이), 석굴 내부 : 최고치 90m(남북길이)×27m(너비)×20m(높이). 석기시대~철기시대 유물 출토.

상 카라코롬의 龜趺 유물

하 저자 나이 30 전후에 處容歌 연구를 시작하고 20년 만인 1990년 7월 22일, 필자의 논문을 읽고 북방 사회주의권이 개방되자마자 찾아온 페테르부르크 사회과학원의 鄕歌 연구자 니키티나 피츠로브나 연구원. 그녀는 별로 대수롭지 않게 處容歌 연구가 몽골리안 루트는 물론 지중해 그리스 문화권까지 조사 · 연구되어야 그 역사적 실체를 밝힐 수 있을 것이라고 하여 필자를 크게 놀라게 했다. 연세대학교 한국학연구원 소강당에서.

상 짝짓기하는 암수 생물 거북이. 숫거북이가 뱀에게 암거북이란 마누라를 빼앗겼다는 속신은 천재적 시인대중의 비유와 은사일 뿐. 마누라 빼앗긴 놈(王八蛋=龜)! 왕빠단(王八蛋)은 '거북이알'[周].

하 通溝四神塚 널방 북벽의 현무 그림. "龜鼈之類 天性無雄 以蛇爲雄."(『說文解字』 龜)

상 태종무열왕릉의 귀부와 이수. "거북아 거북아 머리를 내어놓아라!" 龜頭를? 제발!

하 거북선의 龜頭는 바로 龍頭로 龜身에 나들이하게 제작돼 있다. 동해 護國龍 신앙의 전략적 구현은 아닐는지.

상 處容岩. 경남 울산시 소재. 거북-龜龍바위를 연상케 한다.

하 합천 황매산 영암사지 서귀부. 9세기 통일신라시대. 王八蛋 : 龜卵(거북이알=뱀알 : 蛇孫) → 龍卵(미르알 : 龍孫=天孫)

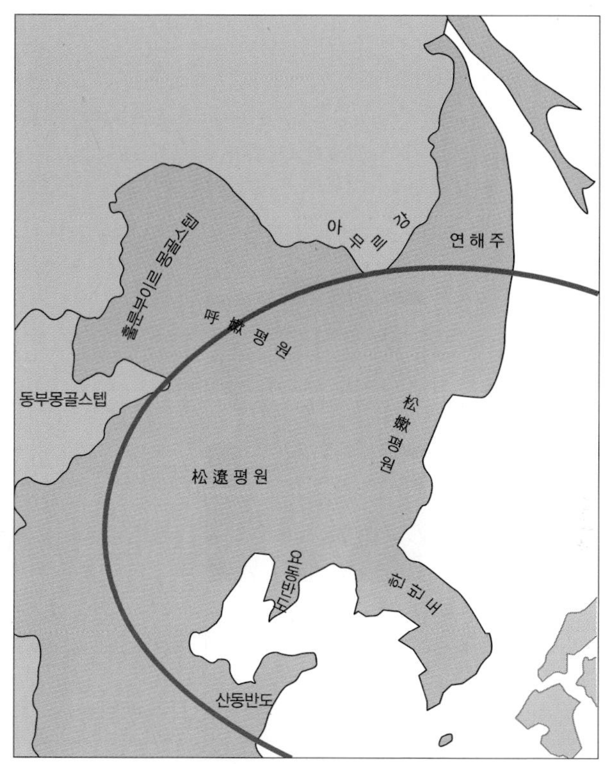

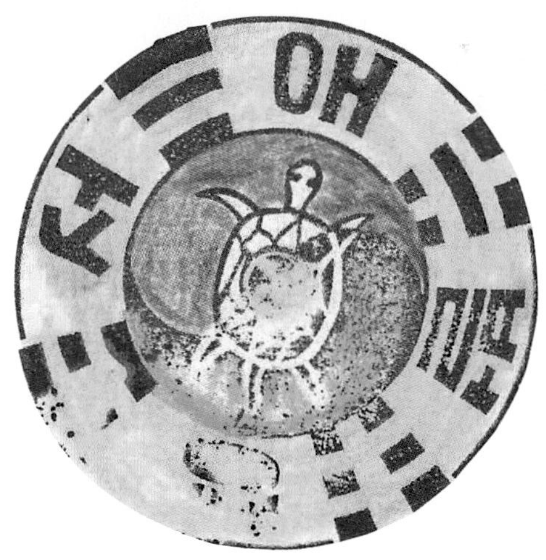

상 거북신앙 주요 분포지대 비정도

하 1972년 6월 6일 「거북신앙과 處容歌」 논문 탈고 紀念印(현무신주를 起點으로 4卦를 描破해 낸 太極旗가 무의식적인 玄武圖의 구현일지도 모른다며)

좌상 故 민영규 교수 근영

좌하 『樂學軌範』 권9, 처용가면

우 한국 전통가옥(陽宅) 上樑文의 龍(상)과 龜(하), 玄武-龜趺·螭首-處容歌에 닿는 거북신앙

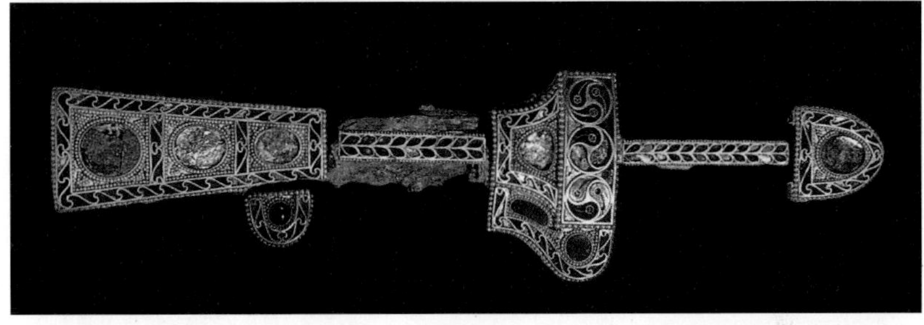

상 玄武圖 내용 분석 시도. 2008년 1학기 세종대학교 역사과 수강생 박가영 · 천웅비 · 최우영 · 김태욱 組의 보고서 중

하 신라 미추왕릉 보검의 三太極. 서기 400~500년. 중앙아시아의 단검 형식에 삼태극이 3개 결합된 신기한 보검. 조선족의 핵심인 鮮族이 흑해 유역에서 그 문화를 가지고 우랄알타이 지대 및 소욘(鮮)산 일대로 이동해 왔다는 것이 현지 원주민들의 상식이고 보면, 서아시아에도 태극문양의 遺痕이 보일 수 있을지 모른다.

상 몽골국 국기의 태극문양. 한몽 양국의 국기에만 공존한다. 1990년 봄, 한몽수교 후 공항에서 바람에 나부끼는 몽골국기의 태극문양을 처음 보고 한국인들은 매우 놀라고 감격스러워했다. 兩儀를 낳은 太極 자체가 이미 玄武神主의 描破일 수 있다. 활겨레 전래의 太極紋 주위에 四卦-乾(현무) · 坎(청룡) · 坤(주작) · 離(백호)가 더해진 것은, 元 萬卷堂을 중심으로 원조 太子太傅 이질부카 瀋王(충선왕)이 元朝 朱子學을 몽골세계제국-팍스 몽골리카체제의 이데올로기로 대두시킨 1314년 이후의 일이다. 현재의 한국 국기인 태극기 출현의 오랜 기원 역사는 이러할 수 있다. 太極圖=玄武(周)圖는 생명창조 주체의 表象圖이다.

하 700여년을 제주도에서 살아오고 있는 쿠빌라이칸의 후예들이지만 아무도 몽골황족을 자칭해 나서는 이들은 이제 없다.

상 한몽 수교 후 한국몽골학회의 1991년 8월 5일 첫 공식 訪蒙時에, 상견례를 치르는 자리에서 제주도 돌하르방을 제주대학교 강영봉 교수가 몽골측의 Gerel Dorjipalam 몽한친선협회장(현 주한몽골대사)에게 기증하고 있다. 이때엔 물론, 훗날 '돌하르방' 명칭이 목초지 파수꾼왕이나 활잡이 '弓王(Харвах+vang)'을 지칭한다는 학설이 나오리라고 꿈도 꿔볼 수 없었다.

하 다리강가 스텝의 파괴된 훈촐로. 1991년 8월 촬영. 이는 전통사회 세력간의 쟁패에서 결과된 것일 수도 있고, 1921년 이후의 몽골 사회주의화 과정에서의 계급투쟁의 문화혁명화 실천의 일환[특히 1930년대 소비에트의 지령]으로 자행된 기존 계급문화 파괴행위의 결과일 수도 있겠다.

상 제주도 돌하르방(Harbavang=弓王 : Goolikan=麻立干 : Mergen=朱蒙 : T'umen)

하 저자가 1999년 가을에 처음 오른 아리랑 고개로 추정되는 阿龍嶺(根河市 阿龍山 소재). 순록 바위그림이 있다.

글을 시작하며

당연히 낯선 시각과 낱말들이 많을 것이다. 활겨레(Qalqa obog, 弓族)의 '활'이란 코리, 槁離, 고구려, 고려와 몽골의 '골'을 통틀어 부르는 북방몽골로이드의 토박이 말이다. 저자는 지난 세기 말에 이미 朝鮮(Chao xian)은 '아침의 나라(Zhao xian)'가 전혀 아니고 '순록치기(Chaatang)의 나라'라는 저자 나름의 견해를 밝히는 논문을 발표했다. 요컨대 한민족은 순록·양 유목태반 겨레인, 북방몽골로이드 주도 공동체임을 논증해본 내용이다. 실은 13~14세기 팍스 몽골리카 체제의 구축을 지향해 치달려온 것이, 그 당시까지의 인류사 주류 흐름이기도 했다. 이제 수천 년이 지나 생태무대가 크게 바뀌면서 '늑대 사냥개가 된 늑대'격의 눈으로 보면, 몹시 불쾌하고 말도 안 되는 극소수 연구자의 억지라고 一蹴할 수도 있다.

지금은 이미 영상을 통해 極北地帶 순록치기들을 안방에 앉아서 만나는 시대지만, 지구온난화로 北極海路인 북극항로가 열리면서 항공편에 이어 배편으로도 그곳에 가서 머지않아 북극지역 순록치기 생태를 몸소 그들과 더불어 체험할 수 있게 될 것이다. 주류 한민족 유목태반기원설이 이내 대두하게 될 수도 있다. 그날이 오면 누가 누구를 두려워하게 되겠는가. 안마당에서 땅바닥에 금을 그어놓고 땅따먹기 하는 한국학계의 봉건군웅할거 놀이 같은 학문연구 연출은, 옛날 꼬마들이나 즐기는 놀이거리가 될지도 모른다. 전공을 고수하되 전공파괴를 조금도 겁내지 않는 과감한 포용성과 유연성이, 상대적이긴 하지만 그래도 초고속시대임이 분명한 이 시대의 생태를 저마다 제대로 살아남는 슬기일 수도 있다.

실로 우리 학계도 이 시대가 어느 시대임을 바로 읽어야, 우리가 이 시대를 제대로 살아낼 수 있게 된다. 1600년대경에 망원경과 현미경의 등장으로 천동설이 지동설로 바뀌고, 2000년대경에는 IT·NT·BT의 등장으로 과학연구 주체마저도 자기인식 시각을 막바지 변혁으로 치닫게 하고 있는 이 판국이다. 龍信仰의 뿌리를 漢族 학자들이 다수 농경 황하문명권이 아니라 몽골스텝 査海文明圈에서 찾고 있는, 桑田이 碧海가 되는 역사인식 대변혁기라 할 지금이다. 우리는 고사하고 내가 나를 읽는 시각과 시력까지도, 생명과학의 발달로 돌변이라 할 만큼 놀랍게 달라지고 있다. 16~17세기 인식변혁이 문제가 아니다. 지금 이 순간에도 IT·NT는 공간을, BT는 시간을 읽는 시력을 각각 주로 격변시켜가고 있다. 한국의 관계 학계도 소아적 인식 틀을 벗고 이젠 대담하게 눈을 번쩍 떠야 살 판이다.

저자는 弓族 韓民族의 결정적인 시원 역사 태반은, 상대적인 狹域多數의 농경지대가 아닌 조직된 廣域少數의 북방 순록·양 유목지대에서 起源하고 있다고 본다. '아름답다'는 뜻을 갖는 '美麗'가 본래 농경 漢語인가? 살찐 큰 양[美]이 靑黃未接期의 굶주린 몽골고원 유목민에게 아름다워 보이는 것은 생태 본능이고, 젖이 많이 나오고 육질이 좋은 길고 잘 생긴 두 뿔을 가진 순록[麗]이 순록치기-'차아탕'들에게 멋지게 보이는 것은 지극히 당연하다. 美麗는 본래 극소수 당시대 주도 유목몽골로이드의 審美眼을 말해주는 낱말임에 틀림없다. 이 시대에 어디 한반도에 미군이 많이 주둔해서 서양식 옷과 가옥이나 각종 관계 문화가 이 땅을 온통 이렇게 휩쓸어왔는가? 이에 이 시대의 다수결 만능의 錯視現象을 극도로 경계하려 한다. 지동설이 당대에 어디 다수결이어서 만고의 진리가 됐던가. 역사인식도 예외가 아니다. 앞으로 천 년 후에 팍스 인디아나(Pax Indiana)의 시대가 지구상에 펼쳐진다면 터키사, 몽골사와 영국사-미국사도 다 인도사로 써낼 것인가? 각각 인도를 일정 정도 점령·통치했었기 때문이다. 중국 역대 漢族史家들의 '역사제국 「중국」 창업사'는 이런 괴물역사의 억지춘향 史筆이 독창해낸 허구에 찬 실체덩어리 역사가 그 본질을 이룬다. 천년세월이라지만 가속적인 초고속의 인류사

발전 흐름 속에서 史眼으로 보면 잠깐이다.

저자가 이 논저를 집필하게 된 緣起는 애당초에는 '활'에 있지 않았다. 거북이가 뱀과 짝짓기 사랑을 하고 있는 玄武圖가 하도 이상해서, 지금부터 40여 년 전에 경기도 소래산 기슭에서 산기도 중에 이를 話頭로 삼아 묵상하다가, 문득 착상한 문제가 그 발단이었다. 이 연구는 30세 전후의 연세대 박물관 연구원 시절로 거슬러 올라간다. 그간 40여년 세월을 이에 몰두하면서 여러 연구자 선후배 동료들의 고마운 도움과 격려도 받았고, 그에 못지않게 염려의 눈길을 감내해야 했으며 빈축도 많이 샀다. 그러나 문제는 사실과 진실, 진리의 穿鑿이었을 뿐, 어떤 상황도 저자의 연구행로를 끝내 가로막지는 못했다.

활겨레의 '활'과 현무신주신앙을 연계시켜 '활겨레 문화론'을 책 제목으로 단 데에, 어떤 특별한 사연이 있는 것은 아니다. 동북아시아 목농통합형 유목제국의 기틀이 형성되는 곳이, 크게 보아 유목과 농경이 마주치는 극적인 지역이라 할 대흥안령 북부 훌룬부이르-눈강평원 곧 呼嫩平原이었다. 이 지역은 물이 북극해로 흘러드는 바이칼 호 북극해 한냉수권역이 아니고 물이 태평양으로 흘러드는, 거북이의 생존이 가능한 온난수권역이다. 그런데 바로 이 呼嫩平原에서 東明王이 奄利大水를 활로 쳐서 그 주력(Magic power)으로 거북이의 도움을 받아 큰물을 건너 적을 따돌리고, 그 기적에 힘입어 '활의 나라' 고구려가 창업되기 때문이다.

神弓이란 몽골어 T'umen의 漢字音寫로 볼 수 있는 東明-高'朱蒙'이 되물린 多勿都가 '되물림'이라는 뜻의 도시이름을 갖는 오늘날의 훌룬부이르 스텝 소재 몽골기원지 에르구네市이고, 몽골족의 직계선조 鮮卑의 鮮(Soyon)族 起源洞窟로 고증돼 세계몽골학계에 유명해진 가셴둥(嘎仙洞)이 바로 熊女와 虎女가 檀君의 아버지 桓雄과의 同寢權을 놓고 치열하게 겨룬 檀君神話의 그 근사한 동굴임도, 그곳이 바로 곰과 호랑이가 마주칠 수밖에 없는 생태권역임을 들어 밝혀보았다. 鮮卑의 '卑'는 鮮族의 허리띠라는 뜻이고 보면, 朝鮮겨레도 선비족처럼 鮮族이어서 조선과 몽골은 단군신화를 그 태반으로 공유할 수 있다는 지적이다.

내친 김에 베. 수미야바아타르 교수가 고주몽 석인상으로 批正하고 있는 부이르호반의 고올리칸(弓王) 석인상과 제주도 돌하르방을 연계시켜 하르방을 '활의 왕(弓王 : Харвах+vang)'으로 그 본령을 천착해 명실 공히 저자 나름으로 복원해보기도 했다. 13·14세기 몽골·고려관계에서 실은 몽골은, 고려에서 耽羅를 해방시켜 몽골의 직할 分封國으로 삼아 탐라를 高麗 밑이자 日本 윗자리의 독립국으로 만들었다. 그런 후에 몽골은 몽골군 牧馬場이라는 해상군사기지이자 해상무역전진기지로 이를 운영하고 있었고, 그래서 마침내는 말기의 위기상황 하에서이기는 하지만 元나라의 耽羅遷都 시도마저도 있었다는 점에서 '弓王'으로 상징되는 하르방의 耽羅都 坐定이 없지 않았던 것으로 보아서다. 그러니까 몽골-耽羅國이 몽골-高麗國보다 더 팍스 몽골리카 체제에 직결되면서 육지의 松都보다 海島인 耽羅都가 중심이 된 역사상의 유일한 시대권에서 육지를 능가하는 세계적인 제주도 돌하르방 문화가 이룩될 수 있었다는 것이다.

이 밖에도 물론 때로는 계집·사내 짝짓기의 授受精過程을 그 모양새를 떠올리며 弓手가 활을 쏘아 貫革을 適中시키는 행위와 동일시해 그리며 상징화해보았을 수도 있고, 弓身과 시위를 陰으로 화살을 陽으로 보아 이를 계집·사내의 짝짓기 合宮體의 表象化라 할 玄武神主에 附會해 볼 수도 있겠지만, 그 이상의 문제제기나 천착과제들은 저자로서는 力不及이기도 하고 현재 저자의 영역 밖의 문제로 보아 일단 본서에서 더 다루려 하지 않았다.

인간생명의 창조가 인생의 모든 것의 太初인 이상, 人間 尊嚴 문제는 당연히 그 創造過程 여하와 그렇게 직관될 수밖에 없다. 남자는 주로 受精如何를 좌우할 수 있고 여자는 受精된 胎兒를 낳아 기르는 일을 그렇게 전담할 수 있게 태어났다. 男根은 射精을, 女根은 受精 이후의 胎兒의 生育을 맡는 生來的인 分業이 크게 이루어진 셈이다. 이런 생명 창조과정의 체제 속에서의 男根=龜頭=蛇頭→ 直立 龍頭化의 주도적 구실의 절대성 차원에서 龜旨歌·海歌詞·處容歌나 玄武神主信仰, 石碑의 龜趺와 螭首 및 上樑文 아래와 위의

龜·龍神主신앙이 尊嚴하게 자리매김 되어 왔을 수 있다. 물론 玄武는 고구려 고분벽화 北壁에 모셔져 있으니 神主일 수 있고, 실제로 자신들이 고구려의 후예라고 믿고 있는 다구르族은 지금도 시월에 四神을 신주로 모시고 祖上祭祀를 지낸다.

같은 계열의 巫歌로 묶일 수 있는 龜旨歌·海歌詞의 노랫말을 엮어보면 남의 부인을 빼앗아간 主犯은 '거북이 머리'다. 이에 온갖 현학적인 해석을 덧붙여 볼 수도 있겠지만, '깨어나 있어' 늘 거북놀이(玄武舞 : 짝짓기 사랑춤)를 주도해 즐길 수 있는 존재가 龜頭 바로 그 男根뿐임은 지당한 일이기 때문이다. 당연히 생명의 유래처가 玄武이어서 짝짓기 사랑이 愛情으로 잘 되면 모든 生氣-살맛(極樂)이 이에서 비롯되고, 欲情으로 잘못되면 모든 죽을 맛(極苦)도 이에서 생겨나게 마련이다. 그래서 이런 일련의 거북신앙이 논리적으로 서술되어 經典化된 것이 『周易』의 본질임도 거의 自明하다.

현무신주신앙의 핵심 내용은 암거북이가 숫거북이가 아닌 뱀을 수컷으로 삼아 서방질하고, 따라서 숫거북이는 뱀에게 마누라를 뺏긴 놈이 된다는 불륜한 짝짓기 사랑의 표상화다. 그래서 거북이는 '마누라 뺏긴 놈'-「王八蛋」으로 中原의 漢人社會에서는 지금까지 최악의 욕말이 된다. 하기야 인간제 자신의 목숨 탄생에 대한 막장의 비하보다 더 무서운 저주와 치명적인 이런 욕설이 또 있을 수 있을까? 특히 이는 처용가가 신라에서 유행했던 9세기경 동북아시아 唐-新羅 圈域에서 크게 퍼졌던 것이라 하겠다. 여기서 숫거북이의 마누라를 뺏은 가정 파괴범은, 당연히 암거북이를 犯姦한 뱀이다. 그 모습을 생동감 있게 그려낸 인류예술사상의 일대 걸작이 고구려 고분벽화의 玄武圖다. 龜頭와 蛇頭가 동일한 것이고 보면 뱀(蛇)은 바로 거북이의 머리(龜頭)와 꼬리(龜尾)이니, 암거북이(雌龜) 龜身의 情夫가 바로 다름 아닌 거북이 제 자신의 머리(龜頭)와 꼬리(龜尾)인 것을 알 수 있다. 龜頭→ 龍頭-龜尾라는 男根이 龜身=龜甲=貝甲인 女根-비너스의 동산을 꿰뚫고 子宮-龍宮으로 치솟아 오르는 황홀경의 極致를 繪畫化한 인류고분벽화사상 최고의 傑作이 고구려 고분벽화 江西大墓, 강서중묘, 通溝四神塚, 眞坡里 1호분, 통구

4호분, 통구 5호분 등에서 가장 발전된 형태로 滿開한다. 숫거북이를 주체로 보면 疫神인 뱀에게 '마누라 뺏긴 놈' 곧 處容은 아이러니컬하게도 바로 숫거북이 제 자신의 '뱀머리'다.

우리는 龜-「王八蛋」이 계집·사내의 짝짓기 사랑-合宮과 직관되고 있다는 것을, 이상의 거북신앙에 대한 고찰을 통해 새삼 확인케 됐다. 또 龜-「王八蛋」이 '마누라 뺏긴 놈'이라 해서 「處容歌」와 같은 내용의 별명을 가지고 있다면, 결국은 「王八蛋」과 東海龍의 아들 「處容郎」이 하나가 된다는 사실 곧 '東海龜'='東海龍'이 된다는 사실만 밝혀내면 處容歌의 내용실체는 저절로 밝혀지게 마련이라는 것이다. 처용가의 노랫말 내용의 뿌리를 이루는 것으로 보이는 뱀에게 암거북이를 뺏긴 숫거북이를 表象化해 그려낸 玄武神主의 별명이 '도둑놈'이라는 俗信도 물론 이를 뒷받침해 준다. 이런 사실은 다소 까다로운 논증과정을 거쳐 이루어질 수 있다. 여기서 뱀(蛇)과 거북이(龜)는 서로 新郎과 新婦의 관계를 맺고 있으며, 뱀머리(蛇頭)는 거북이 머리(龜頭)와 같고 거북이 머리(龜頭)는 男根과 같다는, 그러니까 사두(蛇頭)·귀두(龜頭)·男根→ 直立龍頭化→ 含珠(含卵子 : 如意珠=龍卵)라는 결론을 얻어내게 되고, 이에 이르러 東海龜=東海龍의 결론을 도출해 東海龍子 處容이 곧 '마누라 뺏긴 놈'으로 입증되게 된다는 것이다.

무릇 생명은 單代生命이 있고 동시에 繼代生命이 있다. 繼代生命으로 비롯된 單代生命이요, 男女 單代生命들이 짝짓기 사랑을 통해 單代 個體生命으로 태어난다. 護國은 그 구성원들의 이런 구체적인 生命保衛가 그 本領이다. 그러므로 單代生命을 온전하게 빚어내는 人間個體生命 창조과정인 사내·계집의 사랑을 지키는 것이, 護國의 本質的이고 窮極的인 根本이 되게 마련이다. 정녕 東海龜는 東海龍으로 끊임없이 昇天해가야 한다. 그래서 東海龜의 東海龍化라는 짝짓기사랑 인간생명 창조과정의 승화가 表象化돼 설계된 '거북선'-龜龍船의 護國龍信仰은 '거북신앙'에 바탕을 둔 護國龜信仰과 直關될 가능성이 있다. 진실로 '사랑의 神弓'인, 이 차원의 玄武야말로 '眞武'이어서다.

龜趺·螭首의 含珠 石彫作品은 계집·사내의 合宮過程의 상호작용 속에서 龜頭가 直立 龍頭질하며 愛情의 極樂境 中에 알(蛋 : 卵=珠 곧 龍卵=如意珠)을 무는 含珠-含如意珠하는 射受精 刹那의 眞境을 새겨냈다. 물론 龜頭가 비너스 동산을 出入하며 도달한 子宮-龍宮의 含珠過程은, 여기서 이 순간에 龍頭가 假想 子宮=龍宮으로 드는 抽象的인 想像界로 처리된다. 숫거북이(雄龜)는 뱀(蛇)이란 놈한테 마누라를 뺏기고 암거북이(雌龜)는 뱀(蛇)이란 놈을 情夫로 두고 재미를 보고 있다. 이즈음 자궁=용궁 ; 合宮處-含如意珠房에서는 무려 7000~8000만 精子 중에 卵子가 擇一하는, 정녕 個我史의 繼代因緣에 따라 天文學的인 確率의 競合過程을 동반한 微視世界 神秘境을 연출케 마련이다. 이때의 그 온도나 乾·濕度는 물론 특히 合宮過程의 愛情이나 欲情 등의 心情狀態가 이에 결정적으로 중요하게 작용할 것임에 틀림이 없을 것으로 보인다. 이에 祈子女祈禱致誠이라는 신앙의례가 隨伴되고, 일련의 玄武神主信仰이라 할 龜旨歌·海歌詞·處容歌라는 짝짓기사랑의 찬송가인 巫歌도 더불어 자리매김 되는 것이라 하겠다.

그러니까 여기서 處容은, 뱀에게 마누라를 뺏긴 숫거북이이고, 이는 거북이 머리-龜頭가 뱀머리-蛇頭와 같다는 생각과 뱀머리가 直立 용머리-龍頭化하며 龍頭는 如意珠를 문다는 일련의 짝짓기사랑 완성 복귀신앙을 연상케 한다는 점을 저자 나름으로 추정해보았다.

이렇게 뱀이, 龍의 심령상태라는 天上超越境에 드는 애정의 化身인 含珠한 飛龍昇天의 龍으로 변하는 심령승화과정으로 兩者의 표상적인 心靈 推移象을 각각 聖別해본 셈이다. 그리고 蛇頭=龜頭=男根 直立龍頭질→ 含卵子의 짝짓기 생리작용을 이에 連繫해, 이것이 곧 인간생명 창조과정의 생리 및 심정을 表象化한 짝짓기-거북놀이의 呪術詩이자 巫歌의 歌詞를 낳은 詩畵임을 밝혀본 것이다. 당연히 뱀이 집에서 3년, 산에서 3년 그리고 물에서 3년이라는 忍苦의 修道路程을 거쳐 飛龍昇天한다는 龜蛇-龜龍信仰의 得道成就 지향성을 염두에 두고, 욕정의 짝짓기 사랑이 애정의 그것으로 완성돼가는 蛇頭-男根의 直立 龍頭化→ 含如意珠(龍卵) 志向致誠으로 이를 승화시켜 보았다.

성기 위에 달려 꼬리쳐 대상을 꾀는 꼬리와 욕정쟁취의 성취도를 비교해 재는 머리로만 외형이 형성돼 생명과 그 진실을 품어 안는 생명사랑의 가슴이 없는 뱀이, 머리는 비교가 멀고 그래서 꾀는 꼬리가 필요 없어지면서 가슴이 돋아나고 가슴을 받칠 두 발이 생겨난다. 욕정의 짝짓기놀이(Sex without God : loveless Sex) 재미 보기로 비유해 표상화한 疫神 뱀의 심령상태에서 붉은 애정으로 含珠한 사랑의 天使 '붉은 미르'-赤龍의 심령상태에로의 복귀, 다시 말해서 龍孫-天孫으로서의 血孫의 孕胎를 기원하는 간절한 祈禱致誠 차원의 복원을 詩的으로 想定해본 것이다. 그러니까 疫神-뱀차원의 짝짓기 심령상태인 欲情에게 마누라를 빼앗겼다가 如意珠(龍卵)를 문 龍 차원의 짝짓기 심령상태인 애정으로 마누라를 되찾아 나온다는 처용가 노랫말 해석이 나오게 되면서, 처용의 '빼앗긴 것을 어찌하리오' 하는 노래기도는 다시는 더 빼앗기지 않겠다는 자기의 마음다짐 悔改가 그 노랫말의 알맹이라고 풀어내는 식으로 생명창조과정이 창조주체만의 소관이라고 보는 신앙자체의 차원에서 문제에 접근해 보았다. 이런 시각에서 玄武神主信仰(고구려 고분벽화 A.D. 4C~7C)의 白眉, 龜旨歌(A.D. 42)·海歌詞(A.D. 702~736)·處容歌(A.D. 875~885)의 내용의미를 풀어내 본 것이다.

물론 활겨레 인생의 生長消滅의 본질을 천착하는 피눈물 나는 고뇌가 배어들어온, 이런 오래고도 보편적일 수밖에 없는 역사적 主脈을 못 잡고 노다지를 줍는 차원에서 이에 관한 수많은 논문이 앞으로 더 계속해서 쓰인다고 해도 문제의 핵심이 잡힐 리가 없다는 것이 저자 나름의 論旨이다. 당연히 수백 년, 수천 년 세월이 흐르는 동안에 동북아시아 여러 사회가 각각 제 나름으로 함께 분화·발전하면서 龜頭→ 龍頭→ 含如意珠 차원으로 玄武神主信仰-거북신앙의 내용도 점점 더 세련돼왔을 수 있다.

거북이 : '王+八+蛋=周'라는 破字俗信을 통해보면 '마누라 뺏긴 놈'-王八蛋(거북이알 : 周) 處容이란 거북이를 그려낸 '周'字의 『周易』에서 起源해 역사발전과정에서 複雜多端하게 뒤얽히며 전개된 짝짓기 사랑 心象을 表象化해낸 것으로 추정되는 玄武圖의 圖式化라 할 太極紋樣은, 과연 그냥 우연히만

몽골과 한국의 國旗에 여전히 공존해 있는 것일까? 1314년 元朝 萬卷堂을 중심으로 하는 팍스 몽골리카체제의 이념적 토대로서의 '元朝 朱子學'의 原初的 擡頭와 濊族과 貊族의 유구한 신앙전통의 主脈이 총체적으로 結果될 수 있는 동북아시아 거북이의 최적 생태계 대만주-한반도 거북신앙의 역사적 正統性(Identity)을 穿鑿해 볼 필요성을, 이에 다시 한 번 더 절감케 된다.

이런 玄武神主信仰은 不咸-紅柳信仰과 그대로 接脈된다. 柳花 聖母가 용왕의 딸 河伯女이어서다. 嫩江·松花江·黑龍江·두만강 물은 동해로 흐른다. 물이 동해로 흘러드는 이곳의 龍王이면 그는 東海龍王이고 동해용왕이면 바로 東海龜인 王八蛋-處容 司祭가 되기 때문이다. 河伯女 柳花는 東海龍王의 딸이고, 그녀가 朝鮮女人이어서 朝鮮柳인 붉은가지 버드나무 紅柳-不咸으로 상징되는 터였다. 鰱魚의 태생지요 때가 이르면 돌아와 産卵해 짝짓기하고 還元하는 연어의 母川과도 같은 '붉은가지 버드나무 동산'-조상들의 뼈가 묻혀온 땅이 바로 불함(Burqan)동산-柳花 聖母라는 母胎胎盤인 紅柳東山이다. 태생지를 멀리 떠나 험난한 외지를 나돌며 일생을 살아내야 하는 숙명을 타고난 유목태반 한겨레는 한평생을 내내 모태회귀의 願望 속에 숨 쉬게 마련이다. 胞胎胎盤은 바로 자신의 태생지이자 무덤자리인 不咸東山일 수밖에 없다. 거기에 안겨서만 정든 짝님을 만나 짝지어 한껏 자라날 수 있는 자식을 낳을 수 있도록 유전자가 배합-설계돼 있게 마련이어서다. 붉은 如意珠를 문 東海龍子 東海龜-赤龍이 된 處容이 드는 東海龍宮이 바로 母胎回歸處 紅柳(Burqan)東山일 수 있어서다. 유목태반 기원의 弓族인 한겨레는 제때에 늘 不咸回歸를 할 때만, 제 살맛을 되찾아 다양한 생태 속에서 제 목숨을 제대로 소생·부활해낼 수 있게 마련이다. 이것이 내 한 목숨과 내 목숨 사랑을 모태하느님 부르칸께 빚진 유목태반 기원 활겨레 한민족의 영원한 모태회귀 노래기도 일생의 原形이다. 그리고 바로 그 자리에서 玄武神主-處容 司祭-부르칸 祭壇이 함께 하는 공감의 調息을 조상께 올린다.

"거북아 거북아 머리를 내어 놓아라 남의 부인 빼앗아간 죄…!" 하는 그 龜頭의 '거북이'가 저자의 별칭이 될 정도로, 한국과 시베리아·몽골·만주

등지를 수시로 문헌 및 현장답사 연구를 하며 40여 년을 현무신주신앙 연구에 한결같이 집요하게 매달려왔다. 전생에 인연이 있었던가. 천생연분이란 어쩌면 내 혈통사가 설계해온 유전체-내 게놈(Genom)을 두고 하는 말이었는지도 모른다. 무당이 물동이를 이고 시퍼런 작두날을 타는 생태를 때로는 숨쉬어오면서도 멈출 수 없었던 그 천생의 숨결과 끈질긴 몸짓은, 저자에게는 축복이자 고난이었나 보다. 철밥통 온상 속에서 과보호되기보다 무한경쟁의 황야라는 생태현장에 내팽개쳐져 왔던 삶살이가, 그나마 삶의 진수를 체득하면서 내 인생을 이만큼 키워내게 했을 수도 있다. 100세 시대라지만 별로 積善을 못하고 모진 인생을 살아온 내겐 古稀가, 우리 조상님네가 내게 베푸시는 얼마나 큰 은총으로 다가오는지 모른다. 주신 유전체-목숨과 그 목숨사랑에 너무 많이도 빚지고 태어낸 저자가 내 자투리 인생에, 늘 삼가 마음을 가다듬어 내 인생 빚 갚기에만 貫革을 맞춰 내 붉은 심정의 화살을, 부르시는 그날까지 쏘아내려 할 뿐이다. 그간 如如한 인생살이 70평생에, 주제에 웬 불만과 불손이 그리도 많았던지……. 어차피 진 빚도 다 못 갚고 환원해야 할 목숨이면서.

2011년 8월 11일 龍仁에서
多勿都 에르구네市를 그리며
周采赫 삼가 적음

목 차

도표 · 지도 목차

Ⅰ. 東明(T'umen) 루트 : 몽·한 '활겨레(弓族)' 分族考

1. 문제의 제기

본고[1)]에서 古朝鮮이라 함은 李成桂가 창업한 近世朝鮮과 시원적 朝鮮을

1) 본 논문은 2009년 4월 21일~11월 1일 간에 걸친 몽골사회과학원 역사연구소의 연구 지원으로 쓰여졌다. 「몽골과 '한국'」이나 「몽골과 '조선'」이 이 논문에서 쓰기에는 「몽골과 '고려'」만큼 적합하지 않다고 생각해서 '몽골(Mongol)과 高麗(Gori 또는 Goryo)'로 고쳤다. 결국 몽골에서 쓰고 있는 Gooli(高麗-高句麗)의 본뜻이 활(弓)임을 논증해내는 것이 이 논문의 핵심 내용 중의 하나이기 때문이다. 2009년 10월 18일 연변대학교 주최 두만강포럼에서 관계 논문[周采赫, 「關于蒙古與韓國人的弓族分族考」, 『多元共存和邊緣的選擇圖們江學術論壇 2009』, 延邊大學 亞洲硏究中心, 111~129頁]을 발표한 이후의 일이다. 이 발표에서는 플래카드에 영문으로 쓴 T'umen(圖們)이 바로 몽골어로 '萬'이라는 뜻이고 '백밸백중의 명사수'라는 뜻을 가져 흉노 선우와 돌궐 칸의 이름에도 투멘이 있고 베. 수미야바아타르 교수는 고구려 시조 주몽이 바로 T'umen이라고 본다는 말로 발표를 시작했다. 두만강(圖們江) 일대가 황하유역-베이징이라는 중앙권력권 서해지대가 아니라 그 자장에서 멀리 벗어난 동해지대라서 독자적인 생태환경을 확보할 수 있는데다가 이 지대와 직통하는 몽골리안루트로 유라시아문명권을 재빨리 함께 향유할 수 있어서 새로운 왕조의 창업에 유리했다. 그래서 唐으로부터 渤海國을 封받아 압록강권에서는 對唐외교문서에서 발해국을 자칭할 적에도 두만강권에서의 對日本외교문서에서 늘 그대로 高(구)麗를 자칭했다는 사실에 주목해야 한다고 강조했다. 발해국이 아니라 朱蒙의 고구려-고려제국이 그대로 맥을 이어갔다는 것이다. 그래서 동해안으로 뻗은 두만강은 T'umen강-朱蒙江이 된다는 내 나름의 관견을 즉석에서 토로하기도 했다(「'활겨레' 궁예 도살장의 시간」, 『시와 산문』 64, 2009년 겨울호 참조). 이 글의 「朱蒙의 高句麗 창업과 몽골·고려의 弓族(Qalqa obog) 分族 문제」를 제외한 다른 부분은, 周采赫, 「고조선 고구려, 韓語名인가 漢語名인가-그 순록유목태반 起源과 관련하여」, 『중국문학』 제58집, 한국중국학회, 2008. 12, 149~168쪽을 그대로 옮겨 적거나 축약 또는 加筆해 쓴 것임을 밝혀둔다. 앞의 글은 2009년 7월 5일

구분해 지칭하기 위한 표현일 뿐, 당연히 '朝鮮'을 일컫는다. 高句麗 또한 고구려인의 자칭으로는 高麗라 했고 읽기는 '고리'－槁離라고 읽었으므로 물론 '高麗'를 가리킨다.[2)]

朝鮮과 高麗를 중심으로 하는 韓民族과 몽골族의 순록유목 起源[3)]을 전제하

손보기 은사님의 米壽 잔치상에 올린 글을 다시 손질한 것이다.

2) 陸思賢, 「鮮卑族名과 '鮮卑郭洛帶'」, 『內蒙古社會科學』, 1984年 第3期, 87~90쪽 참조. 여기에서 「郭洛」이 '馴鹿'임은 이 논문에서 인용하고 있는 발굴보고서들이 입증하고 있지만, 실은 마쓰모토 히데오(松本秀雄)(박선술 옮김, 『日本人은 어디에서 왔는가－혈액형 유전자로 입증한 일본인의 뿌리』, 보고사, 2001, 161쪽) 역시 코리야크語로 '코리'가 「순록」임을 밝히고 있다. 「高麗」의 정확한 音讀이 '고리'임도 이미 밝혀져 있다. 『資治通鑑』, 『冊府元龜』와 『新唐書』에서는 모두 「高麗」를 '고리'로 읽어야 한다고 했으며 『康熙字典』은 이런 주장들을 정리해 실었고 조선조 正祖 때 이를 본떠서 만든 『全韻玉篇』에서도 나라이름으로 읽을 때는 '리'로 읽어야 한다고 기록하고 있다(서길수, 『고구려 유적 조사－忽本·國內城』, 사계절, 1998, 47, 48, 49쪽 참조). 투바의 소욘族과 부리아드族이나 에벵키族 등이 자기네들의 조상 종족 이름을 '쿠르간'이라고 하고 또 그 무덤을 그렇게 부르기도 한다는 점이나, 훌룬부이르 호수 南端 스텝 숑크 타반 톨로고이에 자리 잡고 있는－2010년 3월 현재는 몽골국립중앙박물관으로 옮겨 있다－「고올리칸石人像(훈촐로오)」이 薦新儀禮를 통해 오랜 세월에 걸쳐 대를 이어 섬겨져오고 있는 것은 모두 순록유목민－弓族祖上에 대한 숭배나 순록유목민－弓族 조상들을 수호해온 영웅적인 조상에게 제사 드리는 관행에서 나온 것들이라고 추정해 볼 수 있다. 대체로 쿠르간 앞에 서 있는 鹿石이 이 고올리칸 훈촐로오와 상관성이 있을 수도 있다고 본다. 따라서 고올리칸은 夫餘의 東明聖王이나 칭기스칸도 될 수 있고 愛新覺羅도 될 수 있다고 하겠다. '麗'字 자체를 나라이름으로 읽을 때는 '리'로 읽는다는 것부터가 그것이 몽골말 '엘리' 곧 '국가'와 직관되어 있음을 간파할 수 있게 한다. 「黎」로 音寫되었을 가능성도 있다. '麗'字 자체가 사슴의 두 뿔을 나타내는 글자라는 점도 흥미롭다. '伊伐(Эвэр)飡'이라는 말이 몽골말 Эвэр 곧 '뿔'과 직관되고 漢字로는 그대로 '角干'으로 표기되기 때문이다. 툰드라의 순록유목민이 귀한 손님에게 순록의 뿔을 머리에 얹어 주는 慣行(2001년 KBS-TV 『몽골리안루트』 참조)이며 시베리아 샤먼冠이나 新羅의 金冠에 순록의 뿔이 등장하고 있음을 상기할 필요가 있다(1995년에 방영된 洪性周-洪淳澈 제작자가 만든 SBS-TV의 『몽골리안루트를 가다』 참조). 순록의 뿔은 天孫族의 '王權'을 상징하는 것일 수 있어서다. 그런데 2009년 여름에 몽골과학아카데미 베. 수미야바아타르 교수의 연구실에서 1990년 봄에 처음 만난 이후부터 이제까지의 두 사람의 문헌 및 현지답사 연구 결과를 종합해 정리하는 토론과정에서, 코리(高麗) 자체가 순록이 아니라 '코리(Qori)'는 '활'－弓 이고 '코룬복'－'오룬복'이라는 순록의 명칭은 그 '코리족－弓族이 치는 순록'을 일컫는 것이라는 결론을 내 나름으로 도출해내었다. 본 논문의 後述을 기다려 좀 더 상론하겠다.

3) 나는 조선－고려－한겨레의 유목태반사라 할 조선－순록치기겨레와 고(구)려－활겨

고 보면 물론 멀리는 젖을 주는 암순록(Sugan)에서 그 이름이 유래했다는 스키타이－소욘(鮮)－사하(塞?) 지대나 오비 江 하류 북극해 연안에까지 그들의 유래를 소급해 올라가볼 수도 있지만, 직접적으로는 바이칼 호수를 발원지로 하는 예니세이 江과 특히 레나 江 하류 북극해 연안의 사하(=스키타이?) 순록유목민의 타이가 스텝 내지는 滿洲의 草甸子 초원 진출을 주로 문제 삼지 않을 수 없다. 그래서 '바이칼-몽골族'이고 '바이칼-韓民族'이다.

물론 이들이 모두 순록유목민에서 유래한 만큼 이들은 순록의 주식 이끼(蘚)가 나는 물과 숲을 따라 大·小興安嶺 지대를 거쳐 특히 훌룬부이르 몽골스텝을 胎盤으로 삼고 몽골스텝으로든 滿洲의 草甸子 초원으로든 진출케 된다. 예니세이 강이 바이칼 호에서 흘러나가고, 레나 강물 또한 그러해서, 低濕地帶의 野山에서 나는 이끼를 주식으로 하는 순록을 치는, 시베리아 북극해 언저리의 순록유목민들은 대체로 강물 줄기를 따라 이동하게 된다. 그런데, 지금도 순록유목민이 毛皮(Fur)를 들고 이따금 오가는 교역로로 레나 강을 따라 남하해 스타노보이산맥이라는 外興安嶺을 넘어 제야江 물줄기를 따라 嫩江 상류에 이르고 제야 강－현재의 아무르=黑龍江－을 건너 嫩江을 따라 내려오면서 치치하르를 거쳐 할빈과 阿城에 이르는 코스가 주된 교역로가 됐던 듯하다.

阿城은 小興安嶺 끝자락에 자리 잡고 있는 金國의 초기 수도다. 온난한 태평양 바닷바람이 닿는 小興安嶺 동쪽과 한랭 고원 건조 스텝인 大興安嶺 서부지대에는 순록의 먹이가 없어 그 사이를 嫩江을 따라 내려왔음에 틀림없다. 무릇 유목제국은 牧·農을 아우르지 않는 사례가 없고 그럴 경우에 농경지

레 관계 논문을 집필해오면서 그간 내내, 1993년 봄에 우도. 베. 바르크만 베를린대학교 교수가 울란바아타르 내 숙소였던 D. 게렐 현 주한몽골대사의 아파트에 찾아와 "遊牧史眼만 뜨고 보면 한국 史書야말로 아주 질이 높은 세계최고의 유목관계 史料의 보고!"라고 기염을 토해 농경지대 출신 유목사 문헌연구자인 당시의 나를 몹시 난감케 했던 일을 회상하곤 했다.

주채혁, 『순록치기가 본 조선·고구려·몽골』, 서울 : 혜안, 2007(2008년 대한민국 학술원 우수학술도서 인문학 분야 선정) ; 주채혁, 『순록유목제국론－고조선·고구려·몽골제국의 起源 연구』, 서울 : 백산자료원, 2008.

대와 스텝의 接點 스텝 要地에 수도를 정하는 것이 통례다. 北京과 赤峰이 그렇고 셀주크 투르크제국의 수도 페르시아 고원의 바그다드가 그렇다. 그래서 나는 阿城이 赤峰과 함께 先後로 古朝鮮 胎盤期의 첫 수도였다고 감히 批正해보고 있다. 순록의 주식인 蘚이 나는 대·소흥안령의 끝자락에 자리잡고 농·목지역을 동시에 아우를 수 있어서이다.

돌문화는 대체로 바람이 센 개활지로 나무가 적은 지역에서 주로 유행되는 것으로 추정되는데, 북유라시아 몽골리안 루트도 그 중의 하나라고 하겠다. 우랄 알타이 사얀 산맥 일대에 가면 서아시아 쪽의 아랄海나 카스피海 쪽에서 암순록(Sugan)에서 비롯된 이름이라는 순록유목민 소욘(鮮 : Soyon)족이 주로 흘러 들어왔다고 아는 것이 상식이다. 그들은 타클라마칸사막이나 고비(半沙漠) 그리고 몽골스텝처럼 순록의 주식인 이끼(蘚)가 나지 않는 지역으로는 거의 진출하지 않고 예니세이 강이나 레나 강 지대의 바이칼 호 북극해권으로 주로 진출해 거기서 방대한 순록유목기지를 확보하고 세력을 키우면서 그 힘이 강대해지고 어떤 생태조건의 변화도 이를 뒷받침해 주면서 점차로 남하해 온 것으로 보인다. 이들이 몽골스텝을 거쳐 다시 남하하는 것은 신석기시대를 지나 청동기~철기시대에 들면서 騎순록 순록유목에서 기마 양유목으로 발전하면서, 말이라는 교통수단과 양치기라는 음식의 확보가 가능한 기마 양유목생산에 든 이후부터라고 보아야 한다. 그러므로 그들은 북유라시아 수림툰드라나 툰드라지대에 기지를 두고 그 지대를 거쳐 야블로노비－스타노보이－시호테알린－장백산맥－백두대간 루트를 선택해 내려왔던 것으로 보인다. 순록은 이끼(蘚)를 주식으로 하므로 수분친연적이어서 江河를 따라 주로 이동하기는 하지만 遼澤과 같은 늪지대는 遼西의 드넓은 스텝으로 우회하지 않는 한은 피할 수밖에 없었을 것으로 보인다. 툰드라의 습지는 지하에 얼음이 얼어 있어서 遼澤의 습지와는 그 성격이 많이 다르기 때문이다. 물론 이들의 남하루트도 양치기들의 한랭 고원 건조지대 스텝이라는 大興安嶺 이서 스텝 양의 목초지가 아니고 습기가 유지되는 그 이동 滿洲 쪽의 草甸子 초원 쪽일 수밖에 없다.

울야프 고분 출토 스키타이 유물. 기승용 '말머리'에 덮어씌운 순록의 황금'뿔'탈(에르미타주박물관 소장, 동북아역사재단 장석호 연구위원 제공). 말에는 물론 뿔이 없다.

무엇보다도 紅山文化 夏家店 하층문화가 몽골스텝을 기지로 牧農을 아우르는 성격을 가진 유목제국의 소산이라면 물론 흔히 하가점 상층문화와 관계된다고 보는 청동기~철기시대 이후에나 본격적으로 등장하는 기마 양유목이 결코 아니고 필연적으로 중석기시대 이후에 바이칼湖 북극해권을 토대로 주로 이루어진 騎순록 순록유목일 수밖에 없다.[4] 근래에 발굴돼 에르미타주박물관에 소장된, 울야프 고분 출토 스키타이 유물로 騎乘用 '말머리'에 덮어씌운 순록의 황금'뿔'탈이 있다.

말에는 본래 뿔이 없는데 왜 하필 말머리에 황금순록의 뿔탈을 씌웠는가? 騎馬射術을 구사해 '유목무력'으로 고대유목제국을 이룩한 기마 양유목민이 중·신석기시대 이래 수천 년의 장구한 순록유목제국사의 정통성을 잇는 특별한 존재임을 뚜렷이 刻印시키기 위해서이다.

그래서 하가점 상층문화 이전의 홍산 기층문화는 순록유목문화라고 보는

4) 지금으로부터 25,000년 전부터 15,000년간 몽골고원은 빙하기로 동토(Tundra)지대여서 이곳에서 사람을 먹여 살릴 식량자원은 순록에서 찾을 수밖에 없었다. 이런 '순록시대'라 할 장대한 생태 생업사 배경이 있었음을 각별히 주목하지 않으면 안 된다. 이와 같은 장구하고 거대한 순록시대의 토대 위에 그 후 '순록유목의 창세기'가 중동부 시베리아 북극해권에서 쓰였음을 전제로 하고서야 동북아 유목제국의 시원사적 거대토대를 복원할 수 있게 마련이다. 거대하고 장구한 한랭 고원 저습지대 순록유목태반사를 거세시킨 '활겨레 몽골史'의 비극은 칭기스칸 몽골세계제국의 영광에도 불구하고 史眼으로 들여다보면 초라하기 이를 데 없다. 한랭 고원 건조지대 스텝의 騎馬 羊遊牧 起源의 칭기스칸 '몽골기마양유목제국사'가 압도적으로 부각되면서 그 거대하고 장구한 뿌리인 북방 몽골로이드의 '순록유목제국사'가 '활겨레 몽골史'에서 거세되고 만 것이었다. 활겨레 몽골사 복원사상의 가장 치명적인 비극이라고 하겠다.

'東明(T'umen) 루트'를 문제제기 한 베.수미야바아타르 교수(좌)와 그의 1956~1961년 김일성종합대학교 조선어문학과 동기생 북한사회과학원의 정순기 교수(우). 2009년 10월 연변대학교 두만강포럼-48년만의 간접 만남

것이다. 물론 朝族과 鮮族이 주도하는 순록유목문화로, 곧 이어서 스키타이 유목문화와 접목되면서 훌룬부이르 몽골스텝을 태반으로 삼아 기마 양유목 문화를 일구어낸 呼嫩平野를 중심으로 하는 槁離族의 최첨단 고급 순록유목 문화와는 이를 차별화하려 한다.

나는 최근에 槁離國 터로 추정되는 껀허(根河)에서 남하해 '奄利'大水로 추정되는 '이민'河를 건너 忽本으로 볼 수 있는 할힌골 천연요새에 入城한 후에 '활의 나라'—고올리칸국—고구려제국을 창업하는 과정을 담은 東明聖王 전설의 역사적 실체가, 결국 「할하오복(Qalqa obog)」—'코리족(弓族)'의 "騎순록 순록유목→ 기마 양유목" 발전과정을 적은 것이라는 결론을 도출해 보았다.

이는 이미 1970년대 중반에 이런 문제를 제기한 베. 수미야바아타르의 견해[5]에 힘입어 20여 년간의 현지답사를 통한 연구를 반추해가며 그와

5) 베. 수미야바아타르, 『몽골과 한국겨레의 기원—언어관계문제』, 몽골과학아카데미 어문학연구소, 울란바아타르, 1975 ; 주채혁, 「『몽골秘史』의 연구와 두 민족의 起源 문제」, 『몽골비사』에 관한 한몽심포지엄 주제발표논문, 울란바아타르 몽골과학아카데미 강당. 국제몽골학자협회·한국『몽골비사』학회 공동주최 1991년 8월 5일에서, 공식적으로 이 문제를 주제로 거론했다. 2010년 봄 현재는 이 논문을 다시 가다듬어 쓰며 연구 주제와 방향을 새롭게 모색하고 있다. 2009년 10월 중순에 열린 연변대학교 두만강포럼 개막식에서 내 옆자리에 앉은 북한사회과학원 정순기 교수가 베. 수미야바아타르 교수와 1956~1961년 김일성종합대학교 조선어문학과 동급생이어서 놀랍고 반가웠다. 20대 때도 그는 공부밖엔 모르고, 웬만한 일에는 도무지 타협을 안 하는 고집불통의 학생이었다고 고희를 넘긴 옛 동급생을 새삼 회상했다. 나중에

함께 2009년 여름에 몽골과학아카데미 그의 연구실에서 이를 토론해 정리하는 과정에서 이루어진 내 나름의 管見이다. 결국 몽골족의 기원을 말할 때는 '할하'오복(Qalqa obog) 몽골을 언급하는 것이 상례인데, 그 「할하」를 바로 '활'로 볼 수 있다. 그런데 고구려의 자칭인 고리(高麗)－코리가 또한 활이란 뜻이므로 몽골과 고구려가 朱蒙說話를 공유하는 弓族의 分族이라고 추정하는 것이다. 이 논문의 제목에서 이미 東明－鄒牟－朱蒙－T'umen이라는 '백발백중의 명사수'를 유목제국의 창업주인 太祖로 부르는 보통명사로 읽고 「동명(T'umen) 루트」를 순록유목제국의 기마 양유목제국화 과정으로 想定, 이를 스키타이 제철기술의 수용으로 수림툰드라 순록유목의 스텝 기마양유목화 과정에서 당시의 최첨단 유목무력인 騎馬射術을 확보해 「활겨레(Qalqa obog)제국」을 창업해가는 단계로 파악해본 것이다. 이에 대한 구체적인 문제제기도 본고에서 시도해보려 한다.

2. 생업-생태사 태반으로서의 小山 鮮(Сопка)과 大山(Гора)

나는 유목태반사 복원에 관한 한 문헌사학자들이 베푸는 문헌사료 해석에서도 그렇지만 고고학자들이 고고유물을 해석하는 視角과 視力에도 적지 않은 문제점이 있음을, 유목사 현지조사를 해오는 동안에 오래 느껴왔다. 애초에 이들은 문헌기록도 유적과 유물도 거의 남기지 않는 특성을 가졌음에도 불구하고 주로 농경태반사 복원차원에서만 유목사 복원을 들여다보려고 하기 때문이다.[6] 유목개념이 없이 유목사 문헌사료를 읽는 데도 물론 본질적

안 일이지만 태형철 북한사회과학원장과 김일성종합대학교 총장을 비롯한 북한 학계 주요 인사들이 이렇게 국제 학술대회에 대거 참여하기는 이번이 처음이라고 한다. 물론 연변대학교가 1950년대와 1960년대에 북한의 헌신적인 지원을 받아 발전해온 인연이 있기는 하다.

6) 물론 오늘날의 몽골국토인 몽골스텝 내에 있는 여러 종족 주도의 모든 선사 및 고중세사를 모두 몽골국사로 편입하려는 망발도 유목사적 시각의 결여가 빚은 치명적인 역사왜곡의 사례일 뿐이다. 1500년 이전의 아메리카 인디오들의 역사를 앵글로색슨족이 주도하에서 미국의 고중세사로 편찬하는 망발 假定과 대동소이한 측면이 분명히 있기 때문이다. 이렇게 역사를 획일적으로 조작해 서술하는 경향은,

으로 문제가 있다. 도대체 조선이 어떤 전거로 왜 '고요한 아침의 나라'[7]인가? 漢人이 漢字로 「朝鮮」이라고 양심적으로 정확히 써주었으면 겸허한 마음으로 漢語式으로 4聲을 밝혀 제대로 읽는 게 기초 상식이 아닌가? 왜 그것을 韓語式으로 그릇된 주체성을 발휘해, 과학시대에 비과학적으로 멋대로 읽어 조선-한겨레사를 뿌리부터 자진해서 말살시키고 있는가? 漢語에 무지해서인가, 맹목적인 애국심 때문인가? 본질적으로 '고조선—원(原)고구려의 東北아시아 유목태반사 말살'은 남이 내게 하고 있는가, 내 자신이 내게 하고 있는가?! 통렬한 자기비판도 동시에 반드시 이루어져야 하리라 본다.

유적과 발굴 유물 해석도 그렇다. 왜 툰드라 타이가 스텝지대에서조차 토기나 도자기와 청동기나 철기가 농경사회사와 꼭 같이 역사발전을 재는 절대 잣대로 되어야 하는가? 대체로 유목생산은 생업의 특성상 '廣域少數'의 조직—훈련된 기동력을 특질로 하고 이에 대해 농업생산은 상대적인 '狹域多數'의 조직—훈련된 정착의 힘을 특질로 한다. 그렇다면 광역소수의 기동력이 문제로 되는 유목 생업권에서 토기나 도자기보다 木器[8]나 가죽그릇(皮器) 또는 뼈나 뿔그릇(骨角器)이 더 유용할 수 있고, 다소간에 주물틀(鑄型 : 거푸

오랜 농경사 위주의 역사서술관행과 공장제 획일주의 사관의 野合이 빚은 제국주의적 역사서술 편향으로, 이 시대의 본질적인 역사왜곡의 핵심문제라고 하겠다.

7) 'Choson : the Land of the Morning Calm, A Sketch of Korea'. 1886년 미국인 외교관 로웰. 더러는 그 근거로 민간 口傳을 구실로 내세우기도 하지만, 물론 그것도 반드시 사료 비판이 선행돼야 한다. 헨티-도로노드-수흐바아타르 아이막에서는 1921년 몽골인민혁명 이후에 교과서에 새로 고쳐 들어와서 비로소 알게 된 '솔롱고스(наран ургахуй зүг Солонга улс)'라는 한국 국명만이 마치도 요즈음 신세대들에게는 정설처럼 오인되고 있으며, 언론매체의 조종대로 어이없게도 '무지개(Солонго)의 나라 한국'을 읊조리기까지 하기 때문이다. 1921년 혁명 이전에는 '고올링올스(高句麗國 : Гуулин улс)' 밖엔 모르던 그들이 오늘날의 이런 돌변상황을 상상이나 했었겠는가? 현존 몽골의 사가 누구도 이에 대해 별로 주목치도 않는다. 저마다 제 나름으로 무한경쟁사회에서 잘 살아남기에 정신이 없어서이리라. 이대로 500년만 흘러도 결과는 뻔하지 않겠는가? 진실로 史實은 2개일 수가 없고 어떤 이유로도 2개이어서는 안 된다.

8) 1992년 7월 28일에 부이르湖 주변의 한 村老 잠스랑수렝(Жамсарансүрэн, 67세)과의 회견에서 그곳 농업에 관한 이야기를 나누었는데, 그는 불과 40~50년 전까지만 해도 그들이 木犁(나무쟁기)로 중국식도 러시아식도 아닌 그들 특유의 방법으로 상당히 큰 규모의 농사를 지었다고 했다.

鮮(Сопка : 小山). 시베리아 大興安嶺 북부 黑龍江省 쿠마河 부근 소재

집)을 만들어 같은 제품의 대량생산을 겨냥하는 청동기나 철기 제품이 광역소수의 유목생태권에서 시대를 거슬러 올라갈수록 더 시장형성이 어렵게 됨은 자연스러운 귀결이 아닐까 하는 생각이 든다.

나의 유목태반사 접근은 그들이 각각 어떤 생태조건 속에서 무엇을 해먹고 어떻게 살아왔느냐로부터 실마리를 잡아나간다. 아무리 유목민이라 해도 주유소가 없는 광야를 차가 못 달려가듯이, 유목가축의 牧草가 없는 벌판에는 그들이 유목해갈 수 없기 때문이다.

유목사 연구를 위해서는 문헌연구와 고고학 발굴결과를 참조하면서 그와 동시에 유목생산이라는 특수한 목축생산양식을 택할 수밖에 없었던 생태조건을 고려하면서, 유목사 유적을 답사하고 사료를 발굴 수집하는 일이 긴요하다. 나는 이를 자각하고 몽골의 기원지인 훌룬부이르 몽골스텝에 들어가 답사하면서, 이 북유라시아 유목사상에는 스텝의 기마 양유목 이전에 騎馴鹿 순록유목이 그 거대한 기반으로 깔려있었음을 알게 되었다. 牧草로 툰드라~삼림툰드라의 蘚(Niokq)과 스텝의 羊草 2大類를 확인케 된 것이다. 이윽고 기순록 순록유목과 기마 양유목이라는 유목의 2대 생산양식이 있음을 파악케 됐다. 그리고 이내 古朝鮮은 기순록 순록유목양식에, 高句麗는 기마 양유목양식에 각각 주로 그 태반을 두고 있는 것임을 내 나름으로 깨닫기에 이르렀다. 특히 숫수달(Buir) 사냥꾼 출신인 기순록 순록유목제국인들이 쓴 檀弓은 주로 고조선에, 기마 양유목태반 출신인 貊高麗人들이 쓴 貊弓은 주로 고구려에 속한 것임도 추정이 가능했다.

나는 일찍이 小山인 "鮮에서 나는 蘚(Lichen)"을 다구르말로 니오끄(Niokq : 이끼)라 하는데 동토지대―툰드라나 겨울이 매우 긴 타이가지역의 순록의 주식인 '이끼'가 바로 그것임을 지적했다. 이 蘚(Lichen)은 지역에 따라 다소 차이가 있지만 대개 한 번 뜯어먹으면 3~5년이 지나야 다시 자라므로 순록은 먹이를 찾아 새로운 鮮으로 늘 이동할 수밖에 없어 순록치기들은 '유목방법'을 택한다는 점도 언급했다.[9] 내용을 간추리면 이러하다.

나는 이미 「朝鮮·鮮卑의 '鮮'과 순록유목민」이라는 논문을 통해 '朝鮮'이 아침햇살과 상관이 없이, '鮮을 향해 가는'이라는 뜻을 갖는 이름으로 'Chaatang(순록유목민)'을 가리키는 것임을 밝힌 적이 있다. '사슴(Bog=鹿 : Deer)'이 「식량채집」단계에만 주로 관련되었던 것과는 달리 '차아복(Chaabog =馴鹿 : Reindeer)'은 중·신석기시대 이래로 「식량생산」단계와 주로 밀접하게 관련돼 있었다는 사실을 지적하면서, 「朝」가 순록유목민을 가리키는 몽골말 차아탕(Chaatang)의 '차아(Chaa)'나 축치族말 차오추(Chaochu)의 '차오(Chao)'에서 온 것이기 때문에, 압록강만 넘으면 누구나 朝鮮의 「朝」를 '아침 朝'자 자오(朝 : Zhao) 1성으로 읽지 않고 '찾을 朝'자 차오(朝 : Chao) 2성으로 읽는다는 점을 그 한 증거로 들었다. 예나 지금이나 한결같이 그렇다는 것[10]이다. 애초에 漢人 史家가 漢字로 그렇게 썼으니 당연히 그렇게 읽고

9) 주채혁, 「朝鮮·鮮卑의 '鮮'과 馴鹿遊牧民―몽골유목 起源과 관련하여」, 『동방학지』 110, 연세대학교 국학연구원, 2000. 12 ; 주채혁, 「朝鮮·鮮卑의 鮮(Soyon)族 起源考―原朝鮮겨레 '소욘'族에 관하여」, 『백산학보』 63, 백산학회, 2002. 8 ; 주채혁, 「'鮮'의 高麗와 '小山'의 馴鹿 연구」, 『백산학보』 67, 백산학회, 2003.

10) 중국에서는 "적어도 魏晉時期 이후에 이것을 'Chao'로 발음하였을 가능성이 크다"고 한다(2008년 11월, 이 논문 심사위원들의 도움말).

해석해주어야 한다. Chaochu란 '순록을 가진 자'라는 말이다.[11)]

朝鮮의 「朝」의 뜻이 '~을 찾아간다'는 것임은 朝天, 朝貢과 朝南(南向의 뜻) 등의 사례가 이를 입증한다. 여기서 이 朝(Chao)字는 朝夕의 '朝(Zhao)'와는 아주 뜻이 다르고 이런 뜻을 갖는 몽골어 Chaad와는 같은 의미로 쓰인다는 것이다. 아침 '朝'字式 「'朝鮮' 읽기」는 日章旗가 이 땅의 하늘을 뒤덮던 일제치하에서나 극성을 부렸을 뿐 실은 한·중·일 그 어떤 문헌에서도 典據를 확보할 수 없다. 이는 진실로 일련의 관념의 유희에 지나지 않았음을 실감케 된다. 물론 한국을 몽골인들이 '솔롱고스(Solongos)'라고 하는데, 솔롱고스에 무지개(Солонго)라는 뜻이 있고 그래서 한국은 '무지개(Солонго)의 나라'라고 아무런 전거도 없이—P. 펠리오가 이미 이는 '솔롱고'라는 족제비과 짐승 黃鼬(Шар Oйн Солонго : 누렁 족제비)를 주로 사냥해 먹고사는 부족이름이라고 주장한 견해도 참고하지 않은 채로—언론매체를 통해 대중화시킨 일도 이런 범주에서 벗어날 수 없다.[12)] 물론 늑대의 토템적 호칭인 渤海(Booqai)[13)]를

11) SBS-TV 「몽골리안 루트를 가다」(1995년)를 직접 현지 답사해 촬영한 洪淳澈 제작자의 개인적인 전화 조사보고(2000년 11월 7일 저녁)에 의한 것이다.

12) 태평양의 습기 때문에 동쪽에서 무지개가 떠서 한국을 솔롱고스라고 했다는 뜨내기 점쟁이 점괘 푸는 차원의 엉터리 해석은, 이제 그만두어야 한다. 이 분야의 전문 연구자는 아니지만 그 글이 끼치는 그릇된 영향력을 고려할 때, 잔즈브도르쥔 롬보, 『몽골-조선인민공화국 관계 60년』, 평양, 2007, 한글판 4쪽에 "우리조상들이 조선을 무지개로 비유한 것은……"은 반드시 짚고 넘어가야 할 것이다. 典據가 없는 잘못된 추측이기 때문이다. 대사라는 외교관으로서의 외교적 수사로 그치는 것이 아니라 한민족의 태반사 인식을 본질적으로 그르쳐놓을 수 있어서다. 'Choson : the Land of the Morning Calm, A Sketch of Korea' [1886년 미국인 외교관 로웰]가 '朝鮮'을 잘못 읽어 일반화시켜 막강한 영어의 당시 영향력을 업고 조선 유목태반사 연구를 그간 치명적으로 그르쳐온 사실을 상기할 필요가 있다. 그런 가설이 맞는다면 태평양이 더 가까운 그 드넓은 동몽골스텝에서는 왜, 1921~1924년 인민혁명 이후에 종래에 동부몽골에서 계속 써오던 한국=고올리 : '고올링올스(高句麗國 : Гуулин улс)'라는 국명을 지우고 교과서에 서부몽골에서 써온 솔롱고스=한국이라는 국명을 새로 집어넣기 이전에는 '솔롱고스'라는 호칭을 전혀 쓰지 않았던가(주채혁, 「興安嶺지역의 室韋와 貊—蒙'고올리'와 貊'고올리'」, 『한민족학연구』 3, 단국대학교 한국민족학연구소, 1995 참조). 인민혁명군이 몽골 서북부에서 온 어떤 세력과 결합되어 혁명에 성공해서 교과서의 한국 호칭도 일거에 그리 바뀌어 고착된 것은 아닌가? 프랑스 몽골학의 거장 P. 펠리오의 지적대로 솔롱고(黃鼬 : Шар Oйн Солонго)라는 족제비과 짐승을 사냥해 모피시장에 그 모피를 팔던 부족이 솔롱고스 부족이다. 거북이가

'빛의 바다'라고 한다거나 그 뜻이 「활」일 수 있는 '高麗(Qori)'를 「세상에서 가장 높고 아름다운 나라」라고 耳懸鈴鼻懸鈴式으로 부회하는 수준 이하의 해석도 결코 이에서 예외일 수가 없다. 물론 北夷 櫜離國[14]에서 탈출해 나온 「東明[성왕]」을 '동방을 밝힌'이라고 한 恣意的인 해석에도 문제가 있다. 같은 계열의 시조전설을 서술한 『廣開土大王碑』나 『牟頭婁墓誌』의 鄒牟[성왕]은 어떻게 해석할 것인가. 모두 한민족 스키토·시베리아 유목태반사를 복원하는데 지극히 해로운 작용을 함은 더 말할 나위가 없다.

아울러 鮮은 '곱다'는 뜻도 있지만, 여기서는 『詩經·大雅』「文王之什」皇矣의 「度其"鮮"原 居岐之陽……」이라 한 시를, 「小山을 大山과 구별하여 "鮮"」[15]이라고 注疏한 점에 주목했다. 그리고 「鮮原이란 小山이 있는 平原」일 수 있다는 사실에 착안하여, 이것이 곧 小山이라 할 타이가(Taiga)와 초원이라 할 스텝(Steppe) 및 동토지대 툰드라(Tundra)로 주로 구성된 시베리아(Siberia) 벌판으로 이어지는 한랭 고원 건조지대의 지형을 가리킬 수 있다는 문제를 제기했다. 岐山이 陝西省의 黃土高原에 자리 잡고 있고 그 황토고원은 그대로 고비알타이 산맥 쪽으로 이어지는 스텝—사막—타이가의 연장선상에 있기 때문이다.

실은 「鮮原」의 '鮮'은 '鮮明하다' 할 때의 '고울 鮮'자 시엔(Xian) 1성이 아니라, 鮮卑와 朝鮮의 역사적인 본고장이라 할 훌룬부이르 몽골스텝과

못 사는 서부몽골 추운지역으로 이동한 솔롱고스 부족들은, 그들 중의 일부가 동부몽골 태평양권으로 진입해 양을 치며 기마사술을 발전시켜 '활의 제국' 고올리칸국(弓帝國)을 창업하는 단계로 나아간 경우와는 아주 달리 수렵생활의 비중이 매우 높아 그대로 그 후에도 줄곧 솔롱고스라고 불리고 있었음이 자명하다. 실은 어느 역사발전 단계까지 서부 타이가 숲속의 백성을 통일한다는 것은 불가능했지만, 스키타이의 제철기술과 결합된 기마사술을 확보한 첨단 궁사집단이 개활지 스텝을 통일해 유목제국을 창업하는 일은 지극히 자연스러운 현상이었기 때문이다.

13) 베. 수미야바아타르 교수가 처음으로 늑대의 토템어라고 일깨워 주었고, 그 후 T. A. Ochir 교수가 다시 지적했으며, 李聖揆 교수가 『체벨사전』에서 검색해 확인해 주었다(2000년대 초반경).

14) 『論衡』 권2, 吉驗篇 및 『三國志』 권30, 魏 烏丸傳에는 '北方의 槖離國'이라 했고 『後漢書』 열전 「東夷」에는 '北夷 索離國'이라고 했다.

15) 『欽定四庫全書』 「毛詩注疏」 권23.

吉林省 일대에서는 각각 '이끼 蘚'자 蘚과 같이 시엔(Xian) 3성으로 읽히고 있다. '작은 동산 鮮'자라고 해야 한다. 역시 한랭 고원 건조지대인 스텝－타이가－툰드라를 주로 내포하고 있는 러시아의 슬라브人들은 鮮 곧 「小山」을 'Sopka(Сопка)'라고 하고, 「大山」을 'Gora(Гора : 현지발음은 '가라')'라고 해, 각각 구별해 불렀다. '大山'만 있고 '小山'인 鮮은 거의 없는 한반도와는 달리 '鮮'이 아주 많은 스키토·시베리안의 땅 현지이어서다.

그러니까 「朝鮮」이 漢文이름이 아니라 시베리아 원주민의 말 곧 상고대 토박이 朝鮮겨레말 이름이라는 점을 증명해본 셈이다. 大興安嶺 동남쪽에 있는 長白山脈은 小山(Сопка)이 아니고 大山(Гора)이어서 순록을 유목하는 목초지 鮮도, 순록이 뜯어먹을 鮮의 이끼-蘚도 없다. 물론 몽골의 羊이 뜯어먹을 그런 羊草도, 양초가 자라는 스텝도 없다. 그러니까 騎순록 순록유목－騎馬羊遊牧이 없는 것은 당연하고, 따라서 현재의 한반도 주민이 그들의 민족사 태반인 騎순록 순록유목－기마 양유목사에 대해, 실은 거의 무지한 것도 이해가 된다.[16)]

3. 馴鹿치기 朝鮮人과 이끼의 길－Lichen(蘚) Road

그리고 이끼이기 때문에 습기가 있는 응달에서 많이 나며 습기가 많을수록 잘 자라므로 순록치기들은 西시베리아에서 태평양이 있는 東시베리아 쪽으로, 南러시아 스텝에서 대서양과 북극해 쪽으로 각각 이동하는 경향이 있었는데 그 한 갈래가 朝鮮 겨레다. 그래서 나는 상당 부분이 몽골리안 루트와 일치할 것으로 보이는 그런 민족이동루트를 「라이켄 로드(Lichen Road : 선(鮮)의 '蘚路')－'이끼의 길(Ni,ukinii jam)'」이라고 命名했다.[17)] 나는 이 중의 한

16) 주채혁의 관계 글 첫 소개 기사 : 「朝鮮, 아침의 나라가 아닌 馴鹿 키우는 북방유목민?」, 『한겨레신문』, 2001. 2. 22, 목요일 10쪽, '학술'[盧亨錫 기자]. 생각건대, 망원경과 현미경이 나오기 이전과 이후가 그러하듯이, IT와 BT나 NT의 그것도 마찬가지로 역사연구의 접근차원이 혁명적으로 달라지고 있음에 틀림이 없다.

17) 주채혁, 「朝鮮·鮮卑의 鮮(Soyon)族 起源考－原朝鮮겨레 '소욘'족에 관하여」, 『백산학보』 63, 백산학회, 2002. 8.

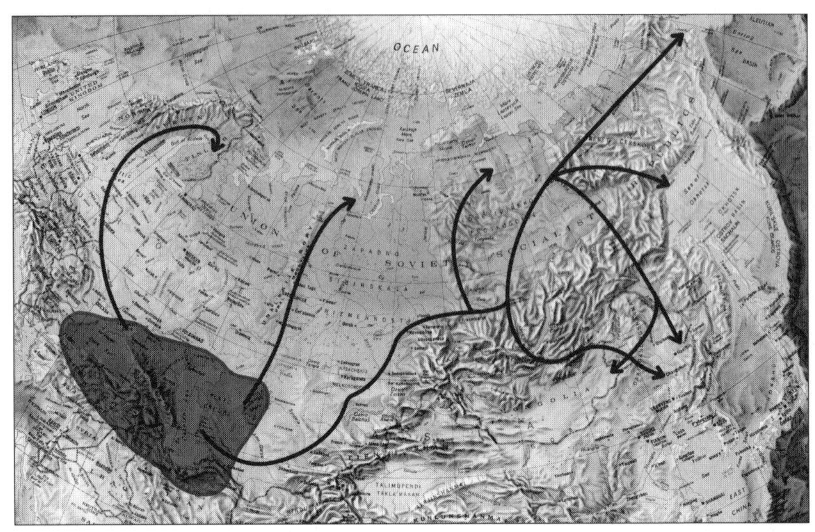

라이켄 로드(Lichen Road), 이끼(蘚)의 길

갈래로 뒷날 한국인 지배층 핵심 주류를 이루는 부족의 이동 루트를, 그간의 조사결과를 토대로 대체로 이렇게 추정해 보았다.

바이칼 호 올콘섬 부르칸 바위(不咸岩)에 그 시조전설을 갖고 있는 朝鮮人-코리族은 그 후 바이칼-훌룬부이르 지역 원주민들의 口碑史料에 따르면 대부분은 레나 강과 예니세이 강을 따라 北流해 대규모 순록유목을 경영했다. 그 후 이들은 레나 강을 타고 올라와 스타노보이 산맥을 넘은 다음에 제야 강이나 부레야 강 등을 타고 내려오다가 아무르 강을 건너 다시 嫩江을 타고 내려와 할빈지역의 小興安嶺 山麓 阿城에 이른 것으로 보인다. 그리고 다른 일부는 직접 야블로노비 산맥을 지나 헨티 아이막이나 도로노드 아이막, 그리고 마침내는 훌룬부이르 몽골스텝으로 진출하며 嫩江 쪽으로도 발전해 가고 몽골스텝 쪽으로도 발전을 시도하며, 당라숭(土塊 : Danglasun)의 분포가 보여주듯이 樹林툰드라의 스텝化 과정이 진행되는 가운데[18] 훗날 스키타

18) 고비 일대에서 落葉松 石炭과 化石이 대거 출토되고 있으며 裵文中은 興安嶺 북부 몽골스텝 잘라이노르에서 凍土作用을 처음 찾아내 그간 지하에 광범한 동토현상이 있어왔음을 짐작케 하고 있다. 裵文中, 『科學通報』(1956), 『科學記錄』(1957) 참조(주채혁, 「朝鮮·鮮卑의 '鮮'과 순록유목민—몽골유목 起源과 관련하여」, 『동방

당라숭(土塊 : Danglasun). 이끼와 흙이 뒤엉켜 생긴 뭉치다. 이끼밭은 스펀지 같고 밑에는 툰드라의 얼음물이 흐른다. 순록은 이것을 골라 딛고 균형을 잡으며 걸어야 한다. 야쿠치아 한디가 압끼다 여름목초지(2006년 여름).

이의 철기와 결합된 騎순록 순록유목민의 대부분이 기마 양유목민으로 발전되었다.

그리하여 본격적인 몽골스텝 진출을 시도하며 스키타이의 騎馬射術을 받아들이면서 흉노나 槁離유목제국 등을 건설했던 것으로 보인다. 전자는 퉁구스-에벵키 등 저습지대 濊系列 종족이고 후자는 흉노나 槁離 등의 고원지대 貊系列 종족이었던 듯하다. 지금도 광활한 훌룬부이르 몽골스텝~嫩江평원 원주민들은 이런 갈래가 바로 이 지역에서 西南과 東北으로 갈려나갔다는 口碑傳承을 명확히 말해주고 있다. 코리族 계열은 주로 순록의 주식인 이끼가 나는 大興安嶺 동부를 타고 대흥안령 남부로 진출하면서 몽골스텝 쪽으로 넘나들며 遼西－河北 지역으로 중심을 옮겨가고 코리族 11형제 중에 '노'젓는다는 노(槳)의 뜻을 가진 '할비'族[19]은 嫩江을 타고 할빈－阿城 쪽으

학지』 110, 연세대학교 국학연구원, 2000. 12, 주 39) 재인용).

로 진출해간 것으로 보인다. 물론 순록유목의 주류를 이루는 것은 저습지대의 濊族으로, 습기찬 지역이어서 먹이의 확보가 유리하여 인구가 뒷날 기마 양유목의 한 주류를 이루는 한랭 고원 건조지대의 貊族보다 훨씬 더 많았을 것으로 추정된다.

그러니까 동북아시아 순록유목민들의 남하 루트는 大興安嶺을 타고 遼西 고원지대로 남하한 부류와 제야 강과 嫩江을 타고 小興安嶺 山麓 阿城(Golden Castle)[20] 지대로 남하한 2대류가 있었던 것으로 잠정적으로 추정해볼 수 있을 것 같다. 후자는 순록유목의 본질을 더 원초적으로 유지하고, 전자는 스키타이의 첨단 제철기술과 결합해 騎순록 순록유목에서 기마 양유목민으로 발전하면서 아주 강력한 기마 양유목제국 창업의 주체로 자기혁신을 거듭해갔던 것으로 생각된다. 실로 동북아시아 유목제국의 始原은 바이칼

---

19) Halbi : 船槳(노, 상앗대, 삿대)이라는 뜻이다. 2000년 5월에 아. 아르다잡(우르몽골 사회과학원 역사연구소 부연구원)이 현지 원주민언어를 조사하다가 확인해 주었다. halbi : 船槳(노, 상앗대, 삿대)은 엥크바투(恩和巴圖), 『達漢小詞典』, 내몽골인민출판사, 1983, 72쪽 참조.

20) 趙阿平 黑龍江省 滿-通古斯語學會 회장이 2008년 가을 한국 충주국립대학교 주관 학술대회 [동아시아연구소 2008년 국제학술대회-동북아문화의 접촉과 교류, 2008년 9월 27일] 답사중에 나와 베. 수미야바아타르 및 시미즈 기요시(淸水紀佳) 교수에게 확인해 주었다. 新羅의 수도 慶州를 金城이라고 하고, 일본에서 금성을 '시라기' [<시라>는 金, <기>는 城]라 했음을 상기시켜주어, 모두 "황금의 성"을 의미하는 것이리라고 입을 모았다. '시라'나 '알추카'가 모두 <금 : Gold>을 뜻하는 색깔['샤르'웅크]이나 金이라는 명칭[Alt] 자체에서 비롯된 이름이기 때문이다. 근래에 훌룬부이르 몽골스텝 하일라르 '샤르탈라'에서 室韋무덤이 발굴됐는데 여기서 「샤르탈라」란 '황금빛 벌판'이라는 지명이다. 徐羅伐-'서울(Seoul)'이 예서 비롯됐음은 물론이다. '황금벌판'이라는 뜻이다[중국사회과학원 고고학연구소/훌룬부이르 민족박물관/하일라르구 문물관리소 編著, 『海拉爾謝爾塔拉墓地』, 北京 과학출판사, 2006 참조. 에르데니 바아타르 교수의 도움이 있었다]. 여기서 황금빛은 광물자원 황금의 빛이기도 하겠지만, 이곳 원주민들에게는 주로 북아시아 한랭 고원 건조지대의 햇빛을 含意하는 말이고 그래서 그 햇빛과 결혼해 낳은 天孫族 「金氏」를 '황금씨족(Altan urug)'이라고 부른다. 정녕, '신라'는 「한반도의 金나라(Altan ulus)」이고 '금나라'는 「만주-북부중국의 新羅」라는 견해가 도출될 수 있는 것이라고 그 후에 나는 정리해보고 있다. 文暻鉉, 「新羅 國號의 연구」, 『증보 신라사연구』, 한국 대구 교서관, 2000, 3~24쪽은 종래의 연구들을 나름대로 총괄해 정리하고 있다. 그러나 중핵이 되는 문제의 본질을 맥을 바로 잡아 천착하기보다는, 그대로 사료들의 바다에 휩쓸리어 어지럽게 헤맨 足跡만을 보여주고 있다.

시베리아 전도. 순록유목문화권인 오비·예니세이·레나 강은 북극해로 흐르고, 몽골고원에서 발원한 케룰렌 강은 아무르 강과 연결돼 태평양으로 흐른다(2007년 12월 25일자 『뉴스메이커』, 주채혁, 「특별기획, 熊女와 虎女의 사랑싸움 이야기」, 49쪽 소재 지도 轉載). 부이르호의 '부이르'는 숫수달이고 '훌룬'은 암수달인데 男妹間인 이들은 悲戀의 戀人關係로 발전한다는 전설이 있기도 하다.

호-북극해권에서 잉태되고 大滿洲-태평양권인 紅山과 阿城 일대에서 태어나 각각 제 나름으로 기틀을 마련한 후에, 훌룬부이르 몽골스텝에서 스키타이의 첨단 제철기술과 접목돼 본격적으로 騎순록 순록유목→ 기마 양유목을 확대 재생산해가며 홍산문화와 아성문화가 결합되어 발전하다가 칸발릭-大都燕京 곧 베이징에서 결실되는 것이 아닐까 한다.

4. 朱蒙(T'umen)의 高句麗 창업과 몽골 · 고려의 弓(Qalqa)族 分族 문제

그냥 몽골인이 아니다, 뿌리를 말할 때는 '할하'몽골[21]이다. '할하'족-할

21) 티베트어에서는 'Хор Монгол'이라고 쓰는데 여기서 Хор는 '활집'이라는 뜻으로 활-Hyм(弓)과 화살-Сум(矢)을 함께 내포하는 箭筒을 말한다. Харвах라는 '활을 쏜다'는 동사가 Хор에서 파생되어 나왔을 수도 있다는 것이다. 『몽골비사』에도 Хор 가 쓰였다. 베. 수미야바아타르, 『몽골과 한국 겨레의 기원-언어관계문제』, 몽골과학아카데미 어문학연구소, 1975, 55쪽 ; 엘. 구밀료, 『흉노』, 모스크바, 1960을 참고할 수 있다 [2009년 여름 몽골과학원 베. 수미야바아타르의 연구실에서 그와 함께 토론해본

하오복(Qalqa obog)이다. 그러면 할하가 어디 있는 지역이고 그 지역명의 본뜻은 무엇인가? 대흥안령 북부 부이르 호반에 있는 유적지로 1938년의 힐힌골(Qalqyn Gol=諾門汗 : Gooliqan)전투로 유명한 지대다. 항공사진으로 다시 보니 부이르 호반이 험한 굴곡을 이루며 형성된 기막힌 천연의 요새다.

나의 「몽골·고려 弓族(Qalqa obog) 同源論」은, 2009년 4월에 몽골과학원에 와서 베. 수미야바아타르 교수와 그의 『몽골과 한국 겨레의 기원－언어관계문제』(몽골과학아카데미 어문학연구소, 1975)에 대해 토론하던 중에 나의 근 20년 시베리아-몽골-만주 현지답사 체험이 되새겨지면서 재정리해본 데서 저절로 도출된 한 결론이다. 티베트어에서 그 뿌리를 말할 경우에 몽골을 'Хор Монгол'이라 하는데 이때 'Хор'가 바로 「활－箭筒」을 뜻하는 것으로 보아서도 이 '할하몽골(Qalqa Mongol)'의 「할하(Qalqa)」가 곧 '활'이오 '코리(Qori)'로 할하오복(Qalqa obog)－'할하(Qalqa)'족은 '弓'族이라는 것이다.

실제로 고구려의 부흥운동을 주도한 弓裔는 자기이름을 「'활'의 후예」로 지었고 그 후손들은 「弓氏」－Qalqa obog 성을 가진 이들로 鐵原 弓氏 족보를 써내려왔다.[22] 아주 놀라운 일은 고구려 곧 자칭 高麗－Qori 자체가 바로 '활'－弓이라는 뜻의 종족이름 또는 나라이름이 된다는 사실이다. 「코리」가 '활'이므로 "貊弓=貊高麗=몽골"[23]이 된다는 것이다. 貊=엘벵쿠=山獺=너

내용이다]. 그 후 티베트 불교사 전공자 김성수 교수의 조언도 있었다.

22) 鐵原 弓氏는 弓裔를 시조로 하고 있는데, 여러 가지 구비전승이 있으나, 그가 고구려를 부활시킨다는 구호로 일어서서 고구려의 후예를 자처하며 자신의 성명을 '弓裔'=高(句)麗의 후예='高麗裔'=「'활'의 후예」로 자칭한 것으로 보아 고구려 곧 '고려(Qori)'는 '활'의 뜻을 가질 가능성이 많다. 'Qorči(箭筒士)'－Харваач[archer, shooter]의 후예임을 자칭했을 수 있다는 것이다.

23) 村上正二 譯註, 『モンゴル秘史』 1, チンギスカン物語(東洋文庫 163), 平凡社, 1972, 6~7쪽에 몽골관계 호칭 사례들을 더욱 구체적으로 분석해 싣고 있다. 그가 든 호칭 사례로는 '蒙兀室韋'(『舊唐書』「北狄傳」), '蒙瓦室韋'(『新唐書』「北狄傳」), '韈劫子'(『五代史記』를 인용한 胡嶠, 『陷虜記』), '梅古悉'(『遼史』「營衛志」), '謨葛失'(同「天祚紀」, 「太宗紀」), '毛割石'(『三朝北盟會編』을 인용한 史愿, 『亡遼錄』), '毛揭室'(『續資治通鑑長編紀事本末』), '毛褐室韋'(『東都事略』 附錄), '萌古'(『遼史』「道宗紀」), '萌古子'(앞에 든 『會編』을 인용한 趙良嗣, 『燕雲奉使錄』), '蒙國斯'(앞에 든 『會編』), '蒙古斯'(『蒙韃備錄』), '盲骨子'(『松漠紀聞』), '蒙古里'(『契丹國志』), '朦骨'(『大金國志』) 등이 있다. 참고로 貊은 카르그렌에 의하면 唐代 중국 한자음으로

구리[24]가 실증된 이상, 맥궁은 '맥'사냥꾼의 활이 되는 셈이다. 몽골과 그 후 주된 생태환경을 서로 다르게 선택한 고구려는 고구려="곰고려(熊高麗)"로 水獺 사냥꾼의 檀弓 전통을 貊弓의 그것과 함께 되살려낸 듯하다 . 나의 이런 견해가 다른 이들의 그것과 차별화되는 것은 그런 생태-생업사를 주된 역사배경으로 깔고 문제를, 사료와 史實에 기반을 두고 풀어내려 했다는 점이라고 본다.

여기서 「활」은 '놈숨(Нумсум)' 하르바흐의 '하르바흐(Харвах)'에서 비롯된 「쏘다」에서 생겨난 말이라 생각된다. 코르치-弓士=「'활' 쏘는 사람」에서 할하-「활」-코리는 弓身('놈'-활몸)과 궁시(弓矢 : '숨'-화살)를 넘어서 이를 총괄해 그 작동과 효용력을 중심으로 붙여진 이름인 듯하다. '권총 사수'에서 그냥 「射手」로 호칭되는 근래의 호칭관행과 대비될 수 있다고 보는 것이다. 「활-화살 사수」가 그냥 '사수'로 불렸을 수 있다는 발상이다. 그러므로 나는 「忽本」이나 제주도 「돌하르방」도 하르바흐(Харвах : 활을 쏘다)에서 파생된 낱말-'Qorči(箭筒士)'-Харваач[archer, shooter]에서 그 기원을 찾고 있다.

훌룬부이르의 最冷地 껀허(根河)[25]→ 이민(Imin)河→ 할힌골은 곧 고리국

mɛk이었으며 河野六郎에 의하면 唐代 長安音으로 mbak이고 中期朝鮮 한자음으로 mɐik이었다고 한다(護 雅夫, 「いわゆるbökliについて-民族學と間」, 『江上波夫教授古稀記念論文集』(民族·文化篇), 東京, 1977, 320쪽 참조).

24) 주채혁, 『순록유목제국론-고조선·고구려·몽골제국의 起源 연구』, 백산자료원, 2008, 56~59쪽. 이어지는 檀弓의 「檀」은 같은 책, 460~466쪽 참조.

25) 護 雅夫, 「いわゆるbökliについて-民族學と間-」, 『江上波夫教授古稀記念論文集』(民族·文化篇), 東京, 1977, 229~324쪽 ; Talât Tekin, Orhon Yazitlari, Ankara, 1988. 이 책에서도 복클리를 '漠'으로 보아 사막으로 해석하느냐 '貊高麗'로 보느냐 아니면 '貊國'으로 보느냐로 견해가 각각 갈리어 있다(이희수 교수의 도움말이 있었다). 「(2007년) 7월 23일에 탐사단원들은 껀허에 들어섰다. 영하 40~50도까지도 내려가 호랑이가 못 사는, 대흥안령에서 가장 추운 지역이다. 순록의 원주지가 툰드라일 만큼 순록은 추운 곳에서 천적이라 할 모기를 피하며 사는데 이 일대에서 그렇게 좋은 순록생태환경이 더는 없다. 껀허의 '껀'은 물이 '깊다'는 군(gü:n)이 아니라 빛이 '밝아오다'나 물이 '맑아지다'는 뜻을 갖는 게겐(gegen)이라고, 舊蒙文인 내려쓴 꼬부랑글씨 위구르친 비칙 현지 팻말을 보고 에르데니 바아타르 교수가 지적했다. 나는 깜짝 놀랐다. 「나르 가라크(Нар гарах)」-'해 뜨는' 쪽(Наран ургахуйзүг),

→ 엄리대수→ 忽本=紇升骨(할힌골 : Qalqyn Gol=諾門汗)으로 정리되고, 이는 그대로 코리족이 騎순록 순록유목에서 스키타이의 첨단 제철기술을 수용하며 기마 양유목으로 발전해 타이가에서 몽골(貊高麗)스텝으로 진출하는 극적인 역사발전 단계를 보여준다고 해석하는 것이다.

껀허는 너무 추워서 호랑이가 못 살고 순록의 天敵인 모기도 따돌리는 생태환경이므로, 순록유목의 適地다. 이것이 그대로 천혜의 광활한 마·양목초지인 훌룬부이르 몽골스텝과 이어지므로 그 발전과정에서 타이가 주재 朱蒙의, 스텝을 향한 대탈출이 있게 되는데 그때 거북이의 도움을 받아 건너는 '奄利'大水[광개토대왕비문]가 큰물(大水)이라는 뜻을 갖는 '이민(Imin)'무릉(河)이다.[26] 거북이가 살 수 있는 훌룬부이르 호 태평양권 대만주지대는, 물이 차서 거북이가 못사는 바이칼 호 북극해권과 대비된다. 할힌골(Qalqyn Gol)=활의 강[弓江]=紇升骨(諾門汗) : 고(구)려국=弓帝國 창업기지로 정리되는 것이다. 이민(Imin)河=엄리대수는 고조선을 상징하는 유물인 琵琶形靑銅短劍 출토 서북 한계선지대이기도 하다.

정녕, 물이 태평양으로 흘러드는 헤를렌·오논·하일라르·에르구네나 이민

Солонгa улс라고 하여, 솔롱고스라는 국명이나 종족명 앞에 으레 따라붙는 수식구와 동일한 내용의 이름이어서다. 나는 이미 이 지역을 동명왕이 말치기 노릇하다가 도망 나와 동남하해 北夫餘를 세운 고리(槁離 : Qori=활)국터로 추정해본 터여서 더욱 그랬다. 껀허의 '껀(根)'이 「東明」의 뜻을 가지리라고 이전에는 미처 꿈에도 생각해볼 수 없었다. 역시 바이칼 동남쪽이 원주지였던 솔롱고스 부족에 붙어 내린 관용구에서 비롯된 이름일 터이다. 1999년 말 경에 흥안령 북부 하일라르 거주자인 조선교포 徐昌海 정협위원은 草莓(산딸기류)라는 高麗果가 根河一帶에 특히 많이 분포돼 있다는 정보를 전해주었다. 高麗果는 그 후 覆盆子로 밝혀졌다. 베· 수미야바아타르 교수가 1990년 5월에 몽골 문화사절단 통역으로 따라와 내게 건네 준 첫마디가 부이르 호 남쪽 호반에 선 고올리칸 석인상이 바로 '솔롱고스' 임금인 「동명」성왕이라는 것이다. 이는 저자를 경악케 했었다. 몽골스텝엔 발도 들여 놓아본 적이 없는 농경권 붙박이인 당시의 내게는 기마 양유목민의 거리개념이 있을 턱이 없어서다」(주채혁, 「솔롱고스 부족과 동명성왕의 사연-테무진과 훌란 공주의 몸에도 솔롱고스의 혈맥이 뛴다」, 『뉴스메이커』[특별기획 코리안루트 1만km 대장정] 제756호, 경향신문사, 2008년 1월 1일, 78~80쪽 참조).

26) 훌룬부이르대학 식물학 전공 黃學文 교수(몽골인)에 의하면 이민골 상류에 자라가 사는데, 그곳에 갈대와 같은 자라의 먹이가 자라나기 때문이라고 했다. 1999년말에 현지 동행답사 중에 황교수와의 대담에서 얻은 정보다.

(Imin)하 등의 동부몽골 강들은 강물이 그리 차지 않고 거북이의 먹이인 水草들이 자라서 거북이가 살 수 있지만, 물이 북극해로 흘러드는 바이칼 호와 그 바이칼 호로 물이 모여드는 서부몽골의 톨강·오르홍 강이나 셀렝게 강 등의 강들에는 물이 너무 차서 개구리는 살 수 있지만 거북이는 못 산다. 그러니까 물이 그리 차지 않아 거북이가 살 수 있는 지대에서 스키타이의 철기와 결합된 양치기의 기마사술이 발전해 '활의 유목제국' 「고올리칸(Gooliqan)국」=原고구려제국[27] : 原몽골(貊高麗)제국이 忽本[28]에 창업됐다는 것을 알게 된다.[29]

그래서 1992년 여름 한·몽공동학술 조사단이 조사해 보고한 대로 동부몽골에서는 '고올리칸국'만 알지 「솔롱고스(Solongos)」라는 이름은 도무지 몰랐다. 그러다가, 1921년에 인민혁명이 성공해 교과서에 처음으로 솔롱고스라는 명칭이 실리기 이전까지는 고올리칸국으로만 한국을 지칭해온 동부몽골인이다. 활의 영웅－고올리칸의 영유권인 「弓帝國」 역사권역이기 때문이다. 이런 사실이 이미 90년 전반기에 보고됐음에도 불구하고 놀랍게도 몽골인들은 거의 다 이런 사실을 아직도 모르고 있다. 동북아시아의 모든 유목제국의

27) 저자는 고구려가 Goguryo에서 모음 'o' 와 모음 'u' 사이에 낀 자음 'g'음이 사라지는 몽골어 음운 발전 과정에서 몽골에서 'Gooli'로 읽혔다고 본다. 아울러 고구려의 '高'는 '높다'가 아니라 '곰' 토템에서 오는 '고미'에서 비롯된 것으로 추정하고 있다. 스키토·시베리안의 역사무대에서는 특이하게도 순록유목이 그 식량생산단계의 창세기를 장식했는데 동북아시아 순록의 원주지는 만주의 북쪽 반대편 북극해 쪽의 예니세이 강과 레나 강 사이의 장대한 삼림 툰드라 및 툰드라지대이고 이곳은 너무 추워서 곰과 순록은 살지만 호랑이와 양이 못 살기 때문이다. '고미'+'코리(弓)'에서 비롯된 것이 '고구려' 명칭의 유래 내력일 수 있다는 것이다. 현존하는 우랄산맥 중의 '고미공화국'史를 참조할 필요가 있다.

28) 『廣開土大王碑文』.

29) "거북이와 자라는 물이 북극해로 흐르는 바이칼 호 북극해권에는 물이 너무 차서 못 살고, 실제로 그것들의 먹이가 되는 水草가 물이 태평양으로 흘러들어 그리 차지 않은 에르구네(多勿 : Ergüne) 하-하일라르(Hailar)하와 그 남쪽지류 이민(Imin)하 상류에는 지금도 자라고 있어 그 생존이 가능하다"고 훌룬부이르대 황학문(黃學文 ; 몽골족) 식물학 전공 교수는 조언한다. 그래서 동북아시아 유목제국태반도 呼·嫩평원 목·농대지에서 꾸렸다. 물론 시대에 따라 생태도 바뀌게 마련이지만 철기가 들어와 순록유목에서 기마 양유목으로 동북아시아 유목의 주도권이 바뀌는 기원전 6~5세기경 이후에는 그러했다고 한다.

태반이 되는 곳이 呼嫩平原임은 유목사 연구자들에게는 상식이다.

이상의 서술은 이런 내용으로 축약된다 하겠다. 실은 고리국 터로 추정되는 껀허에서 남하해 엄리대수로 批正해볼 수 있는 이민(Imin)河를 건너 할힌골(Qalqyn Gol : 諾門汗)－忽本 천연요새에 入城한 후에 '활의 나라'－고올리칸국－原몽골(貊高麗 : Mongol)인 原고구려유목제국을 창업하고는 마침내 多勿都(Ergüne城市)까지 收復하는 과정을 담은 東明聖王 전설의 역사적 실체가, 결국 「할하오복(Qalqa obog)」－'코리족(弓族)'의 "騎순록 순록유목→ 기마 양유목" 발전과정을 적은 것이라는 결론이다. 그러니까 이 전설이 바로 騎순록 순록유목제국 고조선~북부여→ 순록치기에서 양치기로 발전하는 과도기 夫餘→ 기마 양유목제국 原몽골(貊高麗 : Mongol)－原高句麗 창업이라는 騎馬射術을 확보한 '할하'－弓帝國의 역사적 발전과정을 반영한 것이라는 주장이다.

실로, 그렇게 껀허(根河)=순록유목지=槁離(Qori)國에서, 이민(Imin)하(伊敏河 : 大水)－'엄리'대수[30]를 건너 망명해 나온 Qorči(弓士 : 箭筒士－Харваач)중의 가장 뛰어난 名弓手－朱蒙(T'umen)이 忽本 (또는 卒本) 곧 할힌골(Qalqyn Gol : 諾門汗)=紇升骨 몽골스텝에 들어 부이르호수 언저리의 대규모 논벼농장을 낀 기가 막힌 천연요새지에서, 기마 양유목에서 비롯되는 최첨단 騎馬射術로 몽골스텝에 진출하면서 일약 대성해 고구려제국을 세우고, 껀허라는 고리국 옛터를 되찾는 과정에서 多勿－'에르구네(Эргэн)'[31] :고토수복

30) 東明(T'umen)성왕이 건넌 물이름이 엄호수인데 이는 어마어마하게 엄청난 큰물이라는 뜻을 갖는 Hailar하(海拉爾河) 남쪽 지류인 Imin하(伊敏河)로 비정된다. 고리국 舊墟 껀허(根河)에서 原몽골인 貊高麗=스텝의 기마 양유목형 原고구려가 창업되는 부이르 호 동남하반의 할힌골=紇升骨(Qalqyn Gol)=忽本으로 가려면 반드시 건너야 하는 큰물이 이민하이기 때문이다. 엄호수[掩淲水](『論衡』 2 「吉驗篇」, 1C), 奄利大水(『廣開土大王碑』, 5C초)와 淹水(『隋書』 관계조, 7C초)는, 고구려 건국신화의 경우에는 『魏書』·『隋書』·『北史』 관계조에 아예 「大水」로 쓰였고, 淹水의 「淹」자는 그 뜻 자체가 '넓고 큰(弘大)'이다. 지금의 Imin하(伊敏河) 언저리 원주민들에게 Imin이 '큰물'을 뜻한다고 구전되어 오는 것 그대로다.

31) Эргэх라는 '되돌아와 되물린다'는 뜻을 갖는 동사에서 파생된 말로 추정된다. 에르군江 언저리가 몽골(貊高麗)인들의 기원지임은 주지하는 사실이다. 『삼국사기』 「고구려 본기」 제1권에 "松讓이 나라를 바치고 항복하므로 왕은 그 곳을 多勿都라 하였다.

성전의 전설화가 이룩된 것이라 해야 할 것이다. 결국 東明(T'umen)성왕이 多勿都(Ergüne城市)의 入城으로 原몽골(貊高麗 : Mongol)－原高句麗 창업을 완수하는 이야기가 줄거리를 이루는 多勿聖戰 大敍事詩인 셈이다.

다만 가장 북쪽에 있는 껀허(根河)의 槁離(Qori)國이 순록유목제국의 본거지고 거기서 탈출해 나와 부이르 호 언저리에 北夫餘를 세운 투멘(T'umen)이 松讓의 先代祖 창업자와 같은 제일의 東明(T'umen)이며 이에서조차 다시 탈출해 분화·발전하는 과정에서 紇升骨－할힌골(Qalqyn Gol : 諾門汗) 곧 忽本에 창업기지를 확보하고 좀 더 서남쪽으로 몽골스텝 깊숙이 진출한 투멘－東明이 高朱蒙(Go T'umen)이었다는 해석이 가능할 수 있다고 본다. 그러니까 槁離國→ 부이르 호 일대의 北夫餘→ 할힌골의 高朱蒙 순으로 기마 양유목의 발전이 이루어져 몽골스텝에 깊숙이 진출해 당시의 최첨단 유목무력인 騎馬射術을 확보한 高朱蒙이 북부여→ 고리국에 多勿－'에르구네(Эргэн)'都를 세워가는 捲土重來形 창업설화가 東明(T'umen)－高朱蒙(Go T'umen)설화의 역사적인 실체내용일 수 있다고 보는 것이다.

나는 지금까지 '코리'가, 가장 첨단을 걷고 있는 길들여진 유목가축 순록을 일컫는 명칭이라고 주장해왔다. 그래서 그 길들이는 과정이 너무 어려워서 '不馴鹿'이라는 뜻의 '오룬 복'이라고 부른다고 해석해왔다. 에벵키나 다구르 또는 오룬춘어로 Orun이 '길들지 않는, 야생의'라는 뜻을 갖기 때문이다.

그러나 이제 이를 좀 수정해야 할 단계에 이른 것이다. 스키타이 제철기술과 결합해 몽골스텝에까지 진출해 순록치기에서 기마 양치기로 돌변하면서 당시로서는 최첨단인 騎馬射術을 확보하는 무서운 弓士集團을 이룬 코리족－弓族들이 이내 순록유목부족들의 우두머리 집단으로 놀랍게 성장했다. 그리

송양을 봉하여 그 곳의 主를 삼았다. 고구려 國語에 舊土의 回復을 多勿이라 하므로 그와 같이 이름한 것이다."라고 기록해 있다. 그러니까 '다물'은 고구려 말로 '옛영토를 다시 찾는다'는 뜻이다. 그렇다면 鄒牟王이 고구려를 건국하고 나서 다시 찾겠다고 나선 '옛영토'는 바로 Buir(沸流?)호 권역인 根河 유역 곧 최선진 순록유목지인 Chaatang의 순록유목제국인 槁離國-古朝鮮의 땅이다. 물론 이는 이후 그 중 일파의 東遷 팽창과정에서 역사무대를 渾江 일대로 그대로 떠안고 이주했을 수 있다. 순록-양유목민의 본질적인 특성이 그러하기 때문이다.

고 이들이 수림툰드라라는 광대무변한 순록유목기지를 배경으로 출몰하며 기존 목농제국을 못살게 구는 '활을 든 자'인 오랑캐(持弓者)－'코'리양카이－코리(弓)족의 순록치기가 되었던 터였다. 그러므로 기존 목농제국의 시각으로 보면 도저히 길들일 수 없는 오랑캐[32)]－'활을 든' 순록유목치기 Qorči－오룬춘집단이 되는 셈이고, 바로 이 오랑캐－코리족들이 치는 순록이 Qorči(弓士 : 箭筒士－Харваач)＝오룬춘(持弓人)＝오랑캐의 Chaabog－순록 곧 'Orun bog'이 된 것이라고 추론해볼 수 있다.[33)]

---

32) 2000년 초에 서울대 의과대학 교수 서정선의 마크로젠(주) 팀과 셀렝게 강 지류 어느 마을에 현지답사차 갔다가 투바에서 온 오랑캐족 유목민 할아버지가 나를 보고 '오랑캐 동포'라며 술과 양고기를 푸짐하게 대접하고 살아있는 양도 몇 마리를 선물하는 바람에 기겁을 했지만, 싫지는 않았다. 실은 유목사학도로서 나 자신이 자신의 유목태반사를 까마득하게 망각하고 있는 역사의 실향민임을 어렴풋이 자각하는 순간이면 그 유목민 노인의 정겨운 체온이 그 후로도 줄곧 두고두고 되새겨지곤 했다.

33) 1999년말 경에 흥안령 북부 하일라르(海拉爾) 거주자인 조선교포 徐昌海 정협위원은 순록의 주식 鮮의 蘚(Niokq)과 더불어 사는 草莓(산딸기류)라는 高麗果가 껀허(根河) 일대에 특히 많이 분포돼 있다는 정보를 전해주었다. 고려과는 그 후 覆盆子(사내의 정력이 세어져서 요강을 뒤엎게 하는 산딸기라는 뜻의 이름)로 밝혀졌다. 활(Xor 또는 Qor : 弓)을 뜻하는 槀離(Qori) 관계 종족이름, 강이름이나 지명 및 과일이름이 이 언저리에 특히 많이 분포돼 있어 주목된다. 이 지대는 鮮卑族 舊墟 가셴둥(嘎仙洞)이 있어서 세계몽골학계에 널리 알려져 있는 터이다. 이 가셴둥 동굴벽에 '칸(可寒 : Xаан)'과 '카툰(可敦 : Хатан)'이라는 몽골어가 石壁의 石刻 祝文에 刻字돼 있고 이 글의 내용이 『魏書』(世祖條) 관계기록의 내용과 일치돼서, 이곳이 몽골(拓跋鮮卑) 기원지임이 공인되기도 했다. 이 잘 생긴 거대한 동굴 속에는 석기시대·청동기시대·철기시대 유물들이 모두 발굴되고 있다(米文平, 「鮮卑石室尋訪記」, 中國邊疆探察叢書, 山東 直隸출판사, 1997 참조). 저자가 조선은 '아침의 나라'가 아니고 「순록유목민의 나라」라는 자각을 하게 한 오룬춘박물관도 이 지대에 있다. 오룬춘은 본래 코룬춘(Qorunchun)이었는데 'Q'자가 그 후 음운 발전 과정에서 탈락돼 오룬춘(Orunchun)이 됐다는 것이 전 몽골과학원 역사연구소장 아. 오치르 교수의 논증이다. 「코리」는 '활(弓)'인데 오룬춘은 이에서 비롯된 이름일 수 있다. 저자가 껀허 지역을 고리국으로 비정해보는 이유가 여기에 있다. '활을 든' 이(持弓者)들의 나라 弓國 : 코리는 마치도, '칼을 든' 이(持劍者)들의 나라 契丹(Cathey : 비파형 청동단검의 본무대 起源)과 대비되기도 한다. 대·소흥안령 일대에서 가장 추워서 범-호랑이가 못 살고 순록의 천적 모기를 피할 수 있는 순록유목의 최적지다. 이 혹한지역 가셴둥 동굴에서 북극곰의 피가 흐르는 熊女(곰녀)와 추위에 약한 虎女(범녀)가 신랑감인 미래의 檀君의 아버지 환웅과의 同寢權 확보를 놓고 쟁패혈투를 벌였다면, 웅녀의 승리는

시베리아의 한 중심 바이칼 호올콘섬에 코리족의 시조탄생설화가 깃든 不咸(Burqan) 祭天壇이 그 설화와 함께 전승돼 내려오는 까닭이 바로 여기에 있다는 것이다. 이들이 스키타이 제철기술과 결합되어 무서운 弓士戰力集團을 이루는가 하면, 스텝에 진출해 騎馬射術이라는 가공할, 당시의 최첨단 遊牧武力을 확보했다. 이렇게 해서 훌룬부이르 몽골스텝이라는 드넓은 유목지대와 嫩江平原이라는 거대한 목농지대를 통합해 지배하면서, 치열하게 사회분화가 일어나 고대 유목제국이 창업되게 됐다는 사실은 이미 공인된 터이다. 고리든, 부여든, 흉노든, 고구려든, 돌궐이나 선비든 그래서 모든 동북아시아 고대유목제국을 낳은 자궁이 훌룬부이르 몽골스텝-嫩江平原 곧 이른바 呼嫩平原이라는 사실은 의심할 여지가 없다는 것이다. 槁離-貊高麗(몽골)-原고구려도 물론 예외일 수가 없다. 이런 역사배경을 가지고 생겨나 전승돼온 것이 코리족 族祖 탄생설화이고 東明聖王 전설의 역사적 실체라 하겠다.

따 놓은 당상이다. 그래서 차아탕 : 순록치기 기원 고조선 「단군신화의 동굴무대」는 '가셴둥'일 수밖에 없다. 이곳이 바로 곰과 호랑이가 마주칠 수밖에 없는 생태권역이어서 더욱 그러하다. 더군다나 鮮卑의 '卑'는 鮮族의 허리띠라는 뜻(주채혁, 『"鮮"의 高麗와 "小山"의 馴鹿 연구」, 『백산학보』 67, 2003)이고 보면, 몽골의 직계조상인 선비족 조상의 기원동굴인 가셴둥은, 朝鮮겨레도 鮮卑族처럼 鮮(Soyon)族이어서 조선과 몽골은 단군신화를 그 태반으로 공유할 수도 있다고 보는 것이다. 북경원인 발굴로 유명한 裵文中은 1950년대에 이곳을 탐사하고 잘라이노르에서 동토작용을 찾아냈다(裵文中, 『科學通報』, 1956 및 『科學紀錄』, 1957). 지금부터 25,000~15,000년간에 걸쳐 있었던 몽골고원의 동토현상이 점차 걷혀올라가면서 遼西地帶의 騎馴鹿 순록유목 중심권이 騎馬 양유목 起源圈인 呼嫩平原으로 철수하는 과정에서 곰녀와 웅녀의 가셴둥 환웅 쟁탈전이 벌어졌던 것으로 추정된다. 가셴둥 앞에 흐르는 물이름이 阿里河이고 阿榮旗도 있으며 阿龍山(根河市 소재)도 있는 것으로 보아, 그 수원지쯤에 阿里(Ali)嶺 또는 阿榮(Arong)嶺이나 '맑은' 물이라는 뜻을 갖는 根河가 흘러나오며 순록의 주식 蘚(이끼)떼가 있고 순록바위그림이 尙存하는 阿龍(Along)嶺이 있었음을 추정해볼 수 있다. 그렇다면 이것이 태평양의 海風을 막아 건조한 몽골스텝을 만드는 대흥안령의 嶺東과 嶺西를 가르는 고개일 수 있다. 바로 이 阿龍(Along)嶺-阿里嶺이, 저습지대 순록치기가 철기 수용 이후에 이 고개를 넘어 고원건조지대 몽골스텝의 기마 양치기로 발전하면서 수시로 넘나든 그 역사적인 고개 아리령=아리랑 고개가 아닐까? 이런 거창한 북방몽골로이드의 유목발전사적 배경을 안고 태어난 것이 아리랑 민요일 수도 있을 터이다.

多勿-에르구네 '東明루트'를 다시 한번 간추려 요약해보면 이러하다. 오랜 순록유목제국사의 전통이 유목 주도로 목·농을 아우르는 이 呼嫩平原에서 응축돼 순록유목제국을 결실케 됐으며, 이와 동시에 이 순록유목제국민들은 유라시안 몽골리안루트를 따라 기원전 5세기경에 철기가 들어와 말을 타고 활을 쏘며, 생산력이 騎馴鹿 순록유목민에 비해 뛰어난 스텝의 騎馬 羊遊牧民으로 발전케 된다. 활겨레 코리(弓)족이 고조선~부여에서 고구려로 발전하는 과정이 바로 동명왕전설이니, 騎馴鹿 순록유목이 騎馬 양유목으로의 도약이 그것이다. 이에서 그들은 툰드라·수림툰드라에서 스텝으로 진출하면서 당시의 최첨단 유목무력인 騎馬射術을 획득하게 됐다. 그러므로 이는 또한 저지대 濊族에서 고지대 貊族 주도로 유목의 주도권이 넘어가는 과도기를 보여주는 전설이기도 하다. 동명왕이 고리국에서 이민(Imin)하를 건너[34] 부이르호반 할힌골(Qalqyn Gol) 스텝에서 고구려를 창업하면서, 논벼농사를 지었다는 이 언저리의 거대한 고올리 농장터가 입증하듯이, 기마 양유목 주도의 동북아시아 최초의 原몽골(貊高麗 : Mongol)—原고구려 초기 목·농통합형 유목제국을 창업하게 된 것이다. 이에 이르러 최첨단 유목무술인 騎馬射術을 갖춘

---

34) 17세기경으로 시대는 다르지만, 魚鱉이 成橋하여 嫩江을 건너 적의 추격을 따돌린 '까치임금님' 이야기가, 고구려인의 후예로 보이는 다구르(達斡爾 : Daghur)족에게 지금도 전승돼 오고 있다. 바로 그 전설적인 자리인 강북쪽 강 언덕에 富裕縣(에린친[亦鄰眞] 교수의 고향) 당국이 석판을 세워 그 구비전승을 되새겨 유적지화하고 있기도 하다. 이와 함께 富裕縣이 北夫餘의 북쪽 국경이었다는 기록(姜成厚·紀永長 主編, 『富裕縣志』, 北京 中共黨史資料出版社, 1990, 51쪽) 등 풍부한 사적과 사료들이 산재해 있다. 유감스럽게도 이 언저리까지 답사한 한국공영방송이나 개인연구자 답사팀도, 현지에선 제법 널리 알려진 이런 유적은 정작 모두 못 보고 지나치곤 한다. 이로 미루어 보아, 東明聖王 전설은 적어도 嫩江 이북이 그 기원지임을 미루어 알 수 있다. 뿐만 아니라 東明이나 朱蒙이 모두 백발백중의 명사수 T'umen에서 비롯된 당시의 「유목제국 太祖」를 지칭하는 普通名詞일 경우에는, 騎馬射術을 획득하는 것이 당시에 遊牧帝國 創業의 필수적인 전제이었으므로 기마 양유목의 본거지인 몽골스텝으로 진출하는 것이 순리이다. 多勿聖戰의 토대를 닦은 꼬리(Qori國 舊墟)→ 이민(Imin)하→ 할힌골(QalqynGol : 忽本=紇升骨=諾門汗)→ 多勿都(Ergüne城市)의 '東明(T'umen) 루트'는 그래서 그 가능성이 가장 높다고 하겠다. 실은 동북아시아 유목사학계에서 이미 상식화한지 오래인 몽·려 활겨레(弓族) 유목태반 기원사만 수용한다면, 이는 불을 보듯 명료한 순록-양유목 고조선·부여·고구려 유목제국 呼嫩平原 創業史다.

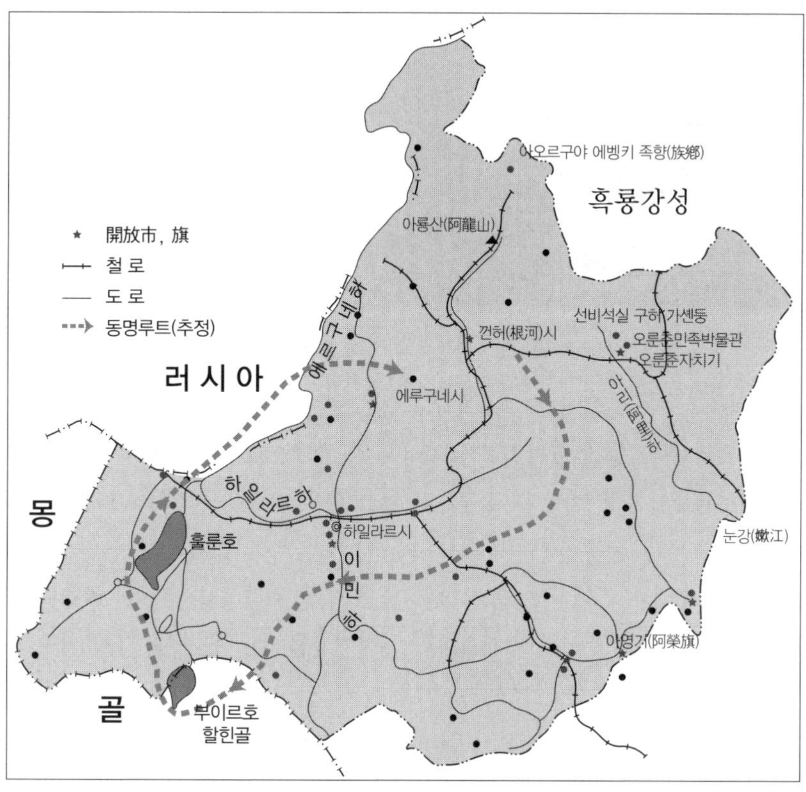

몽·려 활겨레 유목태반 훌룬부이르 몽골스텝-多勿 : 에르구네 동명루트 批正圖

막강한 고구려는, 껀허의 옛 조국 槁離國을 되찾는 '다물전투'—태반고토수복 작전을 대대적으로 벌여 고구려 선대의 고토 고조선~북부여의 고리국까지 收復하는 일대의 역사적인 전과를 이룩한다. 이것이 고구려 多勿大戰이자 에르구네 원몽골-원고구려 조국통일 총력전이다. 몽·려 활겨레의 모태회귀 하느님누리 不咸(Burqan)동산의 되물림—收復이다. 古몽골-原고구려의 통일 유목태반 구축을 기념하는 大聖戰 다물대전—에르구네 총력전이 전설화한 것이 바로, 동명성왕전설이라는 것이다. 그래서 저자는 동명이 고구려의 스텝부분 기마 양유목제국의 원초를 이루는 북부여 내지 맥고려-원몽골의 창업 및 고토회복—多勿(Ergüne) 역사적 대통일 루트[東明(T'umen=朱蒙) 루트]를, 이에 감히 위와 같이 批正해 그려 蒙·麗 활겨레(弓族) 고대사학계에

할힌골(Qalqyn Gol : 忽本=紇升骨=諾門汗) 항공사진[35]

제시한다. [① 껀허→ ② 선비석실 구허 가셴둥→ ③ 오룬춘민족박물관－오룬춘자치기→ ④ 이민하→ ⑤ 부이르호－할힌골(Qalqyn Gol)→ ⑥ 에르구네하→ ⑦ 에르구네시(多勿都 : Ergüne 城市)]

거듭 강조해 두거니와 뿌리를 말할 때는 그냥 몽골이 아니라 'Qalqa Mongol'이다. 'Qalqa-Qalqyn Gol(弓江)'이란 부이르 호반 일대에 펼쳐진 굴곡이 심한 스텝으로, 베. 수미야바아타르가 고구려의 창업기지 忽本 곧 紇升骨로 보고 있는 바로 그 지대다. 1938년경에 소련 탱크부대와 몽골경기병의 기습으로 이른바 旭日昇天하던 일본군이 전멸당한 전투지역이다. 1992년 8월 한·몽 합동동몽골답사팀이 '1938년'이 찍힌 탄피를 줍고 근처의 탐사크볼락 신석기유물 발굴지를 재조사한 곳이기도 하다. 몽골국(외몽골)에서는 이 전투를 '할힌골(弓江) 전투'라고 하고, 내몽골에서는 '놈온한(諾門汗=Goolikhan : 弓王) 전투'라고 한다. 내몽골에서는 'Nomonbaatar'－弓英雄(활장군)이 둥지를 틀었던 근거지라 Nomonkhan－弓王='Gooli(弓)khan'이란 이름이 생겼다는 전설이 전승되어 온다.[36] 弓王이란 몽골어로 백발백중의 명사수 투멘(T'umen)[37] 곧 東明－鄒牟[38]－「朱蒙」

35) 몽골·일본인력개발센터, 『세계사 속의 할힌골전투(놈온한 사변) 70주년 국제학술회의』, 2009년 7월 2일~5일, 울란바아타르[몽골국립대학교 기념관내]. 이때 제공한 영상이다.

36) 1999년 가을 답사시에 현지의 군수에게서 직접 전해 들었다. 잔즈브도르쥔 롬보, 「조선민주주의 인민공화국 주석 김일성동지의 회고록 『세기와 더불어』 7권 중에서 <할힌골 전투>」, 『몽골조선인민공화국 관계 60년』(한글판), 평양, 2007, 129쪽에서 諾門汗을 Нум(弓)의 Хан으로 읽지 않고 Номхон(순종하는, 길든, 고요한, 평화로운)으로 읽어 그 뜻을 추정한 것을 인용하고 있는 점으로 보아, 북한이 이미 1900년대 중반에 이곳의 역사유적을 한민족 태반과 관련시켜 구체적으로 주목하고 있었음에도 불구하고 그 후 구체적인 현장연구가 더 심화되지는 않았던 것 같다.

37) 베. 수미야바아타르는 주몽을 T'uman으로 音寫해 쓰고 있다.

38) 『廣開土大王碑』나 『牟頭婁墓誌』에는 「鄒牟」로 기록되어 있다.

을 일컫는다고 할 수 있다.

1970년대 중반 40대 전후의 몽골역사언어학자 베. 수미야바아타르[39]는 그래서 훌룬부이르 몽골스텝의 서남쪽 고올리국 국경선내인 부이르 호반 '숑크(赤) 타반(5) 톨로고이(頭)'에 서 있는 고올리칸 훈촐로오를 東明聖王-朱蒙의 석인상으로 추정하는 놀라운 탁견을 언급했다.[40] 할힌골은 할하의 강-弓江이라는 뜻을 갖는 것으로 나는 해석하고 있다. 내·외몽골의 서로 다른 이 전투지역의 이름인 「놈온한(諾門汗)」과 「할힌골(紇升骨)」이, 실은 같은 의미의 지명을 서로 다른 騎馬射術의 발전과정에 처해 있으면서 각기 서로 다른 말로 표기했을 따름으로 보기 때문이다. 할힌골 지역에서 거기가 고향인 내몽골 역사연구소 아. 아르다잡 다구르족 사학자와 2000년을 전후해 1년간 캠프를 차리고 현지에 함께 체류하기도 하며 1990~2009년까지 20년간 내·외몽골 쪽 할힌골을 때때로 답사하여 가까스로 이끌어낸 결론이다. 박창범의 고구려 日蝕記錄 분석 결과[41]에서 그 최적 관측지가 鴨綠江 일대가 아니고

---

39) 주채혁, 「'후고구려' 세계제국 몽골-코리족 발해 대족들의 망명정부가 중핵 태반 추정」, 『순록치기가 본 조선·고구려·몽골』, 혜안, 2007, 237~307쪽 참조. 2009년 10월 두만강포럼 발표시에는 장외에서지만, 실로 오랜만에 연변에서 자리를 같이 한 박영재 교수와 김재열 한국고등교육재단 사무총장, 고재욱 교수와 정진영 교수 및 염재호 교수 등이 밤늦게까지 진지하게 이야기를 주고받았다. 전인초, 이형구, 백영서 교수 등도 때로 동석해 의견들을 나눴고 이종훈 교수는 내 논문의 토론자로 귀중한 견해를 피력해주었으며, 金寬雄 교수(연변대 두만강포럼 주관, 2010~2011년 서울대 규장각 파견 교수)는 15년간에 걸치는 두만강(圖們江) 琿春 일대 현지답사로 어렵사리 수집해온 정보를 수시로 전해주었다.

40) 주채혁, 「몽골은 고구려의 外孫민족, 東明聖王 石像도 있다」, 『월간조선』 1998. 5, 조선일보사, 326~343쪽. 그는 당시에 『퀼테긴돌궐비문』의 「복클리」가 「貊고올리」 곧 「貊高句麗」=「貊高麗」이자 「몽골」이고 紇升骨은 東明聖王이 고구려를 창업한 要塞이며, 바로 그 언저리 고올리국 국경선 前哨基地 숑크 타반 톨로고이에 선 「고올리칸상」은 '東明聖王 石像'으로 「몽골과 한국인의 공동조상」이라고 했다. 「東明(T'umen)루트」도 언급하면서 전화로 "史實은 하나다!"라고 단호하게 잘라 말해 내가 그대로 글로 받아썼다(343쪽). 그런데 놀라운 것은, 그 자신이 그곳에 현지답사한 적은 단 한번도 없었다는 점이다. 1999년 1년여를 유적 현지에서 그곳이 고향인 현지학자 아. 아르다잡 내몽골사회과학원 역사연구소 교수와 함께 머물러 살며 답사연구를 하고, 그를 전후해 십여 차례 기회 있을 적마다 근 20년간을 이곳의 현장연구에, 누구의 눈치도 보지 않고 오로지 매달려 이를 내 나름으로 구체적으로 실증해본 것은 논자다. 그러는 과정에서 그 推定의 정확성에 혀를 차곤 했다.

바이칼 호 우측 몽골지역이라고 한 것이, 놀랍게도 이 지역 원주민들의 "몽골과 한국의 할힌골(Qalqyn Gol : 弓江) 언저리 分族" 증언[42]과 맞아 떨어지면서 베. 수미야바아타르와 나의 주장에 크게 무게를 실어주고 있다. 과학적

---

41) 박창범, 『하늘에 새긴 우리의 역사』, 김영사, 2002.

42) 주채혁, 「興安嶺지역의 室韋와 貊－蒙'고올리'와 貊'고올리'」, 『한민족학연구』 3, 단국대학교 한국민족학연구소, 1995 참조. 논자가 관계구비전승 사료를 수집한 것은 1992년 7월 하순에 한·몽공동 동몽골 대탐사단의 한국측 단장으로 부이르 호수가에 이르렀을 때이다. 몽골사람들의 발길도 이르기 힘든 이 외진 동몽골 대초원에서 뜻밖에 촌노들로부터 다음과 같은 고올리국 유적·유습에 관한 이야기를 들었던 것이다.

"이곳의 부녀자들은 게르에서 나와 말을 보러 가면서, 곧 화장실에 가면서 몽골 부녀자와 고올리 부녀자가 서로 마주치면 몽골 부녀자들은 西南쪽에서 왼쪽 손을 들어 北東쪽을 향해 한번 돌리고 고올리 부녀자들은 북동쪽에서 오른손을 들어 서남쪽을 향해 한번 돌려 인사를 했다. 몽골 사람과 고올리 사람은 본래 한 종족이었는데, 몽골 사람들은 여기서 서남쪽으로 가서 몽골 초원의 유목민이 되었고 고올리 사람은 여기서 북동쪽으로 가서 고올리 사람이 되었으므로 서로 한 피붙이인 同氣間임을 일깨우는 인사의례였다."(『송년특집다큐멘터리 유목민의 땅 몽골을 가다』 제1~2부. SBS-TV 홍성주·홍순철제작자 현지취재보도, 1992).

몽골사람과 한국사람이 본래 같은 근원이었다는 이야기는 그간 막연히 들어왔지만 논자가 아는 한 두 나라 사람들이 같은 근원이라는 근거를 이렇게 또렷이 보여주고 있는 경우를 문헌사료에서는 어디에서도 아직 찾아 볼 수 없었다. 오로지 홍안령을 넘어 부이르 호수가의 황량한 벌판에 이르러서만 비로소 처음 접하는 이 관계 구비전승사료였던 것이다.

위 구비사료는 주로 1992년 7월 28일에 잠스랑수렝(Жамсарансүрэн : 67세)과의 회견에서 얻은 구비전승자료다. 그 밖의 고올리나라 사람들에 관한 것은 『토왕군의 역사』라는 책에 기록되어 있었으나 지금은 그 책이 없어졌다고 했다. 그 책은 그의 스승이 베껴 두었던 것인데 군복무를 마치고 오니 없어졌다는 것이다. 토왕(德王 : Demchukdoggrub)은 1921년 혁명 이전까지 이곳을 다스린 사람이다. 그런데 이런 전설은 실은 아무르 강으로 물이 흘러드는 제야 강 언저리로부터 呼嫩평원 전역의 현지 원주민들에게 보편화된 구비전승 사료임을 그 후 십수년간 계속 답사과정에서 확인케 됐다. 애초에 주로 고원 건조지대에서 고원 건조지대로 옮겨다니던 貊系 순록유목민은 그대로 고원 스텝지대로 내달아 흉노나 돌궐처럼 발전해갔고, 鮮族·부여·백제계와 같은 低濕地帶의 濊系 순록유목민의 다수는 만주 草甸子 草原 목·농지대로 주로 흘러갔으며, 그중에 고지대에 적응해가는 朝族·고구려·선비·室韋·거란·몽골系와 같은 일부는 몽골스텝이나 고산지대로 진출한 것으로 보인다. 후자는 蘚이 나는 대·소흥안령과 어느 단계까지는 계속 상호 유기적인 관계를 유지하면서 발전해갔던 것이 그 특성이라 하겠다.

기록과 우직한 문맹은, 모두 거짓말을 못하는 그 나름의 속성을 지니기 때문이라고 추정해 본다.

바로 그 언저리 홀룬부이르 본지를 중심으로 하는 구비전승 상의 고올리국의 국경선 내에 고올리칸=弓王 훈촐로오가 서 있는가 하면 그 북쪽 언저리에는 고올리 사람들이 논벼-'오순도트락' 농사[43]를 지었다는 거대한 고올리 농장터가 있어서이다. 지금도 비가 오면 봇물이 철철 넘쳐흐르는 수리시설이 갖추어져 있고 큰돌 맷돌과 돌절구 유물도 있으며 물론 토기파편들도 흩어져 있다. 근처 산에 고올리果라는 覆盆子가 있는가 하면 '고올리(弓) 강'이 있다는 이야기도 언뜻 원주민들에게 들은 적이 있다.[44] 고올리 강은 아직 확인치 못하고 있는데, 그것이 바로 고올리=코리=활=할하로 이어지는 '할힌골(諾門汗)' 곧 弓江이 아닐까 하고 이제 나는 감히 추정해보고 있다. 뿐만 아니라 할힌골(弓江 : Qalqyn Gol)=忽本江=渾江 : 弓江으로 할힌골의 地名舞臺를 거의 그대로 渾江-五女山城-不咸(Burqan)山[45] 식으로 지니고 이주한 貊(Elbenkü)高麗→ 곰(半月熊)고려 : 高句麗로 감히 비정해본다. 물론 바이칼호 북극해권은 물이 차서 곰은 살고 호랑이는 살지 못하므로[46] 미상불 선진 순록유목민을 상징하는 곰이 당지의 수렵민을 상징하는 호랑이를 만나는 곳이 호랑이가 살 수 있는 홀룬부이르 곧 할힌골(諾門汗)-忽本圈임을 과감히

---

43) 지금의 생태조건으로 보아서는 거센 바람과 메마른 스텝지대인 이곳이, 아무리 대흥안령의 눈 녹은 물이 흘러내린다고 해도 논벼농사가 될 수 없는 땅이다. 그렇지만 몇 차례 찾아와 계속 원주민들에게 거듭 확인했으나 분명히 '논벼농사'를 지었다고만 확인해 주었을 따름이다. 수십년 내에도 생태가 크게 바뀌고 있는 당지의 현실을 勘案한다면 수천년 역사 속에서는 그것이 어찌 변해왔는지를 쉽게 추정하기가 아주 어렵다.

44) 1999년 가을에 하일라르에 사는 조선교포 徐昌海(1930년대 중후반후에 태어남, 1934년생 정수일 교수의 延邊 학교 후배) 정협 위원은, 당시 80세 전후의 조선교포 노인들에게서 「高麗河」가 있다고만 들어왔는데 그것이 어느 江河를 이르는 것인지는 구체적으로 확인치 못했다고 했다.

45) 헨티산과 백두산에 모두 있음.

46) 울란우데에 호랑이가 1900년대 초반까지 살았다는 보고가 있지만, 이는 실은 호랑이와 유사한 짐승일 뿐 호랑이는 아니라고 한다, 2009년 8월 28일에 국립몽골사범대학교에서 열린 '몽골의 과거와 현재'라는 학회에서 만난 Bulat R. Zoriktuev 교수의, 수정된 새로운 보고가 있었다.

상정해본다. 이 또한 그 무대를 그대로 가진 채 渾江 일대로 이주했을 수 있다. 시원적 유목성 본질을 가지는 조선-고구려 태반사이기 때문이다.

그렇지만 지금 할힌골-忽本 현지에서는 후래의 불교전설로 윤색되어 고올리칸 훈촐로오를 라마석인상으로, 놈온한을 어떤 저명한 라마(佛僧)의 이름으로 구전해오는 혼선을 빚고는 있다. 역사연구자들의, 구체적이고 예리한 사료비판을 기다리고 있는 구비전승 자료들인 셈이다.47)

지난 5월 말에 내가 국립몽골대학교 몽골연구센터에서 「몽골·한국의 弓族分族論」을 특강으로 설파하자, 예상 밖으로 관계전문가들이 뜨거운 관심을 보여주어 질의응답이 그칠 줄 몰랐다. 물론 그간 이미 '北夷(『論衡』「吉驗編」, Qori)'와 '東夷'라는 명칭이 줄곧 「몽·한 弓族(Qalqa obog) 分族論」을 암시해오기는 했지만, 몽골사학자 도. 곤고르와 테. 아. 오치르의 '할하-방패설'48)을

---

47) 현재 몽골인들의 이름 중 70% 이상이 모두 속칭 라마불교인 몽골정통불교신앙에서 비롯된 이름임을 고려해야 한다. 몽골인 몽골사학자들의 몽골태반사 연구에 유목의 뿌리인 獸祖傳說에 관한 것은 全無하고 도리어 온통 몽골정통불교의 緣起說話에 附會하고 있는 놀라운 현실도 감안돼야 한다. 한국유목태반사 연구에 끼치고 있는 朱子學의 逆作用 그 이상의 副作用이 엄연히 현존하고 있는 것이다. 오랜 僧科나 文科의 관리 등용시험전통의 폐해가 혹심했던 터이라 하겠다.

48) Д. Гонгор, Халха Товчооң I (1970), II(1978), Улаанбаатар, I -129쪽 ; Т. А. Очир, Монголчуудын Гарал, Нэршил ; Улаанбаатар, 2008, 206쪽. 할하몽골 종족명의 형성시기를 전자는 13세기경으로, 후자는 14세기경으로 잡고 있는 점만 다를 뿐 그들의 견해는 大同小異하다. 그러나 Qalqyn Gol이라는 지명은 『몽골비사』에도 이미 보이는 만큼 그 지명의 유래는 훨씬 더 고대로 소급될 수 있다.

"Монголын нууц товчоон"-д Халх голын талаар доорх хэдэн мэдээ байна. Үүнд,

175. Then Cinggis Qa'an departed from Dalan Nemurges following the course of the Qalqa River downstream, and counted his forces. When numbered, there were two thousand six hundred men. With one thousand three hundred men Cinggis Qa'an moved along the western bank of the Qalqa while the Uru'ut and Mangqut moved with one thousand three hundred men along the eastern bank of the Qalqa. p.95.

176. Cinggis Qa'an knowing that just where the Qalqa River flows into Lake Buyur there stayed the Onggirat chief Terge Emel and others, sent Jurcedei to them with Uru'ut troops. p.95.

191. Cinggis Qa'an approved these words of Belgutei Noyan and, returning from the hunt, moved from Abjiqa Koteger and set up camp at Keltegei Qada, at the Or Bend of the Qalqa River. He counted his troops and on the spot formed units of a thousand

정면으로 뒤집는 내 할하-활겨레 곧 '할하오복-弓族說' 발표는 그만큼 충격적이었던 듯하다. 막연한 자기 학문업적 과시식 '몽-한 同根論'은 만발했지만 구체적인 史料와 史實을, 몽골학자가 이미 30여 년전에 제기한 문제에 토대를 두고 근 20년간 몽골-시베리아-만주 역사현장을 직접 집요하게 답사해 할하 오복(Халх овог)-弓族 分族論을 주장하는 것은 이번이 처음이어서다.

5. 맺음말

유목사 연구를 위해서는 문헌연구와 고고학 발굴결과를 참조하고 그와

---

men, appointing the commanders of a thousand, the commanders of a hundred and the commanders of ten. p.113.

The Secret History of the Mongols. a Mongolian epic chronicle of the thirteenth century. volume I. Translated with historical and Philological commentary by Igor de Rachewiltz. Lieden. Boston. 2006.

이상의 관계 사료들이 모두 군사작전에 관계되는 기사들이어서, 할힌골 요새의 작전상의 효용성은 이때도 여전히 매우 컸음을 보여주고 있다.

물론 거주지명으로 그 주민의 종족명을 삼는 사례도 있을 수 있고 종족명이 그 거주지의 지명으로 되는 경우도 있을 수 있다. 나는 후자를 기준으로 삼아 할하오복의 역사적 배경을 소급해 추적해보았고, 그 문헌 근거는 주로 한국과 중국의 고대 史書에서 구했다. 이 문제의 토론에는 몽골인 몽골사학자 Bilegt. Luvsanvandan과 Gerelbadrakh. Jamsranjav가 동참해 주었다. 어떤 이는 이런 몽골족 태반사가 왜 13세기 이전의 몽골기록에는 없고 한국고대사 기록이나 이에 관계되는 漢人들의 史書에만 기록돼 있느냐는 질문을 하기도 한다. 이는 두 가지 시각에서 그 이유를 찾아볼 수 있다고 나는 본다. 하나는 흥망이 거듭되는 오랜 유목사적 시간 속에서 몽골인들이 몽·한족이 미분화했던 시기의 역사를 망각해 역사인식의 단절이 심화한 채로 고착된 경우이고, 다른 하나는 기록을 남기거나 남겨진 기록을 타이가나 스텝 또는 툰드라를 오가며 가까스로 연명해오는 동안 간직할 겨를도 없고 간직할 가치가 있는 것인지조차 모를 만큼 급박한 생태환경이 거듭되면서 거의 모두 문맹상태에 머물러 있는 교육환경의 실태를 상정해볼 수 있다. 팍스 몽골리카의 기틀을 세운 칭기스칸조차도 13세기 당시에 文盲이었음을 새삼스레 상기할 필요가 있다. 기원전의 조선이나 부여와 고구려에 관한 당시의 기록은 왜 조선이나 부여, 고구려 사가가 써 남긴 당대의 기록이 전무하고 오로지 漢人 史家의 기록에만 남아 있게 됐는가를 자문해보면 그 해답은 저절로 나오게 마련이다. 조선-부여-고구려의 유목태반사는 칭기스칸 몽골 이전 어느 역사기간 동안의 몽골사상의 생태조건과 별로 다름이 없어서일 것임을 짐작해볼 수 있다.

동시에 유목생산이라는 특수한 목축생산양식을 택할 수밖에 없었던 생태조건을 고려하면서, 유목사 유적을 답사하고 사료를 발굴 수집하는 일이 긴요하다. 나는 이를 자각하고 몽골의 기원지인 훌룬부이르 몽골스텝에 들어가 답사하면서, 이 북유라시아 유목사상에는 스텝의 기마 양유목 이전에 騎馴鹿 순록유목이 그 거대한 기반으로 깔려 있었음을 알게 됐다. 牧草로 툰드라~삼림툰드라의 蘚(Niokq)과 스텝의 羊草 2大類를 확인케 된 것이다. 이윽고 기순록 순록유목과 기마 양유목이라는 유목의 2대 생산양식이 있음을 파악케 됐다. 그리고 이내 古朝鮮은 기순록 순록유목양식에, 原高句麗는 기마 양유목양식에 각각 주로 그 태반을 두고 있는 것임을 내 나름으로 깨닫기에 이르렀다. 특히 숫수달(Buir) 사냥꾼 출신인 순록유목제국인들이 쓴 檀弓은 주로 고조선에, 기마 양유목태반 출신인 貊高麗人들이 쓴 貊弓은 주로 고구려에 속한 것임도 추정이 가능했다. 당연히 貊弓이 스키타이 제철기술을 토대로 활겨레 유목제국 원고구려를 창업하지 않았다면 檀弓의 고조선이 역사의 전면에 이렇게 각인되었을 수 없었을 것이다.

古朝鮮과 高句麗의 원명은 朝鮮과 高麗이다. 고구려인들 자신은 고구려가 아니고 자국명을 高麗라고 자칭했다. 朝鮮(Chao xian)은 朝族 위주로 朝族과 鮮(Soyon)族을 통합한 연후에 생겨난 명칭으로 볼 수 있다. 「朝」는 朝鹿(Chaabog)－馴鹿이라는 내용을 含意하고, 「鮮」은 순록의 주식 蘚(Niokq)이 자라나는 小山(Sopka)을 지칭한다. 小山-「鮮」은 주로 몽골리안 루트를 따라 북유라시아~북미의 타이가와 툰드라지대에 분포해 있다. 그래서 나는 이런 순록유목민의 이동 루트를 내 나름으로 「라이켄 로드(Lichen Road : '鮮'의 '蘚路')－'이끼의 길(Ni,ukinii jam)'」이라고 命名하고 있다.

한편 槁離(Qori)와 鄂倫(Orun)은 Qalqa Mongol의 'Qalqa'와 같은 뜻으로 보고, 코리인과 오룬춘은 弓裔의 鐵原 弓氏와 같이 弓族을 지칭한다고 본다. 나는 2000년 전후에 걸친 Qalqyn Gol 지역에 대한 오랜 현지답사와 1970년대 중반에 제기된 베. 수미야바아타르의 Qalqyn Gol=紇升骨(忽本)이란 견해를 결합시켜 정리하면서 이런 결론에 도달했다. 특히 티베트어에서 그 뿌리를 말할 경우에 몽골을 'Xop Монгол'이라 하는데 이때 'Xop'가 바로 「활—箭筒」을 뜻하는 것으로 보아서도 이 몽골의 뿌리를 말할 때 쓰는 '할하몽골(Qalqa Mongol)'의 「할하(Qalqa)」가 곧 '활'이오 '코리(Qori)'로 할하오복(Qalqa obog)—'할하(Qalqa)'족은 '弓'族이라는 것이다.

東明說話는 곧 몽골과 고려의 태반사를 함께 반영하는 것으로 보아서, '몽골과 고려의 弓族 分族論'을 제기케 된 것이다. 이는 바로 스텝의 기마양유목단계에 들기 이전, 지금으로부터 25,000~15,000년 전인 약 10,000년간의 순록수렵시대와 그 후 중신석기시대 이래의 騎순록 순록유목시대를 復元해보면서 도출된 가설이기도 하다. 물론 그간 北狄이 스키타이의 첨단 제철기술과 접목되면서 '北夷'(『論衡』「吉驗編」, Qori)와 '東夷'라는 명칭으로 전환되는 역사과정에서 줄곧 「몽골·고려 弓族(Qalqa obog) 분족론」이 이미 암시되어 온 기반 위에 성립된 문제의 제기이다.

1970년대 중반에 베. 수미야바아타르가 東明聖王-高朱蒙이 몽골과 한국의 공동조상으로, 여기서 북동쪽으로 이동해간 이들이 오늘날의 농경 한국인이고 서남쪽으로 이동해간 이들이 오늘날의 유목 몽골인이라고 한 견해는 그 후 현지답사에서도 그대로 입증되었다. 박창범의 고구려 日蝕記錄 분석 결과에서 그 최적 관측지가 鴨綠江 일대가 아니고 바이칼 호 우측 몽골지역이라고 한 것이, 놀랍게도 이 지역 원주민들의 "몽골과 한국의 할힌골 언저리 分族" 증언과 맞아 떨어지면서 베. 수미야바아타르와 나의 주장에 크게 무게를 실어주고 있다. 여기서 박창범이 인용한 고구려의 일식기록은, 훌룬부이르 몽골스텝의 原고구려 유목제국의 것임에 틀림이 없다고 하겠다. 과학적 기록과 우직한 문맹은, 모두 거짓말을 못하는 그 나름의 속성을 지니기 때문이라고 추정해본다.

이들은 기원전 6~5세기 당시에 스키타이 제철기술과 결합해서 몽골스텝에까지 진출해 '騎馴鹿 순록치기'에서 '騎馬 양치기'로 돌변하면서 당시로서는 최첨단인 「騎馬射術」을 확보하는 무서운 弓士集團을 이룬 몽골스텝의 코리족—弓族들이다. 그 후 이들이 순록유목부족들의 우두머리 집단으로 놀랍게 성장했다. 그리고 이들이 바로 수림툰드라라는 광대무변한 순록유목 기지를 배경으로 출몰하며 기존 목농제국을 못살게 구는 오랑캐(持弓者)—코리양카이—코리(弓)族의 순록치기가 되었던 터였다. 그러므로 기존 목농제국의 시각으로는 도저히 길들일 수 없는 오랑캐—'활을 든' 순록유목치기 Qorči—오룬춘(持弓人)집단이고, 바로 이 오랑캐—코리족들이 치는 순록—「코리(弓)族 Chaabog(순록)」이 Qorči(弓士 : 箭筒士—Харваач)=오룬춘=오랑캐의 Chaabog 곧 'Orun bog'이 된 것이라고 추론해볼 수 있다.

시베리아의 한 중심 바이칼(Baikal) 호 올콘섬에 코리(Qori)족의 시조탄생설화가 깃든 不咸(Burqan) 祭天壇이 그 설화와 함께 전승돼 내려오는 까닭이 바로 여기에 있는 것이다. 이들은 스키타이 제철기술과 결합되어 무서운 弓士戰力集團을 이루는가 하면, 스텝에 진출해 騎馬射術이라는 당시의 가공할 최첨단 遊牧武力을 확보했다. 이렇게 해서 훌룬부이르 몽골스텝이라는 드넓은 유목지대와 嫩江平原이라는 거대한 목농지대를 통합해 지배하면서, 치열하게 사회분화가 일어나 고대유목제국이 창업되게 됐다는 사실은 이미 공인된 터이다. 순록유목 태반의 古朝鮮帝國의 토대 위에 기원전 6~5세기경에 스키타이 제철기술을 수용하면서 창업·발전되는 槁離(Qori)든, 夫餘든, 匈奴든, 高句麗든, 突厥이나 鮮卑든, 그래서 모든 동북아시아 고대유목제국을 낳은 子宮이 훌룬부이르 몽골스텝—嫩江平原 곧 이른바 呼嫩平原이라는 사실은 의심할 여지가 없다.

물론 세계제국은 무한경쟁이 가능할 수 있는 개방공간이 전제돼야 창업될 수 있는 바, 스텝과 바다라는 역사무대가 그것이다. 인류사상에서 15~16세기 해양세계제국 태동 이전의 스텝세계제국으로 결실된 것이 팍스 몽골리카의 몽골세계제국임은 주지하는 바이다. 순록유목 태반의 고조선제국을 잇는 기마양유목 태반의 槁離(Qori)—原貊高麗(Mongol) : 原高句麗도 물론 그 과정의 소산 결실 중의 하나라는 점에서 예외일 수가 없다. 이런 역사배경을 가지고 생겨나 전승되어온 것이 코리족 族祖 탄생설화이고 東明聖王傳說의 역사적 실체라 하겠다.

실은 고리국 터로 추정되는 이 일대에서 가장 추워서 순록의 天敵인 모기가 살기 어려운 순록유목 適地 껀허(根河)에서 남하해 琵琶形靑銅短劍 출토 서북한계지이자 奄利大水로 批正해 볼 수 있는 '큰물'이라는 뜻을 갖는 「이민(Imin)」의 이민河를 건너 할힌골(Qalqyn Gol : 忽本江=渾江 : 弓江) 천연요새에 入城한 후에 '활의 나라(弓帝國)'－고올리칸국－원고구려제국을 창업하는 과정을 담은 東明聖王 전설의 역사적 실체가, 결국 「할하오복」－'코리족(弓族)'의 "騎순록 순록유목→ 기마 양유목" 발전과정을 적은 것이라는 결론이다. 그러니까 이 전설이 바로 騎순록 순록유목제국 古朝鮮→ 순록치기에서 양치기로 발전하는 과도기에 처해 있는 夫餘→ 기마 양유목제국 高句麗 창업이라는 '할하'－弓帝國의 역사적 발전과정을 반영한 것이라는 주장이다.

실로, 그렇게 오룬춘(본래는 Qorunchun으로 Qorči일 가능성이 있는 이름)旗 껀허(根河)=순록유목지=槁離(Qori)國에서, 이민(Imin)하(大水)－'엄리'대수를 건너 망명해 나온 Qorči(弓士 : 箭筒士－Харваач) 중의 가장 뛰어난 名弓手－朱蒙이 忽本(또는 卒本) 곧 할힌골(Qalqyn Gol : 諾門汗)=紇升骨 몽골스텝에 들어 부이르 호수 언저리의 대규모 고올리 논벼농장을 낀 기가 막힌 천연요새지에서, 기마 양유목에서 비롯되는 최첨단 騎馬射術로 몽골스텝에 진출하면서 일약 대성해 원고구려제국을 세우고, 껀허라는 고리국 옛터를 되찾는 과정에서 多勿-'에르구네(Эргэн)'[되돌아와 되물림] 전설이 생겨난 것이라 해야 할 것이다. 「多勿都」라 할 'Ergüne(城)市'는 지금도 毅然히 이 지대에 尙存하고 있다.

다만 가장 북쪽에 있는 껀허(根河)의 槁離(Qori)國이 순록유목제국의 본거지고 거기서 탈출해 나와 부이르 호 언저리에 北夫餘를 세운 투멘(T'umen)이 松讓의 先代祖 창업자와 같은 제일의 東明(T'umen)이며 이에서조차 다시 탈출해 분화·발전하는 과정에서 紇升骨-할힌골(Qalqyn Gol : 諾門汗) 곧 忽本에 창업기지를 확보하고 좀 더 서남쪽으로 몽골스텝 깊숙이 진출한 투멘－東明(T'umen)이 高朱蒙(Go T'umen)이었다는 해석이 가능할 수 있다고 본다. 그러니까 槁離國→ 부이르 호 일대의 北夫餘→ 할힌골의 高朱蒙 순으로 기마 양유목의 발전이 이루어져, 몽골스텝에 깊숙이 진출해 당시의 최첨단 유목무력인 騎馬射術을 확보한 高朱蒙(Go T'umen)이 북부여→ 고리국에 多勿-'에르구네(Эргэн)'都를 세워가는 捲土重來形 창업설화가 東明(T'umen)−高朱蒙 說話의 역사적인 실체일 수 있다고 보는 것이다.

뿐만 아니라 할힌골(Qalqyn Gol)=忽本江=渾江 : 弓江으로 할힌골의 地名舞臺를 거의 그대로 渾江−五女山城−不咸(Burqan)山[헨티산과 백두산에 모두 있음] 식으로 지니고 이주한 貊(Elbenkü)高麗→ 곰(半月熊)고려 : 高句麗로 감히 비정해본다. 물론 바이칼 호 북극해권은 물이 차서 곰은 살고 호랑이는 못살기에 미상불 선진 순록유목민을 상징하는 곰(熊女−곰녀)이 수렵민을 상징하는 호랑이(虎女−범녀)를 만나는 곳이 호랑이가 살 수 있는 훌룬부이르 곧 할힌골(Qalqyn Gol)−忽本圈 가셴둥(嘎仙洞)임을 과감히 상정해본다. 이 또한 그 무대를 그대로 가진 채 渾江一帶로 이주했을 수 있다. 시원적 유목성 본질을 가지는 고조선-원고구려 태반사이기 때문이다.

그런데, 주로 북유라시아 툰드라와 삼림툰드라에서 경영돼온 오랜 순록유목전통의 주류는, 아직도 어느 정도로는 그런 생태환경을 보존해오고 있는 북부 大·小興安嶺 일대를 따라 내려오면서 遼澤의 東邊을 중심으로 백두대간에 接脈되게 된 것이라 하겠다. 그 후에 기마 양유목 생태환경은 한랭 고원 건조지대인 스텝이고, 그 이전 始原遊牧의 생태환경은 이와는 생태환경이 서로 다른 한랭 고원 저습지대이었으므로 순록유목전통의 주류는 자연히 고조선−부여−원고(구)려 : 원몽골(貊高麗) 쪽으로 우선 계승되게 되었다.

그런데 '東明 루트'의 「東明」은 무엇인가? 『삼국사기』 권제13, 고구려본기 제1東明條에 "自作弓矢射之 百發百中 夫餘俗語 善射爲朱蒙 故以名云"이라고 했는가 하면 흉노의 冒頓單于의 아버지 頭曼單于나 돌궐제국의 창업자 土門(Bumin)도 모두 善射者라는 뜻을 갖는 것으로 보아, 스키타이의 제철기술 수용으로 騎馬射術이라는 최첨단 유목무력을 확보한 이래로 각각 유목제국을 창업한 모든 유목제국 太祖를 통칭해서 東明−朱蒙−T'umen이라고 한 것으로 이해할 수 있다. 백발백중의 명사수를 유목제국의 창업주인 太祖를 부르는 普通名詞로 읽을 수 있다는 것이다. 여기서 北夷 槖離國[49]에서 탈출해 나온「東明[성왕]」을 그 音寫 가능성을 고려치 않고 '동방을 밝힌'이라고 恣意的인 해석[50]을 한다면, 같은 계열의 시조전설을 서술한『廣開土大王碑』

---

49) 여기서 槖離(王充,『論衡』2「吉驗篇」)의 '槖'은 아이누語 '토나카이'－순록에서 기원됐고, 索離(杜佑,『通典』「夫餘」)의 '索'은 室韋와 함께 활 '시위'에서 유래했을 수 있음을 고려해볼 필요가 있다.

50) 솔롱고스라는 부족명 앞에는 '해 뜨는 쪽의'라는 관용구가 접두어구로 들어가곤 한다. 이는 아래의 솔롱고스 부족의 역사적 배경으로 보아 있어온 관행으로 볼 수 있다. 그러므로 東明의 주된 뜻은 돌궐－몽골－만주어계의 T'umen이라 할 수 있지만, 音寫過程에서 역사배경이 배어든 그 뜻도 고려하여 '해 뜨는 쪽의'라는 의미로「東明」을 썼을 가능성은 있다. 漢人 사가들이 외래어를 音譯할 때 자주 고려해온 관행이기 때문이다. 그렇지만 그렇다고 하더라도 이는 '동방을 밝힌' 聖王으로 해석되지는 않는다고 봐야 할 것이다.
"솔론족은 바이칼 호 동쪽에서 헨티산맥에 걸치는 지역을 원주지로 하면서 초원의 주변으로 동진하기도 하고 초기에는 주로 셀렝게 강을 타고 서진한 것으로 보인다. 셀렝게 강과 오르홍 강의 합류지점에 살던 우와스 메르키드 다이르 우순 칸의 훌란 공주다. 그런데『로·알탄톱치』에서 칭기스칸의 본거지인 헨티산맥 일대에서 이들을 공격하면서 '해 뜨는 쪽'의 메르키드를 쳤다고 기록해 이를 誤記로 보기도 한다. 하지만 여기서 해 뜨는 쪽이라는 관용구는, 코리족 시조 탄생전설이 얽힌 바이칼 호올콘 섬이 이 지역 몽골로이드들의 主神을 모시는 중심지여서 그냥 따라 붙었던 것으로 보인다. 이곳을 기준으로 삼아 동서와 좌우가 가름되는 관행이 이들에게 있어서다. 그래서 솔롱고스의 메르키드 부족이 헨티산맥의 서쪽 셀렝게 강 일대에 있든 동쪽인 훌룬부이르 스텝 껀허(根河) 일대에 있든 그대로 '해뜨는'－「東明」이라는 형용구가 따라 붙는 것으로 이해해야 한다. 분명한 것은 솔론－솔롱고스의 본거지는 애초에 물이 북극해로 흘러드는 바이칼 호－셀렝게 강 일대에 주로 있었다는 점이다. 그래서 1921년 사회주의 혁명으로 교과서에 솔롱고스라고 찍어내기 전에는, 물이 태평양으로 흘러드는 훌룬부이르 호 대만주권에서는 한국을 '고올리'라고만 불렀지 솔롱고스라는 호칭은 전혀 몰랐다."(주채혁,「솔롱고스 부족과 東明聖王의 사연－테무진과 훌란 공주의 몸에도 솔롱고스의 혈맥이 뛴다」,『뉴스메이커』특별기획 코리안루트 1만km 대장정, 제756호, 경향신문사, 2008. 1. 1, 78~80쪽 참조).
'해 뜨는 쪽'을 솔롱고스 부족의 접두 관용구로 쓰는 관행을 말할 때 자주 아래의『로·알탄톱치』소재 史料가 인용되곤 한다.
"Бас Суут богд Чингис хаан, наран ургахуйзүг Солонга улсад аялаж очтол Үнэгэн мөрөн ойрлож, эзнийбие, эн их цэрэг эндээ саатаж суув. Элч илгээв : 'Э зэн Богд алба өг гэж ирлээ' гэж Солонгуудын хаанд хэлэв. Эзний тэр үгэнд Солонгуудын Буга цагаан хаан өөрийн Хулан нэрт охиноо өгөн өргөж барс гэртэй Буха, Солонга хоёр отог инжтэйгээр онгоцоор авч ирэв. Тэндээс Солонгу удын Буха цагаан хаан эхлэн ноёд сайд бүгдээрт мөрөн хэд дуудаж зарлиг

나 『牟頭婁墓誌』의 鄒牟[성왕]은 어떻게 그 뜻을 逐字 解釋할 것인가 하는 문제가 제기된다. 그래서 논자는 東明－鄒牟－朱蒙－T'umen을 고유명사가 아닌 普通名詞로 읽고 「東明(T'umen) 루트」를 순록유목제국의 기마 양유목제국화과정으로 想定, 이를 스키타이 제철기술의 수용으로 말미암아 수림툰드라 순록유목의 스텝 기마양유목화과정에서 당시의 최첨단 유목무력인 騎馬射術을 확보해 「활겨레(Qalqa obog)제국」을 창업해가는 단계로 파악해본 것이다. 다만 槀離國에서 분화·발전해 나온 高朱蒙(Go T'umen)의 貊高句麗-貊高麗의 경우는 추정되는 태반생태 여건의 특이성으로 보아 흉노나 돌궐의 T'umen과 차별화되는, 시원유목 순록유목태반과 직통하는 어떤 역사적인 맥락의 특별한 역사적인 독자성을 부여해볼 여지가 있는 것이 아닐까 한다. 그러니까 고원지대 貊族 주도의 저습지대 濊族 통합과정에서, 동남진하면서 상호 소통해 동북아사아 동남방의 발전을 도모하며 그의 어둠(後進性)을 밝히는 독특한 문화적 기여를 해왔을 수가 있다는 것이다. 물론 15~16세기 이후 해양제국시대를 여는 시대에 들면서는, 오랜 기간 잠재되어온 한반도 槀離(Qori)겨레의 濊族文化要素가 점진적으로 소생·부활해 왔고 앞으로도 그럴 가능성을 배제할 수는 없다 하겠다.

болов. түүний хойно, эзэн Богд Хулан хатан хоёр дэр нэгтгэхэд : 'Хээр дэр нэгтгэвээс хэв үгүй болном зэ, гэрт хүрч асарвал ямар бол?' гэж бүгд сайд айлтгав. Тийм үгэн дор эс болоод эзэн дэр нэгтгэв. Мөн тэр Солонга улс-дор 3 жил түдэж суув"(Лувсанданзны Алтан Товч 404-405 Хөх хот).

Ⅱ. 玄武神主信仰 연구*

1. 머리말

본고에서 거북신앙이라 함은 우선은 한국 충남 公州 石壯里의 후기구석기 시대의 돌거북[1]이나 盤龜洞의 거북벽화[2]를 들 수 있고 그 밖에도 甲骨文字, 『周易』[3] 檀君神話,[4] 龜旨歌, 海歌詞, 處容歌, 龜趺와 螭首,[5] 四神圖의 玄武神主,[6] 文武王(661~668년 재위)의 大王岩 海中陵, 거북선(龜船),[7] 龜形 또는

---

* 周采赫, 「거북신앙과 처용가-고대 종교사상을 중심으로 한 문제제기」, 『월간문화재』 제3권 제4호, 월간문화재사, 1973, 1~12쪽 ; 주채혁, 「거북信仰의 分布」, 『월간문화재』 제3권 제8호, 월간문화재사, 1973 ; 주채혁, 「거북신앙과 그 분포」, 『한국민속학』 6, 한국민속학회, 1973. 10, 19~49쪽.
본고는 위의 논문들을 토대로, 그간 30~40년간 수집한 자료와 그 분석을 통해 穿鑿해본 내용을 정리한 것이다.

1) 1972년 5월 19일자 『서울신문』 관계 기사 참조.

2) 『민학』 1, 民學會, 1972, 123쪽 참조.

3) 『周易』에서 "洛書를 龜象에서 取했다"고 했다.

4) 위에 인용한 『廣開土好太王碑文』(『朝鮮金石總覽補遺』, 조선총독부, 1923 所載)에는 『三國遺事』 권1 「高句麗」조에서 "魚鼈成橋"라 하여 '鼈'로 표기한 것을 '龜'로 쓰고 있다.

5) 龜旨歌, 海歌詞, 處容歌, 龜趺와 螭首는 사실상 본고의 구체적인 주제를 이루는 부분으로 관계 본문에서 상술하려 한다.

6) 그 지역에 답사본부를 차리고 1년간 거주하며 현지조사를 하던 1999년 10월에 지금의 대흥안령 북부 훌룬부이르市 하일라르구 다구르족 조상제사에 동참한 저자는, 玉製 左靑龍·右白虎를 제사상에 神主로 모시고 제사를 지내는 것을 보고 크게 깨달은 바가 있다. 고구려고분 벽면을 장식하는 주류 주제인 四神圖라면, 그 중에서도 가장 고귀한 북쪽벽 자리에 坐定한 玄武圖라면, 그것이 바로 祭祀의 주된 대상인 神主일 수밖에는 없지 않은가 하는 사실이다.

7) 龜身을 나들이하면서 發砲토록 설계된 거북선-龜船의 머리는 이미 龜頭가 아닌

龍頭龜形으로 되어있는 수많은 朝鮮朝의 玉璽와 御印,[8] 龜와 龍이 등장하는 上樑文, 國師堂(龜首堂)[9] 신앙, 거북놀이, 騎龜仙人旗,[10] 十長生圖, 거북설화,

---

龍頭로 한국 동해바다의 護國龍信仰과 接脈되는 龜龍信仰의 상징으로 圖案되었을 수 있다고 본다. 거북선-龜船은 龜頭船-龜蛇船이 아니고 龜龍船인 셈이라 하겠다.

8) 『古宮印存』, 한국문화재관리국, 藏書閣, 1971 참조.

9) 김태곤 교수가 그렇게 해석하고 있다(金泰坤, 「國師堂 신앙 연구」, 『백산학보』 8, 백산학회, 1970). 김 교수는 저자의 「거북신앙과 그 분포」(『한국민속학』 6, 민속학회, 1973. 10, 19~49쪽)를 추천해 登載시켜, 당시에 갓 서른의 역사학도인 저자를 민속학계에 처음으로 데뷔시켰다. 이에 앞서 당시에 국민대 학장이었던 이기영 선생께서는 국민대 대강당에서 열렸던 '11면관음보살상'에 대한 공개강연 중에 저자의 「거북신앙과 處容歌」(『월간문화재』 3권 4호, 월간문화재사, 1973, 8~10쪽)을 공개추천해서 저자의 연구의욕을 크게 북돋아 주었다. 이즈음 저자가 쓴 글을 드리면서 이기영 선생의 銜字를 경망되게 李箕榮으로 잘못 썼다고 꾸중을 들은 적도 있다, '永'자를 '榮'자로 잘못 쓴 것을 두고 "명예와 '榮'達이 그리도 좋아 보이더냐!"고 하신 말씀이 그 후 저자를 겸허히 연구에만 전념케 하는 작은 일생을 살아올 수 있게 이끌어 주었다. 저자의 이 발표가 처음 활자화 하는 데에는 불교미술사 전공의 고고학자이자 선배인 정명호 교수의 천거가 있었고, 발표 때마다 거북이 사진과 거북관계 유물사진을 몸소 찍어 슬라이드를 정성껏 만들어 발표를 도와준 박영재 교수의 헌신적인 도움은 지금도 잊을 수가 없다. 가난한 일개 대학원 석사과정생(필명 : 두루한)의 이상야릇한 奇行으로 嚬蹙을 사기 십상이었던 당시의 보수적인 사학계의 분위기 속에서 참으로 고마운 도움이 아닐 수 없었다. "왜 자기가 할 역사연구는 안 하고 남의 古歌硏究만 하고 있느냐?"며 걱정해 주시는 홍이섭 은사님 같은 분도 계셨고, 역사학대회장 발표시에 심지어 어느 저명한 역사교수께서는 저자의 이 논문발표의 사회를 보다가 고개를 돌려버리기까지 했다. 저자의 지도교수인 황원구 교수님은 "자네 연구 그만둘 생각인가?" 하는 걱정스런 충고의 말씀도 있었다. 공장제 획일생산이 주도하던 시대의 후진국 사학계의 경직성을 그대로 보여주는 일련의 과도적 시대상이었다고 생각된다. 그렇지만 구체적으로 몸과 마음의 생존문제를 해결하는 데에 거의 이바지 하지 못하는 도식적인 인문학의 장래란 불 보듯 뻔한 것이 아니겠는가? 전문적인 국문학도나 민속학도가 아닌, 한 역사학도의 이 학설이 이제 여러 학설 중의 하나로 소개되고 있음을 상기하면서 새삼 감개가 무량해진다. 당시에도 손보기 선생님은 연구를 격려하며 전공교수인 김열규 서강대 교수께 저자를 직접 소개하기까지 하셨고, 연구실에서 가만히 "周군의 處容歌 논문은 탁월하다!"는 놀라운 평을 해주시는 西餘 민영규 교수님 같은 분도 계셨다. 실은 1970년경 연세대 본관 2층 민선생님의 연구실은 저자에게 處容歌 연구를 위한, 생사의 경계를 수시로 넘나드는 '인문학실험실'로 제공된 곳이기도 했다. 제기된 연구 주제의 눈치만 보고 그밖에는 아무것도 보이지 않던 종교체험 같은 몰입의 나날을 어렵사리 숨쉬었던 젊은 狂人時節이었던 것으로 새삼 상기되는 지금이다. 지금은 샤머니즘 전공자로 저명해진 어느 학부생 후배가 당시 저자의 글을 읽고 찾아와 감회어린 그 나름의 논평을 해주기도 했다. 그런가 하면 金炯孝 당시 서강대 교수(철학)가

거북모양 硯滴[11]이나 벼루돌과 그릇 및 무기류, 지명이나 인명, 거북바위와 祈子祈禱, 중국의 王+八+蛋=王八蛋(거북이알)－마누라 뺏긴 놈='周' 욕말까지를 모두 내포한다. 다만 본고에서의 거북신앙은, 그 발전단계의 多樣性, 분화과정의 구체적 多種性과 상호 接脈性 및 獨自性까지를 두루 포괄하며 그 보편적인 본질과 특이한 개별적 본질까지 가능한 한 穿鑿해보려는 試論的 槪念으로 저자 나름으로 파악해보려 한다.

특히 고구려 古墳壁畵의 발굴로 그것이 유엔지정 세계문화유산으로 되면서 널리 알려진 玄武圖는 그대로 龜趺·螭首 신앙과 接木되면서 龜旨歌, 海歌詞, 處容歌, 龜趺·螭首와 함께 거북신앙의 主流-主脈을 이루는 것으로 보인다.

處容과 疫神은 한 존재의 두 가지 속성을 상징한 것으로 둘이 아닌 하나라며, '애정의 용'과 '욕정의 뱀'으로 처용가의 내용을 분석해보고 그것이 뱀상태 合宮心靈에서 용상태 합궁심령으로 回歸하는 '사랑의 기도 찬송가'라고 본 저자의 견해를 지지하는 내용을, 맨 먼저 KBS-TV에서 언급해주었다는 얘기를 전해 듣기도 했다. 이 글이 발표되고 나서 근 20년 후인 1990년 7월 22일에 페테르부르크 사회과학원의 鄕歌 연구자인 니키티나 피츠로브나 연구원이 저자를 찾아왔다. 그녀의 견해는 處容歌 연구가 몽골리안루트는 물론 地中海 그리스문화권까지 조사·연구되어야 그 역사적 실체를 밝힐 수 있을 것이라고 해서 당시의 저자를 크게 놀라게 했다. 그 후 2000년대 초반에 한국교육개발원의 옛 동료 정광희 연구위원을 통해 독일철학을 전공하는 일본 어느 대학 남자 교수가 찾아와 소탈하게 터놓고 處容歌 문제를 토론한 적이 있다. 소프트 파워가 본격적으로 문제되는 시대에 아직도 화석화한 접근 시각으로 문제를 풀어가려 해서는 답이 나올 수가 없다는 점에서는 의견이 일치했다, 薯童謠가 역사적 史實일 수 없는, 단지 절절한 願望의 投影에 불과한 것임이 최근에 밝혀져 크게 충격을 주었다. 龜旨歌·海歌詞·處容歌도 呪文을 歌詞化한 것임을 잊지 말아야 할 것이다. 그 本質은 어디까지나 巫歌－'노래기도'라는 것이다. 일개 몽골사학도인 저자가 거북신앙－處容歌 연구에 발을 들여놓게 된 것은 경기도 소래산 기슭의 밤샘 山祈禱에서 비롯되었음을 아울러 밝혀둔다. 일련의 宗敎體驗을 수반한 것일 수 있다고 지금까지 이해해오고 있다. 1970년 전후부터 생존현실에서나 험난한 硏究生態 속에서 저자 나름으로 온갖 風霜을 다 겪으면서도 이 문제의 끈을 끝내 잡고 놓지는 않아서인지 저자와 가까이 알고 지내는 이들은 나를 '거북선생'이라 불렀고, 그래서 저자 나름으로도 그렇게 自號(居北－玄武가 北方에 坐定하고 있어서다. 王+八+蛋=周로 '周'가 내 姓이어서 이기도 하다)를 지어 自稱했다. 우리 집사람도 연애시절부터 저자를 '거북씨'로 불러오고 있다. '龜=周氏'란 말이 될까. 모두가 멀게는 사십여 년 전부터의 옛 일들이다.

10) 『世宗實錄』에 葬禮를 치르는 행렬에서 이 旗가 등장한다.

11) 「古硯百選」, 『월간문화재』, 서울, 1973. 6 참조.

순록의 먹이 이끼 蘚(niokq)의 분포로 보아 북부 대·소 興安嶺을 중심으로 白頭大幹으로 뻗어내린 그 이동 主脈이, 이를 주축으로 하여 이와 함께 遼澤을 자연 장벽으로 遼西地域으로 우회 이동한 것으로 추정되는 순록유목민 朝鮮-고구려=高麗族들의 足跡을 중심으로 分布帶가 형성되어온 것은 흥미로운 일이다.12)

물론 한국의 國旗인 太極旗나 몽골국 국기의 태극문도 오랜 역사기간 동안 多樣多岐한 굴절을 겪어온 터이기는 하지만 그 主脈을 찾아 올라가노라면, 玄武 神主와 직·간접적으로 주로 接脈되는 것으로 보아 이에 포함시키기로 한다.

2. 玄武神主信仰의 발생과 전파 및 분포

1) 玄武神主信仰의 발생지대 문제

(1) 바이칼 湖 북극해권과 훌룬부이르 湖 태평양권 : мэлхий(蛙)와 яст мэлхий(龜), 곰과 호랑이, 순록과 양

시베리아는 물이 北流해 북극해로 드는 '바이칼湖 북극해圈'과 물이 東南流해 태평양으로 드는 '훌룬부이르湖 태평양圈'으로 峻別된다. 바이칼 호 북극해권은 오비 강, 예니세이 강과 레나 강이 북류하면서 습기가 많을수록 더 좋은 순록의 주식인 蘚(다구르어 : Niokq, 地衣類=Lichens)을 더 많이 키워내는 북극해 연안의 광범위한 순록유목생산 기지를 갖는다. 그러나 거북이가 살 수 없을 만큼 물이 너무 차서 동북아시아 종족의 고대국가가 형성되기에는 이르지 못한다.13) 한편 헤를렝 강, 에르구네 하, 아무르 강, 제야 하, 불레야 하와 嫩江, 松花江, 우수리 강 등을 내포하며 물이 태평양 오호츠크海로

12) 주채혁, 『순록치기가 본 조선·고구려·몽골』, 서울 : 혜안, 2007 ; 주채혁, 『순록유목제국론－고조선·고구려·몽골제국의 기원 연구』, 백산자료원, 2008.

13) 그래서 金蛙王의 역사적 태반은 좀 더 '개구리'가 사는 바이칼 호 북극해권에 더 깊이 뿌리를 내리고 있는 단계이고, 高朱蒙의 역사적 태반은 '거북이'가 살 수 있는 훌룬부이르 호 태평양권에 더 많이 그 뿌리를 내리고 있다고 볼 수 있다.

흘러드는 훌룬부이르 호 태평양권은 거북이가 못 살만큼은 水溫이 차지 않아 고대제국의 형성이 가능했다. 1962~1970년경에 북한학계에서 주장했듯이 훌룬부이르 몽골스텝과 嫩江 사이의 呼嫩평야는 조선, 貊槁離와 부여의 태반일 뿐만 아니라 흉노, 선비, 돌궐, 거란, 여진과 몽골이나 만주 등의 동북아시아 북방유목제국을 잉태해 낳은 子宮이라 하겠다.[14] 바이칼 호권과 훌룬부이르 호권을 가르는 산맥은 바이칼 호와 훌룬부이르 호 사이에 남북으로 뻗어 있는 야블로노비 산맥과, 바이칼 호를 북쪽에서 감싸며 태평양 오호츠크海까지 동서로 뻗은 장대한 스타노보이 산맥이 있는데, 漢人들은 이를 총칭해 外興安嶺으로 불렀다. 2005년 겨울 시베리아 현지답사에서 스타노보이의 엄청난 수량이 북류해 레나 강으로, 남동류해 아무르 강으로 흘러들어 각각 북극해권 시베리아와 태평양권 시베리아를 이루고 있음을 확인했다.[15] 물과 직관돼 있는 북극해권 예니세이 강과 레나 강 하류 툰드라에서 대규모 순록유목이 이루어지면서[16] 그 주류는 북극해권을 따라 계속 동쪽으로 이동해 오늘날의 축치와 코리야크 자치지대를 시베리아 東端 북극해권에 이루었고, 그 중의 상당부분은 水脈을 따라 남쪽으로 이동해 제야

---

14) 위구르인 북방민족사학자 剪伯贊이 "훌룬부이르 몽골스텝은 줄곧 유목민족의 역사 요람이 돼 왔다. 북방민족사 상 선비, 거란, 여진과 몽골사람들이 모두 다 이 요람 안에서 그들의 청춘시대를 보냈다"고 지적한 점(白歌樂·王路·吳金,『蒙古族』, 후흐호트 민족출판사, 1989, 4쪽)은 정곡을 찌른 말이다. 행여 '北夷'족인 '貊族'도 貊槁離 –'몽골'이라는 이름으로 이미 여기에 동참했었다고 보면 지나친 억측이기만 할까? 고리국 내지 북부여는 대체로 기원전 12~8세기인 西周시기에 嫩江 일대에 분포됐던 白金寶 문화의 주인공으로, '비파형 청동 단검'이 나오는 夏家店 상층 문화와 밀접히 연계된다고 보는 「예맥족의 원류」에 관한 앞에 언급한 손진기의 주장이 있다(周采赫, 「몽골은 고구려의 外孫민족–突厥은 아나톨리아로 西進」,『月刊朝鮮』 1998년 5월호, 조선일보사, 326~343쪽 중의 337쪽 참조). 이런 이유로 이 지대 원주민 언어에 대한 근래 근 20년에 걸친 서울대 언어학과 성백인 교수 師弟팀의 조사-연구를 관계 사학자들이 계속 주목케 된다.

15) 주채혁, 「시베리아 겨울기행 21일」,『해동문학』 통권 50호, 해동문학사, 2005, 293~307쪽 참조.

16) SBS창사20주년특집다큐 「최후의 툰드라」(다큐멘터리 총4부작, 2010. 11. 14~2010. 12. 5 방영)에서 야말반도의 최후의 순록 유목민 네네츠족과 투바의 소욘족 및 한티족에 관해서 집중적으로 다루고 있다. 네네츠족은 蘚(Niokq)을 '야골'이라고 한다.

강 등을 타고 오늘의 아무르 강 쪽으로 이동하다가 마침내 아무르 강을 건너 嫩江을 따라 소흥안령 남단 阿城지역까지 남하해 왔던 것이라 하겠다. 이곳 呼嫩平原은 몽골스텝으로 전개되는 初入이어서 기마 양유목을 발전시키는 한편 嫩江을 따라 내려가 그것이 장백산맥에서 西流해 오는 松花江과 합류해 北流하며 이룬 비옥한 만주의 松嫩 平原지대로 진출해 목농업을 크게 발전시킬 수 있었다. 그러므로 이로부터 비로소 사회분화가 일어나 고대유목제국이 형성되기 시작했으니 흉노 이래의 역사상의 동북방 유목제국들이 모두 다 이곳을 태반으로 삼아 창업됐음은 물론이다.[17)]

주목되는 점은 바이칼 호 북극해권에는 주로 개구리나 순록과 곰이 살아갈 수 있지만 훌룬부이르 호 태평양권에서는 거북이나 양과 호랑이가 살 수 있다는 점이다. 물론 개구리나 순록과 곰은 훌룬부이르 호 태평양권에서도 살 수 있지만, 거북이나 양과 호랑이는 대체로 바이칼 호 북극해권에서는 살 수 없다. 먹이사슬체제나 기후 관계로 호랑이는 스텝에서 살 수 없고 스텝의 양은 만주의 草甸子 초원에서 살기 어려운 개별적인 특수성은 별개 문제다. 중요한 점은 순록유목의 주 무대는 바이칼 호 북극해권이고 양유목의 주 무대는 중·동부 시베리아의 경우에 훌룬부이르 호 태평양권이라는 점이다. 물론 양유목생산의 발전으로 기마사술이 이에 보조적 수단으로 발달한 만큼 철기와 결합해 기마 양유목제국을 창업해낸 쪽은 당연히 주로 훌룬부이르 호 태평양권이다.

그러니까 너무 추워 물이 차서 순록과 곰이나 살 수 있고 거북이나 양과 호랑이는 살기 어려운 바이칼 호 북극해권을 집약하는 한중심인 바이칼 호 올콘섬에는 순록치기 코리씨족 시조탄생설화가 얽힌 부르칸(不咸 : 하느님－샤먼)바위가 서고, 이는 다시 강원도 고성군 금강산 진입로에 나무꾼과 선녀 전설이 얽힌 鑑湖로 옮겨 자리 잡는 것으로 보이지만, 거북이나 양과 호랑이가 살 수 있는 물이 그리 차지 않은 훌룬부이르 호 태평양권에는 그곳이 부족연합에서 고대유목제국으로 발전하는 태반을 이뤄 순록치기

17) 주채혁, 「高麗의 시원영역 遊牧草地, 그 부르칸(不咸)이즘과 한국축산의 비전」, 『한국초지학회지』 24, 한국초지학회, 2004, 61~76쪽.

바이칼 호 올콘 섬의 부르칸 바위(不咸岩)

코리(槁離)칸 석인상－고올리(高句麗)칸 훈촐로오가 순록유목태반 유목제국의 태초를 연 그들 우두머리의 元祖로 우뚝 서서 후손들의 무궁한 번영을 수호해내고 있는 것이라 할 수 있다.[18)]

그리고 순록유목민의 南流와 기마 양유목민으로의 발전과정에서 곰 수조전설 문화가 호랑이 수조전설 문화로 전개되고 金蛙王으로 대표되는 개구리[19)] 獸祖傳說 문화도 갑골문자로 대표되는 龜卜이나 玄武[20)] 문화권으로 펼쳐졌을 가능성마저도 아주 배제할 수는 없다고 하겠다. 개구리(蛙 : мэлхий) 생태권에서 살아온 몽골인들의 선조가 거북이 생태권으로 진입하면서 거북이를 '뼈 있는 개구리'－яст мэлхий(龜)라고 부른 점은 실로 시사하는 바가 크다. 반대의 경우라면 당연히 개구리를 '뼈 없는 거북이(蛙)'라고 불렀을 것이기 때문이다.

한국인과 몽골이 그들의 민족 형성 태반을 툰드라~수림 툰드라에 두었다면, 당연히 그 후의 역사전개 과정에서 유목민의 특성상 다양한 혼혈이 있었을지라도 바탕에 짙게 깔린 특성이 있을 수 있다. 인류학적인 것이나

---

18) 부르칸-不咸은 鑑과 함께 모두 투르크-몽골어 권에서 하느님－神이나 샤먼을 뜻한다. 특히 鑑은 투르크 고대어로 주목해 천착해야 할 낱말임을 직감케 된다.

19) 주채혁, 「高麗의 시원영역 遊牧草地, 그 부르칸(不咸)이즘과 한국축산의 비전」, 『순록유목제국론－고조선·고구려·몽골제국의 기원연구』, 백산자료원, 2008. 7. 23, 245쪽 주 18) 참조.

20) 1990년대에도 동몽골 다리강가 스텝의 한 가정에서는 화석화한 거북이를 제 생명의 불을 켜내려준 내 주체 생명 창조주인 조상신으로 신앙하고 있었고, 1999년 가을에 훌룬부이르 몽골스텝의 다구르족 조상제사에는 玄武를 위시한 四神圖를 옥으로 조형화한 실체를 제단에 神主로 올리고 있었다.

감호(최낙민 촬영)

민속학적인 여러 특성들은 접어두고 여기서는 종래에 다루지 않았던 이들의 특별히 예민한 균형감각에 관해 사실을 지적하고 문제를 하나 제기해 두려 한다. 수림툰드라든 툰드라든 땅 밑에는 얼음이 있고 땅위에는 습기가 많거나 물이 다소간에 고여 있게 마련이다. 순록의 주식인 이끼-蘚이 자라는 순록의 목초지는 스펀지처럼 탄력성을 지니게 되고, 순록이 걸을 때는 딛고 걸을 만한 풀뿌리와 흙이 뒤엉켜 있는 당라숭(danglasun)[21]을 발로 잡고 걸어야 한다. 그래서 순록의 발은 평발이 아니고 이 당라숭을 움켜쥐며 딛고 걷도록 진화돼 있다(이하 사진들 참조).

1993년 8월에 만년설이 덮인 훕스굴 아이막 에린칭룸베에 사는 차아탕을 만나러 오르려 할 때 보통 스텝의 말이 아닌 이런 雪山을 오르는 특수한 말을 타야 한다는 말을 들은 적이 있는데 추측컨대 이 말의 발굽도 이렇게 진화됐을 가능성이 있어 보인다.[22] 기회가 닿는 대로 관찰해보려 한다.

21) 當剌速·訥 : danglasun-u : 土塊的 ; Эвен어로는 тѳрэнтч.

22) 2003년 6월과 8월(국경지대라서 헬리콥터는 착륙치 못함)에 서울의대 유전자이식연구소팀(소장 : 서정선 교수)이 김형래 교수의 현지답사 주도 하에 이 말을 타고 직접 차아탕지역을 조사하고 관계 자료들을 확보해온 터이지만, 관심분야가 달라서인지 雪山의 특수마 말발굽(馬蹄)까지는 관찰하지 않았다.

순록의 뒷발굽(최준 촬영)

이끼밭 당라숭(김천호 촬영)

저자는 2006년 7월 초에 사하의 한디가 압끼다 수림 툰드라 여름 순록유목지대를 온종일 걸어보았다. 균형감각이 뛰어난 젊은 대원들은 순록을 타고 갔다. 그러나 순록을 타든 이끼밭(蘚田)인 맨땅을 장화를 신고 걷든 고도의

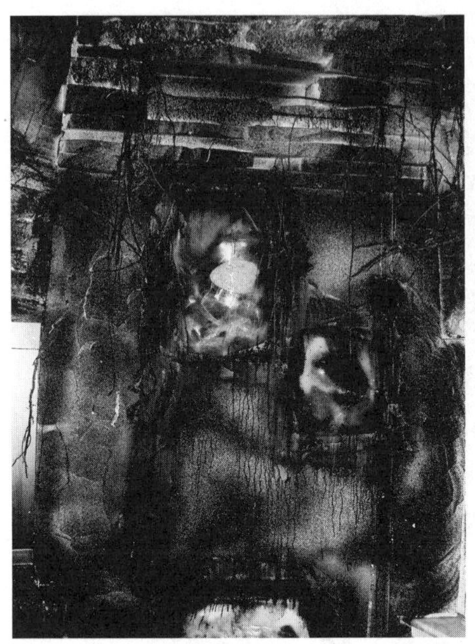

수림 툰드라 지표하 지층의 얼음덩이

균형감각을 필요로 하기는 마찬가지였다.

물론 이는 스텝으로 진출해 기마 양유목을 하게 되면서 마상에서 발휘하는 고도의 균형감각으로 발전케 됐던 것으로 보인다. 쪼그리고 앉는 수세식 좌식 양변기에 백인이나 흑인을 앉히면 십중팔구는 앞으로든 뒤로든 구르지 한국인이나 몽골인처럼 균형을 잡고 앉아 용변을 보지 못한다고 한다. 말을 타고 윗몸을 뒤로 틀어 활을 쏘고 창을 던지는 Parthian shot나 Parthian shaft와 아크로바트의 경우도 마찬가지지만 貊高麗人의 이런 몸의 유연성 있는 균형감각이, 불거진 광대뼈에 가늘게 째진 눈처럼 대체로 이 순록유목역사 태반시절에 형성된 것이 아닐까 하는 가설을 제시해본다. 한국과 몽골 전통무술의 기본자세가 무릎과 허리의 筋力을 특히 강조하는 '騎馬姿勢'임에 주목할 필요가 있다.

사하의 한디가 압끼다 여름 순록유목지대를 오가며 땅바닥으로 기는 듯이 낮게 자란 것이기는 하지만 버드나무와 철쭉꽃을 보게 된 것이 저자에게는 매우 인상적이었다. 그만큼 한민족이나 몽골인과 함께한 역사가 오래인 식물이기 때문이다. 버드나무의 새순은 순록이 잘 뜯어먹는 먹이이기도 하지만 스텝의 물가에서도 자라는 스텝의 거의 유일한 목재로 게르의 골조를 만드는 필수품이기도 하며 朱蒙의 어머니 柳花가 말해 주듯이 朝鮮柳=紅柳는 부르칸(不咸) 모태회귀신앙으로 연계되면서 만주의 '보드마마(柳母)' 굿 메뉴를 이루기도 한다.[23] 진달래는 시베리아-흥안령에도 오뉴월 경에 흰 자작나

한디가 압끼다 수림 툰드라 여름 순록 유목지대에 핀 철쭉꽃과 버드나무. 배경을 이루는 흰 바닥은 눈이 아니고 이끼떼다.

무 줄기떼 사이로 흰눈 속에서 짙고 작게 피어나는 꽃인데 시베리아 툰드라 입구에도 피고 있다. 한국 시인 김소월의 진달래꽃처럼 화사하지는 않지만 그 맹렬하게 짙은 붉은 빛의 생명력은 절로 감탄을 자아내게 한다. 2006년 2월에 정년을 맞은 성신여대 오용자 교수(식물학)께 드넓은 이끼밭(蘚田)을 배경으로 삼은 수림 툰드라의 철쭉꽃[24] 사진을 보냈더니 즉시 8월 10일에 "진달래과 식물 맞다!"는 답신이 왔다.

---

23) 낙엽송을 야쿠츠어로는 '디트', 러시아어로는 'лиственница'라고 하는데, 어디 말로는 '알라스'라고 한다고 했다. 수림툰드라 지대의 순록 유목지 또는 방목지에는 예외 없이 많이 있었다. 물(陰)에 속하고 그래서 여자로 비유되는 점이 버드나무와 같았다. 순록의 먹이 이끼(蘚)가 습지에서 자라고, 순록의 뿔에 물을 뿌려주면 잘 자란다니 순록이 있는 곳에 낙엽송과 버드나무가 있는 것은 자연스럽다. 음식으로는 「濊膾」와 짝이 될 수 있다. 야말반도의 네네츠 순록치기는 생선을 날로 먹는 것이 상식처럼 돼 있다. 주로 濊圈에 드는 나무다. 貊圈에 드는, 陽에 속하고 그래서 남자로 상징되는 고원 산지의 자작나무와 대조적이다. 음식으로는 「貊炙」과 짝을 이룰 수 있다. 不咸(Burqan)은 濊族 신앙권에, '텡그리'나 鑑은 貊族 신앙권에 드는 하느님 개념인지도 연구해볼 필요가 있다고 본다.

24) 에벤어로 '바굴런'이라 했는데 역시 먹지는 못한단다.

(2) XOHЬ(羊)는 투르크語, 몽골인이 突厥人의 騎馬 羊遊牧 계승

흔히, 심지어는 연구자들까지 몽골의 조상은 흉노라는 견해를 곧잘 펴곤 한다. 심하게 말하면 미국 앵글로색슨족의 조상은 아메리카 인디오라는 주장을 방불케 하는 측면이 없지 않다. 굳이 명명한다면 屬地主義 사관이라고나 할까? 근현대에 들면서 주체성을 강조하고 反植民主義 사관을 내세우는 측에서 이런 경향이 두드러지게 보이지만, 이는 지극히 농경사관적인 편견으로, 유목사관으로 보면 이것이야말로 비 주체사관이 될 수 있다. 움직이는 동물의 역사를 땅에 고착된 식물의 역사로 획일화하는 치명적인 오류를 범하고 있기 때문이다.

물론 우랄알타이 이동의 유목제국사의 주류가 훌룬부이르 몽골스텝을 태반으로 한다는 점에서 미국의 앵글로색슨족과 인디오족의 역사 계승관계 유무와는 판이하게 흉노족과 몽골족은 역사적으로 밀접한 상호관계를 가졌을 수는 있다. 그러나 그럼에도 불구하고 이들 유목세력이 바이칼 호 북극해권의 순록유목에서 발전해 훌룬부이르 호 태평양권의 스텝지역으로 남하하면서 기마 양유목으로 발전한 것임을 전제한다면, 우선 순록을 '오룬 복'으로 부르거나 '차아복'으로, 심지어는 아이누 족처럼 '토나카이'라고 부르는 부류가 드넓은 스키토·시베리안 역사무대에 여러 종족의 이름으로 산재하며 수천 년간 수시로 이합집산을 거듭하며 성장발전을 거듭해온 터에, 그들이 저마다 스텝으로 진출한 경로와 시기도 서로 다를 수 있고, 물론 이런 역사과정에서 역사적인 생태환경의 변이에 따른 혼혈관계도 상이할 수 있다. 더러는 순록유목민에서 스텝의 기마 양유목민으로 수순을 밟아 직접 발전했을 수도 있고, 경우에 따라서는 기마 양유목제국을 경험한 집단이 철저한 신흥세력집단의 보복전을 피해 다시 순록유목민으로 되돌아갔다가 스텝에 재진출해 그들의 옛 기마 양유목제국 전통을 이었을 수도 있다. 최근에도 이런 사례가 있다.[25] 그러므로 유목민의 생태가 광역소수의 조직된 기동력을 본질로

25) 1957년에 하바로브스키 끄라이(邊地)에서 서로가 친척간이 대부분인 몇 가정 200여 명이 사하의 한디가 압끼다 여름 순록유목지대로 이주해온 에벤족 순록유목 일가가 그러하다. 참고로 2006년 여름에 이 지역 답사에 이어 한국 중앙아시아학회의 이란

밑바탕에 깔고 있음을 고려치 않고 농경사관의 역사발전 도식을 일방적으로 유목사에 적용하려다 혼선을 겪는 유목사 집필자들이 곧잘 눈에 띄는 것도 결코 우연이 아닐 수 있다.

몽골족은 여시조 알랑고아의 탄생설화가 보여주듯이 서아시아의 선진문화에 먼저 젖줄을 댄 코리족이 바이칼지역에 진출해 바이칼 호 東岸의 바르쿠진 고아와 결혼하면서 비롯된다. 경우에 따라서는 부여의 모태인 槁離國이나 북부여를 모국으로 삼는 高句麗, 그리고 대외적으로 자칭 高麗로 명명했던 渤海, 심지어는 현지유물이나 유적을 통해보면 거란[26]이나 여진까지도 포함하는 이런 순록유목태반 국가의 역사와 바이칼 호 올콘섬의 코리족이 직접 또는 간접으로 연계됐을 수도 있다. 바르쿠진고아의 바르쿠[27]족은 당시에

유적지 답사에 동참한 김천호 교수(음식문화 전공)는 이란지역 역사유산에 많이 배어든 순록문양들을 발견하고 놀라움을 금치 못했다고 했다. 순록과 사슴을 구별하지 못하는, 유목 가축과 사냥감 짐승을 식별할 수 있는 안목을 구비하지 않은[실은 SBS-KBS TV가 1995~2000년에 방영한 '몽골리안 루트' 관계 다큐멘터리 작품도 거의 모두 그러했다] 다른 답사대원들과 차별화된 유별한 시각을 예비한 이의 별난 소득이었던 것 같다. 페르시아 고원과 몽골 고원 유목문화의 양대 축이 주목된다.

26) 몽골고원의 고올리성터 유적은 그것이 거란성이든 여진성이든 모두 그렇게 불리고 있다. '발해'를 '고려'라 했음은 사서에 기록된 자료가 입증하고 있다. 참고로 高麗 또는 고올리·槁離·코리는 활(弓)을 뜻한다(周采赫, 「關于蒙古與韓國人的弓族分族考」, 『多元共存和邊緣的選擇圖們江學術論壇2009』, 延邊大學 亞洲硏究中心, 111~129頁 參看). 2000년 5월 25~28일에 실링골을 답사하다가 고려인인 내게 "고올리 무덤이 있다! 고올리 유물이 있다!"는 전 박물관장(色沁巴圖 : Sečenbart, 59세, 초등학교 졸. 키야드 보르지긴씨)의 제보를 받고 찾아가 확인해보니, 東몽골스텝에서 무덤 떼는 藏風得水의 명당에 자리 잡은 터이지만 거기서 나온 유물들은 모두 거란의 것이었다. 藏風得水가 이승과 저승의 생존 필수조건으로 더욱 절실한 곳은 당연히 저습한 농경지대보다는 바람이 거센 건조고원지대 몽골스텝이다. 거란의 근거지라 할 이곳 원주민이 계승해온 역사유물 정보라면, 거란을 고려라 일컫기도 했음을 짐작케 한다. 뜻밖에도 Niarb 소녀의 생일축하 권주가를 눈물울 글썽이며 아리랑 노래로 화답하는 가운데 외톨이가 된 동갑내기 셋첸바타르 전 관장과 함께 여기서 내 59살 생일을 맞았다.

27) 巴爾虎로 音譯되는 바르쿠족은 호랑이 토템일 가능성이 높다. 「바르(бар)」가 몽골어로 범-호랑이인데 「쿠」는 '~을 가진'이란 뜻을 가질 수 있으므로 그런 가능성이 높다. 한자 음역에 '虎'자가 든 것도 漢人들의, 音譯과 意譯을 동시에 추구하기를 좋아하는 音寫 전통으로 보아 그 가능성을 높여주고 있다. 실제로 바르쿠진 분지를 따라 내려오며 범내, 범바위, 범고개나 범골과 같은 호랑이 관계 지명이 많은 것으로

바이칼 호 동쪽 지역의 토착 종족이었을 수도 있으리라 짐작된다. 이들의 흥망성쇠 과정에서 이 지역으로 망명한 지배집단 코리족이 소생·부활하는 역정이 몽골제국 창업 과정일 수도 있다는 것이다. 한 가지 분명한 것은 본래 기마 양유목을 모르던 순록유목민 내지는 수렵민인 몽골족이 돌궐족에 직접 간접으로 예속돼 살다가 그들에게서 비로소 기마 양유목을 배웠다는 점이다. 몽골말 хонь(羊)가 본래 突厥語임을 보아도 이를 금방 알아차릴 수 있다. 그러니까 몽골이 기마 양유목민으로 발전해 오늘날의 몽골스텝을 장악하게 된 역사적인 사실은 흉노와 직접 연관된다기 보다는 선비제국이나 특히 돌궐제국을 거쳐 이뤄졌다는 점이다. 가셴둥(嘎仙洞) 선비석실의 석각문이 빛을 보면서 몽골과 탁발선비의 계승관계를 공인하는 추세를 보이고는 있지만,[28] 이 선비석실이 자리 잡고 있는 대흥안령 북부의 대선비산의 원형이

보이는데 구체적인 조사-연구가 필요하다. 물론 바르쿠족 원주민들의 인터뷰도 긴요하다. 그래서 코릴라르타이 메르겐(순록치기들의 弓族 우두머리)과 바르쿠진 고아가 결혼해 몽골 여시조 알랑고아를 낳는 몽골 여시조 탄생신화는 실은, '코리(弓)족'으로 순록치기가 돼 식량생산단계에 든 레나 강 북극해권의 선진 곰토템족이 아직 식량채집단계에 머물러 있는 수렵민 후진 호랑이토템족을 정복하는 사실을 반영한 것으로 볼 수 있다. 2006년 개천절 전화 대담 후에 KBS부산방송국 이양훈 부장과 이런 이야기를 나눴다. 레나 강 북극해권에는 호랑이는 추워서 못살고 곰은 잘 사는데 특수 목축인 유목의 경우에 순한 馴鹿의 유목이 먼저 시작되고 아무르 강 태평양권 몽골스텝에서는 북극권에서 역시 추워서 못사는 羊의 유목이 사나운 말을 타고나서야 대규모로 이루어질 수 있었다. 말은 금속재갈을 물려야 탈 수 있으므로 청동기~철기시대 이후에나 그것이 가능했다. 예니세이 강과 레나 강 북극해권에서 유목생산을 먼저 시작한 곰토템족은 힘이 넘쳐 아무르 강 태평양권으로 진출하게 됐는데, 여기서 호랑이 토템부족과 대흥안령 북부 선비족의 가셴둥(嘎仙洞)이나 고구려 집안의 국동대혈 같은 동굴 근거지 쟁탈전이 벌어졌다. 당연히 선진 곰토템족이 범 토템족을 내쫓고 동굴을 독점해 살면서 환인 천제의 아들인 환웅과 결혼해 곰녀의 자손들을 낳게 됐는데 그게 임금의 혈통을 타고난 天孫族인 한민족일 수 있다는 이야기다. 사람이 다른 짐승과 차별화돼 사람으로 다시 나게 된 것은 당연히 생명생산과 사육의 원리를 터득해 식량채집단계에서 식량생산단계라는 생명주관 과학 누리로 진입하면서다. 그래서 엔.베. 아바예프 투바대학 교수는 순록을 상징하는 젖을 주는 암사슴 sugan-soyon(鮮)이라는 낱말에서 '사람'이라는 단어가 나왔다고 본다. 웅녀는 환웅과 결혼해 사람 곧 '순록치기'-鮮人을 낳았던 것이다.

28) 米文平, 『鮮卑石室探訪記』, 中國 山東 : 直隸出版社, 1997 참조.

있다는 동·서 사얀산맥의 투바에 가서 확인해보니 투바인들의 말이 몽골 현대어와는 너무 달라 대화가 안 통할 정도이고 도리어 오늘날의 터키어-투바어-사하어가 투르크어 고대 방언 차원에서 서로 접맥되고 있음에 저자는 많이 놀랐다.[29)]

이런 역사적인 전개과정에서 동북아시아 유목제국의 태반으로 훌룬부이르 몽골스텝을 공유하고 있는 이상은 간접적이든 직접적이든 서로 영향을 주고받고 많든 적든 이러저러한 계승관계를 가질 수는 있다. 그러나 몽골족이 직접적으로 기마 양유목을 배운 것은 돌궐 지배하나 또는 영향권 안에 들어서이며 돌궐의 서진과정에서 독립운동을 통해서건 그 유산을 물려받아서건 위구르한(回鶻汗)국이 멸망한 840년 이후에 본격적으로 몽골스텝으로 진입하면서 양유목을 배웠고 양유목을 발전시키면서 비로소 말을 타고 양을 몰고 활을 쏘게 돼 기마사술이라는, 당말 오대 송초 변혁기 이래의 최첨단 제철기술과 결합된 유목무력을 갖추게 돼서 뒷날 몽골 유목세계제국을 창업할 토대를 마련했던 것은 엄연한 사실이다. хонь(羊)라는 몽골어가 실은 돌궐어임은 이를 말해 주고 있다. 이는 돌궐과의 접촉이 있기 이전의 몽골인은 양을 몰랐거나 양치기(牧羊)가 적어도 주된 목축업이 아니었음을 보여 주는 것이다. 물론 양치기의 보조수단으로 발달한 기마나 騎馬射術이라는 첨단 유목무력도 보유하지 못했던 것이라 하겠다.

29) 2005년 9월 27~10월 7일에 있었던 이스탄불 현지답사시에 Erhan Atay 터키문화원장(在韓)에게 얻은 정보다. 투바에는 2001년 8월과 2003년 6월 초에, 사하에는 2004년 8월 초와 2006년 7월 초 전후에 각각 현지답사를 해보았으나 이런 맥을 잡아 정리해본 것은 이때가 처음이었다. 그는 터키인이 지금도 각각 그 지역에 가서 3개월 정도만 말을 배우면 현지인과 터키어로 대화를 나눌 수 있다고 했다. 이 지역들 간의 상호관계가 생태조건으로 보아 순록유목단계 차원에서 먼저 맺어졌을 것임을 감안한다면, 순록유목단계의 朝鮮-槁離人의 언어가 몽골어보다 고대 터키어와 더 밀착된 관계를 가질 수 있었음을 미루어 짐작할 수 있게 된다. 역사적으로 순록유목 본질을 더 많이 내포하는 朝鮮이나 濊는, 시베리아 저습지대에서 바다 쪽으로 각각 시베리아 남·북의 半島에 더 직관돼왔기 때문이다.

(3) 툰드라 순록유목민, 제야(Зэя) 강~훌룬부이르 호의 分岐와 貊族의 濊族 제패

시베리아의 주된 순록유목지대는 바이칼 호 북극해권의 오비 강, 예니세이 강과 레나 강 하류의 북극해 근처 일대가 된다. 순록의 주식 이끼가 습기가 풍부한 그곳에서 대량으로 광범위하게 자라나고 있기 때문이다. 그런데 본래는 레나 강도 바이칼 호 서쪽 중북부 까축지역을 통해 바이칼에서 흘러나왔었기 때문에,[30] 지금 앙가라 강을 통해 예니세이 강으로 흘러드는 바이칼 호수의 물은 이 양대 강을 통해 북극해로 흘러들었고, 따라서 북극해권 순록유목기지의 대부분이 바이칼 호와 접맥돼 있었음을 알 수 있다. 그러므로 주로 강을 따라 이동하는 순록유목민의 특성상 타이가와 스텝으로 진출하는 기본 근거지를 바이칼 호에 두는 점은 이상할 것이 없다. 물도 풍부하고 타이가와 스텝도 드넓어 일정한 크기의 인종집단이 개활지의 개방된 상호 경쟁을 통해 형성되는 것은 매우 자연스러운 일이었다. 바이칼 호 올콘 섬의 부르칸 바위－샤먼바위에 코리족 族祖 탄생설화가 서려 있는 점은 그런 의미에서 조금도 이상할 것이 없다고 할 수 있다. 부르칸 바위(不咸岩)는

---

30) 지진활동으로 바이칼 호가 서쪽 호반이 높아지고 동쪽 호반이 낮아지는 현상을 보이면서 레나 강과 바이칼의 물이 직접 접맥되던 시대는 언제부턴가 끝났다. 「까축」이란 현지어로 '急流'라는 뜻이라고 한다. 까축에는 바이칼물이 레나 강으로 흘러드는 물길(水路)이 자갈돌을 따라 확인된다. 1200년 전에는 레나 강의 발원지가 바이칼 호수였다고 한다. 한·러유라시아대장정(2005년 8월 8~14일)시에 이홍규(서울의대, 바이칼포럼 공동위원장) 교수가 出資해 이끈 답사(8월 10일)에서 확인했다. 김봉준 화백이 알타이산 바위그림을 보고 만들었다는 순록로고를 머리, 가슴과 등에 달고 온 100~200명 대원들 틈에서 잠깐 이탈해 우리는 이 까축지역의 물길과 이 강을 따라 이어지는 근 4km에 달한다는 거대한 바위그림떼를 확인했다. 한민족 태반사를 연구하기 위한 키워드가 담긴 중차대한 방대한 바위그림 史書로 반드시 조사-분석을 통한 체계적인 연구-검토가 이루어져야 한다고 직감했다. 바위그림을 전공하는 장석호 선생이 이곳에 주목하고 답사한 적이 있는 이 유적의 중요성에 대해 올 추석에 뵌 파른 손보기 선생님(2010.10. 31 還元)도 깊이 공감하고 계셨다. 예니세이 강과 레나 강, 특히 레나 강은 순록유목의 거대 기지로 한민족 태반의 토대가 된다고 보는 까닭이다. 사하 현지에서는 레나가 소련 여자의 이름이라는 뜬소문도 있었지만 「레나」는 부리아드인들이 진출하기 이전의 원주민어(퉁그스? 에벵키?)로 큰물－'이히 우스(몽골어)'라고 까축 현지 주민들은 증언하고 있다.

하늘에 제사지내는 샤먼바위(巫堂岩)이고 부르칸 자체가 붉은가지 버들(紅柳)[31]과 관계되는 하느님이라는 뜻을 갖기도 한다. 드넓은 개활지에 거대한 담수호가 있어 따가운 햇볕을 반사해서 바이칼 호수 수면 위의 하늘에 낀 구름이 소멸돼 늘 맑은 하늘을 유지함으로, 올콘섬은 바이칼 湖中에 자리 잡고 있으면서도 메마른 스텝이 되고 천문학-점성학이 발전하며 앞서 살핀 대로 생태적 입지조건이 특별히 좋아서 씨족~부족집단이 형성되는 토대를 이루게 되어 이 언저리에는 族祖 탄생설화와 유관한 천제를 지내는 祭天壇이 여기저기에 많이 자리 잡고 있기도 하다.

朝鮮과 高麗를 중심으로 하는 한민족과 몽골족의 순록유목 기원을 전제하고 보면 물론 멀리는 젖을 주는 암순록(sugan)에서 그 이름이 유래했다는 스키타이-사하[32]지대나 오비 강 하류 북극해연안에까지 그들의 유래를

31) 紅柳(красно 'тальник[버드나무숲]' верба) 곧 朝鮮柳. 주채혁, 「高麗의 시원영역 遊牧草地, 그 부르칸(不咸)이즘과 한국축산의 비전」, 『순록유목제국론-고조선·고구려·몽골제국의 기원 연구』, 백산자료원, 2008. 7. 23, 250쪽 주 23) 참조.

32) 2001년 8월 중순 사얀산 현지답사시에 투바국립대 사학과 아바예프(Н. В. Абаев) 남교수와 스키타이史를 전공하는 헤르테크(Hertek Liubov' Kendenovna) 여교수를 만나서 토론하는 중에, 그들은 실은 원래 소욘(Соян : 사얀)이 사가이온(Сагайон)이었는데 13세기경에 모음과 모음 사이에 있는 '게(г)'가 탈락하는 바람에 소욘(Соян : 사얀 : 鮮)이 됐다고도 했다. 그렇다면 사가이온(Сагайон)은 다구르語 암사슴-수간(sugan)'과 상관이 있을 가능성을 보여주는 것이라 하겠다. 아바예프 교수는 사(케)이온[Са(кэ)йон]이라고 표기하기도 했다. 스키타이(Scythia)나 사하(Saxa)가 모두 이에서 비롯됐다는 주장이다. 순록치기들의 주식이 순록의 젖이었는데, 젖은 암순록이 주기 때문에 그런 이름이 나왔다는 해석이다. 너무 쉽게 풀어내 의구심을 자아내기도 했지만, 현지 출신으로 구체적으로 스키타이史를 전공하는 희귀한 전문가의 견해여서 이에 문외한인 저자는 감격스러운 마음에서 얼른 받아 적어뒀다. 아바예프(Н. В. Абаев) 교수는 그 후 2004년 6월 28~30일에 있었던 고구려연구회(서길수 회장)의 제10회 고구려 국제학술대회 『고구려의 正體性』에 발표자로 동참했다. 이때 그는, 강원대 동물자원연구소와 한국草地학회가 주관(成慶一 교수)하는 7월 1일 『한국축산문화의 始原, 몽골-시베리아 순록·양유목의 原型 탐구』라는 제하의 발표회에서 사하(塞)-스키타이-소욘(鮮)을 하나로 보고 "소욘족이 유라시아 유목·농경 고대제국 창출사 연출의 허브-중심축이었다"고 말했다. 이런 연구의 일환으로 실은 소욘족과 한국인의 DNA비교·분석을 위해 모스크바대학교의 이. 아. 자하로프 교수(생명공학 전공)와 2001년 8월 중순에 투바대학 외빈숙소에서 만나 그에게 저자와 김태옥(충북대 노어과)학생의 머리카락 샘플을 건네주었다. 그 후에 샘플 숫자를 더 확보해야 한다는 요구를 받고 2002년에 저자와 李弘揆 교수가 각각 상당한 샘플을 더 보냈음에

소급해 올라가볼 수도 있지만, 직접적으로는 바이칼 호수를 발원지로 하는 예니세이 강과 특히 레나 강 하류 북극해 연안의 순록유목민의 사하(塞?=스키타이?) 타이가 스텝 내지는 만주의 草甸子 초원 진출을 주로 문제 삼지 않을 수 없다. 그래서 「바이칼-몽골족」이고 「바이칼-한민족」이다. 물론 이들이 모두 순록유목민에서 유래한 만큼 이들은 순록의 주식 이끼(蘚)가 나는 물과 숲을 따라 대·소흥안령지대를 거쳐 특히 훌룬부이르 몽골스텝을 태반으로 삼고 몽골스텝으로든 만주의 草甸子 초원[33]으로든 진출케 된다. 예니세이 강이 바이칼 호에서 흘러나가고, 레나 강물 또한 그러해서, 습지대의 야산에서 나는 이끼를 주식으로 하는 시베리아 북극해 언저리의 순록유목민들은 대체로 강물 줄기를 따라 이동하게 된다. 그런데, 지금도 순록유목민이 모피를 들고 이따금 오가는 교역로로[34] 레나 강을 따라 남하해 스타노보이 산맥이라는 외흥안령을 넘어 제야 강물줄기를 따라 嫩江 상류에 이르고 제야 강–현재의 아무르=흑룡강을 건너 눈강을 따라 내려오면서 치치하르를 거쳐 할빈과 阿城에 이르는 코스가 주된 교역로가 됐던 듯하다. 아성은 소흥안령 끝자락에 자리잡고 있는 金國의 초기 수도다. 온난한 태평양 바닷바람이 닿는 소흥안령 동쪽과 한랭 고원 건조스텝인 대흥안령 서부지대에는 순록의 먹이가 없어 그 사이를 嫩江을 따라 내려왔음에 틀림이 없다. 무릇 유목제국은 농·목을

도 불구하고 정작 2002년 10월에 나온 검사결과는 예기한 것과는 달리 현재의 소욘족이 그간 다른 종족 혈통들과 많이 혼혈돼 있는 것으로 나와 이홍규 교수에게만 사적으로 결과보고서를 보내왔다.

33) 내몽골 학계에서는 초원을 몽골고원 스텝의 草原類, 산중 초원과 만주의 草甸子 초원으로 나누고 있다.

34) 2005년 2월 4~24일에 걸친 21일정 시베리아 극북(BAM)로선 창조사학회 주관(金榮友 국장, 교수) 겨울답사 중의 2월 10일(木) 봄나크 에벵키 마을에서 확인한 정보다. 여기서 만난, 할머니 이름이 고려인 '희순'이라는 와라와라 미하일로보 게니예브나(23세)는 우리에게 "한국에도 에벵키인들이 가서 산다는데 아느냐?"고 물어서 우리를 당황케 했다. 에벵키란 '키'는 ~하는 '사람'을 말하고 '에벵~에웽'은 순록유목초지 이끼(蘚)가 나는 Honk(鮮)를 가리키며, 따라서 에벵키란 「순록치기(鮮人)」라는 뜻이라고 봄나크 초등학교 교사 자하로바 마리나 미하일로브나(46세)가 설명했다. 결국 2000년 초봄에 저자가 추정해본 추론(주채혁, 「朝鮮·鮮卑의 '鮮'과 순록유목민–몽골유목 起源과 관련하여」, 『동방학지』 110, 2000, 117~220쪽 중의 206쪽)과 일치해 몹시 기뻤다.

아우르지 않는 사례가 없고 그럴 경우에 농경지대와 스텝의 접점 스텝 요지에 수도를 정하는 것이 통례다. 北京과 赤峰[35]이 그렇고 셀주크 투르크제국의 수도 페르시아 고원의 바그다드가 그렇다. 그래서 나는 아성이 적봉과 함께 선후로 고조선 태반기의 첫 수도였다고 감히 비정해보고 있다.[36]

제야 강의 '제야(Зэя)'는 에벵키어로 '칼날'이라는 뜻을 갖는다.[37] 여기서 계속 동진하느냐, 아니면 남하해서 嫩江으로 내려가거나 훌룬부이르 몽골스텝으로 나아가느냐에 따라 그 집단의 운명은 크게 갈린다. 여기가 바로 그 분기점이었다는 구비전승의 사실을 그간 이 지역 원주민들에게서 십수 년 동안 귀가 닳도록 들어왔다.

바이칼 호에서는 '앙가라'라는 처녀와 '예니세이'라는 총각이 갈린 슬픈 전설을 들었는데 제야 강이나 아무르 강에서도 강 이름과 관련되는 에벵키류의 전설이 전해지고 있다. 견우와 직녀 이야기와도 맥이 닿을지 모른다는 생각이 들었다. 원래 에르구네 강을 이어 대흥안령의 북단에서 제야 강 어구까지만이 아무르 강이었다가 1651년 '네르친스크조약'으로 러·청 국경이 정해지면서 아무르 강 이름이 태평양 오호츠크해까지 연결됐을 뿐, 애당초

35) 김호동(서울대) 교수도 赤峰이 아주 좋은 그런 요지임을 사석(2006년 9월 17일 중앙아시아학회 만찬)에서 지적했다.

36) 일본 치하에서 바이칼-훌룬부이르-만주 지역을 두루 답사한 鳳宇 權泰勳 仙人(1900~1994년)이 이 지역을 그렇게 비정해본 것은 정곡을 찌른 견해였던 듯하다. 당시에 鳳宇仙人이 순록유목을 안 것은 아니겠지만 재미있게 열심히 이 지대를 답사하다가 왠지 편하고 원주민과의 관계가 푸근하게 느껴져 당시의 역사 정보와 상호작용하면서 내린 결론이었던 것으로 추정된다. 이광수가 그의 소설『유정』에서 주인공 최석을 통해 그려본 바이칼 호반의 旣視感 또한 이에서 벗어난 것이 아닐 듯하다. 나의 경험으로 보면 한민족의 경우는 대체로 그 '게놈'과 현지 생태사가 상호작용하여 이를 직감케 될 수 있는 것이 아닌가 짐작하고 있다.

37) 현지 정완교 목사의 주선으로 이루어진 2005년 2월 7일(月)의 제야 강 현지답사 시에 현지 블라가베셴스크(Благовещенск : '복음 전파'라는 뜻) 민족박물관의 발렌치나 삐뜨로브나(39세, 전 부경리)에게서 그녀의 특정 유물 해설 중에 윤현종 창조사학회 간사가 막 돌아서려다가 채록한 정보다. 아무르 강의 '아무르'가 에벵키 牽牛織女類 전설 남주인공 이름 Амурь에서 비롯됐음도 이때 여기서 그이에게 확인받았다. 치타(Чита)민족박물관에서 Гуран(거란?)족이 이 일대에 살고 있음도 그 후 2월 18일(金) 귀로에 채록했다.

에는 지금의 제야 강 以東에서 태평양까지의 강 이름이 그대로 제야 강(結雅河)이었다고 한다. 중국 쪽에서는 징키르(精奇里 : 다구르語?) 강[38]이라고 부르기도 한다.

물론 눈 강과 송화강 이북의 만주와 그 이남의 만주도 물 흐름이 동해권과 서해권으로 갈린다는 점에서 서로 차별화되겠지만, 이북의 발해지역은 특히 몽골스텝과도 비록 兩者가 생태가 서로 달라 牧草의 성격이 차별화되기는 하지만 두 지대가 모두 小山(сопка : 鮮)이 즐비한 지역으로 상당히 밀접한 역사적인 관계를 가졌을 것으로 짐작된다. 적어도 장백산맥 일대의 大山(гора)—산악지대를 주요 역사무대로 하는 고구려보다는 더 그러했으리라는 것이다. 발해라는 말이 토템화한 늑대를 가리키는 보카(Boka)에서 유래했다는 견해가 있을 만큼 양자는 개활지 초원을 생태배경으로 공유하고 있기 때문일 수 있다 하겠다.[39] 북극해권의 순록유목민이 남하해 제야 강과 훌룬부이르 몽골스텝 지대에서 각각의 생업 전통이나 부족집단의 역사적 관계 맥락에

---

38) 1999년 가을 하일라르 현장답사 캠프인 병원 부속 아파트 자취집(海拉爾市 河西農墾商場樓 3單元 3號 王亞光家 : 그의 부친은 日政下 병역계 관리로 문화대혁명시에 자아비판 후 자살)에서 아·아르다잡 내몽골사회과학원 역사연구소 부연구원과 함께 중국 지도에서 확인한 제야 강의 별명인데, 그 지도를 이사 중의 자료 미정리로 아직 찾지 못하고 있다. 여기서는 우선 다파타 하시오·가나마루 요시코 등 지음/원정식·이연주 옮김, 『중국소수민족 입문』, 현학사, 2006, 108쪽을 참고했다. 왜 그런 이칭이 생겼는지 연구 검토할 필요가 있다. 훌룬부이르 市의 전화번호부에 나오는 金氏의 상당수는 그들이 유래한 징키르(Зея)강의 이름의 머리글자 <징(精)> 音에서 따온 성씨다. 스타노보이 산맥에서 무려 37,000개의 지류가 제야 강—아무르(黑龍) 강으로 흘러들고 눈 강과 松花江 물도 北流해서 이와 합류하여 동해바다에 이른다. 지금의 제야 강도 그중의 하나다. 칭기스칸이 마시고 자란 헤를렌 강물도 물론 이에 동참해 흐른다. 그러니까 거기서 종이배를 만들어 띄우면 동해안 속초와 강릉이나 삼척에 도달할 수 있다는 말이 된다. 대흥안령 남부에서 황해로 흘러드는 遼河圈은 물론 이와 크게 다르다. 이런 역사창조 생태무대를 읽지 못하고 서술돼 나오는 이 지역 역사는 당연히 매우 공허할 수밖엔 없다(본문 주 34) 참조).

39) 2004년 강원대 동물자원연구소와 한국草地학회(성경일 교수)가 주관하는 『한국축산문화의 始原, 몽골—시베리아 순록·양유목의 原型 탐구』라는 題下의 발표회(7월 1일)에서 몽골의 기마 양유목에 관해 언급한 아. 오치르 몽골국립중앙박물관장이 제기해준 문제를, 몽골어학자 李聖揆 교수가 2005년 여름에 『체벨사전』에서 booqai로 재조회 했다.

따라 서진해 몽골스텝으로 가서 기마 양유목민으로 살아가느냐 아니면 남진해 목농을 아우르는 만주지역으로 들어가 목민이나 농민이 되느냐가 판갈이 된 것으로 보인다.

물론 철기문화와 결합된 기마 양유목민이 순록유목민이나 수렵민 내지 목·농민화한 현지 주민들을 지배하게 된 것으로 봐야겠지만, 먼저 저습지대를 위주로 살아온 水獺 사냥꾼 濊族(Buir족 : 모피가 더 좋은 숫수달족) 계통이 만주의 草甸子 초원으로 들어와 자리 잡고, 그 후에 별명이 山獺인 너구리 사냥꾼 貊族이 고원인 스텝지대로 진출해 양유목민이 돼 철기문화와 결합된 騎馬射術을 익혀 유목무력을 비축하면서 점차로 예족을 정복하는 과정에서 고대 騎馬 羊遊牧帝國이 창업됐던 것으로 보인다. 그 후 예족의 독립운동으로 예가 맥을 역지배하기도 하는 사례가 생기면서 엎치락뒤치락하는 과정에서 예맥의 통합과 離散이 반복돼오고 있기는 하다. 濊國(강릉)→ 貊國(춘천) 및 거란(貊)→ 여진(濊)→ 몽골(貊)→ 만주(濊)가 패권을 주고받는 경우도 이런 시각에서 읽을 수 있는 측면이 있을 것으로 보인다. 槁離國→ 北夫餘→ 高句麗, 그리고 몽골(貊高麗)의 창업과정도 크게 보면 이런 범주에서 貊族의 濊族 통합이라는 시각에서 읽을 수 있으리라 본다.[40]

---

40) 2005년 8월 10일자 『훌룬부이르일보(呼倫貝爾日報)』, 2쪽(전면)에 烏熱爾圖가 쓴 「速勒都思」라는 글에서, 2000년 당시 몇몇 논문집에 등재된 저자의 논문에 관해 멋대로 언급해 현지에서 다소 물의를 일으킨 모양이다. 그러나 저자는 1990년대 초에 중국대륙을 개방한 이후부터 지금까지 내몽골 몽골학계와 관계를 맺고 답사도 하고 현지에 살아도 보며 학회에서 발표도 하는가 하면, 에르데니 바아타르 교수(내몽골대학)를 제자로 키워내기도 하며 관계 논문집에 글도 실어왔으나, 그 글은 전혀 이름을 들어본 적이 없는 내몽골사학계 밖에서 사는 집필자의 것임을 알고 매우 씁쓸했다. 내 글도 몇 편 구한 것만 읽고 비판 내용도 典據가 턱도 없이 빈약한데다가 논문이 아닌 성토조의 잡문이어서 이내 이른바 동북역사공작의 칼날이 이에도 와 닿았다는 것을 실감케 됐다. 외국인 몽골학자의 논문에 대해 전공분야 학자가 관계 논문집에 정식 논문으로 진지하게 대응하기에는 力不及인 초라하기 이를 데 없는, 이 지역 외흥안령 이남 '조선-고구려 대만주권 역사태반 말살 프로젝트'의 연구실태임을 이렇게 실토하면서도, 이에 신경을 곤두세우는 것은 1960년대 초에 북한학계의 현지 유적 발굴 연구결과 발표에 대한 周恩來의 과민반응에 이어 '동북아시아 유목제국 생성의 태반'인 이 지역 역사 연구의 긴요성을 반증해 줄 뿐이다. 2008년 北京 올림픽을 겨냥해 인민공원을 칭기스칸(成吉思汗) 공원으로 바꿔 야단맞

■ 廣開土大王碑(414年)

惟昔 始祖鄒牟王之創基也 出自北夫餘 天帝之子 母河伯女郎 剖卵降世 生而有

게 치장하고 '몽골 기원지'인 이곳에 거대한 박물관을 마련하느라고 분주한 터에 몽골국 과학아카데미 베. 수미야바아타르 교수가 1990년 5월에 제기해 준 문제를 내몽골인(몽골이름이나 에벵키人인 듯하다. 1998년 8월에 한국에도 다녀간 적이 있는 作故한 오윤 달라이 에벵키족 아마추어 지방역사담론가의 후배로 보이는데, 오윤 달라이도 그 자신의 고백대로 대학에서 공부해본 적도, 사학을 정식으로 공부해 본 적도 전혀 없었다.) 아마추어 지방역사담론가가 깔아뭉개보려 했으니, 가관이다. 몽골인이라지만 '광역소수'의 조직된 기동력을 바탕에 까는 유목사의 본질에 대한 이해가 전무한, 기본 훈련이 아주 안 된 농경민 漢人 아마추어 지방역사담론가 수준의 글이다. 뒷날에 이 시대 이 지역의 '조선-고구려 대만주권 역사태반 말살 프로젝트'史를 써야 할 미지의 몽골사학자들을 위해 참고자료로 소개해 둔다. 『동아일보』, IT/과학 2006. 12. 19자에 "한·몽골 신석기부터 이미 다른 인종"이라는 제하에 국립문화재연구소·중앙대·동아대·몽골국립대·몽골과학대의 연구결과 보고가 실렸다. 2006~2012년에 걸쳐 80여 명이 참가해 국가차원에서 추진하는 한반도와 동아시아 고인골 DNA 검사를 통해 한민족의 기원을 밝히는 연구프로젝트가 그 초입에 터트리는 뉴스여서 충격적이다. 관념적인 '북방단일 기원설'을 뒤집는 움직일 수 없는 과학적인 검증결과의 제시라는 촌평도 실렸다. 세계적인 권위를 갖는 『사이언스』에 실릴 예정이라고도 했다. 첨단과학에 의거하는 움직일 수 없는 절대 정설이라는 뉘앙스를 풍긴다. 이런 연구 프로젝트를 추진해오고 있는 다른 유전체 학자그룹들도 있는데 모두 이에 공감할지 의문이다. 아직 보고서를 입수하지도 못해서 「한민족」의 그것과 비교 검토된 「몽골족」이라는 개념 정의를 어떻게 하고 낸 보고서인지도 모르지만, 본 논문과 정면으로 상충되는 점이 있어 뵈는 문제 제기라서 언급을 피해갈 수만은 없다는 판단이 선다. 양측의 인골 샘플이 각각 400~500여 개나 된다니 주목치 않을 수도 없는 형편이다. 그러나 아무리 샘플 숫자가 많고 오랫동안에 걸쳐 발굴한 결과를 분석 정리한 내용이라 하더라도, 그것이 막연히 초시공적인 몽골스텝의 무덤 발굴 결과를 뭉뚱그린 것이라면 믿을 것이 못된다. 본 논문에서 언급한대로 몽골의 순수한 핵심인 Nirun 몽골이 몽골스텝에 본격적으로 진출한 것이 기원후 840년경 이후이기 때문이다. 유목민은 생업상 '움직이는 사람'들이며, 몽골이라는 종족 명칭은 적어도 「순록유목 식량생산단계」 이후에나 생성됐을 수 있다. 몽골스텝에는 물론 순록유목이 있을 수 없다. 그러므로 한랭 고원 건조지대에서 '게놈'이 많이 생성돼온 몽골족의 경우에 '유목 개념'이 개입되지 않은 유골 분석 결과는 그만큼 위험부담을 안게 마련이다. 몽골인 고고학자조차도 유목개념이 없이 이를 이렇게 분석하는 경우가 적지 않다. 그들의 스승은 거의 모두 농경문화권 출신 연구자이기 때문이다. 관념적인 '북방민족단일기원설'이라는 것이 있는지를 저자는 아직 잘 모른다. 그러나 한민족 고대제국들이 유목제국에 그 태반을 두고 생성됐다고는 내 나름으로는 확신하고 있다. 물론 목·농의 결합이 전혀 없는 유목제국이 없었다는 전제 하에서다. 유목제국 자체가 이미 다민족·다업종 복합체로 이루어지는 것인데 만세일계의 '단일'이란 우스운 얘기다.

聖□□□□□□命駕 巡幸南下 路有夫餘奄利大水 王臨津言曰 我是皇天之子 母河伯女郎 鄒牟王 爲我連葭浮龜 應聲卽爲連葭浮龜 然後造渡 於沸流谷忽本 西城山上 而建都焉 不樂世位 因遣黃龍 來下迎王 王於忽本東岡 履龍首昇天.

번역해 보면 아래와 같다.41)

■ 광개토호태왕비

옛날, 시조 추모왕이 기업을 창건했다. 북부여에서 나왔으니 천제의 아들이요 어머니는 하백의 딸이다. 알을 가르고 세상에 강생했으며 태어나면서부터 성스러움을 지녔다. □□□□□□수레를 명하여 남쪽으로 순행하여 내려오셨으니, 도중에 부여 엄리대수42)를 지나가게 되었다. 왕이 나루에 임하여 말했다. "나는 황천의 아들이며 어머니는 하백의 딸인 추모왕이다. 나를 위하여 갈대를 이어 주고 거북을 띄워 주거라." 그 소리에 응답하여 즉시 갈대가 이어지고 거북이를 띄워 주었다. 그런 후에야 이민하를 건널 수 있었다. 비류곡 홀본 서쪽산 산 위에다 도읍을 세웠다. 세상의 자리에 있는 것을 즐겨하지 않아서 [皇天이] 황룡을 보내어 내려가 왕을 맞이해 오게 했다. 왕이 홀본 동쪽 언덕에서 황룡의 머리를 밟고 승천했다.

이상에서 저자가 지금까지 정리해본 바에 따르면, 주로 마지막 빙하기 이후부터는 물이 북극해로 흐르는 바이칼 호 북극해권에는 물이 너무 차서

41) 水谷悌二郎의 釋文을 따랐음. 李福揆, 『부여·고구려의 건국신화 연구』, 집문당, 1998년 12월 1일, 96쪽.

42) 奄利大水는 根河와 할힌골-홀본 사이에 있는 이민(Imin : 伊敏)河일 수 있다. 이민(Imin)은 '큰물'이라는 뜻이니 곧 대수라는 말이 된다. 그러니까 奄利=큰물이고 大水=큰물이면 奄利大水는 동의어 반복의 몽골어+漢語 수명일 수 있다. '레나'='큰물'강이나 이과수[남미 브라질 소재]='이히우수'=큰물 같은 水名은 북유라시아에 원주민 토박이말 이름으로 흔히 눈에 띄는 강물 이름이다. 根河는 대흥안령 지역에서 제일 추운 지역으로 호랑이가 못 살 정도로 한겨울엔 몹시 춥다. 그 대신에 추위를 싫어하는 모기를 天敵으로 하는 순록은 그곳에 살 수 있다. 『論衡』의 「고리국」의 槀離가 곧 '코리'일 수 있다고 보는데 이들이 타이가인 根河지역의 순록유목민 '코리'족(弓族)에서 忽本－할힌골=놈온한[활의 왕 : 弓裔?]의 騎馬 양유목민 '코리'족으로 발전－이동하는 과정을 다룬 신화가 동명왕 전설이라고 봄이 타당하다고 본다.

거북이가 못 살고, 물이 태평양으로 흘러드는 훌룬부이르 호 태평양권에서만 살 수 있는 것으로 보인다. 따라서 거북신앙이 가령 서아시아권까지 이어지는 전통43)을 가졌더라도 그것이 동북아시아권에서 재창조돼 거듭난 것은 훌룬부이르 태평양권으로 보아야할 것이다.

그런데 龜頭의 展開가 龍頭로 발전하고 한반도 동해의 경우에는 東海龜가 곧 東海龍이라는 사실이 거북신앙의 내용을 밝히는 과정에서 점차로 드러나겠기에, 龜信仰의 분포는 마땅히 龍信仰의 분포와 비교·검토되는 과정에서 고찰돼야 하리라 본다. 다만 용신앙의 분포를 다루는 데는 龍의 한국 고대어인 '미리' 또는 '미르'의 漢字借用表記나 稱44) 따위의 異稱에 대한 표기 등으로 자못 만만치 않은 문제점들이 가로놓여 있어서 신중한 접근을 필요로 하기 때문에, 본고에서는 일단 뒷날 각 전문분야의 도움을 받아 시도할 과제로 남겨두려 한다. 본고에서는 한반도와 한국인의 거북龜 字가 든 지명과 인명의 지역별 내지는 시대별 분포를 우선 살펴보고 그 의미를 찾아보는데 주력하고, 가능한 범위 내에서 中原의 그것과 개략적으로 비교 검토하는 데에 그치려 한다. 일본의 그것들과의 비교 검토가 필요하다고 보지만 일본 고대어에 門外漢인 저자가 혼자 감당하기에는 力不及이어서 역시 뒷날의 숙제로 미뤄두려 한다.

2) 거북지명의 분포

지명의 분포에 관한 접근도 여러 가지 문제를 안고 있다. 첫째로 조사연구 대상지역의 선정이 문제된다. 거북신앙은 인도, 일본, 필리핀, 아메리카 인디

---

43) 1990년 7월 22일에 저자의 관계 논문을 읽고 저자를 찾아온 페테르부르크 사회과학원의 鄕歌 연구자인 니키티나 피츠로브나 연구원은, 처용가 연구를 위해서는 지중해 연안 그리스에서 몽골리안 루트를 따라 한국과 일본에 이르기까지 두루 그 足跡을 追跡해 연구·穿鑿해야한다고 했다.

44) 孫穆, 『雞林類事』(宋代 : 高麗 肅宗時에 開京에 와서 당시의 고려어 353개를 추려서 기록하고 설명함, 저작연대 미상)에는 "龍曰稱"이라 되어있고, 葛洪, 『抱朴子』(晉)에는 "山中長曰稱 雨師者 龍也"라고 적혀 있다.

오들의 여러 거주지역, 오스트레일리아, 중국이나 한국 등 거의 전 세계에 두루 분포를 보이고 있다. 본고에서 하필 한반도와 中原을 조사연구 대상지역으로 삼은 것은, 이곳을 중심으로 거북신앙의 내용이 가장 풍성하고 체계적으로 펼쳐져 왔다고 보아서다. 둘째, 지명의 역사적인 변천과정을 문제로 삼을 수 있겠으나 그것이 가령 音寫라 하더라도 그 作名者가 '龜'字를 그 지명의 音寫字로 선택한 이상 이는 이미 거북신앙의 범주에 들 수 있다는 것이다. 이와는 반대로 '龜'자가 도리어 '仇'자나 '九'자로 표기될 수도 있어서이다. 셋째, 이와 같은 지명의 조사도 당 지역의 『지명사전』을 위주로 해서 이루어졌다는 점이다. 이런 한계점을 가졌음에도, 이런 지극히 개략적인 조사를 통해서 어느 정도까지는 거북신앙의 磁場圈과 그 중심 및 그 역사적 이동 경향을 추적할 수 있는 가능성이 엿보였기 때문에 그대로 연구를 추진했다. 특히 廣域少數를 특징으로 하는 '유목민족권'은 그 이동루트가 먹이－牧草의 분포를 따라 이루어지는 경향이 있어서 특히 자기 집단의 태반이 되는 지명을 끈질기게 가지고 다니는 보수성을 보여서 거북신앙의 역사적 분포를 추적하는 데도 큰 示唆點을 마련해 주게 된다. 그런 의미에서 거북이가 살수 없는 '바이칼 호 북극해권'의 지명과 거북이가 살 수 있는 '훌룬부이르 호 태평양권'의 지명 비교 연구는 어떤 소중한 결과를 가져다 주리라고 보지만, 현재로서는 바아칼 호 일대의 『지명사전』이 발간되어 있고, 몽골과학원 지질학연구소의 바자르구르 교수가 오랜 기간에 걸쳐서 이를 훌룬부이르 태평양권의 지명들과 비교 검토한 분석적 연구를 구상해보는 중이라는 소식만을 전해 듣고 있을 따름이다. 물론 소욘, 투르크, 몽골, 에벵키, 축치, 코리야크, 다구르, 오룬춘과 나나이 등 현지 시베리아 원주민의 토박이 역사와 언어를 계속 주목하는 과정에서 이를 다시 嫩江과 阿城 일대의 그것과 비교·검토하는 연구가 사람과 동물들의 '게놈'을 비교·분석하는 연구와 함께 이루어진다면, 뜻밖의 큰 연구성과를 거둘 수 있으리라고 기대된다.[45)]

---

45) 역사 복원의 맥을 잡아갈 수 없게 산발적으로 모자이크식으로 이루어지는 근래의 어떤 연구들이 연구인력과 연구자금의 막대한 낭비를 가져오고 있다고 그간의 현지 연구과정을 통해서 저자 나름으로 절감해온 터여서 해보는 제안이기도 하다.

(1) 中原地域

중원지역의 '龜'자 지명[46]은 다음 [도표 1]에서 보듯이, 그 형성과정이 산이나 바위의 생김새가 거북이와 닮았다든가 또는 거북이와 관계되는 인물[47]이나 설화[48]가 얽히고 설켜 가면서 이루어져 온 것으로 보인다.

이와 같은 龜字 지명의 장소에서 일련의 祝祭行事－신앙행위가 베풀어졌던 사실들은 우리의 눈길을 끈다. 예컨대 湖南省 安鄕縣 石龜市나 浙江省 紹興縣 龜山 및 安徽省 盱胎縣 龜山 등을 들 수 있다. 아울러 湖北省 麻城縣 龜峰山, 浙江省 定海縣 龜山, 四川省 成都縣 龜化省 및 德陽縣 龜勝山과 廣東省 山縣 龜岡 等地가 전투기지나 砲臺(淸代)의 설치를 위한 땅으로 선택되었던 사실은 龜와 護國信仰의 연관관계에서도 일고의 필요가 있으리라 생각된다.

[지도 1]에서 그 분포를 살펴보면, 新疆省이나 甘肅省 및 내몽골에도 있기는 하지만 대체로 거북이가 많이 출몰할 수 있는 中原의 東南海岸 지방이나 楊子江 遼河와 같은 강줄기를 따라 집중돼 분포되어 있음을 발견하게 된다.

2009년 여름에 바자르구르 교수를 만나서 다시 확인해보니, 몽골국경을 넘는 연구는 해본 적이 없고 몽골 국내에서 특정 지역에 국한된 연구만 시도해왔다고 한다. 실은 집단목장이나 집단농장 등의 제도로 지역적 폐쇄성이 극심한 사회주의체제 하에서 이런 비교연구가 시도될 수 없었던 것은 불가피했다고 하겠다.

46) 몽골의 경우도 당연히 연구돼야 하겠지만, 지금의 저자에게는 力不及이다. 몽골군의 진군시에 거북점이 쳐졌던 사례는 흔히 접할 수 있는 것이고, 저자는 1993년 8월에 흡수굴의 八旬 巫女에게 직접 羊肩胛骨을 불에 태워 치는 龜卜을 직접 쳐 받아본 적도 있다. 물론 카라코룸의 石龜趺 유물은 유명하다.

47) 福建省 將樂縣 '龜山'.

48) 四川省 成都縣 龜化城 및 德陽縣 龜勝山.

[도표 1] 중원지역의 '龜'자 지명

地 名	省 名	縣 名	비 고
石龜山	福建	安溪	
龜(洋)山	福建	蕭田縣	
龜山	福建	歸化	산의 생김새가 거북이와 같다.
龜山	福建	將樂	宋楊時가 이곳에 살면서 스스로 龜山이라 이름했다.
龜山	福建	屛南	산의 생김새가 거북이와 같다.
石龜市	湖南	安鄕	『輿地紀勝』에 "市에 巨石이 澧水를 내려다 보고 있는데, 그 모양새가 거북이와 같다. 이곳에 거주하는 이들이 歲首에 양을 잡아 제사지내 거석이 윤택해지면 그 해 풍년이 든다"고 했다.
龜山	湖北	漢陽	山石 砲臺가 앞으로 長江을 내려다 보고 있다.
龜山	湖北	襄陽	
龜峰山	湖北	麻城	一名 龜頭山이라고 한다. 『元和志』에 龜頭山은 麻城縣의 동남쪽으로 80리를 가면 있는데 擧水가 흘러나온다. 春秋時代에 擧를 쳐서 吳와 楚가 전쟁을 벌였다고 했는데 그곳이 바로 이땅이다.
大龜山	湖北	應山	『荊州記』에 "돌이 있는데 저절로 마치 거북이처럼 생겼다"고 했다.
龜鶴池	湖北	鍾祥	
龜山	山東	新泰	『水經注』에 "옛적에 夫子가 魯에 갔는데 龜山의 操(孔子가 지은 琴曲의 曲操)가 있었다"고 했다.
龜蒙	山東	泗水	
龜山	江蘇	武進	생김새가 이름처럼 생겼다. 龜産書院이 있다.
龜山	江蘇	銅山	『魏書』「地形志」에 "彭城에 龜山이 있다" 고 적었다.
龜山	浙江	淳安	
龜山	浙江	紹興	『吳越春秋』와 『水經注』에 "산의 모양새가 거북이와 같아서 이름 또한 龜山이라고 불렀다. 산 위에 越의 起靈臺가 있다"고 했다.
龜山	浙江	定海	保定城 砲臺(淸나라 同治 13년에 설치함)
龜峰山	浙江	衢	

龜山	安徽	盱眙	『寰宇記』에 "禹임금이 淮를 다스려 淮渦를 획득하니 水神이 龜山의 발(足)을 봉쇄해 많이 버티지 못했다"고 적었다.
龜形山	安徽	翕欠	
龜山	甘肅	天水	중간이 거북이 등처럼 솟아오르다.
龜山	四川	涪陵	『輿地紀勝』에 "黔江 동쪽언덕에 있는데 州에서 그 위를 근거로 하여 다스린다. 그 모양새가 거북이와 같아서 州의 이름도 龜陵이라 한다"고 썼다.
龜化城	四川	成都	『搜神記』에는 "秦나라 惠王 27년에 蛋儀에게 築城케 하여 都城이 여러 번 무너지자 홀연히 큰 거북이가 강에서 떠올라서 子城 동남쪽 모퉁이에 와서 죽었다. 蛋儀가 무당에게 물으니 무당이 거북이에 의거하여 성을 구축하라 하여 그렇게 하고 이내 龜化城이라고 이름을 지었다. 大城을 이룬 것이지만 그대로 子城이라고 일컬었다"고 했다.
龜勝山	四川	德陽	唐나라 元和初에 高崇文이 劉闢을 토벌해 鹿頭關을 공격하여 이에 堡壘를 구축하고 적군과 상대할 제 거북이가 牙旗 아래에 나타나 전쟁에서 크게 이겨 지은 이름이다. 一名 萬勝堆라고 한다.
龜山	廣東	樂昌	
龜岡	廣東	山	砲臺(淸나라 嘉慶)
龜嘴墟	廣東	從化	
龜山	雲南	師宗	
龜山	雲南	南	
龜山	江西	安福	
龜角尾訊	江西	贛	
龜林府	外蒙古		唐나라가 設置함
龜茲	新疆	高車 沙雅	『唐書』에는 丘玆나 屈玆라고도 썼다.
連鼇山	四川	眉山	그 생김새가 거북이와 유사하다.
古鼇頭市	浙江	平陽	
金鼇山	浙江	臨海	
博鼇港	廣東	樂金	
陸鼇所	福建	漳浦	鼇山 남쪽에 있다. 明나라 洪武時의 置所다.
謄鼇堡	遼寧	海城	
金鼇玉蝀橋	北京		

* 위 도표는 『中國古今地名大辭典』, 臺灣商務印書館, 1959에 의거해 작성했다.

[지도 1] **中國 龜字地名分布圖**(省別 분포, 출전 : 『中國古今地名大辭典』)

(2) 韓半島 地域

한반도의 龜字 지명도 그 형성과정은 중원지역과 별로 큰 차이가 없을 것으로 보인다. 평안북도 龜城郡의 龜城이 고원지대로 한반도의 중요한 전투기지로 사용되어 왔던 점도 역시 龜의 호국신앙과도 연결시켜볼 만하다고 하겠다. 아울러 거북이 모양의 붙임바위[49]에서 부인네들이 祈子를 위한

49) 김태곤, 「性器信仰 연구」, 『한국종교』 창간호, 한국종교사학회, 1971 ; 周采赫, 「거북신앙의 분포」, 『월간문화재』 3권 8호, 월간문화재사, 1973, 40~41쪽에 소개된 서울 서대문구 무악산봉 '쌍머리 거북바위'에서도 祈子信仰이 이루어지고 있다. 1970년

致誠을 드리는 예로 보아, 여기서도 祈子 내지는 祈雨의 신앙의식이 이루어졌을 것이라 짐작된다.

특히 한반도의 지명은 [도표 2]에서 보듯이 金龜, 坐龜, 龜伏과 盤龜 따위로 거북이의 모습을 그렸거나, 龜頭, 龜尾, 龜文, 龜旨[50] 따위로 거북이의 모습을 더 자상하게 나타낸 것도 있으며, 龜塘, 龜溪, 龜浦, 龜川, 龜湖, 龜(鰲)村, 龜坪, 鰲月, 龜蓮, 龜井, 龜田이나 龜淵 따위로 거북이를 생활 속에 좀 더 가까이 끌어들여 다정스런 맛을 풍기게 하는 것도 있다. 또한 龜龍,[51] 鰲樹, 龜林, 龜洛, 福龜나 明龜와 같이 이름 자체에 신앙의 風味를 含意한 것으로 보이는 지명도 적지 않다.

그런데 [지도 2]에서 보듯이 한반도에는 中原과는 달리 바닷가나 강가에 구애되지 않고 골고루 그 분포를 보이고 있음을 알 수 있다. 또 지역의 넓이의 相對性을 고려하더라도 한반도의 분포밀도는 중국대륙의 그것을 단연 압도한다.

이는 한반도가 3면이 바다로 둘러싸여 거북이의 棲息地로 알맞은 것이 첫째 이유일 수 있겠지만, 濊族으로 추정되는 거북신앙권의 원주민 또는 이주민의 분포밀도와도 상관이 있을 것으로도 추정해볼 수 있겠다.

초에 저자도 직접 거북바위의 龜頭를 향해 한밤중에 젓빛 흰옷을 입고 祈子致誠을 드리는 여인네를 직접 목격했다.

50) 김태곤, 「國師堂信仰 연구」, 『백산학보』 8, 백산학회, 1970, 88~89쪽에서는 「龜旨」를 '龜首'로 보았다. 活字가 없던 시대의 筆寫本이나 초기 木活字의 거친 표기에서는 '旨'자와 '首'자의 서로 비슷하게 닮은 모양 때문에 상호간에 混同 混用되어 傳承되어 왔을 수도 있다. 그런데 金海와 경기도 楊州의 두 곳에 같은 지명인 「龜旨」가 모두 있는 것으로 보아 비록 거북신앙의 中核이 「龜頭」-「龜首」에 있다고는 하나, 좀 여유를 가지고 신중하게 접근할 필요가 있다고 본다.

51) 한국가옥 上樑文의 위(龍)와 아래(龜)에 적힌 글자로 '愛情으로 完成된 夫婦사랑'을 상징하는 것이라 할 수 있다. 幽宅(陰宅) 玄武神主의 '龜'頭=蛇頭의 '龍'頭化에로의 전개가 陽宅 祭廳 대들보에 上과 下로 각각 적혀진 것으로도 볼 수 있겠다. 본고 내용 참조.

[도표 2] 한국의 '龜'자 지명

지명	도명	군명	지명	도명	군명
龜島	黃海	碧城	龜項里	江原	通川
龜岩	黃海	碧城	金龜洞	江原	伊川
龜井里	黃海	碧城	鰲山里	江原	襄陽
龜洛里	黃海	新溪	龜塘里	江原	伊川
龜石	黃海	甕津	龜旨	京畿	楊州
龜溪里	黃海	甕津	龜岩里	京畿	楊州
龜城	黃海	金川	龜川洞	京畿	水源市
龜岩	黃海	谷山	鰲頭里	京畿	江華
龜岩洞	黃海	延白	龜山洞		서울시
龜岩洞	黃海	鳳山	金龜里	忠北	沃川
龜岩洞	黃海	鳳山	坐龜山	忠北	清原
龜淵面	黃海	鳳山	龜龍里	忠南	洪城
龜文里	黃海	鳳山	龜岩里	忠南	論山
化龜岩(龜里)	黃海	載寧	龜項面	忠南	洪城
福龜里	黃海	長淵	龜溪谷	忠南	安眠島
鰲月里	黃海	長淵	鰲川面	忠南	保寧
龜洛里	黃海	黃州	鰲頭里	忠南	洪城
龜洛面	黃海	黃州	龜坪里	全北	益山
龜龍里	黃海	黃州	鰲山里	全北	高敞
龜岩里	平南	江東	鰲樹川	全北	任實
水龜里	平南	中和	鰲岩里	全北	任實
鰲山洞	平南	順川	龜龍里	全北	鎭安
鰲村里	平南	平壤市	龜林面	全北	淳昌
龜龍洞	平北	楚山	龜尾里	全北	淳昌
龜坪洞	平北	楚山	龜山里	全北	淳昌
龜峰里	平北	寧邊	龜岩里	全北	淳昌
龜山洞	平北	寧邊	龜岩里	全北	金提
龜項洞	平北	寧邊	龜岩洞	全北	群山市
龜城郡	平北	龜城	龜島	全南	珍島
龜城面	平北	龜城	龜山里	全南	光陽
龜龍洞	平北	義州	龜山里	全南	寶城
龜上里	咸南	定平	龜成里	全南	谷城
龜上里	咸南	永興	龜岩里	全南	和順
龜平里	咸南	永興	鰲山里	全南	光山
明龜面	咸南	文川	鰲山里	全南	長城
龜洞	咸北	富寧	鰲月里	全南	長城
龜塘	咸北	明川	龜尾洞	慶北	安東
龜地里	咸北	?	龜尾洞	慶北	義城

지명	도명	군명	지명	도명	군명
龜蓮洞	慶北	義城	金龜洞	慶北	慶山
龜山洞	慶北	義城	龜伏里	慶南	昌原
龜川洞	慶北	義城	龜山面	慶南	昌原
龜岩洞	慶北	義城	龜岩里	慶南	昌原
龜川面	慶北	義城	龜峰里	慶南	釜山市
龜溪里	慶北	義城	龜山洞	慶南	金海
龜尾面	慶北	善山	龜旨	慶南	金海
龜尾山	慶北	月城	盤龜山	慶南	蔚山
龜山里	慶北	聞慶	鰲山	慶南	蔚山
龜城面	慶北	金陵	龜山里	慶南	咸陽
龜岩洞	慶北	永川	龜城里	慶南	咸安
龜田洞	慶北	永川	龜浦里	慶南	咸安
龜潮(溪)洞	慶北	永川	龜岩里	慶南	泗川
三龜洞	慶北	永川	龜月里	慶南	泗川
龜村洞	慶北	淸道	龜浦里	慶南	東來
龜浦洞	慶北	漆谷	龜浦邑	慶南	東來
龜溪洞	慶北	永洞			

* 위 도표는 林豹, 『대한민국지도』, 辭書出版社, 1967에 의거해 작성했다.

한반도 자체 내에서도 경북(20), 황해(19), 경남(15), 전북(11), 평북(8), 전남(8), 충남(6), 경기(5 : 서울시1 내포), 함남(4), 평남(4), 강원(4), 함북(3), 충북(2)의 순으로 그 분포밀도가 자리매김되는 것이 흥미롭다. 다 아는대로 경북은 大王岩이 자리잡고 있어서 東海龍[52]과 관련되어 있으며, 黃海道는 西海龍[53]과 인연이 있는 곳이다. 경남은 盤龜山과 龜旨峰 및 거북바위로 보이는 處容岩이 자리잡고 있으며, 특히 경북지역은 경남보다 더 일본열도와 가까워서 倭의 침입이 잦았던 곳으로 동해의 護國龍信仰이 밀도 높게 분포될 만한 이유가 있는 땅이다. 또 일본열도와 경북은 氷河期에 連陸돼 있던 곳으로

52) 處容刊行委員會(김경수 외 13인)編, 『처용연구전집』 1~7권, 한국 서울, 도서출판 역락, 2005. 10. 참조. 300 몇십 편의 논문 중에서 161편을 선정해 실었다. 협의를 거쳤다고만 했을 뿐 협의의 기준이 무엇인지는 전혀 밝히지 않고 있다. 버려진 1/2 이상의 눈문 가운데 도리어 處容歌의 眞髓를 올바로 穿鑿한 논문이 있을 수 있다는 것이 저자의 시각이다.

53) 『고려사』 卷首 高麗世系에 "作帝建 娶西海龍女來" 및 "昕康大王之妻 龍女者 平州人 豆思岾 角干之女子也"라 기록되어 있다. 여기서 平州는 黃海道에 있는 지명이다.

[지도 2] 한국의 龜字地名 분포도
(道別분포. 출전 : 林豹, 『대한민국지도』, 辭書出版社, 1967)

바다 바닥이 비교적 얕아 거북이의 棲息地로도 손색이 없는 지대이기도 하다.

이상에서 보듯이, 아주 개략적이기는 하지만, 중원의 광역지명과 한반도의 협역지명이 비교되는 자기한계를 전제한다면 中原 : 韓半島의 지명분포 밀도는 대략 0.08(중원) : 0.31(한반도) 정도의 큰 격차를 보이고 있다.

3) 거북인명의 분포

여기서는 人名과 別號를 아울러 살피기로 한다. 자료수집은 각각 중원과 한반도의 『인명사전』을 위주로 했다.

(1) 중원

[도표 3] 중국의 龜字 인명과 別號

가) 인명

(1) 祝龜[後漢]	(2) 陣龜[後漢]	(3) 李龜複[前漢]
(4) 杜齯龜[前漢]	(5) 喬龜年[唐 大歷]	(6) 崔龜從[唐 太和]
(7) 李龜年[唐 僖宗]	(8) 劉崇龜[唐]	(9) 陸龜蒙[唐]
(10) 徐龜年[宋 淳熙]	(11) 徐梅龜[宋 嘉熙]	(12) 彭龜年[宋 光宗]
(13) 薛朋龜[宋 靖康]	(14) 黃龜年[宋 崇寧]	(15) 劉龜年[宋 孝宗]
(16) 兪夢龜[宋]	(17) 余崇龜[宋 淳熙]	(18) 蒯鼇[宋 太宗]
(19) 劉應龜[宋 咸淳]	(20) 華鼇[明]	(21) 莊鼇獻(明 崇禎)
(22) 錢士鰲[明 萬曆]	(23) 安鰲[明]	(24) 何占鼇[淸 乾隆]
(25) 李登鼇[淸 順治]	(26) 杜鰲[淸]	(27) 兪金鼇[淸 乾隆]
(28) 折龜[『路史』에는 "衛後에 折龜氏가 있다"고 했다]		

나) 별호

(1) 龜山先生[宋나라 楊時]	(2) 龜津先生[宋나라 何兌]	(3) 龜父[宋나라 洪明]
(4) 龜齡[宋나라 王十朋]	(5) 龜巢[元나라 謝應芳]	(6) 龜鶴仙人[明나라 方淵]

* 위 도표는 『중국인명대사전』, 臺灣商務印書館, 1959. 6에 의거해 이루어졌다.

위의 [도표 3]에 보이듯이 『路史』의 析龜라는 姓까지 더해서 모두 28건인데 그 가운데는 齯[54]龜나 龜年과 같이 長壽를 기원하는 신앙개념을 가진 이름이 있는가 하면, 從龜·崇龜·朋龜[55]·夢龜와 같이 거북신앙의 냄새를 짙게 풍겨주는 것들도 있다. 別號는 불과 6개밖에 안 되는데, 龜齡과 같이 장수신앙 개념을 지닌 것과 龜父나 龜鶴仙人과 같이 이러 저러한 거북신앙이 포함된

54) 다시 난 이 '예' : 노인이 이가 다 빠지고 다시 난 이 : 90세의 노인.
55) 『周易』의 「十朋之龜」.

것으로 보이는 것들도 있다. 이들의 시대적 分布配列을 보면 漢 以前(4), 唐(5), 宋(14), 元(1), 明(龜1+ 鰲4=5), 淸(鰲4)로 唐·宋時代 특히 宋代가 제일 많다. 거북신앙이 당·송시대에 가장 풍성하게 유행됐던 점은『唐書』나『宋書』를 훑어보아도 얼핏 느낄 수 있는데, 이런 역사적 풍토 속에서 新羅에서도 當該 시대경에 거북신앙인 處容歌가 유행되었던 것 같다.

인명의 경우에는 전체 인명중의 0.051%를 점하고 별호의 경우에는 전체 별호 중의 0.095%를 점한다.

(2) 한반도

한반도의 경우에 各朝代의 인명과 별호를 고찰해보면 다음의 [도표 4]에 보이듯이, 인명이 모두 20개요 별호는 33개나 된다. 인명의 경우에는 전체 인명중의 0.20%를 점하고 별호의 경우에는 전체 별호 중의 0.696%를 점한다.

중원과 한반도의 경우를 대비해보면, 인명의 경우에는 0.05(중) : 0.20(한)의 비중을 보이고, 별호의 경우에는 0.10(중) : 0.70(한)의 비중을 보인다. 중원보다 한반도가 압도적으로 그 밀도가 높은 것을 확인할 수 있는데, 이는 양 지대의 거북신앙의 분포 비중과 관련해 중요한 의미를 갖는다고 하겠다.

한반도의 경우에 이름은 중원의 경우처럼 龜命·龜齡 따위로 장수신앙에 관한 것이 있고, 錫龜·瑞龜·鎭龜·洛龜·龜孫·龜陰·龜翁과 같이 그 밖의 거북신앙을 나타내는 것으로 보이는 부류도 있다. 대부분의 별호는 그들이 살았던 고장의 지명이나 시내의 이름, 산의 모양, 바위의 생김새나 바위를 다소간에 손질해 그렇게 만들어낸 바위의 모양새 등에서 있는 그대로 소박하게 따다 붙인듯하다. 여러 이름들 가운데 하필 龜字를 넣어 별호로 삼은 것은, 또한 의식 또는 무의식 중에 그 속에 거북신앙의 내용이 스며있었던 점을 귀띔하는 것이라 하겠다.

[도표 4] 한국의 龜字 인명과 別號

가) 인명

(1) 東溪 趙龜命	(2) 屛潭 沈龜齡	(3) 徐龜齡
(4) 東潮 洪錫龜	(5) 藏六堂 趙龜錫	(6) 襄夷 韓瑞龜
(7) 晩求窩 金鎭龜	(8) 雲亭 白洛龜	(9) 肅憲 姜龜孫
(10) 養窩 李世龜	(11) 雲溪 黃信龜	(12) 月沙 李廷龜
(13) 蒼谷 洪得龜	(14) 文肅 趙秉龜	(15) 忠武 龜城君
(16) 兢齊 魚有龜	(17) 四美亭 李龜	(18) 白凡 金龜
(19) 再思堂 元黿	(20) 竹所 權鼇	

나) 별호

(1) 龜溪 辛光業	(2) 龜潭 楊士衡	(3) 龜灣 洪禹傳
(4) 龜沙 權	(5) 龜沙 吳挺一	(6) 龜淵 蔡光默
(7) 龜淵 金世鎬	(8) 龜川 魚孝瞻	(9) 龜川 李世弼
(10) 龜川 趙哲産	(11) 龜谷 覺雲	(12) 龜峰 南啓夏
(13) 龜峰 權德鱗	(14) 龜峰 宋翼弼	(15) 龜峰 申命仁
(16) 龜峰 周	(17) 龜山 尹鐸	(18) 龜石山 金得臣
(19) 龜巖 朴興男	(20) 龜巖 沈民覺	(21) 龜巖 李元培
(22) 龜巖 李楨	(23) 龜巖 黃孝恭	(24) 龜菴 金寅局
(25) 龜堂 徐起	(26) 龜亭 南在	(27) 龜村 柳景深
(30) 龜窩 金埅	(31) 龜窩 韓應聖	(32) 龜陰 楊時晉
(33) 龜翠 李之菴		

* 위의 도표는 『한국인명대사전』, 신구문화사, 1967. 5에 의거해 이루어졌다.

4) 기타

한반도에서 거북신앙의 의례 내지 오락으로 베풀어지는 것으로 아래의 [도표 5]와 같은 것이 있는데 대체로 거북請拜놀이·거북놀이·거북타기 등이 보인다. 이는 경기도(6), 충남(6), 충북(3), 강원(1), 전남(1), 경남(1)로 나타난다. 비교적 외부의 영향이 덜 미치는 곳을 중심으로 분포밀도가 높고, 그렇지 않은 곳일수록 점점 더 그 분포농도가 희박해지는 경향을 보이는 것이라 하겠다. 이런 행사가 행해지는 시기는 대체로 정월 보름이나 한가위 등인데 이따금 때때로 행해지는 경우도 있다. 이 행사의 주인공들은 농민대중·청소년·어린이나 사나이들인데 충청남도 예산의 경우는 婦人이 참여해 異彩를 띠고 있다.

[도표 5] 한국의 거북놀이 분포

도별	지방별	내용	때	주최자	비고
경기도	광주	거북놀이	정월	농촌 청소년	짚으로 거북이 만듦
	여주	거북請拜놀이	한가위	사나이	
	이천	거북놀이	한가위	어린이들	
	용인	거북請拜놀이	한가위	농민	거북이는 長壽無病하고 부락의 잡귀를 쫓는다.
	안성	거북請拜놀이	한가위	사나이	
	수원	거북請拜놀이	한가위	청소년	
충북	청주	거북請拜놀이	한가위	어린이들	
	음성	거북놀이	정월·한가위	어린이들	
	충주	거북놀이	한가위	어린이들	
충남	홍성	거북請拜놀이	한가위	사나이	지금은 없다.
	예산	거북請拜놀이	정월·한가위	어린이들·부인	지금은 없다.
	서산	거북請拜놀이	한가위	농민·어린이들	지금은 없다.
	아산	거북請拜놀이	한가위	농민	지금은 없다.
	아산	거북타기	때때로	어린이들	지금은 없다.
	천안	거북놀이	한가위	노동자	지금은 없다.
강원	강릉	거북請拜놀이	정월	어린이들	
전남	해남	거북請拜놀이	때때로	어린이들	
경남	함안	거북請拜놀이	때때로	서민대중·어린이들	

* 위 도표는 『조선의 향토오락』, 조선총독부 조사자료 47집, 1941. 3에 의거해 작성했다.

이 밖에도 한반도에서 행해지는 國師堂－龜首堂 신앙의 분포를, 특히 지명에 나타나는 거북신앙의 분포와 관련하여 고찰할 필요가 있다. 예컨대 龜首堂 주위를 감돌아 흐르는 시냇물을 龜溪라고 이름지어 썼다거나 하는 예[56]는, 조사의 치밀성에 따라 여러 곳에서 이런 유형의 지명들이 더 많이

56) 충청남도 天安郡 東面 竹溪里의 國壽峰(2011년 현재는 천안시 소속)의 이웃 지역을 감돌아 흐르는 시냇물을 龜溪라고 부르는데, 이런 시각에서 관심을 가지고 조사하면 國師堂 신앙과 龜首堂 신앙의 분포가 서로간에 밀접한 관련을 보일 가능성이 있다. 이런 卓見[당시의 소위 소수 신예 외국유학파 중에는 김교수의 전통적 연구방법론을 貶下하기도 했다. 한국민속학 연구사가 日淺하던 시절의 이야기다]을 제시한 김태곤 교수는 1990년대 중반에 영하 40도를 웃도는 만주 북쪽 북극해권 사하(Saxa)지대의 현지답사를 60대 노년으로 한 겨울에 적응과정도 없이 4번이나 감행하다가 귀국해 돌연 기도 협착증을 일으켜 의사가 손을 쓸 틈도 없이 서울대 병원에서 還元했다. 그 직전 여름에 몽골의 수도 울란바아타르 소재 울란바아타르 호텔 계단에서 저자와

나타날 가능성이 있음을 보여준다. 이 분야를 연구하는 이들의 꼼꼼하고 끈질긴 조사연구 성과를 기대해본다.

고구려 고분벽화와 龜趺·螭首의 등장 및 處容歌의 유행도 어떤 일련의 역사적인 맥락을 가지면서 生成－轉變－重生－變質의 과정을 밟았을 수도 있다고 본다. 시기적으로 볼 때 龜旨歌(서기 42년, 新羅 儒理王 19 ; 呪文은 일명 '迎神君歌')라는 거북신앙을 탄생설화로 가지고 있는 金首露王(42~199?)의 12대손인 金庾信(595~673)系와 太宗武烈王(654~661년 재위) 金春秋가 결합되는 7세기경에 龜趺·螭首를 비롯한 거북신앙이 본격적으로 유행한 것으로 보인다. 文武王(661~ 681년 재위)의 大王岩上의 海中陵이

만나 "주교수, 내가 뭔가 보여줄 거야!" 하던 말이 내게 남긴 유언이 된 셈이다. 그 후 2003~2005년에 2차례 사하지역과 그 지역의 에벤족 순록여름유목지를 현장 답사한 저자는 그제서야 김태곤 교수가 무엇에 홀려서 하나밖에 없는 목숨을 걸고 한 겨울 사하답사를 결행했는지를 깨닫게 되었다. 유목태반은 25000~10000년 사이의 마지막 빙하기에 넓은 의미에서의 몽골고원이 모두 동토로 뒤덮여서 사람에게 먹이를 제공할 거의 유일한 짐승이 순록뿐이었을 시대를 배경으로 해, 중석기시대에 들면서 수렵지대에서도 식량생산단계로 진입하는 큰 흐름 속에서 빙하기를 거치며 그 주무대가 북부시베리아 北極海圈 凍土地帶를 중심으로 형성되었음을 저자가 알게 된 것은, 2008년 말경에 이르러서나 가능했다. 유목사에서 보면 騎馬 羊遊牧의 토대인 장구한 순록유목의 태반이 북극해권 사하 일대, 특히 예니세이 강과 레나 강 사이를 중심으로 이루어졌고, 따라서 '유목적 식량생산문화'의 최선진지대는 놀랍게도 시베리아 北極海圈 동토지대였다는 것이다. 거기서 朝族도 鮮族도 훌룬부이르 태평양권으로 남하해 이동하면서 생겨난 것으로 볼 수 있는 朝族 중심의 鮮族 통합집단 朝鮮族도 생겨나고, 鐵器의 보급과 함께 騎馴鹿 馴鹿遊牧이 騎馬 羊遊牧에 그 주도권을 내어주기 직전의 최선진 순록유목생산단계의 '순록(Chaabog)' 치기의 槁離(Qori : 高麗 ; 활)부족도 출현케 됐다는 사실은 참으로 놀랍다. 한국무당 연구의 개척자 김태곤 교수는 이 점을 직감하고 완전히 그 속에 빠져버렸던 것이라 여겨진다. 물이 북극해로 흘러드는 바이칼 호 북극해권은 물이 너무 차서 개구리와 순록 및 늑대와 곰은 살지만, 거북이나 양 및 호랑이는 물이 태평양으로 흘러드는 훌룬부이르 태평양권에서나 살 수 있다. 거북이가 등장하는 檀君神話의 생태권 무대가 어디인가가 自明해진 것이다. 열정 덩어리 자체였던 김태곤 교수가 주장한 國師堂=龜首堂 학설을 되새기고, 一介 몽골사학도인 저자를 민속학계에 「거북신앙과 處容歌」라는 글로 과감히 처음 데뷔시킨 學恩을 追憶하며 이에 저자의 '거북신앙－處容歌 硏究史' 40년의 일단면을 여기에 서술해 남긴다. 연구 초기에 木川 동학 가정에서 자란 저자가 崔濟愚의 말씀집 『동경대전』과 文鮮明의 설법을 서술해 쓴 『원리강론』을 탐독한 것도 연구의욕 촉발의 주요 계기가 되었다.

護國龍신앙인데 그 해중릉의 뚜껑돌이 거북이 모습임은 이미 널리 알려져 있다. 護國龍신앙이 곧 護國龜신앙인 것이다. 훨씬 후대의 경우로는 1592년 임진왜란 때 世界海戰史上에 일획을 긋는 저 유명한 이순신의 '거북선(龜船)' 등장이 있다. 그런데 그 뱃머리는 거북이의 머리(龜頭)가 龍頭化한, 龜頭=蛇頭의 龍頭化 신앙으로, 護國龜=護國龍신앙 자체의 표상임을 摘示하고 있다. 龜船의 龜頭가 龜身으로 나들이하며 發砲해 戰船으로 작동하게 돼 있음도 의미심장하다. 海歌詞(702~736년 聖德王 재위기간의 呪文)와 處容歌(875~885년 憲康王 재위기간의 辟邪呪文)가 유행한 동북아시아사의 시대조류 속에서의 거북신앙 유행농도와 그 생성-분포-쇠진 과정도 고찰해보아야 한다. 5세기경에 유행했던 고구려 고분벽화의 玄武圖-지하무덤 속의 玄武神主가 7세기경에 신라에서 지상의 무덤 밖으로 나온 神主로 된 것이 바로 비석몸(碑身)을 받치고 그 머리에 인 龜趺·螭首라 하겠다. 바로 이 시대가 그 轉機가 됐던 것으로 보고자 한다. 그런데 조선시대 中宗 26년(1531) 경에 이르면 거북신앙의 본래의 의미는 蒸發돼 버리고 관례에 의해 여러 형태의 거북신앙으로 그대로 傳承되어 왔던 흔적만이 남아 있다.

> 傳曰 舊聞 國有龍鱗二隻 自祖宗朝 其一藏于內帑 其一藏于常衣院云 今取之非龍鱗也 乃玳瑁也 若仍名之曰 龍鱗 則其於後來見聞有乖 以改書置簿可也(『中宗實錄』 권71, 3, 26년 辛卯 六月條).

위에서 "傳해오는 말에 나라에 龍鱗이 2隻 있다고 해서 이를 찾아보니 龍鱗이 아니고 玳瑁 곧 거북(龜類)이더라" 한 것[57]은 자못 우리의 흥미를

---

57) 이 자료는 1971년경에 저자가 「거북신앙-處容歌연구」에 오로지 몰입해 거의 無我之境에 들었을 적에, 은사 파른 손보기 교수님이 이 분야 전공인 당시의 서강대 김열규 교수께 저자를 소개해 김 교수께서 저자에게 제공해 주신 것이다, 일개 사학도인 당시의 저자에게는 그 후 근40년간을 「거북신앙-處容歌연구」에 邁進케 해준 결정적인 자료다. 당시에 갓 석사과정을 마친 터여서, 가파른 외줄타기 연구인생 길을 걷고 있던 저자에게 그토록 의미 깊은 자료였음에도 당시에는 그런 법도를 몰라서 김열규 교수님이 제공하신 자료라는 주석 한 줄을 달지 못했다. 그간 40년 세월 동안, 마음에 걸렸던 이 일을 저서를 내고 이 글을 다시 정리해 쓰면서나마

돋운다. 古代의 신앙에서는 玳瑁(龜類)가 곧 龍으로 龜=龍의 신앙적 맥락관계가 뚜렷했으나 그 뒤에 시간이 흐름에 따라 고대의 龍이 바로 龜라는 龜·龍信仰이 빛을 잃어왔고 당시에 이르러는 이것이 아예 잘못된 기록이니 (틀린 것을 바로잡아) 고쳐 써 두어야 한다는 주장까지 나오게 되었던 것이라 하겠다.

이상에서 우리는 중원과 한반도의 사례를 선택하여, 지명, 인명과 거북(請拜)놀이를 중심으로 거북신앙의 분포와 그 성격을 나름대로 개략적으로나마 비교·고찰해보았다. 이에서 우리는 아래와 같은 지극히 개괄적인 몇 가지 결론을 도출해낼 수 있었다.

첫째, 거북이는 해변이나 강줄기를 따라 주로 서식하므로 한반도나 요동반도, 산동반도와 같은 지대에 거북신앙이 집중 분포될 수밖에 없다.[58] 동북아시아의 경우에 물이 북극해로 흘러드는 바이칼 호 북극해권에는 너무 물이 차서 개구리는 살지만 거북이는 살 수 없어서 그 분포가 불가능하고, 물이 태평양으로 흘러드는 훌룬부이르 태평양권 곧 '大滿洲圈'이라 할 수 있는 지대부터는 물이 비교적 그리 차지 않아서 거북이의 서식이 가능해 그 분포를 기대할 수 있다. 거북이가 등장하는 檀君神話의 生態的 舞臺는 동북아시아의 경우에는 당연히 '훌룬부이르 태평양권－大滿洲圈'으로 상정돼야 할 것이다.[59]

제대로 바로잡아 쓰고 감사와 사죄를 김열규 교수님께 드린다. 경주 김씨 鷄林君派의 핏줄을 이어온 분이라서 新羅의 전통신앙에 대한 열의가 그토록 컸던 측면도 있겠다는 생각을 하면서, 그 때 그 격려의 큰 고마움을 지금 여기에나마 기록해 남기려 한다.

58) A. R. Radcliffe-Brown, *The Social Organization of Auttralian Tribes, Oceania, 1*, 1930, p.210에는 토템動物의 棲息地와 토템祭儀는 밀접한 地緣性이 있다고 기록되어 있다.

59) 물론 朝鮮族의 한 軸을 이루는 것으로 보이는 소욘(鮮 : Soyon)족의 由來地를 黑海나 카스피海 또는 地中海 지역으로 여기고 있는 우랄·알타이지역 원주민들의 상식에 따르면 그 起源地를 西아시아까지 推定해볼 수 있다. 그 일대에 거북이가 살 수도 있고 玄武類를 神主로 모시는 신앙이 있을 가능성도 아주 배제할 수만은 없다. 페르시아와의 교류흔적이 보이는 것으로 추정되는 칼자루에 3태극 문양이 있는 사례도 있다(2010년 12월 정명호 교수 제보). 저자는 태극신앙이 거북신앙 자체임을

따라서 중원 내륙보다는 한반도나 요동반도와 산동반도로 이어지는 해변에서 거북신앙이 발생되고 성행되었음을 알 수 있다.

둘째, 거북이에 대한 인식관행이라는 측면에서 보더라도 中原에서는 주로 거북이가 王+八+蛋=王八蛋(거북이알 : 周)-'마누라 뺏긴 놈'이라는 가장 치욕적인 욕으로 관념되는 반면에, 한반도에서는 長壽, 辟邪나 祥瑞롭고 귀여운 놈 따위로 吉한 동물로 신앙되어 왔다.[60] 무엇보다도 조선왕조의 玉璽와 御印의 대부분이 龜形 내지는 거북선(龜船)처럼 龍頭龜形으로 되어 있다는 점은, 高麗의 王統이 龍孫이라는 신앙[61]과 함께 거북신앙의 고조선-고구려 本鄕說 곧 물이 태평양으로 흘러드는 스타노보이 산맥과 야블로노비 산맥이라는 '外興安領' 이동남의 '大滿洲圈'과 한반도 및 요동반도와 산동반도 중심설을 뒷받침하는 결정적인 자료가 된다고 하겠다. 거북이를 천시하는 中原의 주류 漢族圈에서는 있을 수 없는 일이기 때문이다. 충남 공주 석장리의 돌거북, 盤龜臺의 거북벽화, 檀君神話, 龜旨歌, 海歌詞, 處容歌, 고구려 古墳壁畵의 玄武神主, 石碑의 龜趺와 螭首, 龍頭龜形의 거북선(龜船)과 玉璽·御印의 손잡이 모양, 國師堂 신앙, 석비의 귀부와 이수처럼 龍·龜가 上·下로 上樑文을 장식해 주고 있는 韓屋 祭廳의 上樑文 類型, 거북(請拜)놀이, 거북 관계 說話, 거북을 素材로 삼은 韓畵를 비롯한 각종 예술품, 그리고 四神圖 신앙의 상징적 描寫圖案으로 보이는 太極旗[62] 등으로 풍성한 거북신앙의 자료가

나름대로 확인하고 있지만, 2태극이나 3태극이 아닌 4태극은 태극신앙이 아니라 태양을 상징하는 문양으로 봐야 한다고 본다. 그래서 시르데이스의 유대교회당 바닥 모자이크에 있는 문양은 4태극 태양상징문양이지 태극문양일 수가 없다고 본다(유재원, 『터키, 1만년의 시간여행』 2, 성안당(책문), 2010, 107쪽 所收 내용 비판).

60) 劉昌惇, 「震民族의 動物觀」, 『국학논총』, 1955에는 『삼국유사』·『삼국사기』· 속담·신앙에 각각 1건씩 나타난 거북이 얘기가 모두 吉兆로 記載됐음을 밝히고 있다.

61) 李佑成, 「三國遺事所載 處容說話의 一分析-高麗其人制度의 起源과의 關聯에서」, 『金載元博士回甲紀念論叢』, 乙酉文化社, 1969. 3 참조. 『고려사』 열전 권46, 辛禑條에서도 그가 王孫인 것을 보이기 위해 겨드랑이의 龍鱗을 보였다는 얘기가 기록돼 있고, 『中宗實錄』 권71. 3. 26년 辛卯 6월조에도 祖宗의 龍鱗 문제가 나온다.

62) 李丙燾, 「太極旗 解說」, 『國土統一』 33-3에 太極旗가 太極 陰陽 四卦를 配合한 『周易』 思想에 근거를 둔 것임을 밝히고 있다. 그런데 『周易』에서 "洛書를 龜象에서

이를 충분히 뒷받침해 주고도 남는다고 하겠다. 四神圖－太極旗의 圖案은 方位를 문제 삼는 神主의 圖案 형태라 하겠는데, 동·서·남·북·중의 방위를 생명처럼 소중하게 주목하며 살아야 하는 것은 유목가축인 순록이나 양들과 함께 늘 이동을 하거나 이동할 채비를 해야 하는 유목생태권의 유목민이지, 땅에 박혀 자라는 농작물을 가꾸는 정주 농경민이 아니다.

司馬遷이 白登山을 포위했던 흉노군에 대해 재미있는 사실을 전하고 있다. 백등산의 사방에 배치됐던 흉노부대는 말털의 색깔별로 편성돼 있었다. 서(W)쪽은 白馬, 동(E)쪽은 靑馬, 북(N)쪽은 黑馬 그리고 남(S)쪽은 赤馬(栗毛馬)였다. 이는 분명히 黑·靑·赤·白 곧 玄武·靑龍·朱雀·白虎의 四神圖式 布陣圖案이다. 흉노는 이동 유목민이기 때문에 이런 方位神 圖式의 布陣이 있었지만, 정착

取했다"고 했다. 『周易』은 書名 자체가 暗示하고 있듯이 「周」의 變異原理와 그 意味를 穿鑿해 가는 經書(Bible)임이 틀림없다. 그 내용을 '龜象에서 取했다'고 한 것 자체가 이미 『周易』이 '거북신앙'의 眞髓를 經書化한 것이라는 사실을 示唆하고 있다. 漢語 最惡의 욕말로 王+八+蛋='周' : '마누라 뺏긴 놈'(處容歌의 내용 ; 玄武의 別名)이 이미 그들의 일상생활 용어로 깊고 넓게 자리잡아왔다. 으슥한 뒷골목 담벼락이나 화장실 낙서에 단골 메뉴로 등장하는 욕말인 것이다. '王'은 거북이 배에 그려진 글자요 '八'은 그 거북이의 구체적인 전체상 輪廓이다. '蛋'은 물론 鷄蛋=겨란-닭의 '알'을 나타낸다. 다 조합하면 '周'字가 된다는 것이다. 민속신앙상의 俗語解說이랄까? 꽤 널리 알려져 있다. 거북신앙－陰陽結合 上의 심령 및 신체상의 변화상과 그 원리 및 의미를 추적해보는 것이 이 經典의 기본틀이고 그 내용의 본질이라 하겠다. 사회공간으로 보면 남녀의 결합이 음양의 짝짓기지만, 시간 속에서 보면 실은 인간에게 가장 존엄한 인류역사의 주체인 인간생명 창조과정이다. 남녀의 이러저러한 合宮으로 두 계열의 잠재 '게놈'이 천문학적인 선택·결합과정을 거쳐 이러저러하게 배합되어 태어나는 생명이고, 그 인식주체인 생명이 있고서야 인류역사가 비롯되며, 그 의미를 갖게 마련이기 때문이다. 毛澤東과도 교류한 저명한 郭沫若 같은 대학자가 '周'字의 뿌리를 그려낸 『설문해자』의 當該 그림글자 내용을 읽고 '밭에 씨뿌린 모습'이라고 해석한 것은, 一時期를 風靡한 唯物史觀的 사물인식의 한 폐해 末流일 뿐이라고 저자는 본다(朱芳圃, 『甲骨學商史編』上·商五·八, 中華書局, 1935 참조). 저자가 보기에는 이 '龜'字의 그림글자가 역시 거북이 몸(龜甲 : 貝甲)을 뱀이 관통하고 있는 모습이 분명하다. 사실이 그러함은, 이와 字源의 脈絡面에서 오랜 역사과정을 거치면서도 接脈되는 것으로 보이는 오대호 일대 아메리카 인디언의 바위그림文字 龜字字源 보고가 이를 傍證해 주고 있다(Selwyn Dewdney and Kenneth E. kidd, *Indian Rock Paintings of the Great Lakes*, University of Toronto press Canada, 1967, p.83).

농경민 위주의 漢族 漢軍 陣營에는 그런 흔적이 없었다.[63]

그렇다면 玄武旗·靑龍旗·朱雀旗·白虎旗란 제 나름의 神主를 軍旗로 들고 나선 군병들은, 정착 농경 漢族 군병이라기보다는 이동 유목 韓(Qaan)族 군병일 수 있다. 五方-四神神主旗를 든 군병은 고조선-고구려의 유목태반 기원의 군병일 수 있다. 그 五方-四神神主旗의 세련화된 圖案이 바로 太極旗라면, 과연 그것이 漢族의 상징도안인가 韓族의 상징도안인가? 셈족의 종교인 예수교가 아리안권에 가서 신학적으로 고도로 세련되어 더 널리 전도되었다고 해서 그 역사적 태반이 아리안이 되는 것은 아니듯이, 거북신앙에서 기원한 五方 四神旗－太極旗의 사상적 토대의 胎盤 또한 그러한 것이 아니겠는가.

고구려 고분벽화에서는 거북신앙의 中核이라 할 玄武神主가 무덤의 가장 고귀한 자리인 北壁 중앙에 모셔져 있다. 물이 北極海로 흘러드는 바이칼호 북극해권 개구리(蛙 : мэлхий) 생태권에서 살아온 북아시아 몽골로이드의 선조가 물이 太平洋으로 흘러드는 훌룬부이르 太平洋圈 곧 거북이 생태권으로 진입하면서 거북이를 '뼈 있는 개구리'－яст мэлхий(龜)라고 부른 점은 실로 示唆하는 바가 크다. 반대의 경우라면 당연히 개구리를 '뼈 없는 거북이(蛙)'라고 불렀을 것이기 때문이다. 개구리만 살고 거북이는 못사는

63) 스기야마 마사아키(杉山正明) 지음, 이진복 옮김, 『유목민이 본 세계사－민족과 국경을 넘어서』(학민글발 71), 학민사, 2000, 130~131쪽. 저자가 다소 添削을 加해 意譯해 실었다. 白登山 전투란, 기원전 200년에 북방의 유목통일세력인 묵특선우와 농경 통일세력인 한 고조 유방이 대결해 유방이 포위당하는 농경 漢軍의 참패를 기록한 첫 대전이다. 스기야마는 서아시아의 북쪽 黑海(Black sea)와 남쪽 紅海(Red sea)라는 黑(N)·紅(S) 바다이름 배치를 두고 이것이 四神信仰에서 유래된 命名일 수 있다는 혹자의 견해에 대해, 奇說이라는 말로 소개하고 있다. 그렇지만, 동북아시아 대만주권에서 滿開한 것으로 보이는 순록유목민 태반을 가진 朝鮮民族의 四神神主信仰은, 우랄·알타이산지역 원주민들이 상식차원에서 소욘족(鮮族)도 소욘(鮮 : Soyon)문화도 黑海와 카스피해쪽에서 유래했다고 보고 있음을 상기할 때 그럴 가능성은 충분히 있다고 본다. 이 지역이 '젖을 주는 암순록(Sugan)을 가진'이라는 뜻을 가진 순록유목민태반 출신인 스키타이(Scythia)-Soyon유목민족의 중심무대였음을 고려한다면 더욱 그러하다고 하겠다.

바이칼 호 북극해권을 태반으로 삼는 북방 몽골로이드가 거북이도 사는 훌룬부이르 태평양권으로 동남하해 오며 玄武 胎盤을 북쪽에 설정해 조상의 神主로 삼는 祭祀慣行이 생겨난 것임을 추정해 볼 수 있다. 여기서 血統－Genom의 正體性을 따질 때, 뼈 없는 개구리가 아닌 뼈 있는 개구리 '뼈'－яс의 품격을 문제삼는 '骨品'制가 起源했을 가능성마저도 고려해야 할 것이다. 이 단계에 이르러서야 사회가 분화되어 고대국가로 발전하는 端緖를 마련해 비로소 뼈(яс) 있는 개구리－거북이－玄武가 조상 제사시의 神主로 모셔지기 때문이다. 개구리(蛙)를 태반으로 삼는 알타이산 일대의 탄자강(개구리[왕])－'알타이 탄자강'(金蛙王)[64]과 역사적으로 접맥되는 것으로 보이는 몽골이나 夫餘 金蛙王 집단과, 거북이(龜)를 문제 삼는 단군신화의 동명왕 집단은 이런 점에서 서로 차별화되는 측면이 있다고 볼 수도 있을 것이다.

셋째, 중원의 거북신앙 문제는 商族 또는 鮮(Soyon)族의 甲骨文字 그 자체로 표현된 거북신앙이나 오랜 역사적인 발전 결과로 集約되는 『周易』사상의 소속 태반을 따질 필요가 있다. 당연히 거북이는 이끼(蘚 : Niokq)가 자라는 저습지대 濊族과 직관되고 따라서 순록의 주식 이끼-蘚이 자라나는 鮮의 鮮族信仰으로 주로 발전돼온 것이라 하겠기에 고원지대 貊族보다는 본질적으로 주로 朝鮮 濊族의 신앙이 그 기저를 이룬다고 할 수 있다. 다만 물이 북극해로 흘러드는 북극의 鮮에는 너무 추워서 거북이가 못살고 물이 태평양으로 흘러드는 대만주권의 鮮(Sopka : 小山)에는 거북이가 사는데 특히 동북아시아에서 자생해온 거북이의 최적 생태지대는 역시 한반도 동남해안지대였던 것으로 추정된다.

陳蒙家는 최초에 동방의 渤海沿岸에서 활동하고 있던 商(또는 鮮 : 저자의 주) 部族은 요동반도나 산동반도의 고대 土着民族과 玄鳥始祖神話나 甲獸骨

64) 양민종 글, 장승애 그림, 『알타이 이야기』, 정신세계사, 2003, 28~43쪽, 「소원을 들어주는 댕기」 참조 : 주인공인 '탄자강'이란 이름은 알타이어로 개구리[왕]를 뜻한다고 한다. '알타이[金] 탄자강[蛙王]'이면 그대로 金蛙王이 된다). 주채혁, 『순록유목제국론－고조선·고구려·몽골제국의 기원 연구』, 백산, 2008, 245쪽, 주 18) 참조.

로 점치는 풍습, 白衣를 숭상하는 관습 따위의 공통되는 점이 있음을 지적하고 있다.[65] 그런데 실은 요동반도를 중심으로 놓고 볼 때 우리는 이내 산동반도와 朝鮮(韓)半島가 황해 또는 서해를 거의 지중해처럼 함께 품고 있는 바로 이웃하는 3半島들로 그 존재양상이나 규모는 다소 차이가 있을지언정, 거의 같은 生態圈域으로 파악할 수 있는 요소를 많이 공유하고 있음을 알 수 있다. 더군다나 개구리권에서 거북이권으로 넘어오는 접변지역이라 할 바이칼 호 북극해권과 훌룬부이르 호 태평양권은 마치도 太極紋樣의 음양이 서로 상호침투·수용하듯이 남북으로 이어져 있으며, 騎馴鹿 순록유목지역과 기마 양유목지역을 넘나드는 훌룬부이르 大스텝과 嫩江 대평원이 또한 그러하다. 뿐만 아니라 시베리아 고원이 동남으로 내려 몽골스텝, 山中草原과 草甸子草原으로 백두대간을 향해 내려 뻗는 기운이라 할 순록·양 유목민의 기세는 遼澤을 경계로 그 흐름의 正·副를 가름하며 백두대간 쪽에 유목의 眞髓를 쏟아부어 그 명칭 자체가 朝族, 鮮族과 朝鮮族 그리고 철기를 본격적으로 수용한 최선진 순록-양 유목민이라 할 槁離(Qori : 弓)族인 종족 내지 국가명으로 고조선과 고구려사를 펼쳐왔다. 가장 뚜렷한 朝鮮(韓)半島를 중심으로 遼東半島와 山東半島를 끼고, 스텝 타이가 툰드라의 대륙과 태극모양으로 서로 침투하고 수용하며 和生하고 있다. 여기서 어찌 玄武神主 신앙이 탄생하지 않을 수 있겠는가? 陰陽 和生-相生의 생명중심 사상이 태어나지 않을 수 있겠는가? 어떻게 이동 유목민의 본령을 드러내는 玄武神主 五方-四神信仰의 中核인 玄武神主와 그 본질의 구체적 전개로 보이는 龜旨歌·海歌詞·處容歌와 龜趺·螭首며 龍頭·龜身인 거북선(龜船)으로 象徵되는 護國龍信仰이 태동하지 않을 수 있겠는가?

그런데 그 主脈은 백두대간 한반도로 내려뻗어 태평양을 꿰뚫었지 결코

65) 陳蒙家, 「殷墟卜辭綜述」, 『考古學專刊』 甲種一 제2호, 중국과학원 고고학연구소, 1956, 574쪽 및 635쪽, '風雨諸神'條에서 朱蒙神話에 대해 함께 論하고 있다. 여기서 商이나 鮮은 이끼의 길-몽골리안 루트를 통해 그대로 Sem과 연결될 가능성은 없는지도 검토돼야 할 것이다. 白衣의 白色은 주지하는 대로, 고원건조지대의 黃金色 햇빛이 아니라 유목민에게는 그들의 主食인 순록이나 양의 '젖의 색'을 상징하는 것이다. 메카의 무슬림 白衣信徒大衆이 이를 웅변해 주고 있다.

中原으로 흘러든 것이 아니다. 그 거북이의 생태권이 이를 말해주고 있지 않은가! 이 거북신앙이 특히 동북아시아에서, 알타이산에서 백두대간에 걸쳐 主脈을 이루며 뻗어내려 金蛙王圈과 高朱蒙圈 및 東海龍王 龍頭·龜身의 含(如意)珠한 龜首-龜頭文化圈으로 역사적인 뚜렷한 전개를 보이는 것도 또한 그러하다. 스텝·타이가·툰드라의 高原스텝과 海岸 바다는 바람이 너무 드세어 돌무지무덤이나 고인돌이 適格이다. 그래서 그 흐름이 함께 스키토·시베리아인의 동남방 이동 루트를 타고 그렇게 태동하며 뻗어내린 것이다. 다만 비가 적게 오는 高原 乾燥地帶의 支石墓에 뚜껑돌이 없고 高溫多濕한 太平洋 低地帶 언저리의 지석묘에 뚜껑돌이 있는 것은, 비가 많은 곳에서는 雨傘이 필수적이지만 고원 건조지대에서는 그것이 別無所用이라는 소박한 설명으로 解釋이 가능하지 않을까 한다. 물론 거북이야 한반도 東南海岸이 생태 적격지대로, 그래서 그 일대에서 지구상에서 가장 구체적이고도 예술적으로 다듬어진 거북신앙이 만발했던 것이라 하겠다. 태극기가 國旗로 무의식중에라도 선정된 것은, 결코 우연이 아니고 이런 시층이 오래 많이 쌓이며 상호 유기적으로 작용해온 결실인 한국인의 '게놈'의 소산 곧 그 역사적 審美眼의 필연적 소산이라 해야 할 것이다.

破字俗信을 통해보면 '마누라 빼앗긴 놈' 處容이란 거북이를 그려낸 '周'字의 『周易』에서 기원해 역사발전과정에서 複雜多端하게 뒤얽히며 전개된 짝짓기 사랑 心象을 표상화해 그려낸 것으로 추정되는 玄武圖의 도식화라 할 太極紋樣은, 그냥 우연히만 몽골과 한국의 國旗에 아직도 공존해 있는 것일까? 팍스 몽골리카체제의 이념적 토대로서의 元朝 朱子學의 원초적 대두[66]와 예족과 맥족의 유구한 신앙전통의 主脈이 총체적으로 結果될 수 있는 동북아시아 거북이의 최적 생태계 한반도 거북신앙의 역사적 正統性(Identity)을 穿鑿해볼 필요성을, 이에 다시 한번 더 절감케 된다.

거북이 생태로 그리 좋지 않은 중원이나 金蛙王-玄武神主라는 스키토·시베리안의 主脈의 흐름에 接脈될 수 없는 日本列島에서는 그저 외롭게 혼자

66) 본서, Ⅲ. 「元 萬卷堂의 '魯齋之學'몽골官學化 주도와 '元朝 朱子學'의 擡頭」 참조.

붉게 타는 太陽 하나만 生命의 神秘를 결여한 채로 無味乾燥하게 이글거리며 떠 있을 뿐, 생명의 원천인 陰陽 和生－成均의 玄武神主－太極 審美眼의 極致가 결단코 디자인될 수 없다는 것이다. 그래서 龍頭·龜身 거북선의 如意珠 같은 생명을 살리는 포탄(生生砲彈)은 生命宇宙에서 절대불패의 無極의 위력을 영생토록 지니게 마련이다.

3. 玄武神主信仰의 내용과 그 전개

1) 雌龜의 情夫－龜頭와 蛇頭, 그 直立 龍頭化

거북이와 뱀이 서로 어떠한 사이인가를 두 측면에서 살피려 한다. 한 측면은 거북이 자체가 뱀과 서로 닮은 데가 있다는 점에서이고, 다른 한 측면은 뱀과 거북이의 상호관계를 穿鑿해보려는 점에서다.

먼저 거북이가 뱀과 서로 닮은 데가 있다는 점에 관해서 고찰해보기로 한다. 거북이(龜)는 본래 생물학 분류에서 뱀(蛇)과에 속하며, 더군다나 그 거북이 머리(龜頭)모양은 뱀머리(蛇頭)를 빼다가 거북이 몸(龜身)에 꽂은 듯이 닮았다. 그래서

龜蛇同氣而有呷蛇之龜(李時珍, 『本草綱目』(明) 권43, 鱗之二 「諸蛇」條)

라는 기록도 있다. 龜身이 뱀을 먹은 모습을 거북이 전체모양으로 파악한 듯하다. 그러므로 龜·蛇는 서로 同氣間이라는 것이다. 이는 許愼의 『說文解字』(後漢)의 '龜字'條나 아메리카 인디안의 바위그림에서 거북 龜字 그림문자를 거북이 몸(龜身)에 그것을 貫通하는 뱀 한 마리로 그리고 있는 것[67]과 관련시켜 보면 매우 흥미로운 일이다. 『說文解字』 同條에는 아예 「龜頭與蛇頭同」이라는 기록마저 있다.

「龜頭」와 「蛇頭」가 서로 같다는 말, 곧 「龜頭」=「蛇頭」라는 것이다.[68]

67) Selwyn Dewdney and Kenneth E. kidd, *Indian Rock Paintings of the Great Lakes*, University of Toronto press Canada, 1967, p.83.

경주 서악리 龜趺－김인문묘의 귀부(기념물 제132호)

그런가 하면

> 按許愼說文云 龜頭與蛇頭同 故字 上從它下象甲足尾之形 它卽古蛇字也(『本草綱目』 45, 「水龜」條)

라 하여, 『說文解字』 當該條를 인용해 '龜'字 자체가 본래 뱀의 머리(蛇頭)모양( )에다 거북이의 발, 껍질과 꼬리모양( )을 더한 것이라는 견해를 내세우고 있다. 『說文解字』 當該條에는 龜의 옛글자를 ( )라고 그려 썼는데, 위에 인용한 아메리카 인디언들의 바위그림 가운데는 아예 거북이 몸(龜身+甲+足+尾)에다 뱀(蛇)을 한 마리 꿰뚫어 그린 그림문자( )와 같은 것도 눈에 띈다.

물론 『說文解字』 當該條에 「龜頭」와 「蛇頭」가 서로 같다는 말, 곧 龜頭=蛇頭라는 것 말고도 이런 기록은 여기저기에서, 예나 지금이나 많이 눈에

68) 龜頭와 蛇頭가 나드리하는 女根을 그래서 속어로 蛇口라고도 한다.

띈다. 예컨대 『本草綱目』에 「蛇頭龍頸」－뱀'머리' 용의 '목'이라 한 것이나 『爾雅』에 「蛇頭龍翅」－뱀'머리' 용'날개'라 되어 있어, 거북이의 모습을 뱀(蛇)과 용(龍)을 빌어 설명을 베풀고 있는 기록은 그 좋은 일례라 하겠다. '龜頭=蛇頭=龍頭'의 밀착된 변화관계를 직설적으로 시사한다고 할 수 있다.

이상에서 거북이(龜)와 몸꼴이 뱀(蛇)과 서로 어떻게, 얼마나 닮았나에 대해서 고찰해보았다. 이제부터는 이처럼 서로 닮은 뱀(蛇)과 거북이(龜)가 피차간에 어떤 관계를 맺고 있는지에 관해서 관찰해보려 한다.

『說文解字』 當該條에

龜鼈之類 天性無雄 以蛇爲雄

이라 하여, "거북이(龜)나 자라(鼈)의 종류는 타고난 본래의 性(Sex)에 수컷이 없고 암컷만 있어서 뱀(蛇)으로 그 수컷을 삼는다"고 했다. 재미있게도 이에 맞장구라도 치듯이 『本草綱目』 43, 「蛇類 ; 諸蛇」條에는 "蛇 以龜鼈爲雌"라 하여 "뱀(蛇)은 龜鼈로 암컷을 삼는다"고 대응한다. 뿐만 아니라 거북이 문제를 다룬 다른 여러 문헌들도 우리에게 이런 정보를 제공하고 있다.[69] 과연 그런가? 그럴 수가 있는가? 그렇다면 암거북이(雌龜)는 뱀새끼도 낳고 거북이 자식도 낳아야 한다. 그러나 숫거북이(雄龜)는 절대로 낳아서는 안 된다. 태어나자마자 去勢된 '宦官 숫거북(雄龜)'이어야 하기 때문이다. 정녕, 여기에 거북신앙에 얽히고설킨 온갖 신비의 베일을 벗길 수 있는 실마리가 감추어져 있다.

여기서 거북이(龜)나 자라(鼈) 종류는 純雌만 있고 純雄은 없어서, 뱀이 그 純雄 노릇을 한다는 말은, '거북이(龜)와 뱀(蛇)'이 곧 '新婦'와 '新郎' 사이라는 비밀을 우리에게 넌지시 일러준다. "龜蛇夫婦"인 셈이다. 물론 생물학적으로 雄龜가 엄존한다면 不倫의 龜蛇夫婦가 분명하다. 『本草綱目』

---

69) 『本草綱目』 43, 「蛇類 ; 諸蛇」條 ; 『本草綱目』 45, 「水龜」條 ; 李圭景, 『五洲衍文長箋散稿』 37, 「龜辨證說」(朝鮮朝 憲宗時人) ; 『辭源』(1908~1983년 편찬) 關係欄 ; 周公旦, 『周禮』(冬官), 「考工記」 等書.

43, 「蛇類 ; 諸蛇」條에

> 거북이(大腰)는 암놈만(純雌) 있어서 뱀으로 그 수컷을 삼아 짝짓기(性交)를 하는데, 이들 사이에 낳는 자식은 곧 거북이가 된다.[70]

고 했다. 龜蛇가 夫婦임을 확인케 해준다. 이상한 것은 뱀은 안 낳고 거북이만 낳는다고 한 점이다. 그렇다면 그 뱀이 雄蛇의 탈을 쓴 雄龜란 말인가? 그래야 생물학적으로 합리적이다. 그렇다면 雌龜는 雄龜 새끼를 낳아도 된다. 雄龜도 서방노릇을 할 수 있어 거세당한 宦官질을 안 하고도, 살맛 중의 살맛인 생명을 獨創하는 生氣味－玄武之味를 맛보며 살 수 있기 때문이다.

고구려 고분벽화를 보면 북쪽에 玄武가 도사리고 있다. 거북이와 뱀이 서로 휘감는데 실은 그중의 하나는 거북이 머리(龜頭)이지만, 두 개의 뱀머리(蛇頭)가 혓바닥을 날름거리며 무엇엔가 열광된 황홀경에 오로지 몰입돼 있다. 언필칭 이를 想像圖라고 한다. 그렇지만 문제는 어떤 뜻으로 어떤 상태의 무엇을 상상해 창작해낸 상상도냐 하는 것이다. 과연 짝짓기에 굶주린 암수의 生死를 넘나드는 性戱의 황홀경이 아니고서야 이런 상상도가 獨創될 수 있었을까?

李丙燾는 일찍이, 玄武가 龜蛇複合體로 이루어진 緣由를 적은 문헌자료를 찾아볼 수 없다고 했다.[71] 그러나 이에 대한 문헌자료는, 위에서 살펴본 대로 의외로 자주 눈에 띈다. 문헌자료뿐만 아니라 岩刻畵－바위그림에서조차, 그것도 북아메리카 대륙에서까지 찾아볼 수 있다. 다만 '거북신앙'에 관한 엄밀하고 세심하며 집요한 천착이 절실할 따름이다.

결론부터 말한다면 두말할 것도 없이 거북이(龜)와 뱀(蛇)이 서로 어울려 있는 玄武圖는, 뱀(蛇)이라는 '新郎(사내)'과 거북이(龜)라는 '新婦(계집)'가

70) 『本草綱目』 43, 「蛇類 ; 諸蛇」條에서는 "蛇 以龜鼈爲雌"라고 적은 다음에 이에 註를 달아 "埤雅云 大腰純雌 以蛇爲雄 蛇求於龜鼈則生龜鼈 蛇求於雉則生蜃蛟 物異而感同也"라고 하였다. 陸佃, 『埤雅』(宋) 및 『爾雅』 참조.

71) 李丙燾, 「江西 古墳壁畵의 硏究」, 『東方學志』 1, 연세대학교 동방학연구소, 1943, 130쪽.

강서대묘의 현무 그림

合宮해 三昧境의 사랑에 눈이 멀어 있는 황홀경을 그려낸 그림이다. 현무도에서 뱀의 성기부분이 거북이의 가랑이 밑에 찰싹 달라붙어 있고 열광된 두 년(龜)놈(蛇)의 머리가 혓바닥을 날름거리며 입 맞추려는 것을 보면 이를 너무나도 뚜렷이 읽어낼 수 있다.

그렇다면 당시의 사람들이 진실로, 거북이(龜)가 생물학적인 수컷(雄龜)이 엄존한다는 이 너무나도 엄연한 사실을 몰라서 이런 기록을 남겼을까? 정녕 거북이(龜)와 뱀(蛇)이 서로 짝지어서 사랑하는 꼬락서니를 두 눈으로 똑바로 보고 이런 생각을 글로 쓰고 그림으로 그려, 더 나아가서는 마음을 달래는 祈禱 노래－巫歌로 부르며 전승해 남겼을까?

그럴 리가 만무하다. 요즘의 우리와는 달리, 저들은 자라와는 달리 이빨이 없어 물릴 염려가 없는 오로지 착하고 귀엽기만 한 거북이를 한 식구인양 서로서로 마주 대하고 살아왔다. 특별히 거북이의 棲息地帶로 적격인 조선(韓) 반도 동남해안 지대에서는 더욱 더 그러했다. 한마디로 저들은 거북이와 보통 사이가 아니었다. 그래서 기왕에 『辭源』[72]關係欄이나 『本草綱目』45, 「水龜」條에 그 암수를 구별하는 변별법을 분명히 밝혀 서술할 수 있었다.

암수 거북의 交尾 實像

예컨대 『本草綱目』 45, 介之一 「水龜」條에서 李時珍은 "雌雄尾交亦與蛇匹或云大腰無雄者誤也"라고 하여 거북이 곧 大腰가 숫놈이 없다는 것은 잘못이라고 잘라 말한다. 이는 이와 같은 심오한 거북신앙의 내용과 오랜 역사를 잘 모르는, 이에 관한 한 眼目이 日淺한 一介 자연과학도였던 당시의 李時珍에게 오히려 당연한 견해였다고 봐야 할 것이다.

자연과학도 이시진의 객관적인 엄밀한 관찰을 통한 증언처럼 암거북이는 이처럼 숫거북이와 交尾해 알(蛋)을 낳는다. 이는 생물학적인 상식을 실증하는 셈이라 하겠다.

그렇다면 왜 玄武를 뱀(蛇)과 거북이(龜)로 얽어 그려냈을까? 石碑의 龜趺와 螭首는 왜 하필 龜頭~龍頭와 螭首 또는 螭頭를 짝지어 조각했을까?

저자는 여기서 "玄武가 뱀(蛇)과 상관이 전혀 없는 거북이(龜) 단독의 몸(龜身)에서 나왔다"는 李丙燾의 예리한 탁견[73)]을 서슴지 않고 수용한다.

葛洪, 『抱朴子』 內篇 1~7 중 3권 「對俗」(晉)條에는

---

72) 『辭源』(1908~1983년 편찬).

73) 李丙燾, 「江西 古墳壁畫의 硏究」, 『東方學志』 1, 연세대학교 동방학연구소, 1943, 130쪽.

> (上略) 玉策記曰 千歲之龜 五色具焉 其額上 兩角起似角 解人之言 浮於蓮葉之上 或在叢蓍之上 其上時 有白雲蟠蛇(下略)

라 적혀 있다. 여기서, "거북이가 연꽃잎 위나 가새풀떼(叢蓍)[74] 위에서 노닐 때는 뱀과 서로 어우러져 흰 구름에 싸이게 된다"는 묘사는, 필시 거북이가 물 위에 떠올랐을 때 숨을 쉬기 위해 거북이 머리(龜頭)－뱀머리(蛇頭)를 길게 빼고 물거품을 일게 하는 풍경을 가리키는 것이리라. 뱀머리를 닮은 거북이 머리에다 뱀의 몸을 닮은 기다란 거북이 목을 늘인 모습, 거북이 꼬리(龜尾)－뱀꼬리(蛇尾)에의 연상과 더불어, 실로, 거북이와 뱀이 뒤얽힌 장면으로 착각할 만하다. 진실로 玄武 그림을 착상할 만하다는 것이다. 또 『辭源』「龜蛇二將」에

> 俗祀玄武 旁侍以龜蛇二將 按西陽雜俎 大和中 朱道士者 遊廬山 見澗石間 蟠蛇如堆錦 俄變巨龜 訪之山叟 云是眞武現

이라 하여 玄武를, 뱀이 휘감겨 있는 것이 조금 있다가 巨龜로 변화하기도 하는 그런 것으로 묘사해 놓았다. 이어서 『靈應錄』을 인용해 '蛇纏一龜' 곧 '뱀이 거북이를 감고 있는 것'을 眞武라고 서술하고 있다.[75] 이는 모두 위의 所論을 뒷받침하는 좋은 사례라 하겠다.

그러면 왜 하필 거북이(龜)와 뱀(蛇)이 뒤얽혀 있는 모습을 보고 서로 암수가 짝지어 서방질－계집질 하는 것을 연상케 됐을까? 『說文解字』 當該條에는 거북이가 뱀으로 서방을 삼는 까닭을 列子의 견해를 빌어 註를 달고 있다.

---

74) 蓍龜 : 占칠 때 쓰는 蓍草와 거북. 蓍草는 가새풀이라고도 부른다.

75) 玄武=眞武라는 관점이 주목된다. 한 생명의 生起處는 玄武요, 이 짝짓기사랑－源泉生命 사랑을 지켜내는 武力이야말로 참 무력이란 의미를 想起케 해서다. '武'의 本質과 원초적이고 궁극적인 目的을 아주 뚜렷이 摘示하기 때문이다. '자살골'이라 할 원천살인 욕정의 玄武舞가 이내 생명살상 폭력으로 이어지는 것은 이상할 것이 없다.

> 列子曰 純雌其名大腰 純雄其名 穉蜂 張注 大腰龜鼈之類也 穉小也

곧 "오로지 암컷만 있는 것은 거북(大腰)이요 오로지 수컷만 있는 것은 꼬마 벌(穉蜂)이다"라고 하여 거북이와 꼬마벌을 비유상 서로 상대역으로 배치한 것이다. 꼬마 벌을 수컷만 있는 것으로 비유한 것은 생물학상으로 꼬마 벌에 암컷이 엄연히 존재한다는 사실을 떠나서. 꼬마 벌이 상대를 만났을 때 잘 쏘아대는 것을 능사로 삼는 그런 특징에서 말미암는 상징성을 갖는 내용이 아닐까 한다. 『本草綱目』 45, 介之一 「水龜」條에서 李時珍은

> 龜鹿皆靈而有壽 龜首常藏向腹 能通任脉 故取其甲以補心 補腎補血皆以養陰也 鹿鼻常反向尾 能通督脉 故取其角 以補命補精補氣 皆以養陽也 乃物理之玄微 神工之能事 觀龜甲所主諸皆屬陰虛血弱自可心解矣

라고 했다. 곧 "사슴이 陽에 따르는 까닭은 그것이 상대방을 대했을 때 그 코(鹿鼻 : 男根 상징 - 저자)가 언제나 꼬리(鹿尾 : 女根 상징 - 저자) 쪽을 향한다는 데서요, 거북이가 陰(純雌)에 딸리는 것은 거북이가 대상을 마주치면 늘 그 머리(龜頭 : 男根 상징 - 저자)를 껍질(龜甲 : 女根 - 저자)[76] 속의 배(龜腹)로 이끌어 집어넣는 때문이다"라고 설명을 베푼 것이다.

다시 간추려 정리해보면, 앞의 것은 수컷의 본성이요 뒤의 것은 암컷의 본성이다. 그래서 꼬마 벌(穉蜂)과 사슴(鹿)은 純雄으로, 거북이(大腰 : 龜)는 純雌로 비유된 것으로 보아 틀림이 없다. 이는 마치 꽃(花)과 벌(蜂)·나비(蝶)가 정녕코 생물학상의 암·수 사이가 될 수 없건만 그 상호작용으로 보아, 詩人들이 짐짓 그렇게 묘사해내는 것과 잘 대비된다고 하겠다.

---

76) 陳立, 『白虎通疏證』 12권(淸) 중의 6, 「右論封禪之義」. 陳立의 註에 "類聚引中候堯率群臣 東沈璧於洛 赤光起 元龜負書出於貝甲 赤文朱字 是皆河圖洛書之證也"라고 적어, 洛書가 貝甲에서 나왔다고 했다. 여기서 貝甲이란 4다리와 머리 및 꼬리를 모두 龜甲 속에 감춘 龜甲을 지칭한 듯하다. 둘이 모두 비너스의 동산으로 불리는 女根의 외형을 닮아 있기도 하다. 물론 龜甲은 조개껍질(貝甲)을 연상케 하는 龜頭=蛇頭의 나들이집인 蛇口-蛇身이기도 하다.

이로써 거북이(龜)가 '암컷만 있다(純雌)'는 所論에 대한 설명은 되었지만, 그렇지만 아직 거북이(龜)가 '뱀(蛇)을 수컷(雄)으로 삼는다'는 문제는 풀지 못했다. 생물학상으로는 분명히 암거북(雌龜)뿐만 아니라 숫거북(雄龜)도 엄존함을, 위에서 현실 생태에서나 생물학자의 견해를 통해서 이미 분명히 확인한 바 있기 때문이다. 「거북신앙」-'玄武神主信仰'의 핵심 내용은 바로 여기에 그 심오한 비밀이 숨겨져 있다. "왜 멀쩡한 제 짝인 天生緣分의 숫거북이(雄龜)를 놓아두고 암거북이(雌龜)가 하필 굳이 異物인 뱀(蛇)을 서방으로 삼아 서방질을 하게 되었느냐?"에 있다. 『說文解字』 當該條에

從蛇 龜頭與蛇頭同 天地之性 廣肩無雄 龜鼈之類 以蛇爲雄

이라 한 데에 그 심오하고 복잡미묘하며 신비로운 문제를 풀 황금열쇠가 감추어져 있다. 여기서 '廣肩'은 '大腰'와 함께 거북이의 몸(龜身 : 女根의 형태 상징-저자)을 상징적으로 지칭하고 있다. 龜身과 상호작용하는 龜頭[77]는 蛇頭와 서로 같은데, 그래서 '龜頭'는 사람의 生命을 創造하는 '생명창조의 장'에서 신랑과 신부가 합궁하는 데에 무엇일 수 있고 무엇이어야 하느냐에 관심의 초점이 맞추어져야 할 것을 요구하고 있다.

『前漢書』 24下, 「食貨志」 9에는

天用莫如龍 地用莫如馬 人用莫如龜

라 하여, 하늘(天)에서는 龍을 타야 운행이 자유자재로 이루어지고, 땅(地)에서는 말(馬)을 타야 그러하며, 인간세계에서는 거북이(龜) 곧 玄武를 활용해야 順行한다는 말로 해석될 수 있겠다. 하필 왜 理財問題를 주로 다루는 「食貨志」에 이런 기록이 실리게 됐는가 하는 점이 의미심장하다고 하겠다. 일본, 독일이나 이태리의 파시스트 정권은 인간의 생체실험을 자행해 의학의 발전

77) 崔常壽, 『한국민간전설집』, 通文館, 1958에는 處女가 거북이와 交媾해 아들을 낳았다는 전설을 싣고 있는데, 이 경우 거북이(龜)는 구체적으로 龜頭(=蛇頭)를 가리키고 이는 곧 男根을 일컫는 것이라 해야 할 것이다.

을 꾀했던 모양이다. 그때 인간의 욕망 중에 性慾이 먼저인지 食慾이 먼저인지를, 인체를 거의 빈사상태로 냉각시켰다가 조금씩 덥혀 풀어주면서 이를 실험했다고 한다. 결론은 이미 나 있는 것이었지만 당연히 성욕이 식욕보다 더 원초적이고 본질적이며 궁극적인 것으로 입증됐다고 한다.[78] 남녀가 玄武境地에서 마주쳐 켜진 불이 목숨불이기 때문에 지극히 당연한 것이겠지만, 이를 굳이 실험을 통해 입증하고 프로이드의 이론을 빌려 설명해야 하는 것이 이른바 자연과학만능시대라는 한 시대권에서 절대의 탈을 쓰고 유행된 학풍이었던 것 같다. 玄武神主信仰은 이를 직관으로 꿰뚫어 보고 논리체계를 세워 그림으로 그려낸 聖經(Bible)이 아닐까? 인식면에서 보면 인식 주체인 생명이 태어나야 우주도 우주의 창조실체도 인식돼 의미체로 다시나는 것이므로, 생명창조과정인 玄武圖도 神主로 모셔 신앙될 수 있는 것이라 하겠다. 부모 유전자의 최선의 배합은 그 玄武場의 如何, 곧 애정의 장이냐 욕정의 장이냐에 따라서 결정되는 터이라면 玄武場에 대한 신앙경전은 그대로 『聖性經』일 수도 있음에서다. 『周易』은 과연 이와 전혀 무관하기만 한 경전일까? 太極旗는 玄武圖 神主를 한 중심에 세운 주체생명 창조의 창조주를 경배하는 신앙상징 기치는 아닐까?

뉴멕시코의 주니(Zuni)족들은 거북이를 자기네의 조상이 還生한 것으로 믿는다고 한다.[79] 실제로 저자 자신도 1990년 초에 大興安嶺 西南部 다리강가 스텝의 어떤 가정에서 화석화한 거북이—현재는 스텝이라 거북이가 살 수 없다—를 家寶처럼 모셔 내려오고 있어서 그 연유를 물으니 '祖上神'이라고 했다. 『周禮』에는 거북이가 장례식·제사·占卜 등의 인간사에 관여돼 있다. 한편 『八相錄』에는 調達이라는 사람이 화살로 釋迦牟尼 부처님을 해치려한

---

78) 따라서 유물론자 칼 마르크스의 계급해방보다는 崔濟愚의 장남 崔世貞과 계집종(강릉 김씨)의 자율적인 짝짓기를 이루어내는 혈연을 통한 繼代階級解放이 더 본질적이고 궁극적인 인간해방의 방도라는, 소박한 문제제기도 용납할 여지가 있다고 하겠다.

79) J. G. Frazer, *The Golden Bough*, New York : The Macmilian Company, 1958, p.535. 이는 한국 무당의 指路鬼 굿거리에서 巫堂의 두 발에 각각 한 마리의 거북이를 딛고 서서 그 儀式을 행하는 것과 같은 경우로, 거북이가 저승과 이승을 왕래하는 사자의 역할을 담당하는 점을 말해 줄 수도 있다고 본다.

이야기 끄트머리에, 부처님께서 몸소 "내 前身이 거북이니라" 하신 글귀가 눈에 띈다. 사실상 거북신앙의 종류에서 언급한 모든 것이 거북이와 사람의 관계를 드러내 주는 훌륭한 사례가 되겠지만, 특히 金首露王의 탄생설화에 등장하는 龜旨歌나 그 연장선상에서 남녀의 사랑 관계노정이 얽히고 설킨 海歌詞와 處容歌 및 사람의 죽음집인 陰宅－무덤에 지하로 나타나는 玄武神主와 그것이 지상으로 표출되어 나온 석비의 龜趺와 螭首, 장례행렬의 騎龜仙人旗, 또 사람의 살림집－陽宅의 祭廳 上樑文에 아래와 위로 龜趺와 螭首처럼 쓰인 龜와 龍 따위는 龜·人關係의 밀접함을 너무나 뚜렷이 말해 주고 있다.

그렇다면 도대체, 거북이와 사람 사이에 이와 같은 밀접한 관계가 이루어질 수 있는 꼬투리는 무엇일까? 종래로 무궁무진한 조화주로 모시어오던 如意珠를 무는 것은 , 龜趺와 螭首의 전개과정에서 보면 다름 아닌 거북이의 머리－龜頭＝蛇頭로 곧 龍頭化한 龜頭다. 용두화한 사두로 묘사되어 있는 귀두 그 자체다. 그러니까 이 '龍頭化한 蛇頭＝龜頭'는 바로 거북신앙의 '窮極的인 主人公'이다.

그래서 郭璞의 『葬書』(東晋)에서도 '玄武垂頭'라고 하여 玄武가 그 머리(玄武頭)를 드리운 땅을 明堂으로 보아 玄武의 中核을 龜頭로 보고, '龜頭'를 玄武神主信仰의 中心主體로 無極의 자리에 등극시켰다. 龜旨歌와 海歌詞에서도 龜首가 단연코 그 主役으로 오르며, 처용가에서도 '마누라 빼앗긴' 「王八蛋」거북이라는 龍의 아들 處容이 무는 窮極의 여의주는 龍頭化한 龜首 곧 龜頭가 含珠의 최후의 영광을 누리게 각색돼 있다.

李荇 等, 『新增東國輿地勝覽』 16(1530), 「報恩」條에

> 法住寺之西岺 有龜石 紫煙天成 其背可坐五十人 其頭昻然西揭揭 諺傳 中原術士來見曰 吾不知中原財帛日輸東土誰之使然 果此物也 乃斷其首 而穰之

라 기록되어 있어, 中原의 財物이 날로 東土로 흘러가게 하는 張本이 되는 것이 바로 이 龜頭이므로 中原術士가 其首를 잘랐다는 얘기가 실려 있다. 이는 龜石의 주인공이 역시 龜頭인 점을 알려준다.

또한 龍頭化한 龜船의 龜頭에서 一擊必殺의 포화가 폭음과 함께 폭발해 나오는 것은 이를 더욱 실감케 한다. 정녕코 龜船의 龜身을 나들이하는 龍頭化한 龜頭=蛇頭에 인류가 오랫동안 풀지 못했던 본원적인 깊고 깊은 비밀이 감추어져 오고 있음을 직감케 한다.

그렇다면 龜頭란 도대체 무엇인가? 말 그대로 龜頭다. 거북이 머리는 한마디로 사내들의 고추(男性의 性器)인 男根, 바로 그것이다. 놀라우리만큼 서로 그 모양새가 닮았다. 꼴만 비슷한 것이 아니고 생리현상도 닮았다. 龜頭－蛇頭나 男根이 모두 상대를 대하면 곧추선다. 물론 상대에게 공포를 느끼면 움츠러든다.

"過恐則傷腎"이라고 韓醫學書에서는 적고 있다고 한다.[80] 또한 이들이 모두 하나같이 찬 물건(冷寒)이어서 불(火)을 꺼리기도 한다. 韓醫學 또는 漢醫學에서 남근을 龜頭라고 지칭하는 까닭도 이에 이르면 자명해진다.

뿐만 아니라 귀두=사두가 직립 龍頭化하면 빗물을 내리게 한다는 신앙과 같이 龜頭인 남근도 그러하다. 보통 풍수에서 산봉우리를 용두로 보거니와 무릇 기압이 낮은 골짜기에서 바람이 일어나('空谷生風') 구름을 몰고와서 산봉우리(山峰 : 龍頭)[81]에 부딪치면 비가 내리듯이 계집이 바람을 피우면('女根谷生風')[82] 구름을 몰고와서 直立 龍頭化한 龜頭=男根에 부딪쳐 射精케 한다. 석비에서 龜趺의 귀두가 직립 용두화하면서 사내·계집이 어우러져 성적 황홀경에 들어 남근이 용두질하며 如意珠－愛情의 卵子='알'을 물면

---

80) 張重信, 「豫防醫學과 漢方醫學」, 『漢方의 醫學』, 日本 東京 : 東亞醫學會, 1969, 16~18, 46쪽. 1970년 초 당시에 현재 경기도 부천시 素沙邑에서 韓方病院 開業醫師로 있었던 이 논문 집필자는, 그래서 남자는 失業이나 疾病에 대한 恐怖나 不安으로 生氣가 꺾이면 男性으로서의 性機能이 크게 감퇴한다는 이론을 폈다.

81) 葛洪, 『抱朴子』(晉)에는 "山中長日稱 雨師者 龍也"라 하여 '山峰우리=稱이 바로 龍이요 雨師'인 것을 말해 주고 있다. 그런가 하면 孫穆, 『雞林類事』(宋代 : 高麗 肅宗時에 開京에 와서 당시의 고려어 353개를 추려서 기록하고 설명함, 저작연대 미상)에는 '龍曰稱'이라고 있어서 이 견해를 재확인해주고 있다. 晉代(서진, 266~316 : 동진, 317~420)에 龍=稱이라 한 것을 그가 고려 숙종시(1096~1105) 개경에 와서 수집한 高麗語에서도 그대로 龍이 '稱'이라고 했다면, 그 용어의 상호 전승관계도 천착해봐야 할 문제라 하겠다.

82) 『삼국유사』 권제1, 紀異 제2 '宣德王 知幾三事'.

봉림사 진경대사보월능공탑비.[83] 국립중앙박물관(보물 제363호)

受精이 다 이루어지는 것이다. 이런 도식화가 龜趺·螭首의 역사적 전개과정에 아로새겨졌다면 실로 놀라운 일이라 하겠다.[84] 물론 여기서 如意珠를

83) 直立 龍頭化한 龜趺의 거북머리(龜頭)가 如意珠를 물었다. 이런 경우는 저자가 아는 한, 大禪師의 龜趺와 螭首나 이렇게 조각되고 있었다.

84) 아래 圖表에 보이듯이 男根이 直立 龍頭化한 다음 단계는 어차피 卵子와의 結合-受精이 이루어지게 마련이니 곧 그것이 含珠이다. 다만 含珠란 몇몇 大禪師 石碑의 龜趺에서 보는 대로 여의주를 문다는 뜻인데, 이는 愛情으로 완성된 극치의 射受精境地를 이르는 것이라 하겠기에, 신앙적인 의미와 가치 차원이 개입된다고 본다. 일반적인 과학적 생리현상과는 차별화된다는 것이다. 7000~8000만 精子 중에 卵子가 擇一하는 確率은 天文學的인 경합과정의 微視世界 神秘境의 그것인데, 이때의 온도나 乾·濕度는 물론 특히 合宮過程의 愛情이나 欲情 등의 心情狀態가 이에

문 '龍頭의 含珠'는 진정한 짝짓기 사랑의 본원적 愛情의 완성된 원형 사랑을 상징하는 것으로 보아야 할 터이다. 天生緣分의 順 '게놈(Genom)'流로 가장 잘 완성된 一男一女의 遺傳子 배합으로서의 온전한 受精이라는 말이다.85)

그래서 계집사내가 어우러지는 사랑을 雲雨之情이라 하고, 模擬呪術로 龍을 만들어 지내는 것으로 되어 있는 祈雨祭는 바로 사내·계집의 性交實驗實習儀式으로 이루어지기도 했던 것이다.86) 이러한 自然現象과 남녀의 사랑－雲雨之情의 비유관계를 아래와 같이 圖表化해 보았다.

결정적으로 중요하게 작용할 것임에 틀림이 없을 것으로 推定된다. 이에 祈子女祈禱致誠이라는 신앙의례가 隨伴되고, 일련의 玄武神主信仰이라 할 龜旨歌·海歌詞·處容歌라는 사랑의 찬송가인 巫歌도 이에 자리매김 되는 것이라 하겠다.

85) 高裕燮, 『韓國美術文化史論叢』, 通文館, 1966, 147쪽에는 龜趺와 螭首가 각각 陰陽을 나타내는 것이라 지적되어 있다. 太宗武烈王 陵碑로부터 시작되는 龜趺는 新羅末期~高麗初期에서부터 直立 龍頭化하여 含珠하는 데로 전개된다. 지역적인 한계의 영향이 있겠으나 대개 高麗末·朝鮮初에 다시 짐승머리와 같은 龜頭로 되었다가 점점 龍頭化되어 간다. 龜趺에서 龜頭일 때는 螭首에서 그 손에 如意珠가 있다가 龜趺의 龜頭가 直立龍頭化해 含珠하면서부터 螭首의 여의주는 용의 입으로 온다. 대개 남녀의 性戲의 전개와 비슷하여 자못 신비로운 감을 느끼게도 하는 바, 저자는 龜趺와 螭首를 韓屋인 陽宅 上樑文의 아래 위에 배치된 龜와 龍으로 본다. 陰宅의 石碑가 陽宅 祭廳의 上樑文으로 상호 유기적인 관계를 가지고 역사적으로 전개돼온 것으로 본다는 것이다. 물론 地上 石碑의 龜趺와 螭首의 原形은 무덤방안 중심인 北壁의 玄武神主信仰에서 찾을 수 있음에 다름이 아니다. 한마디로 玄武→ 石碑의 龜趺와 螭首→ 上樑文 아래와 위의 龜와 龍은, 玄武神主信仰이 地下에서 地上으로, 陰宅에서 陽宅으로, 亡者인 祖上에서 생존해 있는 祭主 後孫으로 神主가 전개 또는 발전돼온 역사적인 足跡을 말해 주는 것일 수가 있다고 본다. 근래 조선조 末葉의 東學 2대 교주인 崔時亨은 이를 縮約해 그 결과를 '向我設位'로 說破한 것이라 하겠다. 오랜 조상혈통의 진화－전승 결과인 後孫 祭主의 살아 숨쉬는 '게놈' 실체를 神主로 모시어 祭主가 祭主에게 祭祀지내는 셈이라 하겠다.

86) 『五洲衍文長箋散稿』 24, 「祈雨祭龍辨證說」 '祈雨孛星辨證說'에 아래와 같은 기록이 있다.

"(上略)至期 道士登壇 呼一童子近前 令伸其手 晝三符于掌中 囑曰至某處曰 中見白衣婦人便擲此符 彼必追汝 汝以此符擲之 彼再追 汝以第三符擲之 速婦上壇避匿可也 童子往 果見白衣婦如其言 擲一符 婦人怒棄屌追童 童擲次符 婦人益怒解上衣露兩乳奔前 童擲三符 忽劈歷一殺婦人褻衣 全解赤身 狂追童子 忽進至壇而 婦人亦至 道士鼓今牌喝曰雨雨 婦人偃臥壇下 雲氣自其陰中出彌滿 敝天雨五日不止(下略)".

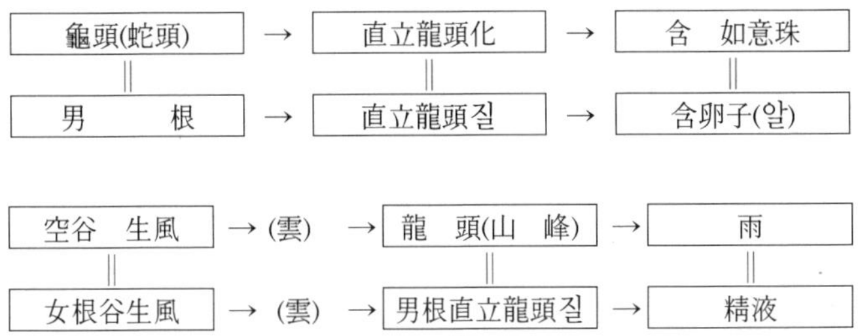

龜頭는 男根頭다. 그래서 『本草綱目』 45, 「介之龜鼈類－玳瑁」條에는 거북이의 머리에 이빨이 없다는 말을 짐짓

其屌 邊缺如鋸齒[87]

라고 했다. 뿐만 아니라 『五洲衍文長箋散稿』 37·127 「龜辨證說」에도

閩小記 玳瑁形似龜黿背甲 背甲 十三片 黑白斑相錯鱗次以成一背 其邊屌闌闕囓如鋸齒 無足而有四鬣 前兩鬣長狀如檝 後兩鬢極短 其上皆有鱗甲 以四鬣濯水而行 海人養以鹽水 似以小鱗 俗傳 每至甲子庚申日 輒不食謂之玳瑁齋日

이라 쓰여 있어 거북이 머리(龜頭)가 아니라 거북이 고추－屌(자지, 좆)[88]에

87) 林尹. 高明 主編, 『中文大辭典』, 臺北 中華學術院, 1976. 789쪽. 이 글자는 俗語로 '男子의 陰部라고 했다.

88) 男根頭=龜頭는 우리 토박이말로 좆대가리, 고추, 자지 또는 최근 북한의 은어로는 '속살쑤시개'로도 불린다. 계집, 사내, 아가씨, 女根의 한국어 토박이말 보지, 씹, 씹거웃 씹두덩이나 씹하다 등 순수한 한국어로 쓰일수록 성적인 감각을 노골적으로 자극하는 卑俗語로 한국인에게 쓰이는 것은 왜일까? 비극인가? 희극인가? 그것이 어떤 것이든 엄연한 현실이다. 俗語로 諺文으로 쓰인 자료라고 배제하는 것은 어쩌면 그 원형적 의미를 소외시키는 비본질적 접근일 수도 있을 것이다. 마치 썩은 달걀의 푸른 곰팡이를 더럽다고 버리는 생물학 실험실의 생물학자 같은 어리석음을 범하는 것일 수가 분명히 있다. 포르노 영상이 초등학생에게까지 무차별하게 퍼질 수밖에 없는 2011년도 오늘의 시대에서, 그 도도한 원초적인 시대적 一大潮流를 그대로 직시하고 냉엄하고 치밀하게 구체적으로 문제에 접근하는 신속한 총체적 應戰이 절실한 터이다. 지금이 바로 그 인문학적인 일대의 자기인식변혁시대일 수 있다. 자기 삶의 주체인 제 생명 창조과정 자체에 관한 문제임에서다. 우주의

이빨이 없다고 묘사했다.

龜頭는 男根이다. 귀두=사두가 직립 용두화한 龍頭는 남근이 勃起해 龍頭로 된－龍頭질하는 射精段階의 상태다. 龜頭나 龍頭化한 귀두가 모두 남근 및 그 性的 짝짓기 생리현상의 변화를 표현한 男根으로 거북신앙의 주인공이다. 따라서 용두가 含珠한 것은 남근이 애정으로 서로 짝을 이루어 알(卵子)을 물은 상태－심신이 온전히 완성된 受精의 경지에 이른 것을 묘출해낸 것이다. 뭇 용들이 爭珠하는 모습은 곧 남자가 여자를 희롱하는 각양각색의 각 단계 심신상태를 그려낸 작품이라 하겠다. 물론 짝짓기의 상호작용을 연출하는 황홀경의 표출이지만 蛇龍의 형태와 갖가지 색깔이 등장하는 龍의 문제가 남근의 생리현상뿐만 아니라 그 심리현상도 그려내지만, 특히 그 심정 상태를 주로 묘사해내고 있다고 저자는 보고 있다.89)

무릇 사람과 生態環境의 관계에서는 「食」이, 사람과 사람이 만나는 만남의 원초적 관계에서는 「性」이 생명이 존재하는 한 생존의 계속을 위해서 개체의 斷代와 繼代의 생존과 번영이라는 생명 본질 목적을 이뤄내기 위해서 가장 불가결한 기본 요소로 된다. 이는 이 시대의 주도 과학이라 할 생명공학에서의 게놈 형성의 2대 基軸일 수 있겠고, 食이 객체인 수단 방편 문제라면 性은 생명 자체인 주체창조의 문제이므로 성문제가 생명공학의 중핵을 이루는 연구과제일 수 있을 터이다. 그런데 남녀의 짝짓기 受精與否 문제를 주로 主宰할 수 있는 것은 男根쪽이다. 여자는 의식이 없어도 受精이 되지만

창조는 성스럽고 정작 제 목숨의 창조는 低俗한가. 왜 그럴 수밖엔 없나? 장난으로 놀기 위해서만 만든 제품은 흔한 장난감으로 제공되다 폐기처분된다. 내 목숨불은 玄武舞에서 켜지고, 그것으로 충전돼 소생·부활돼가며 일생을 불지펴낸다. 그래서 죽음의 위험 앞에서는 결국 玄武界에 들게 마련이고 戰時의 玄武舞는 懷妊率이 3~4배나 평소보다 높아진다. 『周易』 繫辭篇의 "繼之者 善也"를 상기케 한다. 내 목숨과 그 목숨사랑을 빚지고 태어났으니, 그 빚을 갚는 일생 調息이 착하다는 말일까? 시쳇말로 '눈 감고 아웅'할 수 있는 시대는 이제 저 만큼 멀리 쏜살같이 지나가고 있음을 진솔하게 절실히 자각할 때다.

89) 周采赫, 「거북신앙과 處容歌－고대 종교사상을 중심으로 한 문제 제기」, 『월간문화재』 제3권 제4호, 월간문화재사, 1973, 8~10쪽에 龜頭=蛇頭→ 龍頭에 나타난 성적 짝짓기 심령현상에 대해서 비교적 상세히 분석해보았다.

남자는 의식을 잃으면 射精의 機能이 정지된다.

인간생명의 창조가 인생의 모든 것의 太初인 이상, 人間 尊嚴 문제는 당연히 그 創造過程 여하와 직관될 수밖에 없다. 남자는 受精如何를 주로 좌우할 수 있고 여자는 受精된 胎兒를 낳아 기르는 일을 그렇게 전담할 수 있게 태어났다. 男根은 射精을, 女根은 受精 이후의 胎兒의 生育을 맡는 生來的인 分業이 크게 이루어진 셈이다. 이런 생명 창조과정의 체제 속에서의 男根=龜頭=蛇頭→龍頭의 주도적 구실의 절대성 차원에서 龜旨歌·海歌詞·處容歌나 玄武神主信仰, 石碑의 龜趺와 螭首 및 上樑文 아래와 위의 龜·龍神主信仰이 尊嚴하게 자리매김 되어 왔을 수 있다. 물론 玄武는 고구려고분벽화 北壁에 모셔져 있으니 神主일 수 있고, 실제로 자신들이 고구려의 후예라고 믿고 있는 다구르족은 지금도 시월에 四神을 신주로 모시고 祖上祭祀를 지낸다.

같은 계열의 巫歌로 묶일 수 있는 龜旨歌·海歌詞의 노랫말을 엮어보면 남의 부인을 빼앗아간 主犯은 '거북이 머리'다. 이에 온갖 현학적인 해석을 덧붙여 볼 수도 있겠지만, '깨어나 있어' 늘 거북놀이(玄武舞 : 짝짓기 사랑춤)를 주도해 즐길 수 있는 존재가 龜頭 바로 그 男根뿐임은 지당한 일이기 때문이다. 당연히 생명의 유래처가 玄武여서 짝짓기 사랑이 愛情으로 잘 되면 모든 生氣－살맛(極樂)이 이에서 비롯되고, 欲情으로 잘못 되면 모든 죽을 맛(極苦)도 이에서 생겨나게 마련이다. 그래서 이런 일련의 거북신앙이 논리적으로 서술되어 經典化된 것이 『周易』의 본질임도 거의 自明하다.

이상에서 龜頭=男根의 공식이 입증되었다 하겠다. 그런데 다시 龜頭=蛇頭의 공식을 여기에 代入시켜보면, 응당 蛇頭=男根의 공식이 나와야 한다. 이에 이르면 저절로 뱀이 처녀를 꾀어가서 뱀새끼를 낳았다는 거의 세계적인 분포를 보이고 있는 것으로 보이는 설화에 대한 해답이 나온다.[90] 뱀머리(蛇頭)가 곧 龜頭요 男根인 이상, 처녀가 男根에게 꾐을 받아 애기를 낳았다는 것은 至當한 얘기일 수 있다. 그래서 구렁이는 性怪요 뱀꿈은 곧 胎夢이

90) 손진태, 『한국민족설화의 연구』, 제6편 「세계적으로 분포된 설화」, 을유문화사, 1947 참조.

된다.[91] 아마도 우리 인류가 뱀머리(蛇頭), 특히 구렁이 머리가 숲속 땅의 뱀구멍 속으로 뚫고 들어가는 그런 징그러운 모습을 오랫동안 보아오는 사이에, 인간들은 그것을 남녀의 성행위 모양으로 자신들의 무의식 속에 판박아왔던 것일 수도 있다. 때로는 짝짓기의 授受精過程을 그 모양새를 떠올리며 弓手가 활을 쏘아 貫革을 適中시키는 행위와 동일시해 그려보며 상징화해보았을 수도 있다. 정녕, 子宮안 1卵子의 대략 1/80,000,000 微視世界 精子擇一 射受精過程 心身 가누기는. 正鵠을 찌르는 弓王－'하르방(Харвах +vang)'의 射擊神技 감행의 그것을 無色케 할 만하다. 행여, 활겨레에게 「사랑의 神弓」인 東明(T'umen)聖王 苦待의 오랜 꿈도 잠재되어 내렸는지도 모른다.

이른바 큐피드와 프시케(Cupid and Psyche) 전설이나 日本의 三輪山式 전설류에 속하는 히브리 『구약성경』 「창세기」에서 하와를 뱀이 꾀었다는, 이런 부류의 보편적인 설화를 기록한 문헌은 아주 많이 있다. 『五洲衍文長箋散稿』 42, 「蚺蛇相思蛇辨證說」에서는 이 문제를 좀더 구체적으로 다루었다.

> 又蚺蛇逐人 急投以婦人褌袴衣襦則 使止也 女國則 以蛇爲夫

라고 하고 이에 註를 달아

> 唐張說梁四公記 扶桑西北 有女國 以蛇爲夫 勃律山之西國萬里山出 臺虺之水 女浴之有孕 擧國無男 并以蛇爲夫也

라고 했다. "女國에서는 남자가 없어서 뱀으로 지아비를 삼는다"는 것이다. 이어서

> 東方自古傳說 有相思蛇 如見美女則 則入褌中 必合下體 永不離體 盖淫男生時寄情所欲未遂而死則化爲此蛇必嬬其女(下略)

91) 무라야마 지쥰(村山智順) 지음, 김희경 옮김, 『朝鮮의 鬼神』, 東文選, 2008 참조.

이라 하여 뱀이 여자의 아래옷으로 들어가 하체를 합했다는 식으로 좀 더 구체적으로 서술하고 있다.

위의 고증을 통해 뱀(蛇)과 거북이(龜)는 서로 新郎과 新婦의 관계를 맺고 있으며, 뱀머리(蛇頭)는 거북이 머리(龜頭)와 같고 거북이 머리(龜頭)는 男根과 같다는, 그러니까 '蛇頭·龜頭·男根→ 直立 龍頭化→ 含珠(含卵子)'라는 결론을 얻어냈다. 다음으로는 龜頭와 귀두 곧 男根이 나들이하는 龜身의 관계 및 그 서로간의 작용에 대해 살펴보기로 한다.

2) 雌龜의 本夫-龍頭의 含如意珠(龍卵)

거북이를 중원의 속어로 「王八蛋」이라고 한다. 王八蛋은 '마누라 뺏긴 놈'이라는 욕으로 참아 입에 담을 수 없는 가장 나쁜 욕말이다. 모로하시 데쓰지(諸橋轍次), 『大漢和辭典』의 龜字項[92]에는 이를 좀 더 구체적으로 설명하고 있다. 「龜」에 대해서는 "제 계집과 다른 사내와 재미 보게 해 놓고 옆에서 구경하는 녀석"이라고 했고, '王八蛋'에 관해서는 제 마누라를 다른 놈팡이에게 새치기 당한 놈, 마누라 뺏긴 놈이라고 기록해 있다. 『辭源』(1908~1983년 편찬)의 「龜」字項에서는

> 俗用爲罵人之詞 唐時樂戶皆著綠頭巾 後因龜之頭爲綠色 遂目著綠頭巾者爲龜 樂戶妻女皆歌伎 故又目開設妓院 縱妻女賣淫者爲龜[93]

이라 적었다. 여기서 제 본서방 대신 情夫만을 일평생 남편으로 섬기는 妓院의 賣淫女가, 龜頭의 색깔이 綠色이라 하여, 그녀의 기둥서방이라 할

---

92) 모로하시 데쓰지(諸橋轍次), 『大漢和辭典』(15책), 大修館書店, 1959(13책) 일본대만 초판/1984(14권)/1986/1994/索引.

93) 『辭源』(1908~1983년 편찬)의 「龜」字項에서는 이에 이어서 陶宗儀의 『輟耕錄』(元)을 인용하여 弊家子孫을 嘲弄하는 詩를 싣고 있다.
"宅眷皆爲撐目兎 舍人總作綠頭龜"가 그것이다. 결국 이 綠頭龜는 元時에도 詬罵之語로 되었다는 것이다.

唐代의 樂戶 사내가 綠頭巾을 쓰고 '거북이'라 불렸다는 사실은 크게 주목된다. 『辭源』(1908~1983년 편찬)의 「龜」字項에서도 '六俗謂 縱妻行淫者爲龜'라고 기록해, 역시 '妻를 行淫시키는 자를 거북이라고 한다'고 해설했다.[94] 이는 그대로 「王八蛋」-'마누라 뺏긴 놈'이라는, 지금도 중원 땅 陰濕한 분위기에서 널리 유행되는 바로 그 최악의 욕말에 걸어진다. 그러니까 龜-「王八蛋」에 관한 이러한 일련의 기록돼온 전승 자료들은 그대로 '處容歌'의 내용에 들어맞는다. 더구나 위에 인용한 『辭源』의 「龜」字項의 기록의 경우는 新羅에서 處容歌가 유행하던 中原 唐나라시대라는 동시대의 풍속을 採錄한 내용이다. 이런 일련의 거북신앙이 중원의 唐宋時代에 가장 유행했었음은

---

94) 스텝·타이가·툰드라에서 보통 10여 리에 두세 집이 사는 식으로 특수 생태 속에서 「광역소수」로 생존해올 수밖에 없었던 북방몽골로이드가 멀리서 온 남자손님에게 주인 남자의 아내를 빌려주어 접대케 하는 관행이 있다는 보고를 서구 탐험가들이 근대에 들어 남기고 있다. 야만적인 원주민의 기괴한 성풍습이라는 호기심과 멸시에 찬 관심을 보여주고 있는 셈이다. 그런데 이처럼 유목지대에서 「광역소수」의 생존이 불가피하다 보면 近親婚이 이루어지기 쉽고 이런 관행에 오래 지속되면 우생학적으로 저열한 후손을 낳아 저절로 도태되어가게 마련이다. 물론 넓은 의미에서의 몽골스텝-시베리아에서 먼데서 온 손님이라야 거의 同類에 가까운 소수종족이어서 북방몽골로이드의 혈연적 正統性을 유지하는 데는 크게 문제가 없었을 것으로 보이지만, 어쨌든 몽골의 起源地를 수백 년간 封禁해 몽골족의 씨를 말리려했던 만주제국의 악랄하고 교활한 훌룬부이르 스텝 할하(弓)몽골족 보호정책은 잘 알려지고 있다. 濊族과 貊族은 오랜 역사기간 동안 상호관계를 맺어왔기 때문에 각각의 내부사정을 꿰뚫어볼 수 있어서 비롯된, 만주족(濊族)의 몽골족(貊族) 滅族政策이었던 것이라 하겠다. 여기서 우생학적인 繼代生存을 위한 '마누라 빌려주기'와 唐代나 新羅後期의 고귀한 새 생명 懷妊을 위한 짝짓기 사랑을 돈으로 換錢하는 賣淫으로서의 行淫은 물론 차원이 다른 것임에 틀림이 없다. 다만 中原의 漢族들이 이런 북방몽골로이드의 合宮慣行을, 주로 침략세력인 그들을 저주하는 의미도 담아 그런 욕말로 불렀을 가능성은 있다고 본다. 그래서 龜-「王八蛋」이 龜頭=蛇頭→龍頭로 전개되면서, 龍→處容→稱으로 불렸을 가능성에도 문을 열어 두고 싶다. 鮮卑族이 주도적으로 활동하던 五胡十六國-隋唐時代요 新羅도 이와 무관하다고 보지 않기 때문이다. 한 가지 添言해 둘 것은 열악한 유목생태 속에서는 보통 소수집단이 병존케 마련인 터에 무한경쟁이 강요되는 넓은 의미에서의 개활지 몽골고원의 생존생태현실에서는 보통 늘 恒在戰場의 위험에 노출돼 있고, 敗戰은 결국 거의 예외없이 언제나 적에게 마누라를 뺏기는 치명적인 사건으로 이어지게 마련이었다는 것이다. 예컨대 칭기스칸의 호적상의 父親 예수게이는 '남의 부인을 뺏어온' 疫神-玄武(蛇頭)였고 칭기스칸 自身도 한 때는 적에게 '마누라를 뺏긴' 숫거북이인 王八蛋-거북이(處容?) 신세가 됐었다.

각종 문헌자료에 나타난 관계 자료들을 一瞥해보아도 알 수 있게 된다. 이 『辭源』의 「龜」字項의 기록을 다른 각도에서 보충해줄 만한 자료로는 全唐詩에 보이는 崔涯의 "雖得蘇方木 猶貪玳瑁皮 懷胎十箇月 生下崑崙兒"라는 「嘲妓」의 詩를 들 수 있다. 이 또한 綠頭巾을 쓰고 다니며 그녀의 기둥서방이 '玳瑁'－거북이로 불리던 妓女의 行淫을 넌지시 비꼰 것이 아닐까 한다.

『鷄林類事』에서는 「鼈曰團」이라 하여 「王八蛋」의 '蛋'을 「團」이라고 音寫했다. 漢人들에게 조사해 얻은 정보에 따르면 「蛋」은 '鷄蛋'의 「蛋」으로 달걀 곧 닭의 '알(蛋)'이라고 한다. 그래서 알을 O 곧 ㅁ으로 表記해 '王'과 '八' 과 '蛋' 3글자를 모두 더하면 王＋八＋O[ㅁ]＝"周"라는 公式이 성립된다는 것이다. 『周易』의 '周', 나라 「周」字가 되는 것이다.[95] 이는 얼핏 龜象에서 얻어냈다는 「洛書」－『周易』을 연상케 한다.

그런데 가령 이것이 단지 破字게임에서 비롯된 것으로 「周」字가 '龜'의 모양새에서 비롯된 글자라고 하는 이런 해석놀이라고 하더라도 이는, 그런대로 주목할 만한 가치가 있다는 생각이 든다. 毛澤東과 글벗이 되어 더욱 유명해진 郭末若은 周의 古字인 「**卌**」字가 밭(田)에 씨를 뿌린 모양으로 周나라의 시조신화에 神農과 后稷이 등장하는 것을 예로 들어 이를 농경과 관련시켜 해설하고 있다. 한 시대를 風靡했던 사회경제사적 역사해석의 한 餘震에 錯視現象을 보였던 듯하다. 실은 「**卌**」字는 龜字의 古形인 「[illegible]→[illegible]」字에 아주 가깝고 America Indian의 rock painting에 나타난 「[illegible]」字에 몹시 가깝기도 해서다.

도대체 '周'자가 든 『周易』이 龜甲에서 나온 「洛書」에 토대를 두었다는데 龜甲 어느 구석에 농경의 흔적이 있으며, 『周易』이 어디 농업경제사상을 다룬 경전이기라도 하단 말인가? 『周易』은 분명히 乾卦에 「元亨利貞」, 坤卦에

---

95) 한국 서울 중구 남산동 2가 28번지에 사는 王道舒(漢人 華僑, 당시 40세)에게서 1973년 3월 7일에 조사해 이런 전승 자료를 얻었고, 그밖에 여러 漢人에게 물어서 같은 答을 많이 얻었다. 심지어는 여름에 공원의 칡덩쿨 아래서 노는 漢人 어린이들에게서도 같은 대답을 들을 수 있었다. 어떻게 보면 단지 破字게임 같은 놀이에서 派生되어 나온 듯도 했다.

「元亨利牝馬之貞」을 根幹土臺로 두고 사내(龍)와 계집(牝馬)의 和生合宮－貞操문제를 다룬 엄연한 거북신앙의 기본 經典임을 전제로 하고 이에 관한 談論을 전개해내야 할 것이다. 생명존엄의 가치를 중심문제로 삼으며 펼쳐 간, 萬有의 인식주체인 사람의 生命創造過程의 眞理에 관한 담론서인 계집·사내의 陰陽和合聖經 『周易』이어서다.[96)]

우리는 龜－「王八蛋」이 계집·사내의 짝짓기 사랑－合宮과 직관되고 있다는 것을, 이상의 거북신앙에 대한 고찰을 통해 새삼 확인케 됐다. 또 龜－「王八蛋」이 '마누라 뺏긴 놈'이라 해서 「處容歌」와 같은 내용의 별명을 가지고 있다면, 결국은 「王八蛋」과 동해용의 아들 「處容郎」 하나가 된다는 사실 곧 '東海龜'='東海龍'이 된다는 사실만 밝혀내면 「處容歌」의 내용실체는 저절로 밝혀지게 마련이라는 것이다. 처용가의 노랫말 내용의 뿌리를 이루는

---

96) 『白虎通疏證』(淸) 6 「右論封禪之義」에 陳立의 註 "類聚引中侯又云 堯率君臣同沈璧於洛 赤光起 元龜負書 出於貝甲 赤文朱字 是皆河圖洛書之證也"로 되어 있다. 이외에도 역사적으로 다각적이고도 다양한 접근으로 穿鑿해가야 할 과제로 보이지만, 우선은 『呂氏春秋』「恃君」條에 보이는 「知母不知父」의 식량채집단계에서 중석기시대 이래로 식량생산단계로 진입하면서 남자가 생산을 주로 주도하게 되자 富의 축적과 함께 異性의 독점화도 추진되는 단계에서 이런 문제들이 좀 더 본격적으로 제기되지 않았을까 한다. 貞操問題는 부의 독점과 가부장적인 성적 독점－후손의 확보 등의 문제와도 결부되겠지만, 생후 부모의 보살핌을 가장 오래 받아야 하는 사람 胎兒의 특성과 관련된 育兒問題－生命生育의 尊嚴性 확보문제와도 직관될 수 있는 것으로 보인다, 愛情으로 태어난 자식이냐 欲情으로 내질러진 新生兒냐에 따라, 대략 1/80,000,000의 卵子의 微視世界 精子選別 選擇過程의 그것이 天壤之判일 수도 있기 때문이다. 그러니까 龍과 牝馬－암말의 貞操를 문제 삼은 『周易』은 남녀의 짝짓기 사랑의 본질을 문제 삼아 그렇게 상징되었던 龜象에서 「洛書」로 表記된 오랜 역사적인 인간의 苦惱가 縮約된 所産인 그런 결실인 것 같다. 물론 생명 창조과정의 성적 순결 貞操 지킴 문제는 남녀 모두에게, 특히 이를 언제나 自覺된 상황에서 의식적으로 主導할 수 있는 男子에게 일차적으로 요청된 문제일 수 있다. 생명창조행위이므로 당연히 생사를 넘나드는 차원의 자기결단이 알게 모르게 전제되기 마련이다. 그래서 龜頭－龍頭－處容(赤龍)의 문제가 대두된 것으로 볼 수 있다. 남의 부인을 빼앗아간 龜首=龜頭=蛇頭(男根)의 죄악 문제 곧 性暴行범죄행위를 거론해, 거북이 머리(龜頭)를 공개심판대에 불러낸 '龜旨歌'는 이를 상징적으로 摘示하고 있다 하겠다. 짝짓기 사랑의 貞操問題는 결국 당사자인 계집·사내가 單代生命－斷代生命의 社(회)眼뿐만 아니라 繼代生命의 (역)史眼으로도 보아야 이승과 저승을 넘나드는 절대차원의 그 의미가 自覺될 수 있을 것으로 보인다.

것으로 보이는 뱀에게 암거북이를 뺏긴 숫거북이를 표상화해 그려낸 玄武神主의 별명이 '도둑놈'이라는 俗信도 물론 이를 뒷받침해 준다.

이처럼 龜-「王八蛋」(=周) 또는 龜公이나 龜子가 中原 漢人들 사이에서는 거의 모두 '마누라 뺏긴 놈'으로 간주되고 있다. 그렇다면 도대체 숫거북이(雄龜)는 누구에게 암거북이(雌龜)인 마누라를 뺏긴 것일까? 암거북이와 姦通하고 있는 疫神 정부의 正體는 무엇일까? 숫거북이(雄龜)인 處容의 아내 암거북이(雌龜)와 숫거북(雄龜)인 處容이 몰래 通情하고 있는 가정파괴범-사탄 魔鬼의 실체는 어떤 존재일까? 欲情의 주체일까 愛情의 化身일까.[97]

우리는 수사의 焦點을 결코 마누라(雌龜)를 빼앗긴 사내(雄龜) 處容 外의 他者에게만 두어서는 아니 될 것이다. 먼저 마누라(雌龜)를 빼앗긴 당사자인 숫거북이(雄龜) 處容에게 嫌疑를 두어볼 필요가 있다는 것이다. 빼앗길 만해서 지키지 못하고 빼앗긴, 아내(雌龜)를 빼앗기도록 내버린 범죄 誘發 主犯이 바로 處容-숫거북(雄龜)일 수 있기 때문이다. 기왕에 살펴온 대로 '거북이(龜)는 본래 수놈(雄)이 없어서 뱀(蛇)으로 수컷(雄)을 삼는다'는 俗信이 동북아시아 원주민들 사이에 있어왔다. 여기서 암거북이(字句)가 숫거북이(雄龜)라는 엄연한 천생연분의 서방을 지아비(夫)로 섬기지 않고 뱀(蛇)을 수컷(雄龜)으로 삼아 서방질한다는 사실은 바꿔 말하면 암거북이(雌龜)의 情夫가 뱀(蛇)이라는 얘기다. 그런데 뱀(蛇)과 서방질하고 있는 암거북이(雌龜)의 밀애 장면을 몰래 카메라로 찍어낸 것이 바로 玄武神主가 아닌가? 그래서 俗信에 玄武는 '도둑놈'이라는 별칭으로 불리기도 한다. 情夫=疫神=魔鬼=사탄이 감시카메라에 찍혀 현장에서 체포되기 직전의 장면이 현무신주인 셈이다.

앞서 살펴본 대로

---

97) 性(Sex)이라는 漢字를 破字해보면 마음(心)을 냄(生)이 된다. '나'라는 목숨의 창조과정에서의 兩親의 짝짓기 사랑 發心이 '나'라는 창조결과의 本性을 좌우하는 핵심이 된다는 철학이 혹시 거기에 스며있는 것은 아닐까? 활쏘는 이가 마음고르듯, 환쟁이가 그림 그리기 착상하듯 그 짝짓기 사랑의 發心如何가 열매를 좌우하는 알맹이라는 自覺이 그 가운데 內在했을 수 있다. 대략 1/80,000,000의 卵子의 微視世界 精子擇一이 그 과정에서 판가름 나기 때문이다.

按許愼說文云 龜頭與蛇頭同(下略)(『本草綱目』45, 「水龜」條)

이라 하여, 龜頭와 蛇頭가 동일한 것이고 보면 뱀(蛇)은 바로 거북이의 머리(龜頭)와 꼬리(龜尾)니 암거북이(雌龜) 龜身의 情夫가 바로 다름 아닌 거북이 제 자신의 머리(龜頭)와 꼬리(龜尾)인 것을 알 수 있다. 龜頭→龍頭-龜尾라는 男根이 龜身=龜甲=貝甲[98]인 女根－비너스의 동산을 꿰뚫고 子宮－龍宮으로 치솟아 오르는 황홀경의 極致를 繪畵化한 인류 고분벽화사상 최고의 傑作이 고구려고분벽화 江西大墓, 강서중묘, 通溝四神塚, 眞坡里 1호분, 통구 4호분, 통구 5호분 등에서 가장 발전된 형태로 滿開한다. 본문 121쪽에 실린 유물 사진은 江西大墓 北壁 玄武圖의 약동하는 생태실상이다.

계집·사내의 合宮過程의 상호작용 속에서 龜頭가 龍頭질하며 애정의 極樂境 中에 알(蛋 : 卵=珠)을 무는 含珠-如意珠(龍卵)를 무는 受精 刹那의 眞境이다. 물론 龜頭가 비너스 동산을 출입하며 도달한 子宮-龍宮의 含珠過程은, 여기서 이 순간에 龍頭가 假想 子宮=龍宮으로 드는 抽象的인 想像界로 처리된다.

숫거북이(雄龜)는 뱀(蛇)이란 놈한테 마누라를 뺏기고 암거북이(雌龜)는 뱀(蛇)이란 놈을 情夫로 두고 재미를 보고 있다. 그렇다면 숫거북이(雄龜)는 아내인 암거북이(雌龜)와 뱀(蛇)의 '情事場面'－「玄武」[99]神主를 구경하며 花代[100]를 챙기는 기둥서방[101]인가? 숫거북이(雄龜)－處容은 樂戶로

---

98) 본고 주 70) 참조. 양주별산대극에서는 상좌가 老僧의 둘째 첩을 빼앗아다 놓고 "자! 이제 자라춤이나 추어보세." 하는 대목이 나온다. 여기서 '거북놀이'－「자라춤」은 물론 놀이본질의 극치를 이룰 수 있는 房事의 재미를 가리키는 것이다. 당연히 생명의 유래처가 玄武이어서 愛情으로 잘 되면 모든 生氣－살맛(極樂)이 이에서 비롯되고, 欲情으로 잘못 되면 모든 죽을 맛(極苦)도 이에서 생겨나게 마련이다. 무릇 짝짓기사랑에 껴묻어오는 苦樂은 당사자들이 알든 모르든 모두, 繼代生存을 위해서만 존재한다는 유전체의 설계도(Genom : 독일어)의 실상을 깨달아 보게 하는 수행과정이 거북청배놀이가 아닐까?

99) 그래서 숫거북이(雄龜)가 아닌 뱀(蛇)이 암거북이(雌龜)를 감고 있는 「玄武」를 보통 世間에서 '도둑놈'이라는 別稱으로 부르기도 했다.

100) 해웃값, 花債, 놀음차. 잔치 때에 기생이나 樂工에게 지불. 매음의 경우에 속칭 제비보다 기생이 주류를 이루는 까닭은 제비의 경우 1~2일에 1회 정도의 사정이

開設妓院 縱妻女賣淫者爲龜(『辭源』의 「龜」字項)

라고 했듯이, 樂戶妻女인 제 아내를 妓院에 보내 行淫하는 신라를 내포하는 大唐文化圈域의 抱主인가?

그런데 물론 處容은 樂戶도 아니고 처용의 아내는 樂戶의 妻女도 아니다. 처용은 신라 관등 9품인 級干[102]이라는 직위를 가진, 춤과 노래로 祝祭를 주관할만한 司祭였다. 祈禱致誠을 드리는 聖職者였다.

第四十九憲康大王代 (中略) 晝歇於汀邊 忽雲霧冥曀迷失道路 怪問左右 日官奏云 此東海龍所變也 宜行勝事以解之 於是 勅有 爲龍刱佛寺近境 施令已出 雲開霧散 因名開雲浦 東海龍喜 乃率七子 現於駕前 讚德獻舞奏樂 其一子隨駕入京 輔佐王政 名曰處容 王以美女妻之 欲留其意 又賜級干職 (下略)[103]

위 기록에서 보듯이, 그의 아버지는 東海龍으로 異變을 일으키기도 하고 자기를 위해 절을 짓고 致誠을 드리면 異變을 거두고 祈禱致誠 드린 이에게 그 덕을 찬송하는 노래를 부르고 춤을 춰주기도 하는 司祭였다. 憲康王이 그 東海龍王의 7아들 중에 한 아들을 서울로 데리고 와서 王政을 輔佐케 하고는, 이름을 處容이라고 부르며 미녀를 아내로 삼게 해 그가 왕의 곁에

가능한데 비해, 기녀의 경우에는 가상적 수정생태가 불과 몇 십분 단위로 이내 복원되기 때문이라고 한다. 남녀에게 모두 생래적으로 새로운 유전자를 수용하려는 욕구가 있게 마련이고, 벚꽃이 피자마자 지듯이 짝님 사랑의 영원함을 갈망해도 수정이라는 '게놈'이 주는 생물로서의 사명을 완성하면 사랑의 열기도 덜해가게 마련인데, 一夫一妻가 가능한 동물은 사정-수정의 요구와 기간이 균형을 이룰 경우에 그것이 성립된다고 본 찰스 다윈과 같은 생물학자의 관찰도 주목할 필요가 있다(찰스 다윈 지음, 송철용 옮김, 『다윈 종의 기원』, 동서문화사, 2009. 관계항목 참조). 사람의 경우에는 男 : 女가 기간은 대략 15 : 1이고 정자와 난자의 1회당 배출 비율은 보통 무려 80,000,000 : 1이나 된다.

101) 기생이나 창기를 데리고 살며 영업을 시키는 사내. 娼女-娼婦(몸을 파는 계집)를 두고 영업하는 주인. 妓夫. 抱主.

102) 고대국가 성립 이후 불교와 유교 수용과정에서 巫覡 司祭의 지위 격하가 수반되었을 수도 있지만, 당시 신라에서는 賤格으로까지는 하락되지 않았던 것이 아닐까 한다.

103) 『三國遺事』 권2, 「處容郎·望海寺」條.

머물도록 배려하고 級干職을 下賜했다. 여기서 절은 祠堂을 낀 절이거나 사당 자체일 수 있을지 모른다. 處容岩을 멀리 바라볼 수 있는 절로 望海寺라는 이름을 가졌는데 그 별칭을 新房寺라 했음도 주목된다. 부부가 신방을 차린 절 또는 사당일 수도 있기 때문이다. 歌舞로 祈禱致誠者의 德을 찬송하는 것은 당시의 祭儀일 수 있다.[104] 處容이라는 이름도 龍을 稱[105]이라고 한 문헌자료로 보아 龍일 수 있다. 東海龍王의 아들 東海龍 곧 東海龜일 수 있다는 것이다. 그래서 處容岩은 실은 거북이 모양(龜形)이다.

海中의 거북이 곧 동해용일 수 있고 그래서 뱀에게 마누라를 뺏긴 숫거북이(雄龜)가 동해용 곧 玄武神主 자체일 수 있다는 것이다. 처용은 여의주를 문 붉은 용(赤龍)으로 상징된 것일 수도 있다. 동해용왕의 아들로 완성된 짝짓기 사랑의 열매인 사제로 발탁된 존재일 수 있다는 것이다. 하필 그를 부처님의 嫡子 羅睺羅(梵 Rahula)에 비유하여 자리매김한 것[106]도 완성된 사랑의 결실체로서의 사제 처용을 드러내기 위해서일 수 있다고 본다.

이처럼 숫거북이(雄龜)는 뱀(蛇)이란 놈에게 마누라를 뺏기고 암거북이(雌龜)는 뱀(蛇)이란 놈을 情夫로 두고 재미를 보고 있다. 그런데 이렇게 본 남편인 숫거북이를 버리고 뱀을 정부로 두고 즐겨오는 암거북이(雌龜=龜身)이나 뱀에게 마누라조차 뺏겨버린 못난이 숫거북이(雄龜)나 곧 부정한 아내나 부정한 마누라를 가진 남편이 모두, 속마음으로 말할 수 없는 괴로움을 느낀다. 정작 궁극의 기쁨 공감 주체라 할 사랑의 열매인 새 목숨을 孕胎하는

---

104) 아쿠타 金 太祖의 제사시에는 각종 짐승의 탈을 쓴 사제들이 喪主를 신들려 쓰러질 때까지 빙빙 돌며 춤을 추고 음악을 연주하는 것이었을 뿐, 절하는 의식은 없었다. 저자는 2000년 5월 아쿠타 무덤에서 베풀어진 祭祀祝祭에 직접 동참해 관찰했다. 동참한 전도웅 교수는 비디오 촬영으로 관계 자료를 남겼다(저자도 그 복사본을 소지하고 있다).

105) 葛洪, 『抱朴子』(晉)에는 "山中長曰稱 雨師者 龍也"라 있고, 그런가 하면 孫穆, 『雞林類事』(宋)에는 "龍曰稱"이라고 적었다. 한편 『說文解字』 「稱」에는 處陵切이라 되어 있어 處容의 音을 방불케 한다. 龜龍이 신랑·신부를 상징한다면 신방을 차린 집은 사당 또는 절이 될 수도 있다. 실제로 대흥안령 북부 훌룬부이르시 헤름투 紅柳(Burqan) 오보오는 칭기스칸과 훌란 공주가 초야를 치른 오르동址에 세워졌다.

106) 梁柱東, 『麗謠箋注』, 서울 : 을유문화사, 1954, 150~151쪽.

과정에서 자신들이 天倫의 사랑일 수 없는 길로 치닫고 있음을 저마다 찰나의 짝짓기 사랑 속에서 자각하면서이리라. 그런 나머지 부정한 아내가 본남편을 찾아오는 과정이자 못난이 남편이 빼앗긴 제 마누라를 되찾아오는 과정이 바로 龜頭-蛇頭의 용두화 과정이 아닐까? 물론 이는 어디까지나 귀두-사두의 완성형이 용두라는 신앙에 그 바탕을 두는 가설이지만, 이는 귀두=사두-남근의 용두화 과정에 대한 생리상의 관찰과 石碑의 龜趺·螭首의 전개 및 귀두性戱의 전과정을 描破해낸 그림 동영상으로도 볼 수 있는 四神圖에서의 玄武→ 青龍→ 朱雀→ 白虎의 전개 내지는 뱀이 집에서 3년, 산에서 3년, 물에서 삼년 살아내어 龍이 되어 하늘로 날아오른다는 신앙 등 일련의 거북신앙에 대한 고찰을 통해 그 신앙의 내용실체가 구체적으로 드러날 수 있을 것으로 저자는 본다.

구태여 프로이드(Sigmund Freud)의 학설을 빌지 않더라도 목숨 자체가 부모의 짝짓기 사랑에서 비롯된 것인 한은, 生氣－살맛 자체가 그것의 生滅管理 여하에서 비롯됨은 지극히 자연스럽다. 실은, 몇 방울의 정액을 제대로 제 타고난 짝님의 자궁에 쏘아 넣기 위해 일생의 목숨을 거는 사내들이다. 계집들 또한 그 수정을 위해 그러하리니, 세상이 피상적으로 보는 것과는 달리 거기에 한 삶의 뜻과 본질이 다 함축돼서이리라. 그래서 형태는 시대와 사회공간에 따라 서로 다를 수도 있지만, 거북이·뱀·龍이 기회 있을 때마다 落書나 그림으로 형상화되어 역사상 수많은 흔적들을 다양하게 남겨온 것이라 하겠다.

이상에서 살펴본 귀두의 용두화 과정에서 이미 거북·용의 관계에 대해 어느 정도 짐작이 갔으리라 생각이 되지만 좀 더 구체적으로 이를 살펴둘 필요가 있다.

첫째 龜趺·螭首의 전개과정에서 龜頭가 龍頭化하는 한, 龜는 곧 龍이 될 수 있다는 점이다. 더구나 여기서 龍頭化한 龜頭는 龍만이 물도록 신앙되어 온 온전한 사랑 중의 如意珠(알 : 卵子 곧 龍卵)를 물었다면 龜=龍의 관계는 더욱 뚜렷해진다. 아울러 조선조의 玉璽·御印이 龍頭龜形으로 된 것이 많다는

文武王 海中陵 大王岩. 뚜껑돌이 거북이 모양 龜頭(=龍頭)로 龍頭龜身의 '거북선'을 상기시켜 거북선이 護國龍信仰의 顯現임을 傍證하는 듯하다.

점이 또한 고려돼야 할 것은 물론이다.

둘째, 거북선(龜船)의 龜頭는 龍頭化한 龜頭다. 그러니까 거북선－龜船은 곧 龍船이 될 수 있다. 新羅五嶽調査團의 조사보고[107]에 의하면

> 죽은 후에 큰 龍이 되어 나라를 지키겠다. (『三國遺事』 권2, 「文虎王 法敏」條)[108]

고 하던 文武王의 海中陵－大王岩의 蓋石이 거북이 모양(龜形)이라고 한다. 이는 『東國輿地勝覽』 권23, 「迎日」條의 大王岩이 祈雨祭와 관계된 것으로 보아,[109] 대왕암이 일반적으로 祈雨와 연관되어 있는 龜·龍의 신앙을 지녔음을 보여주는 것으로 생각해볼 수 있다. 그런데 이로써 미루어보아 龜船이 龍船일 수 있다면 護國龜信仰은 곧 護國龍信仰과 直關된 것이라 할 수 있다. 東海龜는 東海龍이 될 수 있다면 龜旨歌·海歌詞·處容歌의 해결 실마리는 이내 잡아낼 수 있게 마련이다. 본격적인 거북신앙의 첫 門을 연 것으로 볼 수 있는 玄武圖 「武」와 直關되기도 하지만 東海龜와 東海龍도 護國 곧 자기 생명 防衛武力－國防武力과 직접 연관된다. 무릇 「武」란 자기와 자기집단의 생명을 衛護하는 기능이다. 生命保衛力이다. 國土와 財産이 모두 국민을 위해 있다면, 결국 국민을 지키는 것이 지고한 護國의 목표이며 국민이란 구체적으로 국가내의 각개 생명체들을 총칭한다. 그런데 그 생명은 單代生命

107) 『중앙일보』, 1967. 5. 20. 관계기사 참조.

108) "王平時常謂智義法師曰 朕身後願爲護國大龍 崇奉佛法 守護邦家".

109) 『東國輿地勝覽』 권23, 「迎日」조에 "雲梯山頂 有大王岩 岩泐間有泉沸出 歲旱禱輒應"이라 썼다.

이 있고 동시에 繼代生命이 있다. 繼代生命으로 비롯된 單代生命이요, 男女 單代生命들이 짝짓기 사랑을 통해 그 결실로 그들의 분신인 單代 個體生命을 잉태한다. 호국은 그 구성원들의 구체적인 生命保衛가 그 본령이다. 그러므로 단대생명을 온전하게 빚어내는 人間個體生命 창조과정인 사내·계집의 사랑을 지키는 것이 호국의 본질적이고 窮極的인 근본이 되게 마련이다. 그래서 호국룡신앙은 '거북신앙'에 바탕을 둔 護國龜信仰과 直關될 가능성이 있다.

셋째, 地名에 龜·龍이 든 것이 많으며 韓屋 上樑文[110] 및 四神圖에도 龜·龍이 함께 등장하는 점은 龜와 龍의 관계를 잘 드러내 준다. 저자가 내몽골을 내포하는 지대로 대만주권과 한반도를 중심으로 龜·龍信仰의 분포 밀도가 높다는 개략적인 추정을 하는 근거는 지명 분포 말고도, 용신앙의 기원지를 紅山文化圈에서 새로 찾아내고 있는 작금의 중국 고고학계의 보고[111]에도 나타난다.

넷째, 商族은 흥안령지대 동부몽골고원에서 遼河沿岸으로 진출해 이를 토대로 삼고 다시 해안을 따라 발해연안에서 요동반도와 산동반도로 진출하며 中原을 장악해갔다. 물론 이런 흐름은 殷代 이전부터 있어온 오랜 역사적 潮流를 토대로 이룩된 결실이겠지만, 태평양과 비교적 간접적으로 열려 있는 바로 이 黃海－西海地帶가 거북이의 棲息地帶이기도 하다. 중원의 陰陽思想이나 玄武神主,『周易』등의 거북신앙이 이에서 비롯된 것은 지극히 자연스러운 것이라 하겠다. 陳蒙家가 일찍이 이 지역의 고대토착부족과 商族의 玄鳥始祖神話, 龜卜信仰, 살인순장의례와 白衣崇尙[112]관습이 공통된

110) 漢屋에도 이런 上樑文 형태가 普遍化해 있는지, 있다면 그 시대적~지역적 분포는 어떠한지를 비교·검토할 필요가 있을 것이다.

111) 周采赫,「순록치기의 紅山文化 鑑賞法－유적, 유물과 문헌사료를 읽는 視角과 視力」,『순록유목제국론－고조선·고구려·몽골제국의 기원 연구』, 백산자료원, 2008, 309~340쪽 참조. '中華 第一龍'이 발굴된 査海遺跡址엔 그 나름의 유적이 復元되어 있고 記念碑까지 세워져 있다. 이 지역은 물론 努魯兒虎 산맥 以西의 遼西 몽골스텝지역이다.

112) 순록치기 起源 종족인 商族의 역사태반 툰드라를 염두에 두고 萬年雪의 白雪을 想起하기 쉬우나, 이는 유목민의 主食인 '젖의 흰빛'을 상징한다. 메카의 대규모 白衣 신도대중이 이를 잘 말해 준다. 순록-양유목민들의 일련의 司祭服 빛깔이다.

다고 지적한 점[113]은 이를 말해준다. 다만 이를 이은 서북부 몽골황토고원의 소수 양치기 유목무력을 핵심체로 삼아 쿠데타에 성공, 유목고대제국을 이룬 상층부 周族이 이를 계승·발전시켰을 따름이라고 하겠다. 물론 동북부 몽골고원에서 遼澤을 우회해 遼西몽골스텝을 거쳐 中原으로 진출한 이들과는 달리, 태평양과 직접 탁 트인 한반도 동남해안을 따라 이동한 濊貊族－특히 주로 濊族의 주류 거북신앙은 또 다른 차원의 문화세계를 열어냈다고 본다.

3) 龜頭-蛇頭의 直立 龍頭化 含珠의 의미

기술한대로 암거북이－雌龜의 情夫가 뱀－蛇頭요 本夫가 미르(龍)[114]－龍頭라면, 이는 무엇을 의미하며 용두의 含如意珠는 또 무엇을 뜻하는가가 문제의 초점이 아닐 수 없다. 물론 이런 논리의 전개 자체가 이미 어디까지나 귀두-사두의 완성형이 용두라는 俗信에 기초하여 이루어진 것이다. 그렇다면 도대체 귀두 곧 사두와 용두는 어떻게 서로 차별화되는가?

한마디로 뱀이 용으로 되는 것 곧 사두=귀두의 용두화는 남근의 생리작용일 뿐만 아니라 뱀이라는 짝짓기 심정 미완성형이 용이라는 완성형으로 성취된다는 신앙내용을 담은 것이기도 하다. 이는 용이 龜龍의 거북신앙 최종 목표라 할 여의주를 무는 것만 보아도 금방 짐작이 된다. 그런데 신앙이란 어떤 측면에서 보면 , 본래 마음속에 모시고 태어난 하느님을 마음을 깨끗이 닦아 맑은 心眼-靈眼으로 뵙고 그 안에서 生滅하려는 일련의 심령정화의식이

113) 陳蒙家, 「殷墟卜辭綜述」, 『考古學專刊』, 甲種1 第2號, 中國科學院 考古學硏究所, 1956, 635쪽 및 574쪽. '風雨諸神'에서 朱蒙神話에 대해 이와 함께 論及하고 있다.

114) '미르'는 龍의 한국어 토박이 옛말이다. 동북아시아 龍의 고향이 황하유역의 中原이 아니고 몽골고원 유목스텝지대임이, 遼寧省 서부 阜新 몽골족 자치현에서 1994년 기원전 5600년경의 査海文化 유적지의 石塑龍 등의 龍遺物이 발굴되면서 밝혀지고 있다. 동북아시아 태초의 미르(天下第一龍) 유적지가 몽골스텝의 査海文化圈에서 찾아진 것이다(禹實夏, 『동북공정 너머 요하문명론』, 소나무, 2007, 129~138쪽). 따라서 이 유적을 발굴하면서 동북아시아 龍에 관한 인식의 코페르니쿠스적 일대 전환이 이루어지고 있는 금세기다. 한국 祭廳 대들보의 上樑文 위와 아래에 각각 크게 쓰인 「龍과 龜」는 한국의 토박이말로는 '미르와 거북'이다. '미르와 거북'은 「신랑과 신부」로 가정의 혈통 뿌리를 이룬다. 생명공학의 시대인 지금이다.

기도 하다. 그렇다면 뱀과 龍－거북과 '미르' 또한 사람의 어떤 심령상태 및 그 작용을 표상화해 그려낸 것이 아닐까?

뱀은 이미 그 자체가 남근의 상징이 되고, 또 처녀를 잘 꾀어가는 간교하고 냉혹한 존재로 관념된다는 점은 기술한 바 있다. 아울러 뱀이 情慾이 강하고 陽氣를 돋구는 君藥으로 된다는 사실 또한 보편적인 개념이다. 뱀이 이처럼 정욕덩어리로 관능적이고 간교해서 꾀기 잘 한다는 생각은 어디서 왔을까? 그 생김새를 살피면서 답을 찾아가기로 하자. 대개 머리는 생리상의 구조로 볼 때 사물을 비교·분석하는 구실을 맡는다. 꼬리는 동물의 생식기 위에 붙어 있는데 동물들－특히 그 암컷이 꼬리를 치면 성기가 보일듯 말듯하여 암수가 서로 꾀이는 관능적인 작용을 한다.[115] 그래서 「꼬리친다」가 '여자가 남자를 꾀인다'는 관용어로 자리잡은 듯하다. '꾀이다'나 '꼴리다'가 모두 같은 원리에서 생겨난 낱말일 것만 같다.[116]

그런데 대개 꾀는 '꼬리'의 작용은 더 좋고 더 나쁜 따위로 비교·분석하는 '머리'의 작용이 있어야 비로소 할 수 있게 마련이다. 그러니까 이는, 심령의 작용이란 시각에서 보면 '머리가 있어야 꼬리가 제 구실을 할 수 있다'는 말이 된다. 생명을 품어 안는 포근한 가슴이 아예 없는 뱀은 바로 머리와 꼬리로만 된, 아예 자연의 섭리로 태어난 외양부터가 비교하고 꾀는 놈으로 생겨먹은 것이다. 게다가 뱀은 2개로 갈라진 혓바닥과 두 개로 갈라진 성기를 가졌다. 머리로 비교해 계집들을 가없이 마구 고르고 2개의 혀로 一口二言해 속여가며, 꼬리를 쳐서 꾀고 갈라진 2개의 생시기로 동시에 2계집과 짝짓기 거북놀이를 즐길 수 있다. 그러니까 마누라 뺏긴 놈 玄武 그 자체는, 몸이 둥글고 길게 생긴 뱀의 생체가 적응해낸 먹이사냥과 짝짓기 異性사냥의

115) 엉치뼈(薦骨)에 꼬리가 붙어있던 흔적이 보이는 사람도 걸을 적에, 특히 여자는 남자보다 골반이 더 잘 요동치게 태어나 있어, 꼬리를 많이 치게 마련이었겠고 그래서 의식적이든 무의식적이든 남자의 성감을 더 충동적으로 잘 자극하게 돼 있었던 것으로 추정된다. 꽃 자체가 벌·나비를 꾀게 태어난 것임을 상기할 때 이는 자연의 섭리로 유전체(Genom) 배합 설계의 소산일 수 있다.

116) 任東權, 『한국의 민담』, 서문문고31, 1986에는 사내를 잘 꾀는 간사한 여우소녀 얘기가 있는데, 죽고나니 꼬리가 9개나 되는 九尾狐였다고 한다.

적응과정에서 비롯된 이런 생태를 계집·사내의 애정 없는 욕정의 짝짓기놀이(Sex without God : loveless Sex) 재미 보기로 비유해 표상화한 뱀의 심령상태 동영상일 수 있다. 뱀의 이런 여러 생존 실태로 보아, 인류의 오랜 무의식 속에 뱀이 간음해 一口二言 하며 二父之子를 두는 음탕한 色魔나 그런 짝짓기놀이 심령상태로 판 박히어 저주되어왔을 가능성이 자못 짙다고 하겠다.[117] 그러고 보니 정녕, 외견상 뱀에게는 머리와 꼬리만 있고 비교하고 꾀어 짝짓기해 잉태−출산한 자녀를 품어 안을 심정이 깃드는 포근한 가슴이 없다.

『五洲衍文長箋散稿』下 42, 「蚺蛇·相思蛇辨證說」에는 이런 얘기가 실려 있다. 相思蛇란 淫慾을 채우지 못하고 죽어간 음탕한 남자의 혼령으로, 그림자가 없으므로 물·불·칼이 모두 미치지 못하고 [處容郎과 같은−저자] 巫堂이 [구지가·해가사·처용가 노랫말과 같은−저자] 呪文을 외워야 떨어져 나간다는 내용의 기록이 있다. 뱀이 음탕한 사내의 심령상태로 비유된 적합한 사례라고 하겠다. 그 淫心은 죽어서도 오히려 相思蛇란 疫神이 되어 미녀를 괴롭힌다는 것은 주목할 만하다. 무릇 짝짓기 거북놀이는 누구의 목숨이든 불을 켠 天倫의 결과라는 필연을 잉태한 것이라 보면, 그 발정기 심정이 생사를 넘나들 정도가 될 수밖에 없을 것이다.

다음에는 귀두=사두가 直立 龍頭化해 여의주를 무는 미르-용에 관해 살펴보기로 하자. 이제까지 우리가 보아온 대로 사람에게 주로 주목돼온 용이 사내의 성기-남근이 발기된 상태를 상상의 세계에서 다시 그려낸 神物이라면, 용은 응당 발정기에 들어 물불을 가리지 않고 음욕에 미쳐 날뛰는 사내의 짝짓기 심령상태를 표상화한 怪力을 가진 상상의 동물로 보아야 할 것이다. 『槐西雜誌』에는 "용의 성질이 지극히 음탕하여 아니 범하는 것이

117) 저자가 어렸을 적에 기독교 신자인 어린이와 이들에게 선동된 시골 어린이들과 어울려 기독교에서 Satan으로 여겨지는 뱀을 무수히 돌로 쳐 죽인 기억이 새롭다. 물론 그 후의 한국 뱀은 더 많이 補陽劑로 땅꾼들에게 잡혀갔고, 농산물 증산을 위한 농약의 대량 살포로 먹이사슬체제가 끊어진 상태에서 근래에는 먹잇감의 消盡으로 결정적으로 많이 소멸돼가고 있는 듯하다.

없으며 범하기만 하면 살상이 일어난다"[118]고 쓰고 있는데, 이는 龍이나 祈雨祭에 관한 기록에 종종 나오는 내용이다. 이 또한 위의 가설을 부족함 없이 뒷받침해 주고 있다.

또 龍이라는 글자의 字體에도 먼다(三昧)는 뜻이 있다. 龍+耳=聾의 成字公式은 "龍에게 귀(耳)를 물리면 귀가 먹는다(聾)"[119]는 항간의 꿈풀이(解夢)를 상기케 한다. 모두 '龍'字에 '마비된다'나 '먼다'의 뜻이 있음을 암시해 준다. 그래서 비교하는 머리가 멀어버린 龍頭는 꾀는 꼬리－龍尾가 문제로 되지 않는다. 비교가 없으면 꾀일 수가 없기 때문이다.[120] 새 생명을 품어 안을 가슴이 없는 뱀이, 머리는 비교가 멀고 그래서 꾀는 꼬리가 필요 없어지면서 가슴이 돋아나고 가슴을 받칠 두 발이 생겨 龍의 심령상태라는 天上超越境에 드는 애정의 화신, 含珠한 飛龍昇天의 龍으로 승화되는 것으로 뱀과 용의 짝짓기 심령상태를 각각 聖別해본 것이다.

우리는 흔히 어떤 계집·사내가 헤어날 수 없는 깊은 사랑에 빠졌을 때, 둘이 다 모두 눈을 또렷이 뜨고 있건만 이들을 가리켜 사랑에 '눈이 멀었다'고 한다. 세상에 사내들도 많고 계집들도 많건만 그 사내는 그 계집밖에, 그 계집은 그 사내밖에 보이지 않아 다른 계집·사내와 비교하는 눈이 멀었다는 의미다. 일편단심의 사랑이 三昧境에 들었다는 얘기다. 대개 어른어른하는 몽롱한 상태를 지나 황홀한 경지에 이르면, 生死·美醜·主客觀 따위의 일체 비교관념이 멀어버린다. 이에는 상대가 끊어진 절대만이 존재한다. 여의주를 문 용두에서 이 같은 삼매경을 노니는 표정을 읽을 수 있지 않을까? 그래서 용골이나 용치가 모두 마취제로 쓰이는지 모른다. 아니 차라리 마취제로 쓰이기 때문에 龍骨이나 龍齒로 불렀는지도 모른다.

물론 이런 짝짓기 삼매경도 발정기-회임기가 지나면 그 심령상태가 변할

118) 『五洲衍文長箋散稿』 24, 「祈雨祭龍辨證說」.

119) 李相哲·金于齋, 「解夢」, 『萬方吉凶寶典』, 明文堂, 1997.

120) 그러나 물론 龍頭이면서 龍尾가 아니고 그대로 한이 맺힌 龍頭이면서도 그대로 蛇尾일 경우에는 相思蛇처럼 犯姦하지 않는 것이 없으며 범간하면 이내 殺傷을 일으키는 色魔가 되는 것이 아닐까?

수 있다. 뒷날에 "그때는 내가 뭣에 씌워 뵈는 것이 없었다"고 추억할 수도 있다. 그러나 이런 극락경의 절대 사랑으로 충만한 생태 중에 자궁—용궁—태반에서 卵子의 천문학적인 숫자 가운데 精子擇—이 이루어지는 射·受精過程에서만 비교상대가 끊어진 절대사랑의 씨앗인 새 생명이 태어나서 이유없고 가없는 부모사랑의 은총 속에 안길 수 있는 것이 아닐까. 짝짓기 사랑—거북놀이의 기쁨과 단꿈은 유전체의 설계 차원—게놈(Genom) 차원에서 보면, 당사자들의 인식이 어떠하든 욕정의 화신인 뱀의 자식이라는 '눈물의 씨앗'이 아니라 애정으로 승화된 하늘차원으로 고귀한 天孫 龍의 자식이라는, 절대 '사랑의 씨앗'으로서의 생명을 탄생시키는 것임에서다.[121] 가없이 비교하고

---

121) 초창기에 이 논문을 써서 공간할 즈음에 이에 잠깐 간여한 어떤 이는 왜 하필 이런 추잡스런 주제를 다루느냐고 농담 반 진담 반의 농담을 던지기도 했다. 그런 그이 자신도 그럼 그런 추잡스런 자기 부모의 짝짓기 사랑놀이—거북請拜놀이의 소산물이라는 자백인가? 불륜의 거북놀이가 늘 거론돼야 하는 우리의 농담 관행은 인간의 생명존엄 비하와 무관할까? 인간생명 창조과정이 장난질로 단장된다면 그 열매는 장난감일까 존엄체일까? 민주화 그 이전의 본질문제일 수도 있다. 그 후 고향의 땅값 폭등으로 지방갑부가 된 그이는 돈의 힘을 배경으로 "英雄好色!"을 豪言하며 질탕하게 餘生을 즐기는 enjoy하는 相思蛇가 됐을까, 내적인 갈등중에도 생명의 원천적 사랑을 고민하며 辟邪進慶의 呪文을 늘 읽어대는 如意珠를 문 赤龍司祭 處容이 됐을까? 속사람이 想思蛇가 된 爲人의 인재가 제아무리 인간존엄이나 민주화의 구호를 외쳐대도 실은, 사람들의 공감권 밖에서 비늣방울처럼 맴돌기만 하는 것은 왜일까? 하나님이 창조주라면, 직접적이든 중보자를 세워서 하는 경우든 정작 인간개체목숨의 구체적인 창조과정인 거북請拜놀이—玄武舞에는 간여치 않으셨을까? 이런 짝짓기 사랑 심령의 選別擇—過程에서 인생길이 아주 판이하게 갈리는 사례들을 저자는 70평생에, 자신의 경우를 포함해서 참 많이도 보아왔다. 40여년 전 저자가 연세대 박물관에서 문화재 관계 유물을 정리하면서 이 문제를 제기해 논문을 썼을 때, 겉으로 쉬쉬하고 냉소하던 여자 대학원생들이 其實 제일 착실한 이 논문의 애독자가 됐음을 알고 놀랐다. 한 세상 다 살고 한줌 흙으로 돌아가는 순간 모든 것이 허망한 중에도 순정을 간직했던 기억과 이러저러하게 정든 손자녀들만은 그래도 기억에 마지막까지 남는다고 한다. 제 자녀를 낳아 품은 아내를 버린 아비는 이유여하를 막론하고 거의 예외없이 자녀의 속사람 사랑에서 소외돼 외롭게 죽어가는 것은 왜일까? 반대의 경우도 매일반일까? 나이 30전후에 이 문제에 손을 대서 이제 고희가 된 지금의 저자는 내 손자녀까지 포함한 모든 독자들이 이 인생의 본질적인 문제를, 아주 진솔하게 더불어 고민해볼 수 있기를 기대하며 이 논문을 정리하고 있다. 더는 숨길 수도 숨겨져서도 안 될 시대권에 든 玄武神主信仰이기에 그러려는 것이다.

꾀는 뱀의 짝짓기 심령상태가 멀어버려 비교가 끊긴 절대의 사랑 三昧境에 든 含珠한 미르-龍에게, 짝짓기해 잉태-출산한 자녀를 품어 안을 심정이 깃드는 포근한 가슴의 누리가 마침내 열리는 것이 아닐까?

이상에서 뱀은 가없이 비교하여 고르고 꾀는 짝짓기 심령상태요 미르-용은 비교가 멀어서 하나밖에 모르는 일편단심의, 지극한 짝짓기 심령상태의 표상이라고 각각 정리될 수 있으리라고 본다. 짝짓기 사랑 變轉中의 뱀과 용은 남근의 변화상으로 심령상의 代用神物이며 동시에 자기 의지로 짝짓기 행위를 주도할 수 있는 남자의 짝짓기 심령상태로 본다는 것이다.

이를 다시 현무신주신앙－거북신앙의 틀 속에서 이렇게 재정리해 볼 수 있다. 여기에서 신랑이 신부를 대하는데 오로지 肉慾－欲情에만 치우쳐 끝없이 비교해 고르고 꾀는 뱀의 상태에서 대하느냐 이 단계를 넘어서서 비교가 멀어서 하나밖에 모르는 용의 상태에서 天倫으로 대하느냐 하는 문제가 제기된다. 신랑이 신부를 비교하고 고르는 뱀의 상태에서 애욕으로만 대하면, 짝짓기 심령면에서 볼 때 신부는 신랑이 아닌 오입쟁이 情夫를 대하는 격이 된다. 반대로 신랑이 신부를 비교가 멀어서 오로지 신부 하나밖에 모르는 龍의 상태라는 천륜적인 애정으로 대하면 신부는 심령면에서 절대자 자녀 하느님으로서의, 그런 후예를 낳을 천생 배필인 참 신랑을 되찾는 격이 되는 것이다.

한마디로 뱀은 암거북이의 정부요 태어날 후예들의 생명 태반인 가정의 온갖 風波를 다 일으키는 疫神이고, 용은 암거북이의 본남편인 신랑으로 家和의 기반을 이루는 善神이다. 그러니까 거북이머리인 귀두-남근이 짝짓기 심령상으로 뱀－사두의 상태일 때는 암거북이－雌龜가 정부와 情을 통하는 것이요, 숫거북이-雄龜가 마누라를 뺏긴 상태인데 반해, 남근-귀두가 짝짓기 심령면에서 龍의 상태일 때는 암거북이가 본남편인 신랑과 뜨거운 애정을 나누는 것이요 숫거북이－처용 : 赤龍이 마누라를 되찾는 짝짓기 新房차림상태가 된다는 것이다.[122] 물론 사랑의 씨앗－天倫의 자녀를 탄생시키는 발정·

122) 저자가 이 논문을 발표할 당시에는 나이가 30전후의 未婚期였다. 발표를 들은 연세가 지긋한 한 남교수가 이 점을 즉각 알아차렸다. 射精-懷妊期 이후의 龜龍의

회임기의 合宮-含如意珠의 同寢을 두고 한 呪文일 수 있다.

4) '마누라 뺏긴 놈'－王八蛋 : 雄龜와 處容

기술한대로 「암거북이－雌龜의 본남편과 龍」에 대한 문제를 다루면서 "海龍은 곧 海龜다. 따라서 東海龍子 處容이 東海龍이라면 處容은 다름 아닌 바로 東海龜다. 동해구이기 때문에 거북이(龜)－王八蛋일 수밖에 없고 '王八蛋'이어서 '마누라 뺏긴 놈'이 될 수밖에 없는 天生의 緣分을 타고 난 것이다"123)라는 결론을 얻었다.

신라에서 처용가가 지어 불리던 시대 곧 중원의 唐나라 시대에, 거북신앙이 어느 시대보다 더 유행했음은 이미 지적했다. 그런 가운데 특히 아래와 같은 기록은 우리의 눈길을 끈다. 『辭源』(1908~1983년 편찬)의 「龜」字項에서 본서방 대신 情夫만을 일평생 남편으로 섬기는 妓院의 賣淫女가, 귀두의 색깔이 綠色이라 하여, 그녀의 기둥서방이라 할 唐代의 樂戶 사내가 綠頭巾을 쓰고 '거북이'라 불렸다는 사실은 기왕에 언급한 터다. 마누라를 매음시켜 먹고 사는 기둥서방을 王八蛋－龜－處容이라고 불렀다는 것이다. 이런 사례의 史料들은 처용가가 불리던 875~885년경의 신라와 당나라시기 문헌들에서도 적지 않게 발견된다.

짝짓기심령상태 변화상은 또 다른 차원의 전개일 수 있다는 사실을 암시한 터였다. 그것이 게놈의 본질일 수 있다는 것이었으리라. 흔히들 사람의 짝짓기 사랑의 유통기한이 3년이라고 하지만 실은, 이는 설계된 유전체의 소산일 수가 있다. 授受精을 위한 꽃이 지면 잎이 피어 회임한 열매를 씨앗으로 키우게 돼 있는 생태자연섭리일 수 있어서이다. 阿片 常用은 이런 유전체의 짝짓기 사랑 효용기한 설계를 무시하고 어떤 생태현실 속에서 꽃의 榮華만 永續케 하려는 허욕이 빚는 자포자기행위이어서 이 경우에 아편은 痲藥인 셈이다.

123) 『舊五代史』 권141, 「五行志」 3에는 "言有龍見或覩之 其狀乃黃玄蜥蝪也"라고 적혀 있어 龍의 모양이 黃玄色 도마뱀(蜥蝪)과 같다고 했다. 또 『高麗圖經』에는 "狀如蜥蝪 實東海龍君也"라고 해서 도마뱀과 닮았는데 실은 東海龍君이라고 했다. 거북이도 四肢와 머리 및 꼬리를 길게 뽑았을 적에는 이와 비슷했을 것으로 보이는데 얼핏 고구려 고분벽화의 左靑龍과 右白虎의 모습을 聯想시키기도 한다. 가슴이 생긴 뱀 곧 靑龍·朱雀·白虎는 이를 떠받쳐줄 두 다리가 생겨나야만 하는 것이 아닐까?

지금까지 펴온 소론을 요약해 보면, 처용가는 곧 계집·사내가 짝짓기사랑의 완성을 다짐하고 기원하는 呪文 노랫말로 그 사랑을 하늘格으로 復歸시키는 노래기도다. 뱀에게 빼앗긴 아내를 사랑의 赤龍―處容이 되어 如意珠(龍卵)를 무는 경지에서 되찾아오는 애정부활의 찬송가다. 계집·사내의 짝짓기사랑에서 비교하고 오로지 뺏을 줄밖에는 모르는 뱀과 같은 情慾만의 짝짓기 심령상태에서, 비교가 멀어 하나밖에 모르는 가슴이 생겨난 뱀의 천륜적인 愛情만의 미르-용과 같은 짝짓기 심령상태로 되돌아가려는 자기 마음다짐의 기도를 알맹이로 담은 짝짓기 사랑의 讚頌歌다.

거북이가 雜鬼-疫神을 쫓아내는 실례는 경기도 龍仁의 거북請拜놀이에도 나타난다.[124] 의식을 잃으면 사내는 射精-授精을 못하지만 의식을 잃어도 계집은 受精을 한다. 그래서 목숨을 끊지 않는 한 愛情의 화신인 龍의 자식이 아닌 欲情의 상징인 '뱀의 자식'도 나을 수밖에 없다. 이에 이르면, 鬼神의 '鬼'字가 목숨처럼 소중한 짝짓기 참사랑의 열망이 欲情의 他力으로 무참히 짓밟히고 단순한 생리차원의 사랑이 아닌 애정차원의 참사랑으로 시집가지 못한 채, 죽어 홀로 떠도는 冤魂이 되는데서 비롯된 것이라는, 이 원론적인 사실만으로도 처용가의 辟邪가 곧 계집·사내의 짝짓기사랑 심령상태문제를 주제로 삼은 것이라는 저자의 所論이 부족함 없이 뒷받침되리라 본다.

처용가에서 '容'을 '稱'으로 읽고, 그것을 미르-龍이라고 본다면, '處'는 '赤'이 아닐까 한다. '赤龍'=處容이 될 수 있다는 것이다. 堯임금은 적룡의 後裔로 태어났으며 『삼국유사』 脫解王條에도 적룡이 등장한다. 그런데 이 적룡은 처용에 가까우며, 이는 동시에 『鷄林類事』에 '龍曰 稱'이라 한 '稱'에도 가깝다. 여기서 하필 '赤'자를 '龍'자 위에 붙인 것은 鬼神이 赤色을 싫어한다는 인류의 오랜 신앙관행[125]에 의거해 문제해결의 실마리를 잡아보려 함에서다.

---

124) 「朝鮮의 鄕土娛樂」, 『朝鮮總督府照査資料』 47輯, 1941, 3, 40쪽.

125) 무라야마 지쥰(村山智順) 지음, 김희경 옮김, 『朝鮮의 鬼神』, 東文選, 2008 참조[朝鮮總督府가 낸 일본어원본, 460~469쪽]. 조선의 무속과 연관시켜 설명되어 있다, Levey. G, Rachel, *Religious Conceptions of the Stone Age* (Orig. title *The Gate of Horn*, 1948), Harper Torch book The Cloister Liblary, 1963에서는 구석기~신석기시대에 무덤에 붉은 흙을 뿌리는 습관을 소개하고 있다. 붉은 흙에는 철분이 함유돼 있어서 잡벌레의

『樂學軌範』處容冠服에도 牧丹花나 桃實 및 桃枝가 이에 丹粧되는 것으로 돼 이는 모두 적색류의 색깔들이다. 북방몽골로이드의 조상공동묘지는 鰱魚의 母川과 같은 胎生地이자 돌아와 후예를 잉태해 낳고 묻히는 不咸(Burqan)東山이다. 그런데 실은 이 또한 양옆으로 물이 흐르는 나지막한 '紅柳東山'이다. 그 붉은가지 버드나무는 朝鮮柳라는 별명을 가지고 있어서 柳花聖母信仰과도 직관될 가능성을 보여준다.[126] 붉은 악마 蚩尤의 붉은 색도 당연히 이와 맥이 닿게 마련이다.[127] 붉은 용은 대체로 사랑을 상징하는 神物이기도 하다. 일편단심의 '丹色'도 물론 잡생각을 물리치는 결단의 색깔이며, 그래서 사제가 제사를 드릴 때 그 祭服 색깔이 純紅色이면 가장 높은 사제이고 이 순홍색이 엷어질수록 사제신분이 아래로 내려갔을 가능성마저 보인다.[128]

이런 관점에서 본다면 여기서 기도란, 짝짓기 사랑에서 무한한 비교상대세계의 잡된 생각을 물리치고 一片丹心의 붉은 마음으로 임을 대하는 애정으로 눈이 먼 비교가 끊긴 절대 심령상태에 들기 위한 자기다짐이다. 따라서 처용가 말미의 "奪叱良乙何如爲理古"는 마땅히 "빼앗긴 것을 어찌 하릿고" 하는 기도문이라야 한다. 기도 가운데 "주여 저의 잘못을 어찌 하릿고" 하는

침입을 막는다고 한다. 그런가 하면 J. G. Anderson 지음, 김상기·고병익 공역, 『중국선사시대의 문화』, 1958, 369쪽에는 半山의 副葬土器에 붉은 테가 둘린 것을 喪紋이라고 이름하여 소개하고 있다.

126) 주채혁, 「부르칸(不咸)이즘과 柳花, 그 母胎回歸 신앙 연구」, 『백산학보』 59집, 한국 서울, 백산학회, 2001. 6, 27~51쪽.

127) 주채혁, 「馴鹿遊牧과 紅山文化－蚩尤·朝鮮·槁離의 起源問題」, 『제3회 紅山文化 한중 국제 학술회의－홍산문화를 통해 본 동북아지역의 민족기원』, 국학학술원, 2008년 8월 22일, 151~186쪽.

128) 『白虎通疏證』(淸) 6 「右論封禪之義」에 陳立의 註, "堯率君臣同沈璧於洛 赤光起 元龜負書 出於貝甲 赤文朱字 是皆河圖洛書之證也"라고 했는가 하면, 또 "朱草者 赤色也 可以染絳 別尊卑也"라고 적어 붉은색의 深淺으로 王과 侯의 差別을 둔다는 鄭注와 함께 이를 暗示하고 있다. 버들가지의 붉음은 철분을 함유했음을 말해주는데, 철분은 잡균이나 잡벌레들을 쫓고 또 피를 만드는 造血機能도 있어서 시신을 보호하는 逐鬼의 역할을 맡아주기와 생명의 소생-부활을 갈구하기라는 의미를 지닌다고 한다. 시신 주위에 붉은 흙을 뿌리는 것과 같은 관행일 수 있겠는데, 그래서 몽골인들은 부르칸(不咸)-紅柳東山을 자연스럽게 조상들의 공동묘지로, 자신들이 태어나고 유목하며 살다가 되돌아와 짝지어 씨 뿌리고 죽어 묻힐, 鰱魚의 母川과 같은 至聖所로 여긴다.

자기고백의 반복은, 어차피 제 마음 속의 하나님께 "다시는 더 잘못을 아니 하겠나이다" 하는 自己懺悔의 마음다짐이 되는 까닭이다. 결론을 맺는다면 여기서는 "다시는 더 疫神 뱀－뱀의 심령상태에게 아내를 아니 빼앗기겠나이다" 하는 귀신 좇는 사랑의 미르=용인 적룡 곧 애정의 붉은 여의주를 문 사제 처용의 기도치성 마음다짐이 된다.

그렇다면 역신이 처용이 노여워하지 않은데 대해서 감동하고 아름답게 여겨, 다시는 더 죄를 저지르지 않겠다고 맹세한 대목은 어떻게 풀어내야 할 것인가? 기왕에 疫神인 뱀의 짝짓기 심령상태에서 속세인의 허울을 쓰고 아내를 대한 處容 司祭가 자포자기로 스스로를 詛呪해버리지 않고 자기의 마음을 달래고 구슬러 "그래도 난 내 조상님네가 절대생명사랑으로 빚어주신 내가 내 맘에 들어!" 하면서 너그럽게 용서해 품어 안는 가운데 자신의 심정을 龍의 심령상태로 홀로 다져가는 참회기도 중의 짝짓기심령 변화현상으로 이해해 볼 수가 있다고 하겠다. 모두 어디까지나 龜頭－蛇頭·蛇尾→龍→ 含如意珠라는 玄武神主信仰－'거북신앙'에 토대를 두고, 저마다 제 나름의 사제라 할 굿의 주체들의 마음 밖이 아닌 마음 안의 心象推移에 초점을 맞추면서 신앙문제 자체로 일관해, 노래 주문－기도문인 巫歌의 노랫말을 풀어내는 軌道를 이탈치 않는 데만 저자 나름으로 한결같이 주목했다.

4. 玄武神主信仰의 백미, 龜旨歌 · 海歌詞 · 處容歌

이상에서 玄武는 아내가 뱀을 서방으로 삼은, 그러니까 뱀에게 마누라를 뺏긴 숫거북이이고, 이는 거북이머리－龜頭가 뱀머리－蛇頭와 같다는 생각과, 뱀머리가 直立 용머리－용두화하며 용두는 如意珠(龍卵)를 문다는 일련의 짝짓기사랑신앙을 연상케 한다는 점을 저자 나름으로 논증해 보았다. 그리고 蛇頭=龜頭=男根 직립용두질 含卵子의 짝짓기 생리작용을 이에 연계해, 이것이 곧 인간생명 창조과정의 생리 및 심정을 표상화한 짝짓기－거북놀이의 呪術詩이자 巫歌의 歌詞를 낳은 詩畵임을 저자 나름으로 밝혀보았다.

龜旨峰 고인돌

당연히 뱀이 집에서 3년, 산에서 3년 그리고 물에서 3년이라는 인고의 수도노정을 거쳐 飛龍昇天한다는 龜蛇-龜龍信仰의 得道成就 지향성을 염두에 두고, 이를 욕정의 짝짓기 사랑이 애정의 그것으로 완성돼가는 蛇頭-男根의 直立龍頭化→ 含如意珠 志向致誠으로 승화시켜 보았다. 성기 위에 달려 꼬리쳐 대상을 꾀는 꼬리와 욕정쟁취의 성취도를 비교해 재는 머리로만 외형이 형성된 생명과 그 진실을 품어 안는 생명사랑의 가슴이 없는 뱀이, 머리는 비교가 멀고 그래서 꾀는 꼬리가 필요 없어지면서 가슴이 돋아나고 두 발이 생겨 龍의 심령상태라는 天上超越境에 드는 애정의 화신 含珠한 飛龍昇天의 龍으로 승화되는 것으로 각각 聖別해보았다.[129] 그리고 이런 시각에서 玄武神主信仰(고구려 고분벽화 A.D. 4C~7C)의 白眉인 龜旨歌(A.D. 42), 海歌詞(A.D. 702~736), 處容歌(A.D. 875~885)의 내용의미를 풀어내 본 것이다. 물론 활겨

129) 무릇 눈먼 애정 이외의 어떤 이해계산도 개입되지 않은 천생연분(Genom 차원)의 짝짓기 사랑과 그 열매로 잉태된 母子의 인생에 만복이 깃들리니, '辟蛇進龍'-'辟邪進慶'의 기도찬송이 항상 日常에 차고 넘침에서다. '독사의 자식'-눈물의 씨앗들이 태어날 수 없음에서다. 가슴이 없는 뱀에게는 蛇足은 그야말로 '蛇足'일 뿐이다. '가슴'이 없어서 가슴을 받쳐줄 두 발도 필요 없는 셈이다.

레 인생의 生長消滅의 본질을 穿鑿하는 피눈물 나는 고뇌가 배어들어온, 이런 오래고도 보편적일 수밖에 없는 역사적 주맥을 못 잡고 노다지를 줍는 차원에서 이에 관한 수많은 논문이 앞으로 더 계속해서 쓰인다고 해도 문제의 핵심이 잡힐 리가 없다는 것이 이 저자의 논지이다. 이런 논지에 기초해 각각 그 歌詞들을 아래와 같이 다시 해석해내, 그 의미를 새삼 되새겨보려 한다.

1) 龜旨歌

龜何龜何	거북아 거북아
首其現也	머리를 내어놓아라
若不現也	아니 내어놓으면
燔灼而喫也	불에 구워 먹으리라

이 노래는 『삼국유사』 권2, 「가락국기」편에 전하는 노래로, 駕洛國의 시조인 金首露王의 降臨을 축하하는 祭儀에서 불린 迎神君歌라는 巫歌다.130)

130) 후한 세조 광무제(A.D. 42) 때, 가락국의 서울 김해에서 일어났던 일이다. 천지가 개벽한 후로 아직까지 나라의 이름도 없고 君臣의 칭호도 없었다. 다만 九干(가락국 아홉 마을 추장)이 있어 이들이 추장이 되어 백성을 거느리니 그 수효가 일백호, 칠만 오천 인이었다. 사람들은 산과 들에 모여 살면서 우물을 파서 물을 마시고, 밭을 일구어 곡식을 심으면서 살고 있었다. 그러던 어느 날, 마을 북쪽에 있는 龜旨峰에서 마치 누군가를 부르는 듯한 이상한 소리가 들려왔다. 마을 사람 3백여 명이 그곳에 모이니, 사람의 소리가 나는 것 같은데 그 모습은 전혀 보이지 않았다. 또 다시 소리만 들리는데, "여기에 사람이 있느냐?"라는 말이었다. 그 마을 九干들은 "우리들이 여기 와 있습니다." 하고 대답하였다. 그러자 또 이르기를 "내가 와 있는 곳이 어디냐?" 하고 물으니, "여기는 龜旨峰입니다"라고 대답하였다. 다시 이르기를, "하늘이 내게 명하시기를 이곳에 나라를 세우고 너희들의 임금이 되라 하시어 여기에 온 것이니, 너희는 이 봉우리의 흙을 파면서 노래(龜旨歌)를 부르며 춤을 추어라. 그러면 곧 하늘로부터 대왕을 맞게 될 것이니, 너희들은 매우 기뻐하며 즐거워하게 될 것이다." 라고 했다. 그 말에 따라, 마을 九干들과 사람들이 모두 함께 기뻐하며 노래를 부르고 춤을 추었다. 얼마 후, 보랏빛 줄이 하늘에서 내려와 땅에 닿았다. 줄 끝을 살펴보니 붉은 보자기에 金合子가 싸여 있었다. 그것을 열어 보니 해처럼 둥근 황금알 여섯 개가 가지런히 놓여 있었다. 그것을 그대로 두었다가 이튿날 새벽에 다시 열어 보니 황금알 여섯 개가 여섯 동자로 나타났다. 그들은

저자는 여기서 거북이더러 "거북아 거북아 머리를 내어놓아라"라고 한 노랫말 내용을, 있는 그대로 "龜頭-男根을 내어놓아라"라고 直譯한다. 龜頭=蛇頭=男根이라는 玄武神主信仰－거북신앙의 내용을 충실히 따라서이다.[131)]

이에 이어지는 가사인 "아니 내어놓으면 불에 구워 먹으리라"라는 내용도 가감 없이 '있는 그대로' 그 의미를 받아들인다. 물론 가공할 협박이다. 왜 그런 극단적인 협박을 하면서까지 거북이 머리를 내어놓으라는 것일까? 문제는 이 점을 예리하게 바로 짚어내, 그 거북이 머리－'귀두=사두=남근'이 지은 원천적인 죄악을 밝혀주어야 한다. 그럴 만한 죄악을 저질러 감춘 죄악의 自白과 待罪를 둔 협박을 당하고 있는 귀두=사두=남근이기 때문이다. 저자는 玄武神主(고구려 고분벽화 A.D. 4C~7C), 龜旨歌(A.D. 42), 海歌詞(A.D. 702~736), 處容歌(A.D. 875~885)를 같은 역사적인 맥락을 갖는 '거북신앙'으로 보고 있거니와, 그 답안은 700년 후의 巫歌인 海歌詞가 주고 있음이

나날이 성장해 10여 일이 지나자 키가 9척이나 되었다. 그들은 모두 용모가 빼어났으며, 그 달 보름달에 즉위했는데, 세상에 처음 나왔다고 해서 왕의 이름을 '首露'라 하고 나라를 '大駕洛國' 또는 '伽倻國'이라고 불렀다. 이렇게 여섯 사람이 각각 伽倻의 왕이 됐으니, 이것이 바로 여섯 伽倻國이다. 가라(駕洛 : Persia)나 가야(伽倻 : Turkey)는 '생명을 살리는 나무'의 뿌리 지킴이 神魚(몽골의 아라가·빌릭 雙魚)로 黑海 지대 지중해나 카스피해 일대에만 분포되고 있다. 생명창조과정을 表象化해 그려낸 玄武圖와도 어떤 상관이 있을까 하는 문제는 연구를 要한다. 순록유목민 스키타이-鮮族文化의 移動路에 주목할 필요가 있다고 본다(본장 「5. 玄武神主信仰과 不咸(Burqan)信仰」의 '카라' 神魚 사진 ; 주채혁, 「순록치기의 길－蘚路, 유라시아 몽골리안 루트－朝鮮半島에는 鮮(сопка)이 없다」, 『순록유목제국론－고조선·고구려·몽골제국의 기원연구』, 백산자료원, 2008. 7. 23, 351~357쪽 참조).

131) 龜頭에 관한 여러 가지 衒學的인 해석이 있는 것을 알지만, 이는 鑛脈을 못 잡고 노다지만 줍는 이들의 헛삽질로 보아 再考치 않으려 한다. 논문 편수를 늘리는 업적 올리기 글쓰기도, 올해 古稀를 맞는 저자에게는 더 이상 필요가 없게 돼서이기도 하다. 蛇足이 될 수도 있겠지만, 혹시 "머리를 내어 놓아라" 해서 머리(首)를 내어(露) 놓은 이가 '首露'임금일 수는 없을지도 유념해볼 수 있겠다. 推定컨대 將來할 首露王陵의 假想龜趺는 直立 龍頭化해 여의주를 무는 단계가 아니고 아직까지는 어디까지나 龜頭=蛇頭 차원에 머물러 있을 것이다. 그래서 그 머리를 '頭'라고 하지 않고 '首'라고만 쓴 것은 아닐까? 螭首의 '首'요 龍頭의 '頭'가 아닌 것이다. 요컨대 蛇首~螭首의 차원일 뿐 含珠하는 龍頭 차원에는 이르지 못해서 龜首요 首露王이고 龜首歌일 수도 있다는 것이다. 頭露王일 수는 없었다는 주장인 셈이다. 首와 頭의 差別性 有無는 연구를 요하는 문제라 하겠다.

태종무열왕릉의 귀부와 이수

분명하다고 본다. 해가사의 “남의 부인 빼앗아간 죄 얼마나 큰 줄 아느냐?” 하는 대목이 그것이다. 귀두=사두=남근이 남의 부인을 빼앗아가는 불륜죄를 저지른 主犯임을 단도직입적으로 꼬집어 지적한 것이다. 남의 부인을 빼앗아간 귀수=귀두=사두(남근)의 죄악 문제 곧 성폭행 범죄행위 여하를 거론해, 거북이 머리(龜頭)를 공개심판대에 불러낸 ‘龜旨歌’요 海歌詞임을 적시하고 있다 하겠다.

무릇 사람생명을 회임해 낳아 키우는 심정적이고 생물학적인 토대를 본질적으로 헐어버리는 源泉殺人을 자행한 터여서다. 실은 이런 거북신앙류가 대체로 사람목숨이 태어나는 짝짓기사랑과정－생명의 창조과정을 주제로 다룬 것이고, 가령 玄武信仰이 우주만유의 창조를 문제 삼은 것이라고 하더라도, 그 인식주체는 사람이고, 그러므로 사람생명의 창조과정인 짝짓기사랑이 문제의 핵심이 되지 않을 수 없는 것이라고 하겠다. 따라서 이는, 구지가의 핵심내용인 이 구절에 관해, 바로 이런 짝짓기사랑이라는 陰陽和合－생명창조과정 인식주체인 사람의 그것을 제대로 운행하는 문제에 초점을 맞춘

海歌詞의 터. 水路부인 공원(강원 삼척시 소재)

것이라는 시각에서의 노랫말 풀이인 것이다. 임금으로서의 召命核心이 이에 있다고 보았던 까닭으로 보인다. 그러니까 "머리를 내어 놓아라"고 하니까 머리(首)를 내어놓아(露) 죄 없음을 인정받거나 아니면 죄진 龜頭를 贖罪받고 首露가 임금－龍(頭)王으로 등극하는 과정으로 보면 지나친 비약일까? 역시 巫歌는 이런 呪文－기도문의 성격도 갖는 것이어서다.

2) 海歌詞

龜乎龜乎出水路 거북아 거북아 水路[132)]를 내어놓아라
掠人婦女罪何極 남의 부인 빼앗아간 죄 얼마나 큰 줄 아느냐
汝若悖逆不出獻 네 만약 기어이 내 놓지 않는다면

---

132) 海歌詞의 '水路'가 행여 龜旨歌의 '首露'와는 역사적 맥락에서 어떤 연관성이 있을 수 있는지도 고려해봄 직하다. 어차피 龍頭化한 龍이 含珠하는 龍宮-母胎가 羊水 속이고, 그 양수의 물길(水路)을 통해 태어나게 돼 있는 새 생명이라는 연상을 해볼 수는 없을까? 물론 그렇게 水路와 首露를 接脈시켜 풀어보면 지나친 아전인수가 될지도 모른다.

경남 합천 영암사지 동귀부

入網捕掠燔之喫
그물로 널 잡아서 구워 먹으리라.

이 海歌詞[133)]의 가사가 龜旨歌의 노랫말과 일련의 같은 巫歌 내용 계통임은 한 눈으로 보아도 짐작이 간다.

"거북아 거북아"는 같고 "水路를 내어놓아라"에서 '水路'를 '首露'의 誤記로 보아 '머리(首)를 내어놓다(現)'로 풀어보면, 그러니까 「出水路」에서 '出'과 '露'를 동의어 반복 「出首露」로 보아 문제를 가다듬어 보면 "머리를 내어놓아라"까지도 같은 句節일 수가 있다. 끝구절의 "구워 먹으리라"는 그 앞에 "그물로 잡는다"는 구절을 덧붙였을 따름이다. 문제는 "남의 부인 빼앗아간 죄 얼마나 큰 줄 아느냐"고 윽박지르는 내용이 극단적으로 '極'자를 첨가해서까지 강조되고 있다는 점이다. 혹자는 해룡에게 빼앗긴 水路를 거북이더러 내어놓으라고 윽박질렀는데 엉뚱하게도 海龜가 아닌 海龍이 水路夫人을 받들고 나타나 純貞公에게 바친다는데 강한 의구심을 갖기도 하지만,[134)] 이는 海龜頭가 海龍頭化하면 그대로 海龜가 海龍이 된다는 사실을 몰라서 비롯된 오해다. 가사와 함께 적혀 있는 본문에는 해구가 아니라 " '해룡'이

133) 『삼국유사』 권2, 「水路夫人」에 의하면 이 노래의 유래는 다음과 같다. 강릉태수 純貞公의 아내 수로부인은 미인이었다. 신라 성덕왕(702~736) 때 태수가 아내와 함께 동해안을 지나가다가 임해정(삼척 추암해수욕장 부근)에서 일행들과 점심을 먹는 중인데 海龍이 홀연히 나타나 수로부인을 납치해 바다 속으로 끌고 간다. 아내를 잃은 순정공은 啞然失色하여 발버둥을 치며 안타까워했다. 이때에 지나가던 늙은이가 순정공이 어쩔 줄 몰라 발을 동동 구르자, "옛날 말에 여러 입은 쇠도 녹인다[衆口鑠金]고 하니 경내의 백성들을 모아서 노래를 지어 부르고, 막대기로 언덕을 치면 부인을 찾을 수 있을 것입니다."라고 한다. 순정공 일행이 그 말을 따라 海歌詞를 지어 부르자 海龍이 수로부인을 받들고 나타나 순정공에게 바친다는 이야기가 전해 내려온다,

134) 金容九, 「處容硏究」, 『충남대학교 졸업논문집』 1, 1956. 96쪽.

홀연히 나타나 수로부인을 납치해 바다 속으로 끌고 간다"고 했는데, 이는 당시의 이러한 보편적인 거북신앙 개념을 말해주는 것이라 할 수 있다. 그러니까 이는 거북이머리의 남의 부인 犯姦이라는 '毋殺子'를 결과케 하는 源泉殺人罪－原罪를 단죄해 남근인 귀두=사두가 용두화해 마침내 부인을 돌려 바치는, 부인을 대하는 欲情의 뱀(蛇) 귀두가 愛情의 龍 귀두로 복귀하는 자기 悔改이자 祈禱致誠過程일 수 있다고 볼 수 있다. 그러고 보니 '純貞'公이라는 이름을 이루고 있는 漢字가 함의하는 내용도 흥미롭다. 여의주를 문 동해용의 표상－'완성된 짝짓기사랑'이란 뜻이 되기 때문이다. 巫歌의 呪文的 성격으로 보아서 그러하다는 것이다.

3) 處容歌

東京明期月良	서라벌[135] 밝은 달에
夜入伊遊行如可	밤드리 노니다가
入良沙寢矣見昆	들어와 자릴 보니
脚烏伊四是良羅	가랑이 넷이러라
二肹隱吾下於叱古	둘은 내 해거니와
二肹隱誰支下焉古	둘은 뉘해인고
本矣吾下是如馬於隱	본디 내 해언마는
奪叱良乙何如爲理古	빼앗긴 것을 어찌하릿고.

기왕에 처용가 해석문제를 다 짚어 보았기에, 특별히 해석을 다시 하지

---

135) 東京은 慶州를 일컫는다. 언어학자 시미즈 기요시(淸水紀佳)에 의하면, 慶州는 일본어로 '시라기(しらぎ)'인데, '시라(しら)'는 황금색['샤르'웅그(шар өнгө)]이란 뜻이고 '기(ぎ)'는 城이라는 뜻으로 金城이라는 의미다. 당시의 新羅語로는 '서라벌'이 맞다. 후일의 徐羅伐－'서울(Seoul)'이 예서 비롯됐음은 물론이다. 金城 곧 「黃金벌판－'샤르탈라'」라는 뜻의 이름으로 慶州의 古名이기도 하다. 黑龍江省의 阿城이 이와 같은 뜻을 갖는 이름이다. 金國의 첫 首都여서다. 新羅는 黃金國－Altan ulus로 한반도의 金나라요 金國은 만주벌판의 新羅國인 셈이라 하겠다. 여기서 황금빛은 광물자원 황금의 빛이기도 하겠지만, 이곳 원주민들에게는 주로 북아시아 한랭고원 건조지대의 황금색 햇빛을 含意하는 말이고 그래서 그 햇빛과 결혼해 낳은 天孫族 「金氏」를 '황금씨족(Altan urug)'이라고 부른다.

않으려 한다.[136] 다만 玄武가 뱀에게 암거북이를 뺏긴 숫거북이의 짝짓기 심령상태를 描破해낸 心靈畵이지만, 거북이에게 마누라 뺏긴 놈이라는 俗信이 이미 기원전 언제부터인가 있어왔는데, 龜頭-蛇頭가 直立 龍頭化 하는 한 東海龜가 바로 東海龍이므로 東海龍子 處容은 자동적으로 '마누라 뺏긴 놈(王八蛋 : 龜)'이 될 수밖에 없다는 점을 다시 확인해볼 따름이다. 海歌詞에서 龍에게 뺏긴 水路를 거북이에게 내어놓으라고 윽박지르니 龍이 수로를 받들고 나와 되돌려줬다는 노랫말은 이런 차원에서만 자연스럽게 이해될

136) 헌강왕(875~885)이 개운포를 지나는데, 캄캄해지는 변괴가 일자 그 자리에 절을 지어 주기로 하니 어둠이 가셨다. 이 자리에 절을 지으니 망해사이다. 東海 龍王이 이에 감사하고 자신의 아들인 處容을 헌강왕에게 바쳐 徐羅伐에서 살게 되었다. 처용이 벼슬을 하고 있을 때 역신이 그의 아내를 범하여 이 노래를 부르니 疫神이 感泣하여 처용의 상이 있으면 犯接하지 않겠다고 하였다. 이것은 辟邪에 해당하는 것으로, 문이나 지붕에 처용상을 붙이게 된 기원, 즉 門神의 좌정 과정을 설명한 것으로 보인다. 배경 설화와 관련지어 작품을 살펴보면, 이 노래는 동해 용왕의 아들인 처용이 신라에 와서 벼슬을 하던 어느 날, 그가 늦게까지 놀고 있는 사이에, 疫神이 매우 아름다운 그의 아내를 흠모하여 몰래 동침했다. 집에 돌아와 상황을 안 처용은 이 노래를 부르자 역신은 크게 感服하여 용서를 빌고 이후로는 공의 형상을 그린 것만 보아도 그 문에 들어가지 않겠다고 하였다. 이후로 사람들은 처용의 형상을 문에 붙여 귀신을 막았다. 이런 배경 설화를 가진 이 노래에 대한 해석에 여러 가지 견해가 있으나 逐邪 및 辟邪進慶의 노래로 이해하는 것이 통설이다. 疫神이 짝짓기 사랑의 '붉은 미르'-赤龍이라 할 處容의 태도에 감복하여 자신의 본체를 자백하고 퇴각한 내용과 관련하여 "巫俗에서는 아무리 惡神이라도 즐겁게 하여 돌려보낸다는 풍속과 한국인의 여유로운 생활의 예지를 이에서 엿볼 수 있다. 따라서, 이 노래는 악신을 보내는 '뒷전풀이'로 이해해야 할 것이라"는 안이한 견해도 있다. 당연히 이는 玄武神主信仰-'거북신앙'으로서의 處容歌의 呪文 노랫말 내용의 역사적 主脈을 疏外한 데서 오는 그릇된 所見이다. 이 노래는 신라 49대 헌강왕 때 處容郎이 疫神을 쫓기 위해 지어 부른 8구체 鄕歌의 노래기도말로서 나 밖의 문제라기보다는 본질적으로는 어디까지나 내 속사람문제-내 짝짓기사랑의 心情推移 문제를 다룬 노래기도말인 巫歌다. 이런 저자의 處容巫歌 노랫말해석을 1970년 초반에 큰 학술강연 중에 거침없이 추천해주신 李箕永 교수님과 공중파 방송에 나가 과감히 지지해주어 저자를 고무해준 金炯孝 교수께 다시 한 번 더 감사드린다. 이 노래의 변형이 고려시대 처용가로 『樂學軌範』과 『樂章歌詞』에 실려 있어서 鄕札로 표기된 어려운 鄕歌를 읽어낼 수 있는 열쇠를 제공해준 것은 매우 다행스런 일이다. 학부학생이었던 당시의 저자에게 1960년 초에, 훗날의 이런 작은 慧眼을 열 端緖를 제공해주신 은사 梁柱東 교수님의 번뜩이는 영감에 찬 귀한 가르침에도 감사드린다.

수 있다. 다만 處容은 疫神－뱀차원의 짝짓기 사랑심령상태인 欲情에게 마누라를 빼앗겼다가 여의주를 문 龍 차원의 짝짓기 사랑심령상태인 愛情으로 마누라를 되찾아나온다는 노랫말 해석이 나오게 되면서, 그의 "빼앗긴 것을 어찌 하리오" 하는 노래기도는 다시는 더 빼앗기지 않겠다는 자기의 마음다짐 悔改가 그 노랫말의 알맹이라고 풀어내는 식으로 신앙 자체의 차원에서 문제에 접근해보았다. 내 심정 밖의 문제가 아니고 내 속사람 심성의 推移를 그려본 노랫말일 뿐이라는 차원의 處容巫歌 인식이다.

5. 玄武神主信仰과 不咸(Burqan)信仰

2008년 7월 10일 정석배 교수팀의 연해주 체르냐치노 발해 유적지 발굴현장을 답사하고 나서 나는 이를 다음 답사지인 바이칼 호반 톤타 유적의 그것들과 비교해 검토해보려 했다. 체르냐치노 고분군과 톤타 유적은 모두 돌로 무덤을 쓴 점에서 유사해보여서다.

그런데 7월 13일에 바이칼 호반에서 나린얄가 天祭壇으로 답사지가 바뀌었다. 나린얄가를 보면 톤타는 안 봐도 된다는 것이었다. 천제단 유적으로는 두 곳이 같다고 할 수 있지만 내게는 그렇지 않았다. 부르칸(Burqan)과 붉은가지 버드나무(紅柳)[137] 때문이었다. 나는 일찍이 한민족 유목태반사의 중요한 비밀의 열쇠가 이 속에 숨어 있다고 보았다.

바이칼 호 동남쪽으로 가장 길게 뻗어 있는 유명한 홍류산맥 속 우드강 발원지. 거기에 부르칸의 원형이 제일 잘 보존돼 있다. 이는 울란우데 현지 학자들로부터 끊임없이 들어온 정보다. 하지만 모랫길 때문에 헬리콥터를 띄워야 한다고 해서 그동안 엄두도 내지 못한 채 언저리만 맴돌았다.

매우 아쉬워하던 차였는데, 부이르 호수에 들렀다가 돌아오는 길에 뜻밖의 수확을 올렸다. 들개 떼들이 모여 쉬는 황량한 스텝에 멀리 점처럼 보이는

---

137) 주채혁, 「부르칸(不咸)이즘과 柳花 그 母胎回歸 신앙 연구 補遺」, 『순록유목제국론－고조선·고구려·몽골제국의 기원연구』, 백산자료원, 2008. 7. 23, 103~136쪽 및 同書, 「불함 홍류하느님과 유화 성모신앙」, 482~500쪽 참조.

대흥안령 타이가 지대의 자작나무 군락. 스키토·시베리안은 고원지대의 흰 자작나무와 저습지대의 붉은가지 버드나무를 神木으로 여겼다.

것이 있었다. 원래는 차가 들어가서는 안 되는 길이었지만 버스기사를 재촉해 草地로 진입해 가까이 다가갔다. 짐작했던 대로 紅柳 오보오였다.

연해주에 여섯 번째로 발을 들여놓은 나는 『山海經』「大荒北經」17에 "不咸有肅愼之國"이라는 첫 기록이 있어서 '不咸=紅柳'의 원형을 肅愼의 옛 땅 沿海州에서 찾아볼 생각이었다. 그러나 여의치 않았다. 2005년 겨울 답사 때 잎이 진 홍류의 가지 떼를 확인하려고 깊은 눈 속을 헤매다가 시간에 쫓겨 포기한 적도 있었다. 라즈돌로예프 기차역에서 두만강 쪽으로 가는 길목에 그런 홍류 떼가 있다는 주민들의 제보만 확보한 것으로 만족해야 했다.

不咸-부르칸 신앙은 스키토·시베리안 원주민 사회에 보편적으로 오랜 기간에 걸쳐 분포돼 왔다. 이는 투르크-몽골어로 하느님을 지칭하며, 이후에는 부처님도 그렇게 불렀다. 그러나 그 신앙 대상이 어떤 생태권에서 어떤 원주민들이 어떤 역사 배경을 가지고 형성해냈는지는 제대로 연구된 적이 없다. 이를테면 그 성격이 남성이나 여성 중에 어느 것에 가까운지, 含意하는 색깔이 '붉음'인지 '밝음'인지 등을 구체적으로 탐구해본 연구는 거의 없었다.

인터넷 덕분에 2000년 초에 저자는 후진 투바에서 선교하는 이철성 목사가 현지에서 하느님을 '부르칸'이라고 한다는 정보를 이메일로 보내줘 이내

페르시아의 神魚 카라. 에게해, 흑해와 카스피해 언저리에 분포한다(김문석 기자)

이를 확인하게 됐다. 한성용 한국수달연구소장은 근래에 컴퓨터로 검색해서 龜旨歌의 주인공 金首露王의 神魚 '가야(伽倻)'라는 물고기의 분포지가 黑海와 그 언저리 地中海 일대이고 그것이 육당 최남선이 제기하는 불함문화 기원지와 일치함을 내게 일깨워주었다.[138] 가라(駕洛 : Persia)나 가야(伽倻 : Turkey)는 '생명을 살리는 나무'의 뿌리 지킴이 神魚(몽골의 아라가·빌릭 雙魚)로 黑海지대 地中海나 카스피해 일대에만 분포되고 있다. 생명창조 과정을 表象化해 그려낸 玄武圖와도 어떤 상관이 있을까 하는 문제는 연구를 要한다. 순록유목민 스키타이-鮮族文化의 移動路에 주목할 필요가 있다고 본다. 이 또한 순록과 더불어 물과 친연성을 갖는 濊族 문화권역에 소속되는 것들이어서 흥미롭다. 러시아 정교의 탄압으로 원주민의 샤머니즘이 잦아든 터전에 조용히 불붙기 시작한 알타이산의 신흥종교 '부르칸이즘'이 금방 뇌리를 스쳤다. 육당은 이런 부르칸 하느님 신앙권을 '不咸文化圈'이라고 했다. 오랜 세월에 걸쳐 그 나름의 역사 배경을 지니는 광활한 스키토·시베리안 생태 무대에서 구체적인 발전 과정을 통해 각각 다양한 변화를 경험했겠지만, 그런대로 제 나름의 '맞춤형 하느님' 개념으로 정립돼오면서 일련의 부르칸(不咸) 하느님 신앙권을 형성해나왔을 터다.

이번 답사 중에 이에 관한 이야기보따리가 줄줄이 풀려나오기 시작한 것은 물론 순록의 생태본지 무대인 북극해권으로 흐르는 장대한 두 강줄기, 즉 예니세이와 레나의 발원지라 할 바이칼 호에서다. 7월 12일에 우리는 迂餘曲折 끝에 부르칸 중의 부르칸을 모시는 바이칼 호 최대의 섬인 코리족 시조 탄생설화의 무대 올콘 섬 부르칸 바위(不咸岩)에 도착했다. 부르칸-하느님 바위가 자리 잡은 마을은 짐승들이 핥아먹을 염분이 바닥에 허옇게 깔린 '후지르'가 있는 후지르 마을이다.

138) 주채혁, 「순록치기의 길-蘚路, 유라시아 몽골리안 루트-朝鮮半島에는 鮮(сопка)이 없다」, 『순록유목제국론-고조선·고구려·몽골제국의 기원연구』, 백산자료원, 2008. 7. 23, 351~357쪽 참조.

스키토·시베리안 생태 무대가 다 그렇지만 바이칼 호수에서 한반도 '천안 삼거리 버들공원'에 이르기까지 물이 있는 곳이면 버드나무가 있고, 버드나무 떼가 있는 스텝-타이가면 대개 수렵-유목민들이 살아왔다. 버드나무 가지에는 흰색, 누런색, 그리고 붉은색이 있는데 저습지대의 붉은가지 버드나무인 홍류 떼(Krasno talinik berba)는 고원지대의 자작나무 떼와 함께 그들에게 신앙의 대상이 됐다.

눈이 덮인 雪原의 잎이 진 홍류 떼는 복사꽃 핀 마을이나 피어오르는 불꽃을 떠올리게 하고 눈보다 더 흰 자작나무 줄기 떼들은 소름이 끼치도록 장엄한 신비감마저 자아낸다. 황금빛 햇살을 받아 타오르는 툰드라의 붉은 불길 같은 홍류 떼를 인격신화한 것이 부르칸-柳花 聖母일 터다. 한국에 버들아기와 같은 말이 있듯이, 버드나무는 이 지역에서도 대체로 여성을 상징한다. 고주몽의 어머니인 '유화'는 '버들꽃'이라는 뜻의 이름인데 최희수 교수(연변대)는 그대로 만주인들의 '보드마마(柳母)' 母胎回歸 신앙과 직관된다고 했다.

不咸을 육당이 '밝음'으로 해석한 것과는 달리, 같은 시대를 살다간 몽골의 거물 언어학자 에린친은 『몽골비사』 초두 몽골 여시조 알랑 고아 관련 기사에 나오는 '부르칸·칼둔'의 '칼둔'을 일종의 버드나무로 보아 '부르칸(不咸)'을 이와 관련시킨다. 원래 시베리아 타이가에 살았던 몽골 겨레의 오보오도 실은 처음에는 돌이 아닌 버드나무로 만들어서 버드나무 오보오(Borgasan oboo)라고 했다. 그러나 무엇보다도 '버드나무' 자체를 '부르칸(Purkan)'이라고 하는 허저(赫哲 : 나나이 족의 別類)말 단어는 '부르칸'과 '버드나무-보드마마(柳母) 신앙'이 직접 접맥될 수 있음을 웅변한다.

龍王의 딸 河伯女 柳花가 그렇듯이 버드나무는 바로 물과 직관된다. 물을 뿌려주면 잘 자라는 순록의 뿔(전병태 교수 보고)이나 쌍어문의 가야 물고기와 같은 속성을 지니고 있다. 그리고 몽골 여시조 알랑 고아나 유화, 그리고 그 원조라 할 북부여 동명성왕의 어머니 코리(槁離)국의 시비가 그렇듯이 그들은 햇빛을 받아 天孫을 孕胎한다. 추측컨대 알타이산지 파지리크의 얼음 공주 女司祭도 같은 유형일 수 있다. 더 원천적으로는 玉龍이 껴묻거리로 출토되는 紅山文化 만기(B.C. 3500~3000) 牛河梁 女神廟의 여신도 이런 장대한 스키토·시베리안의 여신-부르칸 신앙과 접맥될 수 있다. 通天巫인 여사제가 하늘의 햇빛을 받아 天孫-黃金龍孫을 잉태하면서 보드마마(柳母)인 '부르칸'으로 成肉身化하는 것이다.

'부르칸'은 천손의 모태가 된다. 즉 '천손을 잉태하는 모태'로서의 '하느님', 곧 '모성적인 하느님'이 된다. 작열하는 태양이 사정없이 내리쬐는 고대 이집트나 잉카의 태양 숭배처럼 부성적이며 공격적인 절대자가 아니라, 툰드라-타이가-스텝으로 이어져 발효 식품이 유난히 발달한 이 지역 나름의 햇살 아래서 생명을 품어 안아 마음을 삭이며 순리로 키워내는 구체적인 한 생명의 모태화한 하느님을 '부르칸'이라고 부른 것이다.

이 건조한 고원인 몽골리안루트 지역에서는 햇빛은 금빛이고 부르칸 모태는 금빛을 하늘로 품어 천손인 알탄우룩(황금씨족)-金氏 곧 黃金龍孫族을 잉태한다. 그래서 스키토·시베리안에게는 김씨가 고유명사가 아니고 天孫-龍孫 : 임금 핏줄이라는 보통명사다. 물론 아쿠타도 칭기스칸도 '알탄우룩'(Altan urug : 황금씨족)-김씨다. 지금도 만주족 황손들은 아이신교로(愛新覺羅 : 황금겨레)로도 쓰고 김씨로 표기하기도 한다.

김알지도 당연히 그랬다. 햇빛이 여성의 육신에 내재화되어 천손=황금용손을 잉태한 모태가 될 경우에는 『길림성야생식물지』(장춘, 1926)에서 '朝鮮柳'라고도 불린 紅柳로 상징되는 '보드마마(柳母)'가 되는데, 바로 이 보드마마가 부르칸인 이들의 모성 하느님이 된다. 해, 그 자체가 아니라 그것이 한 여인의 몸과 맘에 내재화해 회임한 모태로 다시 난, 모성적 사랑의 주체가 이들의 하느님일 수 있다. 따라서 이 경우의 '부르칸'은 '밝음'이 아닌 '붉음'의 뜻을 갖는데, 그 붉음은 구체적인 생명 밖의 물리적인 불덩이와 같은 붉음이 아니라 구체적인 생명 속에 내재화한 가장 붉은 사랑의 심정-곧 모성적 사랑-生生之心으로서의 '심정적 붉음'이 된다.

붉음은 무당 司祭의 상징색이다. 박혁거세의 朴도 '밝'이 아니고 '붉'이다.

훌룬부이르 몽골스텝 헤름투 紅柳오보오. 2003년 7월 13일 (최낙민 작가 촬영)

'붉을 赫'자로 赫居世=弗矩內=붉은 누리를 누리는 사제계급의 姓이어서다. 흰색은 유목민의 주식인 젖의 색깔이어서 지극히 존중은 되지만, 삶의 방편일 뿐 紅色처럼 주체 생명의 심정적 존재와 본질을 상징하지는 않는다. 그래서 시공을 초월해서 부르칸은 이들에게 굿의 대상이 될 수 있다. 이들에게 영원한 모태회귀 신앙이 되기 때문이다.

이런 부르칸 하느님 신앙 전통은 순록의 주식이 나는 '이끼의 길'이라는 조선 겨레의 이동로를 따라 발전해왔다. 주유소가 없는 광야로는 차가 달리지 못하기 때문이다. 다른 스키토·시베리안과는 달리 조선 겨레의 주류 한민족은 한눈팔지 않고 주로 시베리아−몽골−만주−백두대간−태평양으로 진출해 '초원의 바다'와 '바다의 초원'으로부터 쳐들어오는 침략 세력의 강력한 파고에 맞서며 한반도라는 '산성섬 요새'를 기지로 삼아 북방 수렵유목문화의 유서 깊은 전통을 가장 순수하게 고도로 발전시켜냈다.

동북아시아 전통소설의 2/3가 이승에서 못 이룬 사랑을 저승에서 이룬다는 모티브로 되어 있는 터에 유럽에서는 기껏해야 단테의 『신곡』과 괴테의 『파우스트』만이 그 언저리를 맴돌았을 따름이다. 그리고 단테의 그 착상조차도 칭기스칸이 팍스 몽골리카체제를 정착시켜 준 14세기 이후 르네상스기에 나 있을 수 있었을 뿐이다. 그러므로 분석력이나 논리력이 발달한 유럽 백인들 중에는 부르칸의 이승과 저승을 넘나드는 모태회귀적 신앙차원의 눈물겨운 모정 유전체가 다소 결핍될 수 있다. 연해주와 함경도 동해안 언저리가 스텝의 바다를 유목하는 순록－양치기의 부르칸이자, 바다의 스텝을 떠돌며 평생을 살다가 母川 회귀해 산란을 위해 짝짓기 하고 임종하는 鰱魚들의 부르칸이어서일까. 역시 '스텝의 바다'와 '바다의 스텝'을 아우르는 한겨레 나름의 시온(鮮 : Zion)이즘이 응축된 부르칸 원천, 그 한 기점에 특별히 물이 동해로 흘러드는 두만(T'umen : 朱蒙)강 쪽의 불함(Burqan : 白頭)산이 자리 잡고 있어서인가 보다. 한 목숨의 불이 켜지기 이전을 저승이라 한다면, 한 생명의 이승은 그 목숨불의 발화점인 胎盤에서 비롯된다. 무릇 '廣域少數'의 조직된 유목 기동력을 주축으로 첨단 무력을 활용해 인류역사를 견인해내는 몽골로이드의 초인적인 역사창조 추동력의 중핵이, 생사를 넘나드는 모정이 스민 羊水－모태에로의 회귀를 통한 생기－'살맛'의 소생·부활 신앙 부르칸(紅柳)이즘이라는 것을 이번 활겨레－궁족 코리안루트 탐사 과정에서 다시 한 번 확인할 수 있었다.

이 유목태반 현지 답사보고서를 여기에 싣는 것은 柳花 聖母가 용왕의 딸 河伯女여서다. 물이 동해로 흘러드는 이곳의 龍王이면 그는 東海龍王이고 동해용왕이면 바로 東海龜인 王八蛋－處容 司祭가 되기 때문이다. 河伯女 柳花는 동해용왕의 딸이고, 그녀가 朝鮮女人이어서 朝鮮柳인 붉은가지 버드나무 紅柳-不咸으로 상징되는 터였다. 鰱魚의 태생지요 때가 이르면 돌아와 産卵해 짝짓기하고 還元하는 연어의 母川과도 같은 '붉은가지 버드나무 동산'－조상들의 뼈가 묻혀온 땅이 바로 불함(Burqan)동산－柳花 聖母라는 母胎胎盤인 紅柳東山이다. 태생지를 멀리 떠나 험난한 외지를 나돌며 일생을 살아내야 하는 숙명을 타고난 유목태반 한겨레는 한평생을 내내 모태회귀의 願望 속에 숨 쉬게 마련이다. 胞胎胎盤은 바로 자신의 태생지이자 무덤자리인 不咸東山일 수밖에는 없다. 거기에 안겨서만 정든 짝님을 만나 짝지어 이

呼嫩평원 대흥안령 免度河畔 雪原의 홍류. 2005년 3월 (成斌 촬영)

天生의 福地에서만 한껏 자라날 수 있는 자식을 낳을 수 있게 유전자가 배합-설계되어 있게 마련이어서다. 붉은 여의주를 문 東海龍子 東海龜-赤龍이 된 處容이 드는 東海龍宮이 바로 모태회귀처 紅柳(Burqan)東山일 수 있어서다. 유목태반 기원의 한겨레는 제때에 늘 不咸回歸를 할 때만, 제 살맛을 되찾아 다양한 생태 속에서 제대로 소생·부활할 수 있게 마련이다. 이것이 내 한 목숨과 목숨 사랑을 모태 하느님께 빚진 유목태반 기원 한겨레의 영원한 모태회귀 노래기도다. 그리고 바로 그 자리에 玄武神主－處容 司祭－부르칸 祭壇이 공감의 調息을 조상께 올린다.

6. 맺음말

고구려 古墳壁畵의 발굴로 그것이 유엔지정 세계문화유산으로 지정되면서 널리 알려진 玄武圖는 그대로 龜趺·螭首신앙과 接木되면서 巫歌인 龜旨歌·海歌詞·處容歌와 石碑의 龜趺·螭首 및 上樑文의 龜·龍과 함께 거북신앙의 主流-主脈을 이루는 것으로 보인다. 순록의 먹이 이끼 蘚(niokq)의 분포로 보아 북부 대·소 興安嶺을 중심으로 白頭大幹으로 뻗어 내린 그 이동 主脈이, 遼澤을 자연 장벽으로 遼西地域으로 우회 이동한 것으로 추정되는 순록유목민 朝鮮-고구려=高麗族들의 足跡을 중심으로 分布帶가 형성되어오는 것이 주목된다. 方位를 중시하는 四神圖가 보여주듯이 거북신앙은 정착농경지대보다는 이동유목민의 주도하에 주로 발전돼온 것으로 보인다. 정착농경민보다는 당연히 이동유목민이 방위를 중시할 수밖에 없어서이다. 거북이는 이끼(蘚 : Niokq)가 자라는 저습지대 濊族과 직관되고 따라서 순록의 주식 이끼-蘚이 자라나는 '鮮(Sopka : 小山)'의 鮮族信仰으로 주로 발전돼온 것이라 하겠기에 고원지대 貊族보다는 본질적으로 주로 朝鮮 濊族의 신앙이 그 기저를 이룬다고 할 수 있다. 다만 물이 북극해로 흘러드는 北極의 鮮에는 너무 추워서 거북이가 못살고 물이 태평양으로 흘러드는 대만주권의 鮮에는 거북이가 사는데, 특히 동북아시아에서 자생해온 거북이의 최적 생태지대는 역시 한반도 동남해안지대였던 것으로 추정된다. 그래서 이 일대에서 지구상에서 가장 구체적이고도 예술적으로 잘 다듬어진 거북신앙이 만발했던 것이라 하겠다.

인간생명의 창조가 인생의 모든 것의 太初인 이상, 人間尊嚴 문제는 당연히 그 창조과정 여하와 그렇게 직관될 수밖에 없다. 남자는 주로 受精如何를 좌우할 수 있고 여자는 受精된 胎兒를 낳아 기르는 일을 그렇게 전담할 수 있게 태어났다. 男根은 射精을, 女根은 受精 이후의 胎兒의 生育을 맡는 生來的인 分業이 크게 이루어진 셈이다. 이런 생명 창조과정의 체제 속에서의 男根=龜頭=蛇頭→ 直立 龍頭化의 주도적 구실의 절대성 차원에서 龜旨歌·海歌詞·處容歌나 玄武神主信仰, 石碑의 龜趺와 螭首 및 上樑文 아래와 위의 龜·龍神主 신앙이 尊嚴하게 자리매김 되어 왔을 수 있다. 물론 玄武는 고구려고분벽화 北壁에 모셔져 있으니 神主일 수 있고, 실제로 자신들이 고구려의 후예라고 믿고 있는 다구르族은 지금도 시월에 四神을 신주로 모시고 祖上祭祀를 지낸다.

같은 계열의 巫歌로 묶일 수 있는 龜旨歌·海歌詞의 노랫말을 엮어보면 남의 부인을 빼앗아간 主犯은 '거북이 머리'다. 이에 온갖 현학적인 해석을 덧붙여 볼 수도 있겠지만, '깨어나 있어' 늘 거북놀이(玄武舞 : 짝짓기 사랑춤)를 주도해 즐길 수 있는 존재가 龜頭 바로 그 男根뿐임은 지당한 일이기 때문이다. 당연히 생명의 유래처가 玄武여서 짝짓기 사랑이 愛情으로 잘 되면 모든 生氣－살맛(極樂)이 이에서 비롯되고, 欲情으로 잘못되면 모든 죽을 맛(極苦)도 이에서 생겨나게 마련이다. 그래서 이런 일련의 거북신앙이 논리적으로 서술되어 經典化된 것이 『周易』의 본질임도 거의 自明하다.

현무신주신앙의 핵심 내용은 암거북이가 숫거북이가 아닌 뱀을 수컷으로 삼아 서방질하고, 따라서 숫거북이는 뱀에게 마누라를 뺏긴 놈이 된다는 불륜 짝짓기 사랑의 표상화다. 그래서 거북이는 '마누라 뺏긴 놈'－「王八蛋」으로 中原의 漢人社會에서는 지금까지 최악의 욕말이 된다. 특히 이는 처용가가 신라에서 유행했던 9세기경 동북아시아 唐-新羅 圈域에서 크게 퍼졌던 것이라 하겠다. 여기서 숫거북이의 마누라를 뺏은 가정 파괴범은, 당연히 암거북이를 犯姦한 뱀이다. 그 모습을 생동감 있게 그려낸 인류예술사상의 일대 걸작이 고구려 고분벽화의 玄武圖다. 龜頭와 蛇頭가 동일한 것이고 보면 뱀(蛇)은 바로 거북이의 머리(龜頭)와 꼬리(龜尾)이니, 암거북이(雌龜) 龜身의 情夫가 바로 다름 아닌 거북이 제 자신의 머리(龜頭)와 꼬리(龜尾)인 것을 알 수 있다. 龜頭→ 龍頭-龜尾라는 男根이 龜身=龜甲=貝甲인 女根－비너스의 동산을 꿰뚫고 子宮-龍宮으로 치솟아 오르는 황홀경의 極致를 繪畵化한 인류고분벽화사상 최고의 傑作이 고구려고분벽화 江西大墓, 강서중묘, 通溝四神塚, 眞坡里 1호분, 통구 4호분, 통구 5호분 등에서 가장 발전된 형태로 滿開한다. 숫거북이를 주체로 보면 疫神인 뱀에게 '마누라 뺏긴 놈' 곧 處容은 아이러니컬하게도 바로 숫거북이 제 자신의 '뱀머리'다.

우리는 龜－「王八蛋」이 계집·사내의 짝짓기 사랑－合宮과 직관되고 있다는 것을, 이상의 거북신앙에 대한 고찰을 통해 새삼 확인케 됐다. 또 龜－「王八蛋」이 '마누라 뺏긴 놈'이라 해서 「處容歌」와 같은 내용의 별명을 가지고 있다면, 결국은 「王八蛋」과 東海龍의 아들 '處容郎'이 하나가 된다는 사실 곧 東海龜=東海龍이 된다는 사실만 밝혀내면 「處容歌」의 내용 실체는 저절로 밝혀지게 마련이라는 것이다. 처용가의 노랫말 내용의 뿌리를 이루는 것으로 보이는 뱀에게 암거북이를 뺏긴 숫거북이를 표상화해 그려낸 玄武神主의 별명이 '도둑놈'이라는 俗信도 물론 이를 뒷받침해 준다. 이런 사실은 다소 까다로운 논증과정을 거쳐 이루어질 수 있다. 여기서 뱀(蛇)과 거북이(龜)는 서로 新郎과 新婦의 관계를 맺고 있으며, 뱀머리(蛇頭)는 거북이 머리(龜頭)와 같고 거북이 머리(龜頭)는 男根과 같다는, 그러니까 사두(蛇頭)·귀두(龜頭)·男根→ 直立 龍頭化→ 含珠(含卵子)라는 결론을 얻어내게 되고, 이에 이르러 東海龜=東海龍의 결론을 도출해 東海龍子 處容이 곧 '마누라 뺏긴 놈'으로 입증되게 된다는 것이다.

무릇 생명은 單代生命이 있고 동시에 繼代生命이 있다. 繼代生命으로 비롯된 單代生命이요, 男女 單代生命들이 짝짓기 사랑을 통해 單代 個體生命으로 태어난다. 護國은 그 구성원들의 이런 구체적인 生命保衛가 그 본령이다. 그러므로 單代生命을 온전하게 빚어내는 人間個體生命 창조과정인 사내·계집의 사랑을 지키는 것이, 護國의 本質的이고 窮極的인 根本이 되게 마련이다. 정녕 東海龜는 東海龍으로 끊임없이 昇天해가야 한다. 그래서 東海龜의 東海龍化라는 짝짓기사랑 인간생명 창조과정의 승화가 表象化돼 설계된 '거북선'－龜龍船의 護國龍信仰은 '거북신앙'에 바탕을 둔 護國龜信仰과 直關될 가능성이 있다. 진실로 '사랑의 神弓'인, 이 차원의 玄武야말로 '眞武'이어서다.

龜趺·螭首의 含珠 石彫作品은 계집·사내의 合宮過程의 상호작용 속에서 龜頭가 直立 龍頭질하며 愛情의 極樂境 中에 알(蛋 : 卵=珠)을 무는 含珠-含如意珠하는 射受精 刹那의 眞境을 새겨냈다. 물론 龜頭가 비너스 동산을 出入하며 도달한 子宮-龍宮의 含珠過程은, 여기서 이 순간에 龍頭가 假想 子宮=龍宮으로 드는 抽象的인 想像界로 처리된다. 숫거북이(雄龜)는 뱀(蛇)이란 놈한테 마누라를 뺏기고 암거북이(雌龜)는 뱀(蛇)이란 놈을 情夫로 두고 재미를 보고 있다. 이즈음에 자궁=용궁 : 合宮處-含如意珠房에서는 무려 7000~8000만 精子 중에 卵子가 擇一하는, 정녕 天文學的인 確率의 競合過程을 동반한 微視世界 神秘境을 연출케 마련이다. 이때의 그 온도나 乾·濕度는 물론 특히 合宮過程의 愛情이나 欲情 등의 心情狀態가 이에 결정적으로 중요하게 작용할 것임에 틀림이 없을 것으로 보인다. 이에 祈子女祈禱致誠이라는 신앙의례가 隨伴되고, 일련의 玄武神主信仰이라 할 龜旨歌·海歌詞·處容歌라는 짝짓기 사랑의 찬송가인 巫歌도 더불어 자리매김 되는 것이라 하겠다.

그러니까 여기서 處容은, 뱀에게 마누라를 뺏긴 숫거북이이고, 이는 거북이 머리－龜頭가 뱀머리－蛇頭와 같다는 생각과 뱀머리가 直立 용머리－龍頭化하며 龍頭는 如意珠를 문다는 일련의 짝짓기사랑 완성 복귀신앙을 연상케 한다는 점을 저자 나름으로 추정해보았다.

이렇게 뱀이, 龍의 심령상태라는 天上超越境에 드는 애정의 化身인 含珠한 飛龍昇天의 龍으로 변하는 심령승화과정으로 兩者의 표상적인 心靈 推移象을 각각 聖別해본 셈이다. 그리고 蛇頭＝龜頭＝男根 直立龍頭질→ 含卵子의 짝짓기 생리작용을 이에 連繫해, 이것이 곧 인간 생명 창조과정의 생리 및 심정을 表象化한 짝짓기－거북놀이의 呪術詩이자 巫歌의 歌詞를 낳은 詩畵임을 밝혀본 것이다. 당연히 뱀이 집에서 3년, 산에서 3년 그리고 물에서 3년이라는 忍苦의 修道路程을 거쳐 飛龍昇天한다는 龜蛇-龜龍 信仰의 得道成就 지향성을 염두에 두고, 욕정의 짝짓기 사랑이 애정의 그것으로 완성돼가는 蛇頭-男根의 直立 龍頭化→ 含如意珠(龍卵) 志向致誠으로 이를 승화시켜 보았다.

성기 위에 달려 꼬리쳐 대상을 꾀는 꼬리와 욕정쟁취의 성취도를 비교해 재는 머리로만 외형이 형성돼 생명과 그 진실을 품어 안는 생명사랑의 가슴이 없는 뱀이, 머리는 비교가 멀고 그래서 꾀는 꼬리가 필요 없어지면서 가슴이 돋아나고 가슴을 받힐 두 발이 생겨난다. 욕정의 짝짓기놀이(Sex without God : loveless Sex) 재미 보기로 비유해 표상화한 疫神 뱀의 심령상태에서 붉은 애정으로 含珠한 사랑의 天使 '붉은 미르'-赤龍의 심령상태에로의 복귀, 다시 말해서 龍孫－天孫으로서의 血孫의 孕胎를 기원하는 간절한 祈禱致誠 次元의 복원을 詩的으로 想定해본 것이다. 그러니까 疫神－뱀차원의 짝짓기 사랑심령상태인 欲情에게 마누라를 빼앗겼다가 如意珠(龍卵)를 문 龍次元의 짝짓기 사랑심령상태인 愛情으로 마누라를 되찾아온다는 처용가 노랫말

해석이 나오게 되면서, 처용의 '빼앗긴 것을 어찌 하리오' 하는 노래기도는 다시는 더 빼앗기지 않겠다는 자기의 마음다짐 悔改가 그 노랫말의 알맹이라고 풀어내는 식으로 신앙자체의 차원에서 문제에 접근해보았다. 이런 시각에서 玄武神主信仰(고구려고분벽화 A.D. 4C~7C)의 白眉, 龜旨歌(A.D. 42)·海歌詞(A.D. 702~736)·處容歌(A.D. 875~885)의 내용 의미를 풀어내 본 것이다.

물론 활겨레 인생의 生長消滅의 본질을 천착하는 피눈물나는 고뇌가 배어들어온, 이런 오래고도 보편적일 수밖에 없는 역사적 主脈을 못 잡고 노다지를 줍는 차원에서 이에 관한 수많은 논문이 앞으로 더 계속해서 쓰인다고 해도 문제의 핵심이 잡힐 리가 없다는 것이 저자 나름의 논지이다. 당연히 수백년~수천 년 세월이 흐르면서 동북아시아 여러 사회가 각각 제 나름으로 함께 분화·발전하면서 龜頭→ 龍頭→ 含如意珠(龍卵) 차원으로 玄武神主信仰－거북신앙의 내용도 점점 더 세련돼왔을 수 있다.

이런 玄武神主信仰은 不咸-紅柳信仰과 그대로 접맥된다. 柳花 聖母가 용왕의 딸 河伯女이어서다. 물이 동해로 흘러드는 이곳의 龍王이면 그는 東海龍王이고 동해용왕이면 바로 東海龜인 王八蛋－處容 司祭가 되기 때문이다. 하백녀 유화는 동해용왕의 딸이고, 그녀가 조선여인이어서 朝鮮柳인 붉은가지 버드나무 紅柳-不咸으로 상징되는 터였다. 鰱魚의 태생지요 때가 이르면 돌아와 産卵해 짝짓기하고 還元하는 연어의 母川과도 같은 '붉은가지 버드나무 동산'－조상들의 뼈가 묻혀온 땅이 바로 불함(Burqan)동산－柳花 聖母라는 母胎胎盤인 紅柳東山이다. 태생지를 멀리 떠나 험난한 외지를 나돌며 일생을 살아내야 하는 숙명을 타고난 유목태반 한겨레는 한평생을 내내 모태회귀의 願望 속에 숨 쉬게 마련이다. 胞胎胎盤은 바로 자신의 태생지이자 무덤자리인 不咸東山일 수밖에 없다. 거기에 안겨서만 정든 짝님을 만나 짝지어 한껏 자라날 수 있는 자식을 낳을 수 있게 유전자가 배합, 설계되어 있기 때문이다. 붉은 여의주를 문 東海龍子 東海龜-赤龍이 된 處容이 드는 東海龍宮이 바로 母胎回歸處 紅柳(Burqan)東山일 수 있어서다. 유목태반 기원의 弓族인 한겨레는 제때에 늘 不咸回歸를 할 때만, 제 살맛을 되찾아 다양한 생태 속에서 제 목숨을 제대로 소생·부활해낼 수 있게 마련이다. 이것이 내 한 목숨과 목숨 사랑을 모태하느님께 빚진 유목태반 기원 활겨레 한민족의 영원한 모태회귀 노래기도 일생의 原形이다. 그리고 바로 그 자리에서 玄武神主－處容司祭－부르칸 祭壇이 함께 하는 공감의 調息을 조상께 올린다.

Ⅲ. 元 萬卷堂의 '魯齋之學' 몽골官學化 주도와 '元朝 朱子學'의 擡頭

1. 머리말

흔히들 주자학이라 불리는 朱熹 性理學이 주희 당시(1130~1200)인 南宋時에 官學化한 주자학으로 이미 등장해 있었던 것으로 착각하곤 한다. 주자학은 뒷날 元朝 仁宗時(1312~1319)에 이르러서야 비로소 팍스 몽골리카(Pax Mongolica)를 포괄하는 예케몽골 울루스(Yeke Mongol Ulus) 중앙정부－元朝의 이데올로기화한 것이다. 남송 성리학자 주희가 亡命地 四川에서 망국의 한에 사무쳐 완성한 이른바 주자학이, 몽골세계제국 중앙정부 元朝의 대권과 접맥되지 않고서－비록 실천차원에서는 그 중심부 거대 동북아권을 크게 벗어나지 않았다고 하더라도－세계제국 차원의 이데올로기로 과연 발전될 수 있었을까? 있었다면 脫歷史的인 허구였다고 단언할 수밖에 없다. 그것이 관학화하는 오랜 구체적인 역사적 과정을 간과한 채로 「宋·明理學」이 곧 朱子學이라는 식의 용어를 무비판적으로 남용해오고 있는 그간 관계학계의 관행이 뒷날에 이를 더욱 그렇게 고착화시켰을 수 있다. 주희 생존 당시인 남송시대에는 한 때 '慶元의 僞學'으로 몰려 邪學視되던 주희의 성리학을 元朝의 지배이데올로기로 등장시킨 것은, 역사적으로 보면 엄연히 몽골인의 정부인 몽골 주권하의 예케몽골 울루스－元朝 중앙정부다. 몽골주권자의 뜻에 따라 특히 농경지역인 金·南宋 정복지를 집중 지배하는 팍스 몽골리카체제를 유지 강화키 위한 이데올로기로 주희의 성리학이 선택됐던 것이다.

물론, 몽골세계제국이 유목무력을 핵심으로 삼아 창업된 만큼 그 몽골제국

지배이데올로기－관학으로서의 주자학이 '窮理'보다는 '居敬'에 초점을 맞춰 체계적으로 정비됐음은 지극히 자연스러운 일이다. 주희의 성리학이 기왕의 남송 지주사대부가 아닌 몽골군벌귀족집단에 의해 그들 중심의 지배체제인 팍스 몽골리카체제를 확립하는데 동원됐기 때문이다. 이 國族 몽골중심의 주희 성리학 「魯齋之學」이, 몽골세계제국의 광역을 파악, 통제하기 위해 동북아시아지대에 성립된 행정제도로 이후 그 근간을 이루어온 行省制의 발전과 더불어 명·청대를 걸치면서 계속해서 체제교학으로 본격적이고 밀도 높게 발전-정비되면서 근 600년에 이르기까지 하는 방대한 문인관료체제를 낳는 관학의 주체로 대두하였다. 몽골 유목군벌귀족집단이 이처럼 사상 유례를 찾기 힘든 거대하고 세련된 문인관료체제의 체제교학인 '朱子學'이라는 이데올로기를 定礎하는 한 결정적인 계기를 마련했다는 점이, 정녕 특이하다 하겠다.

朱熹는 그 후 「몽골→ 色目→ 漢人→ 南人」의 서열 중에 가장 하위 서열에 속하는 최후의 망국민 南宋人-南人 출신이다. 그런데 몽골 관학화한 주자학은 주희의 의도와는 달리 南人 중심 주희 성리학이 아니라 그와는 정반대로 「南人→ 漢人→ 色目→ 몽골」의 서열을 거꾸로 뒤엎은 「몽골→ 色目→ 漢人→ 南人」서열로 역지배를 겨냥한 팍스 몽골리카 지배이데올로기로 완벽하게 다시 생긴 것이다. 이는 당시에 세계를 제패한 몽골 군사귀족관인들의 입장에서는 지극히 당연한 조처였다. 이렇게 몽골중심 지배 이데올로기로 다시 난 엄연한 몽골중심 元朝 朱子學[1)]－魯齋之學을 탈역사적으로, 역사의 무중력

1) 朱熹가 언제부터 공식적으로 「朱子」로 追尊됐는지를 밝히는 일이 중요하지만, 저자는 寡聞해 아직 확인치 못하고 있다. 「魯齋之學」이라는 용어는 元史學界에서는 보편적으로 쓰이는 관용어임에도 불구하고 근래의 한국사학계에서는 언급조차 하는 경우가 거의 없음은 어이된 일인지 모르겠다. 安珦이 분명히 元朝에서 원조의 征東行省 儒學提擧司의 高麗 유학제거로 원대 나름의 성리학인 노재지학을 받아들였고, 元朝 이데올로기 창출기구인 元 萬卷堂을 설치하고 몸소 그것의 관학화를 주도한 元朝 太子太傅 이질부카 瀋王은 충선왕으로 고려왕을 겸했던 터이다. 돌이켜 보면, 주희 성리학이 몽·원대 國族 몽골중심 華夷觀의 魯齋之學으로 실천차원에서 뒤바뀌어 가면서 팍스 몽골리카체제를 뒷받침하는 세계사적인 의미를 갖는 「元朝 朱子學」으로 대두되는 것은 역사의 순리일 수 있다고 본다. IT·BT·NT시대권에

檀君·고올리칸(高朱蒙)·칭기스칸 | 현재 타이완 국립고궁박물관에 소장된 유일한 칭기스칸 초상은 실은 14~15세기경에 제작된 작품으로 추정되는데, 물론 북방몽골로이드 세계제국대칸이 아니고 漢人이 漢人諸侯化해 『중국역대제후상』에 그려넣은 大明天子의 先代 臣下로 造作된 漢人 신하의 초상이다. 함께 실린 그의 손자 쿠빌라이칸 초상도 같은 솜씨의 畵筆로 그린 것임이 자명해 보인다. 漢人史家들은 이렇게 漢人歷史帝國을 글과 그림으로 創業하는데 오래고도 노회한 전통을 가졌다. 실재한 것이 아닌 漢人歷史帝國을 쉴새 없이 創業해온 터이다. 그런 漢人 史家들에게 述而不作의 춘추필법이 과연 있는가? 있다면 허구투성이인 漢人歷史부터 제대로 분해해야 한다. 그 허구의 극치가 元朝 朱子學 자체 인식에서 역사적으로 漢人儒者 史家에 의해 구현된다. 그러고 보니 후미진 훙안령 서북부에 고올리칸 석인상으로 모셔져 내려온 고주몽상만 전형적인 북방 몽골로이드의 생김새를 뽐내고 있는 듯하다. 檀君像도 성형수술에 남다른 열정과 솜씨를 발휘하고 있는 昨今의 그 후예들로 미루어보아 무엄하게도, 각각 그 시대의 유행을 따라 조금씩은 손질되어온 듯이 보인다.

상태에서 '宋·明理學'式으로 얼버무려 그 본질을 희석시켜 오인케 하려 함은 중차대하고 명백한 역사왜곡이다.

실로 근래의 '민주' 개념이 자본주의체제 국가나 사회주의체제 국가에서 서로 크게 달랐듯이, 주희 성리학 내지 원대를 거치면서 몽골 군사귀족관인 차원에서 그 본질적인 내용이 당시 蒙·元帝國의 역학구조에 맞게 실천차원에서 재정비되어 다시 생긴 「元朝 朱子學」이라는 개념 또한 그럴 수 있다. 理學史라고 해서 역사의 진공상태에서 탈역사적인 이데올로기체제의 전개로 관념적으로 정리해볼 수는 있겠으나, 각 시대와 각 사회의 계층이 저마다 서로 다른 생존조건 속에서 이를 수용해왔다는 점을 고려한다면 그 구체적이고 실제적인 내용의 실체는 치밀하게 세분해보면 서로 많이 다른, 아주 다양한 형태로 구현됐음을 알게 된다.

安珦(1243~1306)의 '노재지학' 도입의 역사적 배경은 실제로 어떠했으며,

들어 역사 정보가 지구마을을 빛의 속도로 오가는 지금의 마당이다.

安珦. 그는 聯蒙反武臣 逆쿠데타의 文臣領袖인 王黨派 고려개국공신 후예 柳璥의 제자였다.

元 萬卷堂이 元朝 궁정이 자리 잡은 칸발릭—燕京 궁성 안에 설치돼, 차라리 몽골황족 키야드 보르지긴이란 알탄우룩(Altan urug : 黃金氏族)[2]쪽의 요소가 압도적으로 더 강하게 작용한 몽골정권의 고려 駙馬(Хүргэн)王이자 쿠빌

2) 유라시아 북방 한랭 고원 건조지대 유목권에서는 黃金은 '해'이고 해의 후손은 天孫族 金氏 天皇族이다. 물론 해는 유일 절대를 상징하고 온난 다습지대의 '紅太陽'이 아니라 한랭 고원 건조지대의 황금색 '黃太陽'이다.

라이(忽必烈 : Khubilai, 1260~1294 在位) 몽골대칸의 외손자인 元朝 太子太傅 이질부카(益智禮普化 : Ijil-buqa) 瀋王(1275~1326)이 주도한 몽골세계제국 중앙정부 元朝의 이데올로기 창출기관이라는 성격을 주로 갖는 것임을 안다면, 또 안향 자신이 쿠빌라이가 직접 임명한 팍스 몽골리카체제 하의 元朝 征東行省 儒學提擧司라는, 엄연한 쿠빌라이 대칸의 신하라면, 당시에 고려에 수용된 노재지학-元朝 朱子學의 성격도 아주 명백히 드러나게 된다. 팍스 몽골리카체제의 완성과정에서 비로소 절대로 긴요했던 세계제국 지배이데올로기로 몽골군사귀족들 나름의 요구에 걸맞게 재정비돼 수용된 것이 노재지학이라는 원대의 주자학일 수밖에 없다는 것이다. 실로 흔히 오해하듯이 역사의 진공상태의 소산인 「송·명이학」식의 관념적이고 추상적인 내용이 아니고 구체적인 역사적 생성-수용 과정의 소산인 원조 관학이자 고려 관학인 '노재지학'이 당시 '元朝 朱子學'의 본질적 실체이어야 한다.

이른바 '중국사 읽기'식으로 史實을 굳이 잘못 해석해 主客이 顚倒된 당대의 관계역사 인식이 비일비재한 것이 작금의 현실이고 그것이 수백 년간의 科擧試驗에 의한 관료체제 구축관행 속에서 관계 지성사의 기층에 의식적으로든 무의식적으로든 아주 심층적으로 자리잡아오고 있음이 엄연한 오늘날의 현실임을 고려할 때, 이런 사실을 자각하려는 시도의 일환으로 安珦의 '魯齋之學' 도입과 元朝 萬卷堂 역사의 역사적 실재를 들여다보고 바로 읽어보려는 작업은 그래서 그 나름대로 의미 있는 일이라 하겠다.[3)]

---

3) 이 논문은 1990년 한·몽수교~2010년 11월 현재까지 몽골-시베리아-만주 일대의 답사 또는 발굴로 새롭게 열린 총체적인 시각으로, 아래 논문들을 다시 정리해본 것이다.
周采赫, 「元 萬卷堂의 설치와 高麗儒者」, 『손보기박사 정년기념 한국사학논총』, 지식산업사, 1988, 201~251쪽 ; 주채혁, 「몽골·고려사연구의 재검토-몽골·고려사의 성격 문제」, 『국사관논총』 제8집, 1989, 25~66쪽 ; 주채혁, 「몽골·고려사연구의 재검토-몽골·고려전쟁사 연구의 시각 문제」, 『애산학보』 8, 애산학회, 1989, 1~42쪽 ; 주채혁, 「이질부카 瀋王」, 『동아시아의 人間像』(황원구교수 정년기념논총), 도서출판 혜안, 1995, 139~172쪽 ; 주채혁, 「安珦의 國族 몽골중심 魯齋之學 도입과 元朝 萬卷堂 역사 바로 읽기」, 『민족발전연구』, 중앙대학교민족발전연구원, 2006, 147~162쪽.

2. 元朝 征東行省 儒學提擧 安珦의 '魯齋之學' 高麗 導入

安珦(1243~1306)이 충렬왕 12년(1286)에 元朝 征東行省 유학제거사의 고려 儒學提擧가 되어 왕을 따라 元의 大都－칸발릭 燕京에 가서 처음으로 朱熹 性理學 저술을 베껴 쓰고 孔子와 주희의 畵像을 그려 가지고 와서 주희 성리학을 연구했으며, 주희(1130~1200)의 호인 晦庵을 본떠서 자기의 호를 晦軒이라고 했다는 사실은 널리 알려져 있다. 그러나 그를 元朝 征東行省 유학제거사의 고려 儒學提擧로 임명한 임명권자는 고려의 충렬왕(재위 1275~1308)이 아니다. 그는 元朝의 쿠빌라이 대칸(世祖, 재위 1260~1294)이 원조의 內地行省인 遼陽(1313), 四川(1313), 雲南(1314)과 甘肅(1316) 같은 內地行省보다 무려 20여 년이나 빨리 1286년에 직접 그 자리에 임명한 儒者로 칸발릭인 燕京에 入城한 고려출신 元朝 관리다. 그러므로 그는 그런 직권을 가지고 어디까지나 고려에 몽골중앙정권의 지배이데올로기인 몽골중심으로 실천차원에서 재편된 朱熹 性理學 곧 '魯齋之學'을 고려에 관철하는 임무를 수행하고 있었음은 두말할 나위가 없다.

물론 충렬왕 진영의 추천과 쿠빌라이 대칸의 결재라는 과정을 거쳐 이루어진 인사일 것임을 짐작하지만, 그래도 그럴만한 당위성을 갖는 그간의 행적이나 인맥관계가 뒷받침됐으리라 추정된다. 안향은 바로 柳璥(1211~1289)의 제자이기 때문이다. 유경은 다름 아닌, 고려 태자 王倎(元宗, 재위 1260~1274)과 그 휘하 왕당파를 묶고 몽골의 정치-군사력을 빌어 문신의 逆쿠데타를 감행해 오랜 抗蒙武力의 주도집단인 최씨무인정권의 최후 실권자 崔竩(?~1258)를 죽이고 王政復古를 이룩해낸 고려문신의 領袖다. 그러니까 고려가 팍스 몽골리카체제에 편입되는 단서를 열었던, 즉위 직전의 쿠빌라이와 고려 王倎의 만남도, 안향의 스승 柳璥이 주도한 문신의 역쿠데타 과정의 일환으로 비로소 가능했던 것이었다.

이런 師承關係 인맥으로, 당시 원제국의 최고 실권자인 쿠빌라이 대칸에게 元朝 征東行省 유학제거사의 고려 儒學提擧로 임명받고 燕京에 입성한 이가 안향이다. 어디까지나 亡金이나 亡宋의 부흥－독립이 아니라 거꾸로 점령당한 금이나 남송을 몽골대칸 쿠빌라이가 잘 다스리게 하기 위한 國族 몽골의 식민지 지배를 위한 이데올로기로서의 주희 성리학을 재정립하거나 이미 그렇게 정립된 魯齋之學을 식민지에 전반적으로 제도화해 관철시키는 임무를 맡은 것이 안향이었다. 따라서 당시에 안향이 실제로 수용한 실천차원의 구체적인 주희 성리학은, 주희가 아직 생존했을 때 그가 亡宋의 부흥을 위해 기여하기를 바랐던 주희 성리학이 전혀 아니고, 더군다나 후세의 주자학자들이 탈역사적 관념체제로 추정해 정리해본 이른바 宋·明理學類의 주희 성리학일 수는 없었다.

'민주'라는 용어가 많이 사용되는 시대에 살고 있는 지금의 우리이지만, 실은 그 용어의 개념 실체는 체제와 집단의 역사 발전도 및 집단들간의 상호이해관계에 따라 서로 상이하거나 심지어는 정반대인 경우가 많음을 우리는 잘 알고 있다. 예컨대 자유민주주의와 인민민주주의의 '민주'개념은 어떤 면에서는 판이하고, 자유와 자주를 강조하는 민주 이데올로기 덕목조차도 집단 상호간의 이해관계에 따라 실천적 내용은 속박과 예속으로 곧잘 둔갑하기도 한다. 물론 저마다 철저한 자기합리화를 한사코 시도한다. 실로, 주희 당시의 남송조와 원조 및 고려, 그리고 명초와 청대의 그 실천적 내용이 구체적으로는 다소 다르거나 판이하게 다를 수 있었음은 아주 당연하다고 하겠다. 그러니까 이를테면 실천 차원의 당시 주희 성리학의 구체적인 내용도 당연히 남송의 주희가 의도했던 내용 실체와 그것을 자기성취를 위한 수단으로 수용한 정복제국 몽골 군사귀족이나, 그것 자체의 계승을 표방하면서도 실천은 몽·원조의 것을 당시의 역사적 생태상황상 간판만 바꿔 달고 상당히 그냥 그대로 습용할 수밖에 없었던 명조의 지주 사대부관료의 경우에는 그 실제 실천 차원의 구체적인 개념내용이 각각 다소간에 다르게, 또는 아주 판이하게 다르게 변용될 수 있었다는 것이다.

물론 元代의 儒宗으로 追尊된 許衡(1209~1281)의 魯齋之學으로 대표되는, 몽골 군사귀족관료가 점령지인 금이나 남송 등을 통치하기 위해 재정비해 수용한 주희 성리학이 당시에 안향이 고려에 관학으로 가지고 들어온 그

魯齋 許衡. 元朝 朱子學은 실천 차원에서는 철저히 國族 몽골 중심의 魯齋之學이지 朱熹之學이 결코 아니었다. 亡宋의 儒者는 南蠻 蠻子로 당대의 儒者 중에 사실상 최하급에 속했다. 제일 늦게 몽골제국에 歸附했기 때문이다.

실천적 실체였다.4) 그가 朱熹之學의 본질적인 다른 측면을 실제로 어느 정도 간파하고 있었다고 하더라도 고려관학으로서의 실천적 내용은 魯齋之學일 수밖에 없었다. 그 자신이 쿠빌라이 몽골대칸에게 元朝 征東行省 유학제거사의 고려 儒學提擧로 임명받은 元 世祖의 한 수하 관료이기 때문이다.

몽골정권이 주희 성리학을 처음 접하는 것은 1235년 몽골군의 남송경략과정에서다. 당연히 그 당시에는 몽골정권이 道·釋·醫·卜士와 같은 기능인 차원에서 儒者를 필요로 했을 따름이다. 물론 이때 붙잡혀온 趙復5)을 통해서 姚樞·竇默이나 許衡과 같은 뒷날의 몽골정권 관학파의 주도자가 나오기는 하지만, 관학으로서의 주희 성리학을 朱熹之學이나 趙復之學이라고 하지 않고 굳이 許衡의 학문 곧 '魯齋之學'이라고 하는 까닭은, 그것이 몽골이 금과 남송 등을 지배하는 과정에서 이들 점령지 통치를 위한 몽골 군사귀족의 구체적인 요구에 맞춰 이를 그 나름으로 걸러 國族 몽골중심으로 재조립해 낸 상태로 실천에서 활용됐기 때문이라고 하겠다. 한 가지 분명히 짚고 넘어가야 할 것은 애초에 주희 성리학의 北傳 곧 몽·원제국 수용의 주역을 맡았던 南宋 儒者 조복은 몽골군에게 九族이 도륙당하고 본인도 자살을 기도하다가 몽골군에게 생포돼 자살마저도 미수에 그친 참담한 처지에서 그 역할을 수행했으

4) 이 당시에 고려에 수입된 經書를 분석·연구한 書誌學者 金尙基에 의하면, 90% 이상이 宋刊本이 아닌 元刊本이고 그것도 江南刊本이 아니고 江北 漢地刊本이라고 한다(1988년 겨울 연세대학교 중앙도서관 연구실에서의 대담). 이는 당시에 고려 유자들이 수용한 주자 성리학의 성격과 관련하여 매우 중요한 의미를 갖는 통계수치라 하겠다. 이에 관한 朴洋子 교수와 黃在國 교수의 助言도 있었다.

5) 『元史』 권189, 열전 제76 「趙復」傳.

며, 그에게서 가르침 받아 몽·원제국 체제교학화를 주도한 楊惟中(1205~1256)·姚樞(1203~1280)와 그의 조카 姚燧(1238~1313)·竇默(1196~1280)·許衡(1209~1281) 등은 당시 중국의 理學을 주도했던 南宋 儒者와는 달리 정복왕조 金 治下에서 종사해온 漢族 지식인들이었다. 이들은 몽골 침공 하에서 조복을 알기 전에는 뒷날 南人이 되는 남송 유자의 理學에는 거의 무지한 뒷날의 一介 북방 漢人 儒者일 따름이었던 것이다. 허형은 그 후 元代의 儒宗으로 일컬어지는 巨木으로 원대 관학의 주류를 이루었다.

이를테면 '以漢法治漢地'의 차원에서 몽골 군사귀족관인 집단이 "漢의 이데올로기로 漢地를 다스리게" 재정비된 주희 성리학이 '노재지학'이라고 할 수 있고 이것이, 한 때 남송에서조차 버려졌던 주희 성리학이 주희의 의도와는 상반되게 도리어 남송의 식민지화를 촉진하고 그 식민지 지배 토대를 견고히 하는 이데올로기로 이용되는 차원에서, 역사상 처음으로 도리어 침략자 몽골 군사귀족정권의 관학으로 빛을 보게 된 셈이다. 그러므로 당시의 역사발전에 비추어 노재지학의 실천적 내용 분석을 구체적으로 엄밀히 하는 것은 매우 중요한 일이라 하겠다. 이는 물론 經典 그 자체보다는 그에 대한 실천차원의 구체적인 해석 경향을 당시의 시대상황 전개에 비추어 상세하게 검토할 필요가 있기 때문이다.

예컨대 허형은 '治生'을 무엇보다도 우선적으로 해결해야 할 문제로 강조했다. 그런데 사람의 '生理'를 만족시키는 물질생활을 전제로 하는 이런 '치생'의 강조는, 程朱의 學을 본받되 오랜 전란으로 참혹하게 피폐된 당시 민생문제의 심각성을 반영하는 것으로 보인다. 그의 이런 치생론은 뒷날 明·淸時代의 진보사상가들이 계승해 더욱 발전시켰다. 그는 또한 '貴人氣象'의 理學을 '日用常行'之道로 끌어내렸다. 聖人之道를 이론적 철학적 '窮理'의 측면보다는 실천적·윤리적인 '居敬'을 통한 修己의 측면을 강조해 이해했는데[6] 이는 결국 修己로 守分하는 그 사회적 기능에 초점을 맞춘 것이라 하겠다.[7]

---

6) 許衡, 『語錄』上, 「許文正公遺書」 권1 참조.

7) 文喆永, 「麗末 新興士大夫들의 新儒學 수용과 그 특징」, 『韓國文化』 3, 서울대학교 한국문화연구소, 1982, 97~123쪽 참조.

주희 성리학 자체가 원래는, 대내적으로는 地主·佃戶間의 모순이 첨예화했던 주희 당시의 남송사회를 지주의 입장에서 士庶로 질서화하고 북방민족 침략에 쫓기던 그의 망명조국 남송의 역사적 정통성을 강조하면서 남송 중심으로 華夷의 질서를 구축하려는 의도에서 성립된 것이다. 그렇지만 근 70년간에 걸친 몽골의 정복통일전쟁 과정에서 그 모순들은 더욱 첨예화해져서 원제국은 주희의 망명조국 남송에서조차 한 때 邪學視돼 왔던 이 성리학을 마침내 體制教學化하지 않을 수 없었던 것이다. 이렇게 國族 몽골을 華로 하고 도리어 주희가 사수하려 했던 華인 망명조국 亡宋을 蠻夷로 삼아 실천차원에서 구체적으로 官學화한 주희 성리학이 몽·원제국 중심의 '노재지학'이다.

원대 사상계의 일반적인 경향대로 노재지학에서도 和會朱陸 곧 朱陸融合의 추세를 볼 수 있기는 하다. 그렇지만 朱熹의 '格物窮理'를 통해서든 陸九淵의 '發明本心'을 통해서든 노재지학이 체험하고 획득하려는 天理는 역시 몽골 군사귀족과 이에 영합하는 지주·사대부계급의 이익을 반영하는 三綱五倫이었다. 이는 몽골 군사귀족의 생존 본질에 부합되는 군벌통치 守成段階의 이데올로기로서의 적합성을 보장하는 것으로, 몽골제국뿐만 아니라 원조가 망하고 근 백년 이래의 高麗系 몽골군벌 가문으로 군사 쿠데타를 통해 창업한 李成桂(재위 1392~1398)의 조선조에게도 절실한 지배이데올로기였다 하겠다.[8] 그래서 안향의 노재지학 도입은 그 후의 고려조에서는 물론 1542년에 周世鵬(1495~1554)이 백운동에 그의 사당을 세워 조선조 書院의 초석을 놓는 데까지도 주도적으로 작용케 된다.

---

8) 주채혁, 「민족사 2천년의 가장 긴 전쟁과 속박－몽골 침입期 재조명 : 몽골세계제국을 통해 한반도는 세계와 접목됐다 : 李成桂는 몽골 군벌 출신 몽골將軍」, 『월간조선』 1999년 1월호, 조선일보사, 180~185쪽 참조.

3. 太子太傅 이질부카(Ijil-buqa) 瀋王의 宮師府 官邸 '元 萬卷堂' 창설

1218~1259년에 걸쳐 40여 년간 벌어졌던 몽골·고려전쟁은 고려가 崔氏武人政權에 대해 逆쿠데타를 감행해 王政復古를 이룩하며 1259년에 몽골군에 降附하면서 일단 대단원의 막을 내렸다. 이로부터 최씨무인정권의 전횡으로 허수아비가 돼버린 당시의 고려왕권을, 이제까지의 오랜 항전대상인 적군 몽골군의 힘을 빌려 되찾아보려는 고려 내부의 정권쟁탈전이 몽골·고려관계의 국면을 종래와는 판이한 쪽으로 돌려놓게 됐다. 물론 항전 고려무인집단 삼별초를 핵심전력으로 하는 抗蒙戰爭이 그 후 10여 년간 더 지속되기는 했으나, 敵我로 나뉜 고려의 항몽군사력은 이미 몽·려연합군의 항몽군 토벌국면에서 별로 큰 힘을 발휘할 수 없게 됐다. 한편 몽골진영에서도 또 그 나름으로 고려와 국교를 열지 않을 수 없는 절박한 내부사정이 있었다. 몽골진영 또한 칸위 계승전을 둘러싸고 내부가 敵我 양 진영으로 나뉘어 첨예하게 투쟁을 벌이고 있었던 터다. 뭉케칸(憲宗)이 戰陣에서 죽은 후에 칸위 계승전에서 유목기반을 갖는 本地派 오고타이계를 물리치고 농경기반을 갖는 漢地派 톨루이계 뭉케가 칸위에 올라 있다가 남송공격이 본격화된 상황 하에서 죽게 되자 톨루이계 자체 내부에서 다시 더 분화 발전된 본지파와 한지파의 탈권전이 전개된 것이다. 이것이 몽골이 세계경략에서 '征服關係'를 '朝貢關係'로 전환하는 1260년경의 漢地派 쿠빌라이(Khubilai)의 몽케(蒙哥 : Möngke)칸의 합법적 계승자인 아릭부케(阿里不可 : AriqBöke) 몽골 유목 本地(Steppe)派에 대한 쿠데타이다.

때 마침 이즈음에 臣附하기 위해 몽골칸국에 들어간 고려 태자 王倎(뒷날의 元宗)은 공교롭게도 바로 뭉케칸이 죽은 직후에 칸위 계승전에서 고비 이남의 漢地 대총독으로, 한지의 우세한 물력과 인력을 기반으로 본지파인 오고타이계의 원조를 받는 막내아우 아릭부케를 물리치고 칸에 오르기 위해 北上中인 漢地派 쿠빌라이를 처음 만나게 된다. 이때 쿠빌라이는 千軍萬馬라도 얻은 듯이 "고려는 만 리나 멀리 떨어져 있는 나라로 당제국의 태종이 친히 정벌했어도 항복시키지 못했는데 오늘 그 태자[9)]가 제 발로 걸어와서 내게 歸附하니 이는 하늘의 뜻이"라고 하면서 뛸 듯이 기뻐하였다. 이때 쿠빌라이는 가장 큰 최후의 정복대상국인 남송이 그대로 남아 몽골·남송 양국이 휴전상태로 있었던 데다가, 몽골의 본거지인 몽골고원의 대부분의 세력과 뭉케칸의 지원을 받고 있던 사실상의 합법적인 후계자라 할 아우 아릭부케 세력을 대적 또는 견제하면서 쿠데타에 성공해 칸위를 쟁취해야 할 급박한 처지에 놓여 있었다. 더군다나 이런 칸위쟁탈전에서 가장 긴요한 후원세력이라 할 오늘날의 동부몽골-만주 지역의 옷치긴 후예 타가차르 왕가를 우군세력으로 확보하는 데[10)]에 그 후방에 있는 독립제국 고려의 측후방 지원을 확보하는 일은 매우 시급하고 중차대한 과제일 수밖엔 없었다. 그 후 그 길로 동생인 아릭부케 곧 합법적인 정통계승자를 거세시키는 쿠데타에 성공해서 탈권한 쿠빌라이 대칸은, 고려의 무신정권에 대한 逆쿠데타를 통해 王政復古를 이룩하는 王倎의 擧事를 군사·정치적으로 직접 지원하면서 몽골·고려의 聯合勢力이 성취되도록 돕기에 이르렀다.[11)] 쿠빌라이는 칸위에 오르자 '以漢法治漢地'라는 방침을 세워 남송을 병합하고 몽골세계칸국 중앙정부 원나라의 기본 지배틀을 짜기 시작했다. 그런데 고려의 몽골·元제국에 대한 臣附가

---

9) 이제현, 『익재문집』 권9, 「충헌왕세가」와 『고려사』 권25 원종 원년 3월 丁亥條. 그런데 여기에서는 모두 王倎을 '高麗 世子'로 적고 있다는 점이 특이하다. 이는 '고려 태자'를 이제현 등의 고려 유자들이 元朝 魯齋之學-元朝 朱子學의 史觀의 세례를 받고 나서 그렇게 고쳐 쓴 것으로 볼 수 있다. 왜냐하면 쿠빌라이가 태어나서 자란 생태기반이 동부몽골·화북지대이어서, 그가 고려를 그대로 고구려로 인식할 정도로, 고구려-발해-고려사를 객관적으로 이해하고 있었던 몽골인으로 보이기 때문이다. 또 실제로 고려가 몽골에 歸附한 충렬왕 이후에나 高麗 太子를 高麗 世子로 格下시켜 자칭한 고려이기도 하기 때문에 그 이전인 고종-원종 무렵에는 당연히 그러했으리라 볼 수 있다. 쿠빌라이 자신의 당시 처지 또한 몽·원제국의 天子는 커녕, 아직 몽골遊牧君主의 자리에도 오르지 못한 터였으므로 이는 당연히 일정한 사료 비판-고증과정을 거쳐 '高麗 太子 王倎'으로 바로잡아 復元돼야 할 사료라 하겠다.

10) 윤은숙, 『몽골제국의 만주 지배사-옷치긴 왕가의 만주 경영과 이성계의 조선 건국』, 소나무, 2010, 156~200쪽, 「타가차르, 쿠빌라이를 대칸으로 만들다」 참조.

11) 이에 이르러 몽골군은 고려 내부 이간과 '군사원조'로 對高麗作戰 방식의 일대 전환을 하게 된다.

몽골이 漢地를 다스리는 방법으로 '以漢法治漢地'하는 방침을 세워 획기적으로 전환하는 과업을 주도하는 쿠빌라이 대칸의 즉위와 동시에 이루어졌다는 것은, 몽골·원칸국 팍스 몽골리카 질서 추구과정에서 당시 북방유목몽골로이드 태반 기원으로 일정한 정도의 문화수준을 지니면서 농경적 생활을 하고 있던 고려가 수행할 역할의 성격을 결정하는 데에 중요한 의미를 갖는다 하겠다.

그 후 왕전이 元宗으로 즉위한 뒤에도 이때 약속한 '出水就陸' 곧 江華都에서 開京－松都로 還都하는 일이 武臣들의 저항으로 쉽게 이루어지지 않게 되고 마침내는 무신들이 원종을 폐위시키는 일(1269)이 일어나게 됐다. 이에 몽골조정은 고려에 압력을 넣어 원종을 복위시켰고 원종은 복위된 직후에 칸발릭(大都 : 燕京)에서 쿠빌라이 대칸을 몸소 찾아뵙고 還都의 뜻을 보이면서 고려 태자 王諶(王昛, 1236~1308 : 뒷날의 忠烈王)에게 쿠빌라이 대칸의 공주를 시집보내줄 것을 간청한다. 몽골 키야드 보르지긴의 혈통을 고려왕의 혈통에 접목시키는, 당시로서는 가장 절대적이고 완벽한 몽골제국의 고려 援助를 요청한 셈이었다. 그 후 이 요청은 수락되는데, 이는 몽골·고려관계가 종래의 宗藩關係에서 「姻戚關係」로 바뀐다는 본질적인 관계변화를 뜻하는 것이었다. 물론 북방유목몽골로이드 활겨레(弓族) 출신인 몽골과 고려의 역사태반[12]이 은연중에 고려된 정치군사적 연맹관계의 결성이라는 의미를 갖는 것으로 볼 수도 있을 것이다. 이로부터 장차 고려왕 혈통에 몽골칸의 키야드 보르지긴의 피를 접목시킬 '下嫁'한 몽골 공주의 힘을 빌려 還都의 걸림돌이 되는 무신세력을 꺾고 고려왕실이 다시 王政復古를 확실하게 이룩하여 쿠빌라이 대칸의 뜻을 받들겠다는 내용이 이에 含意된 것이라고 하겠다.

그 후 원종은 고려에 돌아오자마자 林衍 일당을 제거하고 開京으로 還都하는 한편 몽골군의 지원을 받아 三別抄를 토벌하여 철저히 몽골에 臣服했다. 이후 1271년에 태자 왕심을 칸발릭에 보내어 투르가흐(質子)가 되게 하면서 마침내 1274년에 13살인 쿠빌라이 대칸의 어린 딸 쿠툴룩 켈미쉬(忽都魯·揭里

12) 周采赫, 「東明루트 : 蒙·韓 弓族 分族考」, 『한·몽수교 20주년 기념 국제학술대회 논문집』, 한국몽골학회, 2010. 3. 26, 151~182쪽 참조.

迷失 : KhudulughKelmish : 齊國大長公主 : 忠烈王妃, 1258~1294)를 며느리로 맞이했다. 이때 고려 태자 王諶의 나이는 36세로 11년 전에 이미 결혼한 터였다. 이로부터 칭기스칸 키야드 보르지긴 알탄우룩의 핏줄, 그 가운데서도 몽골세계제국을 완성하고 그 중앙정부 元朝의 칸위를 대대로 이어받게 되는 元 世祖 쿠빌라이 대칸의 혈통이 그대로 고려 왕실의 혈통에 접목되게 됐다. 이에 따라 몽골세계제국 중앙정부 元朝의 막강한 비호하에 고려 무신정권의 발호는 자취를 감추고 사실상의 고려 왕정복고가 이룩됐다. 왕위계승에서 혈통이 핵심이 되는 것은 당시의 관행상 지당했지만, 특히 전투와 생산의 기본단위가 오랫동안 주로 혈연을 기반으로 이루어질 수밖에 없었던 유목국가 몽골의 특성상 팍스 몽골리카체제 하에서는 더욱 더 이런 요소가 강조될 수밖엔 없었다. 그러므로 태자 왕심이 충렬왕으로 즉위한 다음부터는 고려 왕위계승에서의 정통성이 몽골칸의 피가 섞인 濃度에 따라 결정됐음은 물론이다. 그런 기준에 입각한 고려왕위 계승의 승패여하 정도는 바로 몽골칸의 고려지배 成就度를 가름하는 尺度가 됐던 것이다.

종래의 몽골칸실은 주로 몽골반점(Хөх Мэнгэ 또는 Хөх Толбо)이 있는 몽골종족인 홍기라드나 이히레스(Ихирэс) 등의 씨족과만 통혼해 칸의 하땅(后妃 : Хатан)을 맞고 공주를 시집보내며 투르크종족인 위구르(Уйгур)나 옹구트(Онгут)부족 등과는 하땅은 맞아들이지 않고 공주만 시집보내는 관계를 맺는 것이 관례다. 그런데 이들 모두는 몽골세계제국 창업과정에서 큰 공을 세워 칭기스칸 칸실과 '根脚'－親疎關係를 맺고 그 후 관인문벌을 이룬 종족이었다. 그러니까 이때 고려태자 王諶에게 공주를 시집보냈다는 사실은 당시에 高麗人이 色目人도 아닌 漢人의 범주에 속했던 通例로 보아 예외적인 特例라 하겠다. 물론 솔롱고스의 보흐 차간칸(Буха цагаан хаан)의 공주 훌란 하땅(Хулан хатан)이 칭기스칸의 네 번째 하땅이 되기도 했고[13]

13) Лувсанданзны Алтан Товч 404-405 Хөх хот. 여기서 흥미로운 점은 Буха цагаан хаан(渤海白王)의 궁전을 'барс гэртэй Буха'라고 한 사실이다. 주지하는 대로 Үнэгэн мөрөн('여우江'이라는 뜻으로 압록강의 옛 이름도 여우江이었다는 점이 주목된다. 이는 1993년 여름 데. 욘동 당시 몽골사회과학원 어문학연구소장이 답사현

실제로 奇올지트(Өлзийт)가 元朝의 마지막 칸인 토곤테무르칸(妥懽帖睦爾汗 : Тогоон Төмөр : Togontemurkhan : 惠宗 : 順帝)의 이흐하땅(正后)이 되어 황태자 아유시리달라(愛猷識理達臘 : Ayü Siri Dala : 昭宗, 1371~1378년 재위)를 낳았다.[14] 그런데 당시에 고려 태자 王諶에게 쿠빌라이 대칸의 어린 공주 쿠툴룩 켈미쉬를 下嫁시킨 데는 몽골반점을 공유한 북방몽골로이드로서의 역사태반 문제도 있겠지만, 당시로서는 그들 나름의 현실적인 급박한 사정이 있었던 것이라 볼 수 있다.

쿠툴룩 켈미쉬 공주가 고려 태자 王諶에게 시집온 1270년대 초는 몽골의 남송 정복전쟁이 막바지에 이른 때였다. 1276년에 남송의 수도 臨安이 함락됐다. 따라서 이 당시 공주의 下嫁는 몽골의 남송 정복전과 정복지 남송의

지에서 제공한 정보다. 2010년 가을에 金寬雄 교수는 두만강이 여우강으로 불렸다고 지적해 주었다. 그런데 이는 두만강이나 鴨綠江의 Merkid[靺鞨]족이 Selenge江 쪽으로 이주했을 가능성을 보여주는 것일 수도 있다) 곧 셀렝게江 지대는 물이 북극해로 흘러들어 물이 너무 차서 호랑이가 못산다. 호랑이나 표범 등의 얼룩무늬 가죽(虎豹之皮)을 뜻하는 '文皮'는 齊나라 管仲이 桓公에게 "古朝鮮에서 나는 문피는 千金의 가치가 있다"고 했고 『管子』 '揆度'에는 "朝鮮之文皮一策也"라고 했으며 『爾雅』 '釋地'에는 "東北之美者 有斥山文皮焉"이라고 했듯이 고조선의 특산품이다. 호랑이가 주로 살던 곳이 장백산-백두대간 지역임을 고려할 때 이들은 당시에 渤海(Бухa)地域에서 이주해온 발해유민 메르키드(靺鞨, Merkid)族 귀족세력임을 추정해볼 수 있게 한다. 칭기스칸도 활겨레 보카 메르키드인의 원주지가 그의 모태-부르칸(不咸)일 수 있다(주채혁, 「솔롱고스 부족과 동명성왕의 사연」, 『뉴스메이커』 756호, 경향신문사, 2008. 1. 1, 78~80쪽 ; 주채혁, 『순록유목제국론-고조선·고구려·몽골제국의 기원연구』, 백산자료원, 2008, 475~482쪽 轉載). 그래서 칭기스칸은 그가 선보러 가는 전날 밤에 장래 장인인 데이·셋첸의 꿈에 송골매(Šingqor, 海東靑)로 현몽(『몽골비사』, 63절)했고, 송골매의 명산지는 濊貊의 땅인 함경도 일대다. 高麗에 鷹坊이 생긴 이유가 바로 몽골 國鳥 송골매 때문이라는 점도 눈여겨볼 만하다.

14) 토곤테무르칸(Togontemurkhan : 惠宗 : 順帝)-1370년 4월 아유시리달라(宣光帝 昭宗) 繼位-1378년 4월 소종의 아우 또는 아들인 토고스테무르(Togstemur : 天啓帝 益宗) 繼位/ 益宗과 그의 맏아들 天保奴(Tenbaoliu)가 1388년 4~10월 톨강변에서 아릭부케系 신하 예수데르에게 弑害됨-1389년 토고스테무르칸(Togostemurkhan : 天啓帝 益宗)의 아들 엥크 조릭투 繼位-1393년 엥크 조릭투의 아우 엘베크 繼位(1399년에 오이라트 봉건주가 엘베크칸 弑害) -1399년에 엘베크칸 장자 坤테무르(temur) 繼位(이후 鬼力赤가 칸을 자칭하고 東몽골 타타르라 칭함. 그의 부하가 폐함 : 그 후 『고려사』에서 '北元'이라 칭하는 奇皇后系 키야드 보르지긴 칸위의 정통은 일단 단절된 것으로 보임).

경영문제와 떨어져서는 생각하기 어렵다. 우선 고려·남송·일본의 反몽골해상연맹 결성을 막아야 했고, 가능하다면 오히려 고려의 군사력과 경제력을 동원해 남송을 정복하는 일이 시급했다. 한 걸음 더 나가서는 정복된 남송을 경영하는 데 정착 농경권에서 거대한 순록-양유목태반 起源의 고구려 목·농제국 운영 경륜이라는 역사적 전통을 이어받은 터에, 다시 그간 상당한 농경문화 수준을 갖춘 고려의 경험을 활용할 필요가 있었다. 이런 몽골·고려의 역사상황 속에서 고려 태자 王諶과 쿠빌라이 대칸의 공주 쿠툴룩 켈미쉬의 결혼이 1274년 5월에 이루어진다. 그리고 이 해 8월에 왕심은 귀국해 고려국 충렬왕으로 즉위한다.

마침내 이듬해인 1275년 9월에 원조 쿠빌라이 대칸의 피를 직접 輸血한 이질부카(王璋)가 고려국 왕자로 태어난다. 그가 바로 다름 아닌, 뒷날 이질부카(Ijil-buqa) 瀋王이자 고려국 忠宣王이다. 그는 비록 팍스 몽골리카체제 속에서이기는 하지만 옛 고구려·백제·신라라는 三韓의 땅을 한 왕권하에 엮어 틀어쥐고 원조 宮師府의 太子太傅로 魯齋之學化한 朱熹 性理學을 몽골 세계제국의 體制敎學化해 세계사적 차원의 이데올로기 '元朝 朱子學'으로 일약 격상시키는 역사적 작업을 주도해내게 된다. 실로 1274~1275년 9월에 이르는 1년 4개월 여의 기간은, 어떤 의미에서든 몽골칸실의 키야드 보르지긴 피가 고려왕실의 혈통에 직접 접목되면서 원·명·청의 역사는 물론 그 후의 고려·조선사의 이데올로기적 조류의 흐름을 획기적으로 가름하게 하는 奇緣이 맺어진 일대의 계기를 마련한 기점이었다고 하겠다.

이렇게 태어난 갓난아이인 王謜 곧 王璋[15]을 포대기에 싸서 안고 쿠툴룩 켈미쉬 공주는 친정인 칸발릭으로 가서 친정부모인 쿠빌라이 대칸을 비롯한 친정가족들을 뵙고 인사를 드렸다. 특히 쿠빌라이 대칸의 짐킨(眞金 : Jimkin, 1234~1285) 황태자비인 徽仁裕聖皇后 발리안 예케치(伯藍也怯赤 : Balian Yekeci)[16]를 뵙고 이질부카(益智禮普化 : Ijil-buqa)[17]라는 이름을 지어 받게

15) 王謜을 뒤에 王璋이라고 고쳐 불렀다.

16) Balian Yekeci(伯藍也怯赤)는 홍기라드씨족 출신으로 일명 闊闊眞이라고도 한다.

17) 보르지기다이 에르데니 바타르, 『팍스 몽골리카와 고려』, 혜안, 2009. 8, 95쪽, 주1)에서

된다. 뒷날 쿠빌라이 대칸의 뒤를 잇는 테무르칸 成宗의 어머니이기도 한 발리안 예케치가 이질부카라는 이름을 지어주었다는 것은, 그 후 이질부카(왕장)의 몽골칸실에서의 위상과 관련하여 아주 중요한 의미를 갖는다. 그러나 무엇보다도 중요한 사실은 발리안 예케치의 남편인 황태자 짐킨(眞金)이 쿠빌라이 대칸에 의해 몽골의 중원지배를 위한 초석을 놓을 인물로 키워져 儒學에 일정한 造詣를 갖추었고 결국 그런 人脈으로 관련된 漢人 儒者들을 중심으로 주희 성리학의 노재지학화 내지 元朝 체제교학화가 이루어진다는 점이다. 이런 인맥관계로 이질부카가 쿠빌라이 대칸의 '潛邸舊侶'인 許衡(1209~1281)을 元 일대의 儒宗으로 하는 원대 북방유자 일파와, 몽골칸실의 일원으로 한 중심에서 깊은 인연을 맺게 되기 때문이다. 그를 둘러싼 이러한 역사적 조건 속에서 이질부카는 성장기의 대부분을 칸발릭에서 宮師로서의 儒者的 자질을 키우며 보냈고,[18] 심지어는 고려왕에 즉위하고 나서도 거의

는 李齊賢, 『益齋亂藁』 권9上과 『元史』 권116, 「裕聖后伯藍也怯赤傳」의 "公主入朝抱以見徽仁裕聖皇后 后拍手呼之 便匍匐投諸膝下 后名之曰益智禮普化"를 인용하고 있다. 그는 白鳥庫吉, 「高麗史に見えたる蒙古語の解釋」, 『白鳥全集』(全10卷) 3. 岩波書店, 1969~1971, 421~423쪽에서 Ižir-buqa로 轉寫한 것이 잘못됐다고 보고, P. Pelliot 著, 馮承鈞 譯, 「高麗史中之蒙古語」, 『西域南海史地考證譯叢』 乙集, 臺灣 : 商務印書館, 1970, 71쪽에서 Ijil-buqa라고 적은 轉寫를 따라 적고 있다. 본고에서도 후자가 옳다고 보아 그대로 따랐다.

18) "延祐初 有鮮卑僧上言 帝師八思巴 製蒙古字 以利國家 乞令天下立祠 比孔子 有詔公卿耆老 會議 國公楊安普 力主其議 王謂安普曰 師製字 有功於國 祀之 自應古典 何必比之孔氏 孔氏百王之師 其得通祀 以德不以功 後世恐有二論 事雖竟行 聞者韙之"(李齊賢, 『益齋亂藁』, 『益齋集』 권9上, 16·17 「忠憲王世家」)라고 기록해 있듯이 이질부카 瀋王은 몽골國字인 팍파문자를 만든 팍파를 감히 孔子와 맞먹는 자리에서 사당에 모시는 것을 詔書가 내려 논의하는 회의석상에서 결연히 반대해 막았다. 이와 함께 "世祖 又爲乃先王 降以安平帝姬 追封秦國 實生今王 于屬爲甥 而妃又裕皇元子 晉王公主 父子先後 連姻帝室 當儲皇之牧寧內訌也 王與定策 故皇上報之 加開府儀同三司 太子太師……又原降制 惟曰 瀋王進尙書右丞相……湛露恩光 可謂無以尙者……"(『牧菴集』 권3, 「高麗瀋王詩序」)라고 적은 기록에서 보듯이, 그가 맡은 직책도 어디까지나 儒者로서의 治道를 문제 삼는 宮師府의 太子太傅이며, 권고 받은 최고위 직책도 右丞相이었지 결코 티베트佛教의 僧職이 아니었다. 그러므로 그의 집권말기의 去勢 판국에 몰렸을 적에 일시적으로 처세상 또는 방황 중에 행한 불교의례를 문제 삼아 이질부카 瀋王이나 元 萬卷堂의 西藏佛教色彩를 針小棒大해 해석하는 일은 명백히 本末이 顚倒된 視角이라 하겠다(김광철, 「14세기 초

대부분을 元代 巨儒로서 원나라 皇宮에서 보냈다.

실제 쿠빌라이 대칸 자신도 몸소 5살 난 외손자 이질부카(Ijil-buqa)를 便殿으로 불러들여 무슨 책을 읽고 있느냐고 묻기도 했다. 이에 그가 숙위하면서 틈틈이 師儒 鄭可臣과 閔漬에게 『孝經』, 『論語』와 『孟子』를 배우고 있다고 대답하자 쿠빌라이 대칸이 크게 기뻐했다고 한다. 南宋이 완전히 정복되는 1279년에 외할아버지인 쿠빌라이 대칸과 총명한 어린 외손자 이질부카 사이에 주고받은 이야기에 관한 기록이다. 이 일이 계기가 되어 쿠빌라이 대칸은 이질부카의 師儒를 몸소 만나 깍듯이 예의를 갖추고 그들의 의견을 듣게 된다. 元朝의 大臣들과 자리를 함께 하여 交趾征伐 문제를 논의한 적도 있었는데, 이때 쿠빌라이 대칸은 그들의 의견을 실제로 채택하여 정책을 결정했다. 그리고 마침내 鄭可臣에게는 翰林學士를, 閔漬에게는 直學士를 遙授하는 특전을 베풀었다.[19] 이질부카의 스승에 대한 이러한 파격적인 禮遇는 쿠빌라이 대칸이 외손자 이질부카에게 팍스 몽골리카체제를 뒷받침할 체제교학－지배이데올로기 수립 사업과 관련한 매우 큰 기대감을 보여주는 것이라 하겠다.

또 쿠빌라이 대칸은 '惟務課賦吟詩'나 하는 亡金의 북방 漢人 儒者보다 '通經書'한 고려유자들을 훨씬 더 그들에게 쓸모 있는 인재로 파악하고 있었다. 고려가 나라는 작지만 유자들이 모두 경서에 통달하고 있어서 팍스 몽골리카체제의 지배이데올로기 수립 작업에 크게 동원시켜 쓸 만하다고 본 것이다.[20] 물론 여기에서의 한인유자란 문자 그대로 그 당시 理學의 본고장이라고 할 江南의 南人儒者層을 소외시킨, 아직 소박한 수준에 머물러 있던 亡金의 漢人 儒者를 가리킨다. 그렇지만 이질부카 王璋은 오히려

원의 정국 동향과 충선왕의 吐藩유배」, 『한국중세사연구』 3, 1996이나 李玠奭, 「『고려사』 元宗·忠烈王·忠宣王世家 중 元朝關係의 註釋硏究」, 『동양사연구』 18, 2004 참조).

19) 李齊賢, 『益齋亂藁』 권9상, 16「忠憲王世家」.

20) 『元史』 列傳46, 「趙良弼」傳.

又問臣曰 我國古稱文物侔於中華 今其學者 皆從釋子以習章句 是宜雕蟲篆刻之徒寔繁 而經明行修之士絶少也 此其故何也[21]

라고 하여, 당시의 고려 학자들이 佛經에 傾倒돼 經學을 소홀시하는 경향을 걱정하고 있다. 이처럼 경학을 중시하고 있던 이질부카 藩王이 말년에 元朝 궁정의 政變에 휘말려들어 한 때 처세상 불교에 경도된 듯 행세한 것만 보고 그의 信佛을 과장해 해석하는 것은 물론 잘못이다. 아무튼 쿠빌라이 대칸은 이러한 그 나름의 평가에 의거해서 旣述한대로 遼陽, 四川, 雲南과 甘肅과 같은 元朝의 內地行省보다 무려 20여 년이나 빠른 1289년에 직접 征東行省에 高麗國儒學提擧司를 설치하고 安珦을 儒學提擧로 직접 임명했다.[22] 이때 쿠빌라이 대칸은 몽·원제국의 관학을 주도하는 유자들의 수준이 이처럼 亡金의 북방 유자 차원에 한정되는 한은, 이렇게 수준 높은 高麗儒者의 한 사람이자 외손자인 血孫 이질부카를 그들을 주관하고 견제하며 팍스 몽골리카체제의 체제교학을 정비하는 사업의 핵심 주도자감이라고 보고 키웠던 것이라 하겠다. 물론 당시 理學의 본고장이라고 할 江南의 南人儒者層은, 특이한 사례를 빼놓는다면 대체로 이들을 묶어 세워 지배해야 할 피지배지식인 집단으로 파악하고 있었다[23]고 할 수 있다.

이질부카의 父王 충렬왕은 그가 쿠툴룩 켈미쉬(Khudulugh Kelmish) 공주와 결혼해서, 아들인 이질부카에게 대원제국의 창업을 완수하고 守成의 기틀을 마련하는 일을 주도해 그 후의 몽골칸의 大統을 잇는 뿌리가 된 쿠빌라이 대칸의 키야드 보르지긴 핏줄을 이어받게 해주었다. 이로써 그의 아버지 충렬왕은 쿠빌라이 대칸의 駙馬(Хүргэн)가 됐는데 여기서 駙馬라 함은 농경 정착사회의 그것과는 그 성격이 크게 다르다. 몽골칸의 부마는 몽골칸위

---

21) 李齊賢, 『櫟翁稗說』 前集1, 『高麗名賢集』 2, 成均館大學校 大東文化硏究院, 1973, 349~350쪽.

22) 高柄翊, 「麗代東征行省의 硏究」, 『역사학보』 14, 1961. 4 ; 19, 1962. 12/ 『東亞交涉史의 硏究』, 서울대학교 출판부, 1970, 256쪽.

23) 愛宕松男, 「元の中國支配と漢族社會－首領官制度：正官と首領官」, 『岩派講座世界歷史』 9, 中世3 東洋編, 東京, 1974. 3, 285~287쪽 참조.

계승을 결정하는 대회(Хурултай)에 宗王과 대등한 자격으로 공주와 함께 黃金氏族(Altan urug)의 한 구성원으로 참가할 수 있는 막강한 힘을 갖게 된다.[24] 그래서 1294년 대회(Хурултай)에서 成宗(Тэмүр кан)을 선거로 추대할 때 충렬왕도 참여하여 擁立의 공을 세우고 있지만, 결국 1308년에 그의 아들 이질부카(王謜 또는 王璋)가 고비 이북의 군사력을 배경으로 하는 武宗(Кайсан кан)의 쿠데타에서 一翼을 담당해 옹립의 공을 세우게 되는 것[25]도 기본적으로는 그가 쿠빌라이 대칸의 혈통을 이어받고 있는 점과 다시 쿠빌라이 대칸의 맏손자 晉王 감말라(甘麻剌 : Gamala, 1263~1302)의 딸 보타시린(寶塔實憐 : Botasirin, ?~1343) 공주와 결혼해 부마가 돼서 장차 고려왕위를 계승할 쿠빌라이 대칸의 직계 외손 정통혈손을 낳을 가능성이 있는 姻戚으로서의 혈족적 배경에 힘입어 비로소 가능했다고 하겠다.

그런데 어머니 쿠툴룩 켈미쉬를 통해서 쿠빌라이 대칸의 피를 수혈 받고 태어난 이질부카가, 다시 쿠빌라이 대칸의 황태자 짐킨(眞金 : Jimkin : 裕宗, 1234~1285)의 長子인 감말라(Gamala)의 딸 보타시린(Botasirin) 공주를 아내로 맞아들이면서 그는 한층 더 몽골칸실의 직계 정통과 직접 접목되는 혈연관계를 맺게 됐다. 충렬왕비인 이질부카의 모친 쿠툴룩 켈미쉬 공주는 고려에 시집온 몽골공주 가운데 유일한 쿠빌라이 대칸의 딸이라고는 하지만 그의 어머니인 아수친(阿速眞 : Asucin)은 『원사』「后妃」전에도, 라시드 앗 딘(Rashid al-din)의 『集史』에 기록된 쿠빌라이 대칸의 后妃欄에도 끼어있지 않은 것으로 보아 쿠빌라이 대칸의 偏妃일 가능성이 많다. 그래서 元宗이 復位한 뒤인 1270년 2월에 쿠빌라이 대칸에게 고려태자 王諶을 쿠빌라이의 공주와 결혼시키기 위해 청혼했을 때

朕之親息 皆已適人 議於兄弟 會當許之[26]

---

24) 『蒙兀兒史記』 권제51, 1 「諸公主表」제3.
25) 高柄翊, 「高麗 忠宣王의 元 武宗 擁立」, 『역사학보』 제17·18집, 1962. 6/ 『東亞交涉史의 研究』, 서울대학교 출판부, 1970, 293~303쪽 재수록.
26) 『고려사』 「세가」 권제26, 31 원종 2년 3월 甲戌條.

라고 하여 내 친자식들은 다 시집가고 없다고 했던 것이 아닐까. 이런 혈연관계 배경의 취약성 때문인지 충렬왕은 1294년에 그의 장인 쿠빌라이 대칸이 죽고 이어서 1296년에 쿠빌라이 대칸을 親父로 하는 왕비 쿠틀룩 켈미쉬 공주마저 죽게 되자 元朝 황실에서의 영향력이 급감했던 것으로 보인다. 그 후 쿠빌라이 대칸의 正妃 昭睿順聖皇后 차부이(察必 : Čabui) 소생의 황태자 짐킨(Jimkin)의 3子 테무르칸(Temur khan) 成宗에 이어 짐킨의 次子 다르마 발라(答剌麻八剌 : Darma Bala, 1264~1292)계 손자들인 武宗(海山汗 : Кайс ан кан, 1308~1311 재위)→ 仁宗(愛育黎拔剌八達, 1312~ 1320 재위)이 칸위를 줄곧 이어받게 되자 점차 몽골 황실에서 소외되어 失勢하게 된다.

이와는 대조적으로 일단 어머니 쿠틀룩 켈미쉬(忽都魯揭里迷失) 공주를 통해 쿠빌라이 대칸의 피를 이어받고, 그의 正妃 昭睿順聖皇后 차부이(察必) 소생의 황태자 짐킨(眞金 : Jimkin)의 長子 감말라(甘麻剌)의 딸 보타시린(寶塔實憐) 공주와 결혼한 이질부카(益知禮普化)는 직계 정통황실의 핏줄임으로 해서, 몽골황실에서 날로 그 지위가 놀랍게 격상되어 간다. 보타시린이 宗王인 晉王 감말라의 딸이면서도 그 비중이 그토록 컸던 이유가 바로 여기에 있었다. 이제 이질부카왕과 보타시린 공주 사이에 고려 王統을 이을 아들이 태어나기만 하면, 그는 쿠빌라이 대칸의 偏妃 딸과 正妃의 손녀딸의 피를 거듭해서 받고 정치적으로는 고려왕의 혈통보다 몽골 대칸의 키야드 보르지긴 혈통의 비중이 오히려 더 큰 고려의 왕위 계승자가 될 터였다. 그러나 보타시린 공주가 아들을 낳지 못하면서 이질부카왕의 권력도 결국 몽골황실에서 急轉直下로 기울게 됐다. 보타시린 공주를 다른 宗王에게 改嫁시키려 한 사건이 일어나고, 1314년경에 瀋王位를 조카인 王暠에게 물려주고 감말라의 장자인 梁王 숭산(松山 : Sulsan)[27]의 딸, 곧 충선왕비 보타시린의 친 조카딸인 놀룬(訥倫 : Nolun) 공주를 瀋陽王 王暠妃로 맞이한 것도 결국 이에서 비롯되었던 것으로 보인다. 1313~1314년에 걸쳐 이질부카왕과 몽골女 예수친(也速眞 :

27) 梁王 술산(松山 : Sulsan)은 감말라(甘麻剌 : Gamala)의 장자로, 忠宣王 王璋의 王妃인 보타시린 공주의 오빠이거나 남동생이 된다. 때문에 瀋陽王 王暠妃인 놀룬(訥倫 : Nolun) 공주는 보타시린의 친 조카딸이 된다.

Yesucin) 사이에서 태어난 王燾가 고려 忠肅王으로 왕위를 물려받은 후에 이런 사변은 마침내 瀋王 王暠를 고려왕으로까지 추대하고 옛 고구려, 신라와 백제라 할 지역을 하나로 묶어 三韓省을 立省해 고려를 통째로 元朝의 直轄領인 內地行省으로 병합케 하려는, 고려로 보아서는 치명적인 문제의 發端을 야기하게까지 했다.28) 이에 즈음하여 당시에 급박하게 돌아가기 시작하는 황위쟁탈전의 회오리에 휘말려들면서 만권당과 그 주관자인 이질부카는 그 본궤도를 이탈하여 한 때 불교적 색채를 띠는 듯 위장하며 圖生의 길을 모색했던 것으로 보인다.

실로, 짐킨의 셋째 아들 테무르칸(成宗)이 즉위한 이듬해인 1296년 이질부카가 짐킨의 맏아들 감말라의 딸 보타시린 공주와 결혼한 사실은 그를 원황실의 정통적 지위에 올려놓고, 원 권력의 핵심 자리에 설 수 있게 하는 또 하나의 획기적인 사건이었다고 하겠다. 하지만 그는 이런 원 황실과의 혈연관계를 기본 배경으로 하면서도 보타시린 공주와의 사이에 고려 왕통을 이을 아들을 낳지 못하는 치명적인 缺格條件을 안고 있었다. 그런 속에서도 카이산의 쿠데타에 아유르발리파드라를 도와 옹립의 공을 세우고 그 터전 위에 주희 성리학을 세계대몽골제국(Yeke Mongol Ulus) 중앙정부 元朝의 체제교학인 魯齋之學의 官學化를 주도해, 뒷날 몽골세계제국 차원의 체제교학적 이데올로기 '元朝 朱子學'의 성립에 결정적인 계기를 마련해주었던 것이다.

4. 元 이질부카 瀋王-高麗 忠宣王의 '고구려' 舊土 遼瀋 지배

1308년 이질부카(Ijil-buqa) 前王이 瀋陽王이 됐다가 이내 다시 1310년에 宗室의 여러 皇子들과 같이 一字王號의 瀋王으로 봉해져서 遼東一帶의 지배자로 등장한 사실은, 몽골·고려사에서의 고려왕실의 자리매김과 관련해 각별히 주목해야 할 사건이다. 이는 1370년에 몽골의 쿠빌라이 대칸이 직접 심양의 관리들에게

28) 高柄翊, 「麗代征東行省의 硏究」, 『역사학보』 14, 1961. 4 ; 19, 1962. 12/ 『東亞交涉史의 硏究』, 서울대학교 출판부, 1970, 238~250쪽 재수록.

심양왕을 경유하지 않고 나에게 직접 보고하거나 청원하지 못한다. 이를 위반하는 자는 법으로 처벌한다.

고 했던 점[29]으로 보아도 알 수 있다. 이질부카(王璋)는 이처럼 宗室藩王으로서의 심왕의 지위를 확고하게 굳힘과 동시에 고려 왕위를 계승해서 팍스 몽골리카체제 하에서 단기간이기는 했지만 名實相符한 옛 고구려·백제·신라의 영역이라 할 소위 三韓省의 지배자로 군림했다. 따라서 그 후 아유르발리파드라칸(仁宗)이 죽어 이질부카가 元朝 皇宮에서 그 배후세력을 잃고 失脚했을 때, 瀋陽王 王暠는 正妃 놀룬(訥倫 : Nolun) 공주의 몸에서 왕자를 얻었을 수도 있었기에 그 지위는 몽골황실에서 매우 높아졌음에 틀림없다. 따라서 이질부카와 예수친(也速眞) 사이에서 태어난 王燾가 고려 忠肅王으로 즉위한 후 王暠의 고려왕 옹립을 추진하는 운동과 三韓省을 설치해 元朝의 直轄領으로 개편하려는 움직임이 있었던 것은 당연했다. 당시 이질부카는 실제로 瀋王位와 高麗王位를 겸직해 三韓地域을 지배하고 있었기 때문이다. 뿐만 아니라 이질부카는 極品인 宮師府의 太子太傅 직위를 맡고 있었고 행정실무의 최고 직위인 元朝 우승상직까지 권유받는 자리에 올라 있었다. 그러므로 당시가 팍스 몽골리카체제 하에서 고려왕실이 정상의 지위를 차지하는 시기이자 동시에 對몽골 예속도가 절정에 이르렀던 시기였다. 이런 정세 하에서 이질부카는 행정실무직인 우승상직을 사양하고 태자태부로 宮師府 官邸에 차린 만권당을 중심으로 魯齋之學의 체제교학화 사업에만 전념했던 것이라

---

29) 『고려사』 권33, 세가, 충선왕 2년 5월 辛卯條. 北村秀人, 「高麗時代の瀋王についての一考察」, 『人文研究』 24-1, 大阪市立大學, 1973, 112~136쪽에서는 심왕이 심양지방이나 이곳의 고려 유민 지배와는 전혀 무관한 명목상의 칭호에 불과하다고 했으나, 이는 구체적인 행정실시과정의 문제이고 元朝 쿠빌라이 대칸의 본뜻과는 다른 것이었다고 하겠다. 실은 고려국 정부가 이곳의 유민 장악문제로 그간 洪福源 一家와 치열한 탈권 다툼을 벌였던 사실로 보아도 그렇게 간단히 단정할 수 있는 성격의 문제는 아니고, 좀 더 구체적이고 전반적인 연구를 기다려야 할 과제임이 분명하다(周采赫, 『蒙·麗戰爭期의 살리타이와 洪福源』, 혜안, 2009. 12 참조). 그러나 元朝 중앙정부에서 그의 序列을 宗王 班列로 昇格시키려는 것을 의미함에는, 당시에 이 지대에서의 옷치긴家와 무칼리國王의 後王 대두와 이에 대한 원조의 중앙집권화 정책 추진이라는 시각에서 보아도, 거의 틀림이 없다 하겠다.

하겠다.

이질부카가 1310년 瀋王이 되어 遼東 일대의 지배자로 등장한 것이 특히 쿠빌라이 대칸 이래의 중앙집권화 정책의 요동 일대에서의 관철, 즉 칭기스칸의 막내동생인 테무게 옷치긴(鐵木哥斡赤斤 : Temuge-Ocigin)이나 무칼리(木華黎 : Muqali, 1170~1223)국왕 後王들과 같은 분권적인 藩王 세력을 해소하려는 정책의 일환이라는 시각에서 이해할 수 있다면, 한 걸음 나아가 1320년에 있었던 이질부카의 실각과 더불어 일어난 瀋王黨의 고려왕위를 둘러싼 瀋王擁立運動이나 立省策動도 몽골정권이 요동뿐만 아니라 고려 내지까지 포함하는 지역에 이를 관철시키려 한 것으로 해석할 수 있다. 이에 앞서 1299년(충렬왕 25) 고려에 정동행중서성 평장사로 왔던 고리기스(闊里吉思 : Gorigis)의 고려 노예제도의 개혁 시도도 이런 시각에서 파악할 수 있다면, 三韓省의 입성책동은 元朝 중앙집권화정책의 전반적인 관철이라는 총체적인 구도 속에서 다시 조명돼야 할 것이다.

요동지역의 藩王勢力을 해소하고 중앙집권체제로 개편하면서 요양행성을 세웠듯이, 王土를 멋대로 점유하여 왕과 함께 분권세력을 이루고 있던 고려귀족의 세력기반을 해소하면서 중앙집권체제로 개편해 '三韓省'을 세우려는 의도가 기왕에 몽골정권 심층에 진즉부터 도사려 왔던 것이고, 다만 이를 附元 고려인들이 눈치 빠르게 문제 삼아 들고 나왔던 것이 아닌가 하는 생각이 든다. 그러나 이 모두가 이질부카가 '삼한성' 지역과 관련된 역사배경과 현실적인 정치세력 상황에 기반을 두면서 몽골세계제국의 지배질서 속에서 이 모든 지역을 함께 統轄했던 데서 직접적으로 유래된 것이었고, 좀 더 구체적인 천착이 있어야겠지만 몽골황실과의 혈연관계 밀도가 王璋-王燾 부자보다 王暠가 더 확고하게 자리 잡는 것을 계기로 이 사건이 본격적으로 발화될 수 있었다고 본다.

이때 瀋王治下에서 지배대상이 됐던 遼·瀋地方의 기층이 되는 戶口들 가운데 상당수는 그간의 몽골·고려의 대결과정에서 고려왕의 직접 지배로부터 이탈해 몽골에 투항해 몽골칸의 직접 지배하에 들어갔던 자들이었다.

이들을 지배해온 것은 이미 1230년 초에 몽골 경내에 들어가 東京摠管이 된 洪福源이었는데, 1261년에는 安撫高麗軍民總管府를 두어 永寧公 綧이 총관이 돼 다스렸다. 그런데 이질부카가 카이산(海山) 武宗(1308~1311 재위)과 아유르발리파드라(愛育黎拔剌八達) 仁宗(1312~1320 재위)을 연이어 황제의 자리에 올려놓은 쿠데타에 공을 세운 뒤, 1308년 瀋陽王이 되고 이어서 다시 고려왕까지 겸직하면서 1310년에는 瀋王으로 改封돼 요동 일대의 지배자로 등장하게 되자 그 존재의미가 크게 달라지게 됐다. 遼·瀋地域의 몽골에 투항한 고려국민과 고려 내의 고려국민이, 元朝 上相인 우승상직을 권유받고 宮師府의 太子太傅라는 極品의 지위에까지 오른 이질부카 瀋王 겸 高麗國 忠宣王의 등장으로 인해 팍스 몽골리카체제 하 한 임금의 통치 아래에서의 한 국민처럼 파악될 수 있게 된 것이다. 물론 이질부카를 瀋王으로 봉한 것은, 이 지역에 역사적으로나 현실적으로 그 세력배경을 가지고 있는 그에게 통치권을 주어, 칭기스칸의 막내동생 옷치긴家나 무칼리의 후왕들과 같은 분권세력을 제압케 해 쿠빌라이 대칸의 요동 일대에 대한 중앙집권화 정책을 관철시키려는 데 주된 목적이 있었다는 점은 앞에서 언급한 터다.

그런데 그 후 1320년 원조 황실에서 이질부카(충선왕)의 권력을 보장해준 아유르발리파드라칸(仁宗)이 죽고 그가 실각하자마자 일어난 忠肅王代의 심왕옹립운동은 또 다른 파장을 몰고 왔다. 이질부카 王璋과 몽골女 예수친(也速眞) 사이에서 태어난 忠肅王 王燾보다, 감말라(Gamala)의 長子 숲산(松山 : Sulsan)의 딸 놀륜(訥倫 : Nolun)을 왕비로 삼아서 아들을 출산했을 경우에는 몽골황실의 핵심과 혈연적으로 더 가까울 수 있는 이질부카의 조카 瀋陽王 暠의 등장이다. 그러므로 왕고를 중심으로 한 瀋王黨의 고려왕위 쟁탈 움직임이나 요·심지역과 고려 내지를 한데 묶어 '三韓省'이라는 元朝 內地行省의 하나로 개편하려던 '立省策動'은 당시의 이런 역사상황을 오히려 이질부카의 의도와는 반대로 이용한 경우라고 하겠다.[30] 물론 이에 앞서 1314년경에

---

30) 이상 遼陽行省 여러 세력들의 상호관계 전개에 관한 문제는 韓儒林 主編, 『元朝史』下, 北京人民出版社, 1986, 195~213쪽을 참조할 수 있다. 당시에 瀋王黨이 王暠를 고려왕으로 옹립하려는 움직임을 보인 것은 당연히 원 조정 내부 실세의 이런

이질부카가 瀋王位를 왕고에게 양도하고 놀륜을 妃로 삼아준 사실 자체가 이런 역학적인 不調狀態를 반영한 것이었다.

심왕과 관련해 또 한 가지 반드시 제기돼야 할 문제는 이질부카(王璋, 충선왕)라는 고려국왕이 元朝 내지행성의 번왕인 심왕을 겸한 이래로 고려국민들의 자기 영토에 대한 시각의 변화이다. 고려 내에는 물론 고려국민을 기반으로 하는 고려국왕이 있었고 요·심지역에도 한때 고려의 통제를 이탈해 몽골정권에 투항한, 역시 고려국민을 배경으로 한 같은 고려국왕인 심왕이 있었기 때문이다. 그래서 그 당시에 이미 요·심지역을 내포하는 고려 세력권을 하나로 묶어 '삼한성'을 建置해 원의 직할령으로 삼자는 '立省'논의가 있을 수 있었다. 그래서 그 후 1370년 池龍壽 등이 요양성을 공격할 때 榜을 붙여,

> 周武王이 箕子를 조선에 封해 땅을 주기를 西로 遼河에 이르기까지 해서 [고조선·고구려·발해에 걸쳐－저자] 대대로 이 疆域을 지켜왔고 元朝가 통일함에 公主를 下嫁하고 遼·瀋 땅으로 湯沐을 삼아 因하여 나누어 두었는데 (하략)

라고 해서[31] 역시 이를 역사적으로나 현실적으로나 하나의 고려권으로 파악하고 있었음을 알게 된다. 이는 몽골세계제국 중앙정권 元朝를 이룩한 쿠빌라이 漢南大總督이 고려 태자 王倎을 처음으로 만나서 그를 '고구려의 태자'로 인식한 것과도 그 궤를 같이 한다. 이처럼 쿠빌라이가 한반도 안으로 위축돼 있던 고려국만으로 고려를 파악하지 않고, 唐 太宗의 군대를 물리치고 滿洲의 주도권을 장악하고 몽골이 통일된 13세기경까지 동부몽골에도 일정 영향력을 행사할 수밖에 없었던 동북아시아사상 최강국 고구려로 인식한 일은,

---

움직임과 이들의 상호작용으로 추진됐던 것인데, 그 추진의 핵심동력이 되는 힘은 이런 혈연적 親疎關係 및 그런 전개 가능성에서 비롯됐던 것이 아닐까 한다. 瀋陽王 王暠의 왕위계승 가능 추정 인물의 몽골황실과의 혈연관계 濃度가 이질부카의 후계 구도에 속하는 후일의 忠肅王의 그것보다 더 높거나 높을 수 있는 가능성이 작용했을 수 있다는 것이다. 구체적인 천착을 기다리는 문제다.

31) 『고려사』 권114, 열전27 「지용수」전.

팍스 몽골리카체제 속에서 고려가 자리매김하는 데 매우 중요한 의미를 갖는다. 물론 당시의 懸案으로 제기됐던 쿠빌라이 대칸 이래의 중앙집권화 정책의 요동 일대에서의 관철, 즉 칭기스칸의 막내동생 테무게 옷치긴(Temuge-Ocigin)家나 무칼리(木華黎 : Muqali)국왕 後王들과 같은 분권적인 藩王세력을 해소하려는 정책의 일환이라는 시각에서 이해할 수도 있다.

그때까지 몽골족은 주로 몽골고원의 동부에 살아왔기 때문에, 고구려나 그를 이어 고구려로 자칭한 것으로 알려진 渤海(Boka : '늑대'의 토템語)에 대한 그들의 인식은 매우 강렬했을 수밖에 없다. 이런 맥락에서 쿠빌라이 대칸의 고구려 인식이 현실적인 이해관계와 유기적으로 상호작용하는 가운데, 결국 고려를 駙馬國으로 삼고 이질부카를 고구려의 옛 영토이자 원조의 내지행성인 요양행성의 심왕으로 封하는 특전을 주었으며, 언제든지 中書省에 들어와 元朝의 政事를 參議토록 했던 것이다. 뿐만 아니라 이질부카에게 가장 높은 직위 上相인 우승상에 오르기를 권했는가 하면, 몽골·원제국에서 儒者로서는 유일하게 궁사부 태자태부라는 직위를 수여하기에 이르게 했다. 이 모두가, 당시 고려가 고구려의 후예로 農·牧業을 경영하며 그 나름으로 상당한 유교문화를 창조해 운영한 經綸을 가지고 있어서 그 후예인 이질부카(王璋)가 금과 남송을 경영하는 데 크게 쓰일 재목으로 인정받은 데서 비롯됐던 것이라 하겠다.

『고려사』 권114, 열전27 「池龍壽」전에는 이 밖에도

> 遼·瀋은 우리나라의 境界요 백성은 우리 백성이므로 이제 의병을 들어 어루만져 편케 하노니 (하략)

라고 한 것이라든가

> 무릇 遼河 이동 본국 地境 안의 백성과 크고 작은 두목들은 속히 스스로 來朝해 함께 爵祿을 받을 것이다.

라고 적은 것을 보면, 이런 사실은 더욱 명백하게 밝혀진다. 실은 13세기 초까지 고려국민의 거주공간은 대체로 千里長城을 경계로 하고 있었다. 물론 그 이북지역에 고려인들이 전혀 없었던 것은 아니지만 그 수는 매우 적었다. 그러다가 13세기 중엽 이후에 곧 雙城摠管府가 설치된 시기를 전후해, 고려유민이 대거 천리장성 이북지역으로 넘어 들어갔고 해안선을 따라 咸興 이북지역으로 거주공간을 확대해 갔다. 그러므로 여기서 "遼·瀋은 우리나라의 境界요 백성은 우리 백성"이라고 한 것이나 "遼河 以東 본국 地境 안의 백성"이라고 한 기록은, 古朝鮮 이래로 살아온 그 후예라기보다는 물론 몽골·고려 지배하에 있던 당시의 高麗軍民을 일컫는 것이라 해야 한다. 따라서 그 국경선도 우리의 옛 강토라는 뜻도 포함될 수 있겠지만, 그보다는 고려의 심왕과 고려국왕이 다스리던 팍스 몽골리카체제 속에서 당시의 高麗圈의 경계라는 의미가 더 강조된 것으로 이해해야 옳을 것이다. 그러므로 麗末의 遼東征伐은 우리의 옛 강토를 되찾는다는 의미도 있을 수 있지만, 당시의 역사상황 하에서는 도리어 瀋王 高麗의 領域을 확보한다는 의미가 당연히 주된 내용이었다고 하겠다.

한국 고려사학계에서 팍스 몽골리카 元朝 직할령체제 밖에만 존재하는 당시의 독자적인 고려사를 구상해 그려내려 하던 추상화와 같은 고려의 요동정벌사와 그 의미를, 당연히 당시 遼·瀋의 고려정권을 중심에 놓고 제대로 바로잡아 새로운 시각으로 자리매김해내야 하리라 본다. 곧이어 이러한 국경문제는 北元과 高麗의 문제가 아니라 明과 고려의 문제로 넘어가게 된다. 이런 동북아사의 流轉 중에서 고려의 國境現實 인식 문제가 새삼스레 제기되는 것은 자연스러운 일이다. 결국 遼·瀋地域에 대한 이런 고려인들의 인식은 동시에 쿠빌라이 이래의 元朝 皇室의 '고려는 곧 고구려'라는 특이한 역사인식 자세와도 상통하는 것이었다고 하겠고, 이는 물론 팍스 몽골리카체제 하 원조와의 관계설정에서 고려국의 자리매김 과정에서도 당시의 역사적 상황 전개와 더불어 매우 중요한 작용을 했음에 틀림없다고 하겠다. 이는 당연히 심왕이 역사적이고 현실적인 배경이 없는 단순한 名譽職-虛職에

지나지 않는다는 견해에 대한 반론을 제기케 하는 근거가 될 수 있기도 하다,

또한 팍스 몽골리카체제 구축을 완성한 쿠빌라이 대칸의 키야드 보르지긴 알탄우룩 正統 핏줄이 고려 開城 王氏 王孫에게 接脈되는 역사적 상황과 직관되는 일이기는 하지만, 고구려·백제·신라 및 발해·통일신라의 옛 영역을 아우르는 三韓(國)省을 몽골 藩王 이질부카(王璋, 瀋王－고려국왕)의 통제하에 두었고 이를 그대로 계승하는 몽골황실과 혼혈된 고려왕실 집단을 이으려 했다는 점에서 이는 大滿洲圈 역사상 하나의 획기적인 사건이었다고 할 수 있다. 팍스 몽골리카 체제 하의 원조조정에서 이들 정권의 공인하에 이들이 직접 지원하는, 이질부카라는 만주 일대를 장악할 걸출한 영도자가 출현했다는 사실은, 비록 그의 失脚과 함께 내외의 정적들에게 도리어 이 圈域을 '三韓省'이라는 이름으로 한데 묶어 元朝의 直轄領으로 삼게 하려는 음모에 시달리게 됐다고는 하지만 대만주권 역사상 특기할 만한 사실임에는 틀림이 없다는 것이다. 王璋이든 王暠든 몽골 황실의 막강한 세력에 기대 三韓國 圈域의 주도권을 틀어쥐고 제 나름의 우주를 지어보고 싶어 했다. 현재의 남북한 통일 차원이 아니라 고대제국 3국통일을 팍스 몽골리카체제 속에서이기는 하지만 실제로 이룩하려 했고 또 실제로 일정한 정도로 실현해 냈던 것이다. 다만 왕장은 팍스 몽골리카체제 하에서 유일했던 고려국만의 독자성을 살리며 주희 성리학을 國族 몽골 중심으로 그 華夷觀을 개편한 魯齋之學을 실천적 내용으로 삼아 몽골세계제국의 體制教學으로 거듭나게 해서 '元朝 朱子學'으로 대두케 하는 위업을 이룩하는 일에 초점을 맞췄고, 王暠는 三韓(國)省을 통째로 팍스 몽골리카내로 들고 들어가서 元朝 內地行省으로 삼아 거기서 자기의 입지를 굳히는 일에 초점을 맞추고 이런 사업을 기획해 추진했다. 이질부카는 팍스 몽골리카체제 하에서 고려국의 極盛期를 구가하게 했고, 萬卷堂을 통해 魯齋之學을 팍스 몽골리카체제교학화 해 '元朝 朱子學' 대두의 초석을 놓았으며, 정권의 뒤바뀜으로 실각했지만 그 아들 王燾(뒷날 충숙왕)의 고려왕권 계승에는 성공해 고려역사에 그 위대한

족적이 남게 됐다. 그러나 王暠는 그 당시 元朝內에서의 탈권투쟁에는 부분적으로 성공했지만 원조의 패퇴와 北元으로의 잔존 과정에서 그 흔적은 원조역사에서도 사라지고 고려역사에서도 지워졌다.

이상에서 살펴본 대로, 元朝 太子太傅 이질부카(Ijil-buqa : 益智禮普化) 瀋王은 바로 고려의 忠宣王이다. 그런데 그는 朱熹 性理學의 魯齋之學化－元朝 官學化라는 시각에서 보면 고려사에서보다는 당연히 몽·원제국사에서 자리매김 돼야 할 인물이다. 그의 피에는 開城 王氏의 피도 있지만 엄연히 외할아버지 쿠빌라이 대칸의 몽골 키야드 보르지긴의 피와 원주지가 北코카서스(Caucasus)인 이란계 유목민 아수친(阿速眞 : Asucin) 쿠빌라이 대칸妃의 백인 아수(Asu)族의 피가 어머니 쿠툴룩 켈미쉬(Khudulugh Kelmish : 忠烈王妃) 공주를 통해서 수혈됐다. 非儒敎圈 서아시아 문화요소가 元 萬卷堂을 기지로 하는 노재지학의 元朝官學化 사업의 총책임자라 할 이질부카 太子太傅 王璋에게 내포되어 있는 셈이다. 물론 당시 몽골세계제국권에서는 쿠빌라이 대칸의 피를 통해 수혈된 요소들이 고려 왕실의 개성 왕씨의 그것들보다 더 크게 그의 사회정치상의 자리매김에서 작용했다고 봐야 한다. 뿐만 아니라 그는 어린 시절의 대부분을 칸발릭－大都(燕京) 皇宮에서 보내고 高麗王 겸 瀋王으로 즉위한 다음에도 재위기간 대부분을 거기서 보냈다. 추측컨대 고려말 보다 몽골말을 더 잘 했을 수도 있는 그는, 차라리 몽골諸王에 더 가까운 존재였을 수도 있다.

그의 외할아버지이자 장인의 아버지인 쿠빌라이 대칸은, 주로 중원 농경 漢地의 물력과 인력으로 몽케(蒙哥 : Möngke)칸의 합법적 계승자인 아릭부케(阿里不可 : Ariq Böke) 몽골 유목 本地(Steppe)派에 대한 쿠데타로 대칸위 계승전에서 승리하여 대칸위에 오른 다음에 南宋을 정벌하여 몽골세계칸국을 최종적으로 완성시킨 사실상의 팍스 몽골리카 창업 완성자로 '以漢法治漢地'정책을 中原에 본격적으로 추진한 인물이다. 쿠빌라이의 황태자 짐킨(Jimkin)은 이 정책을 과감히 밀고 나가다가 희생당했고, 바로 그 짐킨의 妃요 그의 3子 테무르칸(成宗)의 母인 발리안 예케치(Balian Yekeci)는 왕장에게

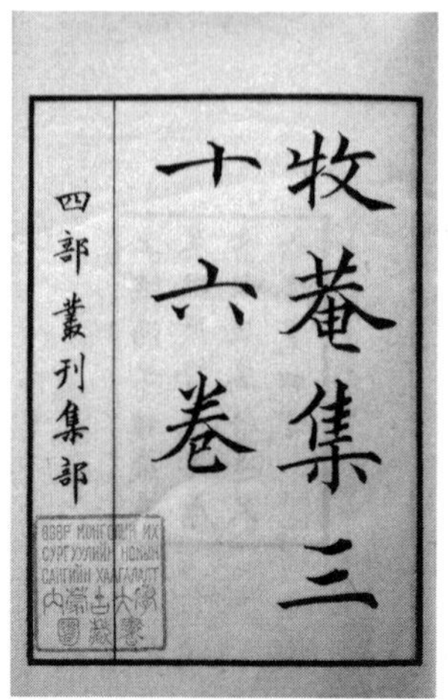

『牧菴集』. 元朝 太子太傅 이질부카 瀋王 직속 휘하의 太子少傅 姚燧의 文集

'이질부카(益智禮普化 : Ijil-buqa)'라는 몽골이름을 지어 주었다. 충선왕은 쿠빌라이 대칸의 正后인 '차부이(察必 : Čabui)'소생 짐킨-감말라(Gamala)로 이어지는 선에서 감말라의 공주 보타시린(Botasirin)을 왕비로 맞아 그 후 몽골세계제국 중앙정부 원 대칸의 정통을 이어받는 혈통과 본격적으로 접목되면서 몽골칸의 궁정에서 그 위상을 크게 드높인다.

그런데 이질부카는 1298~1307년까지 왕자를 출산하지 못한 왕비인 아내 보타시린 공주의 질투로 왕위를 先王인 충렬왕(1275~1308 재위)에게 내어주고 燕京으로 가서 몽골칸 皇宮에 들어가 宿衛하는 직책에 복무하게 됐다. 그 기간 동안 그는 쿠빌라이 대칸(世祖, 1260~1294 재위)→ 짐킨(眞金 : Jimkin, 1234~1285)→ 다르마발라(答剌麻八剌 : Darma Bala, 1264~1292 : 짐킨의 次子)→ 카이산(武宗, 1308~1311 재위)→ 아유르발리파드라(仁宗, 1312~1320 재위)로 이어지는 '노재지학'의 원조관학화 작업 추진을 주도한 몽골황실 정통 계열과 깊은 친분을 쌓게 됐다. 그는 1308년 아유르발리파드라를 도와 카이산을 칸위에 옹립하는 쿠데타에 적극 참가함으로서 카이산 정권에 성공적으로 동참케 됐다. 카이산칸에 이어 그의 동생인 아유르발리파드라칸이 즉위하게 되자, 그는 마침내 몽골세계제국권에서 키야드 보르지긴의 핏줄을 이어받지 못한 이들이 누릴 수 있는 직위는 물론이고 元朝에서 대칸의 외손자이자 駙馬(Хүргэн)로서 누릴 수 있는 가장 높은 지위에까지 오르게 된다.

아유르발리파드라칸이 직접 최고위직인 元朝의 右丞相職을 권유하기도 하고 중앙의 정치에 參議할 권한을 주는가 하면 宗王과 같은 자격으로 一字王號인 瀋王에 봉해주고 칭기스칸의 아들들과 손자들에게나 주어졌던 4칸국과 거의 대등한 지위에 있다고 할 高麗國 國王[32]-瀋王으로 책봉해 주기도 했다. 팍스 몽골리카체제 속에서 '高麗'라는 國號를 保存한 유일한 駙馬國이자 外孫國인 왕씨 고려왕조의 충선왕으로 極品이라 할 太子太傅의 자리에 오르는, 그런 초월적인 특별대우를 받았던 터였다. 그렇지만 그의 本領과 관련해 무엇보다도 중요한 사실은 키야드 보르지긴이라는 칸의 피가 수혈된 존재로 쿠빌라이 대칸의 계획적인 배려하에 이미 유교적 교양을 튼튼히 쌓아온 터에 그가 元代 儒者로 누구도 누려본 적이 없는 고위직에 있으면서, 특히 元朝의 太子太傅로 經筵과 東宮의 宮學을 맡으면서 魯齋之學의 體制教學化 작업을 주도했다는 점이다.[33] 그는 물론 겸허히 태자태부인 자신의 휘하에서 만권당을 무대로 이 작업을 실무차원에서 주관했을 것으로 추정되는 직속 수하 太子少傅 姚燧(1238~1313)에게 그 공을 돌리고 있으나, 이 작업의 실질적 주도자는 姚燧와 그 휘하의 平章政事 李孟(1265~1321)이 아닌, 최고 결정권자인 太子太傅 이질부카 그 자신이 아닐 수 없다.

여기서 하나 분명히 짚고 넘어가야 할 점은 이질부카 王璋이 한 때 藩王으로 遼·瀋地帶를 장악하고 고려국왕으로 고려반도를 관할했음에도 불구하고 노재지학의 원조 체제교학화 사업에서는 원조 내지행성인 요양행성보다 고려국 征東行省을 훨씬 더 중요시했다는 점이다. 기왕에 언급해온 대로 安珦(1243~1306)은 충렬왕 12년(1286)에 元朝 征東行省 유학제거사의 고려

32) 주채혁, 「몽골과 한국의 기원-'몽'고올리와 '맥'고올리」, 『한·몽골교류 천년』, 한·몽골교류협회, 1996, 13~26쪽 ; 周采赫, 「'몽골'의 貊과 高句麗 起源 문제」, 『중앙민속학』 8(月山 任東權 박사 고희기념 특집), 1996. 12. 25, 251~266쪽 ; 주채혁, 「몽골은 고구려의 外孫민족」, 『월간조선』 1998년 5월호. 조선일보사. 326~343쪽 ; 주채혁, 「몽골, 유목형 '고구려'세계제국!」, 『북방민족신문』, 2005. 5. 15 창간호, 6쪽.
이상의 논문 내용들을 종합적으로 재정리해 다음의 논문을 썼다.
주채혁, 「'몽골'-貊高麗, 유목형 '고구려' 世界帝國考」, 『백산학보』 76, 백산학회, 2006. 12, 305~360쪽[이 논문은 주채혁, 『순록유목제국론-고조선·고구려·몽골제국의 기원연구』, 백산자료원, 2008, 263~307쪽에 轉載됐다]. 그가 이렇게 특별대우를 받았던 직접적인 이유는 成宗에 이어 武宗→仁宗까지 옹립하는 공신으로 立身해 우뚝 섰던 점을 꼽을 수 있다. 더 본질적으로는 물론, 몽골과 고려가 모두 훌룬부이르 몽골스텝과 嫩江 사이의 呼嫩平原에서 기원전 5세기 이전에 이미 貊高句麗로 起源했던 데서 비롯된 것으로 추정된다.

33) 李齊賢(1287~1367), 『益齋亂藁』 「忠憲王世家」에 "科擧之設 王嘗以姚燧之言 白于帝許之 及李孟爲平章政事 奏行焉 其源 盖自王發也"라고 기록되어 있다.

儒學提擧가 되어 왕을 따라 元의 칸발릭(大都 : 燕京)에 가서 주희 성리학을 연구했다. 그러나 그를 원 정동행성 유학제거사의 고려 유학제거로 임명한 임명권자는 고려 충렬왕이 아니다. 그는 어디까지나 元의 쿠빌라이 대칸이 직접 그 자리에 임명한 儒者로, 燕京에 入城한 고려출신 元朝 관리다. 그러므로 안향은 그 직권을 가지고 한결같이 원조의 지배이데올로기인 魯齋之學을 고려에 관철하는 임무를 遼·瀋보다 20여 년이나 앞서 수행하고 있었는데, 이 점 또한 이질부카의 노재지학의 원조 체제교학화 곧 뒷날의 '元朝 朱子學'의 대두 과업과 관련해 천착해보아야 할 주요 과제 중의 하나라고 하겠다.

5. 魯齋之學의 元朝 體制教學化와 '元朝 朱子學'의 출현

이질부카(Ijil-buqa) 瀋王이 팍스 몽골리카체제 이데올로기로서의 주희 성리학의 관학화라 할 魯齋之學의 체제교학화 과업을 주관했던 곳은 칸발릭-燕京의 皇宮 宮師府 官邸의 관방기구 元 萬卷堂이었다. 그는 1308년 아유르발리파드라 皇子(仁宗)를 받들고 카이산의 쿠데타를 도와 그를 武宗으로 옹립하는 공을 세운 다음에 瀋王으로 책봉돼, 수시로 中書省에 들어와 원 조정의 政事를 參議할 수 있게 됐다. 그리고 황제와 태자의 스승으로서 太子太傅가 돼서, 당시의 북방관학권에서 魯齋之學을 신봉하는 이들을 중심으로 하는 이름 높은 儒者 姚燧·蘇輿·閻褒·洪革·趙孟頫·元明善·張養浩 등을 모아 宮官으로 쓰기도 하고 함께 학문을 연구하며 토론하기도 했다. 그는 이미 성장기의 대부분을 원조의 皇宮에서 보내기도 했지만 아직 왕자를 출산치 못하는 보타시린 공주의 질투로 황궁에 불려 들어가 1298년부터 10년간 숙위를 해야 했다. 그동안에 이질부카 王璋은 武宗과 仁宗이 제위에 오르기 전에 "與王同臥起 晝夜不相離"했다고 했으니 밤낮 함께 뒹굴며 지냈고 武宗 擁立에서 "功爲第一"이라 한 데는 좀 과장된 데가 있음은 사실이다.[34] 그러나

---

34) 이제현, 『익재난고』 권9상, 16·17 「충헌왕세가」; 高柄翊, 「高麗 忠宣王의 元 武宗擁立」, 『역사학보』 제17·18집, 1962. 6/『東亞交涉史의 硏究』, 서울대학교 출판부, 1970, 293~303쪽 재수록.

궁중에서 함께 지내는 동안에 그의 이종사촌의 아들들이자 그와 사촌 처남매부간이 되는 이들이 師弟間이자 姻戚으로 서로 친했던 것은 분명하다.[35)] 이질부카 王璋이 24세, 무종이 당시에 18세이고 인종은 당시에 12세였기 때문에 6~12세 年長이었던 儒者로서의 素養이 있는 이질부카 王璋이 몽골인인 이들에게 스승-宮師의 역할을 했다.

그러므로 이질부카 瀋(陽)王이 '留京師邸'한 '邸'는 太子太傅의 宮師府 官邸라고 봐야 할 것이다. 물론 '吾府中'이라 한 吾府의 '府'는 아래의 기록으로 봐서 宮師府인 것임을 알 수 있기 때문이다.

> 先生七十歲……冬 宮師府 遣正字呂洙 持太子師瀋陽王王璋書 如漢徵四皓故事 趣爲太子賓客 授正奉大夫[36)]

위에서 太子師 瀋陽王 王璋의 書信을 正字 呂洙에게 들려 姚燧에게 보낸 곳이 바로 宮師府임을 알려준다. 그렇다면 이질부카 심왕이 연경의 황궁 궁사부의 관저에 머물면서 세워 魯齋之學의 원조 관학화와 이를 科擧 呈式의 핵심내용으로 하는 '科擧取士'의 科擧를 팍스 몽골리카체제 하에서 再開케 한 획기적인 사업을 추진한 만권당은 당연히 皇宮 안에 자리 잡았어야 하는 정부기구일 수밖에 없다. 그러니까 당시에 그는 단순한 황족이 아니고 언제든지 중앙의 政事에 참의할 수 있고 上相인 우승상직을 넘나들 수도 있는 몽골 황궁의 핵심실세였던 것이다.

더구나 당시 이질부카는 極品인 太子太傅로 宮師府에 보타시린 공주와 함께 머물면서 宮師로서 經筵이나 東宮의 宮學을 담당했다. 따라서 궁사부

---

35) 金庠基, 「李益齋의 在元生涯에 對하여-忠宣王의 侍從의 臣으로서」, 『大東文化研究』 1, 성균관대학교 대동문화연구원, 1963. 8, 219~244쪽 ; 鄭玉子, 「麗末 朱子性理學의 導入에 대한 試考-李齊賢을 中心으로」, 『震檀學報』 51. 진단학회. 1981, 29~54쪽 참조.

36) 姚燧, 『牧菴集』, 附錄 「年譜」大德 11년 丁未條. 현재 중국 사학자들 중에 이질부카 瀋王의 宮師府가 있었던 燕京 皇宮의 元 萬卷堂이 있었던 곳을 확인할 수가 있다고 주장하는 이(黃裕福 교수)도 있다고 한다. 1994년 6월에 몽골에 현지 답사차 가는 길에 김기철 현지답사자에게 들은 이야기다.

宮官인 姚燧, 元明善이나 趙孟頫(1254~1322) 등이 "咸遊王門"했다는 '王門'도 궁사부의 이질부카 문하라고 보아 틀림이 없을 것이다.[37] 이는 또한 1314년에 元 萬卷堂(1314~1328?)이 간판을 단 이후부터 이를 뒤이어 만권당처럼 쿠빌라이-짐킨 이래의 관학파 人脈을 위주로 세워지고 운영돼온 奎章閣(1329~1340)이나 그것을 고쳐 세운 宣文閣(1340~1368), 선문각을 고쳐 세웠으면서도 그것과 병존한 端本堂(1349~1368)과 같은 萬卷堂類의 宮師府 관방기구가 元이 망하는 1368년경까지 경연이나 동궁의 궁학을 주로 맡고 체제이데올로기를 창출하는 역할을 전담해 왔을 것으로 보인다. 따라서 이들이 모두 연경 황궁 안에 있었음은 자명하다.[38] 이질부카 왕장이 몽골 황궁에서 맡은 직위가 宮師府의 太子太傅였던 점으로 미루어 보아 만권당과 그 후속 기관들의 소재지가 궁사부 안에 설치된 점은 이상할 것이 없다고 하겠다.

이처럼 태자태부로 궁사부에 자리 잡고 있던 이질부카는 魯齋學派를 중심으로 하는 당시의 관학파 儒者들을 宮官으로 쓰면서 1313년 주희 성리학을 그들 나름으로 재편한 노재지학을 관학으로 성립시키는 일을 주도했다. 그리고 이듬해인 1314년에는 마침내 공식적으로 원 만권당이라는 간판을 걸고 이질부카 王璋이 북방 관학파의 중심인물들을 모아 노재지학의 體制敎學化와 科擧制 復活作業을 추진해 1315년에는 그 결실을 보게 됐던 것이다. 몽·원제국의 極盛期인 '至元·大德之治'(1263~1307)를 발판으로 이루어진 팍스 몽골리아체제의 체제교학적 결실이라 할 수 있다.

앞에서 살펴보았듯이 元 萬卷堂은 이를 뒤이어 등장하는 원조의 奎章閣→宣文閣→端本堂과, 그것을 주도하는 인물들의 인맥관계로 보거나 관학을 위해 궁중에 설치됐다는 점으로 미루어보아 이들 모두가 체제교학의 창출과 정비 및 관리를 주요 임무로 삼았으므로 元朝에 세워진 일련의 동일한 계통의

37) 李齊賢, 『益齋文集』 誌2, 「鷄林府院君謚文忠李公墓誌名(李穡撰)」.

38) 姜一涵, 『元奎章閣及奎章人物』, 臺北 : 燕京出版事業公司, 1981 참조. 이하의 이에 관한 서술은 주로 본서에 의존했다. 이 자료를 구해주고 문제를 제기해준 이는 元代 理學을 전공하는 金承炫 교수다.

李齊賢은 팍스 몽골리카체제의 한 중심에서 한때 잠시 '慶元의 僞學'으로까지 몰렸던 朱熹 性理學을 元朝 萬卷堂의 주도자 몽골皇族(Altan urug) 太子太傅 이질부카 瀋王과 온갖 榮辱과 苦樂을 함께 하며 일약 몽골세계제국의 體制敎學-「元朝 朱子學」으로 擡頭케 하고 그 위대한 실적을 필사적으로 記錄해 남긴 당시 일대의 史家 高麗儒者다.

중앙기구로 보인다. 또한 이들은 모두 1314~1368년간이라는 불과 50여년 동안에 잇달아 존재해왔다는 점에서도 그 맥락이 서로 통할 가능성이 매우 높다.

돌이켜 보면 이들 기구가 각각 제때 제 나름의 역할을 해냈지만 원 만권당(1314~1328?)의 경우는 다른 것들과 두드러지게 차별화되는 획기적인 기여가 있었다고 할 수 있다. 漢地의 물력과 인력을 기반으로 등극해 '以漢法治漢地'를 표방하고 몽골세계제국 중앙정부 元朝를 창업해낸 쿠빌라이 대칸의 피를 직접 수혈 받은 이질부카가 주희 성리학의 원조 관학화-노재지학의 팍스 몽골리카체제교학화를 본격적으로 공식적인 차원에서 이루어냄과 동시에 이를 '科擧 呈式'으로 삼는 과거를 팍스 몽골리카 차원에서 부활시켜내어 이후의 동북아시아 이데올로기체계를 이루는 朱子學을 대두케 하는 획기적인 대업을, 이를 중심으로 수행했기 때문이다. 물론 이 시기의 '科擧取士'의 비중은 다른 전통 중국왕조의 그것에 비해 보잘 것 없었지만, 이때 科擧 呈式의 핵심내용이 된 주희 성리학-노재지학은 明初에 劉基가 八股文體를 제정해 '士子進身'의 敲文磚을 삼은 이래, 역시 원나라 때 성립된 행정제도인 行省制와 더불어 明·淸代를 거쳐 근 600년간 방대한 文人 官僚體制 운용의 기본 틀이 됐다.

그런데 한 가지 주목되는 점은 奎章閣→ 宣文閣→ 端本堂에 대한 기록은 정사인 『원사』에 풍부하게 기재돼 있는데 반해, 그 기원이 된 것으로 보이는 원 만권당에 관해서는 단 한 줄도 기록이 없고 다만 元朝 문인들의 문집에나 그 흔적이 비칠 뿐이라는 점이다. 이는 원 만권당이 주희 성리학을 國族 몽골중심으로 그 華夷觀을 개편한 魯齋之學을 실천적 내용으로 삼아 몽골세계제국 팍스 몽골리카체제의 體制敎學으로 거듭나게 해서 그 후 이를 세계사적 차원의 이데올로기 '元朝 朱子學'으로 일약 부상케 한 기점을 이루는 역할을 맡았던 사실과, 그 과업을 주도한 이질부카 瀋王의 몽골皇宮에서의 帝室과의 혈연적 관계위상 및 정치적 비중으로 보아, 실로 이해하기 어려운 구석이 아닐 수 없다. 시각을 달리해 면밀히 검토한다면 元朝나 明朝의 官撰이나 私撰 기록들에서 더 찾아질 가능성이 있다고는 본다. 이제까지는 漢人은 물론 韓人 학자 연구자들 중에서도 이런 시각에서 문제를 천착해

들어간 이가 전혀 없었기 때문이다. 물론 당시의 고려측 기록에는 이에 관해 비교적 상세히 서술돼 있다. 특히 『고려사절요』 권24, 충숙왕 원년 3월조와 고려측의 대표적 儒者로서 원 만권당의 이질부카 문하에서 함께 연구한 치밀한 역사 기록자 李齊賢의 『益齋亂藁』 9 「忠憲王世家」와 같은 책에 실린 「益齋先生年譜」 延祐元年 甲申條가 주목된다.

이질부카는 당시 원조의 번왕 藩王이자 高麗國王이었다. 팍스 몽골리카체제 하에서 國王과 元朝 藩王의 직위를 겸직하는 유일한 특수사례에 속하는, 그 나름의 위상을 확보하고 있었던 것이다. 물론 원나라 때에는

> 元興 宗室駙馬 通稱諸王 歲賜之頒 分地之入 所以盡夫展親之義者 亦優且渥[39]

이라고 적혀 있듯이, 쿠레겐(Хүргэн : 宗室駙馬)이라는 것 하나만으로도 '諸王'으로 통칭돼 알탄우룩(黃金氏族 : Altan urug)의 구성원이 됐다. 그러나 이질부카는 쿠빌라이 대칸의 핏줄인 외손자이자 쿠레겐이고 또 그 후예인 카이산칸 武宗을 옹립한 大功臣이었기 때문에 다른 諸王의 경우와도 달랐다. 그래서 특별히 몽골칸의 皇子들에게만 주는 一字王號를 받았으며 몽골칸의 직할령 안에 그것도 大都－瀋陽－松都－耽羅都라는 4據點을 연결하며 元朝의 중앙집권화를 확보하는 데에 가장 긴요한 遼·瀋地域을 分封받았다. 고려국왕이 藩王인 瀋王을 兼職케 한 데는 몽골칸의 이런 의도가 潛在해 있었다고 하겠다. 이질부카가 몽골칸이 권한 右丞相職까지 수용했다면 이를 중심축으로 하는 元朝의 중앙집권화가 아주 다른 차원으로 수행돼 갔을 가능성도 있었을지 모른다. 또 開府儀同三司 太子太傅 上柱國 駙馬都尉도 수여받았다. 太子太傅나 上柱國이 모두 正一品 이상에 속하는 관직 또는 勳階다. 瀋王이라는 왕의 작위도 正一品에 해당한다. 前述한 대로 이질부카가 중서성에 들어가 元朝의 政事를 직접 參議케 했으며 아유르발리파드라칸 仁宗은 우승상 투글룩(禿魯 : Tuglug)을 파직시키고 李孟(1265~1321)을 宮師府 瀋王官邸로 심부

39) 『元史』 권108, 表 제3 「帝王表」.

름 보내어 正一品職인 上相 右丞相 자리를 직접 맡아달라고까지 이질부카에게 몸소 부탁했다.[40] 이질부카는 당시에 元朝에서 몽골칸에 버금가는 최고위 실권직을 맡을 수 있었던 것이다. 그가 이를 짐짓 사양했지만 그는 당시에 元朝에서 皇帝 밑에서 맡을 수 있는 최고위 실권직이나 가장 높은 爵位 및 勳階는 거의 다 맡을 수 있었음을 확인케 된다. 일개 '藩邦小國'의 '고려국왕' 주제[41]에 실로 僭濫된 일이 아닐 수 없었다. 그러나 그것은 엄연한 사실이었다. 특별히 유목몽골 주도 팍스 몽골리카체제 하에서의 혈통과 대권의 정통성은 뗄레야 뗄 수 없이 직관된 것이어서다.

아유르발리파드라칸(仁宗) 時에 이질부카 藩王과 함께 元의 조정에 몸을 담고 있으면서 太皇太后 타기(答己 : Tagi)와 손을 잡고 태자 책봉에까지 영향력을 행사했던 막강한 權臣 테무데르(鐵木迭兒 : Temuder)도 中書右丞相에 오르고 太子太傅 자리에 머물렀을 뿐 王으로 封해진 적은 없다. 또 킵차크(欽察 : Kibcag) 병력을 거느리고 北邊을 鎭守하다가 유순테무르칸(也孫鐵木兒 : Yesuntemur : 晉宗, 泰定帝, 1324~1327 재위)의 쿠데타 이후 元朝의 兵權을 장악하고 帝位 계승전을 左之右之하던 송코르(床兀兒 : Songqor)의 아들 엘테무르(燕鐵木兒 : Eltemur)는 카이산칸 武宗의 둘째 아들 투테무르칸(圖帖睦爾 : Tutemur : 文宗 : 天順帝, 1328/1330~1331년 재위) 文宗을 옹립한 공으로 太平王에 봉해지는가 하면, 中書右丞相이 되고 知樞密院事에 올랐으며 그 후 太師와 다르칸(Дархан)이 加封됐다. 또 그의 동생이 左丞相이 되고 아들이 御史大夫가 됐는가 하면 딸은 皇后까지 됐지만 끝내 몽골칸의 皇子들처럼 一字王號를 받지는 못했다. 그는 어디까지나 킵차크(Kibcag)인으로 元朝 말기의 色目人 군사력과 경제력 급상승세[42]를 타고 대두된 色目 諸種族 출신이었을 따름이어서다.[43]

---

40) 이제현, 『익재난고』 권9 상, 19「충헌왕세가」.

41) 姚燧, 『牧菴集』 권3 ,「高麗藩王詩序」.

42) 周采赫, 『元朝官人層研究－정복왕조기 중국사회신분구성의 한 연구』, 서울 : 正音社, 1986. 11 참조.

43) 『원사』 권138, 열전25「燕鐵木兒」전.

엘테무르(燕鐵木兒 : Eltemur)와 더불어 카이산칸 武宗의 둘째 아들 투테무르(圖帖睦爾 : Tutemur)칸 文宗을 옹립한 공으로 출세해 中書右丞相이 되고 知樞密院事에 올랐으며 1331년에 浚寧王으로 봉해졌는가 하면 1332년에는 太傅가 됐으며 徽政使 자리에까지 오른 바얀(伯顏 : Bayan)은 마침내 엘테무르를 추월해 토곤테무르칸(妥懽貼睦爾汗 : Togontemurkhan : 惠宗 : 順帝)이 즉위하자 中書右丞相이 되고 太師로 승진하는가 하면 領太史院으로, 드디어는 몽골칸의 皇子들처럼 一字王號인 '秦王'으로까지 봉해졌다. 몽골칸의 신하로 팍스 몽골리카체제 안에서 史上 최고의 자리에 오른 것이다. 물론 몽골, 킵차크와 오로스(斡羅思 : Oros) 등의 北邊鎭戍軍을 그 세력배경으로 하고 있었던 그는, 엘테무르처럼 色目人도 아니었고 이질부카 瀋王처럼 종래에 漢人의 범주에 속한 高麗國人도 아닌, 바로 메르키드(Merkid)씨인 '國族' 몽골인이었다. 그렇지만 바얀(伯顏 : Bayan)도 이질부카처럼 쿠빌라이 대칸의 키야드 보르지긴의 피를 수혈 받지는 못했고 쿠르겐이 될 수 있었던 것도 결코 아니었다. 바꿔 말하자면 이질부카 심왕과 같은 몽골황실의 황금씨족 황족혈통과는 준별되는 역시 황제의 일개 非皇族 血統의 신하에 지나지 않았던 것이다.

그런데 당시 이질부카만은 팍스 몽골리카체제 안에서 유일무이하게 자기의 영토와 영민에 대한 징세권과 징병권을 확보하도록 허용된 독자적인 高麗國王이자 元朝 내지 직할령 내에 遼·瀋地域을 분봉 받은 藩王인 瀋王으로 上相인 右丞相職圈을 넘나드는 실권자로 元朝의 政事를 參議할 수 있는 엄연한 실세 핵심 알탄우룩(黃金氏族 : Altan urug)의 구성원으로서의 위상을 확보하고 있었다. 그래서 칭기스칸의 皇子나 그 직계 皇孫에게나 주어졌던 4한국과 같은 위치에 있었던 것이라 할 고려국의 국왕이면서 동시에 元의 직할령 안에서 藩王 瀋王으로 봉해지는가 하면, 아유르발리파드라칸 仁宗으로부터 上相 우승상의 지위를 권유받을 만큼 원조 정사 참의에서 지극히 높은 일정한 위상을 보장받으며 중앙 정사 결정에 적극적으로 참여할 수 있었다. 물론 무상한 정변으로 그의 막강한 格位가 오래 가는 것은 아니었지만,

적어도 宮師府 瀋王官邸에 極品인 太子太傅의 자격으로 萬卷堂을 열고 주로 宮師府 太子少傅 姚燧를 비롯한 북방 관학파 거물들을 휘하로 부려 朱熹 性理學을 國族 몽골중심으로 그 華夷觀을 개편한 魯齋之學을 실천적 내용으로 삼아 몽골세계제국의 體制教學으로 거듭나게 해서 '元朝 朱子學'으로의 대두 기본토대 구축화를 稼動시키고 과거를 팍스 몽골리카체제 하에서 획기적으로 부활시키는 이 극적인 동북아시아 세계이데올로기 창출과정을 수행해 내는, 이런 역사적인 기간 동안만은 그런 조건이 충족됐던 것이라 하겠다. 정녕 元 一代의 儒者로서 누구도 누려보지 못한 지위와 몽골황족 핵심 실세로서의 실권을 누리며 이런 장엄한 과업을 수행해냈던 것이라 하겠다.

이질부카 瀋王의 이런 거대한 세계사적 과업수행과정에 관한 구체적인 천착은 불행히도 그간 거의 완전히 무시되고 폄하되어 소외당하거나 默殺되어 왔다. 그렇게 된 소이를 밝히는 것이 또 다른 하나의 크나큰 연구 과제이겠지만, 여기서는 문제제기 차원에서만 이를 간략하게 짚고 넘어가려 한다.

아유르발리파드라칸(仁宗)이 皇位에 오르자마자 이질부카 瀋王에게 上相인 右丞相 자리를 권했던 데 대해서 元朝의 사료에는

> 世祖 又爲乃先王 降以安平帝姬 追封秦國 實生今王 于屬爲甥 而妃又裕皇元子晉王公主 父子先後 連姻帝室 當儲皇之敉寧內訌也 王與定策 故皇上報之 加開府儀同三司 太子太師……又原降制 惟曰 瀋王進尙書右丞相……湛露恩光 可謂無以尙者……[44]

라 적었고, 高麗朝 사료에서는

> 知密直司事朴瑄 還自元 帝以前王定策功 特授開府儀同三司 太子太傅 上柱國駙馬都尉 進封瀋陽王 又令入中書省 參議政事……[45]

---

44) 姚燧, 『牧菴集』 권3, 「高麗瀋王詩序」.

45) 『고려사절요』 권23, 忠烈王5 戊申34(元 武宗 至大元年) 5월조.

라고 썼으며, 또 다른 고려조 사료에서는

> 右丞想禿魯罷 遣李孟至王邸 諭以爰立之意 王謝曰……況朝廷之上相裁……帝聞之 笑曰……乃止[46]

라고 했다. 여기서 王邸란 당연히 이질부카 瀋王官邸다. 그리고 이 皇宮宮師府 太子太傅 심왕 관저에 차린 元 萬卷堂이다. 당대 名儒들로 심왕의 門下에서 宮官이 되어 宮學을 논한 연구기관이 관방기구 원 만권당임은 자명하다. 이런 元朝의 사료를 남긴 이는 姚燧다. 그는 1235년에 남방 유사 趙復을 포로로 잡아온 姚樞가 그의 큰아버지로, 그 집에서 자랐으며 요추를 통해 朱熹 性理學을 國族 몽골 중심으로 그 華夷觀을 개편한 魯齋之學을 처음 배웠다. 그 후 元 一代의 宗儒가 된 魯齋 許衡을 스승으로 모신 터라 몽·원제국 관학권의 핵심실세가 돼서, 이질부카 瀋王이 宮師府 태자태부로 있으면서 그를 태자소부로까지 이끌어 썼을 만큼 그와 瀋王 이질부카 王璋은 서로 각별한 인연을 맺은 사이다.

> 先生七十歲……冬 宮師府 遣正字呂洙 持太子師瀋陽王王璋書 如漢徵四皓故事 趣爲太子賓客 授正奉大夫[47]

위에서 보듯이 그는 1307년(대덕 11) 丁未에 나이 70이 돼서 太子師 瀋陽王 王璋의 書信으로 비로소 太子賓客이 되고 正奉大夫를 除授받았다고 하는데, 이는

> 仁宗爲皇太子 王爲太子太師 一時名士 姚燧·蘇輿·閻褒·洪革·趙孟頫·元明善·張養浩輩多所推轂 以備宮官[48]

---

46) 이제현, 『익재난고』 권9상, 19 「충헌왕세가」.
47) 姚燧, 『牧菴集』 附錄 「年譜」, 大德 11년 丁未條.
48) 이제현, 『익재난고』 권9상, 17 「충헌왕세가」.

이라 한 데서 仁宗이 皇太子로 있고 瀋王 兼 忠宣王이 太子太師로 있을 적에 위에 거명한 姚燧를 비롯한 여러 儒者들을 추천해 宮師府의 宮官을 對備했다는 기록과 부합된다. 그런데 위의 기사에서 아주 흥미로운 점은 『元史』 권174, 열전 제61 「姚燧」傳의 같은 내용을 기록한 사료에서는 "宮師府……持太子師瀋陽王王璋書"라는 중요한 句節이 모두 삭제되어 있다는 사실이다.

> 燧年已七十 □□□ 遣正字呂洙 □□□□□□□□□□ 如漢徵四皓故事 起燧爲太子賓客 未幾 除承旨學士 尋拜太子少傅49)

같은 元朝의 관계사료인데도 당대의 문집인 『牧菴集』과 明朝의 관찬사료 『元史』의 기록내용이 서로 크게 다른 것을 확인할 수 있다. 『元史』에서는 『牧菴集』에 엄존하는 "宮師府……持太子師瀋陽王王璋書"라는 13글자가 짐짓 사라져 버린 것이다. 『牧菴集』이 『元史』의 底本이 됐으리라는 것은 쉽게 추정할 수 있는 터에, 하필이면 이질부카 瀋王이라는 핵심인물에 관한 이 기사를 빼버린 『元史』 편집자들의 교묘한 底意가 돋보이는 장면이 아닐 수 없다. 사가가 역사를 서술함에서 '述而不作'의 정신을 어떤 경우에도 견지해야 한다는 孔子의 신념을 굳이 거론치 않더라도 이는 분명히 史家로서 치명적인 오류를 보이는 史筆이라 아니할 수 없다.

元·明革命으로 몽골 諸王인 이질부카 瀋王-고려국 충선왕→ 몽골군사귀족관인→ 색목관인→ 한인관인→ 남인관인의 서열이 거꾸로 뒤집혀 明朝의 옛 元朝 南人官人 출신 천하가 열렸기 때문이다. 그래서 원대의 남인관인이 『元史』를 편찬할 때 이질부카 심왕 관계기사는 가차 없이 지워 없애는 역사왜곡을 단행했던 것이다. 본래 근 백년간의 고려계 몽골군벌 출신인 조선조의 창업주 李成桂의 경우도 反元親明의 기치하에 고려 왕씨 王政에 대한 쿠데타를 일으켜 성공한 터였다. 그러므로, 明初 옛 南人官人 출신 儒者들이 득세하는 원·명혁명 정국하에서 당연히 팍스 몽골리카체제의 이데올로기적 정초과정

49) 『元史』 권174, 열전 제61 「姚燧」傳.

에서의 만권당의 획기적인 역사적인 기여를 통한 세계사적인 차원의 '元朝 朱子學' 대두와 그 사업을 이끈 걸출한 총체적 주도자 元朝 太子太傅 이질부카 瀋王에 관한 記事 삭제에, 그도 『元史』의 경우처럼 적극 동참했던 것이라고 하겠다. 역시 중국 남방세력이 중원역사를 주도하는 600여 년 후인 1986년에 韓儒林 主編으로 저술한 『元朝史』에서나 이에 관한 한 조선시대의 관행을 거의 그대로 답습하고 있는 것으로 보이는 같은 시대 韓人學者들의 관계사실 서술에서도, 이와 같은 明과 朝鮮朝의 기조를 더욱 더 강조해 대체로 변함없이 그대로 유지하고 있음[50]을 본다.

유목 商族 殷의 초기중원지배는 사실상 시원단계의 목·농통합형 유목제국이고 그 역사적 실험을 겪으면서 배태돼 춘추전국시대의 용광로를 통해 진·한제국에서 나름대로 결실된 것이 儒學이라는 성격이 매우 강하다. 관료를 선발하는 시험제도인 科擧가 실은 수·당시대와 당말·오대·송초 변혁기를 거쳐 북방유목몽골로이드의 遊牧武力이 중원의 농경민족을 정복지배하는 효율적인 지배체제로 정착되는 과정에서 거듭 생겨났고, 그 과거 呈式인 이데올로기의 기틀인 儒學이 당연히 이를 뒷받침하는 차원에서 그 기틀을 잡아온 성격이 매우 강하다고 하겠다. 그러므로 그것이 북방 유목몽골로이드의 유목무력이 중원 농경지대를 정복해 제국을 창업하고 수성단계에 들면서 본격적으로 정비된 것이라면, 특히 위진남북조시대의 역사적 결실이라 할 수·당대를 거치고 다시 해체와 확대·재생산과정을 거쳐 당말·오대·송초 변혁기 이래의 발전으로 팍스 몽골리카체제 차원에서 완성단계의 재결실을 이룩한 것이 몽·원제국이라 한다면, 元朝에 이르러 세계사적인 차원의 체제교학으로서의 지배이데올로기 元朝 朱子學이 대두된 것은 지극히 자연스러운 역사의 순리라 할 수 있겠다.

실로 이런 역사적인 맥락을 되새겨볼 때, '元朝 朱子學' 대두 사업에서의 이질부카 심왕의 주도적 역할은 명약관화하게 드러나게 된다. 이질부카 瀋王이 태자태부로 있고 요수가 태자소부로 있었던 것으로 보아서나

50) 韓儒林 主編, 『元朝史』下, 북경인민출판사, 1986, 18~25쪽 참조.

科擧之設 王嘗以姚燧之言 白于帝 許之 及李孟爲平章政事 奏行焉 其源 盖自王發也[51]

라고 하여 몽·원제국 초기부터 儒士들이 그토록 奏請해 마지않던 科擧의 再設問題를 이질부카 瀋王이 姚燧의 말이라고 하여 황제에게 아뢰어 시행케 했던 친분관계로 보거나, 또 70세의 老軀를 이끌고 요수가 「高麗瀋王詩序」라는 頌詩를 20여 세나 연하인 이질부카 심왕에게 몸소 지어 바친 官位나 신분상의 직속 상하관계로 보아서도 그렇다. 그들의 관계는 물론 쿠빌라이 대칸의 키야드 보르지긴 피를 수혈 받은 황금씨족 이질부카 瀋王과 그의 漢族 臣下 姚燧로 엄격히 준별되는 터였다. 이들 자료는 분명히 姚樞·許衡 이래로 관학파의 맥을 잇는 姚燧를 상징인물로 하는 북방 관학파 인물들이 과거를 재설하는 일을 도맡았고 그들을 육성하고 조직해 운용한 실세인 주도자는 "科擧之設……其源 盖自王發也"[52]라고 하듯이 이질부카 瀋王 그 자신이었음이 불을 보듯 뚜렷하다.

물론 위의 사료에서도 李孟이 평장정사가 돼서 주청해 과거를 시행했다고 했으나 그래도 그 근원은 어디까지나 이질부카 瀋王의 發意에 의한 것임을 새삼스럽게 강조하고 있다. 이질부카 瀋王과 이맹의 관계는, 나이도 이맹이 심왕보다 11살이나 연하인 데다가 우승상 투글룩(禿魯 : Tuglug)을 파직하고 이질부카 瀋王을 그 자리에 세우기 위해 아유르발리파드라칸(仁宗)이 심왕의 宮師府 官邸에 李孟을 심부름 보냈던 데서 그 격위 차등관계가 명확히 드러난다. 당연히 몽골 皇室 대칸의 피를 수혈 받고 태어난 瀋王인 이질부카 瀋王과 漢族 南人 布衣 출신 李孟의 신분지위는 몽골 皇族과 그 피지배 漢族 南人 布衣 출신 臣下 사이로 하늘과 땅 만큼이나 엄연한 차이가 있었던 것이다.

汗每與論用人之方 孟曰 人材所出 固非一途 然漢唐宋金 科擧得人爲盛 今欲興天下之賢能 如以科擧取之 猶勝於多門而進者 然必先德行經術 而後文詞 乃可

51) 李齊賢, 『益齋亂藁』 권9, 「忠憲王世家」.
52) 李齊賢, 『益齋亂藁』 권9, 「忠憲王世家」.

得眞才也 汗韙其言 議行之[53]

위의 자료에서 보듯이 이맹이 上奏해 시행을 본 것은 그 내용이 앞의 서술과 같지만, 그러나 이 『蒙兀兒史記』「李孟·吳直方」列傳에서는 정작 宮師府 太子太傅 이질부카 瀋王이나 太子少傅 姚燧를 비롯한 북방 관학파 주류의 역할에 관해서는 단 한 마디도 언급치 않고 모두 지워 없애 버렸다. 『원사』 관계 기록에 南人 布衣 출신 李孟에 관한 기록이 당시의 과거재설과 관련해 장황하게 나열되어 있는 것이나 『蒙兀兒史記』「李孟」列傳이 이처럼 적고 있는 것과 근자의 韓儒林 主編, 『원조사』 관계 조항에서는 아예 이맹만이 주희 성리학의 관학화-魯齋之學의 元朝 體制敎學化 및 元朝 과거 재설의 주도자인양 의도적으로 왜곡해 서술하는 소위 大漢族主義 偏執症을 노골적으로 드러내고 있다.[54] 그러나 그는 당시에 朱熹 性理學을 國族 몽골중심으로 그 華夷觀을 개편한 '魯齋之學'을 실천적 내용으로 삼아 몽골세계제국의 體制敎學으로 거듭나게 해서 '元朝 朱子學'으로 대두케 하는 사업을 주관하던 원조 관학화 주도 세력인 북방 漢人 출신 관학파 주류가 분명 아닌, 일개 南人 布衣 출신에 불과한 孤立無援의 외톨이 入仕者였을 뿐이었다. 그가 쿠빌라이 대칸의 황태자 짐킨(眞金 : Jimkin)에게 추천된 일은 있으나 1285년 짐킨이 죽는 바람에 등용되지는 못했다. 그 후에 카이산칸 武宗과 아유르발리 파드라칸 仁宗이 潛邸에 있을 적에 일개 南人 布衣로 그들의 스승이 되어서 그 후 元朝에서 입신출세할 계기를 마련할 수 있었다. 따라서 그는 쿠빌라이 대칸의 潛邸舊侶인 姚樞·竇墨·許衡 계열과는 무관한 사람으로 그 이전까지는

53) 『蒙兀兒史記』 권137, 「李孟·吳直方」 列傳 제119.

54) 朱熹 性理學을 國族 몽골중심으로 그 華夷觀을 개편한 「魯齋之學」을 실천적 내용으로 삼아 몽골세계제국의 體制敎學으로 거듭나게 해서 「元朝 朱子學」으로 대두케 하는, 이 너무나도 엄연한 역사적 擡頭過程을 논외로 해 삭제하고 건너뛰어 역사적 무중력상태에서 이른바 宋·明理學式의 탈역사적 시각으로 이를 연구하는 부류의 관계학자들은, 대체로 이런 기조를 벗어나지 못하고 있다. 이런 부류의 일본학자들도 그렇게 안일하게 또는 영악하게 이런 주장에 비판적인 穿鑿이 없이 적당히 동조하는 경향을 보이고 있다. 韓儒林 主編, 『元朝史』下, 북경인민출판사, 1986, 18~25쪽 참조.

당연히 元朝 북방관학권에서는 전혀 기반을 갖지 못했다. 그가 뒷날의 카이산칸 武宗과 아유르발리파드라칸 仁宗의 쿠데타를 적극적으로 권해 大事를 이루고 있었던 것으로 과장돼 서술되고 있으나, 그 당시에는 이렇다 할 지위도 확보하지 못하고 있었던 그가 얼마나 그런 영향력을 가질 수 있었는지는 적이 의심이 든다. 이런 영향력의 경우라면 당연히 쿠빌라이 대칸의 외손자이자 친손자 사위 儒者 太子太傅[55]로, 그들과 황금씨족 키야드 보르지긴의 피를 나누었고 또 앞으로도 나누어갈 이질부카 瀋王이, 그가 쿠릴타이에서 왕비 보타시린 공주와 함께 몽골의 관례대로 2표를 행사할 수 있었기에 그 권한이 李孟보다 압도적으로 더 클 수밖에 없었음은 물론이다. 이질부카 瀋王은 전술한 대로 쿠데타의 주체들과 사제간이자 사촌 처남매부 사이이기도 했으며 또 그들은 이질부카 심왕의 이종사촌의 아들들이었다. 실제로 그래서 이맹과는 달리 이질부카 심왕은 엄연히 이 擧事와 직관돼 아래의 기록과 같이 공신으로 훈작을 수여받고 尙書右丞相職을 권유받기까지 했다.

……王與定策 故皇上報之 加開府儀同三司 太子太師……又原降制 惟曰 瀋王進尙書右丞相……湛露恩光 可謂無以尙者……[56]

뿐만 아니라

右丞想禿魯罷 遣李孟至王邸 諭以爰立之意 王謝曰……[57]

이라는 사료내용의 서술에서 간파할 수 있듯이 아유르발리파드라칸 仁宗이 종2품직인 中書平章政事 李孟을 이질부카 瀋王 宮師府 官邸에 심부름 보내어 그의 바로 윗자리인 정1품 上相 右丞相 자리를 권하는 詔書를 전달케 할 정도의 격위 차등이 瀋王 王璋과 李孟 사이에는 엄연히 존재하고 있었다.

---

55) 쿠빌라이 대칸 장남 짐킨(Jimkin)황태자의 맏아들 감말라(Gamala)의 딸 보타시린(Botasirin) 공주를 왕비로 맞은 쿠르겐(Хүргэн) 이질부카 瀋王.

56) 姚燧, 『牧菴集』 권3, 「高麗瀋王詩序」.

57) 『고려사절요』 권23, 忠烈王 5 戊申34(元 武宗 至大元年) 5월조 참조.

무엇보다도 그들은 몽골皇族과 피지배족 南人 布衣 출신의 자리에 각각 자리매김되어 있었던 것이다. 물론 이맹도 1314년 延祐 元年에 金紫光祿大夫 上柱國에 오르고 韓國公으로 改封돼 정1품 勳爵을 받기에 이르지만 그는 어디까지나 몽골 황족 瀋王 王璋과는 달리 國族 몽골족이 아닌 非皇族 피지배 南人 布衣 출신 臣下이었을 따름이다.

그리고 李孟은 당연히 瀋王 王璋처럼 姚燧·蘇軯·閻復 등과 같은 관학권 핵심인물들의 人事를 좌우하거나 그들을 불러 모아 주희 성리학의 國族 몽골중심 관학화—魯齋之學의 체제교학화를 주관케 하고, 그를 科擧 呈式으로 삼아 과거를 재설할 준비를 하기 위해 원 만권당과 같은 관방기구를 皇宮 宮師府 太子太傅 이질부카 瀋王 官邸에 개설할 수도 없었고 그런 기록도 전혀 없다.

> 延祐初 有鮮卑僧上言 帝師八思巴 製蒙古字 以利國家 乞令天下立祠 比孔子 有詔公卿耆老 會議 國公楊安普 力主其議 王謂安普曰 師製字 有功於國 祀之自應古典 何必比之孔氏 孔氏百王之師 其得通祀 以德不以功 後世恐有二論 事難竟行 聞者韙之[58]

위의 기록에서 보듯이 팍파(八思巴 : Phagspa)문자를 만들어 몽골조정에서 그 威光이 당당했던 몽골정통불교의 라마인 帝師 팍파를 孔子와 견주어 立祠하는 논의가 나와 황제의 詔書까지 내려진 터에 감히 그 부당함을 분명히 論破한 이질부카 瀋王이었다. 이런 상황하에서 '魯齋之學'으로 재편된 國族 몽골중심의 朱熹 性理學의 元朝 官學化 투쟁은 李孟 따위의 차원에서는 감히 엄두도 낼 수 없는 일이었음에 틀림없다. 물론 이맹과 당시의 북방 관학파 주류와의 관계는 앞으로 더 구체적으로 면밀하게 천착돼야 하겠지만, 가령 이맹이 아유르발리파드라칸 仁宗에게 帝師로서 학문적으로 크게 영향을 끼쳐 주희 성리학의 원조 관학화를 주도했을 가능성이 추정된다고 하더라도 역시 원대 관학을 '李孟之學'이라고 하는 법은 없고 어디까지나 '魯齋之學'

58) 李齊賢, 『益齋亂藁』(『益齋集』) 권9上, 16·17 「忠憲王世家」.

이라고 하는 것으로 보아, 그 실증 가능성이 매우 희박한 것을 알 수 있다. 그러므로 주희 성리학의 원조 관학화는 아무래도 노재지학을 떠받드는 북방 관학파 핵심세력과 이들을 육성하고 조직·운용했던 宮師府 太子太傅 이질부카 瀋王에 의해 주도되고 그 아래 급이라 할 李孟이 平章政事로서 보조하는 구실을 맡아 이에 동참했다고 봐야 할 것이다. 비유컨대 이질부카 심왕은 운전할 줄 모르는 운수업자가 아니라 운전수 출신이라 할 운수업자로, 그 자신이 儒者요 동시에 북방관학파 주류인맥을 거머쥔 태자태부라는 宮師府 實權職을 가진 노회한 실세 황족 정치가이기도 했기 때문이다.

여기서 한 가지 짚고 넘어가야 할 문제는, 테무르칸 成宗이 죽은 다음에 일어난 황위 계승전에서 황태자 짐킨(眞金)계인 카이산(뒷날의 武宗)과 아유르발리파드라(뒷날의 仁宗) 진영이 짐킨(眞金 : Jimkin, 1234~1285)의 同母弟인 뭉케라(忙可剌 : Mungkera)의 아들 아난다(阿難答 : Ananda)당을 제거하고 집권하는 것이 주희 성리학의 元朝 관학화 내지는 원조의 科擧 再設과 어떻게 관련되는가 하는 점이다. 이는 고려로 보면 곧 이질부카 충선왕당과 그의 부친인 충렬왕당의 투쟁에서 충선왕당이 승리하는 것과 맥을 같이 한다. 그런데 짐킨系의 황위 쟁취는 이와 동시에 '以漢法治漢地'를 강행하려다 희생된 황태자 짐킨 후손의 승리이기 때문에 주희 성리학의 원조 관학화와 원조 科擧의 부활에 직결되는 일이 된다. 충렬왕은 황태자 짐킨계와 직접 혈연이 닿을 수 없지만 이질부카 충선왕은 쿠빌라이 대칸의 딸 곧 황태자 짐킨(Jimkin)의 異腹女弟 쿠툴룩 켈미쉬(Khudulugh Kelmish, 1258~1294) 공주에게 태어난 터여서 이미 피를 나눈 血親인데다가 짐킨의 맏아들 감말라(甘麻剌 : Gamala, 1263~1302)의 딸 보타시린(Botasirin, ?~1343) 공주를 왕비로 맞았다. 그러므로 짐킨계의 칸위 쟁취는 원조 조정에서의 이질부카 瀋王의 지위 상승과 동시에 그의 고려왕위 再爭取로 이어지면서 그가 朱熹 性理學을 國族 몽골중심으로 그 華夷觀을 개편한 魯齋之學을 실천적 내용으로 삼아 몽골세계제국의 體制敎學으로 거듭나게 해서 '元朝 朱子學'으로 대두케 하는 위업을 주도할 수 있는 길을 활짝 열어 놓았다.[59]

이에 따라 이런 직통 통로를 통해, 팍스 몽골리카 차원의 원조 주자학의 고려에의 직수입이 가속화되었고, 이에 따른 고려의 충격은 물론 더 컸고 직접적이었다. 『삼국사기』의 「本紀」-「列傳」체제가 조선조에 들어 주자학자들이 편수한 『고려사』에서는 「世家」-「列傳」체제로 획기적인 전환을 이룰 만큼 고려말 조선초 주자학자들의 自國史 인식틀이 근본적으로 變造되어 버린 것이, 팍스 몽골리카체제의 이데올로기적인 틀이 창출되는 이러한 특수한 원-고려관계의 지성사적 전개와 함께 있었던 한 예라 하겠다.

이상의 모든 점을 종합해볼 때 원조 황실에서의 이질부카 瀋王의 위치, 특히 '以漢法治漢地' 정책의 일환으로 노재지학을 팍스 몽골리카의 체제교학화하는 사업에서 그의 비중은 그 핵심을 이루었다고 할 만큼 지극히 컸던 것이다.

> 遇高麗氏 則不然 有宗廟蒸嘗 以奉其先也 有百官布列 以率其職也 其刑賞號令專行其國 征賦則盡是三韓之境 惟所用之 不入天府 若是而日 異乎今者 然乎比歟 最二祖之所併苞 何翅萬國 其苗冑 有世其土而王者乎 雖牽塗之裾 以問之亦皆日無有 萬國獨一焉[60)]

위의 기록은 元朝 宮師府 太子少傅 姚燧가 팍스 몽골리카체제 하에서 고려국 忠宣王이자 몽골 藩王 瀋王, 宮師府 太子太傅 이질부카가 유일하게 '高麗'라는 國名을 유지하고 高麗國王職을 보전하며 徵兵權과 徵稅權을 자주적으로 행사하는 등의 독자적인 특전을 極口 讚頌하는 「高麗瀋王詩序」의 한 토막이다. 元朝 朝廷에서의 이질부카 瀋王과 牧菴 姚燧의 인간관계 力學을 극명하게 드러내는 내용이다. 그러므로 太子師인 瀋王 王璋의 一書에 의해 姚燧 일생의 仕宦運命이 좌우되고 있었다는 이 문구를 굳이 삭제한 『元史』 관계기록 사료편찬자의 의도는 미상불 漢族 傳來의 가소로운 大漢族主義史觀

---

59) 1296년 충렬왕 入朝時 그 석차가 제7위이던 것이 1296년 이질부카 王璋이 보타시린 공주와 결혼한 지 4년 후인 1300년에는 제4위로 格上됐다.

60) 姚燧, 『牧菴集』 권3, 「高麗瀋王詩序」.

에서 나온 탈역사적인 역사 왜곡의 소치라고 할 수밖에 없다.

그럼에도 姚燧의 『牧菴集』에서는 잇따라 아래와 같은 기사를 써내려 가고 있다. 20년 연하의 몽골 황족이자 고려국왕인 직속상관에게 아부한 게 元朝 관학권 주류 핵심의 漢人 巨儒로서 자존심이 몹시 상했든지 이런 아부에 대한 자기변명의 필요성을 절감했든지는 알 수 없으나, 이는 그 心思가 몹시도 뒤틀렸음을 보여주는 기록임에는 틀림이 없다. 瀋陽王 父子가 元朝 황실과의 根脚(親疏)관계를 맺고 황족의 일원이 되어 돈을 들여 그의 詩文을 구했지만 皇帝의 詔勅을 받고 나서야 써주었으며 사례품은 屬官과 胥吏에게 나누어주고 翰林院에 보내어 公用에 쓰게 했다고 적은 것이다. 이어서 어떤 이가 그렇게 한 이유를 물으니까

> 彼藩邦小國 唯以貨利爲重 吾能輕之 使之大朝不以是爲意[61]

라고 대답했다는 기사가 계속된다. 이질부카 瀋王이 太子太傅로 있으면서 그의 一書로 나이 70이 돼서야 비로소 太子賓客이 되고 正奉大夫를 除授받은 그를 다시 宮師府 太子少傅로 일약 승진시켜 이질부카 심왕의 직속 휘하관직에 임용했던 터이다. 저승에서라도 이질부카 심왕이 姚燧의 이런 교활한 언동을 알게 되었다면 어떠했을까? 자기 성찰이 없이 남을 서슴지 않고 비판하는 관행이 腐儒들의 主特技일 수가 있다. 예나 이제나 그런 언동 자체가 현실 생태속에서 과학적으로 살아남기 위한, 자기 비행을 감추는 고도의 전략전술일 수는 있다. 그렇지만 이 글이 그의 '大朝' 儒者로서의 고결한 뜻을 보이려고 한 것이라면 얼마나 가소로운가. 그 자신이 이미 亡金의 儒者로 몽골군에 투항해 몽골군의 伐金과 伐宋에 앞장선 武將 姚樞의 조카로 蒙·元朝에서 入仕한 亡金의 儒者가 아닌가. 조국 金朝를 망친 夷 중의 夷인 몽골을 華 中의 華로, 화 중의 화를 자칭하는 朱熹의 南宋을 夷 中의 夷 蠻子[62]로, 朱熹 性理學을 國族 몽골중심으로 그 華夷觀을 개편한

---

61) 姚燧, 『牧菴集』 권3, 「高麗瀋王詩序」.

62) 중국사에서 蠻子나 蠻夷는 四夷의 하나로 南蠻을 통칭하는 용어로 오랫동안 널리

魯齋之學을 실천적 내용으로 삼아 몽골세계제국의 체제교학으로 거듭나게 해서 원조 주자학으로 대두케 하는 사업을 수행하는 핵심요원, 원조 유자의 하나로 원조에 기여하면서 부귀영화를 추구해오고 있는 亡國奴 또는 賣國奴가 아닌가.

앞과 뒤가 서로 다른 채로 거세찬 힘의 파도를 타고 출렁대는 전형적인 政商輩 유자의 면모를, 貨利를 초월해 高邁한 뜻을 지닌 鶴과 같은 선비의 탈 그 너머에서 간파해내게 되는 일은 역사의 實存을 감안한다고 하더라도 썩 유쾌한 경우일 수 없다. '思無邪' 차원의 眞情性이 없는 문제의 제기와 해결과정에서 독창적인 연구성과나 어떤 작품이 나온다는 것은 사실상 불가능한 터여서다. 이는 실로 온갖 迂餘曲折이 스민 역사전개의 현장에서 몽골황실의 피를 수혈 받은 이질부카 瀋王의 파격적인 도움으로 가까스로 최고 권력의 배에 올라탄 70대 늙은 儒者의 교활 무쌍한 배신성과 추잡성이 돋보이는 역겨운 老醜의 한 장면아 아닐 수 없다. 도대체 그의 恩師 許魯齋의 역사적 正體는 무엇이며 儒學史上에서 어떻게 자리매김될 수 있단 말인가? 그 당대로서는 대학자라 할 朱熹의 性理學이 元朝 官學으로의 재편과정에서 魯齋之學으로 다시 태어나 팍스 몽골리카의 체제교학－원조 주자학으로 대두하는 그 실천적 과정은, 실은 이런 추잡한 역사 노정들로 얼룩졌었음도 주목해볼 필요가 있다.

여기서 한 가지 주목하지 않으면 안 될 문제는 이질부카에게 큰 은총을 입은 이와 같은 일개 亡金 儒者까지도 뒤에서 '藩邦小國' 云云 하면서 이미 몽골황실 일원으로 태어난 이질부카 瀋王의 권력에 대한 자신의 처지를 자위하려고 이질부카를 貶下해보려는 글을 남겼다는 사실이다. 그런데 하물며 몽골의 元朝治下에서 지겹도록 말할 수 없이 피눈물 나는 소외를 받고 수모를 당하다가 그 몽골정권을 자기들의 힘으로 몰아내고 明朝를 창업한

쓰여 왔지만 이 경우에는, 가장 늦게 몽골에 降附해와서 팍스 몽골리카체제 하에서 극도로 疎外된 亡宋 南人 士大夫들을 욕하고 깔보는 卑稱으로 주로 사용됐다. 북방유목몽골로이드와 亡宋 儒者의 역학적인 균형이 당시의 제도차원에서는 아주 顚倒된 역사적 상황하에서 그 비칭의 濃度는 극도에 달했던 듯하다.

주체인 江南 南人儒者 출신 '蠻子'들이 『元史』를 편찬하는 과정에서, 이런 골수에 사무친 大漢族主義史觀이 어떻게 작용했겠는가? 그래서 이를 되새겨 보는 일은 당시 관계사실을 왜곡해 기록한 역사배경을 간파해내는 데에 필수적인 작업일 수밖에 없다. 『元史』를 비롯한 한·남인의 기록에는 없고 『고려사』나 고려 儒者들의 문집 등 '藩邦小國人' 고려인의 기록에만 어떤 사실이 나타나고 있다고 하여 그 사료가치를 크게 깎아내리거나 아예 인정하지 않으려 할 수도 있겠으나, 이는 반드시 당시의 전체적인 사회구조 속에서 재평가되고 역사편찬자 자신의 다양한 역사·사회 배경에 대한 분석과 비판-반비판과정을 거치며 재해석돼야 할 것이다. 당연히 여말선초 주류 韓人 지성계의 흐름도 이와 함께 구체적으로 면밀하게 천착할 필요가 있다고 하겠다.

당시 몽골 황실에서의 이질부카 瀋王의 권위가 부각되는 역사서술이라든가, 비록 몽골 황실에 臣附한 亡金 유자들의 후손이기는 했지만 그들의 지위가 이질부카 심왕의 손에서 좌우됐다는 측면, 그리고 이질부카 심왕의 科擧制 復活 主導나 이를 위한 皇宮中 宮師府 官邸 元 萬卷堂의 설치 및 운영 등에 관한 기록은 사실의 실존 여하를 불문하고 儒學宗主國을 자처해온 그 당시의 한·남인 유자들에게는 치명적으로 자기폄하를 자초하는 내용이었을 수 있다. 더구나 그것이 漢·南人 儒者들과 그 후예들로 보면 치욕적인 북방 유목몽골로이드의 정복왕조 식민통치사의 한 결정판이라 할 몽·원제국사를 대상으로 하는 내용이었다면, 그 정복-지배자인 몽골 통치배들을 몰아내고 민족혁명이라고도 할 元·明革命을 이룩한 明初의 어수선한 사회분위기 속에서 그 피해 당사자들인 蠻子 江南儒者 출신들에 의해 주도된 『元史』의 편찬이 어떤 차원에서 이루어졌으리라는 것은 능히 짐작이 간다.

그러나 이런 경우에 이들은 몽골제국 중앙정부 元朝 朝廷이 금·남송을 점령 지배하던 시기가 종래의 '南人→ 漢人→ 色目→ 몽골' 종족질서가 1280년 전후 元朝 치하의 '몽골→ 색목→ 한인→ 남인'의 종족서열로 정반대로 뒤집혀 질서화해 주희 성리학이 노재지학으로 몽·원조 관학화 하고, 1368년 元·明革命 이후에는 또 다시 거꾸로 뒤집혀 '남인→ 한인→ 색목→ 몽골' 종족 서열질

서로 개편·정립되는 과정에서 명초의 『원사』가 본인들 자신인 蠻子 南人 출신자들의 인맥을 주류로 하는 세력에 의해 편찬되고 있다는 당시의 현실을 직시하고 '述而不作'의 編史精神으로 역사편찬에 임하지 못하고 있음을 그들 자신도 미처 자각하지 못한 것이라 하겠다. 몽·원조가 특히 송초 이래로 전국화한 儒者中心의 전통적인 중국의 지배층이 제도권에서는 거의 단절된 동북아시아 유교사회사 상 유례없는 일대 변혁기여서, 그런 체제를 완화시키는 당시로서는 획기적인 과거 재설을 제한적인 차원에서나마 전국차원에서 발동을 건 이질부카 瀋王의 기여는 실로 막대한 것이었다. 그럼에도 불구하고, 그마저도 원 세조의 피를 받은 적대적인 원조 황실 일원으로만 이적시해 삭제해버리고 중국 유자 특히 南人 출신 유자로 그 자리를 대신 채워 넣어 歷史史實이 아닌 歷史小說을 써서 正史 當該欄에 채워넣고 싶었던 것이, 明初 元朝 南人 출신 『元史』 편찬자들의 뒤틀린 심사였다고 하겠다. 그리고 그런 경향은 그 후 2000년대 들어서까지도 그 흐름이 전혀 바뀌지 않고 있다.

元朝 관학권내의 儒者나 明 초기 朱元璋 정권 내의 儒者가 비록 이름은 같은 유자라고 해도 그 구성원의 이해기반은 어떤 면에서는 대단히 상반되는 것이었고, 그래서 그들은 같은 史實이라고 해도 서로 상반된 시각에서 보고 상이한 해석을 할 수도 있었다고 하겠다. 물론 실천을 전제로 하는 구체적인 경전의 해석 내용 또한 그러할 수 있었으니, 예컨대 '華夷秩序'의 내용의 상호 顚倒된 규정을 들 수 있다. 명조 초기에 들면 강남의 유자는 이미 夷中의 夷인 '蠻子'가 아니라 주희가 애초에 규정한대로 華中의 華가 됐음에 틀림이 없었고, 특히 抗明몽골軍의 경우는 화중의 華인 國族에서 다시 夷中의 夷로 전락돼 있었다. 우리가 주목하지 않으면 안 될 점은 당시의 元朝 몽골치하에서는 宋初 이래의 전통적인 中原의 種族序列이 완전히 거꾸로 뒤집혀 몽골황제→ 몽골황자와 이질부카 瀋王-고려 忠宣王→ 몽골군사귀족관인→ 色目官人→ 漢人官人→ 南人官人의 서열 순으로 됐다는 사실이다. 당연히 이질부카 심왕-고려 忠宣王은 亡金 儒者 출신 宮師府 太子少傅 姚燧가 직속상

관인 太子太傅 藩王이 두려워 뒷구멍에서나 불만을 토로하는 말투로 내뱉은 '藩邦小國의 王'이 이미 아니었고 엄연히 몽골황실 일원으로 極品인 태자태부였으며, 上相 상서우승상급의 핵심 실세였다. 팍스 몽골리카 성립 이전의 동북아시아 농경권 중심의 시각으로 보면 몽골은 고비 너머 야만 중의 야만인 北狄-北夷이고 色目 또한 대부분 고려보다 많이 후진적이었을 것임을 염두에 두고 문제를 바라볼 필요가 있다. 그러면 元朝 안에서의 몽골 藩王 이질부카 藩王의 이러한 자리매김은 팍스 몽골리카의 창출과 그에게 부여된 守成課題를 고려할 때 조금도 이상할 것이 없다고 하겠다.

주희 성리학 자체가 地主·佃戶間의 모순이 첨예화한 朱熹 당시의 남송사회를 지주의 입장에서 질서화하려는 의도에서 성립된 것이고 몽골이 금·고려·남송을 정벌하기 시작한 이래 근 70년에 걸친 몽·원대는 전면적인 중원의 정복왕조 체제 창출과정에서 그 모순관계가 더욱 급속히 발전하고 있었을 뿐만 아니라, 팍스 몽골리카체제의 구축과 함께 이런 문제는 중원 대내외적인 차원에서의 華夷士庶 관계를 확대·재생산해갔다. 이와 같은 세계사의 발전과정에서 중원차원의 통일국가명으로, 이데올로기 차원의 의미를 갖는 '元'이란 『易經』의 「大哉乾元」에서 딴 王朝名이 처음 등장하고 그 후 明·淸으로 그런 전통적인 관행이 계속 발전했다.[63] 뿐만 아니라 元代 科擧 합격자가 4개 집단군으로 배분되었는데 그 중에는 國族 몽골인과 漢·南人 이외에도 이슬람권을 위시한 서아시아의 色目人도 당당히 한 몫을 점하고 있었던 터[64]여서 당시에는 이미 이슬람권까지 내포하는 팍스 몽골리카 차원의 세계사적 이데올로기로서의 성리학이 발전해가야 하는 시대적 요구의 전개과정

63) 『元史』 本紀 第卷7, 世祖4 至元8년 11월조에 "建國號曰 大元 詔曰 可建國號曰 大元 蓋取『易經』'乾元'之義"라고 적었다.

64) 明朝에는 일정한 자기한계성을 갖는 것이기는 하지만 이슬람교권 色目人 출신 거물 陽明學者 李贄(李卓吾)가 등장할 만큼 이미 이슬람권까지 내포하는 팍스 몽골리카 차원의 세계사적인 이데올로기로서의 理學이 발전돼가는 흐름이 있었다. 이런 역사 조류는 한반도에도 元朝－麗末·鮮初 150여 년간에 그대로 지속돼, 심지어는 1427년 世宗이 非儒教的인 이질적 습속을 금하기 직전에는 궁중행사에서도 이슬람 신앙의식이 당당하게 행해지기까지 했다(李熙秀, 『터키史』, 대한교과서주식회사, 1993, 120~122쪽 참조)

에서 주희 성리학의 몽골세계제국 중앙정부 원조의 관학화 실현 시도가 이루어지면서, 그 '魯齋之學'化와 이를 제도화 차원으로 파격적으로 이끌어 올리는 사업의 기획-추진이 있게 됐던 것이다. 몽·원제국에 들어 단절됐던 과거를 재개해내는 획기적인 역사적 소명이 이질부카 심왕을 중심으로 해 元朝 宮師府 萬卷堂에 토대를 두고 실현되면서 원대에 거대 이데올로기 '元朝 朱子學'의 대두 틀이 잡히고, 明·清代에 이를 계승·발전시키면서, 당시로서는 色目官人까지 포함해야 하는 팍스 몽골리카 운영의 제도적 장치로서의 동북아시아 문인관료체제의 총체적인 구축이 이룩될 수 있었던 것이라 하겠다. 이어서 다음에는 이상에서 논증 서술한 내용들을 다시 줄거리를 간추려 필자 나름대로 구체적으로 정리해보았다.

이런 사업은 1313~1315년 사이에 집중적으로 이루어지는데, 그는 몽골칸의 宮城 宮師府 官邸에 머물면서 元 萬卷堂이라는 元朝의 지배이데올로기 창출 기구를 창설해 이를 발판으로 주로 당시 北方官學圈의 名儒들을 宮官으로 추천해 써가며 이런 사업을 추진했다. 元代 儒宗인 許衡도 감히 맡기를 두려워해 固辭했던 최고위직인 '太子太傅' 자리에 앉은 그는, 당대 북방관학의 거두인 姚燧를 그의 麾下 太子少傅로 써가며 이를 구체적으로 실천하는 데서는 中書平章政事 李孟에게 그 실무를 맡겼다. 이맹은 북방관학파의 주류가 아닌 南人 布衣 출신이었으므로 그 영향력은 일정한 한계를 갖게 마련이었다. 그래서 1235년 남송경략 과정에서 유자 趙復을 포로로 잡아온 姚樞(1203~1280년)의 조카요 元代 儒宗 許衡의 제자인 姚燧가 실제로 太子少傅로 太子太傅인 이질부카를 도와 일을 추진했다고 하겠다.

물론 이 시기 '科擧取士'의 비중은 다른 전통 중원왕조에 비해 보잘 것 없었지만, 그러나 이때 비로소 '魯齋之學'이 科擧 呈式의 핵심내용이 된 것은 엄연한 사실이다. 그리고 이렇게 관학화한 '노재지학'이 明初에 劉基가 八股文體를 제정해 士子進身의 敲文磚을 삼은 이래 明·清代를 거쳐 근 600년간 방대한 문인 관료체제 운용의 기본 틀이 됐는데, 魯齋之學이 朱熹 性理學에서 그것이 실천차원으로 팍스 몽골리카체제에 합당하게 개편돼 유래된 터에 이런 대세를 타고 몽골세계제국 중앙정부 元朝의 威光을 등에 업고 일약 '元朝 朱子學' 차원으로 격상된 것이라 하겠다. 이는 물론 원대에 성립된 행정제도로 그 후 그 근간을 이루어오고 있는 行省制의 발전과 더불어 장기간에 걸쳐 뿌리를 내리면서 굳건히 정착되기에 이르렀으므로 1235~1368년의 134년간의 태반기라 할 당시의 팍스 몽골리카체제 하에서 이를 뒷받침하는 이데올로기 구축작업과정에서의 元 萬卷堂을 基軸으로 하는 노재지학의 체제교학화 사업은 획기적인 역사적인 의미를 含蓄하는 것이었다고 하겠다.

아울러 우리는 여기서 1271년에 종래로 종족명 또는, 창업자의 조상이나 그 자신의 출생지명을 국명으로 삼아오던 관행을 과감히 벗어나 동북아시아 역대왕조 중에 최초로 '元'이라는 이데올로기성 帝國名을 쓰기 시작한 점에도 주목해야 한다. 팍스 몽골리카체제 구축으로 그런 차원으로 역사를 발전시켜낸 단계에 진입했음을 보여주는 것이라 할 수 있기 때문이다. 이를 始發로 해서 明과 淸이 연이어 같은 차원의 帝國名 命名을 해나오며 근세 이래의 거대한 산업문명의 충격 속에서 근대제국 창업을 모색하게 되어서이다. 이런 역사의 主流를 診脈하면서 총체적이고 예리한 분석을 통해 또 다른 시각에서 세계대몽골제국(Yeke Mongol Ulus) 중앙정부 元朝의 돌변 차원의 별난 새로운 제국명 創出에 주목할 필요가 있다. 이는 저들이 이와 같이 처음으로 창출된 팍스 몽골리카체제를 이끌어나갈 새로운 차원의 시대적 召命을 자각한 데서 비롯된 것으로 보이는데, '元'이란 『易經』의 「大哉乾元」에서 딴 이름이고, 『易經』은 오랜 동북아역사상의 총체적 이데올로기적 결실이라 할 철학적 핵심을 이루는 유교경전이기 때문이다.

뿐만 아니라 孔子는 「儀範百王 師表萬世」라 하여 몽골세계제국 중앙정부 元朝에 이르러서야 비로소, '大成至聖文宣王'이라 높여 儒敎圈 역사상 가장 고귀한 至尊의 萬世師表로 처음 追崇되게 된다.[65] 몽골군사귀족들의 그들

---

65) 閻復, 「加封孔子制」, 『元文類』 권11. 殷나라의 商族은 이에 앞서 본래 그 고향으로 추정되는 '商'이라는 땅에 봉해져서 '商族'이 된다. 그런데 상족이 동몽골 스텝-타이가에서 유래했다는 통설을 고려하면, 馴鹿의 주식 蘚(Niokq)이 나는 대·소 興安嶺의

나름의 정복지 지배원리에 따라 지배현지의 오랜 전통적인 지배관행을 활용해 '以漢法治漢地'의 이데올로기적 방편으로 채택된 유교－'魯齋之學'이라

鮮(Sopka : 小山 ; 商?)이 그 封地일 수 있다. 魯나라가 商族의 역사전통을 이어받은 순록유목민 북방몽골로이드 후예의 땅이고 거기에 산 사람들이 商族-鮮族 곧 순록유목민의 후예들이라면, 한 번은 꼭 고려해볼 만한 시각이다. 대나무 구멍으로 하늘을 올려다보는 시각으로 경망스럽게 쇼비니즘 또는 네오파시즘이라고 싸잡아 단칼에 잘라버리지만은 말자. 지금이, 16세기 전후 망원경과 현미경이 인류사에 등장한 데에 이어, 유사이래 가장 본질적인 역사인식의 대변혁이 이루어지고 있는 IT·BT·NT 시대임을 치열하게 자각하면서 마음을 고요히 해 자기성찰을 하며 찬찬히 「유목민이 본 漢族史」의 눈으로 동북아시아사를 다시 들여다보자. 몽골 쿠빌라이 대칸도 따지고 보면 대흥안령북부 훌룬부이르 몽골스텝과 嫩江－呼嫩平原의 가셴둥(嘎仙洞)에서 비롯된 鮮卑－蒙兀室韋族 출신인 鮮(Soyon)族임에서다. 물론 鮮族 출신인 고려인이 北朝－隋·唐과 이에 이은 鮮卑－室韋 起源이라는 鮮族 몽골의 2차에 걸친 백두대간권 역사개입 충격을 겪으면서 古朝鮮 國號의 復活이라 할 近世朝鮮 王朝名이 재등장한 것도 이런 차원에서 역사적 맥락이 이어지는 것일 수가 있다. 北狄－北夷－東夷 脈絡의 순록유목민 태반출신일 수 있는 쿠빌라이 대칸이 몽골반점이 드러나 있을 수 있다고 추정되는 北狄－北夷－東夷 胎盤 출신인 같은 商族 출신 孔子를 팍스 몽골리카체제를 뒷받침하는 이데올로기 차원의 至尊으로 역사상 가장 고귀하게 처음으로 받들어 모실 수 있었기에 하는 말이다. 이데올로기적 코드가 胎盤史的 맥락에서 서로 접맥될 수 있어서이다. 근원적으로는 孔子思想의 역사적 근원을 『易經』에서 찾는 것이고 보면, 그리고 『易經』의 뿌리는 이들 北狄－北夷－東夷가 유목태반제국으로 제철기술 수용-발전과 함께 우뚝 솟는, 물이 태평양으로 흘러드는 大滿洲圈에 토대를 구축한 玄武神主信仰에서 비롯되는 것임도 주목해야 한다. 진짜 고구려의 계승자임을 자임하는 다구르 族은 지금[1999년 10월 당시의 하일라르 다구르인들의 조상제사시]도 시월에 玉으로 만든 四神을 神主로 모시고 조상제사를 지낸다(閔泳珪, 「Ulan Batur本 ALTAN TOBČI에 대하여」, 『연희춘추』 2호, 1953. 7. 1 참조). 그래서 결과적으로는 현재 몽골과 한국의 國旗에만 太極紋이 상징문양으로 들어 있음도 결코 역사적 우연일 수만은 없음을 천착해봐야 할 것이다. 특히 몽골의 貊高麗 起源說을 염두에 두면 그 가능성이 感知된다(주채혁, 「'몽골'-貊高麗, 유목형 '고구려' 世界帝國考」, 『백산학보』 76, 백산학회, 2006. 12, 305~360쪽). 1/3몽골세계칸국을 창업한 몽골 태조 祖父 칭기스칸에 이어 2/3몽골세계칸국을 모두 완성한 몽골 세조 쿠빌라이 대칸에게는, '以漢法治漢地'라는 중원지배방침 현지 관철문제를 앞두고 당시에 역사적으로나 현실적으로나 드러난 몽골반점을 공유한 가장 밀도 높은 목·농유목제국의 유구한 경륜을 非遊牧圈이라 할 장백산맥·백두대권권에서 쌓아온 고려 지성지배층과 같은 북방유목몽골로이드 혈통의 동업자 동지를 國族－핵심 지배주체 몽골족으로 묶어세우는 일이 무엇보다도 중요했을 수 있다. '廣域少數'를 생업사의 특징으로 하는 순록-양유목민 출신인 그들에게는 당시에 자연히 지연이나 학연보다 혈연 중심의 지배층－國族 몽골과 그 친연적 집단의 結束이 중요할 수밖에 없었다.

고 하지만 오랑캐 중의 오랑캐인 몽골의 쿠빌라이 대칸이 공감한 내용이라는 점에서 특기할 만하다고 하겠다. 이런 유학－'노재지학'의 관학화가 몽골세계제국 중앙정부 元朝 朝廷 宮師府 官邸 元 萬卷堂에서 이질부카 瀋王 太子太傅 王璋의 주도하에 이루어졌다는 점을 예의 주시할 필요가 있다. 본래 순록-양유목민족 출신인 國族 북방유목몽골로이드 중심의 사상을 체계적으로 정리해냈던 공자라면, 百王의 師表인 孔子를 목·농지역을 아우른 몽골유목세계제국 중앙정부의 한 중심에 至尊의 큰 스승으로 되물려 모신 측면도 있을지 모른다는 생각에서다. 실은 殷代 북방유목몽골로드의 中原漢地 점령·지배과정인 목·농제국의 창출 내지 농·목제국으로의 변환과정에서 그 사회경제적 생산체제에 대한 합리적 인식을 뒷받침하는 이론적 기틀로 태어나서 그렇게 자리매김돼온 것이 儒敎라는 성격이 있을 수 있어서이기도 하다.

종래와는 달리 '色目'과 '몽골'이 '한인'이나 '남인'과 같은 비중으로 과거에 동참됐으며 북조이래 수·당대나 송대까지의 과거가 그러했듯이 이들이 주로 북방유목몽골로이드 정복왕조거나 北朝의 집권세력이 「以漢法治漢地」를 위한 가장 효율적인 관료체제 구성의 體制敎學的 방편으로 과거제도를 채택해 왔음을 고려할 때, 元代 종래의 北狄 몽골이 '華'로 몽골세계제국 권력의 한 중심에 올라서면서 朱熹 性理學을 國族몽골중심으로 그 華夷觀을 개편한 魯齋之學을 실천적 內容으로 삼아 몽골세계제국의 體制敎學으로 거듭나게 해서 「元朝 朱子學」으로 대두케 하는 사업을 수행해낸 일은 실은 인류 이데올로기 발전사상 한 시기를 가름하는 획기적인 사건이라 하겠다. 본래 한 제국의 創業이 직접적으로는 武力에 의해 좌우된다는 현실을 누구보다도 더 잘 간파해온 북방유목몽골로이드의 역사적 특성상으로 보아 守成段階에서 붓을 쥔 문인의 문인관료체제가 농경지대의 관리-경영에서 가장 안전한 收取體制 保全의 방편임을 자각하는 일은 그리 어려운 일이 아니었을 것으로 추정된다. 몽골정권을 뒤엎고 元朝의 정권을 탈취한 明朝는 북방민족들의 침략에 계속 시달려 오는 상황 하에서, 그리고 마침내 청대는 다시 만주제국 淸朝의 식민통치 하에서, 아울러 근 백년간의 몽골 군벌가문 출신 李成桂

고려계 몽골장군 출신의 쿠데타로 창업된 한반도 朝鮮朝에서도 관학화한 노재지학이라는 「元朝 朱子學」의 본질은 적어도 관학권에서는 전통체제가 유지되는 동안은 상당기간 그대로 관철돼왔을 수 있다.[66]

元朝의 萬卷堂(1314~1328?)[67]은 이를 뒤이어 등장하는 원조의 奎章閣

66) 윤은숙, 『몽골제국의 만주 지배사-옷치긴 왕가의 만주 경영과 이성계의 조선 건국』, 소나무, 2010 ; 『元代性理學』(圃隱硏究叢書 2), (사)포은사상연구원, 1993 참조.

67) 보르지기다이 에르데니 바타르, 『팍스 몽골리카와 고려』, 도서출판 혜안, 2009. 8, 207~209쪽 주5)를 아래에 다시 옮겨 적었다. 원 만권당에 관한 그릇된 시각의 오류가 빚는 심각한 역사왜곡의 가능성을 강조하려함에서다. 李亨雨, 「萬卷堂에 대한 일 고찰-고려의 性理學 수용에 끼친 영향을 생각하며」, 『元代 性理學』(圃隱硏叢書 2), (사)포은사상연구원, 1993, 287~304쪽에서는, 이런 元 萬卷堂에 관한 견해에 대해 구체적인 고증을 통해 반박하고 있다. 원 만권당을 충선왕이 燕邸에 있을 때 지은 개인 서재쯤으로 축소 해석하고 있는 것이다. 심지어 佛堂이 그 주기능이라고 보는 시각도 있다. 이는 종래로 한국사학계의 상식적인 견해이기도 하다. 그러나 몽골사 전공자인 저자가 보기에는 이는 분명히 중대한 본질적인 오류다. 이질부카가 在元政治活動 말기에 정권 交替와 함께 去勢되면서 살아남기 위한 처세 내지는 방황에서 비롯된 일시적인 현상으로 그 성격의 전체를 덧칠해버린 셈이라고 보기 때문이다. 예컨대, 김광철, 「14세기초 원의 정국 동향과 충선왕의 吐藩유배」, 『한국중세사연구』 3, 1996이나 李玠奭, 「『고려사』 元宗·忠烈王·忠宣王世家 중 元朝關係의 註釋硏究」, 『동양사연구』 18, 2004가 그러하다. 이개석은 위의 논문, 124~126쪽에서 萬卷堂의 堂號로 생각된다는 「濟美基德痛掃漑」를 몽골어로 복원(?)해 'jimigtei tung suugai(默言參禪의 佛堂?)'라고 아주 그럴싸하게 풀이했는데, 이는 너무나도 어색하다. 『左氏 文十八』의 「世濟其美」를 읽고 이제현이 撰한 「有元贈敦信明義保節貞亮'濟美'翊順功臣 太師 開府儀同三司 尙書 右丞相 上柱國 忠憲王世家」에 '濟美(jimi?)'가 들어있음을 확인만 했어도, 다소 기발한 이런 신판 몽·한합작 사료해석의 오류는 피할 수 있었을 듯하다. 권력 주류에 줄서기 여하에 따라 개인이나 집단이 무수히 급격하게 明滅하는 당시의 무상한 탈권투쟁 소용돌이 중의 궁정현실 속에서 문제를 들여다봐야겠지만, 분명한 것은 그의 직책이나 그간에 쿠빌라이 곁에서 훈련해온 主業은 漢地 통치를 위한 儒學工夫다. 물론 元 萬卷堂을 공식적으로 드러낸 것은 1314년이지만 당연히 이는 그 이전부터 북방관학파들의 학문적 교류 중심처요 주희 성리학의 元朝 체제교학화 작업장으로서의 역할을 맡아온 것으로 봐야 할 것이다. 원·명의 사료들에서 이에 관한 기록이 적거나 사라진 것은 유교종주국을 자처하는 그곳 儒者들이, 더군다나 일부는 원·명혁명을 거치면서 그 역사를 기록해 남겼기 때문일 수 있다. 宮官의 領袖인 太子太傅 이질부카 瀋王과 그가 임용한 太子少傅 姚燧가 주축이 돼 운영돼온 元 萬卷堂은 元朝에서 사상과 문화를 전파하는 官方機構이다. 1314~5년은 원 만권당이 지어지는 해일뿐만 아니라 동시에 실제로 이질부카 충선왕의 주관하에 「魯齋之學」이 대원제국의 체제교학화-관학화하고 科擧를 再設하는 획기적인 해이기도 하다. 위에 소개한 견해들은, 그가 키야드

(1329~1340년)[68]－宣文閣(1340~1368년)－端本堂(1349~1368년)과, 원조

보르지긴이라는 칭기스칸－쿠빌라이 몽골대칸 혈통의 피를 수혈 받고 몽골 궁정에서 쿠빌라이 대칸의 교육계획 하에 '노재지학'을 학습하며 자라났고 武宗(카이산칸)과 仁宗(아유르발리파드라칸) 두 황제를 직접 가르쳐온 宮學과 經筵 담당자인 帝師 노릇을 해왔으며 그 당시에는 元朝 太子太傅라는 지극히 높은 자리에 올라 있었음을 간과한데서 오는 아주 큰 오류다. 이형우는 이 글에서 王構는 1312년에 죽고 姚燧는 1314년에 세상을 떠서, 1314년 3월에 설치된 元 萬卷堂에서 이들이 이질부카 심왕-고려 충선왕과 원 만권당에서 함께 학문을 논했다는 기록(『익재집』 권9 하 「史贊」 太祖)은 잘 못 된 것이라는 지극히 치밀한 고증을 해내고 있다. 그러나 이는 어디까지나 이미 太子太傅 이질부카(Ijil-buqa) 충선왕이 요수를 太子少傅라는 宮官으로 추천-임용하고 다른 북방관학파 名儒들을 요수의이 휘하 궁관으로 모아서 '노재지학' 관학화 사업을 해오고 있는 연장선상에서 이를 보아온 이제현이 기록해 남긴 史實임에 주목해야 한다. 宮官의 총수인 元朝 太子太傅 이질부카 瀋王 고려국 충선왕이 원조 太子少傅인 요수 휘하 궁관들을 수하 宮官으로 써서 부리며 과업을 추진해오다가 마침 1314~5년 이때 '노재지학'의 관학화 공포에 즈음하여 원 만권당이라는 宮師府의 이데올로기 창출 기구를 공식적으로 갖추어 완비하고는 현판을 걸고 들었다면 되지 않겠는가? 최고 宮官이 직속 휘하 宮官을 부리고 일 해온 宮師府 官邸 硏究所를 공식 기구화한 것이 원 만권당이라면 당연히 그것은 元 朝廷의 공식적인 宮學 정비기관이다. 여기서는 물론 몽골세계제국 중앙정부의 시각에서 이질부카 충선왕과 그의 직속 휘하 속관 요수를 들여다 봐야한다. 거듭 밝혀 두지만, '노재지학' 관학화 차원에서 보면 '충선왕'을 고려왕이라기보다는 차라리 아예 '이질부카 瀋王'(몽골 직할령 몽골 내지의 몽골 諸王) '元朝 太子太傅'인 키야드 보르지긴 '몽골황족'으로 보아야 한다.

68) 姜一涵『元奎章閣及奎章人物』臺北 燕京出版事業公司 1981년 참조. 李亨雨「萬卷堂에 대한 一考察－고려의 性理學 수용에 끼친 영향을 생각하며」圃隱硏究叢書 2 『元代性理學』(사)포은사상연구원 1993년 287~304쪽에서는, 구체적인 인용은 아예 없었지만, 이미 1988년에 제기한 나의 이런 견해에 대해 아주 꼼꼼하게 고증을 해가며 論駁하고 있다. 한마디로 元 萬卷堂을 高麗 忠宣王이 燕邸에 지은 개인 書齋쯤으로 縮小 해석하고 있는 것이다. 이는 종래로 한국의 고려사학계에 있어온 기존 주장을 보강해 논증해본 所見에 지나지 않는다. 팍스 몽골리카체제 차원에서 들여다보면, 이는 분명히 본질적인 중차대한 誤謬다. 이미 고려가 그 속에 깊숙이 첨단에 서서 편입돼 있고 몽골정권 역시 고려의 유기적인 한 연속체로 동참해 있었던 시대권의 문제들이어서 그렇다. 거듭 강조하거니와 단순한 고려왕이 이미 아니고 이 경우에는 특히 그는 이미 몽골황족 핵심 실세로 다시 태어나서 宮師府 總帥라할 太子太傅職에 올라 있는 帝師요 上相인 右丞相職을 넘나드는 元 一代의 거물급 儒士요 核心實勢인 元朝 황실귀족 最高位 官人이다. 1314~1315년은 元 萬卷堂이 지어지는 해일뿐만 아니라 이와 동시에 이미 원조 핵심실세로 大成한 元朝 太子太傅 이질부카 瀋王의 주관하에 魯齋之學이 대원제국의 체제교학－관학화하는 획기적인 시기이기도 하다. 그가 키야드 보르지긴이라는 칭기스칸－쿠빌라

이 몽골대칸의 혈통의 피를 직접 수혈 받고 몽골 궁정에서 쿠빌라이 대칸 자신의 교육 계획 하에 '노재지학'을 학습하며 자랐다는 중차대한 이 사실을 상기한다는 일은, 이런 그릇된 시각을 바로잡는데 결정적으로 중요하다 하겠다. 물론 한문문화권에 이미 진입해 과거제도를 갖춘 농경국가 고려 출신 外孫 고려왕자라는 점을 충분히 고려한 토대위에 세운 교육계획이었음에 틀림이 없다. 그렇게 교육시킨 그를 元朝는 크게 帝師로 등용해 써서 우선 급하고 중요한 宮學과 經筵을 그에게 직접 담당케 했다. 물론 테무르칸 成宗 내지는 카이산칸 武宗과 아유르발리파드라칸 仁宗 擁立의 功을 연달아 세운 정권실세이기도 했던 그가, 테무르칸 成宗에 이어 카이산칸 武宗 및 아유르발리파드라칸 仁宗의 교육을 직접 담당한 사실은 지극히 자연스러운 일이었다. 이질부카가 원 만권당을 창설해 운영했을 당시에, 그는 이미 元朝의 교육과 문화를 이끄는 極品인 太子太傅 직위에 있었고 그 바로 밑에 太子少傅로 元朝 北方官學圈의 核心實勢인 姚燧를 太子少傅로 거느리고 관학권 주류 儒者들과 元 萬卷堂에서 함께 연구-토론에 몰두하며 주희 성리학의 원조체제교학화작업에 착수하고 있었다. 더군다나 仁宗은 이질부카에게 행정최고실권직인 右丞相자리를 권할 정도이었는데, 그런 그가 그런 끊임없는 치열한 탈권투쟁의 渦中인 몽골皇宮에서 기거하면서 과연 그렇게 안이하게 술을 마시며 시나 짓고 관학파 유자들과 悠悠自適하게 노닐 수만 있었을까? 元朝 太子太傅로 元朝의 安危를 책임지기 위해서도 그 자신의 정치생명의 保安을 위해서도 이는 상식적으로 있을 수 없었던 것이라 하겠다. 이미 論及한 터이기는 하지만, 이형우는 그의 이 논문에서 王構는 1312년에 죽고 姚燧는 1314년에 세상을 떠서, 1314년 3월에 설치된 元 萬卷堂에서 이들이 이질부카 瀋王과 원 만권당에서 함께 학문을 논했다는『益齋集』권9 하「史贊」太祖條에 기재한 李齊賢의 기록은 誤記라고 지극히 치밀한 고증을 통해 論證해내고 있다. 그러나 꼭 '萬卷堂'이라는 간판을 달고 들어야 그 때부터 원 만권당의 사업이 막 시작되는 것은 아니다. 당연히 준비기간이 상당히 있어서 빈틈없는 사업계획을 세우고 과업을 상당히 이룬 이후에 비로소 堂號도 짓고 懸板도 달지 않았겠는가. 이는 상식적인 차원의 추론이다. 그렇다면 당호 현판을 달기 이전의 그 긴긴 준비기간은 원 만권당의 일이 아니었다고 후세에 이제현이 그렇게 峻別해 엄정하게 기록해 남겼어야 할까? 이는 어디까지나, 이미 원조 태자태부 이질부카 瀋王이 원조 관학권 실세 핵심인물 姚燧를 직계 수하 宮官 太子少傅로 임용해 그 휘하 궁관들을 부리며 魯齋之學 官學化 작업을 해오고 있는 연장선상에서 이를 보아온 이제현이 기록해 남긴 사료임에 주목해야 한다. 이처럼 宮官의 領袖인 이질부카 瀋王이 姚燧를 直系 手下 宮官으로 써서 일을 추진해 오는 과정에서 마침 1314~1315년 이때 노재지학 관학화 公布와 팍스 몽골리카체제 하의 역사적인 科擧 再設에 즈음하여 元 萬卷堂이라는 몽골칸의 宮城 宮師府의 이데올로기 창출 기구를 완공해 공식적으로 현판을 달고 들었다고도 볼 수 있을 것이다. 이처럼 최고 宮官이 姚燧를 비롯한 當代 巨儒들인 직속 麾下 宮官들을 부려 일 해온 몽골칸의 宮城 宮師府 官邸의 한 건물에 元 '萬卷堂'이라는 현판을 걸어 공식기구화 한 것이 원 만권당이라면, 이를 둘러싼 이런 당시의 제반 역사-정치적인 배경으로 미루어보아서 당연히 그것은 원 조정의 공식적인 관학 정비기관일 수 있다. 몽골 황궁에서는 이질부카가 지배이데올로기의 창출과 정비라는 그 주된 임무와 주관인물의 인맥 및 설치 장소가 거의 같은 것으로 보인다. 그런데 규장각에서는 『皇朝經世大典』이 편찬되고 선문각에서는 宋·遼·金 3史가 修撰됐다. 요컨대 키야드 보르지긴 피가 수혈된 원조 太子太傅 이질부카 주도의 元 萬卷堂에서 그 礎石이 놓여 이들 기관이 열리기 시작했었다는 점이 핵심문제로 주목돼야 하겠다는 것이다. 문제는 원·명 易姓革命過程에서 國族 몽골이라는 '華'를 뒤엎고 등장한 蠻夷 亡宋 출신의 儒者들이 주관해 편찬한 『元史』가 이런 '있었던 그대로'의 역사 사실을 상당히 인멸시키거나 심지어는 왜곡해 완전히 그 내용을 뒤집어 史實을 그릇되게 서술하고 있다는 점이다.

위에 열거한 다른 관계 기구들에 대한 기록은 정사인 『원사』에 상당히 기록돼 있는데 반해 정작 그 핵심 초석을 놓은 원조 太子太傅 이질부카 瀋王-고려 忠宣王에 관한 기록은 고려쪽의 사료나 원나라 문인들의 문집에만 나올 뿐 정작 『원사』 당해 기록에서는 지워져 있다. 國族 몽골과 蠻夷 南人의 지위가 劇的으로 顚倒된 元·明易姓革命을 반영하는 역사 서술 형태의 하나라고 볼 수 있다.

원조 지배이데올로기의 창출과 정비를 주도하는 지극히 중요한 사업을 漢人 許衡이나 그의 제자인 姚燧에게조차 전적으로 내맡길 수 없었고, 南人에게는 더욱 그러했으며 색목인에는 그렇게 儒者的 素養을 갖추어온 인재가 없어 그것이 불가능했다. 부여와 조선 고구려와 발해 이래로 遼·瀋을 한 근거지로 목·농 내지는 농경지대 만주와 한반도에 국가를 創業-守成해온 역사를 가진 유구한 북방유목몽골로이드 태반의 고(구)려 왕족[69]에게 대를

엄연히 원조 태자태부-우승상직 수여 가능자-몽골내지 몽골직할령의 몽골瀋王인 몽골황족 瀋王이라는 차원에서 파악돼야 하고, 따라서 元 萬卷堂과 그 창설자 이질부카 瀋王도 당연히 팍스 몽골리카체제 핵심부 구성원의 일원인 키야드 보르지긴 몽골皇族으로 간주돼야 한다. 당시에 그는 팍스 몽골리카체제내에서나마 燕京 몽골皇宮을 제대로 벗어나 松都 고려궁전에 온전히 還宮한 開城 王氏이기만 한 고려왕손 忠宣王일 수도 없었고 또 그런 이질부카 王璋도 결코 아니었기 때문이다.

69) 쿠빌라이 대칸이 등극하기 직전에 戰場 襄陽(상양 : 윤은숙, 『몽골제국의 만주 지배사 -옷치긴 왕가의 만주 경영과 이성계의 조선 건국』, 소나무, 2010, 168~170쪽에서는 이렇게 바로잡아 발음을 적고 있다)에서 고려 태자 王倎을 뜻밖에 처음 만났을

이어 키야드 보르지긴 몽골칸의 피를 수혈해 넣으며 그를 쿠빌라이 대칸 이래로 추진돼온 '以漢法治漢地'의 이데올로기 정비사업과 그 관학화를 주관할 인물로 키워 몽골 직할령 藩王 瀋王이자 고려왕에 등극시킨 터였다. 따라서 원조 태자태부 이질부카만이 혈통이나 품격과 실력 등의 모든 구비조건이 갖추어진 이 중차대한 과업을 수행해낼 수 있는 적격자로, 당시의 아유르발리파드라칸 仁宗은 파악하고 있었음에 틀림없다. 적어도 이 당시의 팍스 몽골리카체제 하에서는 그보다 더 적격인, 믿을 수 있는 다른 뛰어난 인물을 찾아볼 수 없었기 때문이어서다.

이런 사실이 몽골과 남인의 서열질서가 역사적으로 뒤바뀐 원·명역성혁명 이후의 극단적인 판국에서, 述而不作의 編史精神으로 '있었던 그대로' 서술되기를 기대하기란 매우 어렵다. 유교의 종주국 宋·明을 자처하며, 정작 朱熹의 망명 조국 南宋에서조차 한 때 '慶元의 僞學'으로 탄압받던 朱熹 性理學의 魯齋之學化－元朝 官學化를 주도해낸 蒙·元帝國의 性理學史를 말살해버리고, 脫歷史的인 '宋·明理學'의 기치를 들고 나오는 것이 차라리 당시로서는 처세상의 역사의 순리일 수 있기 때문이다. 그러나 한 가지 분명한 것은 몽골→ 색목→ 한인→ 남인의 종족계급 서열이 엄존했던 팍스 몽골리카체제 하인 그 당시의 동북아시아에서는 몽골대칸→ 몽골 皇子와 이와 동격이라 할 몽골내지 몽골직할령의 몽골諸王인 이질부카 瀋王-고려국 충선왕→ 몽골 군사귀족관인→ 색목관인→ 한인관인→ 남인관인의 서열이 공식적으로는 엄존하는 가운데 魯齋之學이라는, 몽·원제국의 極盛期인 '至元·大德之治'(1263~1307)를 발판으로 관학화했던 元朝 朱子學이 이질부카(益知禮普化 : Ijil-buqa) 瀋王 元朝 太子太傅의 주도하에 元 萬卷堂을 중심으로 다시 태어났다는 사실이다.

이 당시로서는 팍스 몽골리카(Pax Mongolica)체제 하의 그 어느 곳에서도

당시에, 그는 왕전을 고려 開城 王氏가 아닌 고구려 高朱蒙의 후예 高氏로 알고 크게 반겨 맞았다. 쿠데타의 성공으로 탈권이 기약되는 징조로, 천운의 도래를 상징하는 天幸으로 여겼던 것이다(『익재집』 권9상 「충헌왕 세가」 및 『고려사』 권25 원종 元年 3월 丁亥條).

원대 漢人 출신 문인이나 『元史』편찬자들이 貶下해 마지 않았던 이른바 일개 「藩邦小國」의 이질부카 瀋王 元朝 太子太傅－고려국 충선왕은 존재하지도 않았고 존재할 수도 없었기 때문이다. 그는 몽골군사귀족 관인층의 그 위에 군림한 키야드 보르지긴 피를 대를 이어 수혈 받는 중인 엄연한 알탄우룩(黃金氏族)－天孫族인 몽골대칸의 血孫이어서다. 실로 元朝 太子太傅 이질부카 瀋王은 바로 몽·원 세계제국 지배이데올로기 창출 및 관학화의 중심기구 元 萬卷堂을 세워 처음으로 '魯齋之學'化한 주희 성리학을 몽골세계제국 중앙정부 원조의 관학으로 일약 격상시켜 세계사적인 이데올로기 '元朝 朱子學'으로 실천적·제도적으로 재탄생케 시동을 건 획기적인 숨은 공로자라 하겠다. 燕京 皇宮 宮師府의 관방기구 元 萬卷堂을 토대로 삼은 그의 영도적 작용이 없었다면, 그 역사적인 역할의 평가여하는 별문제로 하고 팍스 몽골리카체제 차원의 이데올로기화한 '元朝 朱子學'의 重生과 復活도 그 이후의 그토록 방대한 동아시아 문인관료체제 量産도 이루기가 어려웠을 것이다.

물론 당시에 몽·원제국이 유교권만 이런 현지의 종교 또는 이데올로기적인 자율성을 허용한 것이 아니다. 그 원인이 '廣域少數'의 북방유목몽골로이드의 오랜 역사적 소산인 샤머니즘의 범신론적 다양성과 개성적 전문성을 고려하는 관행에서 비롯됐는지, 아니면 비록 몽골이 인류사상 처음으로 세계유목제국을 이루기는 했지만 그 나름으로 아직 역사발전의 미숙성을 보여서 그러한 것인지 또는 양자가 복합됐거나 그 밖의 다양한 요인들이 함께 작용한 것인지는, 더 깊이 있는 연구를 거쳐야 밝혀질 것으로 본다. 당시에 불교권이든 이슬람권이든 기독교권이든 유교권이든 몽골은 가는 곳마다 이런 정책을 썼다. 근래에 산업화 이래의 공장제 획일생산체제에서 벗어나 탈산업주의시대인 IT·NT·BT시대에 들어서고 있는 지금 다시 다양성과 독창적 및 전문성이 부활하고 있는 현재의 역사발전 주류를 염두에 두고 이러한 몽골의 그 역사적 정통성을 새삼 되새김질해볼 필요가 있을지도 모른다. 아울러 몽골군사귀족 정권의 개입이 없이 고려무인정권이 일본처럼 그대로 전개돼 오늘에 이르렀다면, 한국문화는 어떤 역사적 결실로 산업화 이래의 해양제국시대의 시대상황에 대응하는 존재였을까를 자유롭게 상상해보는 일도 그 나름으로 의미있는 작업이 될 수 있으리라 본다. 당연히 고조선－고구려－고려로 이어지는 무인중심의 武脈이 점차로 밀도 높게 농경화하면서 과거 도입과 함께 문인중심의 儒者 朝鮮朝 士大夫 관료시대로 본격적으로 진입하는 데서 이런 '元朝 朱子學'이 맡은 역사적인 작용이, 아이러니컬하게도 얼마나 결정적인 것이었나를 절실히 자각하는 계기가 되겠어서이다.

6. 맺음말

朱熹 性理學을 國族 몽골중심으로 그 華夷觀을 개편한 '魯齋之學'을 실천적 內容으로 삼아 몽골세계제국의 體制教學으로 거듭나게 해서 '元朝 朱子學'으로 대두케 하는 사업의 주도라는 시각에서 보면, 元朝 太子太傅 이질부카(益知禮普化 : Ijil-buqa : 忠宣王, 1275~1326) 藩王은 고려사에서보다는 차라리 몽·원제국사에서 더 큰 비중을 차지하는 존재다. 그의 혈통에는 開城 王氏의 피도 있지만 당연히 쿠빌라이(忽必烈 : Khubilai, 1260~1294 在位) 대칸의 몽골황실 피와 원주지가 北코카서스(Caucasus)인 非儒教圈 이란계 아수친(阿速眞 : Asucin) 카툰의 白人 아수(Asu)족의 피가 어머니인 쿠툴룩 켈미쉬(忽都魯揭里迷失 : Khudulugh Kelmish : 齊國大長公主, 忠烈王妃, 1258~1294) 공주를 통해 수혈됐다. 非儒教圈 서아시아문화요소가 元 萬卷堂을 기지로 하는 노재지학의 元朝 官學化 事業의 총책임자라 할 이질부카 太子太傅 王璋에게 내포돼 있는 셈이다. 이런 사실들은 그 당시의 팍스 몽골리카(Pax Mongolica)체제 하의 色目官人 猛活躍時代에 고려 왕실의 開城 王氏 피보다 더 크게 그의 사회·정치적인 자리매김에서 작용했음에 틀림이 없다.

어린 시절의 대부분을 元朝 皇宮에서 보냈고 즉위한 다음에도 죽을 때까지 그는 거의 다 그렇게 보냈다. 그래서 그는 그의 언어생활에서도 고려어보다 몽골어를 더 잘 구사했을 수도 있는, 차라리 몽골인에 가까운 인물이었을 수가 있다. 그의 외할아버지 쿠빌라이(Khubilai) 대칸은 주로 漢地의 물력과 인력으로 몽케(蒙哥 : Möngke)칸의 합법적 계승자인 아릭부케(阿里不可 :

Ariq Böke) 몽골 유목 本地(Steppe)派에 대한 쿠데타에 성공해 대칸이 된 다음에 남송정벌을 마무리해, 祖父 칭기스칸(成吉思汗 : Chingis khan, 1162~1227) 몽골제국보다 3배나 되는 대몽골제국 창업을 완성하면서 그 중앙정부 元朝를 운영하는 데서 '以漢法治漢地' 정책을 본격적으로 추진한 장본인이다.

그의 황태자 짐킨(眞金 : Jimkin, 1234~1285)은 이 정책을 너무 급격히 밀고 나가다가 제물로 '元朝 朱子學'의 擡頭 과업 수행을 위해 殉敎당했고 바로 그 짐킨 황태자의 妃인 발리안 예케치(伯藍也怯赤 : Balian Yekeci)는 뒷날의 고려국 忠宣王이자 원조 藩王 瀋王이 되는 王璋에게 '이질부카(益知禮普化 : Ijil-buqa)'라는 몽골이름을 지어줬다. 그 후 장성한 이질부카는 다시 쿠빌라이 대칸 正后 차부이(察必 : Čabui) 소생인 짐킨→ 長子 감말라로 이어지는 선에서 감말라(甘麻剌 : Gamala, 1263~1302)의 딸인 보타시린(寶塔實憐 : Botasirin, ?~1343) 공주를 왕비로 맞았다. 元 世祖 쿠빌라이 대칸의 외손자이자 증손녀 사위로 대를 이어 겹사돈관계 姻戚이 된 것이다. 이렇게 하여 그 후 몽골세계제국 중앙정부 元朝 世祖의 正統을 잇는 嫡系血統과 본격적으로 접목되면서 몽골 皇室에서의 그의 位相을 크게 드높이게 됐다.

그 후 1298~1307년까지 왕자를 낳지 못한 고려왕비인 보타시린 공주의 질투로 이질부카 王璋이 元朝 皇宮에 들어가 宿衛로 복무하는 동안, 그는 도리어 朱熹 性理學의 몽골제국 체제교학화 사업을 주도한 主脈이 된 쿠빌라이 대칸(1260~1294)→ 짐킨(眞金 : Jimkin, 1234~1285)→ 다르마 발라(答剌麻八剌 : Darma Bala : 짐킨의 次子, 1264~1292)→ 카이산칸 武宗(海山 : Кайсан кан, 1308~1311 재위)과 아유르발리파드라칸 仁宗(愛育黎拔剌八達, 1312~1320 재위)이라는 황제혈통계열과 두터운 친분관계를 맺게 됐다. 이런 관계는 1308년 그가 아유르발리파드라(후일의 仁宗)를 도와 카이산(후일의 武宗)을 皇位에 옹립하는 쿠데타에 적극적으로 가담해 擁立의 功을 세우면서 그 절정에 이르게 된다. 카이산칸 武宗(1308~1311 재위)에 이어 아유르발리파드라칸 仁宗(1312~1320 재위)이 즉위하게 되자, 이질부카 王璋(1275~1326)은 마침내 팍스 몽골리카체제 하에서 몽골황실혈통을 이어받지 않은 이들이 누릴 수 있는 최고위 직위는 물론이고 元 世祖의 외손자이자 증손녀사위로 擁立의 공을 세운 이로서 누릴 수 있는 가장 높은 職位와 勳爵을 모두 다 누릴 수 있게 됐다.

아유르발리파드라칸 仁宗이 그에게 上相인 右丞相職을 권유하고 元朝 중앙의 政事를 參議할 권한을 주는가 하면, 그는 宗王과 같은 자격으로 一字王號인 瀋王에 봉해지고 칭기스칸의 아들이나 손자에게나 주어졌던 4칸국과 거의 대등한 특이한 格位를 가졌다. 그러면서도 팍스 몽골리카체제 하의 그는 유일하게 기존 국가의 정통성을 그 나름대로 공인받는 高麗國의 國王까지 그대로 승계한 특이한 성격을 갖는 몽골 황족의 일족으로 자리매김 됐다. 그러나 그중에도 그의 본령과 관련하여 무엇보다도 중요한 사실은, 元 一代의 儒者로 누구도 누려본 적이 없는 이런 고위직에 실세 핵심으로 있으면서 燕京 皇宮 宮師府 官邸에 元 萬卷堂이라는 관방기구를 개설하고 太子太傅의 자격으로 이를 중심 기지로 삼아 朱熹의 性理學을 元朝 官學으로 재편하는 과정에서 魯齋之學으로 다시 태어나 팍스 몽골리카의 체제교학이라는 '元朝 朱子學'으로 擡頭시키는 과정을 주도하면서 科擧를 再設케하는 그 실천적인 일대의 과업을 수행해낸다는 점이다. 여기서 이질부카 심왕이 燕京의 皇宮 宮師府의 官邸에 머물면서 세워 魯齋之學의 元朝 官學化와 그를 '科擧 呈式'의 핵심내용으로 하는 '科擧取士'의 科擧를 팍스 몽골리카체제 하에서 재개케 한 획기적인 사업을 추진한 元 萬卷堂은, 당연히 皇宮 宮師府 官邸에 자리 잡았어야 하는 政府機構일 수밖에는 없다. 왜냐하면 당시에 그는 단순한 皇族이 아니고 언제든지 중앙의 政事에 參議할 수 있고 上相인 右丞相職을 넘나들 수도 있는 몽골 황궁의 核心實勢였던 때문이다. 더구나 당시에 이질부카가 極品인 太子太傅로, 北方 漢人官學派 巨匠들을 모두 宮官으로 거느리고 宮師府에 儼存하고 있었던 터여서 더욱 그러하다.

이런 사업은 1313~1315년 사이에 집중적으로 이루어지는데, 太子太傅인 이질부카(Ijil-buqa : 高麗國 忠宣王) 瀋王은 燕京 皇宮 宮師府 官邸에 元 萬卷堂이라는 관방기구를 만들고 이를 기지로 당시의 관학권 名儒들을 宮官으로 추천해 써가면서 이런 사업을 추진했다. 몽·원제국의 極盛期인 '至元·大德之治'(1263~1307)를 발판으로 팍스 몽골리카체제의 체제교학화 사업이 이룩한 一大의 結實이라 할 수 있을 것이다. 당시에, 太子太傅인 그가 당시대의 북방관학계의 거두인 姚燧(1238~1313)를 太子少傅로 임용해 조직의 기틀을 세우고 일을 구체적으로 실천하는 데서는 南人 布衣 출신인 中書平章政事 李孟(1265~1321)이 실무를 맡게 했다. 이맹은 북방관학파의 주류가 아니었으므로 그 영향력은 일정한 한계를 갖는 것이었고, 역시 사업의 핵심적인 방향의 주류는 요수가 태자소부로, 태자태부 이질부카 심왕을 도와 잡아나갔던 것이라고 할 수 있다. 당연히 그 자신이 황궁의 宮學을 담당할 만큼 이미 상당한 수준에 오른 元 一代의 巨儒이기도 한 이질부카 瀋王이, 상징적인 인물이 되는 동시에 궁사부 태자태부라는 직위를 가진 실권을 틀어쥔 그들의 領袖였다.

南宋 儒者 趙復의 투항을 기점으로 하는 1235년부터 중원의 元朝가 北走하는 1368년까지의 그 134년간의 朱熹 性理學이 魯齋之學化해 '元朝 朱子學'으로 重生하는 胎盤期라 할 당시의 팍스 몽골리카체제 하에서 결정적인 시기에 이를 뒷받침하는 이데올로기 구축작업과정을 이끄는 한 기축이 된 원조 太子太傅 이질부카 瀋王이 개창한 元朝 황궁 宮師府 관방기구인 元朝의 萬卷堂(1314~1328?)이다. 이는 뒤이어 등장하는 元朝의 奎章閣(1329~1340)－宣文閣(1340~1368)－端本堂(1349~1368)과, 원조 지배이데올로기의 창출과 정비라는 그 주된 임무와 주관인물의 인맥 및 설치 장소가 거의 같은 것으로 보인다. 그런데 규장각에서는 『皇朝經世大典』이 편찬되고 선문각에서는 宋·遼·金 3史가 修撰됐다. 요컨대 키야드 보르지긴 피가 수혈된 원조 太子太傅 이질부카 瀋王 주도의 宮師府 官邸 元 萬卷堂에서 그 礎石이 놓여 이들 기관이 열려가는 계기를 마련했다는 점이, 핵심문제로 주목돼야 하겠다. 문제는, 元·明 易姓革命過程에서 國族 몽골이라는 '華'를 뒤엎고 등장한 蠻夷 亡宋 南人 출신의 儒者들이 주관해 편찬한 『元史』가 이런 '있었던 그대로'의 역사 사실을 상당히 湮滅시키거나 심지어는 歪曲해 완전히 그

내용을 뒤집어 史實을 그릇되게 서술하고 있다는 점이다.

원·명혁명 직후에 편찬된 正史인 『元史』에서는, 이질부카 瀋王이 이런 일을 주도해 추진한 사실과 太子太傅 이질부카 심왕이 宮師府 官邸에 신설한 관방기구 元 萬卷堂을 基地로 삼아 이 일이 이루어졌다는 점은 모두 삭제됐다. 그러나 『元史』 관계기록들의 底本이 됐을 원조 문인의 문집이나 고려측의 사료들에는 이런 기록들이 엄존한다. 이는, 이질부카 瀋王이 쿠빌라이 대칸의 피를 수혈 받고 태어난 몽골 皇族의 一員인 데다가 宮師府 太子太傅라는 당대 북방관학파 儒者들의 人事問題 주관자로, 國族 몽골을 華로 하고 亡宋의 南人을 도리어 夷-'蠻子'로 하여 朱熹 性理學을 魯齋之學으로 실천차원의 구체적인 내용을 재편해 元朝의 체제교학화하는 사업을 도맡았던 점이, 明初의 원대 남인 출신 儒者들의 눈에 크게 거슬렸던 때문인 것 같다. 뒷날 역사적으로 중대한 의미를 지니게 될 이런 큰 사업은 亡金의 漢人 儒者나 특히 儒教宗主國을 자처해온 朱熹의 조국인 亡宋 南人 儒者에 의해서가 아니라 이른바 전통 中原 儒者의 눈으로 보면 일개 藩邦小國인 高麗國王이자 元朝 太子太傅인 元朝 藩王 이질부카 瀋王에 의해 주도됐다는 사실이, 그들에게 특별히 못마땅하게 여겨졌음은 자명하다.

더군다나 그 明初 남방 儒士들의 『원사』 편찬시기가, 원대에 蠻子로 천시돼 소외돼온 元朝 南人儒者들이 '지배층 단절기'라고 할 만한 처절한 근 백년에 걸치는 元朝 治下를 체험하고 난 직후에 그들이 주도적으로 동참한 원·명혁명을 통해 창업된 왕조인 明朝의 初期에 해당된다는 점을 간과해서는 안 된다. 당시 몽골 황실에서의 이질부카 瀋王의 권위가 부각되는 역사서술이라든가, 더욱이 비록 몽골 황실에 臣附한 亡金의 儒者들의 후손이기는 했지만 그들의 지위가 이질부카(高麗 忠宣王 : Ijil-buqa) 瀋王의 손에서 좌우됐다는 측면, 그리고 이질부카 심왕의 科擧制 復活 主導나 이를 위한 宮師府 관방기구 元 萬卷堂의 설치 및 운영 등에 관한 기록은, 사실의 실존 여하를 불문하고 儒學宗主國을 자처해온 그 당시의 漢·南人 출신 儒者들에게는 치명적으로 自己貶下를 자초하는 내용이었을 수 있다. 더군다나 그것이 漢·南人 출신

儒者들과 그 후예들로 보면 치욕적인 북방유목몽골로이드의 征服王朝 몽·원 제국사를 대상으로 하는 내용이었다면, 그 정복-지배자인 몽골 통치배들을 몰아내고 민족혁명이라고도 할 元·明革命을 이룩한 明初의 어수선한 사회분위기 속에서 그 피해 당사자들인 元朝 南人 출신 江南儒者-'蠻子'들에 의해 주도된 『元史』의 편찬이 어떤 차원에서 이루어졌으리라는 것은 능히 짐작이 간다.

그러나 이런 경우에는 몽골제국 중앙정부 元朝 朝廷이 금·남송을 점령 지배하던 시기가 종래의 「南人→ 漢人→ 色目→ 몽골」 종족질서가 1280년 전후 元朝治下의 「몽골→ 색목→ 한인→ 남인」의 종족서열로 정반대로 뒤집혀 질서화해 朱熹 性理學이 魯齋之學으로 몽·원조의 관학화 하고, 1368년 元·明革命 이후에는 또 다시 거꾸로 뒤집혀 「남인→ 한인→ 색목→ 몽골」 종족질서로 개편-정립되는 과정에서 명초의 『원사』가 본인들 자신인 元代 蠻子라고 조롱당하던 元朝 南人 출신 儒者 인맥을 주류로 하는 세력에 의해 편찬되고 있다는 당시의 현실을 당연히 직시해야 한다. 이들 編史者 자신들이 '述而不作'의 編史精神으로 역사편찬에 임하지 못하고 있음도, 미처 자각키 어려운 상황이었을 수가 있다는 것이다. 몽·원조가 특히 송초이래로 전국화한 儒者中心의 전통적인 중국의 지배층이 제도권에서는 거의 단절된 동북아시아 유교사회사상 유례없는 일대 변혁기여서, 당시로서는 그런 체제를 완화시키는 획기적인 과거 재설을 제한적인 차원에서나마 전국차원에서 발동을 거는 과업을 수행하는 것 자체가 결코 쉬운 일이 아니었다. 그런데도 이런 일을 감행해낸 이가 바로 이질부카(Ijil-buqa) 瀋王이었다. 그러나 그런 그에 관한 관계 史實 마저도 元 世祖의 피를 받은 元朝皇室 일원으로 그를 적대적으로 夷狄視해 삭제해버리고, 그들은 중국 儒者-특히 元朝 南人 출신 유자로 그 자리를 대신 채워 넣어 歷史史實이 아닌 歷史小說을 써서 正史의 이 時代 關係欄에 채워넣고 싶었던 것이라 하겠다.

元朝 관학권내의 儒者나 明朝 初期 朱元璋 정권내의 儒者가 비록 이름은 같은 유자라고 해도 그 구성원의 이해기반은 어떤 면에서는 대단히 상반되는

것이었고, 그래서 그들은 같은 史實이라고 해도 서로 상반된 시각에서 보고 상이한 해석을 할 수도 있었다고 하겠다. 물론 실천을 전제로 하는 구체적인 경전의 해석내용 또한 그러할 수 있었으니, 예컨대 '華夷秩序'의 내용의 상호 顚倒된 규정을 들 수 있다. 명조 초기에 들면 강남의 유자는 이미 夷中의 夷인 '蠻子'가 아니라 朱熹가 애초에 규정한대로 華中의 華가 됐음에 틀림이 없었고 특히 抗明몽골軍의 경우는 화중의 華인 國族 몽골에서 다시 이중의 夷로 전락돼 있었다. 우리가 주목하지 않으면 안 될 점은, 당시의 元朝 몽골치하에서는 宋初 이래의 전통적인 中原의 種族序列이 완전히 거꾸로 뒤집혀 몽골 황제→ 몽골황자와 이질부카 瀋王-고려 忠宣王→ 몽골군사귀족관인→ 色目官人→ 漢人官人→ 南人官人의 서열순으로 됐다는 사실이다. 당연히 당시의 이질부카 瀋王-고려 忠宣王은 亡金 儒者 출신 宮師府 太子少傅가 그 자신의 직속상관인 太子太傅 이질부카(Ijil-buqa) 瀋王이 두려워 뒷구멍에서나 불만을 토로하는 말로 내뱉은 '藩邦小國의 王'이 이미 아니었고, 엄연히 몽골황실 일원으로 極品인 元朝 宮師府 太子太傅이었으며 上相 상서우승상급의 핵심 실세였다.

실은 팍스 몽골리카체제 성립 이전의 동북아시아 농경권 중심의 시각으로 보면, 몽골은 고비 너머 야만중의 야만인 北狄-北夷이고 色目 또한 대부분 고려보다 많이 후진적이었을 것임을 염두에 두고 문제를 바라볼 필요가 있다. 그러면 元朝 안에서의 몽골 藩王 이질부카(Ijil-buqa) 瀋王의 이러한 자리매김은, 팍스 몽골리카(Pax Mongolica)체제의 창출과 守成課題를 고려할 때 조금도 이상할 것이 없다고 하겠다.

주희 성리학 자체가 地主·佃戶間의 모순이 첨예화한 朱熹 당시의 남송사회를 지주의 입장에서 질서화하려는 의도에서 성립된 것이고, 몽골이 금·고려·남송을 정벌하기 시작한 이래 근 70년에 걸친 몽·원대는 전면적인 북방몽골로이드의 중원 정복왕조 체제 창출과정에서 그 모순관계가 더욱 급속히 발전하고 있었을 뿐만 아니라 팍스 몽골리카체제의 구축과 함께 이런 문제는 중원 대내외적인 차원에서의 華夷士庶 관계로 확대·재생산돼갔다. 이런 세계사의 발전과정에서 중원차원의 통일국가명이 이데올로기 차원의 의미를 갖는 '元'이란 『易經』의 「大哉乾元」에서 딴 王朝名으로 처음 등장하고 그 후 明·淸으로 그런 전통관행이 계속 발전한다. 뿐만 아니라 元代 科擧 합격자가 4개 집단군으로 배분되었는데, 그 중에는 國族 몽골인과 漢·南人 이외에도 이슬람권을 위시한 서아시아의 色目人도 당당히 한 몫을 점하고 있었다. 따라서 당시 이는 이미 이슬람권까지 내포하는 팍스 몽골리카라는 세계사적 차원의 이데올로기로서의 성리학이 발전돼가야 하는 시대적 요구의 전개과정에서 주희 성리학의 몽골세계제국 중앙정부 원조의 관학화 실현 시도가 이루어지면서 그 노재지학화와 이를 제도화차원으로 파격적으로 이끌어 올리는 사업의 기획·추진이 있게 됐던 것을 말해준다. 몽·원제국에 들어 단절됐던 科擧를 再開해내는 획기적인 역사적 召命이 太子太傅 아질부카 瀋王을 중심으로 한 元朝 宮師府 官邸의 元 萬卷堂에 토대를 두고 실현되면서 元代에 거대 이데올로기 '元朝 朱子學'의 擡頭 기틀이 잡혀지고, 명·청대에 이를 계승·발전시키면서 당시로서는 色目官人까지를 내포해야하는 팍스 몽골리카 운영의 제도적 장치로서의 동북아시아 중심 문인관료체제의 구축이 이룩될 수 있었던 것이라 하겠다. 물론 이를 주도한 이질부카(Ijil-buqa) 瀋王의 혈통에는 쿠빌라이 대칸의 몽골황실 피와 원주지가 北코카서스(Caucasus)인 非儒教圈 이란계 아수친(Asucin) 카툰의 白人 아수(Asu)족의 피가 어머니인 쿠툴룩 켈미쉬(Khudulugh Kelmish) 공주를 통해 수혈됐으므로 이 거대 사업의 성격을 일정하게 가늠하는 데 지대한 영향을 미쳤던 것이라 하겠다.

그러면 왜 그런 대단히 중요한 역사상의 과업을 하필이면 元朝 瀋王인 이질부카 瀋王이자 一介 '藩邦小國'인 高麗國의 忠宣王이 맡게 됐을까? 우선 그는 무엇보다도 이 거대한 사업을 정초하는 基軸이 된 쿠빌라이 대칸의 피를 수혈 받은 國族 몽골 皇室의 一員으로 진입됐고 당시로서는 그들 중에서 그만이 쿠빌라이 대칸이 정치생명을 건 '以漢法治漢地'의 정책을 추진한 일련의 북방관학파 주류 인맥들과의 밀착된 關係網을 구축해온 元朝 巨儒라는, 원조 조정에서의 역사배경을 가지고 있었다는 점을 먼저 그 원인으로 지적할 수 있겠다. 당시에 몽케칸의 합법적 계승자인 아릭부케 몽골 유목 本地(Steppe)派와의 탈권전에서 그들의 동향 여하에 따라 결정적인 작용을 할 수 있었던 滿洲一圓의 東方三王家를 我軍으로 확보하는 데서 그 배후의 高麗國의 지원이 매우 긴요한 판세라는 측면도 작용한 것이겠지만, 1260년에 襄陽(현재 湖北省 所在) 에서 몽골에 降附하러 오는 이질부카 王璋의 祖父 王倎(뒷날의 元宗)이 쿠빌라이(Khubilai) 漠南大總督을 처음 만났을 때 그를 당시의 高麗가 아니고 당태종과 겨루어 이긴 大高句麗의 皇太子로 알고 맞이했던 점도 주목할 만하다. 물론 몽골제국이 창업되기 이전에 몽골의 起源地인 동북몽골에 살아왔던 몽골인들의 경우에, 칭기스칸에게 부친의 封地를 동북몽골과 華北地域에 걸쳐 받아왔던 쿠빌라이가 동북아시아 특히 몽골·만주지역에서 역사상 가장 강대했던 대제국이, 고구려와 자체 내에서는 高句麗帝國을 자칭했던 것으로 알려진 渤海(Boka)帝國이었다고 인식해온 것은 어느 면에서는 당연하다고도 볼 수 있다. 그 후에 元朝가 이질부카 王璋을 고구려의 옛땅 遼·瀋一帶를 다스리는 藩王인 瀋王으로 高麗國王과 兼職케 했던 점도 이런 시각에서 보면 이해가 되기도 한다.

아유르발리파드라 仁宗이 이질부카 王璋에게 瀋王과 高麗國王을 兼職케 했던 데는 또 다른 이유가 있을 수 있기는 하다. 이에 특히 당시에 몽골·고려전쟁 기간 동안 그곳으로 이주해온 高麗의 流民 수자가 하나의 정부가 설 만큼 큰 기층을 이루고 있어서[70] 旣述한 대로 그곳에서의 고구려와 발해 舊域이라는 고려의 當地 由來 역사배경과 함께 이미 한 큰 세력권을 형성하고 있었다는 점이 주목된다. 또한 중앙집권화를 지향해야 하는 元 皇帝의 눈으로 보면, 이곳은 태조 칭기스칸의 막내동생 테무게 옷치긴(鐵木哥斡赤斤 : Temuge Ocigin)家와 무칼리(木華黎 : Muqari, 1170~1223)국왕의 後王들이 藩王으로 자리잡아 무시하지 못할 분권세력으로 할거하고 있는 매우 부담스런 지대였다. 따라서 쿠빌라이 대칸 이래로 집중적으로 관철시켜온 중앙집권

70) 주채혁, 『몽·려전쟁기의 살리타이와 홍복원』, 혜안, 2009.

정책을 이 지대에 실시하기 위해서는 쿠빌라이 대칸(1260~1294)→ 世祖의 황태자 짐킨(眞金 : Jimkin, 1234~1285)→ 짐킨의 맏아들 晉王 감말라(甘麻剌 : Gamala, 1263~1302)로 이어지는 몽골황실 정통혈통에 接木되고 이런 역사상 내지는 현실의 조건을 배경으로 갖는 이질부카(Ijil-buqa) 瀋王과 같은 인물을 滿洲의 중심요새인 遼東일대의 지배자로 내세울 필요가 있었다. 더군다나 그가 高麗國王까지 겸임해 비록 팍스 몽골리카체제 하에서이기는 하지만 옛 고구려·백제·신라 및 발해(Boka)·통일신라라는 三韓의 領域을 하나로 묶어 한 임금이 다스리는 자리에 있게 했기 때문에, 이런 체제의 脈絡을 살려 燕京↔遼·瀋地域↔開京↔耽羅國이라는 4개 據點을 잇는 몽·원제국 守護의 최후 戰線이기도 한 전략상의 基地를 확보한다는 이점도 있었던 것이라 하겠다.

이질부카 瀋王의 나라 高麗가 비록 몽골과의 40여 년간의 전쟁에서 이기지 못하고 몽골에 굴복했음에도 불구하고 팍스 몽골리카체제 하에서 몽골의 힘에 의거하기는 했지만, 그의 지위를 영토와 영민에 대한 주권을 상당히 확보했던 몽골의 4칸국의 칸들과 거의 대등한 위치로 이끌어올려 한때 고구려·백제·신라 및 발해·통일신라라는 三韓의 옛 영역을 하나로 묶어 통틀어 장악했을 뿐만 아니라 元朝 朝廷에서 上相職을 넘나드는가 하면 太子太傅라는 실세로 宮師府의 실권을 틀어쥐고 朱熹 性理學을 國族 몽골중심으로 그 華夷觀을 개편한 '魯齋之學'을 실천적 內容으로 삼아 몽골세계제국의 體制教學으로 거듭나게 해서 '元朝 朱子學'으로 대두케 하는 사업을 수행해내는 차원에서는 분명히, 그는 前代未聞의 탁월한 外交的 成果를 쟁취했던 것이라고 하겠다. 이는 그 후 줄곧 高麗를 뒤이은 朝鮮까지 이러한 朱子性理學 이데올로기의 세계관에 매몰돼 있으면서 그들 나름의 독특한 이데올로기적 苦惱라는 심각한 重症 症勢에 오래 집요하게 시달리지 않을 수 없었던 관행에 상당히 接脈되는 것일 수 있다고 하겠다.

그가 瀋王으로 봉해진 것 자체가 이런 배경과 의미를 지니고 있는 것도 사실이지만, 그가 대고구려제국을 운영한 역사상의 經綸을 繼承한 高麗國의 왕자로 인식되고 더군다나 그 당시에는 유목몽골이 아닌 농경지대 한반도의 정착농업국가로 문화수준이 아주 높은 북방유목몽골로이드 胎盤系 고려국의 왕자라고 몽골인들에게 인식됐던 점이, 앞에 든 여러 이유들과 함께 그가 朱熹 性理學을 國族 몽골중심으로 그 華夷觀을 개편한 '魯齋之學'을 실천적 內容으로 삼아 몽골세계제국의 體制教學으로 거듭나게 해서 '元朝 朱子學'으로 대두케 하는 重且大한 사업의 주관자로 자리잡게 된 중요한 원인의 하나가 됐다고 하겠다. 좀 더 큰 시각에서 보면 무갈제국 印度史가 大英帝國史에 접맥되면서 간디의 反英鬪爭方式이 세계사상의 문제로 떠올랐듯이, 13~14세기 고려국사가 몽골세계제국사와 접맥되면서 그 후 고려가 '코리아'로 세계사상에서 이름나게 되고 고려 금속활자가 세계사를 본질적으로 크게 바꾸는 혁명적 역할에 동참하는 계기를 마련케 됐으며, 몽골 藩王인 이질부카 藩王이자 고려 忠宣王 王璋이 朱熹 性理學을 國族 몽골중심으로 그 華夷觀을 개편한 '魯齋之學'을 실천적 내용으로 삼아 몽골세계제국의 體制教學으로 거듭나게 해서 '元朝 朱子學'으로 대두케 하는 거대한 사업의 주관자로 떠오를 수 있었던 것이라고 할 수 있다. 물론 朝鮮朝 세종의 세계적인 문자 한글의 창조 또한 이에서 예외일 수가 없다. 이질부카(Ijil-buqa) 藩王이 쿠빌라이(Khubilai) 대칸의 키야드 보르지긴의 피는 물론 외할머니인 아수친 카툰과 모친인 쿠틀룩 켈미쉬를 통해 원주지가 北코카서스(Caucasus)인 非儒教圈 이란계 유목민인 아리안계 白人 아수족의 피까지 수혈받고 있다는 점이나, 그가 주도해 '元朝 朱子學'으로 관학화한 주희 성리학인 魯齋之學도 실은 위·진남북조 및 수·당시대를 통해 이미 아리안족의 불교논리로 세련된 그 나름의 세계사적인 차원의 사상이었다는 점이 또한 모두 당시의 이러한 역사적 상황 전개의 필연성을 암시해준다고 하겠다.

결국 이 당시에는 몽골세계제국 창업의 불씨가 동북아시아에서 던져지고 그 완성 또한 동북아시아권의 통일로 최종적으로 이루어졌다고 하겠는데, 이때 생산과 과학 및 군사 문화의 세계사상의 중심지가 역시 동북아시아이었고 이런 배경에서 이 지대에서 주도하는 몽골세계제국 창업이 가능했던 것이라고 할 수 있다. 당시에는 一攫千金의 호기를 노리는 모험적인 사업가들이 세계에서 대거 雲集하는 곳이 단연 대몽골제국의 중심지인 동북아시아지역이었다. 따라서 그 首都 또한 이 지역의 통치중심이 될 수 있는 몽골유목제국의 수도 칸발릭(大都)－燕京이었고, 이 지역의 사회·정치·경제·군사의 질서를 가장 잘 질서지울 수 있도록 國族 몽골을 '華'로 삼고 그 실천내용이 고도로 정비된 魯齋之學을 元朝 官學化한 이데올로기인 '元朝 朱子學'이 팍스 몽골리카의 中核이라 할 元朝 朝廷에서 몽골제국의 체제교학화한 것은 당연한 일이라 하겠다. 문제는 이를 이데올로기로 수용하는 주체가 누구이며 그 수용과정을 주관하는 사람이 어떤 인물이냐에 따라 그 구체적인 실천내용이 크게 달라질 수 있다는 점이다. 바로 그 수용주체가 漢地를 다스리는 몽골군사귀족관인이고 그 수용과정을 주관하는 이는 몽골군사귀족관인의 主管主인 몽골황실의 정통혈통을 모계를 통해 이어받은 元朝 宮師府 太子太傅 藩王 이질부카 瀋王이자 王璋 고려국왕 忠宣王이었다는 사실이다. 기존의 고정된 선입관을 깨고 구체적인 史實을 기초로 하여 엄밀하게 대상을 연구·분석하는 작업이, 이에 이르러 아주 절실히 요구된다고 하겠다.

1314~1315년에 원조의 지배이데올로기 창출기구인 元 萬卷堂을 중심으로 元朝 官學化해 이 시기에 그렇게 실천적 기틀을 잡은 朱熹 性理學－魯齋之學은 그 후 근 600년을 방대한 동아시아 문인관료체제로 확대 재생산된 세계사적인 차원의 '元朝 朱子學'으로 대두된다. 실은 주희 성리학은, 주희 당시 그의 망명 조국 남송에서는 한 때 '慶元의 僞學'으로 邪學視돼 쫓기기도 했다. 그런 주희 성리학이 몽골세계제국 중앙정권 원조의 지배이데올로기로 채택돼 다시 나면서, 그러니까 실천적인 측면에서는 사실상의 朱熹之學도 趙復之學도 아닌 許衡(1209~1281)의 '魯齋之學'으로 변형되면서 팍스 몽골리카체제를 뒷받침하는 이론적 기틀이 되어 일약 세계적인 차원의 지배이데올로기 '元朝 朱子學'으로 도약하기 시작했다. '李孟之學'이라는 기록이 원대 어느 사료에도 없는 것으로 보아, 당시 '元朝 朱子學'의 대두과정에서 근래 韓儒林 등의 이맹 치켜세우기 공작에도 불구하고 李孟(1265~1321)은 太子太

傅 이질부카 瀋王(1275~1326)과 太子少傅 姚燧(1238~1313) 麾下의 일개 南人 布衣 儒者 출신의 고위 행정관료에 지나지 않았음이 분명하다. 물론 원대 당시의 '科擧取士' 비중은 크지 않았다. 그러나 北狄이나 北夷라 할 몽골 주권자들이, 사대부관료 '지배층의 단절기'라고 규정할 만큼 혹심한 儒者層의 몰락기인 몽골 軍政期 蒙·元代에 그들의 묵인 하에 일단 과거가 부활하게 했다는 것만으로도 당시에는 혁명적인 일대의 사건이었다. 당연히 科擧 呈式의 실천적 내용은 노재지학－원대 관학화한 주희 성리학이었기는 하다.

南宋 儒者 趙復이 포로로 잡혀온 1235년 이후 134년간에 '주희지학'의 南蠻-南宋 중심 華夷觀을 거꾸로 뒤집어 북방 北夷 몽골로이드인 國族 '몽골 중심'의 華夷觀으로 실천적 차원에서 구체적으로 완전히 재편하고 재정립해, 몽골제국 나름의 주희 성리학인 '노재지학'으로 재정립해낸 것이다. 물론 보기에 따라서는 철학적 독창성을 별로 보탠 것이 없다고 평가하기도 하지만, 일단 科擧가 폐지된 오랜 몽골군정치하에서 실천적인 차원에서 구체적으로 華夷의 秩序를 뒤엎고 首領官制度를 만들어 士庶의 질서를 전반적으로 籠絡하며 이용한 것만으로도, 일단은 획기적인 역사적 事變이었다고 하겠다. 물론 중원의 儒者들－특히 漢人儒者들의 적극적이고 창의적인 동참이 있어서 가능했다. 이들을 묶어 이끈 集點을 이룬 頂点에 원조 태자태부 이질부카(Ijil-buqa) 瀋王이 있었고 그 중심부가 宮師府 官邸의 관방기구 元 萬卷堂이었다. 마침내 1314~1315년에 이질부카(Ijil-buqa) 瀋王 麾下의 元朝 萬卷堂을 중심으로 이를 관학화해 '科擧呈式'의 핵심에 두고 세계몽골제국 중앙정부 元朝의 체제교학화한 사실은, 인류 이데올로기 발전사상 한 획을 긋는 일대 사변임에 틀림이 없다고 하겠다.

이러한 주희지학이 노재지학－원대 관학화하는 '元朝 朱子學'의 胎盤期 134년간의 이데올로기 定礎過程史는, 胎盤期의 역사가 그보다 10~20배 더 오랜 그 뒷날 어느 역사의 비중보다 훨씬 더 크게 영향력을 발휘하게 마련이기도 하고 그것이 그 후 色目官人을 내포하는 팍스 몽골리카체제를 총체적으로 파악하는 차원에서 성취됐다는 점에서, 명·청으로 이어지는 대륙 동북아시아든 고려·조선으로 이어지는 한반도 동북아시아든 그 역사의 흐름이 본격적으로는 크게 바뀌지 않아서 더욱 중요한 의미를 갖게 된다. 朱熹之學이라는 번데기가 몽골세계제국 중앙정부 원조의 체제교학으로 자리 잡는 이 '元朝 朱子學 胎盤期' 역사과정 134년간이 없었다면 정녕, 주희 성리학은 노재지학이라는 실천적 변용과정을 거치면서 그 후 元朝 朱子學이라는 나비로 그렇게 거창하고 화려하게 탈바꿈할 수 없었을 것임이 분명하다. 실로 노재지학의 몽골세계제국 중앙정부 원조(Yeke Mongol Ulus) 체제교학화를 계기로 삼고 나서야 비로소, 주희 성리학이 뒷날의 세계사적 차원의 지배이데올로기 주자학으로 일약 크게 탈바꿈해 비약할 수 있었던 것이라 하겠다.

물론 이 시기 '科擧取士'의 비중은 다른 전통 중원왕조에 비해 보잘 것 없었지만, 거듭 강조하거니와 그 실천적 내용이 몽골→ 색목→ 한인→ 남인으로 전통적인 남인→ 한인→ 색목→ 몽골類의 華夷秩序를 완전히 뒤엎는 것이었고 실은 科擧가 폐지된 오랜 몽골군정치하에서 士大夫官僚와 胥吏의 질서를 실천차원에서 뒤엎는 首領官制度를 창출해 내어 종래의 士庶秩序를 籠絡하며 이용하는 차원의 것이었음에 특히 주목해야 한다. 이처럼 이때 비로소 '魯齋之學'이 科擧呈式의 핵심내용이 된 것은 엄연한 사실이다. 그리고 이렇게 관학화한 '노재지학'이 明初에 劉基가 八股文體를 제정해 士子進身의 敲文磚을 삼은 이래 明·清代를 거쳐 근 600년간 방대한 문인 관료체제 운용의 기본틀이 됐는데, 魯齋之學이 활용차원으로 朱熹 性理學에서 유래된 터에 이런 대세를 타고 몽골세계제국 중앙정부 元朝의 威光을 등에 업고 일약 '元朝 朱子學' 차원으로 格上된 것이라 하겠다. 이는 물론 원대에 성립된 행정제도로 그 후 그 근간을 이루어오고 있는 行省制의 발전과 더불어 장기간에 걸쳐 뿌리를 내리면서 굳건히 정착되기에 이르렀으므로 1235~1368년의 134년간의 태반기라 할 당시의 팍스 몽골리카체제 하에서 이를 뒷받침하는 이데올로기 구축작업과정에서 元 萬卷堂을 基軸으로 하는 노재지학의 체제교학화 사업은 획기적인 역사적인 의미를 含蓄하는 것이었다고 하겠다.

아울러 우리는 여기서 1271년에 종래로 종족명 또는, 창업자의 조상이나 그 자신의 출생지명을 국명으로 삼아오던 관행을 과감히 벗어나 동북아시아 역대왕조 중에 최초로 '元'이라는 이데올로기성 帝國名을 쓰기 시작한 점에도 주목해야 한다. 팍스 몽골리카체제 구축으로 그런 차원으로 역사를 발전시켜 낸 단계에 진입했음을 보여주는 것이라 할 수 있기 때문이다. 이를 始發로 해서 明과 淸이 연이어 같은 차원의 帝國名 命名을 해나오며 근세 이래의 거대한 산업문명의 충격 속에서 근대제국 창업을 모색하게 되어서이다. 이런 역사의 主流를 診脈하면서 총체적이고 예리한 분석을 통해 또 다른 시각에서 세계대몽골제국(Yeke Mongol Ulus) 중앙정부 元朝의 돌변 차원의 별난 새로운 제국명 創出에 留念할 필요가 있다. 이는 저들이 이와 같이 처음으로 창출된 팍스 몽골리카체제를 이끌어나갈 시대적 召命을 자각한 데서 비롯된 것으로 보이는데, '元'이란 『易經』의 「大哉乾元」에서 딴 이름이고, 『易經』은 종래의 오랜 동북아역상의 총체적 이데올로기 역사 발전의 결실이라 할 철학적 핵심을 이루는 유교경전이어서이다.

뿐만 아니라 孔子는 '儀範百王 師表萬世'라고 해서, 몽골세계제국 중앙정부 元朝에 이르러서야 비로소 '大成至聖文宣王'이라 높여 儒教圈 역사상 가장 고귀한 至尊의 萬世師表로 처음 追崇된다. 몽골 군사귀족들의 정복지 지배원리에 따라 '以漢法治漢地'의 이데올로기적 방편으로 채택된 유교-'魯齋之學'이라고 하지만, 오랑캐 중의 오랑캐인 몽골의 쿠빌라이(Khubilai) 대칸이 공감한 내용이라는 점에서 특기할만하다고 하겠다. 이런 유학-'노재지학'의 관학화가 몽골세계제국 중앙정부 元朝 朝廷에서 이루어졌다는 점을 예의 주시할 필요가 있다. 본래 순록·양유목민족 출신인 북방몽골로이드 중심의 사상을 체계적으로 정리해냈던 공자라면, 百王의 師表인 孔子를 목·농지역을 아우른 몽골유목세계제국 중앙정부의 한 중심에 至尊의 큰 스승으로 되물려 모신 측면도 있을지 모른다는 생각에서다. 실은 북방유목몽골로드의 中原漢地 점령·지배과정에서 목·농제국의 창출 내지 농·목제국으로의 변환중의, 그 사회경제적 생산체제를 뒷받침하는 이론적 기틀로 태어나서 그렇게 자리매김되어 온 것이 儒敎라는 관점이 있을 수 있어서이기도 하다.

종래와는 달리 '色目'과 '몽골'이 총체적인 차원에서 그들 상호간의 인구비중을 고려치 않은 채로 '한인'이나 '남인'과 같은 몫으로 과거에 동참했으며 北朝 이래 수·당대나 송대까지의 과거가 그러했듯이 이들이 주로 북방민족 유목제국이거나 그 유목제국의 집권세력이 '以漢法治漢地'를 위한 가장 효율적인 관료체제 구성의 體制敎學的 방편으로 과거제도를 채택해 왔음을 고려할 때, 원대에 종래의 北狄 몽골이 '華'로 몽골세계제국 권력의 한 중심에 대두되면서 주희 성리학을 몽골 나름의 '魯齋之學'으로 國族 몽골중심으로 실천차원에서 재편-복원화해낸 일은 실로 인류 이데올로기 발전사상 한 시기를 가름하는 획기적인 사건이라 하겠다. 실은 한 제국의 創業이 직접적으로는 武力에 의해 좌우된다는 현실을 누구보다도 더 잘 간파해온 북방유목몽골로이드의 역사적 특성상으로 보아 守成段階에서는 붓을 쥔 문인의 문인관료체제가 농경지대의 관리-경영에서 가장 안전한 收取體制 保全의 방편임을 그간의 유목제국사 운영 경륜을 통해 자각하는 일은 그리 어려운 일이 아니었을 것으로 추정된다. 본래 역사적으로 고찰해보면 유목정복제국의 농경피정복지역 守成段階 이데올로기적 지배기틀로 탄생한 것이 儒敎의 한 屬性이라고 파악할 경우에, 이는 이상할 것이 조금도 없다고 하겠다. 몽골정권을 뒤엎고 元朝의 정권을 탈취한 明朝는 북방민족들의 침략에 계속 시달려오는 상황 하에서, 그리고 마침내 청대는 다시 북방유목몽골로이드 태반 起源인 滿洲帝國 淸朝의 식민통치 하에서나 아울러 근 백년간의 몽골 군벌가문 출신 李成桂 고려계 몽골장군 출신의 쿠데타로 창업된 한반도 朝鮮朝에서도, 관학화한 노재지학이라는 '元朝 朱子學'의 본질은 적어도 관학권에서는 전통체제가 유지되는 동안은 상당기간 그대로 관철돼왔을 수 있다.

'몽골→ 색목→ 한인→ 남인'의 서열 중에 가장 하위 서열에 속하는 주희의 남송 망국민인 蠻子 南人 중심 주희 성리학이 아닌 國族 몽골인 중심 '魯齋之學'→ '元朝 朱子學'으로 개편되고 활용된 그것이, 당시의 亡宋 士大夫가 아닌 몽골귀족군벌집단에 의해 그들 중심의 지배체제 확립을 위해 동원됐던 터이다. 이는 주희 성리학이 주희 자신의 의도와는 판이하게 달리, 도리어 자신의 조국이 침략자에게 식민지배되는 이념적 도구로 세계화한 이념체계 '元朝 朱子學'으로 돌변하는 일대의 전기가 된 것이었다. 몽·원제국 발전과정에서 그 사회경제적 기반이 주로 중원 농경지대에 두어지면서 '以漢法治漢地'의 이데올로기적 기반 정비사업과 그 관학화가 이루어져 왔다. 따라서 후세의 주자학은, 역사적 진공상태의 소산인 세칭 宋·明理學式의 관념적 내용이 결코 아니라 그 생성 태반으로 보아 구체적인 역사적 생성-수용과정의 소산인 元朝 官學이자 高麗 官學인 '魯齋之學'이 그 실천차원의 구체적적인 내용실체이어야 한다고 할 수 있다.

1286년 고려에 처음 초시공적인 朱熹之學만도 趙復之學만도 아닌 이런 구체적인 역사적 소산으로서의 魯齋之學을 수용한 安珦이 어떤 역사적 배경을 가진 존재인가를 당연히 銳意 주시해야한다. 安珦이 바로 柳璥(1211~1289)의 제자이기 때문이다. 유경은 다름아닌, 고려 태자 王倎(元宗, 1260~1274년 재위)과 그 麾下 왕당파 문신들을 묶고 몽골의 정치-군사력을 빌어 문신의 逆쿠데타를 감행해 오랜 抗蒙武力의 주도집단인 최씨무인정권의 최후 실권자 崔竩(?~1258)를 죽이고 王政復古를 이룩해낸 고려 開國功臣의 後裔인 고려문신의 領袖다. 그러니까 고려가 몽골제국의 세계질서 팍스 몽골리카체제에 편입되는 端緖를 연 즉위 직전의 쿠빌라이(Khubilai) 대칸과 고려 원종 王倎의 만남도, 이 안향의 스승 유경이 주도한 고려문신의 崔氏武人政權에 대한 聯蒙逆쿠데타 과정의 일환으로 비로소 가능했던 것이었다. 이러한 상황 하에서 물론 元代의 儒宗으로 追尊된 許衡의 魯齋之學으로 대표되는, 몽골군사귀족관료가 점령지인 金이나 南宋 등지를 통치하기 위해 재정비해 수용한 주희 성리학이 이 당시에 안향이 관학으로 고려에 가지고 들어온 그 내용 실체였음은 자명하다. 그가 가령 '주희지학'의 본질적인 다른 측면을 실제로 간파하고 있었다고 하더라도 고려 관학으로서의 실천적인 내용은 '魯齋之學'일 수밖에 없다. 그 자신이 쿠빌라이(Khubilai) 몽골대칸에게 元朝의 遼陽(1313), 四川(1313), 雲南(1314)이나 甘肅(1316)과 같은 內地行省보다 무려

20여년이나 빨리 1286년에 직접 元朝 征東行省 儒學提擧司의 高麗 儒學提擧로 임명받은 元 世祖의 한 手下 官僚이어서이다.

그로부터 30년이 지난 뒤에 원조 만권당을 중심으로 노재지학의 관학화를 정식으로 주관한 이는 元 萬卷堂의 창설자인 元朝 太子太傅 이질부카(益知禮普化 : Ijil-buqa, 1275~1326) 瀋王이다. 그는 쿠빌라이(忽必烈) 대칸의 외손자이자 駙馬로, 그 후 쿠빌라이(Khubilai) 대칸의 正后인 차부이(察必 : Čabui) 소생 황태자 짐킨(Jimkin, 1234~1285)→그의 장자 晉王 감말라(Gamala)로 이어지는 선에서 감말라의 공주 보타시린(寶塔實憐 : Botasirin, ?~1343)을 왕비로 맞아 그 후 몽골세계제국 중앙정부 원나라 대칸의 정통을 이어받는 혈통과 본격적으로 접목되면서 몽골칸의 궁정에서 그 위상을 크게 드높힌다. 그의 외할아버지이자 장인의 아버지인 쿠빌라이(Khubilai) 대칸은 주로 농경 漢地의 물력과 인력으로 몽케칸의 합법적 계승자인 아릭부케 몽골 유목 本地(Steppe)派에 대한 쿠데타에 승리하여 대칸位에 오른 다음에 南宋을 정벌하여 몽골세계칸국을 최종적으로 완성시키고 '以漢法治漢地' 정책을 본격적으로 추진한 인물이다. 그의 황태자 짐킨은 이 정책을 앞장서서 밀고나가다가 제물로 희생됐고 바로 그 주희 성리학의 國族 몽골중심 魯齋之學化를 통한 '元朝 朱子學'으로의 重生過程을 주도하다가 殉教한 짐킨(Jimkin) 裕宗妃이자 테무르칸(Temur khan : 成宗)의 母인 발리안 예케치(Balian Yekeci)는 王璋이 태어나자 이내 그에게 이질부카(益知禮普化 : Ijil-buqa)라는 몽골이름을 지어준다.

그의 본령과 관련하여 무엇보다도 중요한 사실은, 그간 키야드 보르지긴이라는 칸의 피가 수혈된 존재로 톨강변에서 1388년 10월에 元－北元朝가 멸망하는 마지막 순간까지 그 혈통이 정통의 皇統으로 이어지는 토대를 놓은 쿠빌라이 대칸－元 世祖의 계획적인 양육 및 교육의 배려 하에 이미 유교적인 교양을 튼튼히 쌓은 터에 원조 太子太傅라는 宮學을 담당하는 宮師府의 최고 領袖로 키워진다는 점이다. 물론 순록·양유목태반을 가진 유목공골로이드가 세운 목·농의 유목제국 몽골에서 유래한 제국[71]으로 당시에는 이미 농경국이자 科擧 시행국인 儒者의 나라 고려라는 그의 조국 고려국의 역사적 태반을 충분히 감안한 치밀한 按配가 베풀어졌던 것이라고 하겠다. 그는 실로 元 一代에 儒者로 누구도 누려본 적이 없는 極品인 太子太傅라는 직위를 수여받았고 經筵과 東宮의 宮學을 맡으면서 「魯齋之學」의 元朝 體制敎學化 과업을 수행했던 것이다.

太子少傅로 그의 宮師府 직속 수하가 돼 실무를 담당하고 이 과업을 직접 수행한 이는 趙復(1235년 포로)－姚樞(1203~1280)－姚燧(1238~1313)로 이어지는 북방관학파 魯齋之學의 핵심주류인 姚燧요 그 행정실무를 맡은 이는 중서평장정사 李孟(1265~1321)[72]이다. 더러는 당시에 仁宗이 그냥 명예직으로 이질부카 王璋을 瀋王 자리에 앉혔으리라고 추정해보기도 하지만 적어도 그 당시에는 그렇지 않았음을 알게 하는 것은, 그가 元朝 藩王 瀋王이자 高麗國 忠宣王으로 東方王家들을 제어하는 역할을 암암리에 수행하며 원조 중앙 政事를 參議할 수 있었을 뿐만 아니라 그에게 황제 麾下의 행정 최고 실권직인 上相 右丞相職을 맡기려 했던 仁宗의 配慮를 보아서도 알 수 있다. 실로 적어도 그 당시에 瀋王은 太子太傅로 주희 성리학의 魯齋之學化－元朝 官學化 과업의 要諦를 몸소 꿰뚫어볼 수 있는 학문적 실력과 직위를 아울러 갖추었을 뿐만 아니라 정권실세의 배경도 누구보다도 튼튼한 쿠빌라이(Khubilai)→ 짐킨(眞金 : Jimkin)系 정통 몽골황족이어서였다.

여기서 한 가지 짚고 넘어가야 할 문제는, 테무르칸 成宗이 죽은 다음에 일어난 황위 계승전에서 황태자 짐킨(眞金)계인 카이산(뒷날의 武宗)과 아유르발리파드라(뒷날의 仁宗) 진영이 짐킨(眞金 : Jimkin, 1234~1285)의 同母弟인 뭉케라(忙可剌 : Mungkera)의 아들 아난다(阿難答 : Ananda)당을 제거하고

71) 주채혁, 『순록치기가 본 조선. 고구려. 몽골』, 혜안, 2007 ; 주채혁, 『순록유목제국론－고조선·고구려·몽골제국의 起源 연구』, 백산, 2008.

72) 『원사』 當該條에서는 물론 이를 인용해 확대해석해서 서술한 근래의 韓儒林 主編, 『元朝史』下, 北京人民出版社, 1986, 18~25쪽 등에서 南人 布衣 출신 儒者인 李孟이 朱熹 性理學 官學化를 주도한 것처럼 본격적으로 왜곡하고 있으나, '李孟之學'이라는 용어는 당시의 어느 사료에서도 찾아볼 수 없다. 무엇보다도 南人 布衣출신인 李孟은 당시 관학파 실세가 아니었기 때문이다.

집권하는 것이 주희 성리학의 元朝 관학화 내지는 원조의 科擧 再設과 어떻게 관련되는가 하는 점이다. 이는 고려로 보면 곧 이질부카 충선왕당과 그의 부친인 충렬왕당의 투쟁에서 충선왕당이 승리하는 것과 맥을 같이 한다. 그런데 짐킨系의 황위 쟁취는 이와 동시에 以漢法治漢地를 강행하려다 희생된 황태자 짐킨 후손의 승리이기 때문에 주희 성리학의 원조 관학화와 원조 科擧의 부활에 직결되는 일이 된다. 충렬왕은 황태자 짐킨계와 직접 혈연이 닿을 수 없지만 이질부카 충선왕은 쿠빌라이 대칸의 딸 곧 황태자 짐킨(Jimkin)의 異腹女弟 쿠투룩 켈미쉬(Khudulugh Kelmish : 忠烈王妃, 1258~1294) 공주의 몸을 빌려 태어난 터여서 이미 피를 나눈 血親인데다가 짐킨의 맏아들 감말라(甘麻剌 : Gamala, 1263~1302)의 딸인 짐킨의 孫女 보타시린(Botasirin, ?~1343) 공주를 왕비로 맞았다. 그러므로 짐킨계의 칸위 쟁취는 원조 조정에서의 이질부카 瀋王의 지위 상승과 동시에 그의 고려왕위 再爭取로 이어지면서 몽·원제국의 極盛期인 '至元·大德之治'(1263~1307)를 발판으로 삼아 그가 朱熹 性理學을 國族 몽골중심으로 그 華夷觀을 개편한 魯齋之學을 실천적 內容으로 해서 일약 세계사적인 이데올로기 '元朝 朱子學'으로 대두케 하는 위업을 주도할 수 있는 길을 활짝 열어 놓았다.

이처럼 당시의 이질부카만은 팍스 몽골리카체제 안에서 유일무이하게 자기의 영토와 영민에 대한 징세권과 징병권을 확보하도록 허용된 독자적인 高麗國王이고 元朝 內地 직할령 내에 遼·瀋地域을 분봉받은 藩王인 瀋王이자 上相인 右丞相職圈을 넘나드는 실권자로 元朝의 政事를 參議할 수 있는 엄연한 실세 핵심 알탄우룩(黃金氏族 : Altan urug)의 구성원으로서의 位相을 확보하고 있었다. 그래서 칭기스칸의 皇子나 그 直系 皇孫에게나 주어졌던 4한국과 같은 위치에 있었던 것이라 할 고려국의 국왕이면서 동시에 元朝의 직할령 안에서 藩王 瀋王으로 봉해지는가 하면, 아유르발리파드라칸 仁宗으로부터 上相 右丞相職를 권유받을 만큼 元朝 政事 參議에서 지극히 높은 일정한 위상을 보장받으며 적극적으로 참여할 수 있었다. 물론 무상한 정변으로 그의 막강한 格位가 오래 가는 것은 아니었지만, 적어도 宮師府 瀋王官邸에

極品인 太子太傅의 자격으로 관방기구 元 萬卷堂을 열고 주로 宮師府 太子少傅 姚燧를 비롯한 북방 관학파 거물들을 휘하로 부려 朱熹 性理學을 國族 몽골 중심 華夷觀으로 실천내용차원에서 구체적으로 改編한 魯齋之學의 元朝 體制教學化–'元朝 朱子學'으로의 擡頭 基本土臺 構築化를 稼動시키고 科擧를 팍스 몽골리카체제 하에서 감히 획기적으로 부활시키는 이 극적인 동북아시아 세계이데올로기 창출과정을 수행해 내는, 이런 역사적인 기간 동안만은 그런 조건이 충족됐던 것이다. 정녕 당시에 그는 元 一代의 儒者로서 누구도 누려보지 못한 지위를 누린 핵심 실세로서의 실권을 틀어쥐고 이런 장엄한 과업을 수행해냈던 것이라 하겠다.

이질부카 瀋王의 이런 거대한 세계사적 과업수행과정에 관한 구체적인 천착은 불행히도 그간 거의 완전히 무시되고 貶下돼 소외당하거나 默殺돼 왔다. 그렇게 된 所以를 밝히는 것이 또 다른 하나의 크나큰 연구 과제이겠지만, 여기서는 문제제기 차원에서만 이를 간략하게 짚고 넘어가려 한다.

이처럼 이질부카 瀋王의 이런 관계행적이 그간 거의 철저히 소외된 까닭은, 元·明革命으로 몽골諸王인 이질부카 瀋王-고려국 충선왕→ 몽골군사귀족관인→ 색목관인→ 한인관인→ 남인관인의 서열이 거꾸로 뒤집혀 明朝의 옛 元朝 南人官人 출신 천하가 열렸기 때문이다. 그래서 원대의 南人 蠻子 출신 儒者들이 『元史』를 편찬할 때 이질부카 심왕 관계기사는 가차없이 지워 없애는 역사 歪曲을 단행했던 것이다. 본래 근백년간의 고려계 몽골군벌 출신인 조선조의 創業主 李成桂의 경우도 反元親明의 기치하에 고려 왕씨 왕정에 대한 쿠데타를 일으켜 성공한 터였으므로, 明初 옛 남인관인 출신 儒者들이 득세하는 원·명혁명 정국하에서 당연히 팍스 몽골리카체제의 이데올로기적 定礎過程에서의 元朝 萬卷堂의 획기적인 역사적 기여를 통한 세계사적인 차원의 '元朝 朱子學' 대두와 그 사업을 이끈 걸출한 총체적 주도자 元朝 太子太傅 이질부카(Ijil-buqa) 瀋王에 관한 史料上의 記事 삭제에 『元史』의 경우처럼 적극 동참했던 것이라고 하겠다. 역시 중국 남방세력이 중원역사를 주도하는 600여년 후인 1986년에 韓儒林 主編으로 저술한 『元朝史』에서나 이에 관한 한 조선왕조시대의 관행을 거의 그대로 답습하고 있는 것으로 보이는 같은 시대 韓人學者들의 관계사실 서술에서도, 이와 같은 明과 朝鮮朝의 基調를 대체로 변함없이 유지하고 있음을 본다.

유목 商族 殷의 초기중원지배는 사실상의 시원단계의 목·농통합형 유목제국이고 그 역사적 실험을 겪으면서 배태돼 춘추전국시대의 용광로를 통해 진·한제국에서 나름대로 결실된 것이 儒學이라는 성격이 매우강하다고 저자는 본다. 문인관료를 선발하는 시험제도인 科擧가 실은 수·당시대와 당말·오대·송초 변혁기를 거쳐 북방 유목몽골로이드의 유목무력이 중원의 농경민족을 정복·지배하는 효율적인 지배체제로 정착되는 과정에서 거듭 생겨났고, 그 科擧 呈式인 이데올로기의 骨格인 儒學이 당연히 이를 뒷받침하는 차원에서 그 기틀을 잡아나온 것이라고 하겠다. 그러므로 그것이 북방 유목몽골로이드의 유목무력이 중원 농경지대를 정복해 제국을 창업하고 守成段階에 들면서 본격적으로 정비된 것이라면 특히 위진남북조시대의 역사적 결실이라 할 수·당대를 거치고 다시 해체와 확대·재생산과정을 거쳐 당말·오대·송초 변혁기 이래의 발전으로 팍스 몽골리카체제 차원에서 완성단계의 재결실을 이룩한 것이 몽·원제국이라 한다면, 元朝에 이르러 세계사적인 차원의 체제교학으로서의 지배이데올로기 '元朝 朱子學'이 대두된 것은 지극히 자연스러운 역사의 순리라 할 수 있겠다.

그리고 그것이 중원 농경권 漢族 중심의 華夷士庶觀으로 이룩된 체제라면 國族 몽골중심의 목·농통합형 유목제국 몽골세계제국 차원에서 그것이 북방 유목몽골로이드인 國族 몽골중심의 華夷秩序로 실천차원의 구체적인 내용이 재편·복원되는 것은 당연하고, 그런 요구에 부응해 朱熹 性理學이 元朝의 魯齋之學으로 거듭났으며, 그것이 胎盤期 朱子學의 본질적인 실천차원 내용을 이루었음도 자명하다 하겠다. 고려가 순록·양유목사적 태반에서 유래한 민족국가로 非遊牧地帶인 장백산맥과 백두대간을 骨幹으로 하는 목·농 내지는 농·목국가를 가꾸어온 전통적 토대 위에 창업돼 元朝 太子太傅 이질부카(Ijil-buqa) 瀋王-高麗의 忠宣王 당시에는 농·목국가로 운영돼오던 터에, 이에 이르러서는 朱熹 性理學이 魯齋之學化하면서 팍스 몽골리카(Pax Mongolica) 체제를 뒷받침하는 이론적 기틀이 되어 일약 세계사적인 차원의 지배이데올로기 '元朝 朱子學'으로 도약하기 시작한 것이다. 바로 이런 역사적 胎動을 가름하는 한 중심에 元朝 太子太傅 이질부카(益智禮普化)-高麗國의 忠宣王이 자리매김되고 있었음에 주목할 필요가 있다.73)

---

73) 쿠빌라이 몽골대칸도 따지고보면 朝鮮겨레처럼 대흥안령 북부 훌룬부이르 몽골스텝과 嫩江-呼嫩平原의 가셴둥(嘎仙洞)에서 비롯된 鮮卑-蒙兀室韋族 출신인 鮮(Soyon)族임에서다. 北狄-北夷-東夷 脈絡의 순록유목민 태반출신일 수 있는 그가, 몽골반점이 드러나 있을 수 있다고 추정되는 北狄-北夷-東夷 胎盤 출신인 같은 商族 출신 孔子를 팍스 몽골리카체제를 뒷받침하는 이데올로기 차원의 至尊으로 역사상 가장 고귀하게 처음으로 받들어 모실 수 있었기에 하는 말이다. 이데올로기적 코드가 胎盤史的 맥락에서 서로 접맥될 수 있어서이다. 근원적으로는 孔子思想의 근원을 『易經』에서 찾는 것이고 보면, 그리고 『易經』의 뿌리는 이들 北狄-北夷-東夷가 유목태반제국으로 제철기술 수용-발전과 함께 우뚝 솟는, 물이 태평양으로 흘러드는 大滿洲圈에 토대를 구축한 玄武信仰에서 비롯되는 것임에도 주목해야 한다. 그래서 결과적으로는 현재 몽골과 한국의 國旗에만 太極紋이 상징문양으로 들어 있음도 결코 역사적 우연일 수만은 없음을 천착해봐야 할 것이다. 몽골국기의 太極紋은 몽골의 아라가·빌렉(арга билэг)-陰陽 상징 문양 곧 두 마리의 암수 물고기가 서로 머리를 상대방의 꼬리쪽으로 향해 도는 그림에서 유래된 것으로 보인다. 김병모 교수는 마주 보고 있는 한쌍의 '가야'물고기를 그나름으로 '雙魚紋'이라고 이름짓고 그 기원지를 남방 인도 아요디아 왕국 쯤으로 추정하고 있다(김병모, 「金秉模의 고고학 여행 6 : '한민족의 뿌리를 찾아서' "두 마리의 물고기, 그 의미를 찾아 헤맨 40년"」, 『월간조선』 2004. 3월호, 월간조선사, 337~350쪽 중의 348쪽에서는 인류의 죽을 병을 치유하는 영약인 海中의 '고케라나' 나무 열매가 있는데 惡神이 나무의 뿌리를 파버리려고 두꺼비를 보냈지만 '카라'라는 두 마리의 神魚가 이를 물리쳤다는 신화를 소개하며, 아울러 이 글에서 이런 견해를 언급하고 있다). 그러나 불교의 세례를 받은 터키인이 伽倻라 하고 이란인은 伽羅-카라(Kara)라고 하는 생명을 살리는 나무 지킴이 '가라'물고기-'카라' 神魚는 지중해, 北아드리아해, 에게해, 흑해, 아조브해와 카스피해 언저리에만 분포돼 있다. 따라서 이는 당연히 金海 金氏-駕洛國 김씨와 접맥되면서 몽골리안루트를 따라 만주와 한반도로 이어지는 선에서 그 주류의 역사적 흐름을 追跡·穿鑿해가야 할 것으로 본다(주채혁, 「순록치기의 길-蘚路, 유라시아 몽골리안 루트 ; Ⅱ. 카라神魚의 분포지와 소욘(鮮)족 부르칸(不咸)신앙모태」, 『순록유목제국론-고조선·고구려·몽골제국의 기원연구』, 백산자료원, 2008, 351~358쪽). 물론 기동성을 가지는 유목민의 특성상 그간 수천년 역사속에서 伽倻물고기를 신앙하는 伽倻族의 어느 분파들이 남방 인도양지역으로도 이동했을 수가 있다. 김병모가 여기서 가라(伽羅)를 드라비다어로 '카라(Kara)' 또는 '카랄(Karal)'이라고 한다고 보고하고 있는 것으로 보아서, 드라비다인은

그가 창설해 경영한 元朝의 萬卷堂(1314~1328?)은 이를 뒤이어 등장하는 元朝의 奎章閣－宣文閣－端本堂과 함께 원조 지배 이데올로기의 창출과 정비가 그 주된 임무인 일련의 연구 내지 행정 기구였던 것으로 보인다.[74] 이런 당시의 엄연한 史實 기록은, 1200년 이전 朱熹 당시의 주희가 구상했던 '남인→ 한인→ 색목→ 몽골' 종족질서가 1280년 전후 원조치하의 '몽골→ 색목→ 한인→ 남인' 종족서열로 정반대로 뒤집혀 질서화해 朱熹 性理學이 '魯齋之學'으로 元朝 관학화 하고, 1368년 元·明革命 이후에는 또 다시 거꾸로 뒤집혀 '남인→ 한인→ 색목→ 몽골' 서열질서로 개편·정립되는 과정에서 명초의 『원사』가 '蠻子' 南人 출신 儒者들에 의해 편찬되면서 크게 왜곡되고 말살되기에 이르렀음은 물론이다.

許衡은 聖人之道를 이론적·철학적 '窮理'의 측면보다는 실천적·윤리적인

유목계 아리안인 이란인의 일파가 이동해갔거나 아니면 그런 이란어영향권에 속하는 드라비다족의 아요디아왕국인일 가능성이 매우 높다고 하겠다.

74) '美麗'는 漢語로 아름답다는 말이다. 척박한 한랭 고원 건조지대 시베리아-몽골벌판에서는 살찐 큰 양이 아름답고, 뿔의 상태로 그 젖과 고기의 量과 質이 가름되는 馴鹿의 큰 한 쌍 뿔이 아름다워 보일 수밖에 없다. 그래서 羊+大=美요, 麗는 音譯과 意譯을 동시에 추구하는 漢人學者들의 외래어 수용 관행으로 보아 젖이 풍부하고 육질이 좋음을 말해주는 2뿔이 잘 자란 馴鹿임을 암시하기도 한다[『常用漢字圖解』, 북경대출판사, 1997, 38쪽 및 472쪽 참조], 안보와 정권, 때로는 심지어는 재정권까지 틀어쥔 북방 유목지배족의 審美眼이 동북아시아사에 배어난 用語가 '美麗'다. 순록-양유목민의 審美眼을 반영하는 이 용어가, 순록-양유목민이 동북아시아를 장악하면서 文字化해 漢字로 定着한 것으로 보인다. 선후로 유라시아대륙 유목의 두 주축인 순록과 양 인식을 핵심주류로 삼아 울어난, 수천 년간을 주로 지배적이었던 '美麗'審美眼이다. 주도 유목문화가 서아시아에서 몽골리안루트를 따라 흘러오고 흘러갔기 때문이다. 소수가 문제가 아니다. 미군 몇 만 주둔한 곳에 서양인의 미의식이 온통 세상을 휩쓰는 듯한 지금의 우리 현실을 보아도 이런 가능성은 충분히 있다. 이로 미루어 보아, 魯齋之學이 그 후 '元朝 朱子學'의 실천적인 차원에서의 胎盤을 이루어, 어느 시기까지 어느 지역집단에서 실제로 크게 작용했을 가능성은 많다고 하겠다. 특히 원조 쿠빌라이 대칸이 직접 임명한 元朝 정동행성 儒學提擧司의 고려 유학제거 安珦의 선도적 역할에 이어, 元朝 太子太傅 이질부카 瀋王이 元朝 지배이데올로기 창출기구 元 萬卷堂을 통해 주로 손질해 고려에 공급한 '魯齋之學'의 영향력은 元朝 太子太傅로 瀋王을 겸직한 高麗 忠宣王의 직접적이고 주도적인 작용으로 비롯되어 고려말~조선초에 걸쳐 그 작용이, 韓·中의 완충지대인 대만주권이 사라진 당시의 시대상황 속에서 실로 中原 이상으로 심대했을 것으로 추정된다.

'居敬'을 통한 修己의 측면을 강조해 이해했는데 이는 결국 修己로 守分하는 그 사회적 기능에 초점을 맞춘 것이라 하겠다. 주희 성리학 자체가 대내적으로는 地主·佃戶間의 모순이 첨예화해 있던 朱熹 당시의 남송사회를 지주의 입장에서 士庶로 질서화하고 북방민족 침략에 쫓기던 망명 조국 남송의 역사적 정통성을 강조하면서 남송 중심으로 華夷의 질서를 구축하려는 의도에서 성립된 것이지만, 근 70년간에 걸친 몽골의 금과 남송 등에 대한 통일전쟁 과정에서 그 모순들은 더욱 첨예화해져서 통일 몽골의 원제국은 주희 당시에는 오히려 그의 망명 조국 남송에서조차 한 때 '慶元의 僞學'으로 邪學視돼왔던 이 주희 성리학을 마침내 관학화하지 않을 수 없었던 것이다.

이렇게 國族 몽골을 華로하고 도리어 朱熹가 死守하려 했던 華인 망명 조국 亡宋을 蠻夷로 삼아 官學化한 朱熹 性理學이 蒙·元帝國 차원의 '魯齋之學'이다. 그러니까 元代의 노재지학은 적어도 종족서열 측면에서는 朱熹 性理學의 構想을 완전히 뒤엎은, 이른바 元代 당시의 '朱子學'으로 朱熹의 원래 의도와는 아주 相反되게 실천차원에서는 구체적으로 元代의 팍스 몽골리카체제 하에서 다시 탄생된 셈이다. 亡宋으로 보면 이데올로기적인 '자살골'이 된다는 것이다.

물론 당시에 몽·원제국이 유교권만 이런 현지의 종교 또는 이데올로기적인 자율성을 허용한 것이 아니다. 그 원인이 광역소수의 북방유목몽골로이드의 오랜 역사적 소산인 샤머니즘의 범신론적 다양성과 개성적 전문성을 고려하는 관행에서 비롯됐던지, 비록 몽골이 인류사상 처음으로 세계유목제국을 이루기는 했지만 그 후 해양제국시대를 경험한 시각으로 보면 그 나름으로 아직 역사발전의 미숙성을 보여서 그러한 것인지 또는 양자가 복합됐거나 그 밖의 다양한 요인들이 함께 작용한 것인지는, 더 깊이 있는 연구를 거쳐야 밝혀질 것으로 본다. 당시에 불교권이든 이슬람권이든 기독교권이든 유교권이든 몽골은 가는 곳마다 이런 정책을 썼다. 근래에 산업화 이래의 공장제 획일생산체제에서 벗어나 탈산업주의시대인 IT·NT·BT시대에 들어서고 있는 지금 다시 다양성과 독창적 전문성이 부활하고 있는 현재의 역사발전

주류를 염두에 두고 이러한 몽골의 그 역사적 정통성을 새삼 되새김질해볼 필요가 있을지도 모른다. 아울러 몽골군사귀족정권의 개입이 없이 고려무인정권이 일본처럼 그대로 전개돼 오늘에 이르렀다면 한국문화는 어떤 역사적 결실로 산업화 이래의 해양제국시대의 시대상황에 대응하는 존재였을까도 자유롭게 상상해보는 일은 그 나름으로 의미 있는 작업이 될 수 있으리라 본다. 당연히 고조선－고구려－발해(Boka)－고려로 이어지는 무인중심의 武脈이 점차로 밀도 높게 농경화하면서 과거 도입과 함께 문인중심의 儒者朝鮮朝 士大夫 관료시대로 본격적으로 진입하는 데서 이런 '元朝 朱子學'이 맡은 역사적인 작용이, 아이러니컬하게도 얼마나 결정적인 것이었나를 절실히 자각하는 계기가 되겠어서이다.

원대 사상계의 일반적인 경향대로 '노재지학'에서도 和會朱陸 곧 朱陸融合의 추세를 볼 수 있지만 朱熹의 '格物窮理'를 통해서든 陸九淵의 '發明本心'을 통해서든 '노재지학'이 체험하고 획득하려는 天理는 역시 몽골 군사귀족과 이에 영합하는 지주 사대부계급의 이익을 반영하는 三綱五倫이었다. 이는 몽골 군사귀족의 생존본질에 부합되는 군벌통치 守成段階의 이데올로기로서의 적합성을 보장하는 것으로, 몽골제국뿐만 아니라 元朝가 망하고 근 백년 이래의 몽골 군벌가문으로 군사 쿠데타를 통해 창업한 李成桂의 조선조에게도 절실한 지배이데올로기였다 하겠다.[75]

결국 항몽주체인 삼별초를, 침략자 몽골군을 끌고 들어와서 제주도 끝까지

75) 이런 역사적 과정을 통해 수용된 이른바 고려말 조선조의 주자학은 기실, 明代 명나라 현지의 지성적 풍토와도 크게 차별화돼 주로 「窮理」라는 연구-토론의 여지를 도무지 불허하는 교조적 신앙차원의 내용으로 특정 신앙교리서나 과거참고서류 정도였던 것으로 보인다. 退溪의 학문은 이에서 예외일까? 故 西餘 선생님은 평소에 사석에서 퇴계사상에서는 건져낼 만한 퇴계 자신만의 독창적인 알갱이가 얼마나 되는지 아직 구체적으로 분석·연구된 적이 없다는 견해를 피력하기도 했다. 그렇다면 현존하는 그의 영향력은 그동안 역사-사회적으로 뿌리내려온 사대부관료사회의 이해관계 그물망의 오랜 상호작용들에서 저절로 생겨 우러나오는 결과물일 따름일까? 韓國現代史上에는, 이런 오랜 기층지성풍토 위에서 수용된 근대 서구사상 및 기독교 신앙의 성격이 '맞춤 천국'시대라 할 디지털시대에 들어 과연 자율과 자유, 다양성과 독창성에 얼마나 활짝 열려 있을 수 있을까? 한국사 교과서 서술 형태는 어떤 한계상황을 맴돌고 있을까?

추격해 섬멸하고서야 이루어진 고려 開城 王氏政權의 王政復古요 생물학적으로도 쿠빌라이대칸의 몽골 키야드 보르지긴 황금씨족(Altan urug)의 피를 대를 이어 수혈 받는 과정에서 수용된 원조 나름의 주희 성리학인 '노재지학'—고려 관학 고려말·조선초의 '元朝 朱子學'이다. 이런 조선의 관학인 주자학이 그 후 역사서술에서도 金富軾 『삼국사기』의 「本紀」-「列傳」체제를 鄭麟趾 등 『고려사』의 「世家」-「列傳」체제로 폄하할 정도로 주체적 정체성을 치명적으로 格下시키는 이데올로기적 종속성을 팍스 몽골리카체제 하의 어느 집단보다도 더 심각하게 자신들의 뇌리에 각인시켜 왔다. 팍스 몽골리카체제 하에서 그간 역사적으로 韓·漢間의 緩衝地帶 역할을 해오던 대만주권이 사라졌다는 치명적인 사실에 주목할 필요가 있다. 비록 북방유목몽골로이드의 주도하에서이었기는 하지만 그래서 이는 그 상호 관계의 역사·사회적 밀착도와 역학관계의 극단적인 편중성을 반영한 것이었다고 하겠다.

물론 고려 지배층의 이러한 몽골군에 편승한 항몽주체세력인 三別抄의 자진 섬멸을 통한 王政復古가 40여 년간의 오랜 抗蒙戰爭이 계속된 후에 하필 몽골이 世界經略에서 '征服關係'를 '朝貢關係'로 전환하는 1260년 쿠빌라이의 몽케칸의 합법적 계승자인 아릭부케 몽골 유목 本地派에 대한 쿠데타 敢行 時期와 맞물리며 이루어지고, 이에 이어서 한반도-대륙관계사상의 몽골·고려관계가 충렬왕대에 몽골의 駙馬(Хүргэн)王 자리를 확보하면서 종래의 '宗藩關係'가 '姻戚關係'로 돌변하면서 유례없는 前無後無한 특이한 상호관계로 定礎케 됐다는 당시의 역사적 사실을 예리하게 있는 그대로 직시할 필요가 있다. 이와 같이 適期에 고려 왕권이 적극적이고 능동적이며 자발적으로 추진한 몽골 칸권에 대한 예속정책은, 그 대가로 당시의 收取權과 徵兵權 등의 自律性을 보장받고 팍스 몽골리카체제 하에서 유일하게 國名을 종래처럼 '高麗'로 유지해낼 수 있게 했다. 물론 이는 농경 한지파 쿠빌라이 대칸의 아릭부케 유목 본지파에 대한 쿠데타를 합리화하고 지지해주는 고려 나름의 역할과 원조정권 定礎 이후의 滿洲地域 테무게 옷치긴(Temuge-Ocigin)家와 무칼리(Muqali)국왕 後王들의 도전을 제어하는 防波堤 역할이라는 당시 고려

나름의 유효성이 주효했던 것도 사실이겠지만, 이러한 정세 하에서 집요하고도 유연한 고려 왕정의 지혜로운 대응은 그 후 몽골정부가 당시 元朝 내지 直轄領 瀋王府의 가장 적극적인 附蒙派 고려세력을 앞세워 집요하게 자행하는 瀋王府-'고려'王廷을 하나로 묶어 元朝의 內地行省으로 編入시키려는 '三韓省 立省策動'이라는 원조 중앙정권의 중앙집권화 책동을 단호히 물리치는 가운데 그런 고려사회 나름의 역사적 정체성을 상당히 수호해낼 수 있게도 했다.

그런데 여기서 한 가지 짚고 넘어가야 할 문제는 이질부카 심왕의 실각과 그 후의 이해키 힘든 궤도이탈 行脚이다. 카이산(海山, 1308~1311 재위) 武宗과 아유르발리파드라(愛育黎拔剌八達, 1212~1220 재위) 仁宗을 연이어 황제의 자리에 올려놓은 쿠데타에 동참해 擁立의 功을 세우고 쿠빌라이 대칸의 피를 직접 수혈 받은 이질부카 前고려왕이, 1308년에 瀋陽王이 되고 이어서 다시 고려 충선왕으로까지 겸직하면서 1310년에는 瀋王으로 改封돼 遼東 일대의 지배자로 등장하게 되자 그 존재의미가 크게 달라지게 됐다. 遼·瀋地域의 몽골에 투항한 고려국민과 고려경내의 고려국민이, 高麗王과 瀋王을 겸하고 몽골황실의 元朝 上相인 右丞相의 자리까지 권유받는가 하면 元朝의 儒士로 누구도 올라본 적이 없는 宮師府의 太子太傅라는 極品의 지위에까지 오른 이질부카 瀋王 겸 高麗國 忠宣王의 등장으로 팍스 몽골리카 체제 속에서 한 임금의 통치 아래에 사는 한 국민처럼 파악될 수 있게 된 것이다. 물론 이질부카 王璋을 瀋王으로 봉한 것은, 이 지역에 역사적으로나 현실적으로 그 세력배경을 가지고 있는 그에게 통치권을 주어 칭기스칸의 막내동생 테무게 옷치긴家와 무칼리 국왕의 후왕들과 같은 분권세력을 제압케 해 쿠빌라이 대칸의 요동일대에 대한 중앙집권화 정책을 관철시키려는 데에 주된 목적이 있었다는 점은 위에서 기왕에 언급한 터다.

그런데 그 후 1320년에 원조 황실에서 이질부카 王璋의 권력을 실제로 보장해준 아유르발리파드라칸 仁宗이 죽고 그가 실각하자마자 일어난 忠肅王代의 瀋王擁立運動은 또 다른 파장을 몰고 왔다. 이질부카 王璋과 몽골女

예수친(也速眞 : Yesucin) 사이에서 태어난 고려 忠肅王 王燾보다 감말라(甘麻剌 : Gamala)의 長子 곧 보타시린(Botasirin) 공주의 친오빠 또는 친남동생인 梁王 술산(松山 : Sulsan)의 딸 놀룬(訥倫 : Nolun)을 왕비로 삼아서 아들을 출산했을 경우 몽골황실의 권력 핵과 혈연적으로 더 가깝게 될 수 있는 王璋의 조카 瀋王 暠의 존재다. 실제로 1374년에 공민왕이 죽자마자 北元의 아유시리달라칸이 瀋王 王暠의 손자 톡토부카를 고려왕으로 봉했던 것으로 보아 그의 아들이 있었음에 틀림없다. 그러므로 王暠를 중심으로 한 瀋王黨의 고려왕위 쟁탈 움직임이나 요·심지역과 고려 내지를 한데 묶어 '三韓省'이라는 元朝 內地行省으로 개편하려던 立省策動은 당시의 이런 역사상황을 오히려 이질부카 왕장의 의도와는 반대로 이용한 경우라고 하겠다.[76] 물론 이에 앞서 1314년경에 王璋이 瀋王位를 王暠에게 양도하고 감말라(Gamala)의 長子 곧 보타실린 공주와 남매간인 梁王 술산의 딸 놀룬을 그의 왕비로 맞게 주선한 사실 자체가 이런 역학적인 不調狀態를 반영한 것이었다고도 할 수 있다. 이처럼 권력구도가 격변의 회오리 속에 휘말려 들어가기 시작하는 정세하에서 그의 궤도를 이탈한 奇行은, 또 다른 형태의 圖生策이었을 수 있다는 점에도 충분히 주목해야 할 것이다.

그런데 元朝 朱子學 擡頭期의 이와 같은 안향의 '魯齋之學' 도입과 노재지학의 원조 체제교학화 과정에서의 이질부카 瀋王의 그 중심이요 기둥으로서의 주도적인 작용은, 그 후의 고려조에서는 물론 1542년에 周世鵬이 白雲洞에 安珦의 사당을 세워 朝鮮朝 書院의 礎石을 놓는 데에까지 주도적인 그 위력을 발휘케 한다. 宋時烈(1607~1689)의 손제자인 한원진(1682~1751)에 이르러

---

76) 이상의 遼陽行省 여러 세력들의 상호관계 전개에 관한 문제는 韓儒林 主編, 『元朝史』 下, 北京人民出版社, 1986, 195~213쪽을 참조할 수 있다. 당시에 瀋王黨이 王暠를 고려왕으로 옹립하려는 움직임을 보인 것은 당연히 원 조정 내부 실세의 움직임과 이들의 상호작용으로 추진됐던 것이겠는데, 그 추진의 핵심동력이 되는 힘은 이런 혈연적 親疎關係 및 그런 전개 가능성에서 비롯되었던 것이 아닐까 한다. 瀋王 王暠의 왕위계승 가능 추정 인물 곧 王暠의 손자 톡토부카(Togto Buqa)의 아버지의 몽골황실과의 혈연관계 濃度가 이질부카 王璋의 후계 구도에 속하는 후일의 고려 忠肅王-王燾와 그의 아들 忠惠王-王禎보다 더 높거나 높을 수 있는 가능성이 작용했을 수 있다는 것이다. 그 구체적인 穿鑿을 요한다.

許衡을 맹렬히 비난하는 내용이 그의 문집에 登梓된 것으로 보아, 이에 이르러 비로소 노재지학의 틀을 벗어나려는 노력과 함께 허형의 文廟黜享까지 고려됐을 가능성이 있기는 하다.77) 이런 구체적인 역사배경을 고려할 때, 원조 당시의 현지는 물론 이를 元朝 太子太傅인 이질부카 瀋王=고려 忠宣王이 元朝 宮師府 官邸에 개창한 원조 관방기구 元 萬卷堂이라는 通路를 통해 가장 강도 높게 直輸入한 高麗의 그것이나 그 후의 朝鮮朝 朱熹 性理學도 기실, 그 실천적 내용은 최소한 18세기 이전까지는 超歷史的인 宋·明理學式이 아닌 원조 나름의 주희 성리학인 魯齋之學-元朝 朱子學이라 해야 할 것이다.78)

---

77) 宋時烈의 孫弟子 南塘 韓元震의『문집』권6「經筵說」, 권37「雜識」, 권17「答李子三」, 권20「答權亨叔」등에 許衡을 맹렬히 비난하는 내용이 기록돼 있는 것으로 미루어 보아 송시열에서 한진원에 이르는, 17세기 후반에서 18세기 초에 걸치는 시기에 조선의 주자성리학이 魯齋之學의 옛 틀을 벗어나서 새로운 방향으로 전개될 기미를 보이고 있었음을 알게 된다. 이즈음에 허형의 文廟黜享에 대한 주장 내지는 그 실천이 있었을 가능성도 있다. 이에 대해서는 좀 더 구체적인 연구가 뒤따라야 할 것이다. 만약 그것이 사실로 究明된다면 이는 조선유학사상의 일시기를 획하는 사건이라 할 수 있다. 이상의 문제는 1988년 가을 어느 날 서울 신촌에서 故 金駿錫 교수의 도움말에 힘입어 제기해본 것이다.

78) 이런 관점에서 보면, 그 나름의 구체적인 역사적 중력 하에서 이루어진 '元朝 魯齋之學'이 아니라 역사적 무중력상태-역사적 진공상태를 초시공적으로 유령처럼 떠도는 宋·明理學=주자학=朝鮮 朱子學식의 비과학적 조선유학사 서술 관행에 대해 본질적으로 自省을 요하는 지금의 관계학계라 하겠다.

Ⅳ. 耽羅 '南元'政府의 성립 배경과 그 의미

1. 머리말

원말에 농민봉기로 정권유지가 어렵게 되자 元 惠宗 토곤테무르칸(順帝)은 피난수도를 耽羅섬으로 설정하고 耽羅 '南元'피난정부 경영을 위해 숙영지와 궁궐을 짓게 하여 기초공사를 추진하는 한편, 이삿짐을 옮기는 일까지 구체적으로 착수했다. 그런데 전황이 예상외로 급박하게 악화돼 미처 피난을 감행하기도 전인 1368년 7월 28일에 몽골스텝으로 피난가야 하는 처지여서 耽羅遷都의 실행이 불가능하게 되었다. 그렇지만 그렇게 하려 했던 데는, 그만한 역사배경과 전반적인 전쟁판세의 전개가 그 원인으로 작용하고 있었던 것으로 볼 수 있다. 그 원인을 천착해보려는 것이 본고의 과제이다.

그런데 이러한 元의 시도는 동북아시아지역에서 팍스 몽골리카체제가 漢族中心의 동북아체제로 전환되어가는 판세의 전개과정에서, 몽골-親元高麗政權이 아닌, 漢族-親明高麗政權에 의해 1382년 朱元璋과 李成桂의 주도하에 수행된다. 그리하여 도리어, 史書에 그 기록이 尙存하는 1444년까지 약 반세기에 걸쳐, 그들이 팍스 몽골리카체제를 역습하는 차원에서 역사적인 一役을 떠맡게 된다. 어떤 戰局이 어떻게 전개되는 과정에서 耽羅 '南元'정부가 이룩되고 어떻게 운영되었는지, 그리고 그 효용성은 어떠했으며 그 역사적인 여파는 어떤 殘影을 남기고 있는지를 밝혀보는 것이 본고의 또 다른 과제이다.

2. 元末 토곤테무르칸의 耽羅 遷都 착수와 耽羅 '南元'朝廷 경영 구상

원말에 농민봉기로 정권유지가 어렵게 되자 元 惠宗 토곤테무르칸(妥懽帖睦爾 : Togontemur : 順帝)[1]은 피난수도를 탐라섬으로 설정하고 耽羅 '南元'[2] 피난정부 경영을 위해, 숙영지와 궁궐을 짓게 하여 기초공사를 추진하는 한편 이삿짐을 옮기는 일에까지 구체적으로 착수했다. 그런데 이에 관한 기록은 다음과 같이 『고려사』에 단편적으로 전할 뿐, 상세한 내용을 적어 남긴 사료는 아직 더 발견되지 않고 있다. 1367년(丁未 : 고려 공민왕 16 : 원 順帝 至正 27) 2월 癸亥日에

> 원나라의 御衣酒使 高大悲가 탐라섬으로부터 와서 토곤테무르칸의 이름으로 공민왕에게 綵帛과 錦絹 550필을 주고 宰樞에게도 역시 등급에 따라 주었다. 이때 칸이 탐라섬으로 피난하려고 御府의 금과 비단을 실어다 두었다. 이에 탐라를 다시 고려에 소속시킨다는 조서를 내렸다.[3]

---

1) 명조의 漢人史家들은 그를 順帝라고 했는데, 이에는 그가 천명에 순응하여 원나라를 명 태조 주원장에게 넘겨주었다는 의미가 함축돼 있었다(『元史』 권47, 「本紀」제47 順帝 10 順帝28년조에 "後一年……又一年……大明皇帝以帝知順天命 退避而去 特加其號 曰順帝……"이라 기록되어 있다. 물론 죽은 자나 진 자는 말이 없을 수밖에 없는, 승자의 역사서술과정에서 조작된 이름이다. 그래서 많은 몽골인 사가들은 이런 호칭의 사용을 용납치 않고 있다.

2) 토곤테무르칸과 그의 황태자 아유시리달라에 의해 봉건제후세력이 난립하고 있는 몽골본토에서 그 명맥을 유지해 가던 당시의 몽골칸국을 후세의 사가들은 '北元'이라고 불렀다. 명나라에서는 元·故元·前元으로 불렸는데, 『고려사』 공민왕 세가 20년(洪武 4)조에 "北元遼陽省平章劉益 王右丞等欲歸附大明……遣使來告"라고 한 기록에서 비롯된 '북원'으로 후세에 통일된 셈이다(曹永年, 『蒙古民族通史』 3, 내몽골대학출판사, 1991, 2쪽 참조). 북원에 관한 한 고려나 조선조의 사료가 그만큼 영향력이 큼을 알 수 있다. 저자는 이에 대응하여, 1382년 이후에 주원장이 바이바이(伯伯 : Baibai) 황태자를 중심으로 몽골황손들을 이용해 조작해낸 탐라몽골정부를 그 지정학적인 위치를 고려해 '南元'이라고 부르려 한다(본장 3. 李成桂의 쿠데타와 朱元璋의 伯伯 '남원' 몽골 황태자 책립 참조).

3) 『고려사』 세가 권41-14, 공민왕 4 공민왕 16년 2월 癸亥條에 "癸亥 元使高大悲來自濟州 帝 賜王綵帛錦絹五百五十匹 宰樞亦有差 時 帝 欲避亂濟州 仍輸御府金帛 乃詔以濟州 復屬高麗"라 기록하였고, 『고려사절요』 권28, 공민왕 3 丁未 16년 2월조

고 하여 원나라가 망하기 한 해 전에 이미 피난 준비를 구체적으로 하고 있었음을 알 수 있다. 이런 계획의 추진은, 이미 탐라섬으로 피난갈 길이 막힌 채로 나라가 망해 1368년 7월 28일 밤중에 토곤테무르칸이 奇올제이쿠툭(完者忽都 : Öljei Qutug) 카툰과 아유시리달라(愛猷識理達臘 : Ayü Siri Dala) 황태자 등의 소수 측근과 함께 몽골고원으로 도주함으로써 헛된 일이 되고 말았다.[4] 그런데 이어서 원나라가 망한 바로 다음해인 1269년(己酉 : 고려 공민왕 18 : 明 太祖 洪武 2) 9월에 공민왕이 원나라 목수 元世를 탐라섬에서 개경으로 불러와 타계한 왕비인 노국공주의 影殿을 짓게 하니, 원세 등 11명이 가족을 데리고 왔다. 어느 날 원세가 宰輔에게 말하기를

> 원나라 칸이 토목사업을 일으키기를 좋아하다가 민심을 잃고 천하를 보존할 수 없음을 알고는 우리들에게 탐라에 궁궐을 지어 피난할 계획을 하였으나, 공사가 끝나기도 전에 원나라가 망해 버렸다. 그래서 우리가 의식을 해결할 생업을 잃고 있었는데, 이제 다시 징발돼와 생업을 얻고 의식을 해결케 됐으니 진실로 천만다행이다. 그러나 원나라가 천하의 대국으로도 백성을 괴롭게 부려먹다가 망했으니, 고려가 비록 크다고 하지만 그렇게 하면 어찌 민심을 잃지 않겠는가. 여러 재상들은 왕에게 아뢰시기 바랍니다.

라고 하였으나, 재보가 감히 이를 공민왕에게 아뢰지 못했다[5]고 한 것으로

에는 "元 御衣酒使高大悲 來自濟州 帝 賜王綵帛錦絹 時 元帝 欲避亂濟州 仍輸御府金帛 乃詔以濟州 復屬高麗"라고 기록하였다.

4) 『원사』 권47, 「본기」제47 順帝 28년조에 "秋七月……潤月……丙寅日……至夜半開健德門北奔"이라 되어 있다.

5) 『고려사』「세가」 권제41-27, 공민왕 4 공민왕 18년 9월조에 "辛酉……時 王召元朝梓人元世于濟州 使營影殿 世等十一人 挈家而來 世言於宰輔曰 元皇帝好興土木 以失民心 自知不能卒保四海 乃詔吾輩 營宮耽羅 欲爲避亂之計 功未訖而元亡 吾輩失衣食 今被徵復衣食 誠萬幸也 然元以天下之大 勞民以亡 高麗雖大 其能不失民心乎 願諸相啓王 宰輔不敢以聞"이라 기록되어 있고, 『고려사절요』 권28, 己酉 공민왕 3 己酉 18년 9월조에 "九月……時 王召元朝梓人元世于濟州 使營影殿 世等十一人 挈家而來 一日 世言於都堂曰 元帝好興土木 以失民心 自知不能卒保四海 乃詔吾輩 營宮耽羅 欲爲避亂之計 功未訖而元亡 吾輩失衣食 今被徵復衣食 誠萬幸也 然元以天下之大 勞民以亡 高麗雖大 其能不失民心乎 願諸相啓王 都堂不敢以聞"이라고 쓰여

보아 이때 이미 피난궁궐이 탐라섬에 신축되고 있었으며 피난을 위한 이삿짐도 운반되고 있었음을 알 수 있다.

이처럼 1368년 원이 멸망하여 미처 이루지 못했던 탐라천도와 탐라피난정부 운영계획은, 아이러니컬하게도 그로부터 20여 년 후에 원을 멸망시킨 명 태조 朱元璋이 元의 정통을 계승하는 정부로서의 明의 皇統을 확립하기 위한 민심 수습 차원의 탐라'남원'황궁 운영계획의 형식적인 실천을 통해 상징적으로 그 실현을 보게 됐다고 할 수 있겠다. 투항하거나 사로잡은 칭기스칸의 후예들을, 탐라섬으로 귀양보낸 뒤 梁王 발쟈와르미르의 아들 威順王子 바이바이(伯伯)를 耽羅'南元'몽골정부의 황태자로 책립하여 그를 중심으로 묶어세우고 바이바이 황태자 중심의 탐라'남원'정부를 운영케 하였던 것이다. 물론 몽골 본토로 도주하여 자기의 통제에서 이미 벗어나 버린 토곤테무르칸의 황태자 아유시리달라의 이른바 '北元'정권을 의식한 일련의 전략이었던 것으로 추정되는 것이기도 하다.[6]

이처럼 간략하게, 그것도 漢人史家들이 명초에 『원사』를 편찬할 때는 완전히 무시해 버렸고, 『명사』에서는 명 태조 주원장의 관용과 원대한 포용성을 드높이기 위해 간단히 언급한 탐라'남원'몽골조정 경영 구상과 상징적 실현 문제는, 그러나 '역사속의 역사'에서 보면 본질적으로 의미심장한 내용을 함축하고 있다는 점이 주목돼야 한다. 여기에서는 토곤테무르칸이 그런 구상을 하게 된 역사적인 배경을 우선 살펴보려 한다.

그런데 몽골스텝사나 시베리아사가 그러하듯이 탐라사 또한 문자 밖의

있다.

6) 바로 다음의 '3. 李成桂의 쿠데타와 朱元璋의 伯伯「남원」몽골 황태자 책립' 참조. 원 혜종 토곤테무르칸(順帝)은 1368년에 몽골 본토를 향해 도주한 뒤에 봉건제후들의 난투가 자행되는 와중에서 1370년에 惠宗 至正 30년의 연호를 쓰는 것을 끝으로 하여, 그의 황태자 아유시리달라가 들어서 1371년부터 昭宗 宣光 1~8년(1378)의 연호를 쓰기 시작하게 되었다. 1378년 4월에 昭宗 아유시리달라가 죽고 그의 아들(또는 아우) 토고스테무르(脫古思帖木兒 : Togostemur)가 등극하여 1379년 天元 1~1387년 天元 9년까지 집권하고, 1388년 10월에는 예수데르(也速迭兒 : Yesuder)가 토고스테무르칸과 그의 아들 텐바오류(天保奴 : Tenbaoliu)를 죽이고 등극하여 예수데르칸 1년~1391년의 예수데르칸 4년까지 지속된다.

사료를 최대한 사료로 되살려 내어 쓰는 방법을 택할 수밖에 없을 것 같다. 사실상의 몽골직할지사라 할 몽골치하 탐라100여년사[7]에, 그것도 당시로서는 최첨단무기를 생산하는 군수산업기지인 목마장이자 태평양무역 근거지로서의 탐라섬이었다면 기록될 수 있는 기사내용이 아주 많았을 것임에도 남긴 기록은 거의 없기 때문이다. 그간 스텝세계제국체제 속의 탐라사를 읽어낼 시각을 가질 수 있는 준비된 사가가 양성된 적이 없었던 것은 한국지성사의 기층이 지극히 척박함을 말해 주기도 하지만, 1653년 8월 16일에 배가 난파당해 표류했다가 1666년 9월 14일에 탑승자 중 8명이 나가사키(長崎)로 탈출해 나가 남긴 기록인 『하멜표류기』가 보여주듯이 조선조에 폐쇄된 역사적 상황이 오래 지속된 관계로, 그런 자각의 계기가 주어져본 적이 없었던 것도 사실이다. 이제, 당시의 스텝세계제국에 상응하는 해양세계제국시대를 맞아 탐라사는 세계속의 역사로 다시 '있었던 그대로' 제대로 씌어져야 하고 또 그럴 수밖에 없는 시대적 요구가 창출되고 있는 것이 엄연한 현실이다.

실은 툰드라-타이가지대의 순록유목이나 스텝의 양유목을 통해 축적해

---

7) 1273년 5월에 탐라섬에서 몽골군을 이끌고 들어온 元宗을 우두머리로 한 고려 王政復古勢力의 연합 공격으로 이제까지의 抗蒙주체무력이었던 삼별초가 섬멸돼 탐라섬이 몽골직할지가 되고부터 그간 형식상의 출입이 없었던 것은 아니나 사실상 1374년 최영이 탐라섬의 牧胡勢力을 진압할 때까지 1273~1374년에 걸치는 100여 년간의 탐라섬은 실제로 몽골중앙정부와 직결되면서 고려의 開京 이상으로 전술적으로 중시되었던, 팍스 몽골리카체제 속에서의 동태평양권 경영의 핵심부였다고 하겠다. 이때 목호토벌에 동원된 군대가 25,605명이고 병선이 314척이어서 당시의 고려 전군이 거의 총동원되다시피 한 것이 이런 사정을 말해 준다(『고려사절요』 권29, 恭愍王 23년 甲寅 大明 洪武 7년 秋7月條 참조). 1273년 5월에 160척의 전선을 타고 와서 항몽주체인 김통정 휘하의 삼별초를 섬멸시켰던 1만 명의 몽골-고려연합군(『고려사절요』 권19, 원종 癸酉 14년 宋 咸淳 9년 元 至元 10년 夏四月條 참조)보다도 2배 이상 더 많은 병력이다. 탐라섬 전체 인구가 1만여 명이었던 것[許容範, 「몽골과 濟州-7백년을 이어온 草原의 血脈을 찾아서」, 『월간조선』 1998년 10월호, 조선일보사, 510쪽에서 1274년 제1차 일본원정시의 탐라섬 인구 총수는 10,223명이었으며(典據는 밝히지 않고 있다), 1416년의 『세종실록지리지』에는 12,897명이었다고 적고 있다.]으로 보이는 당시에 목호가 3,000여 騎라 하였으니 그 가족들까지 합치면 당시의 탐라섬 전체 인구에서 점하는 그 비중을 짐작해볼 수 있다. 물론 그 처가나 외가, 또는 목호 자신들 중에도 제주도 원주민이 내포되었을 것으로 추정되기는 한다.

온 기동력과 무리생활을 경영하는 조직능력 및 광범한 정보획득력, 그리고 거의 예측을 불허하는 변화무쌍한 새 삶판 상황의 전개에 대한 신속하고 날카로운 판단력과 그 도전-응전력은, 개방공간의 무한경쟁성과 어우러지면서 스텝의 기마민족 세계제국과 바다의 바이킹 세계제국을 창출해낼 잠재적 가능성을 역사적으로 함축할 수 있다. 사할린섬과 시베리아대륙 사이의 해협이 타타르해협인 것은 그 역사적인 가능성을 잘 보여준다. 타타르는 몽골유목민을 의미하기 때문이다.

사실 드넓은 스텝, 타이가와 툰드라지대로 구성된 시베리아에는 강과 호수도 많아서 수렵-유목민뿐만 아니라 어업에 종사하는 사람들도 있었고 물에 익숙한 이들은 뒷날 水타타르로 발전하면서 특히 동부몽골지대로부터 동남류 내지 동북류해 태평양으로 흘러들면서 셀렝게 강·오논 강·실카 강·에르구네 강·징키르 강·부레야 강·눈강·송화강·우수리 강·흑룡강과 같은 江海루트를 따라 그들의 물과 관련된 전통적인 생업관행을 따라 바다로 진출했을 가능성이 충분히 있다. 선비묘군이 많이 분포돼 있는 훌룬부이르 몽골스텝의 잘라이노르인(扎賚諾爾人)은 북방민족의 원형일 가능성이 높은 2~3만 년 전의 인류로 추정되고 있는데 그 이름의 뜻을 대체로 달라이(Dalai) 곧 '바다'와 노르(nuur) 곧 '호수'의 합성어로 보고 있다.8) 시베리아-몽골지대에서 물을 따라 살던 이들이 이룬 종족일 가능성이 높은 것이다. 대흥안령 북부를 본고장으로 하는 鮮卑族과 제주도 원주민이 같을 수 있다는 『삼국지』 「위서」 '동이전'의

> 또 州胡가 마한의 서해 중 대도상에 있다. 그 사람들은 조금 키가 작고 언어도 韓과 같지 않다. 그들은 모두 鮮卑族처럼 머리를 깎았으며 옷은 가죽으로 해 입고 소와 돼지를 잘 기른다. 그들의 옷은 상의만 있고 하의는 없어서 거의 나체와 같았다. 배를 타고 오가며 中韓에서 장사를 한다.

---

8) 1231년 이래 고려 침공을 주도한 잘라이르타이(撒禮塔 : Sartai)를 위시한 잘라이르(扎剌亦兒 : Djalair)부족을 이와 연관시켜보려는 견해도 있다. 물과 관련돼 한반도공략 지휘를 책임지게 됐다는 관점에서일 것으로 짐작된다.

고 한 기록[9]은 특히 주목된다. 일본학자 시라토리(白鳥庫吉)는 거침없이 이 州胡人을 鮮卑族이나 烏桓族이 해상으로 이동해와서 탐라섬에 정착한 사람들로 보았다.[10] 선비족이나 오환족과 같은 화산으로 생겨난 대흥안령 일대의 貊族이 江海루트를 통해 역시 화산활동으로 생겨난 한라산 중심의 탐라섬에 이르러 살게 됐다고 본 것은 卓見으로, 그가 이미 당시에 북아시아인들의 큰 역사적인 흐름 속에서 이 사료를 읽을 수 있었음을 알려준다. 이는 석탈해가 머나먼 바다에서 표류해 오고 김수로왕이 초원세력으로 해양세력인 허황옥을 김해 앞바다에서 만나 결혼하는 시대권의 이야기다.

---

9) 『三國志』「魏書」'東夷傳' 韓條에 "又有州胡 在馬韓之西海中大島上 其人差短小 言語不如韓同 皆髮頭如鮮卑 但衣韋 好養牛及豬 其衣有上無下 略如裸勢 乘船往來 市買中韓"이라고 기록되어 있다. 이에 앞서 같은 내용을 『後漢書』「東夷傳」 韓條는 "馬韓之西海島上有州胡國 其人 短小髮頭 衣韋衣 有上無下 好養牛豕 乘船往來 貨市韓中"이라 기록했다. "마한의 서쪽에 있는 해도상에 州胡國이 있다. 그 사람은 키가 작고 머리를 깎으며 가죽옷을 입는데 상의만 입고 하의는 입지 않는다. 배를 타고 왕래하면서 韓中에서 물화를 거래한다"는 내용이다.

10) 白鳥庫吉, 「亞細亞族의 辮髮에 就하여(1)」, 『史學雜誌』 제37권 제1호, 1926 참조. 이에 대해 이병도는 '주호'는 韓과 언어가 다르고 신체가 작다고 한 점으로 보아 남방으로부터 표류해온 포로집단으로 보고 묘사한 것으로, '주호'는 제주도 토착 원주민이 아니라 외래 표류인인 포로집단일 것이라고 해석하고 있다(이병도, 「삼한시대연구-附州胡考」, 『한국고대사연구』, 박영사, 1976). 그러나 "언어가 韓과 달랐다"는 말은 당시의 탐라섬 말과 韓語가 어느 지역의 사투리일 수밖에 없는 漢語를 쓰는 외국인인 漢人이 보거나 전해 듣기에는 충분히 다르게 보일 수 있었을 것이며, 시베리아나 흥안령의 원주민들도 그들이 유래한 역사적 태반에 따라 그 영양을 비롯한 각종 생태조건 때문에 체구가 작은 경우가 있을 수 있었다고 하겠다. 그리고 그들이 과연 노예집단이었다면 해상을 그렇게 자유로이 누비고 다니며 무역에 종사할 수 있었을까? 그것이 교통과 통신이 발달한 현재가 아닌 고대에, 그것도 지극히 먼 지역에 사는 漢族 사가의 기록이었음을 충분히 고려해야 할 것이다. 그리고 『후한서』에는 없는 '머리모양이 선비와 같다'는 『위서』의 표현은 물론 그 사서가 편찬된 시대의 시대상황을 반영하는 것일 수도 있지만, 어느 종족의 심미안이 그 생태환경과 밀착되는 것이라면 혹시 대흥안령 지역의 산 모양이 초원의 야산처럼 한쪽은 박박 깎아버린 곤(髡)형이라 선비인들의 머리모양과 같고 제주도의 오름 또한 이와 흡사하다는 점을 상기할 필요가 있을지도 모른다. 미국에서 탐라섬 무당연구로 박사학위 논문을 쓴 김성례 교수에게 1993년 여름 저자가 몽골국 훕수굴·아이막에서 녹음한 무당굿 카세트테이프를 틀어주었더니 금방 노젓는 가락이라는 점을 짚어냈다. 탐라섬의 그것을 함께 연상하고 있었던 것 같다.

훌룬부이르 지역은 온통 선비유적으로 뒤덮이다시피 한 고장이다. 그런데 「동이전」에 "말은 韓과 같지 않고"라고 했으니, 여기(훌룬부이르 몽골스텝)서 황하유역이 얼마나 먼데, 지금도 전공자조차도 현지 답사한 이를 거의 찾아볼 수 없는 판에 이미 그 옛날에 漢人史家가 이런 기록을 남겼다는 것이 어찌 예사로운 일일 수 있단 말인가? 더구나 탐라섬 원주민의 역사적 본질까지 꿰뚫어보는 기록을 남겼음은 실로 놀라운 일이라 아니할 수 없다. 수렵과 순록양유목을 역사적 태반으로 하는, 장거리 기동능력을 갖춘 이들이 계속 물을 따라 바다 쪽으로 이동해 가다보니 탐라섬에도 이르렀고 그곳이 고향과 같이 너무나 푸근해 그냥 거기 주저앉아 탐라섬의 원주민이 된 것은 아닐까. 그리고 대륙과 격리되어 선비족-鮮人들의 본질을 어떤 측면에서는 이곳 훌룬부이르 본지보다 더 잘 보존해 내렸기에, 1000여 년 후에 다시 거기에 이른 세계적인 차원의 기동력을 갖춘 몽골인들도 그곳을 또 하나의 역사의 고향으로 여겨 거점화했던 것이리라.

그래서 원나라의 피난궁궐이 완공될 뻔하고 원을 멸망시킨 주원장이, 奇올제이쿠툭 카툰의 아들인 황태자 아유시리달라의 계승자 토고스테무르칸과 그 아들인 텐바오류가 몽골스텝에서 부하 예수데르에게 시해되자마자 양왕의 아들인 바이바이(伯伯) 위순왕자를 일부러 제 품안이나 다름이 없는 당시의 탐라섬에 몽골황태자로 따로 세워 자기가 대원칸국의 계승자임을 과시하고 몽골스텝의 '北元'에 대한 '南元'朝廷을 거기에 꾸며 수도로 삼았던 것은 아닐까. 물론 그에 앞서 자연스럽게 공간적으로나 시대적으로 연결되는 스텝제국과 해양제국을 내다보는 쿠빌라이칸의 원대한 史眼과 이에 따른 해양군사기지 및 무역기지로서의 適地라는 점이 그가 그런 선택을 하는데 직접적으로 더 중요하게 작용했을 것이다.

이런 역사적 시각을 밑그림으로 깔고 원말 탐라천도 이행 착수와 탐라'남원' 피난정부 경영 구상이 나오게 된 역사적 배경이 과연 무엇이었을까를 탐구해보는 일은, 해양제국시대의 극성기를 구가하고 있는 오늘날의 탐라섬 현실을 보는 역사적 시각을 제대로 갖춘다는 의미에서도 긴요한 것이라 하겠다.

불모지에 가까운 이 문제를 후학들의 연구를 위해 문제제기 차원에서 간단히 언급해보려 한다.

신용하는 그의 논문에서 탐라국의 형성에 대한 견해를 발표한 적이 있다.[11) 그의 논지를 요약하면 이러하다. 요동반도와 압록강 이북 만주 지방과 한반도 북부를 중심으로 하여 先민족 및 부족들이 고대국가들의 영토확장 경쟁과 권력투쟁과정이 있었다. 탐라국은 B.C. 3C~A.D. 1C에 일어난 북방으로부터 남방으로의 선민족 및 부족들의 대이동 과정에서 북방으로부터 제주도에 이동해온 철기문화를 가진 선진부족들에 의해 형성된 고대국가이다. 이들 중에 탐라국의 창업을 주도한 高乙那의 고구려족, 良乙那의 양맥족과 夫乙那의 부여족의 3부족연맹을 신화한 것이 삼성혈 전설이라고 보며, 이 고·양·부 3부족연맹왕국이 바로 탐라국이다. 그리고 이들을 중심으로 기원전후 1세기경에 先탐라인을 흡수하고 한반도에서 들어오는 韓族을 수용하면서 고대국가 탐라국을 형성·발전시켜 왔다는 것이다. 세부적이고 구체적인 문제는 더 천착해봐야 하겠지만 일단 전체적인 북아시아사의 역사적인 흐름으로 볼 때, 특히 '江海루트'의 맥락[12)]을 짚어볼 때 이는 탁견이라 할 수 있을 것 같다.

고구려가 맥족[13)]이고 고구려의 역사적 유래처인 北夫餘國이 따라서 北夷[14)] 맥족이며 良貊族이 또한 맥족이라면 결국 탐라국의 창업주체는 貊族이

---

11) 愼鏞廈, 「탐라국의 형성과 초기 민족이동」, 『한국학보』 제90집, 1998년 봄호. 여기에서는 이를, 신용하저작집1, 『한국민족의 형성과 민족사회학』, 지식산업사, 2001, 275~312쪽에 전재한 글로 참조했다.

12) 여기서는 광활한 시베리아의 鮮原 곧 타이가와 스텝으로 이어지는 루트 가운데서 크게 헤를렌강, 오논강, 에르구네강, 실카강, 징키르강, 부레야강, 눈강과 송화강 및 우수리강이 흑룡강으로 합류해 동해바다로 흘러드는 물길과 대흥안령 남부에서 요하로 흘러들어 서해바다로 흘러드는 물길을 일컫는다. 각각 海流를 타고 탐라섬으로 이어졌을 것으로 보이는데, 이처럼 시베리아-몽골-만주의 역사적인 흐름이 강과 바다로 이어지면서 이에 이르는 길을 저자 나름으로 '江海루트'라고 명명해본 것이다. 몽골군이 강화도→ 진도→ 탐라도→ 일본열도로 海戰의 수순을 밟아갔던 것도 실은 이런 지정학적 이유가 어느 정도 작용했을 것으로 추정된다. 물에 사는 몽골인 곧 水타타르도 역사적으로 엄연히 있어왔기 때문이다.

13) 『後漢書』 권85, 「東夷列傳」 제75 「句驪」조에 "句驪一名貊耳"라 했다.

라는 말이 된다. 그렇다면 이는 몽골(蒙古里 : Mongol)이 貊槁離(Maek Gooli)-貊高麗(Mongol)에서 유래했다는 견해[15]와 연결시켜 볼 때 탐라-몽골관계사에서 역사적으로 의미 있는 시각을 열어 보여줄 수 있다. 탐라국은 이미 창업주체의 역사적 태반에서부터 몽골과 역사적으로 밀접한 관계를 가졌을 가능성을 보여주기 때문이다.[16]

---

14) 『論衡』「吉驗篇」에 나오는 北夷 櫜離나 『後漢書』 권85, 「열전」 제75 「동이열전」 '부여'조에 나오는 北夷 索離가 모두 북부여를 세운 동명왕의 유래처 또는 유래족속을 '東夷'가 아닌 '北夷' 槁離로 분명히 적고 있는 점은 특기할 만한 사실이다. 貊族의 유래처가 시베리아 타이가지대일 수 있음을 암시하기 때문이다. 더 직접적으로는 부리아드 코리(豁里=槁離)족의 시조 탄생전설이 얽힌 바이칼 호 서북부의 올콘 섬과 연관될 가능성을 보여준다고도 할 수 있을 것이다. 부리아드 코리족이 몽골 여시조 알랑고아의 아버지 코릴라르타이 메르겐과 혈통적으로 직관되어 있으므로, 이 언저리는 곧 몽골시조의 탄생지대이기도 하다. 바로 건너편 호수언덕이 알랑고아의 어머니 바르구진 고아의 조상 탄생지이기도 해서 더욱 그러하다고 하겠다.

15) 周采赫, 「興安嶺 지역의 室韋와 貊-蒙'고올리'와 貊'고올리'-」, 『한국민족학연구』 3, 단국대학교 한국민족학연구소, 1995, 5~26쪽 참조. 이 논문을 읽고 우르몽골 사회과학연구원 역사연구소의 아. 아르다잡 부연구원은 2000년 여름 훌룬부이르 몽골스텝 현장답사시에 "중앙지대인 몽골스텝에서는 몽골음운의 발전이 빨라서 '몽골'이 됐지만 변두리인 아프가니스탄에서는 '모골'로, 인도에서는 '무갈'로 그 원형을 상당히 그대로 유지한 채로 남아있는 것일 수 있다"는 견해를 개인적으로 피력한 적이 있다.

16) 1999~2000년 대흥안령지역 현지답사시에 훌룬부이르 박물관장 자오위예(趙越 : 父系는 산동성인이고 할머니는 만주족)는 어느 날 엉뚱하게도 "진정한 부여의 계승자는 고구려라기보다 오히려 발해가 아니냐? 북위나 요-금-원-청은 중원으로 대거 진출해 상당히 중원 漢族을 형성하는 요소로 용해돼 들어갔지만, 대제국은 한번 형성되면 그냥 없어지는 법이 없는 법인데 그렇지 않은 고조선-부여-고구려-발해는 모두 어디로 간 거냐?"고 저자에게 물어 저자를 당혹스럽게 했다. 사실은 고구려나 백제가 모두 東夷가 아닌 '北夷' 북부여와 그것의 유래처인 北夷 槁離를 그 뿌리로 삼고 있다는 것은, 그것이 가령 개국전설류의 수식이라고 하더라도 言中有骨로 그 내용 속에는 이미 만주의 서북부에 세워졌던 '유목제국'을 모델로 하여 자기들이 국가를 창업했음을 은연중에 고백하고 있는 것이라고 해야 할 것이다. B.C. 8세기경에 서북아시아스텝에 이미 스키타이 고대유목제국이 출현하여 기원전후 200년의 400여 년간을 로마제국과 겨루고 있었음을 상기한다면, 그것이 시베리아의 스텝과 타이가라는 개활지를 통해 '이끼의 길'-몽골리안루트를 통해 東流했을 수 있다. 고조선이든 부여든 탐라국이든, 그 역사적인 태반은 시베리아 수렵 및 순록양유목에서 비롯된 '유목제국'에 있음을 摘示해주는, 결정적으로 지극히 중요한 사료내용이라 할 수

貊은 전설의 동물로 사서에 기록돼 있기도 하지만 실은 지금도 바이칼 언저리나 흥안령 등의 산지에 살고 있는 모피가 탐스러운 Ussurian Racoon Dog이라는 학명을 가진 너구리다. 17세기 이래로 슬라브족들이 얼지 않는 항구를 찾아 동진해 온 이유는 바로 시베리아－몽골－만주 일대의 '시베리아

있다. 그러니까 이는 조선겨레의 역사적인 뿌리를 황하 상류인 오르도스에서 구하여 은연중에 中原의 夏·殷·周·秦·漢의 '농경제국'에 그 맥락을 이어보려는 오르도스설에 대하여, 알타이-사얀산맥지대에서 야블르노이산맥을 거쳐 흥안령과 장백산맥에 이르는 시베리아-몽골-만주에서 그 뿌리를 구하여 '유목제국'에 그 맥락을 이어보려는 스키토-시베리아설을 명백히 검증해 주기 때문이다.

더군다나 칼 마르크스의 지적대로 짜르러시아가 타타르-몽골칸국의 품에서 자라난 존재라면 고조선을 1500년만에 르네상스한 이성계의 조선조 또한 예외가 아닐 것이다. "타타르(몽골)의 멍에에서 출세한 모스크바였다. 몽골 노예제의 피비린내 나는 오욕이 모스크바국의 요람이 되었던 것이다. 현재의 러시아는 모스크바국의 변신에 지나지 않는다"는 칼 마르크스의 지적대로 모스크바의 이반 1세는 몽골군이 쳐들어오자 몽골에 빌붙어 경쟁자인 독립투사를 무자비하고 교활한 방법으로 물리치고 몽골칸으로부터 세금수취권을 얻어냄으로써 정권의 경제-군사적 기초를 닦았다. 러시아정교회는 이에 발맞추어 독립투사를 파문하고 몽골칸을 위해 기도드려 면세권을 받아냄으로써 교회의 물질적 토대를 구축하였다. 그리고 그 두 俗權과 聖權의 결합으로 빚어진 비극의 씨앗이 바로 짜르러시아라는 것이다(周采赫, 「몽골제국을 통해 한반도는 세계와 접목되었다」, 『월간조선』, 1999년 1월호 참조). 이성계의 조선조 창업은 이런 단죄에서 벗어날 수 있는가? 용비어천가나 과거제도가 극성기를 이루었던 왕도정치국가의 역사였다는 점만 강조하는 것은 본질적인 역사왜곡일 수가 있다. 배신에 배신을 수없이 반복하면서 국내외적인 파워게임에서 쌍줄타기 서커스를 해온 그였다. 몽골군벌가문출신인 자신의 역사적 실체를 감추고 당시의 시대적 주류가 된 大明의 동북아시아 국제체제에 자신을 편입해 넣기 위한 생존투쟁의 일환으로 나온 것이 오히려 애초의 漢族중심주의에 편승하는 용비어천가식 가계의 호도이고 왕도정치의 가장 적극적인 표방이었는지도 모른다. 그러나 그 역사적인 실체는 엄연히 수천년 북방민족사의 총화인 몽골세계칸국에 뿌리를 박고 자라난 몽골군벌세력을 핵으로 하여 구축된 세력이어서 고대조선겨레사의 르네상스를 상징하는 근세'조선'을 1500년만에 재창업했고 단군을 처음으로 사당에 모셨는가 하면 분명히 중원의 漢字圈과 준별되는 북방 소리글자권의 역사적 총화인 '한글'이라는 금자탑을 창출해 냈다. 역사상 이런 역학관계가 강자와 약자의 집체 사이에 형성되지 않은 적이 과연 있었는가? 그렇다면 사실 자체의 도덕적 평가도 중요하지만 그런 흐름을 통해서 열매 맺을 수 있었던 위대한 역사적 결실을 보아내는 시각과 시도가 더 본질적으로 중요할 수가 있다. 역사속의 역사를 읽어내야 한다는 것이다. 과감히 '있었던 그대로' 보면 탐라국사가 바로 이런 이성계의 조선조 창업사와 직접 접맥되기도 하므로 이에 상응하는 역사의 서술이 반드시 시도돼야 한다고 하겠다.

의 황금'이라 할 값비싼 모피를 손에 넣어 한 밑천 두둑이 잡아보려 한 것임이 이제는 다 세상에 밝혀지고 있다. 앵글로색슨이 에스키모지역에 물개모피를 얻기 위해 들어가 남획을 한 결과로 생태계 파괴가 우려되는 현실을 빗은 것과 같은 맥락에서 이해될 수 있을 것으로 보인다. 그들이 '毛皮의 길(fur)'을 여기에 개척할 만큼 값비싼 모피가 양산되던 땅에 고구려와 몽골이 자리잡고 그것으로 부국강병하는 밑천을 삼아 貊國이나 貊槁離(Mongol)국이라는 이름을 얻었을 수 있다.

산에 사는 맥인 너구리를 사냥하면서 순록을 유목하는 高山族 출신인 맥족이 탐라국의 창업주체였다면 혹시 한라산에는 맥－너구리사냥과 순록유목이 없었는지도 역사적으로 한 번 고찰할 필요가 있을지 모른다.17) 지금도 白鹿潭 언저리에는 사슴이 살고 있기 때문이다. 貊은 바이칼 호 언저리에도 살고 있고 바이칼 호 중부쪽에 가까운 서북부에 자리잡고 있는 올콘섬은 코리(豁里 : 槁離)족의 시조 탄생지전설이 얽혀 있는 곳이다. 여기서 이 부리아드 코리족이 맥 사냥을 주로 해서 貊毛皮를 팔아 치부한 종족일 경우에 貊槁離 곧 '몽골(貊高麗 : Mongol)'이라는 명칭은 그대로 생겨날 수 있는 것이기도 하다. 2001년 7월 말경에 저자가 올콘섬을 답사하고 놀란 것은 현지인들이 '달라이'－바다라고 부르기도 하는 바이칼 호수 가운데 스텝지대가 펼쳐져 있을 수 있다는 사실이다. 호수 중의 또 하나의 몽골스텝이었던 것이다. 그래서 칭기스칸 몽골이 역사적으로 여기서 유래했다는 것이 조금도 이상스럽게 여겨지지 않았다. 호수 가운데 있으면서도 9,561,000㎢인 지금의 중국보다도 훨씬 더 드넓은 12,765,900㎢인 시베리아 벌판의 거세찬 바람을 맞으면서 습기가 날아가 버려서 건조한 스텝을 이룬 것이다. 그리고 바람은 불가피하게 돌 문화를 만들어 낼 수밖에 없었을 것 같다. 이곳에서는 바이칼 호수를 바이칼 '달라이' 곧 '바다'라고도 부른다. 그렇다면 바다 속의 스텝섬이다. 올콘섬은 저자에게 이내 탐라섬을 떠올리게 했다.

---

17) 그러나 당연히 순록유목은 있을 수가 없었다. 순록은 툰드라와 수림툰드라에나 살고 그 먹이인 蘚 또한 그러해서다. 물론 중국의 양자강유역에서도 蘚이 더 크고 탐스럽게 자라지만, 구성 성분이 달라서 순록이 먹을 수는 없다고 한다.

그리고 1999년 늦봄에 제주대학교 교정에서 저자와 나란히 서서 바다의 수평선을 바라보고 서 있던 몽골국립대 솝드(Ц. Субд) 여교수가 너무 아늑한 평안함에 젖어드는 듯이 감탄스러운 어조로 "다리강가는 초원의 끝이 하늘과 맞닿았고, 여기는 바다의 끝이 하늘과 맞닿았다"고 하던 말을 상기했다. 몽골 다리강가 초원에는 草平線이 있고 탐라섬에는 水平線이 있다는 이야기인 것이다. 그녀의 고향인 동몽골 다리강가 스텝의 오름을 밑그림으로 그리며 이날 탐라섬의 오름들을 답사한[18] 솝드 교수는 탐라와 몽골사에 관한 학술대회(1998년 12월 15~18일)에서 탐라문화연구소장인 고창석 교수에게 고향 다리강가에서 실에 매어 가지고 온 화산재인 붉은 색 작은 '송이' 한 덩이를 선물로 기증했다. 탐라섬에서나 다리강가에서 모두 '송이'라고 불린다. 몽골세계칸국 판도내에서 다리강가는 본부의 중앙스텝목마장이고 탐라도는 그 한 지부의 海中 목마장쯤 되었던 것으로 추정되는 만큼,[19] 말(馬)과 牧胡가 오가며 백여 년간 빚어낸 말(言語)문화 소산중의 하나였을 것으로 보인다. 1990년 초대 주한 몽골대사로 부임해온 우루쥔루훈데브 대사는 역시 다라강가 스텝이 그의 고향이었는데, 그의 고향에서는 '한라' 또는 '한노'라는 산은 화산을 가리킨다고 했다.[20] 그가 언어학자도 아니고 해서 당시에는 그대로

18) 만장굴문화원 金秉龍 대표이사의 주선으로 이루어졌다.

19) 佚名撰, 『史料四編 大元馬政記』, 廣文書局, 1972, 1쪽에 "……今則牧馬之地 東越耽羅 北踰火里禿麻 西至甘肅 南暨雲南 凡十有四所 又大都·上都 以及玉爾伯牙折連怯朶兒 地週廻萬里 無非監牧之野 在朝置太僕寺 典御馬……"이라고 기록했다. 탐라섬도 목마장이고 운남도 목마장이 있어서 梁王 발자와르미르가 운남을 다스리었을 때 말을 관리했을 것은 지당한 터이고 보면, 1380~1390년대에 양왕의 아들 바이바이(伯伯)가 탐라섬에 황태자로 책봉돼 오게 된 데도 단순히 종래에 탐라섬에 목마장을 경영했던[『新增東國輿地勝覽』 卷之三十八 ; 二 「濟州牧」에 "忠烈三年 元爲牧馬場……二十六年 元皇太后 又放廐馬……"라 기록했다. 충렬 3년이면 1277년으로 원나라 쿠빌라이칸 至元 14년이 되고, 충렬 26년이면 1300년으로 쿠빌라이칸의 손자인 테무르칸(鐵木兒汗 : Temur khan) 成宗 大德 4년이므로 여기서 황태후란 쿠빌라이칸의 카툰 차부이(察必 : Čabui : 弘吉剌氏)를 일컫는다]. 쿠빌라이칸의 후예라는 이유 이외에 운남의 監牧과 관련하여 그럴 만한 사연이 있을지도 모를 일이다. 연구과제로 이에 제기해 두려 한다.

20) 남북한에서 다 현지주재 대사노릇을 오래했던 그는 다라강가의 목마장과 탐라섬의 목마장의 말과 목호관계, 그리고 원이 망한 후에 칭기스칸의 후예들이 대거 탐라섬으

흘러버렸지만, 1999~2000년에 걸쳐 대흥안령 북부 훌룬부이르 몽골스텝에 기지를 두고 400여 일 이 지역을 답사하면서 흥안령이 거대한 화산활동으로 이루어진 산이며 그 산이름이 원주민인 다구르-몽골사람들의 말로 '하라운 짓둔 다와'라는 것을 현지가 고향인 역사언어학자 우르몽골사회과학원 역사연구소 아르다잡 부연구원을 통해 확인하고서야 그 말의 뜻이 사실과 부합함을 비로소 알 수 있었다. '하라운'이란 '검은'이라는 뜻이고 '짓둔'은 다구르겨레말로 '고개'라는 뜻이며 '다와'란 몽골말로 '고개'라는 뜻이다. 여기서 '검다'는 것은 화산석인 '후렘밍촐로'가 덮여 검다는 것으로 화산의 특징 색을 의미한다.[21] 물론 고개라지만 밤새도록 기차로 달려야 넘을 수 있는 구릉지대와 같은 밋밋한 산-鮮(Soyon)이다.[22]

로 귀양와 살기 이전부터, 다리강가는 본래 고올리(槀離)땅이었다는 현지의 구비전승도 있는 것(주채혁, 「興安嶺지역의 室韋와 貊-蒙'고올리'와 貊'고올리'」, 『한국민족학연구』 3, 단국대학교 민족학연구소, 1995, 14쪽 참조)으로 미루어 볼 때, 이미 다리강가인들이 그곳으로부터 탐라섬으로 많이 흘러 들어와 살았을 수 있다고 여기고 있었다. 남북한 어디보다도 탐라섬이 고향처럼 느껴지고 탐라섬 사람들이 고향사람처럼 보인다는 말을, 국영방송에서 이곳 주민에게 얘기했다가 묘한 반응이 있어서 주춤했다는 경험담을 사석에서 털어놓은 적도 있다. 평양에서 대학에 다닐 때 한국사를 전공으로 삼았던 그는 2002년 현재 다시 주한몽골대사로 부임해 왔는데, 저자가 原몽골겨레이자 原조선겨레가 바로 시베리아 사얀산을 태반으로 하는 소욘(鮮 : Coëн)족임을 발표한데 대해 깊은 공감을 표하는 듯했다. 高句麗가 貊國이고 '몽골'국이 貊槀離(Mongol)國이라는 저자의 견해와 함께 몽골과 조선이 공동조상 소욘(Soyon : 鮮)족으로부터 유래한 동족임을 인정하는 셈이다. 결국 이는 몽골세계칸국이 돌연 일어나서 세계칸국을 창업해낸 것이 결단코 아니고, 순록·양유목민 소욘족-맥고리족의 오랜 역사적 태반에서 필연적으로 태어날 수밖에 없었음을 자각하는 실마리를 제공한 논문일 수 있다는 생각을 해보게 된다. 주채혁, 「朝鮮·鮮卑의 鮮(Soyon)族 起源考」, 『白山學報』 63, 백산학회, 2002. 8, 5~45쪽 참조.

21) 이 지역 답사시에 이곳(大楊樹)이 고향인 우르몽골대학교 몽골사연구소 장쥐허(張久和) 소장의 집을 방문해 집앞에 널려 있는 화산재-'송이'를 보고 이 지역이 거대한 화산지대라고 지적해 주었으나 그는 그곳에서 나서 자랐으면서도 그 사실을 미처 깨닫지 못하고 있었다. 한문사료만 천착해 몽골족 기원사를 연구하고 있었던 것이다(이 지역 漢人들이 대부분 그러하듯이 그의 부모도 山東省에서 이주해 왔다. 전형적인 농가태생으로 최근에 작고한 사가 오이라트인 에린칭 교수의 수제자다. 부인은 만주 皇族인데 그의 딸은 만주족으로 모계를 따라 호적에 등록했다. 張氏가 아닌 關氏인 것이다).

22) 주채혁, 『순록유목제국론-고조선·고구려·몽골제국의 起源 연구』, 서울 백산, 2008

바이칼 호수 언저리, 훌룬부이르 몽골스텝, 카라코룸, 쿠빌라이의 쿠데타 근거지로 몽골고원 남단에 있는 上都, 다리강가 스텝과 발해(Boka)의 東京城과 上京 龍泉府 일대가 모두 탐라섬처럼 거대한 화산지대다. 특히 몽골칸국의 수도인 카라코룸은 '카라'와 '코룸'이 합쳐서 된 이름인데 '코룸'은 후렘밍촐로(火山石)란 말이고 '카라'는 그 색이 검다는 뜻이다. 몽골사람들은 이런 곳을 골라 수도를 삼는 경향이 있었던 듯하다. 그렇다면 탐라섬의 한나(漢拏)산도 여러 가지 해석이 있지만 산 자체의 실체를 지적하는 '카라산' 곧 '화산'에서 비롯된 이름일 수 있다. 그래서 그 자리는 해상기지로 원말에 몽골칸국의 遷都 대상지로 선택될 만했다는 것이다.[23] 이런 시각은 몇 천 년간의 농경정착화과정에서 시각이 그렇게 고정된 지금의 우리에게는 매우 생소하고 불편하기까지 한 것일 수도 있다. 그러나 유라시아대륙을 거쳐 남북아메리카까지

참조.

23) 답사기간 동안 저자는 훌룬부이르와 탐라섬의 여러 가지 유사성에 놀라서 역사적 시각을 약간 곁들인 양 지역의 관련 가능성에 관한 글을『훌룬부이르일보』에 두 차례(2000년 1월 19일자 1쪽 상과 21일자 1쪽 하에「韓國學者的蒙古史情結」이라는 제목으로 실렸다) 싣고 제주도의 어느 일간지에도 투고한 적이 있었다. 결국 제주도의 일간지에 실릴 글은 왠지 끝내 실리지 않았지만, 스텝제국과 해양제국시대를 역사적으로 이어보는 계기를 만들고 초원과 바다, 수렵 및 순록양유목과 해녀, 말과 함선, 겨울과 여름을 일일관광권으로 엮는 제안을 한 내용이었다. 물론 江海루트로 이어지는 水上관광로의 복원 내지는 개척도 내포하는 것이었다. 동명왕이 탈출해 나왔다는 貊槁離國의 근거지가 훌룬부이르지역(根河)으로 추정되기 때문에 그곳의 貊族(소욘=鮮族)의 후예들과 탐라국의 창업주체인 탐라섬의 맥족(鮮族)의 후예들이 역사적으로 좀 더 본질적인 차원에서 만나는 계기를 마련해보고 싶었던 것이 저자의 속셈이었다(주채혁,「朝鮮·鮮卑의 '鮮'과 馴鹿遊牧民－몽골유목과 관련하여」,『동방학지』 제110집, 연세대학교 국학연구원, 2000. 12, 177~220쪽 참고). 실은 13~14세기의 몽골과 탐라의 만남은 그보다는 부차적인 것으로 보았고, 맥고리의 맥족과 탐라국 창업주체인 맥의 만남이 오히려 원형에 더 근접한 본질적인 만남일 수 있다고 보았기 때문이다. 이런 본질적인 만남은 제주도의 '한국의 홍콩화'가 추진되면서 바다나 초원의 후진 변두리에 남아 있어 가장 온존되었을 수도 있는, 보이거나 보이지 않는 역사유산들이 급격히 소멸될 위기를 맞아 더욱 절실하게 요망되고 있기도 한다. 실은 삼별초와 몽골-고려연합군의 탐라섬 전투로 열린 몽골군의 탐라섬 점령-통치 100년사의 참혹한 역사는 오히려 서로 이처럼 역사적으로나 혈통적으로 직결되는 측면이 있어서 빚어질 수밖에 없었을 수도 있다. 같은 한민족이 남과 북으로 나뉘어 어느 다른 민족보다도 더 참혹한 원한관계를 맺고 적대시해야 하는 현실의 역사적인 擬似展開였다고 할 수 있을지도 모른다.

내뻗어간 순록·양유목민 몽골리안의 역사적 시각에서, 그리고 오늘날의 지식정보혁명시대의 인식틀에서 접근해볼 때는 이는 별로 대수로운 일이 못된다. 더구나 제주도가 이미 역사의 변두리가 아니라 바다제국시대의 역사중심으로 급속히 개편돼 가고 있는 현실 속에서는 더욱 더 그러하다고 하겠다. 그래서 각별히 지금, 스텝제국 몽골세계칸국 시대에 탐라국이 팍스 몽골리카체제에 편입됐던 역사적 체험을 되새겨보는 작업이 매우 긴요한 일이 된다고 하겠다.

1279년 남송을 장악하여 마침내 몽골 세계칸국을 완성하는 '守成의 천재' 쿠빌라이 대칸이 보는 탐라섬은 농경지대를 가장 중시하던 역대의 중국 왕들과는 판이했다. 그는 탐라섬을, 서해의 강화도－진도－탐라도－일본열도를 징검다리로 삼아 바다를 제패하는 해상군사기지로 보고 거대한 태평양 해상무역의 이권을 거머쥐는 요충지로 보았던 것이다. 그래서 중국 25史 중에서 유일하게 『元史』「外夷列傳」에서만 "고려·탐라·일본…"식으로 耽羅를 하나의 국가로 당당히 수록하고 있을 뿐만 아니라 탐라국을 고려의 우방국으로 보고 놀랍게도 일본국의 상위국으로 팍스 몽골리카체제 내에서 자리매김해 기록하고 있는 것을 알 수 있다. 고려를 복속시킨 쿠빌라이칸이 탐라국을 남송과 일본의 衝要로 삼아 주목하다가[24] 탐라에서 그곳을 거점으로 삼아

---

24) 『元史』 권208, 列傳 第95 外夷1에 "高麗·耽羅·日本……耽羅 高麗與國也 世祖既臣服高麗 以耽羅爲南宋·日本衝要 亦注意焉"이라고 기록되어 있다. 백년이나 천년 단위가 아닌 만년 단위의 역사에서 보면 그 主流의 역사적 태반은 貊族이고 맥족의 그것은 시베리아라면, 시베리아는 中原－현재의 중국보다 더 드넓고 그보다 더 유라시아대륙의 한 복판에 자리잡고 있다. 무릇 탐라국사의 인식을 왜곡시켜 놓는 주범은, 그 역사를 연구하는 대내외 학자들의 탐라섬 변두리 의식이다. 지금의 우리가 우리로 생물학적으로 기본틀을 잡은 것이 몇 천 또는 몇 만년 전의 역사라면, 디지털시대를 사는 우리는 시각을 길고도 넓게 잡을 줄 알아야 한다. 머리카락 한 올로 내 분신을 복사해내는 요술과도 같은 과학이 발전되고 있는 시대에 역사인식만은 이렇게 구태의연해도 될까? 한국의 최대 姓인 김해 김씨가 스텝의 유목백정 출신 김수로왕과 바다의 뱃놈가족 출신인 허왕옥이 짝지어 퍼뜨린 성씨가 아니던가? 그 역사적 태반을 그때그때마다 목숨을 부지해오기 위해 짓뭉개온 터다. 역사의 태반이 바로 복권되지 않고 어떻게 우리의 역사적 정체성을 되살려 내겠는가? 백정과 뱃놈의 역사가 제대로 복권되어 복원될 때 비로소 우리 역사가 제대로 되살아날 터인데, 그런 유산을 가장 많이 온존시켜낸 곳 가운데 하나가 바다 가운데

항거하는 고려의 삼별초를 섬멸하자마자 탐라국을 사실상의 몽골칸국 직할지로 재편해버렸던 것은 몽골세계칸국의 사실상의 創業完成者[25]이자 그 중앙정부 元朝의 정통을 잇는 후계구도가 그의 혈통으로 확정되게 중앙집권적 기반을 구축했던 쿠빌라이 대칸에게는, 지극히 당연한 일이었다. 따라서 그의 목마장이 탐라국에 있었다는 것은 결코 예삿일이 아니다. 그 후 몽골의 어느 칸의 그것도 그와 비견될 수 없었기 때문이다.

여기서 탐라국이라는 호칭에 주목할 필요가 있다. 원래 탐라국이라는 이름은 신라로부터 받은 것이었는데 비록 속국이었지만 국가의 위상을 가지고 있었다. 그래서 서해안의 해상 상권을 장악한 기반 위에 한반도내의 후삼국을 통일한 왕건의 고려가 탐라국을 고려의 영토로 편입하면서도 고려의 藩國으로 독립적인 체제를 유지시켜 주었는데, 1105년(숙종 10)에 돌연 탐라국 국호가 폐지되고 탐라국은 탐라군으로 강등되었다. 그리고 1153년(의종 7)에는 탐라군마저도 탐라현으로 더 격하되더니, 1211년에는 마침내 탐라라는 이름조차도 없어지고 濟州로 불리기에 이르렀다. 그러니까 '제주섬'이라는 오늘날의 호칭은 『탐라국사』 자체의 시각에서 보면 망국의 통한을 함축하는 이름일 수가 있는 셈이다. 이런 '제주'를 쿠빌라이칸의 원조는 다시 '탐라'로 복원시켜 고려의 중앙집권체제 하의 지방조직에서 분리해내어 일약 '耽羅國'이라는 독립국 지위로 격상시켰을 뿐만 아니라 팍스 몽골리카체제 안에서 日本國의 上位에까지 올려놓았다.[26] 가령 이런 일이 곧 있을 탐라국의 몽골직할령 개편을 위한 한 수순에 지나지 않는 것이었다[27]고 하더라도 지금의

자리잡은 탐라도다. 그래서 한국사 복원의 한 중심으로 탐라국사가 제대로 자리매김되어 가야 한다는 것이다.

25) 몽골세계칸국의 핵을 마련해 준 것은 물론 칭기스칸이지만, 그가 당시에 이룩한 칸국이란 스텝과 타이가지역을 축으로 한 것으로, 그의 손자 쿠빌라이 대칸 시에 완성한 몽골세계칸국의 1/3도 채 안 되는 정도의 규모였다. 농경지대를 아우르는 진정한 중앙집권적인 세계칸국의 기본 틀을 양적이나 질적인 면에서 아울러 완성한 이는, 그러므로 역시 쿠빌라이 대칸이라고 해야 할 것이다.

26) 주채혁, 「몽골-고려사 연구의 재검토 : 몽골-고려전쟁사 연구의 시각문제」, 『애산학보』 8, 애산학회, 1989, 1~42쪽 참조.

27) 이는, 물론 근래의 일이긴 하지만 조선국을 청국의 속방적 지위에서 독립국 지위로

우리에게는 도저히 상상조차 하기 어려운 일이었다고 하겠다.

오늘날 이 땅에 사는 이들로 이런 엄연한 역사적 사실을 '있었던 그대로' 제대로 아는 이들이 과연 얼마나 있을는지. 아마도 조선조 세종조에 궁정에서 이슬람교 이맘이 주도하는 예배가 오늘날 예수교 사제가 청와대에서 주도하는 조찬기도회보다도 더 자주 다반사로 열렸음을 감히 상상도 못하는 오늘날의 우리에게는, 당시 탐라국의 국제적 위상의 바른 이해가 사실상 불가능할 수도 있다. 동몽골 다리강가 초원을 중심 목마장으로 하고, 탐라섬을 그 십여 개 분지 중의 하나로 삼았던 것이 사실이지만, 탐라섬은 몽골칸들의 중심적인 활동무대였던 동몽골 초원과 너무나도 많이 닮았다. 당시로서는 목마장이라면 최첨단 무기를 생산하는 군수산업기지였으므로 대몽골칸국 안에서 점하는 중요도가 비할 데 없이 높았음은 물론이다. 당연히 가장 믿을만한 다수의 정예기병이 수비를 맡고 상주했다. 1282년 일본원정에 패전한 후에 원나라조정에서는 고려 개경은 겨우 60명의 군사로 수비케 했고 탐라섬에는 蒙·漢軍 1400명이 와서 수비케 했다.[28] 아무리 전시라고는 하지만 이 당시 수비병 배치로 보면 원나라 조정의 입장에서는 개경 : 탐라의 비중은 1(개경) : 23.4(탐라국)정도이었다. 대몽골칸국 직영목마장뿐만 아니라 쿠빌라이칸의 차부이(察必 : Čabui : 弘吉剌氏) 카툰(황후)의 목마장도 탐라섬에 있었다.[29]

그래서 위에서 보았듯이 元末에 막다른 골목에 몰렸던 토곤테무르칸(惠

외교상 국제적 지위를 격상시키면서 일본의 조선 식민지화가 본격적으로 추진됐던 것을 상기케 한다. '以夷制夷'전략의 한 수순이 정복과정에서 자행되는 것은 그때도 있었던 일일 수는 있다.

28) 『고려사』「世家」 29-37, 충렬왕 2 忠烈王 壬午 8年, "二月 癸巳……元遣蒙漢軍一千四百來戍耽羅……夏四月……戊戌……又以東征軍敗遣兵三百四十戍合浦 六十守王京以備不虞".

29) 본고 주) 18 참조. 『新增東國輿地勝覽』 卷之三十八, 二 「濟州牧」에 "忠烈三年 元爲牧馬場……二十六年 元皇太后 又放廐馬……"라 기록했다. 충렬 3년이면 1277년으로 원나라 쿠빌라이칸 至元 14년이 되고, 충렬 26년이면 1300년으로 쿠빌라이칸의 손자인 테무르칸(鐵木兒汗 : Temur khan : 成宗) 大德 4년이므로 여기서 황태후란 쿠빌라이칸의 차부이(察必 : Čabui : 弘吉剌氏) 카툰을 일컫는다.

宗 : 順帝)이 탐라섬에 피난궁을 지으려 목수를 파견해 궁궐을 짓기 시작했던 것이며, 이런 정서를 알아챈 명 태조 朱元璋이 원을 멸망시킨 후에 투항하거나 사로잡힌 그 수많은 칭기스칸의 후예들을 이곳으로 보내 후손을 잇게 해 그의 후덕함을 보이는 동시에 명조가 원조의 정통을 계승한 정통왕조임을 과시하고 몽골본부로 돌아가 후세의 고려사가들이 '北元'이라고 지칭했던 토곤테무르칸과 황태자 아유시리달라로 이어지는 원조의 황통에 대해 1388년 이성계의 위화도회군을 계기로, 때마침 이해 10월에 부하 예수데르에게 아유시리달라칸의 계승자인 토고스테무르칸과 그의 맏아들 텐바오류가 弑害돼 쿠빌라이칸의 황통이 끊기자 이성계 정권과 주원장 정권이 합작하여 본격적으로 바이바이(伯伯) 황태자 중심의 '南元'朝廷을 날조해내 명조의 예하에 둠으로써 원조의 완전 귀속을 자부했던 것으로 보인다.

여기서 하나 분명히 짚고 넘어가야 할 문제는, 탐라섬을 磁場圈의 핵으로 하여 발전하고 있었던 돌하르방에 관한 문제다. 개경-송도나 江都에도 없는 것은 아니나 탐라섬의 뚜렷한 그것에 비하면 미미하기 그지없다. 역사상 어느 시기에 '耽羅都'[30]가 松都를 이렇게 압도했던 적이 있었는가? 비록 원말명초라는 어수선한 시기이기는 했지만 팍스 몽골리카체제 안에서 세계 최고 수준의 석공이 耽羅 皇宮을 짓기 위해 동원되었다면 탐라국 돌하르방이 세계사적인 걸작품일 수밖에 없는 것은 지당한 일이 아니겠는가? 그리하여 국내외를 막론하고 세계 석인상시장에서도 가장 빼어난 석인상문화상품으로 각광받게 된 것은 오히려 역사적인 필연이 아니겠는가? 흔히 말해오듯이 탐라섬 돌하르방문화가 그 나름의 개성을 지니는, 질이나 양 및 규모면에서 한국은 물론 지금까지 보고된 세계의 석인상문화권에서도 가장 뛰어난 것에

30) 여기서 굳이 '耽羅都'라 쓴 것은 원말에 遷都한 대몽골국의 피난수도 탐라의 칸바릭(大都)이거나 그런 역사적인 흐름을 타고 이성계와 주원장이 합작해 만들어낸 바이바이 몽골황태자 중심의 '南元'政權의 서울인 耽羅首都를 상기케 하기 위함이다. 北元에도 '수도'가 있었으니 '남원'에도 그러해야 하지 않았겠는가? 그리고 皇宮이 '耽羅國'에 있었으면 그것은 당연히 '耽羅都'라고 부를 수밖에 없었다고 보기 때문이다. 몽골-고려전쟁시기에 松都에서 江華島로 천도한 후의 강화도를 약칭해 江都라고 부른 사례도 참조할 수 있다.

속한다고들 한다. 그러나 그렇다면 그런 우수한 석인상문화를 창조할 수 있는 탐라국사 나름의 역사적 배경이 반드시 전제되어야 한다. 역사적 토대가 없이 나온 역사유산이란 인류사상에 일찍이 없었으니, 탐라섬 돌하르방유산에만 예외를 용납할 수 있을 리 만무하다. 다시 말하자면 탐라도가 한국의 육지, 예컨대 대몽골칸국시대에는 구체적으로 송도를 압도하고 세계인류가 우러러 볼만한 그 문화의 창조주체 또는 그 창조결과의 수요자가 그에 상응하는 사회-정치적 지위를 누리면서 어느 시대의 탐라국 역사를 주도했어야 한다는 것이다.

1279년에 대규모로 중창된 銘文의 기와파편과 龍鳳紋 막새기와가 출토돼 문제가 되고 있는 부지면적 2만여 평의 초대규모 사찰인 제주도 서귀포시 하원동의 法華寺址도 마찬가지다.[31] 정녕 탐라국사상 그런 시기가 13~14세기 몽골직할령 시기밖에 더 있을 수 있는가? 세계문자사상의 일대의 금자탑적인 독창품인 한글을 창제해낸 세종대왕의 할아버지인 李成桂는 애국애족이라는 시각에서만 본다면, 그렇게 영예롭지만은 못한 100여 년간 몽골군벌 노릇 하던 집안 출신의 몽골장군이었음은, 「용비어천가」로 그 家史를 유려하게 분식해 놓았음에도 불구하고 『조선왕조실록』 「총서」만 들춰봐도 금방

31) 許容範, 「몽골과 濟州－7백년을 이어온 草原의 血脈을 찾아서」, 『월간조선』 1998년 10월호, 조선일보사, 488~522쪽 중의 503~504쪽 참조. 이곳의 용봉문 막새기와(서귀포시청 문화재과에서 발간한 관련 발굴보고서 참조)나 후레밍촐로(화산석)로 된 훈촐로오는 원말에 홍건적에게 파괴당하고 남은 원 上都(쿠빌라이칸의 龍興之地로 몽골고원의 남쪽 끝에 있다)의 그것(발굴보고서가 책으로 출간돼 나왔다)과 비교연구돼야 할 것이다. 물론 쿠빌라이칸 때 이루어졌던 칸발릭(燕京)의 그것과도 비교·연구돼야 한다. 이슬람건축가의 구상이 적극 참여됐던 점도 당연히 고려돼야 한다. 팍스 몽골리카체제 내에서의 탐라국의 군사나 경제 및 정치적 비중으로 보아 목수나 석공의 파견은 원말 천도계획 이전에도 이미 있었을 가능성이 있기 때문이다. 여기서 탐라국의 이런 비중이 대몽골칸국이 北元까지 소멸되고 나서도 그렇게 컸다는 것은 결코 아니다. 오늘날의 몽골이 초라하듯이 탐라국도 특정 역사상황 밖에서는 그와 마찬가지였을 것으로 보이지만, 그러나 그 결과가 이루어내고 있는 오늘날의 탐라섬의 현실에서 역사적으로 그것이 아주 소멸됐을 리는 없다. 원체 탐라국 역사상의 최대의 충격이었기 때문이다. 물론 北元 멸망 이후부터는 皇權을 상징하는 손에 받쳐든 祭主의 獻爵 술잔이나 발을 올려놓는 '발등상' 등의 조각은 돌하르방에서 점차로 사라져버렸을 것으로 보인다.

들통이 나는 사실이다.[32] 그러나 그가 그렇게라도 북방소리글자사의 전통을 총화해낸 도도한 몽골세계칸국의 세계사적인 소리글자문화 전통에 접목되지 않았더라면 세계사적인 소리글자 한글이 어디서 어떻게 나왔겠는가? 무릇 역사를 떠난 독창이란 허구일 수밖에 없는 법이다. 초역사적인 신화를 써보는 것은 자유지만, 그러나 사가가 역사유산을 '있었던 그대로'의 역사토대 위에서 보아야 함은 두말 할 나위가 없다. 어찌 세계사적인 일대의 걸작 석인상 작품인 탐라국의 돌하르방이라고 홀로 예외일 수가 있단 말인가. 어설픈 애향심이나 애국심이 역사유산을 제대로 못보게 사람들의 눈을 멀게 해서는 안될 것이다. 물론 이를 구체적으로 구명하기 위해서는 앞으로 끊임없이 발굴과 연구가 더 계속돼가야 할 것이다.[33]

한 가지 더 첨언코자 하는 것은 당시에 고려에 관계되는 원나라 직할령 중에도 탐라국은 특별한 위치에 있었다는 사실이다. 심양왕의 심양부는 원나라 요양행성에 직속돼 있으니[34] 논외로 한다면 원나라 황실이 직접 간여한 역사를 꾸려온 것은 동녕부도 아니고 쌍성총관부도 아니며 오직 탐라총관부뿐이었다는 것이다. 원조 직영의 최첨단 군수산업기지로서의

32) 『太祖康獻大王實錄』 권1(「總書」), 1~37 참조. 그러므로 한글을 창제한 주도자인 세종임금이 世宗聖王인 것은 틀림없지만, 그 역사적인 실체로 보면 역시 역사의 시궁창에서 피어난 우아한 연꽃과도 같은 '성스러운 대왕'일 수밖에 없었음을 '있었던 그대로' 보여주는 일이 이 시점에서는 무엇보다도 더 중요한 일이라 하겠다. 윤은숙, 『몽골제국의 만주 지배사—옷치긴 왕가의 만주 경영과 이성계의 조선 건국』, 소나무, 2010 참조.

33) 周采赫, 「몽골 다리강가지역의 훈촐로오와 제주도의 돌하르방에 대하여」, 『역사민속학』 제2호, 역사민속학회, 1992, 122~144쪽 ; 주채혁, 「제주도 돌하르방 연구의 몇 가지 문제점 : 그 기능과 형태 및 계통—동몽골 다리강가 훈촐로오와 관련하여」, 『강원사학』 제9집, 강원대학교 사학회, 1993. 12, 75~118쪽 ; 주채혁, 「제주도 돌하르방 연구의 몇 가지 문제점 : 그 명칭과 개념정의 및 존재시기—동몽골 다라강가 훈촐로오와 관련하여—」, 『청대사림』 제6집, 청주대학교 사학회, 1994. 12, 215~251쪽 참조.

34) 주채혁, 「몽골-고려사연구의 재검토 : 몽골-고려사의 성격문제」, 『국사관논총』 8, 국사편찬위원회, 1989. 12, 25~66쪽 ; 丸龜金作, 「元·高麗關係の一齣－瀋王に就いて」, 『青丘學叢』 14, 1934 ; 岡田英雄, 「元の 瀋王と遼陽行省」, 『朝鮮學報』 14, 1959 참조.

목마장이 경영되었는가 하면 원조재정에서 막대한 비중을 갖는 해상무역기지이기도 했으며 원말명초에는 피난 황궁 내지는 바이바이 황태자가 옹립된 '남원'조정이 자리잡기까지 했던 곳이기 때문이다. 그러니까 대몽골칸국의 세계전선 경영이라는 시각으로 보면, 그 몽골조정이 한반도를 경영하면서 군사-경제적 실리를 챙기기 위해 주력한 곳은 고려국의 松都-開京이었다기보다는 차라리 '耽羅國'-'耽羅都'였다는 점을 상기해내는 일이 무엇보다도 탐라국사를 제대로 간파해 가는 데에 긴요하다 하겠다.

그리고 훌룬부이르 몽골스텝의 에르구네 일대의 몽골 기원지나 카라코룸과 상도 등 몽골칸국이 근거지로 자리잡고 있던 중심부는 대체로 후레밍촐로 곧 화산석이 많고 거의 모두 그 돌로 만들어진 돌하르방류의 석인상이 있다는 점을 지적하고 싶다. 탐라도 또한 예외가 아니지 않는가? 석인상이 존재하는 지역의 역사적인 배경에 따라 처음에 만들어진 석인상이 그대로 古色蒼然하게 전해 내려올 수도 있지만, 전란이나 내부의 계파나 계급간의 내전으로 파괴된 경우는 중건된 사례도 있고 더러는 목장승이 그러하듯이 일정한 의례를 거치며 주기적으로 재건(薦新)해 올 경우도 있을 수 있다. 그렇다고 하더라도 석공예의 전통이 단절되는 것은 아니며 그 신앙 내지는 예술적 숙련성의 보수적 성격으로 말미암아 그 전통의 맥은 의연히 전승돼 내릴 수 있다고 하겠다. 이런 모든 점이 고려된 연구가, 탐라도에 남아있는 몽골계 건축유산의 전통에 관한 연구와 함께 꾸준히 이루어져 갈 때 탐라도 돌하르방에 관한 본질적 내용이 규명될 수 있으리라 본다.

그로부터 700여 년이 지나, 해양제국시대를 맞아 탐라섬이 다시 태평양시대의 한 중심무대로 부상하고 있는 오늘날 바다가 없는 내륙국가 몽골이, 7백여 년 전 쿠빌라이칸의 구상대로 탐라섬에 해상기지를 갖고, 육지가 적은 탐라섬이 동몽골 대초원에 한 근거지를 두어, 함께 세계화 시대의 새 역사를 역동적으로 펼쳐 갈 수 있다면 환상적인 명콤비가 될 수도 있을 것이란 생각이 든다. 그렇게 된다면, 타이완의 몽골인 몽골학자 故 하르누드운 하칸출루(哈勘楚倫)가 1990년 여름에 제주도 첫 답사를 마치고 나서 탐라섬

전체가 그대로 몽골칸국시기 몽골 상층문화유산의 보고 자체라며 감격해서 '고려와 몽골이 함께 몽골세계칸국을 이룩(完成)하였다'고 했던 것처럼, 탐라도와 몽골이 중심이 되어 함께 21세기의 몽골과 한국을 한 블럭으로 다시 묶어 세울 수 있을지 모른다.35)

실로 원말 토곤테무르칸의 탐라천도 계획과 그 시도는 이와 같은 유구한 역사적인 배경을 밑에 깔고 현실적인 이해득실의 기반이 초석이 되어 이루어진 것이라 하겠다. 1273년 5월에 160척의 전선을 타고 탐라섬에 온 10,000명의 몽골-고려 연합군에게 탐라섬 원주민들이 품어들인 최후의 항몽주체세력인 삼별초가 섬멸된 터전36) 위에 탐라섬은 이내 몽골·고려·남송연합군의 일본정

---

35) 앞에 든 周采赫, 「몽골제국을 통해 한반도는 세계와 접목되었다」, 『월간조선』 1999년 1월호 참조. 이때 최서면 국제한국연구원 원장의 초청으로, 하버드 대학 와그너 교수(韓國譜學硏究者)의 제자로 대학원에 재학중인 사란(이름의 뜻은 '달님'인데 어머니는 漢人이다. 漢文名은 哈莎玲임 ; 몽골사가)이라는 딸과 함께 제주도를 현지 답사한 하루누드 운 하칸출루(이름 자체의 뜻은 '검은 눈동자'「姓」의 '큰 돌'「名」이다) 타이완정치대학 교수는 박원길 박사가 청강생으로 수강한 적이 있는 스승으로 그의 소개로 초청됐었다. 김선호 교수가 이 대학교 석사과정 재학시에 배운 스승이기도 하다. 하칸출루 교수의 출생지는 대흥안령 남부 通遼로, 그 서남부 다리강가 스텝을 고향으로 하는 베·수미야바아타르 교수나 우루쥔루훈데브 대사와는 좀 대조적인 시각이 있는 듯했다. 탐라국사와는 물론이요 몽골-고려사 전반에 걸친 연구사에 기록에 남을 만한 답사 보고를 한 이들이라고 저자는 기억하고 있다. 특히 몽골학회 논문집 위구르친 비칙 붓글씨 題字 『몽골학』을, 1990년 여름 당시에 몽골비사학회 회장으로 있던 저자에게 써 주어 한국 땅에 그 필적을 남기기도 했다.

36) 이때 이렇게 탐라섬 원주민이 품어들인 최후의 항몽주체인 삼별초를, 적군인 몽골군과 연합한 몽골-고려연합군을 끌고 들어와서 제주도 끝까지 추격해 섬멸시키고 나서야 무인세력을 꺾고 왕정복고를 해낸 고려의 원종임금이고 적 首魁인 쿠빌라이 대칸의 피를 수혈해 그 아들의 아들 충선왕을 낳고서야 비로소 그 왕권의 기틀을 되물려다진 대몽골칸의 分封 친왕과도 같은 자리에서 왕위를 세습해 내릴 수 있었던 키야드 보르지긴系 왕씨 고려정권이었다. 정몽주가 "님 향한 일편 단심이야 가실 줄이 있으랴"한 '님'은 바로 이런 천하에 둘도 없는 반민족적인 파렴치한의 씨앗이었다. 성삼문이 "백설이 만건곤할 때 독야청청하리라"며 극형의 고문 중에 숨져간, 그 지극한 충정의 대상인 세종임금은 또 누구인가? 몽골군이 수십 년간 연이어 쳐들어와 조국이 累卵의 위기에 처해 있을 때인 1250년대 몽골의 뭉케 대칸에게 휘하 일천 호를 이끌고 투항해 들어가 몽골군벌로 기틀을 잡은 후, 부마국에다 외손국으로 겹겹이 예속된 조국 고려조정마저도 지척의 거리에 보루를 쌓고 감시하

벌기지화하고 몽골의 직할령이 되어 당시로서는 최첨단무기를 생산하는 목마장이 돼 군수산업기지화하면서 쿠빌라이칸 정부 직영 목마장은 물론 그의 차부이(察必 : Čabui : 弘吉剌氏) 카툰의 목마장이 경영되기도 하였다. 그리하여 1368년에 원이 망한 후에도 탐라섬 牧胡 항명사건이 줄을 이었으며, 1374년 7월 최영이 토벌군 25,605명과 병선 314척을 동원하여 이들을 진압하고 탐라섬의 주권을 되찾았을 때에 무려 牧胡 3,000騎가 있었다고 할 정도였다. 1만여 명 남짓했을 것으로 추정되는 당시의 탐라섬 전체의 인구 중에서 점하는 비중으로 보면 매우 큰 것이라 하겠다. 이처럼 대량의 직속 목호들이 근100년 간 둥지를 틀고 지켜낸 군사기지인 탐라섬이었다.[37] 원말에 이미 봉건호족세력들의 각축장이 되어버린 몽골고원보다 훨씬 안전한 곳이고, 부마국이자 외손의 나라인 고려와 그동안 함께 다져온 방어체제 또한 그들의 재기를 기약하는 한 담보가 될 수 있다고 생각했을 수 있다. 잠시 원나라내부의 봉기군을 피해 전열을 가다듬으면서 자기들의 본거지인 광활한 스텝-타이가 지역과 고려-탐라의 해양역량을 동원해 스텝과 해양에서 옛 남송지역을 협공해 漢族농민봉기를 제압하고 국기를 다시 일으켜 세우려 했을 수가 있다. 토곤테무르칸을 위시한 그들의 지휘부가 몽골스텝으로 가건 탐라섬으로 피하건 그것은 어디까지나 하나의 전술전략적인 작전행위로 생각했던 당시의 그들이었기 때문에 이런 추정을 해볼 수 있다는 것이다.[38]

던 고려출신 몽골장군으로 여말선초 변혁기의 어지러운 국내외 정세의 흐름을 민활하게 때때로 갈아타며 쿠데타 해 왕권을 찬탈한 이들의 후예가 아닌가? 작든 크든 이들에게 위업이 있다면 모두 '역사의 시궁창에서 핀 연꽃'과도 같은 것임을, 있었던 그대로 밝혀 빛보게 하는 것이 사가여야 하지 않을까? 그들이 '님 향한 일편단심'의 충성심을 받을 수 있는 것은, 또한 어떤 상황에서든 씨알들의 목숨들이 가능한 한 제(genom)대로 숨쉴 수 있게 숨통을 터 가게 해주려고 사망의 권세를 이기는 至誠을 바치는 한도 내에서만이 아니었을까? 구체적인 史實이 소외된 맹목적인 애국애족적 사관은 伏中에 거짓에 거짓의 옷을 겹겹이 껴입혀 갈 뿐, 그 허탈감의 끝이 보이지 않는다.

37) 본고 주 7) 참조.

38) 룩 콴텐 지음, 송기중 옮김, 『유목민족제국사』, 대우학술총서·번역1, 민음사, 1984, 374쪽 참조. 본서의 학술적인 가치에 대해서는 관련 학자들 사이에 논란이 많은 것으로 알려지고 있기는 하다.

실제로 당시의 원의 멸망은 군사력의 해체나 소멸 때문이 아니라 강남의 농민봉기로 군량의 수송이 두절되었기 때문이라는 지적이 이런 가설을 뒷받침해 준다.[39] 비록 몽골스텝으로 쫓겨 돌아간 북원 지도부의 세력은 크지 않을 수 있지만 역시 몽골스텝은 유목기마전투의 태반이 되는 곳으로서 당시의 당지 몽골군사력의 총체적 역량 자체를 농경적 시각에서 파악해 당시의 북원을 군사적으로도 이미 망한 국가로만 평가하는 것은 당시 북동아시아의 삼국정립구도의 본질을 축소 내지는 왜곡케 할 위험성이 큰 시각이다. 특히 몽골 호족세력 역량들의 향배와 팍스 몽골리카체제에 포함됐던 여러 세력들의 연합 가능성을 염두에 두면, 그 후 전개된 역사적 상황으로 미루어볼 때 그것이 크게 잘못된 해석이었음을 깨닫게 된다. 명은 중원에서 막 새로 일어나는 국가로서의 강점과 약점이 있었고, 원은 그것이 몽골본부를 근거지로 하는 한 철수한 기존의 강국으로서의 강점과 약점이 각각 있었음을 균형감각을 잃지 않고 객관적으로 파악해보는 일이 특히 중요하다고 하겠다.

실제로 원조가 망할 무렵인 1370년경에 이미 새로운 세력으로 발돋움하기 시작한 티무르가 마침내 1405년(永樂 3)에는 칭기스칸 몽골칸국의 復元을 위한 東征을 외치며 明으로 다가오다가 시르하반에서 병사해 명이 일촉즉발의 위기에서 겨우 구원되었는가 하면, 영락제 成祖가 그의 세력기반인 연경의 군대가 몽골기병에 크게 토대를 두고 있는 것을 활용해 1410~1424년에 5차에 걸쳐 50만 대군을 동원해 몽골스텝 親征을 감행타가 끝내 1424년 7월 18일에 우줌친[40]旗 동남부근의 楡木川에서 歸路에 병들어 죽는 일이 있기는 했다. 그렇지만, 그 후에 긴장이 풀린 명조가 영락제의 몽골스텝친정을 흉내내다가 1449년 8월 31일에는 50만 明軍을 동원한 英宗皇帝가 전장에서 불과 2만 몽골군을 지휘하는 오이라트의 엣센太師에게 사로잡히는 유명한 '土木堡 大捷'이 이루어지고 명나라의 京師가 사실상 함락되는 지경에 이르게까지 된다. 이로 미루어볼 때 장기적으로 보면 토곤테무르칸의 전략적 후퇴가

---

39) 周采赫, 『元朝官人層 硏究』, 정음사, 1986 참조.

40) 대추농사를 짓는 사람이란 뜻의 지명이다.

적어도 군사작전면에서는 전혀 헛된 것만은 아님을 알 수 있다. 실로 신흥왕조인 당시의 명조에게는 北元의 존재는 일대 위협일 수밖에 없었고 이들이 백여 년 이상의 혈맹관계로 다져진 고려와의 연합전열을 다시 가다듬게 된다면 거의 치명적일 수 있었다.

민간 구비전승이기는 하지만 제주시 삼양 1동에 있는 佛塔寺가 일명 元堂寺로 원말의 사실상 제국의 실권자였던 아유시리달라 황태자의 어머니인 奇올제이쿠툭(Öljei Qutug) 카툰이 그 황태자를 낳기 위해 세우고 빌었다는 祈子塔이 거기에 세워져 있다는 것은 한 번쯤 신중히 검토해볼 만한 사실이라 하겠다. 쿠빌라이칸의 차부이(察必) 카툰 목마장이 탐라섬에 있었다면 그 목마장은 원조 正后에게 계승되어 내렸을 가능성이 매우 높은 데다가 기올제이쿠툭 카툰이 고려여인이며 그의 남편인 토곤테무르(Togontemur)칸도 어린 시절에 고려에 귀양 와 산 경험이 있어 이런 인연과 정서관계상[41] 그 개연성이 자못 높은 것으로 보이기 때문이다. 이것이 사실이라면 대통을 이을 황태자와 함께 그 모후가 그의 祈子祈禱터에 천도해 피난궁궐을 지으려 시공했던 사실은, 위에 든 여러 이유들과 연관시켜 생각해볼 때 지극히 자연스러운 일일 수도 있다고 하겠다.[42]

3. 李成桂의 쿠데타와 朱元璋의 伯伯(Baibai) '南元' 몽골 皇太子 冊立

1382년(명 태조 15) 봄에 "雲南을 평정하고 여름 4월에 원나라 梁王 발자와르

41) 李龍範, 「奇皇后의 冊立과 元代의 資政院」, 『中世東北亞細亞史 硏究』, 동국대학교 대학원, 1975, 92~122쪽(원래는 『역사학보』 17·18합집, 1962에 실렸던 글이다) 참조.

42) 이에 관한 글은 에르데니 바타르, 「제주도의 칭기스칸 후예들에 관하여」, 『몽골학회 98춘계학술대회발표자료집』, 1998년 5월 23일(강원대학교 정보통신연구소 국제회의실) 한국몽골(사)학회, 1998년 5월 23일, 6~11쪽이 있고, 이 발표에서 제기된 문제를 현장답사와 자료조사를 통해 보완해 쓴 許容範, 「몽골과 濟州-7백년을 이어온 草原의 血脈을 찾아서」, 『월간조선』 1998년 10월호, 조선일보, 488~522쪽의 글이 있어서 참조할 수 있다. 여기(1~2절)에서는 관련 사실에 대해 이를 먼저 참고하여 썼음을 밝혀 둔다.

미르(把匝剌瓦兒密 : Balǰawarmir) 및 威順王子 바이바이(伯伯 : Baibai)등 가속들을 탐라로 옮겼다".[43] 여기서 우리는 토곤테무르칸과 그의 가속처럼 이들이 자주적으로 탐라섬으로 피난해오려 했던 것이 아닌 터에, 명나라 태조 주원장의 의도에 따라 패잔세력으로 귀양오는 식으로 이들이 탐라섬에 처음으로 모셔진 것을 알 수 있다. 그들이 탐라섬에 좀 더 구체적으로 언제 어떻게 도착했는지는 기록이 없어 알 길이 없다. 다만 그 후에 위순왕자 바이바이를 중심으로 하는 기록이 조선조 세종 때인 1444년까지 63년간 계속되는 것으로 보아 이들의 탐라섬 도착은 기정사실로 받아들일 수 있다. 위순왕자 바이바이 중심의, 몽골친왕집단 탐라섬 유배생활사가 사서에 기록이 남은 기간만도 63년이 되는 셈이다. 1368년 원나라가 망해 이해 7월 28일 밤중에 토곤테무르(Togontemur)칸이 奇올제이쿠툭(Öljei Qutug) 카툰과 아유시리달라(Ayü Siri Dala) 황태자 등의 소수 측근들을 이끌고 그들의 본거지인 몽골스텝으로 도주한 지[44] 이미 14년이 지난 뒤인 1382년부터 63년간의 몽골친왕집단 탐라도 유배생활사가 갖는 역사적 의미는 그래서 더욱 주목된다.

물론 1444년 이후에도 그들이 돌아갔다는 기록이 없고 또 그럴 수 있는 어떤 극적인 역사적 계기가 주어졌던 적이 없는 것으로 보아서 그들은 계속 탐라섬에서 살 수밖에 없었다. 실제로 1486년(성종 17)에 편찬된 『동국여지승람』[45] 「제주도」 성씨조에 원나라에서 들어온 성씨로 '趙, 李, 石, 肖, 姜, 鄭, 張, 宋, 周, 秦'씨를 들고 원이 망한 다음에 온 성씨로 '梁, 安, 姜, 對'氏를

43) 『明史』 권3, 「本紀」 제3, 太祖 3, 15년조에 "十五年 春正月……壬午 雲南平……夏四月 甲申 遷元梁王把匝剌瓦兒密及威順王子伯伯等家屬於耽羅"라고 기록했다.

44) 『元史』 권47, 「本紀」 第四十七, 順帝十 (至正)二十八年條에 "從帝北奔……秋七月……潤月……丙寅 帝御淸寧殿 集三宮后妃 皇太子 皇太子妃 同議避兵北行……至夜半 開健德門北奔 八月庚(申)午 大明兵入京城國亡 後一年 帝駐于應昌府 又一年 四月 丙戌 帝因痢疾殂於應昌 壽五十一 在位三十六……奉梓宮 北葬 五月 癸卯 大明兵襲應昌府 皇孫買的里八剌及后妃幷寶玉皆被獲 皇太子愛猷識理達臘 從十數騎遁 大明皇帝以帝知順天命 退避而去 特加其號曰順帝而封買的里八剌爲崇禮侯"라고 기록했다.

45) 『新增東國輿地勝覽』은 1530년(중종 25)에 편수됐다.

들고 있어서 그 가능성이 매우 큼을 알 수 있다. 우선 조선조 성종 때까지 이들이 존재했을 가능성을 관찬사료가 입증해 주고 있는 셈이다. 더구나 1894년 갑오경장을 전후해 한국의 족보가 대대적으로 변조, 위조, 매매되기 이전까지는 大元이나 雲南을 본관으로 하는 탐라섬의 몽골성씨들이 엄존하고 있었음을 입증하는 사료가 발굴돼 보고되고 있음을 볼 때 그럴 가능성은 현재에도 상존하고 있음을 알 수 있다.[46)]

예컨대 제주시내에 있는 제주자연사박물관 소장 호구단자[47)]에 조선 후기에 속하는 것으로 추정되는, 大元을 본관으로 하는 趙氏들이 나온다던가, 『제주 대정현 사계리 戶籍中草』[48)]에 1807년(丁卯 : 조선조 純祖 7)에 만든 호적중초 사본이 한 장 실려 있는데 그 내용은 '대원'을 본관으로 하는 34세의 姜奉朱라는 書員에 관한 것으로 외조부는 武士 晉州 강씨 姜胤齊라 기록돼 있다는 것이다.[49)] 그러나 여기서 문제로 삼는 탐라섬 몽골친왕유배사는

---

46) 이제 탐라섬 현지에서 '있었던 그대로'의, 그리고 '있는 그대로'의 '나'를 역사적으로 복원해 내 역사적인 정체성을 확인하는 차원에서 耽羅島의 몽골皇孫 황금가족(Altan urug)史 복원운동이 조용히 대국적인 차원에서 자율적으로 일어날 수 있었으면 한다.

47) 조선조 후기의 것으로 추정된다. 戶口單子란 조선시대에 각 집안에서 작성해 관에 제출한 주민신고 같은 문건으로 호구파악을 위한 기초자료의 일종이었다. 당시의 제주호구사 복원에 기여할 수 있는 아주 희귀한 사료라 하겠다.

48) 제주대학교부설 탐라문화연구소 편집, 『제주 대정현 사계리 戶籍中草』, 1996 참조.

49) 『濟州道誌』(1992) 제3장 중세사편에는 "제주도는 元·明代에 걸쳐 그들의 유배지로 이용됐기 때문에 濟州邑誌類 등에는 제주의 성씨 중에 '趙, 李, 石, 肖, 姜, 鄭, 張, 宋, 周, 秦' 등 10성이 元을 본관으로 삼고 있고, '梁, 安, 姜, 對' 등 4성이 雲南을 본관으로 삼고 있다고 하였다"고 쓰고 있다. 조선조 성종조(1486년)에 편찬된 『동국여지승람』의 기록에서 '원나라에서 들어온 성씨'를 '元을 본관으로 하는 성씨'로 바꾸고 '원이 망한 다음에 온 성씨들'을 '雲南을 본관으로 삼고 있는 성씨'로 바꿔 쓴 정도의 차이를 보이는 기록이긴 하다. 그동안 그런 식으로 戶口單子에 정리해 제출해 그것이 그대로 본관화되었을 가능성은 있다고 하겠다. 물론 1894년 甲午更張 이전의 상황을 전하는 기록으로 보아야 할 것이다. 1992년 이 『제주도지』가 편찬될 당시에는 이미 원이나 운남을 본관으로 삼는 제주도 성씨들은 적어도 호적상에서는 이미 그 자취를 감추고 말았기 때문이다. 2000년 5월에 내몽골 훙안맹 울란호트시를 답사할 때 몽골성씨들이 어떤 형태로 漢文字 성씨로 바뀌었나를 조사해 분석해본 우량하이(烏瑞陽海)·주(趙)·알탄게렐(阿拉坦格日樂), 『蒙古族姓氏錄』(내몽골인민출판사, 1996)이라는 책을 구했으나 이로써 몽골인 본래의 성을

주로 그것이 정사에 기록을 남기고 있는 1382~1444년 무렵까지 곧 고려조 禑王 8년－명 태조 洪武 15년~조선조 世宗 26년－明 英宗 正統 9년 무렵까지의 근 70년사에 관한 것이다.

탐라섬 몽골친왕 근70년 유배사는 雲南의 梁王을 정통으로 하는 威順王子 바이바이(伯伯)를 중심으로 전개된다. 그렇다면 운남은 여기서 무엇이며 1389년 이후는 위순왕자 바이바이가 바이바이 태자 곧 바이바이(Baibai) 황태자로까지 격상돼 기록된 그의 가계는 어떤 것이었나? 운남은 쿠빌라이의 南征으로 몽골칸국의 판도에 편입돼 쿠빌라이에 의해 그 이름으로 명명된 땅이다. 그는 그곳에 1267년(至元 4) 8월에 자신의 다섯째 아들 쿠게치(忽哥赤：Qugeci)를 왕으로 책봉했다. 그 후 그는 1271년(至元 8) 2월 乙巳日에 연회석상에서 中毒으로 갑자기 죽고 그의 아들 엣센테무르(也先帖木兒：Esentemur)가 1280년(至元 17) 10월에 雲南王을 세습한다. 그는 1308년에 武宗이 즉위하자 營王으로 進封되었다. 엣센테무르가 1329년(至順 3) 2월에 죽자 1334년(元統 2) 5월에 그의 아들 아루(阿魯：Aru)가 운남왕이 되었다가, 그 후 1446년 이전 어느 해에 아루의 아들 보루(孛羅：Boru) 곧 梁王 발쟈와르미르(把匝剌瓦兒密：Balǰawarmir)의 아버지가 운남왕위를 세습한 후에 전공을 세워 1355년에 '梁王'이라는 작위를 받는다. 양왕이란 작위는 이렇게 발쟈와르미르에게 세습된 것이었다. 그가 바로 칸발릭(燕京)이 명군에게 함락된 지 13년이 지난 1381년(홍무 14) 12월에 北元의 아유시리달라 昭宗에게 끝까지 충성을 다해 싸우다가 白石江戰鬪에서 명군에게 패배하고 자살하는, 바이바이(伯伯：Baibai) 威順王子의 아버지 梁王이다.[50)]

이때 그는 자살하고 아들 바이바이(伯伯：Baibai)만 탐라섬으로 옮겨진

추적한다는 것은 저자에게는 아직 힘겨운 일이라서 다음 기회에 몽골의 관련분야 전문가와 함께 위의 성들의 내원을 천착해보려 한다.

50) 『新元史』 권140, 「列傳」 第11-5~7 忽哥赤傳과 『蒙兀兒史記』 권第76, 「列傳」 第58 忽必烈諸子 雲南王 忽哥赤-也先帖木兒傳 및 『蒙兀兒史記』 권第105, 「列傳」 第八88-2~3 梁王把匝剌瓦爾密傳, 그리고 『蒙兀兒史記』 149-6~7 「宗室世系表」 第1 雲南王忽哥赤世系를 참조했다. 『明史』 권124, 「列傳」 第12-12~13 梁王把匝剌瓦爾密傳도 참고할 수 있다.

것으로 보인다. 威順王子 바이바이의 아버지가 양왕 발쟈와르미르요, 초대 운남왕 쿠게치가 그의 직계 선조이며 이 쿠게치가 바로 쿠빌라이칸의 다섯째 아들이고, 쿠빌라이칸은 칭기스칸의 손자이니까 위순왕자 바아바이는 분명히 알탄우룩(黃金氏族)인 키야드 보르지긴 씨족[51]이다. 키야드 보르지긴 씨족 중에도 직접 몽골예케울루스－大元의 초석을 놓은 쿠빌라이 대칸의 직계혈손인 점이 특히 주목된다. 그리고 朱元璋이 생포한 威順王子 바이바이(伯伯)는 바로 北元 昭宗의 통제를 받는 친왕의 아들로 탐라섬으로 귀양간 北元의 皇族인 것임에 주목할 필요가 있다.

1368년 7월 28일 한밤중에 칸발릭에서 몽골스텝을 향해 작전상 철수를 감행한 토곤테무르칸은 1370년(홍무 3) 4월 28일 오늘날의 우르몽골자치구 케식튼기(克什克騰旗) 달라이노르(達里諾爾：Dalai nuur＝달라이호수 곧 바다호수라는 뜻)에서 서남쪽으로 약 2km정도 떨어진 다르한올·솜(達日罕烏拉·蘇木)에 자리잡은 應昌府에서 이질에 걸려 51세 나이에 죽고 토곤테무르칸의 손자 곧 아유시리달라 황태자의 아들 마이디르발라(買的里八拉：Maidir Bala)와 후비 및 寶冊은 모두 빼앗기고는 아유시리달라 황태자와 그 측근들만 깊숙한 몽골스텝을 향해 북쪽으로 도피했다.[52] 그 후 마이디르발라는 황손으

---

51) 키야드(Kiayt)씨는 카불칸(Qabul Qan)이 처음으로 원래의 몽골조상의 씨족이름이었던 키얀(Kiyan)을 썼는데, 키야드란 키얀의 복수형으로 종족명을 가리킬 수 있다. 그의 둘째 아들 바르탄 바아타르(Bartan ba'atar)의 아들 예수게이 바아타르(Yesügei ba'atar)가 키야드 보르지긴(Kiyat Borjigin)씨다. 칭기스칸의 부친부터 보르지긴씨가 첨가된 것이다.

52) 이때 奇올제이쿠툭(Öljei Qutug) 카툰이 사로잡혔다는 기록이 없는 것으로 보아 그녀는 실권자인 자기 아들 아유시리달라(Ayü Siri Dala) 황태자와 함께 그 후 카라코룸으로 탈주했던 것 같다. 『고려사』「세가」 권제42, 공민왕5 庚戌 19년조에 "秋七月……乙巳 帝遣……今年六月十日 左副將軍李文忠 副將軍 趙庸等 遣使來奏 五月十六日 率兵北至沙漠於應昌府 獲元君之孫 買的里八拉及其后妃 幷寶冊等物 知庚申之君 已於四月二十八日 因痢疾歿於應昌 大軍所至俘獲無遺 中書上言 宜將其孫及其后妃幷寶冊獻俘于太廟……以禮護送買的里八拉 已至北平 朕……特封崇禮侯"라고 기록했다. 베·수미야바아타르가 일찍이 지적했듯이 여기서 '보책'이란 곧 황실의 역사로 『몽골秘史』를 의미하는 것일 수 있다. 저자는 2000년 5월 25일(목)에 이곳을 답사했다. 답사대원은 저자와 첸더궁－에르덴테－아르다잡으로 3대 『몽골비사』 연구집안으로 널리 알려진, 곧 한문으로 음역된 『몽골비사』를 몽골독립운동의 일환

로 대우해 崇禮侯에 봉해지지만 명 태조의 신민이 되는 조건 속에서만 그 생존이 가능하였을 터이므로 결국 그렇게 역사 속으로 묻혀버렸다.

아유시리달라 황태자는 몽골칸국의 태반인 옛 수도 카라코룸에 이르러 칸이 되면서 周나라의 宣王과 漢나라의 光武를 본받아 대몽골칸국을 중흥시킨다는 결심으로 '宣光'이라 改元하고, 1374년에 고려의 공민왕이 죽자마자 재빨리 瀋王 暠의 손자 톡토부카(篤朶不花=脫脫不花 : Togto Buqa)를 왕으로 봉하는 등,[53] 그가 세상을 뜨는 1378년까지 국정을 과감히 수행하고 고토회복

으로 몽골말로 환원해서 유명해진 첸더궁의 집안 아르다잡 부연구원과 저자, 단 두 사람이었다. 應昌은 赤峰에서 실링골로 가는 길목에 자리잡고 있었다(정확한 위치 고증은 周清澍 主編, 『內蒙古歷史地理』, 내몽골대학출판사, 1993. 7, 122~123쪽에 의거했다). 여기서 두 사람 사이에 오간 농담이 두고두고 기억에 남는다. "그까짓 이질 때문에 몽골대칸이 죽다니……이 複方黃連素片이나 正露丸 몇 알만 있었으면 역사가 뒤바뀌는 건데 말이오"라고 아르다잡 부연구원이 하는 농담을 받아 저자가 "그때 이 환약이 있었다면 『몽골비사』 환원과 주석으로 밥을 먹고 살아온 아르다잡 선생 집안은 아예 생겨나지도 못했을 걸"이라고 대꾸했었다. 위구르친 몽골문 『몽골비사』가 그대로 전해질 수 있었기 때문이다. 그것이 고려 여인 奇올제이쿠툭의 피를 받은 실권자의 손에 최후까지 남아 있었다는 유일한 마지막 기록이 『고려사』에 이렇게 엄존하는 것을 보면 베·수미야바아타르 연구원이 그걸 찾으러 1990년 5월에 양국의 수교가 이루어지자마자 한국에 달려왔던 이유를 알 것 같았다. 奇올제이쿠툭 카툰과 토곤테무르칸 사이에서 아유시리달라가 태어났고 다시 아유시리달라(Ayü Siri Dala)→ 마이디르발라와 토고스테무르, 토고스테무르→ 텐바오류의 혈맥이 확인된다. 탐라섬 元堂寺 祈子塔의 기자기도가 효험이 있었던 것이라면, 北元의 역사는 더욱이 탐라와 직관되고 탐라국 南元 조정은 그래서 그들과 더 무서운 악연으로 역사에 기록될 것 같다. 다음날엔 실링골문물站에 가서 티없이 맑은 냐릅소녀의 생일축하가를 들으며 저자의 59세 생일 축하연을 대접 받고는 '만남의 질'에 관해 충격적인 감격을 느꼈었다. 고국에서는 도무지 그렇게 사람을 만나본 적이 없었기 때문이다. 그 답사에 이어 할빈과 阿城에 갔을 때 만났던 칭기스칸의 직계 家譜를 소장하고 있다며 奇올제이쿠툭(Öljei Qutug) 카툰의 한국 일가를 진심으로 찾고 있던 흑룡강성 사회과학원 역사연구소의 보르지긴(波) 쇼보(沙布 : '새'라는 뜻) 연구원(당시 67세)이 기억에 새롭다. 外家親戚들을 찾고 있는 터였다. 주채혁, 「札剌亦兒台(Jalairtai)와 몽골秘史 成書年代」, 『몽골硏究』 1, 한국몽골(사)학회, 1999, 16쪽 ; 주채혁, 『몽·려전쟁기의 살리타이와 홍복원』, 혜안, 2009. 12, 187~204쪽 참조.

53) 이때는 이미 고려에 대한 北元의 영향력이 많이 축소되었었기 때문에 톡토부카가 실제로 고려왕이 되지는 못한다. 고려 조정측의 의도대로 1374년에 禑王이 고려왕으로 등극했던 것이다. 1376년(고려 우왕 2 : 명 洪武 9)에 심왕인 톡토부카가 죽고 나서는 더 이상은 瀋王의 冊封이 이루어지지 않았다.

전쟁을 집요하게 벌였다. 아유시리달라칸(연호 宣光)의 뒤를 이은 그의 아들 토고스테무르칸(연호 天元)도 雲南의 梁王 발자와르미르에게 사신을 보내 통치를 수행했고 이에 호응한 양왕은 죽을 때까지 끝내 충성을 바쳤으나 아버지 아유시리달라칸 昭宗의 웅지에는 미치지 못했다. 그리하여 1388년 10월에 明將 藍玉의 北征으로 토고스테무르칸은 그의 맏아들 텐바오류(天保奴) 등과 수십 騎로 부이르호(捕魚兒海 : Buir湖)에서 카라코룸으로 가는 길에 톨河畔에서 부하 예수데르에게 父子가 모두 弑害돼, 쿠빌라이칸의 皇統이 사실상 끝나는 비극을 맞게 되었다.

그 후에는 쿠빌라이계와 그의 정적이었던 그의 동생 아릭부케계 예수데르의 후예가 칸위 쟁탈전을 벌이는가 하면 더 나아가서는 아예 그 이전의 톨루이계와 오고타이계가 혼전을 벌이기도 하고 심지어는 칭기스칸의 동생 카자르계까지 칸위 쟁탈전을 벌이게 되는데, 그때마다 가능하기만 하면 明의 以夷制夷的 공략이 사정없이 파고들어와 심지어는 오이라트도 이에 개입시켜 농락해 마지 않았다. 결국 이는 1479~1517년에 만두하이부인의 지지하에 바투뭉크 다이얀칸이 등극하여 대몽골칸계를 중심으로 봉건질서를 재조정해 중앙집권화에 상당히 성공할 때까지 지속된다. 물론 영락제가 몽골스텝을 친정하다가 병사하는 1424년 이후나, 특히 1449년 8월 31일에 2만 몽골군을 지휘하는 오이라트 엣센太師의 '土木堡 大捷'으로 50만 軍을 동원한 명나라 英宗皇帝가 치명타를 입으면서부터는 명나라가 몽골칸위 쟁탈전에 개입할 여력이 없어지게 되기도 한다.

그리고 탐라국 '남원'정권의 운영은 이런 와중에서, 특히 1388년 10월 아릭부케系 예수데르가 쿠빌라이系 토고스테무르(Togostemur)칸[54]과 그 맏아들 텐바오류를 시해하여 대원칸국의 황통을 끊어 놓는 사건을 계기로, 李成桂 정권과 朱元璋 정권이 연출해낸 北元에 대한 일련의 以夷制夷戰略의 한 결실이라고 하겠다. 그 내용을 좀 더 구체적으로 살펴보면 다음과 같다.

---

54) 『世宗莊憲大王實錄』 世宗 24년 5월 戊辰條에 "岱總汗 脫脫不花仍有年號"라고 한 것으로 보아 岱總汗이 그들의 후대 칸이므로 토고스테무르칸 이후의 칸들에게도 당연히 연호가 있었겠으나 기록돼 전하는 것이 아직 눈에 띄지 않고 있다.

탐라섬의 北元 皇族인 알탄우룩(Altan Urug) 친왕들 모시기는 그로부터 6년 후인 1388년 6월에 오면 대대적으로 국가차원에서 시도되고 있다. 그리고 그해 5월 威化島回軍으로 쿠데타에 성공하여 찬탈의 기틀을 잡은 이성계가, 3월에 고려가 명나라의 遼東을 공격하면서 明의 洪武年號 사용을 금지했던 것을 6월에 신속히 철회하고 다시 명의 홍무 연호를 사용케 하는 시기와 묘하게 맞아떨어진다. 그리고 실로 우연히도 그해 10월에는 쿠빌라이칸의 皇統을 이은 토곤테무르(Togontemur)칸의 황태자로 아유시리달라(AyüSiri Dala)칸이 된 昭宗의 후계자인 토고스테무르(Togostemur)칸과 그의 아들 텐바오류(天保奴：Tenbaoliu)가 쿠빌라이칸의 政敵인 아우 아릭부케의 후예인 부하 예수데르(也速迭兒：Yesuder)에게 시해당해[55] 사실상 쿠빌라이칸의 大元=北元이 망하는 대사변이 일어났다. 앞에서 살펴보았듯이 실은 이즈음에는 아직 明, 北元과 高麗가 三國鼎立의 형세를 이루며 치열한 외교적 각축전을 벌이던 시기였다는 점에서 이러한 사변들은 예사로운 일일 수가 없다 하겠다.

우리가 크게 잘못 알고 있듯이 몽골이 군사적으로도 有名無實해지기만 했던 시기가 결코 아니라는 점과 고려가 이에 가세할 경우에 어떤 變數가 있을 수도 있었던 시대였음을 당시의 역사 전개의 사실들을 통해 확인해보는 일이, 그래서 매우 중요하다고 하겠다.

신우 14년(1388) 6월에 박의중이 남경에서 돌아왔다. 예부가 황제의 명을 받들어 咨文을 보내기를

> ……지금 철령의 땅은 왕의 나라에서 말이 있지만 탐라의 섬은 옛적에 원세조가 말을 기르던 장소이다. 지금 원나라의 자손이 짐에게 귀순한 자가 매우 많으니 짐이 반드시 원나라의 자손을 끊지 않으려 한다. 여러 왕을 섬 가운데 두고 군사 수만을 수자리시켜 호위하고 兩浙에서 양식을 공급하여 주어서 원나라의 후사를 보존하여 원나라 자손으로 하여금 바다 가운데서 편안하게 살게 하면 어찌 좋지 않겠는가?

---

55) 『明太祖實錄』 洪武 21년 10월 丙午條 참조.

耽羅南元朝廷 운영 구상을 밝힌 朱元璋

라고 하였다.[56] 이때에 이르러서는 양왕의 아들인 위순왕자와 그 가속들을 1382년에 보낸 데 이어, 그로부터 6년 후인 1388년(戊辰) 6월 곧 이성계의 쿠데타 성공 직후에는 구체적인 후속조처를 취하겠다는 명 태조 주원장의 복안을 고려 정부에 알리고 있음을 보게 된다.

1382년경도 친명과 친원이라는 치열하고 긴박한 고려의 양다리 외교가 전개되는 가운데서 취해진 명의 조처였고, 이것이 1388년에도 마침내 고려의 거국적인 명의 요동공격 작전 수행과 이성계의 威化島回軍이라는 숨가쁜 반명-친명노선이 교차되는 전국상황에서 이루어졌음에 예의 주목할 필요가 있다. 위순왕자 바이바이(Baibai) 일행 외에도 투항한 몽골친왕을 거의 모두 탐라섬으로 모시어 지키는 군사 수만 명을 보내 호위케 하며 중국의 곡창지대인 兩浙에서 나는 양식을 공급해 먹고 살게 해 몽골 알탄우룩인 키야드 보르지긴의 후사를 잇게 해주겠다는 주원장 자신의 원대한 구상을 밝힌 것이다.

그 계획이 어느 정도까지 구체적으로 실현되었는지는 자료의 부족으로 밝혀볼 수 없지만, 주원장이 하필 탐라섬을 배경으로 이처럼 삼국관계가 긴박하게 돌아가는 그 시점에서 그런 거창한 구상을 해본 점만으로도 그 나름의 충분한 이유가 있었음을 짐작케 한다. 그 장소를 굳이 耽羅섬으로 정한 것은 그곳이 옛적의 쿠빌라이칸의 牧馬場 곧 당시로 봐서는 최첨단무기

56) 『고려사』 권137-22, 24, 25, 「열전」 50, 신우 5 14년 6월조에 "……朴宜中 還自京師 禮部咨曰 本部欽奉聖旨 高麗表云……其耽羅之島 昔元世祖牧馬之場 今元子孫 來歸甚衆 朕必不絶元嗣 措諸王於島上 戍兵數萬以衛之 兩浙發糧以贍之 以存元之後嗣 使元子孫復優游於海中 豈不然乎"라 기록했고, 『고려사절요』 제33권, 戊辰 신우 14년 6월조에는 "……朴宜中 還自京師 禮部 奉聖旨 咨曰 表云……其耽羅之島 昔元世祖牧馬之場 今元子孫 來歸甚衆 朕必不絶元嗣 措諸王於島上 戍兵數萬以衛之 兩浙發糧以贍之 以存元之後嗣 使元子孫 復優遊於海中 豈不然乎"라고 기록했다.

를 생산하는 軍需産業基地였기 때문이라는 것이었고, 그래서 그런지 쿠빌라이칸의 직계손인 양왕 발쟈와르미르의 아들 위순왕자 바이바이가 중심이 되는 몽골친왕집단정부가 그 나름으로 운영되었던 것으로 볼 수 있다.

이 해 1388년 12월에는 더욱 구체적인 조처가 당사국인 고려와 연계되어 이루어지게 되었다. 여기서 고려란 물론 1388년 5월 쿠데타 성공 이후에 이성계가 좌우하는 고려조정이다. 곧 이 해 12월조에

> 명나라 태조가 사신 喜山 등을 보내어 聖旨를 전해 이르기를 "北元을 정복할 때 귀순해 온 達達親王 등 80여 호를 모두 탐라에서 살게 하려 하니 그대는 고려에 가서 사람들을 그곳으로 파견하여 그 거처를 청결하게 하고 방을 수리한 다음에 함께 와서 결과를 보고하라" 하였으므로 이에 고려는 전리판서 이희춘을 제주에 파견하여, 들어가 살 수 있는 오래된 집과 새 집 85군데를 수리했다. 崔瑩을 誅殺했다.[57)]

고 한 것이 그것이다. 그런데 우리는 여기서 達達親王들을 모실 준비를 마치자마자 이에 바로 뒤이어 崔瑩을 誅殺한 것을 알 수 있다. 親元攻明派의 숙청과 곧 이어지는 바이바이 위순왕자의 몽골황태자 책봉 및 '南元'朝廷 개설이 서로 직접 맞물려 있는 사실들임을 보여준다고 하겠다. 여기서 우리는 1388년 6월에 명나라 태조의 대대적인 탐라도 알탄우룩 친왕집단 모시기 腹案이 제시되고, 12월에는 구체적으로 이를 현지인 고려조정-이성계 일파의 협조를 구하면서 실천단계에 들어가고 있음을 볼 수 있다. 특히 12월에 있었던 명 태조의 조치에 대한 해석에서는, 그것이 당연히 쿠빌라이칸의 황통을 이은 마지막 대몽골국 칸인 토고스테무르칸과 황태자 예정자로 추정되는 그의 아들 텐바오류가 이 해 10월에 부하 예수데르에게 시해된 직후의 일이라는 점에 그 초점을 맞출 필요가 있다 하겠다. 이에 대한 모종의 본격적인

57) 『고려사』 권137-34, 열전 권제50, 신우 5 14년 12월조에 "聖旨云 征北歸順來的 達達親王等 八十餘戶 都要教他耽羅住去 恁去高麗 說知教差人 那里淨便去處打落 了房兒一同來回報 於是遣典理判書李希椿于濟州 修葺可居新舊房舍八十五所 誅 崔瑩"이라고 기록하였다.

대응책을 획책하고 있음을 예감케 하기 때문이다.

여기서 주목되는 사실은 이런 구체적인 실천을 통해 몽골친왕집단을 탐라섬에 모실 기틀을 그 나름으로 어느 정도 잡자마자 명 태조 주원장이 사로잡아 귀양보낸 초라한 패잔세력 威順王子 바이바이(伯伯)가 돌연 다음해인 1389년 11월 기사부터 고려측 사료에서 '拍拍(Bobo) 太子－바이바이(Baibai) 황태자'로 화려하게 격상되고 있다는 점이다. 雲南의 일개 분봉지의 왕인 발쟈와르미르(Balǰawarmir) 梁王의 아들인 바이바이 왕자가 일약 몽골대칸의 황태자인 대원제국의 황태자 격으로 둔갑하게 된 것이다. 물론 쿠빌라이칸의 직계 혈손이자 北元의 皇族이어서 비상상황하에서는 그런 자격은 있을 수도 있을 것이다. 그러나 아무리 부하의 弑害로 쿠빌라이칸의 황통이 끊겨버린 北元의 정세를 감안한다고 해도, 명 태조 주원장과 이미 등극이 예정된 이성계의 주도 아래 탐라도에서 이런 중대한 사변이 일어나고 있다는 점은 분명코 예삿일이 아니었다.

1368년 토곤테무르칸이 주원장에게 황제 자리를 내어 준 다음에 1381년 四川省마저 몰락되고 나서 사로잡힌 北元 토고스테무르칸 휘하 梁王 발쟈와르미르의 아들 바이바이 위순왕자가 탐라섬으로 귀양을 오더니, 1388년 3월에는 고려의 명나라 요동 공격과 5월 이성계의 威化島回軍이 있었는가 하면, 10월에는 북원에서 쿠빌라이칸의 황통이 끝장나는, 부하 예수데르에 의한 토고스테무르칸과 그의 아들 텐바오류 시해사건이 일어났다. 이처럼 긴박하게 동북아시아 정세가 휘몰아치는 바로 그해인 1388년을 전후해서 탐라섬에 귀양온 北元 토고스테무르칸 휘하 운남의 梁王 아들 바이바이 위순왕자가 갑자기 일약 몽골 황태자로 돌변케 된 데는 과연 어떤 국제정치적, 전략적 배경이 숨어 있었을까? 패잔세력으로 포로가 되어 탐라에 귀양온 梁王 아들 바이바이가, 일약 토곤테무르 칸과 奇올제이쿠툭 카툰 사이에서 태어나 몽골예케울루스 大元칸국의 황태자가 된 아유시리달라 황태자나 그의 계승자 토고스테무르 황태자와 그대로 동격이 된 셈이다. 시해된 토고스테무르칸－황태자의 아들 텐바오류의 자리를 대신 차지한 격이 된 셈일 수도 있다. 물론 朱元璋의 威嚴에 順服하는 전제하에서만 이루어질 수 있는, 때 아닌 지위의 놀라운 격상이다. '威順王子'라는 칭호는 '順帝'와 함께 주원장에 順從한다는 뜻을 갖는 칭호이어서 그러하다.

실은 양왕 발자와르미르의 왕자 바이바이를 주원장이 탐라섬으로 호송했을 때부터 이미 주원장에게는, 상황의 추이에 따라 이를 이용할 어떤 복안이 있었던 것으로 보인다. 그래서 그로부터 20여 년 전 원나라가 망하려 할 무렵에 기왕에 탐라섬에 避難宮闕을 짓는 공사를 추진했던 원말 '대원칸국의 耽羅遷都 계획'을 상징적으로 완성시켜 주는 차원에서 명 태조 주원장이 포로가 된 바이바이 황태자를 首班으로 하는 親王集團의 '耽羅「南元」朝廷'을 바로 그 자리에 초라하게나마 차려주었을 것으로 추정된다. 어디까지나 명 태조 주원장의 예하에 둔 것이었으므로 皇太子 바이바이만 있을 수 있을 뿐으로 물론 皇帝 바이바이(伯伯) 대칸을 '탐라「남원」조정'에 세우는 것은 비록 상징적인 것이었다고 해도 용납됐을 리가 만무하다. 토곤테무르(Togontemur)칸까지만 황제로 인정해 順帝라는 칭호를 준 明나라 황제이니 순제의 아들 아유시리달라는 아유시리달라(Ayü Siri Dala)칸 昭宗이 아니라 어디까지나 명나라에게는 황태자일 뿐이었다. 더군다나 명나라 조정이 그의 후계자 토고스테무르(Togostemur)칸을 황제로 인정했을 까닭이 없다. 어디까지나 이들은 고려여인 奇올제이쿠툭(Öljei Qutug) 카툰의 피를 받은 황태자일 따름으로 모두 고려 탐라국과 인연이 닿을 수 있는 존재들이었을 뿐이다.

그리고 이미 탐라국에 와 있는 바이바이 왕자 역시 마침 아유시리달라나 토고스테무르 황태자와 같은 쿠빌라이칸의 血孫이었다. 쿠빌라이칸의 정적이었던 아리부카의 후손인 부하 예수데르에 의한 北元 토고스테무르칸-텐바오류 父子弑害事件으로 쿠빌라이칸의 皇統이 끝장난 판이니, 이 틈에 쿠데타에 성공한 李成桂와 합작하여 텐바오류와 같이 쿠빌라이의 혈손이 되는 위순왕자 바이바이(Baibai)를 몽골 황태자로 뒤를 잇게 하는 일은 대내외적으로 명나라가 명분을 세워가며 明과 高麗 내지는 조선 연합세력이 北元을 공략하는 국제적인 보루를 확보케 되는 기초작업이었다. 이런 호기를 놓칠 주원장과 이성계가 아니었다. 주원장의 '남원' 바이바이 황태자 冊立은 이렇게 하여 이루어지게 된 것이라 하겠다.

그리하여 大明天子 주원장이 대원칸국을 모두 수용하는 중원의 정통계승자임을 정식으로 대내외적으로 과시할 수 있었을 뿐만 아니라, 前왕조의 후사를 잇게 은덕을 베푸는 그의 襟度를 四海에 선전할 수도 있게 되었을 것으로 보인다. 그리고 물론 이렇게 쌓은 명분의 토대 위에 반역이 횡행하는 당시의 북원을 공략할 수도 있었다 하겠다. 1250년대 몽골의 고려침략이 막바지에 이르렀을 때 그의 5대조 李安社가 조국 고려를 배반하고 몽골에 투항했다가 대몽골칸국 원이 망하게 되자, 그의 후예 몽골장군 이성계는 다시 몽골을 배반하여 고려에 귀순했었다. 그런 그가 이번에는 다시 고려와 몽골이라는 두 상전을 한꺼번에 배반하고 親明을 표방하며 쿠데타를 해 奪權하였으니 몽골장군 출신으로 국내기반이 취약한데다가 이처럼 번복이 무상한 그의 정권에 대한 민심의 동향이 온전했을 리가 없다. 그런 상황하에서 주원장과 함께 옛 상전인 몽골의 황통을 이어주는 積德을 하였고 그로 인해 명과 결합해, 대내적으로 직속상관인 崔瑩을 주살해 親元反明派를 누르고 대외적으로 북원에 대한 명-조선의 연합전선을 공고히 하였으니 이성계 역시 一擧兩得의 實利를 챙기는 擧事가 아닐 수 없었다. 한마디로 反명파 최영의 집권이 지속되는 한은 바이바이 황태자를 중심으로 하는 耽羅南元朝廷은 도무지 연출될 수가 없었던 것이라 하겠다.

그 밖에도 물론 抗明鬪爭의 중심으로 舊몽골세력을 결집시킬 칭기스칸 혈손집단인 이들 핵심세력을 태평양 한 가운데 모양새를 갖추어 고립시켜 가두어 둠으로써 그들이 이른바 '北元'과 접선할 계기를 사전에 봉쇄하고, 또 그 대항세력으로 은연중에 명나라의 품안에서 또 하나의 친명 알탄우룩세력을 양성하여 '南元'이라 할 수 있는 괴뢰몽골정부를 세워두는 것이 '몽골討伐戰의 몽골化'라는 고도의 전략에도 부합됐던 것이라고 하겠다. 그러니까 주원장이 때마침 親明反元 對高麗쿠데타에 성공한 이성계정권과 함께 北元에서 反예수데르(Yesuder)세력을 선동, 집결시켜 그들을 공략할 보루를, 그간의 역사적 배경을 고려하면서 탐라도에 전격적으로 구축한 셈이라 하겠다.

추정컨대 그 85所의 新舊房舍가 새로 단장된 자리는 분명히 토곤테무르(Togontemur)칸의 피난궁궐이 지어지던 바로 그 자리였을 것으로 보인다.[58] 그러니까 명 태조 주원장은 토곤테무르칸이 제거된 상황하에서 황태자 아유시리달라가 '耽羅都'에 피난정부를 차리고 皇宮을 경영했을 것을 가상하여, 쿠빌라이칸의 혈통 중에서 가장 피의 정통밀도가 높은 친왕으로 자살한 梁王 발쟈와르미르의 아들 바이바이 왕자를 아유시리달라의 계승자로 시해당한 토고스테무르칸 및 그 아들 텐바오류의 代打인 황태자로 세워 이를 실제로 다시 연출시키는 고도의 예술성을 지닌 제국경영 능력을 과시한 셈이라 하겠다. 실로 당시로서는 쿠빌라이 대칸의 황통에 반역하여 황통을 끊어버린 아릭부케계 예수데르칸을 공략하는 데 이보다 더 좋은 대안은 없었을 것으로 보인다.

梁王의 아들 위순왕자가 바이바이 황태자로 격상하는 기록은 1389년(己巳 : 고려 공양왕 원년) 11월조에 처음 나온다. 아유시리달라칸(昭宗 : 연호 宣光)의 후계자인 天元年號를 쓴 토고스테무르(Togostemur)칸과 그의 맏아들 텐바오류(天保奴 : Tenbaoliu)가 1388년 10월에 明將 藍玉의 北征을 피해 수십 騎로 부이르호(捕魚兒海 : Buir湖)에서 카라코룸으로 가는 길에 톨河畔에서 부하 예수데르(Yesuder)에게 父子가 모두 시해당하는 바로 다음해 기록에 등재된 내용이 그것이다. 쿠빌라이의 황통이 이로써 단절돼 북원이 공식적으로 종료되고 공백기를 맞아 混戰기에 접어들기 시작한 바로 그 시점이었다.

---

58) 1983년 이래로 발굴해오던 제주도 서귀포시 하원동의 法華寺址에서 용과 봉황 문양이 그려진 막새기와가 출토돼서 발굴단원들을 흥분케 했던 적이 있다. 이런 기와는 당시의 절에서는 쓰지 않던 것인데다가 그 부지의 규모가 2만 평에 달해 慶州의 黃龍寺에 비견될 정도이었기 때문에 龍鳳을 상징으로 쓰는 皇宮터였을 가능성이 보였기 때문이다. 더구나 법화사터에서 '重創 至元十六年 己卯 畢'이라 새겨진 기와 파편이 나와서 이것이 元 쿠빌라이칸시기 곧 고려 충렬왕 때인 1279년 이전에 창건된 것임을 실증해 주었다. 그런데 이때 하필 왜 이렇게 대규모로 중창되었을까? 돌하르방과 함께 그만한 수준의 문화유산을 창건할 만한 문화 수요자가 있어야 그 시대에 그런 실력자에 의해 그런 중창이 가능케 되는 것은 물론이다. 허용범, 앞의 글, 503~504쪽 참조.

李成桂(보물 931호). 고려왕정에 대한 쿠데타 감행을 전후해 聯明攻高麗의 戰略을 구사하면서, 北元에 대한 朱元璋과의 聯合戰線을 구축하는 차원에서 耽羅 '南元'朝廷을 合作해 창출해냈다.

이 호기를 기민하게 포착한 이성계와 주원장의 공작이 즉각 개시되었던 것이다. 洪武 22년이 되는 1389년 11월 壬午日에 "황제가 바이바이 태자의 아들 료시류(六十奴 : Liosiliu)와 코자부네(火者卜尼 : Qojabune)를 소환했다. 애초에 황제가 雲南을 토벌하여 바이바이 태자와 그의 아들 료시류를 제주도에 유배시켰는데 이에 이르러 다시 그를 소환했다"고 한 것이 그것이다.[59]

---

59) 『고려사』, 「세가」 권45-4, 공양왕 1 원년조에 "元年 十一月……壬午 帝召還拍拍太子之子 六十奴及火者卜尼 初 帝討雲南流拍拍太子及子六十奴于濟州 至是召之"라고 기록했다.

여기서 중요한 것은 물론, 료시류를 '위순왕자' 바이바이의 아들이 아닌 '몽골황태자' 바이바이(Baibai)의 아들이라는 이름으로 소환하고 있었다는 사실이다. 그런데 이렇게 소환돼 갔던 바이바이 황태자의 아들 료시류는 1390년(庚午 : 공양왕 2 : 명 태조 洪武 23) 겨울 10월 甲戌日에 京師로부터 탐라섬으로 귀환한 지 1년만에 죽게 된다.[60] 1389년에 명나라 황제의 부름을 받고 경사에 갔다가 이내 돌아온 후인 셈이다. 이런 상황에서 바이바이를 계승할 아들이 대가 끊겼다고 생각해서인지 명나라 조정에서는 그가 죽은 지 2년 후인 1392년(壬申 : 공양왕 4 : 명 태조 洪武 25) 3월 乙巳日條에

> 황제가 전 元 梁王의 자손인 아이얀테무르(愛顔帖木兒 : Aiyantemur) 등 4인을 탐라에 배치하여 바이바이 황태자 등과 완전히 한데 모여 거주하게 하였다.[61]

고 하였다. 바이바이 황태자의 후계자를 고려한 배려인 것으로 추정된다. 그러니까 애초부터 귀양을 보낼 때 이미 후계구도까지 구상하여 耽羅南元政府를 예비로 組閣했었음을 미루어 알 수 있다. 여기서 다시 바이바이를 황태자로 明示하고 있는 기록을 접할 수 있다.

1392년은 고려에 대한 몽골장군 출신 이성계의 易姓革命이 마침내 매듭을 짓는 해이기도 하다. 北元과 손잡고 명나라의 遼東을 치려던 고려정부의 계획을 1388년 5월 위화도회군 쿠데타로 무산시키고, 1388년 좌군도통사에서부터 1391년 삼군도총제사에까지 전권을 장악한 李成桂가 바로 이 해 7월 17일 신왕조의 창업자로 등극한 것이다. 이런 상황에서 朱元璋의 바이바이 황태자 책봉이 이루어져 南元朝廷이 耽羅都에 차려졌던 것이다.

고려는 1387년 12월에 정몽주를 남경에 보내어 朝聘을 청하려 하였으나 요동에 이르러 들어가지 못하고 돌아왔고, 이듬해인 1388년 1월에 밀직사사

---

60) 『고려사』 권45-34, 「세가」 권제45, 공양왕 12년조에 "庚午二年……冬十月……甲戌六十奴還自京師復歸于濟州 踰一年而死"라고 기록했다.

61) 『고려사』 권46-36, 「세가」 권제46, 공양왕 2 壬申 恭讓四年條에 "三月……乙巳……帝置前元梁王子孫愛顔帖木兒等四人于耽羅 使與拍拍太子等 完聚居住"라고 기록했다.

조임을 남경에 보내어 조빙을 청하려 하였으나 결과는 정몽주의 경우와 같았다.[62] 고려는 명에 대해 이처럼 외교적으로 위장하면서 다른 한편으로는 요동공격을 최영의 주도하에 면밀히 준비하였다. 마침내 1388년 3월 공격을 개시함과 동시에 명의 洪武年號 사용을 엄금하였다. 이때 고려는 당연히 이 해 10월까지 건재했던 奇올제이쿠툭 카툰의 아들 아유시리달라칸 昭宗의 후계자인 토고스테무르칸의 天元年號를 사용했던 것으로 추정된다. 親明이냐 親元이냐는 당시의 국제연합전선 구축과 관련하여 사느냐 죽느냐를 결정하는 급박한 사안이었으므로 필연적으로 양자택일 할 수밖에 없었던 것으로 보인다. 이런 비상상황에서 적의 적은 아군이 될 수 있고 北元의 토고스테무르칸은 고려여인이 낳은 아유시리달라칸의 아들로 후계자이기 때문에 같이 明의 漢族皇帝 朱元璋에게 쫓기는 처지에서 쉽게 종래의 오랜 몽골-고려연합전선을 復元할 수 있었던 것으로 보인다. 그리고 그런 상황을 가정한다면 전장이 중원이 아닌 몽골-만주의 요동-고려로 국한되는 한 이는 승산이 있다고 崔瑩은 상황 판단을 하고 있었던 것 같다. 이때 중원은 비록 朱元璋의 예하에 들어 있기는 했지만 아직도 불안정한 상황이 전개되고 있었고 백전노장인 최영 자신이 이미 몸소 그런 중원의 전황을 실전체험을 통해 상세히 파악하고 있었던 때문이다.[63]

그런데 李成桂의 위화도회군은 連元攻明戰線을 連明攻元 내지는 連明攻高麗戰線으로 완전히 뒤집어 버렸다. 물론 5월의 위화도회군과 동시에 6월 들어 이내 홍무연호를 다시 사용케 됐다. 그러니까 이때의 바이바이 威順王子의 '耽羅國' 南元 皇太子 옹립은 단순한 의례적인 행위가 아니라, 군 최고사령관 출신으로 北元의 내정에 대한 온갖 정보에 밝았을 이성계가 奇올제이쿠툭 카툰의 血孫인 토고스테무르칸 부자의 시해사건을 이용해 이런 '연명공원'—

62) 『고려사절요』 권32, 「辛禑」 3, 丁卯 辛禑 十三年, 大明 洪武 二十年條에 "十二月 遣永原君鄭夢周 如京師 請通朝聘 至遼東不得入 乃還"이라 기록했고, 『고려사절요』 권33, 「辛禑」 四, 戊辰 辛禑 十四年, 大明 洪武 二十一年에 "春正月……遣密直司使趙琳 如京師 請通朝覲 琳 至遼東不得入而還"이라고 썼다.

63) 최영은 이미 1354년(공민왕 3)에 중원에서 張士誠의 반란 토벌전에 참전해 전공을 세운 적이 있었다.

'연명공고려'전략의 일환으로 명 태조 朱元璋과 합작하여 감행한 일대의 사건이었다고 봐야 할 것이다. 그렇게 함으로써 이성계는 주원장에게 몽골을 확실하게 상징적으로 바치는 공을 세우게 되고 주원장은 이성계의 그런 친명행위를 통해 궁극적인 소원이었던 대원칸국의 정통을 상징적으로 이어받게 되는 터였다. 물론 앞에서 지적했듯이 이성계의 친명반원노선과 결탁하여 북원을 공략하는 국제전선의 초석을 놓았다는 현실적인 실리도 노렸다.

더구나 전설대로 아유시리달라칸(昭宗)을 탐라섬 元堂寺의 祈子塔에서 致誠을 드려 얻었던 것이라면,[64] 아유시리달라칸을 뒤이은 토고스테무르칸과 텐바오류 父子가 弑害당한 다음에 그를 대신하여, 같은 쿠빌라이칸의 血孫인 北元人 포로 바이바이를 南元 황태자로 옹립하는 일은 당시의 몽골인들에게는 상승적인 정치적 효용성을 가질 수도 있는 터였다. 非쿠빌라이칸系 아릭부케의 후예 찬탈자 예수데르(Yesuder)칸에 대한 징계 가능성을 열고, 쿠빌라이系 황태자 바이바이(Baibai)의 탐라'남원'조정 수반 책봉으로 元朝皇統의 正統性을 복원하는 일이어서이다. 朱元璋은 이에 당시의 국면을 완전히 백팔십도 뒤집어 以夷制夷의 전략으로 '北元'에 대해 '南元'을 세워 북원까지 확실하게 확보하는 현실적인 전과를 노렸음은 물론이다. 수천 년 아시아북방민족 발달사의 총화라 할 몽골세계칸국의 팍스 몽골리카체제가 하루아침에 중국남방발전사의 총화라 할 이른바 漢族中心의 역사로 뒤바뀌는 元·明革命의 결정적인 한 축을 이루는 사건이 이성계의 위화도회군이며, 그 와중에서 이성계의 親明反元－攻高麗政策 실천의 일환으로 朱元璋이 耽羅國에 바이바이 황태자를 冊立하여 세운 것이 바로 南元朝廷이었다고 하겠다.

이 당시의 역사가 황무지에 묻힌 지 너무 오래다보니 엄존했던 이런 일대의 역사적 사실까지 상상조차도 못하게 된 것이 오늘날 이 시대의 耽羅國史 인식상황이기는 하다. 오죽하면 『정종공정왕실록』 관련조항에 대한 각주를 단 이가 이 시대를 대표하는 사가임에도 불구하고, 伯伯(Baibai) 황태자를 이런 역사적 내용은 까마득하게 모른 채로 麗末鮮初에 탐라섬을 지배하던

64) 許容範, 「몽골과 濟州－7백년을 이어온 草原의 血脈을 찾아서」, 『월간조선』 1998년 10월호, 조선일보사, 490~491쪽 참조.

한낱 한 '호족추장'이라고까지 했겠는가.[65] 실로 기막힌 일이 아닐 수 없다.

그래서 탐라섬이 다시 해양제국의 한 중심으로 개편돼 들어가게 된 이즈음에 이를 '있었던 그대로' 복원하는 일은, 그만큼 더 시급하고 긴요한 일이 된다. 이런 차원에서 伯伯(Baibai)이 南元 황태자로 책봉되었기 때문에, 그 후 조선조가 창업되고 나서도 이미 망국민이 된 이들에 대해 역대 조선왕들이 일정한 격식을 갖추어 특히 그 효용성이 유지되는 동안, 그들을 국가차원에서 대우하고 관심을 가지고 돌보았던 것이라 해야 할 것이다. 그리하여 갑오경장 이전까지 6백여 년을 외래 몽골인으로, 조선조가 몽골칸국과 역사적으로 적대적이었던 명·청의 중국과 宗藩關係를 맺어 왔는데도 불구하고 그들만은 버젓이 '大元'이라는 本貫을 갖는 姓을 유지하며 조선국의 탐라도에서 버텨올 수 있었던 것이라 하겠다.

조선조에 들어 보보(拍拍 : Bobo)태자에 대한 첫 기록은 1395년(乙亥 : 조선 태조 4 : 명 태조 洪武 28) 5월 초8일조에

> 바이바이(伯伯 : Baibai) 태자에게 쌀과 콩 4백斛과 저포·마포 30필을 내 주고, 양왕의 손자에게 쌀과 콩 1백곡과 저포·마포 10장[66]을 내 주었다.

고 한 것이다.[67] 여기서 한 가지 주목되는 것은 『고려사』의 관련 기록들에서 박박(拍拍)태자라 적어 오던 바이바이 태자의 이름을 돌연히 1382년 명 태조 15년조의 『明史』에 나오는 표기를 따라 바이바이(伯伯 : Baibai) 태자라고 바꿔 적고 있다는 점이다. 우연이라기에는 이상할 정도로 그 마지막 기록인 1444년(甲子 : 조선 세종 26) 3월조 기록에 이르기까지 일관성을 유지하고 있는 점이 주목된다. 말기의 고려조정보다는 명나라의 지적인 정보를 더 정확히 수용할 수 있는 당시의 상황변화 때문이었을 것으로 추정된다. 아울러

65) 본고 주 68) 참조.

66) 세종대왕기념사업회 발행, 『태조강헌대왕실록』 2, 1972, 64쪽에서는 匹을 匹로 잘못 번역하고 있다.

67) 『太祖康獻大王實錄』 권7, 四年 乙亥條에 "五月 癸巳……庚子……賜伯伯太子 米豆四百斛 紵麻布三十匹 梁王孫子 米豆百斛 紵麻布十匹"이라 기록하고 있다.

양왕의 '아들'인 바이바이 황태자에게도 주었고 양왕의 '손자'에게도 주었다는 것, 그것도 양왕의 아들 바이바이 황태자와 양왕의 손자인 그 누구에게는 차등을 두어 주었던 것으로 미루어 보아 바이바이 황태자의 아들 료시류(六十奴 : Liosiliu)가 죽고 나서도 그의 아들뻘이 되는 형식상 후계자인 어떤 존재－양왕의 손자가 있었음을 알 수 있다. 그런 후계구도 속의 그가 아이얀테무르(愛顔帖木兒 : Aiyantemur)였을 가능성도 염두에 둘 수 있다.

다시 이로부터 5년 뒤인 1400년(庚辰 : 조선 정종 2 : 明 惠帝 建文 2) 9월 16일조에

> 제주의 바이바이 황태자[68]가 宦者를 보내어 말 3필과 금가락지를 바쳤다.

는 기록이 보인다.[69] 여기서 朝鮮朝廷과 바이바이 황태자의 탐라조정 사이에 일정한 외교적인 儀禮가 행해지고 있었음을 알 수 있다. 그리고 환자를 보냈다고 한 것으로 보아 宦官이 바이바이 황태자의 신변에 집무하고 있었음을 알게 되는데, 이는 앞서 언급한 1388년 6월의 명태조의 聖旨에서 거론한

68) 세종대왕기념사업회 발행, 『정종공정왕실록』, 1974, 176쪽에서는 이에 주15)를 달아 이런 설명을 베풀고 있다. "麗末鮮初에 제주를 지배하던 호족의 추장이름이다. 당시 제주의 호족은 太子·星主(高氏)·王子(良氏)·都上(夫氏)의 칭호를 임의로 사용하였다"는 것이다. 주를 단 이들이 이런 '역사 속의 역사(史中史)'의 내용을 전혀 파악하지 못한 데서 저질러진 커다란 오류라 아니 할 수 없다. 거기에 역사적으로 몽골세계칸국 중앙정부의 황통문제－키야드 보르지긴의 혈통인 알탄우룩계보의 개입이 있을 수밖에 없는 역사적인 필연성이 있음을 알아야 할 것이다. 더구나 이는 1405년 티무르가 몽골세계칸국의 재건을 위해 명나라를 향해 진공해 오기 5년 전의 일로, 1400년경에는 아직 北元의 존재가 明과 高麗에게 예측을 불허하는 막중한 위협으로 엄존하고 있었음을 상기할 필요가 있다. 이성계가문이 100여 년간 고려계 몽골군벌 노릇을 해 왔으므로 조선왕조 자체가 몽골칸국의 역사적인 태반에서 주로 잉태될 수밖에 없었던 당시의 역사적 상황을 밑그림으로 깔고 이런 사료를 읽어내야 제대로 사실을 復元할 수 있을 것이다. 물론 그 밖의 성주나 왕자 및 도상도 역사적으로 그 당시 상황에서 그렇게 자리매김 될 수 있을 만해서 그렇게 존재하고 있었음을 밝히는 일이, '耽羅國史'－제주사의 정체성을 확보케 하는 과학적인 접근 방식이 될 것이다.

69) 『定宗恭靖王實錄』 권5, 二年 庚辰 九月條에 "丁丑……濟州伯伯太子 遣宦者獻馬三匹及金環"이라 기록하고 있다.

위수군 수만 명과 함께 당시의 명나라 조정에서 최소한의 皇宮의 儀制를 갖추려 했음을 엿볼 수 있게 한다. 적어도 명 태조 朱元璋의 外飾은 그런 의도를 내포하고 있었음을 능히 짐작할 수 있게 해 준다는 것이다.

이런 일이 있은 지 4년 뒤인 1404년(甲申 : 조선 태종 4 ; 明 成祖 永樂 2) 10월 초4일조에

> 바아바이 황태자가 제주에서 죽었다.

고 하여,[70] 한 때 세계를 호령했던 쿠빌라이 대칸의 혈손 알탄우룩(黃金氏族) 키야드 보르지긴 씨족인 바이바이 황태자가, 한 많은 일생을 탐라 '남원'황궁에서 끝마쳤음을 알려주고 있다. 1382년에 탐라섬에 유배되어 온 이래로 63년간 치욕스런 耽羅「南元」朝廷의 皇太子노릇을 하다 간 셈이다. 물론 '卒'이라는 그의 사망을 알리는 글의 격식은 그를 황태자로 예우한 것이 결코 아니지만, 이는 儒者들이 득세하는 세태하에서 후세의 사가들이 일부러 더 그렇게 폄하해 적었을 가능성도 있다고 하겠다.

그 후 그의 직계 후손이나 양왕의 손자 누가 그의 황태자 칭호를 계승했다는 기록은 없다. 다만 그로부터 30년 뒤인 1444년(甲子 : 조선 세종 26 ; 명나라 英宗 正統 9) 3월 초3일조에

> "병조가 傳旨하기를 바이바이황태자의 황태자비인 그의 아내(妻)가 나이가 늙고 빈궁하여 살아가는 것이 불쌍하니, 제주로 하여금 해마다 의복과 양식이며 惠養할 물건을 주어 특별히 存恤을 더하라. 또 사위 林鬱에게 병역을 시키지 말아 오로지 바이바이 황태자비의 보양만을 맡도록 하라고 했다."

는 기록이 나올 뿐,[71] 그 후로는 내내 그대로 역사의 심연 속에 묻혀 버리고

---

70) 『太宗恭定大王實錄』 권8, 四年 甲申 十月 壬申(초4일)條에 "壬申……伯伯太子卒于濟州"라 기록해 있다.

71) 『世宗莊憲大王實錄』 권103, 二十六年 甲子 三月 癸丑條에 "傳旨兵曹 伯伯太子妻年老貧窮 生理可恤 其令濟州每年給衣糧及惠養之物 特加存恤 且外甥林鬱 勿差軍

말았다. 그러나 여기서 우리는 1444년 당시까지는 적어도 세종대왕이 친히 관심을 가지고 바이바이 몽골황태자 일가를 이렇게 돌보고 있었음에 주목해야 할 것이다. 1894년 갑오경장 이전까지만 해도 大元이라는 本貫을 당당히 밝히고 살아온 이들이 있었던 것으로 보이는데, 그 후에는 '내가 몽골칸의 후예'라고 밝히고 나서는 이들이 거의 없는 모양이다.[72] 어떤 시대상을 반영하는 것일까? 그리고 그런 일련의 흐름이 갖는 역사적 의미는 무엇일까? 그간 600여 년간 토착민과 서로 피를 섞고 살아오며 한 주민으로 정착되어 있으면서 탐라섬 어디에선가 지금 이 순간에도 자신들의 게놈대로, 제 숨결로 숨을 쉬고 있음에 틀림없을 것이다. 앞으로도 언제까지나 키야드 보르지긴씨를 부르면 한라산은 메아리 없는 반향만 되돌려 보낼까. '있었던 그대로' 또는 '있는 그대로'의 나를 바로 보는 것이 '보고 싶은 대로' 또는 '보이는 대로'의

役 專委奉養"이라 기록했다. 여기서 황태자비에 대해 '妻'라는 글자를 써서 호칭하고 있는 것도 바이바이 황태자의 죽음을 '卒'이라 쓴 것처럼 역시 親明王朝 朝鮮朝의 후세사가들이 이를 貶下해 쓴 기록이라 하겠다. 그래도 이처럼 세종대왕이 몸소 관심을 가지고 이들을 보살폈던 1444년 당시에야 이런 표현이 가능했을 리 없다. 그 뒤의 일이기는 하지만, 1592년의 임진왜란 때 명나라의 軍事援助를 받은 이후부터는 朱子學者들의 이런 역사왜곡은, 특히 末端枝葉的인 문제들에서 茶飯事로 있어왔던 것으로 보인다.

72) 지금도 자기들이 13세기에 몽골말을 관리하는 監牧官으로 온 左亨蘇의 후예라고 고백하는 사례가 있기는 하다. 그러나 그들은 이미 1374년 崔瑩의 牧胡討伐 후에 한국인으로 귀화하였고 『春秋左氏傳』의 저자인 左丘明을 자기들의 시조로 삼는 族譜譜系를 꾸며 놓고 있어서, 당시에 감목관이면 말치기 몽골인이었음이 거의 틀림없었음에도 불구하고 의식상으로는 이미 자기들의 역사적인 정체성을 상실한 상태였다. 한국의 중국식 漢字姓이 대부분 걸어 온 그런 길을 그들도 걸었던 것이라 하겠다. 허용범, 앞의 글, 515~517쪽 참조. 몽골군벌가문 출신인 몽골장군 이성계가 親明쿠데타로 집권해 조선조를 창업하면서 중국사 지향 일변도의 家史라 할 龍飛御天歌를 쓴 것과 같은, 그런 당시의 시대적 성향에서 비롯된 것이라 하겠다. 直前時代 팍스 몽골리카체제 토대를 부정하고 그 당시 나름의 明帝國 중심 세계체제에 들어가야 생존이 좀 더 유리하게 보장되기 때문이었을 것으로 보인다. 이를 위해 유전자(DNA)조작이라 할 제 개체역사 조작을 서슴지 않으면서 그것이 수백 년간 관행으로 돼오다 보니 마침내는 자기 개체의 역사적 정체성을 완전히 상실하기에 이르렀다면, "온 천하를 다 얻고도 나 자신을 잃으면 무엇하리오" 하는 『히브리聖書』의 잠언을 한 번쯤 되새겨보는 史眼이 열릴 때가, 이제는 도래한 것이 아닐까? 그것이 어떤 것이든 제 게놈을 소외시킨 삶의 참보람 또는 기쁨이란 언제, 어디의, 누구에게도 있을 수 없는 것이기 때문이다.

나만 보는 것보다 살아남는 싸움에서 훨씬 더 경쟁력을 제대로 확보할 수 있음은 두말할 나위가 없다.

앞의 2절에서 살펴보았듯이 1368년 토곤테무르칸 일행의 北走는, 그들이 잠시 원나라 내부의 봉기군을 피해 전열을 가다듬으면서 자기들의 본거지인 광활한 스텝-타이가지역과 고려-탐라의 해양역량을 동원해 스텝과 해양에서 옛 남송지역을 협공해 漢族농민봉기를 제압하고 국가를 다시 일으켜 세우려 한 고도의 전략전술이었을 수 있다. 토곤테무르칸을 위시한 그들의 지휘부가 몽골초원으로 가건 탐라섬으로 피하건 그것은 어디까지나 하나의 전술전략적인 작전행위로 생각했던 그들이었기에 이런 추정을 해볼 수 있는 것이다.

실제 당시 원의 멸망은 군사력의 해체나 소멸 때문이 아니라 강남의 농민봉기로 군량의 수송이 두절되었기 때문이라는 지적이 이런 가설을 뒷받침해준다. 비록 몽골스텝으로 쫓겨간 북원 지도부의 세력은 크지 않을 수 있지만 역시 몽골스텝은 유목기마전투의 태반이 되는 곳으로서, 당시의 몽골군사력의 총체적 역량 자체를 농경적 시각에서 파악해 北元을 군사적으로도 이미 망한 국가로만 평가하는 것은 14세기 말 북동아시아의 三國鼎立構圖의 本質을 축소 내지는 왜곡케 할 위험성이 크다. 특히 몽골 호족세력 역량들의 향배와 팍스 몽골리카체제에 포함됐던 여러 세력들의 연합 가능성을 염두에 두면, 그 후 전개된 역사적 상황으로 미루어볼 때 그것이 크게 잘못된 해석이었음을 깨닫게 된다. 명은 중원에서 막 새로 일어나는 국가로서의 강점과 약점이 있었고, 원은 그것이 몽골본부를 근거지로 하는 한 철수한 기존의 강국으로서의 강점과 약점이 각각 있었음을, 냉엄하게 균형감각을 잃지 않고 객관적으로 파악하는 일이 무엇보다 더 중요하다고 하겠다.

元나라가 망할 무렵인 1370년경에 이미 새로운 세력으로 발돋움하기 시작한 티무르가 마침내 1405년(永樂 3)에는 칭기스칸 몽골칸국의 復元을 모토로 東征을 외치며 明으로 진격해오다가 시르하반에서 病死해 명이 一觸卽發의 위기에서 겨우 구원되었는가 하면, 永樂帝 成祖가 그의 세력기반인 燕京의 군대가 몽골기병에 크게 토대를 두고 있는 것을 활용해 1410~1424년에

5차에 걸쳐 50만 대군을 동원해 몽골스텝 親征을 감행하다가 끝내 1424년 7월 18일에 우줌친기旗 동남 부근의 楡木川에서 歸路에 병들어 죽는 일이 있기도 했다. 그 후 明朝가 영락제의 몽골스텝 친정을 흉내내다가 1449년 8월 31일 50만 明軍을 동원한 英宗皇帝가 戰場에서 불과 2만 몽골군을 지휘하는 오이라트의 엣센太師에게 사로잡히는 유명한 '土木堡 大捷'이 이루어지고 명나라의 京師가 사실상 함락되는 지경에 이르기도 하였다. 이로 미루어볼 때 장기적으로 보면 토곤테무르칸의 전략적 후퇴가 적어도 군사작전면에서는 전혀 헛된 것만은 아님을 알 수 있다.

신흥왕조인 당시의 明朝에게 北元의 존재는 큰 위협일 수밖에 없었고 이들이 백여 년 이상의 혈맹관계로 다져진 고려와의 연합전열을 다시 가다듬게 된다면 그 위협은 거의 치명적일 수 있었다. 이러한 역사적 상황에서 1388년 북원의 마지막 칸이라 할 토고스테무르칸(연호 : 天元)과 그의 아들 텐바오류(天保奴)가 톨河畔에서 부하인 아릭부케系 예수데르에게 시해되면서 1479~1517년에 걸쳐 만두하이부인의 후견하에 바트뭉크·다이얀칸이 등장해 봉건영주들의 세력을 牧主勢力으로 개편하고 쿠빌라이계 알탄우룩 몽골황통을 복원하는 과감한 개혁을 단행하기까지[73] 장기적인 칸위 쟁탈전의 소용돌이 속으로 휘말려 들어가는 문턱에서, 고려출신 奇올제이쿠툭카툰의 혈통을 받은 北元 대칸의 예하에 있으면서 쿠빌라이 대칸의 직계후손이기도 한 바이바이를 몽골황태자로 책봉한 耽羅國'南元'朝廷을 경영하는 주원장과 이성계의 전략이 구현됐던 것이라 하겠다.

형식상 바이바이 몽골황태자는 북원 토고스테무르칸의 아들 텐바오류를 대신하지 않았을까 추정된다. 결국 바이바이 몽골황태자를 중심으로 하는 耽羅'南元'政權의 경영은 親元反明을 표방하는 고려 내부세력과 親明反元을 표방하는 이성계 일파간의 첨예한 대립이 이성계 일파의 승리로 가닥이

---

73) 내몽골사회과학원 역사연구소 『몽골통사』編史組, 『몽골족통사』 中, 민족출판사, 1993, 431~521쪽 ; 曹永年, 『몽골민족통사』 3, 내몽골대학출판사, 1991, 1~240쪽 ; 萩原淳平, (東洋史硏究叢刊之三十二)『明代蒙古史硏究』, 同明舍, 1980, 1~214쪽 참조.

잡혀가는 가운데 耽羅國을 중심무대로 삼고 연출된 주원장과 이성계의 합작품으로 이루어진 反蒙聯合戰線 구축상의 결실이라고 할 수 있을 것이다.

그리하여 그 후 북원이라는, 명조와 조선조에 대한 위협세력을 제어하는 데 효력이 있는 동안[74]은 耽羅都의 '南元'政權의 위치도 그 나름으로 자리매김해 갔을 것으로 보인다. 공교롭게도 바이바이 황태자에 대한 기록이 마지막으로 나오는 조선조 세종 26년 바로 다음해인 세종 27년(1445) 6월 10일에, 제주도에서 종래의 토착호족의 귀족계급체제를 완전히 폐지시키는 조처[75]가 이루어졌다. 이는 훨씬 전 태종 2년(1402)에 제주도에서 성주와 왕자의 호칭을 폐지한 데 이은 조치였다. 이들 또한 바이바이(伯伯 : Baibai) 몽골황태자에 대한 기록이 역사의 심연 속으로 묻혀버리는데 지대한 작용을 했을 것으로 추정된다.[76]

4. 맺음말

元末에 토곤테무르칸이 급박한 전황의 전개 과정에서 耽羅遷都의 실행을 구상하고 구체적으로 실천에 착수까지 했던 데에는, 그만한 역사적인 배경과 당시 戰局狀況의 구체적인 전개라는 현실이 동시에 작용하고 있었다.

사실상의 몽골직할지사라 할 몽골치하 탐라 100여 년사에, 그것도 당시로

---

74) 그 후 몽골스텝 자체 내부에서 알탄우룩 내부, 곧 키야드 보르지긴 내부의 칸위 쟁탈전이 점점 더 치열해지고 마침내 오이라트세력까지 이에 가세했을 때는 그 자체 내부세력들을 이간시켜 대립시키는 방법이 더 효과적이었으므로 耽羅'南元'政權의 효용가치는 그만큼 더 감소되어 갔을 것으로 보인다.

75) 『世宗莊憲大王實錄』 권108-17~18, 二十七年 乙丑 六月 壬子條에 "또 '제주 左右都知管을 革罷함이 어떨까' 하니 황보인 등이 아뢰기를 '特旨의 월수(朔數)를 통계함은 上敎가 지당하오며, 제주 도지관은 관할하는 호수가 아주 많아 노예처럼 부려먹다가 점차로 推刷하여 軍籍에 옮겨 붙였사오매, 이제 남아 있는 것도 적으니 죄다 軍에 붙이게 하고 都知管의 이름을 혁파함이 마땅합니다' 하여, 임금이 이르기를 '의정부에서 여럿이 의논하여 아뢰라' 하다"라고 기록했다.

76) 본고는 원래 2002년 2월 28일, 제주사정립사업추진협의회 (우 690-031/ 제주시 삼도 1동 240-23/ 전화 : 064-724-6669 ; E-mail : chejusa@netsgo.com, 김명철)의 요청으로 집필해 투고했었다.

서는 최첨단무기를 생산하는 군수산업기지인 목마장이자 태평양무역 근거지로서의 탐라섬이었다면 기록될 수 있는 기사내용이 아주 많았을 것임에도 남긴 기록은 거의 없다. 『元史』가 明初에 元代의 南人 출신 사가들에 의해 소략하게 편찬된 데에서 비롯된 문제일 수도 있다.

1273년 5월에 탐라섬에서 몽골군을 이끌고 들어온 고려 元宗을 우두머리로 한 고려 왕정복고세력의 연합 공격으로 이제까지의 抗蒙主體武力이었던 삼별초가 섬멸돼 탐라섬이 몽골직할지가 되고부터 그간 형식상의 출입이 없었던 것은 아니나, 사실상으로는 1374년 최영이 탐라섬의 牧胡勢力을 진압할 때까지 1273~1374년에 걸치는 100여 년간의 탐라섬은 실제로 몽골중앙정부와 직결되면서 고려의 開京 이상으로 전술적으로 중시되었던, 팍스 몽골리카체제 속에서의 동태평양권 경영의 핵심부였다고 하겠다. 이때 목호토벌에 동원된 군대가 25,605명이고 병선이 314척이어서 당시의 고려 전군이 거의 총동원되다시피 한 것이 이런 사정을 말해준다.

이에 앞서 몽골세계제국과의 관계 이전에도 탐라섬은 몽골인들의 선조인 貊系 鮮卑族들과 이미 밀접한 역사적인 관계를 맺어왔을 가능성도 이미 언급되었다. 시라토리 구라키치(白鳥庫吉)는 거침없이 이 주호인을 鮮卑族이나 烏桓族이 해상으로 이동해와서 탐라섬에 정착한 사람들로 봤다. 선비족이나 오환족과 같은 화산으로 생겨난 대흥안령 일대의 貊族이 江海루트를 통해 역시 화산활동으로 생겨난 한라산 중심의 탐라섬에 이르러 살게 됐다고 본 것은 卓見으로, 이는 그가 이미 당시에 북아시아인들의 큰 역사적인 흐름 속에서 사료들을 읽을 수 있었음을 알려준다.

신용하도 이에 이어, 탐라국은 요동반도와 압록강 이북 만주지방과 한반도 북부를 중심으로 하여 先민족 및 부족들이 고대국가들의 영토확장 경쟁과 권력투쟁과정에서 B.C. 3C~A.D. 1C에 일어난 북방으로부터 남방으로의 선민족 및 부족들의 대이동 과정에서, 제주도로 이동해온 철기문화를 가진 선진부족들에 의해 형성된 고대국가라는 견해를 밝히고 있다.

바이칼 호수 언저리, 훌룬부이르 몽골스텝, 카라코룸, 쿠빌라이의 쿠데타

근거지로 몽골고원 남단에 있는 上都, 다리강가 스텝과 발해의 東京城 및 上京 龍泉府 일대가 모두 탐라섬처럼 거대한 화산지대다. 특히 몽골칸국의 수도인 카라코룸은 '카라'와 '코룸'이 합쳐서 된 이름인데 '코룸'은 후렘밍촐로(火山石)란 말이고 '카라'는 그 색이 검다는 뜻이다. 몽골사람들은 이런 곳을 골라 수도를 삼는 경향이 있었던 듯하다. 그렇다면 탐라섬의 '漢拏'산도 여러 가지 해석이 있지만 산 자체의 실체를 지적하는 '카라산' 곧 '화산'에서 비롯된 이름일 수 있다. 그래서 그 자리는 해상기지로 원말에 몽골칸국의 遷都 대상지로 선택될 만했다는 것이다.

耽羅國이라는 이름은 新羅로부터 받은 것이었는데 비록 속국이었지만 국가의 위상을 가지고 있었다. 그래서 서해안의 해상 상권을 장악한 기반 위에 한반도 내의 후삼국을 통일한 王建의 고려가 탐라국을 고려의 영토로 편입하면서도 고려의 藩國으로 독립적인 체제를 유지시켜 주었다. 그러나 1211년 마침내 탐라라는 이름조차 없어지고 濟州로 불리기에 이르렀다. 그러니까 '제주섬'이라는 오늘날의 호칭은 탐라국사 자체의 시각에서 보면 亡國의 痛恨을 含蓄하는 이름일 수 있는 셈이다. 이런 '제주'를 쿠빌라이칸의 元朝는 다시 '耽羅'로 復元시켜 고려의 중앙집권체제 하의 지방조직에서 분리해내어 일약 '耽羅國'이라는 獨立國 지위로 격상시켰을 뿐만 아니라 팍스 몽골리카체제 안에서 고려 다음 일본의 상위에까지 올려놓았다. 물론 이렇게 國家 차원으로 탐라도가 격상된 이상, 耽羅都가 있고 耽羅朝廷이 있어 그 首班이 冊封돼야 함은 상식이다. 耽羅'南元'朝廷의 몽골황태자가 이런 격식에 맞춰 이루어질 수도 있다는 것이다.

동부몽골 다리강가 초원을 중심 목마장으로 하고, 탐라섬을 그 십여 개 分枝 중의 하나로 삼았던 것이 사실이지만, 탐라섬은 몽골칸들의 중심적인 활동무대였던 동부몽골 초원과 너무나 많이 닮았다. 당시로서는 牧馬場이라면 최첨단 무기를 생산하는 군수산업기지였으므로 대몽골칸국 안에서 점하는 중요도가 비할 데 없이 높았음은 물론이다. 당연히 가장 믿을만한 다수의 정예기병이 수비를 맡고 상주했다. 1282년 일본원정에 패전한 후에 원나라

조정에서는 고려 開京은 겨우 60명의 군사로 수비케 했고 耽羅섬에는 蒙·漢軍 1400명이 와서 수비케 했다. 아무리 戰時라고는 하지만, 이 당시 수비병 배치로 보면 원나라 조정의 입장에서는 개경 : 탐라의 비중은 1(개경) : 23.4(탐라국) 정도였다. 대몽골칸국 직영목마장뿐만 아니라 쿠빌라이칸의 차부이(察必 : Čabui) 카툰(황후)의 목마장이나 奇올제이쿠툭 황후의 그것도 있었다.

그는 탐라섬을, 西海의 江華島－珍島－耽羅島－日本列島를 징검다리로 삼아 바다를 제패하는 해상군사기지로 보고 거대한 태평양 해상무역의 이권을 거머쥐는 要衝地로 보았던 것이다. 그래서 중국 25史 중에서 유일하게 『元史』「外夷列傳」에서만 '고려·탐라·일본…'식으로 耽羅를 하나의 국가로 당당히 수록하고 있을 뿐만 아니라 耽羅國을 고려의 우방국으로 보고 놀랍게도 日本國의 上位國으로 팍스 몽골리카체제 내에 자리매김해 기록하고 있다. 고려를 복속시킨 쿠빌라이칸이 탐라국을 남송과 일본의 衝要로 삼아 주목하다가 탐라에서 그곳을 거점으로 삼아 항거하는 고려의 삼별초를 섬멸하자마자 탐라국을 사실상의 몽골칸국 直轄地로 재편해버렸던 것은 몽골세계칸국의 사실상의 創業完成者이자 그 중앙정부 元朝의 正統을 잇는 후계구도가 그의 혈통으로 확정되게 중앙집권적 기반을 구축했던 쿠빌라이 대칸에게는 지극히 당연한 일이었다.

심양왕의 瀋陽府는 원나라 요양행성에 직속되어 있으니 논외로 한다면 元 황실이 직접 간여한 역사를 꾸려온 것은, 東寧府도 아니고 雙城總管府도 아니며 오직 耽羅總管府뿐이었다. 元朝 직영의 최첨단 군수산업기지로서의 목마장이 경영되었는가 하면 원조재정에서 막대한 비중을 갖는 해상무역기지이기도 했으며, 원말명초에는 피난 皇宮의 定礎 내지는 바이바이(伯伯) 몽골황태자가 옹립된 南元朝廷이 자리잡기까지 했던 곳이기 때문이다. 그러니까 대몽골칸국의 세계전선 경영이라는 시각으로 보면, 그 몽골조정이 한반도를 경영하면서 군사-경제적 실리를 챙기기 위해 주력한 곳은 高麗國 松都-開京이었다기보다는 차라리 耽羅國, 耽羅都였다는 점을 상기해내는 일이 무엇보다도 탐라국사를 제대로 간파해 가는 데에 긴요하다 하겠다.

물론 元帝國의 고려에 대한 以夷制夷(Divide and Rule)策의 일환일 수 있다.

1368년 원이 망한 후에도 탐라섬 牧胡 抗命事件이 줄을 이었으며 1374년 7월 崔瑩이 토벌군 25,605명과 병선 314척을 동원하여 이들을 진압하고 탐라섬의 주권을 되찾았을 때에 무려 牧胡 3,000騎가 있었다고 할 정도였다. 1만여 명 남짓했을 것으로 추정되는 당시의 탐라섬 전체의 인구 중에서 점하는 비중으로 보면 매우 큰 것이라 하겠다. 이처럼 대량의 직속 목호들이 근100년 간 둥지를 틀고 지켜낸 군사기지인 탐라섬이었다. 원말에 이미 봉건호족세력들의 각축장이 되어버린 몽골고원보다 훨씬 안전한 곳이고, 駙馬國이자 外孫의 나라이며 奇올제이쿠툭 황후의 母國이기도 한 고려와 그동안 함께 다져온 방어체제 또한 그들의 재기를 기약하는 한 담보가 될 수 있다고 생각했을 수 있다. 잠시 원나라 내부의 봉기군을 피해 전열을 가다듬으면서 자기들의 본거지인 광활한 스텝-타이가지역과 고려-탐라의 해양역량을 동원해 스텝과 해양에서 옛 남송지역을 협공해 漢族농민봉기를 제압하고 國基를 다시 일으켜 세우려 했을 수가 있다. 토곤테무르칸을 위시한 그들의 지휘부가 몽골초원으로 가건 탐라섬으로 피하건 그것은 어디까지나 하나의 전술전략적인 작전행위로 생각했었기 때문에, 이런 추정을 해볼 수 있다. 당시 원의 멸망은 군사력의 해체나 소멸 때문이 아니라 강남의 농민봉기로 군량의 수송이 두절되었기 때문이라는 지적이 이런 가설을 뒷받침해 준다.

奇올제이쿠툭 황후의 牧馬場이 쿠빌라이칸의 정비 차부이 카툰에 이어 탐라에 있었다거나, 전설대로 그녀의 아들 아유시리달라칸(昭宗)을 탐라섬 元堂寺의 祈子塔에서 치성을 드려 얻었던 것이라면 아유시리달라칸을 뒤이은 토고스테무르(脫古思帖木兒)칸과 그의 맏아들 텐바오류(天保奴) 父子가 弑害당한 다음에 그를 대신하여, 같은 쿠빌라이칸의 血孫인 北元인 포로 바이바이(伯伯) 몽골 威順王子를 耽羅國 '南元'皇太子로 옹립하는 일은 그 당시의 몽골인들에게는 대단한 정치적 효용성을 가질 수도 있는 터였다.

1382년(명 태조 15) 봄 "雲南을 평정하고 여름 4월에 원나라 梁王 발자와르미르 및 威順王子 바이바이 등 가속들을 탐라로 옮겼다"는 기록에서, 元 惠宗 토곤테무르칸과 그 가속처럼 이들이 자주적으로 탐라섬으로 피난해오려 했던 것이 아닌 터에, 명 태조 주원장의 의도에 따라 패잔세력으로 귀양오는 식으로, 이들이 탐라섬에 처음으로 모셔진 것을 알 수 있다. 그들이 탐라섬에 언제 어떻게 도착했는지는 기록이 없어 알 길이 없다. 다만 그 후에 위순왕자 바이바이를 중심으로 하는 기록이 조선조 세종 때인 1444년까지 계속되는 것으로 보아 이들의 탐라섬 도착은 기정사실로 받아들일 수 있다. 위순왕자 바이바이 중심의, 몽골친왕집단 탐라섬 유배생활사는 사서에 기록이 남은 기간만도 63년이 되는 셈이다.

1368년 7월 28일 밤중에 元 惠宗 토곤테무르칸(妥懽帖睦爾 : 順帝)이 奇올제이쿠툭(完者忽都) 황후와 그 아들 아유시리달라(愛猷識理達臘) 황태자 등의 소수 측근들을 이끌고 본거지인 몽골스텝으로 도주하면서 元왕조는 망했다. 14년이 지난 뒤인 1382년부터 63년간의 몽골친왕집단 탐라도유배생활사가 갖는 역사적 의미는, 그래서 더욱 주목된다. 물론 1444년 이후에도 그들이 돌아갔다는 기록이 없고 또 그럴 수 있는 어떤 극적인 역사적 계기가 주어졌던 적이 없는 것으로 보아서, 그들은 계속 탐라에 살 수밖에 없었다. 실제로 1486년 편찬된 『동국여지승람』「제주도」 성씨조에 원나라에서 들어온 성씨로 '趙, 李, 石, 肖, 姜, 鄭, 張, 宋, 周, 秦'씨를 들고 원이 망한 다음에 온 성씨로 '梁, 安, 姜, 對'씨를 들고 있어서 그 가능성이 매우 큼을 알 수 있다. 우선 조선조 成宗(1486) 때까지 이들이 존재했을 가능성을 관찬사료가 입증해 주고 있는 셈이다.

더구나 1894년 갑오경장을 전후해 한국의 족보가 대대적으로 변조, 위조, 매매되기 이전까지는 大元이나 雲南을 本貫으로 하는 탐라섬의 몽골성씨들이 엄존하고 있었음을 입증하는 사료가 발굴, 보고되고 있음을 볼 때 그럴 가능성은 현재도 상존하고 있음을 알 수 있다. 제주시내에 있는 제주자연사박물관 소장 戶口單子에 조선 후기에 속하는 것으로 추정되는, 大元을 본관으로 하는 趙氏들이 나온다든가, 『제주 대정현 사계리 戶籍中草』에 1807년(丁卯 :

조선조 純祖 7)에 만든 호적중초 寫本이 한 장 실려 있는데 그 내용으로 '大元'을 본관으로 하는 34세의 姜奉朱라는 書員에 관한 것으로 외조부는 武士 晉州 강씨 姜胤齊라 기록돼 있는 것이 그 예들이다.

그러나 여기서 문제로 삼는 탐라섬 몽골친왕 유배사는 주로 그것이 정사에 기록을 남기고 있는 1382~1444년까지 곧 고려조 禑王 8년(명 태조 洪武 15)~조선조 世宗 26년(명 英宗 正統 9) 무렵까지의 근 70년사에 관한 것이다.

탐라섬 몽골친왕 70년 유배사는 雲南의 梁王 발자와르미르(把匝剌瓦兒密)와 그 아들 바이바이(伯伯) 威順王子를 중심으로 전개된다. 그렇다면 운남은 여기서 무엇이며 1389년 이후는 위순왕자 바이바이가 바이바이 몽골황태자로까지 격상돼 기록된 그의 가계는 어떤 것이었나? 운남은 쿠빌라이가 南征으로 몽골칸국의 판도에 편입돼 그에 의해 명명된 땅이다. 쿠빌라이는 그곳에 1267년(至元 4) 8월 자기의 다섯째 아들 쿠게치(忽哥赤)를 왕으로 책봉했다.

그 후 그는 1271년 연회석상에서 中毒으로 죽고 그의 아들 엣센테무르(也先帖木兒 : Esentemur)가 1280년 10월 雲南王을 세습한다. 엣센테무르는 1308년 武宗이 즉위하자 營王으로 進封되었고, 1329년(至順 3) 2월에 죽은 뒤 1334년(元統 2) 5월 그의 아들 아루(阿魯)가 세습하였다. 이후 1446년 이전 어느 해에 아루의 아들 보루(孛羅) 곧 梁王 발자와르미르(把匝剌瓦兒密)의 아버지가 운남왕을 세습하고 전공을 세워 1355년에 梁王이라는 작위를 받는다.

양왕이란 작위는 이렇게 발자와르미르에게 세습된 것이었는데, 그는 칸발릭이 明軍에게 함락된 지 13년이 지난 1381년 12월 북원의 아유시리달라칸(昭宗)에게 끝까지 충성을 다해 싸우다가 白石江戰鬪에서 明軍에게 패배하고 자살하고 만다.

이처럼 양왕은 자살하고 그의 아들 바이바이만 탐라섬으로 옮겨진 것으로 보인다. 威順王子 바이바이의 아버지가 梁王 발자와르미르요, 초대 운남왕 쿠게치가 그의 직계 선조이며 이 쿠게치가 바로 쿠빌라이칸의 아들이고 쿠빌라이칸은 칭기스칸의 손자이니, 바아바이는 분명히 알탄우룩 키야드 보르지긴 씨족, 그중에도 쿠빌라이 대칸의 직계혈손인 점이 주목된다. 그리고 주원장이 생포한 바이바이가 바로 北元 친왕의 아들로 탐라섬으로 귀양간 북원 황족인 것에 주목할 필요가 있다.

토곤테무르칸은 1370년(홍무 3) 4월 28일 오늘날의 우르몽골자치구 케식튼기(克什克騰旗) 달라이노르(達里諾爾 : 달라이호수)에서 서남쪽으로 약 2㎞ 정도 떨어져 있는 다르한올·솜(達日罕烏拉·蘇木)에 자리잡고 있었던 應昌府에서 이질에 걸려 51세 나이에 죽는다.

그 후 토곤테무르칸의 손자 곧 아유시리달라 황태자는 아들 마이디르발라(買的里八拉)와 후비 및 寶冊을 모두 빼앗기고 몽골스텝을 향해 북쪽으로 도피했다. 朱元璋은 마이디르발라는 황손으로 대우해 崇禮侯에 봉하지만 자신의 신민이 되는 조건속에서만 그 생존이 가능하였을 터이므로 결국 그렇게 역사 속으로 묻혀버렸다.

아유시리달라 황태자는 몽골칸국의 태반인 옛 수도 카라코룸에 이르러 칸이 되면서 周나라의 宣王과 漢나라의 光武를 본받아 대몽골칸국을 중흥시킨다는 결심으로 '宣光'이라 改元하고, 1374년 고려의 恭愍王이 죽자 재빨리 瀋王 暠의 손자 톡토부카(篤朶不花=脫脫不花)를 왕으로 봉하는 등, 그가 세상을 뜨는 1378년까지 국정을 과감히 수행하고 고토회복전쟁을 집요하게 벌였다.

北元의 아유시리달라칸(愛猷識理達臘 : 昭宗 : 연호 宣光)의 뒤를 이은 그의 아들 토고스테무르칸(脫古思帖木兒 : Togostemur : 연호 天元)도 雲南의 梁王 발쟈와르미르(把匝剌瓦兒密)에게 사신을 보내 통치를 수행했고, 이에 호응한 梁王은 죽을 때까지 끝내 충성을 바쳤으나 아버지 아유시리달라칸(昭宗)의 웅지에는 미치지 못했다.

그리하여 1388년 10월에 明將 藍玉의 北征으로 겨우 토고스테무르칸(脫古思帖木兒)은 그의 맏아들 텐바오류(天保奴)와 수십 騎로 부이르호(捕魚兒海)에서 카라코룸으로 가는 길에 톨河畔에서 부하 예수데르(也速迭兒)에게 父子가 모두 弑害돼, 쿠빌라이칸의 皇統이 사실상 끝나는 비극을 맞게 되었다.

그 후 쿠빌라이계와 그의 정적이었던 그의 동생 아릭부케계 예수데르의 후예가 칸위 쟁탈전을 벌이는가 하면, 더 나아가서는 아예 그 이전의 톨루이계와 오고타이계가 혼전을 벌이기도 하고, 심지어는 칭기스칸의 동생 카자르系까지 칸위 쟁탈전을 벌이는데, 그때마다 가능하기만 하면 明의 以夷制夷的 공략이 사정없이 파고들어와 심지어는 오이라트도 이에 개입시켜 농락해 마지않았다. 결국 이는 1479~1517년에 만두하이부인의 지지하에 바투뭉크 다이얀칸이 등극하여 대몽골칸계를 중심으로 봉건질서를 재조정해 중앙집권화에 상당히 성공할 때까지 지속된다.

물론 영락제가 몽골스텝을 친정하다가 병사하는 1424년 이후나, 특히 1449년 土木堡의 大捷으로 명나라가 치명타를 입으면서 부터는 명나라가 몽골칸위 쟁탈전에 개입할 여력이 없어지게 되기도 한다. 그리고 탐라국 '南元'정권의 운영은 이런 와중에서, 특히 토고스테무르칸과 아들 텐바오류 시해사건을 계기로, 이성계 정권과 주원장 정권이 연출해낸 北元에 대한 일련의 以夷制夷戰略의 한 결실이라고 하겠다. 북원을 明에서는 元·故元·前元으로 불렸는데, 『고려사』 공민왕 세가 20년조에 "北元遼陽省平章劉益…"이라고 한 기록에서 비롯된 '北元'으로 후세에 통일된 셈이다. 1382년 이후 주원장이 쿠데타에 성공한 이성계와 함께, 쿠빌라이칸의 직계 혈손이자 북원 황족이어서 북원의 황통 有故時라는 비상상황 하에서는 그런 자격은 있을 수도 있는 바이바이(伯伯) 왕자를 황태자로 격상시켜 그를 중심으로 몽골황손들을 이용해 조작해낸 탐라몽골정부를 그 지정학적인 위치를 고려해 저자는 '南元'으로 부르려 한다. 결국 당시의 고려-조선이 元·明 쟁패에서 한 축으로 끼어 있으면서 이들간의 역학관계를 조율하는 역할을 담당했으므로, 고려-조선인의 후예인 저자가 이를 '北元'에 대해 '南元'이라고 호칭해보는 것도 일리가 있다고 하겠다.

그 내용을 좀 더 구체적으로 살펴보면 다음과 같다.

이후 탐라섬의 북원 황족인 알탄우룩(Altan Urug) 친왕들 모시기는 그로부터 6년 후인 1388년 6월에 오면 더욱 대대적으로 국가차원에서 시도되고 있다. 또 이 해 6월에는 위화도회군으로 쿠데타에 성공한 이성계가, 사용을 금지했던 명의 홍무연호를 다시 사용케 하는 시기와 묘하게 맞아떨어진다. 더욱이 실로 우연히도 같은해 10월에는 쿠빌라이칸의 皇統을 이은 토곤테무르칸 및 그 황태자 아유시리달라칸(昭宗)의 후계자인 토고스테무르칸과 그의 아들 텐바오류가 예수데르에게 시해돼 사실상 쿠빌라이칸의 大元이 망하는 대사변이 일어났다.

사실 이즈음에는 아직 明, 北元과 高麗가 三國鼎立의 형세를 이루며 치열한 외교적 각축전을 벌이던 시기였다는 점에서 이러한 사변들은 예사로운 일일 수가 없었다. 우리가 크게 잘못 알고 있듯이 몽골이 군사적으로도 有名無實해지기만 했던 시기가 결코 아니라는 점과 고려가 이에 가세할 경우에 어떤 變數가 있을 수도 있었던 시대였음을, 당시의 역사 전개의 사실들을 통해 확인해보는 일이 매우 중요하다고 하겠다.

신우 14년(1388) 6월에 "박의중이 남경에서 돌아왔는데, 그를 통해 예부가 황제의 명을 받들어 咨文을 보내 양왕의 아들인 위순왕자와 그 가속들을 1382년에 보낸데 이어 그로부터 6년 후인 당시에 곧 이성계의 쿠데타 성공 직후에는 구체적인 후속조처를 취하겠다는 명 태조 朱元璋의 腹案을 고려정부에 알리고 있음을 보게 된다. 1382년경도 친명과 친원이라는 치열하고 긴박한 고려의 양다리 외교가 전개되는 가운데서 취해진 명의 조처였고, 1388년에도 마침내 고려의 거국적인 명의 遼東攻擊 작전 수행과 이성계의 威化島回軍이라는 숨가쁜 반명-친명노선이 교차되는 전국상황에서였음에 예의 주목할 필요가 있다. 위순왕자 바이바이 일행 이외에도 투항한 몽골친왕을 거의 모두 탐라로 모시고 군사 수만 명을 보내 호위케 하며 중국의 곡창지대인 兩浙에서 나는 양식을 공급해 먹고살게 해 몽골 알탄우룩인 키야드 보르지긴의 후사를 잇게 해주겠다는 주원장 자신의 원대한 구상을 밝힌 것이다.

그 계획이 어느 정도까지 구체적으로 실현되었는지는 자료의 부족으로 밝혀볼 수 없지만, 朱元璋이 하필 탐라섬을 배경으로 이처럼 삼국관계가 긴박하게 돌아가는 그 시점에서 그런 거창한 구상을 해본 점만으로도 그 나름의 충분한 이유가 있었음을 짐작케 한다. 그 장소를 굳이 탐라로 정한 것은 그곳이 옛 쿠빌라이칸의 牧馬場 곧 당시로 봐서는 최첨단무기를 생산하는 군수산업기지였기 때문이라는 것이었고, 그래서 그런지 쿠빌라이칸의 직계손인 양왕 발자와르미르의 아들 위순왕자 바이바이가 중심이 되는 몽골 친왕집단정부가 그 나름으로 운영되어갔던 것으로 볼 수 있다.

1388년 12월에는 더욱 구체적인 조처가 당사국인 고려와 연계되어 이루어지게 되었다. 여기서 고려란 물론 1388년 5월 쿠데타 성공 이후에 이성계가 좌우하는 고려조정이다.

그런데 우리는 여기서 이성계가 주원장의 聖旨를 따라 達達親王들을 모실 준비를 마치자마자 이에 바로 뒤이어 최영을 誅殺한 것을 알 수 있다. 親元攻明派의 숙청과 곧 이어지는, 명 태조 주원장이 사로잡아 귀양보낸 초라한 패잔세력 威順王子 바이바이의 몽골황태자 책봉 및 '南元'朝廷 개설이 서로 직접 맞물려 있는 사실들임을 보여준다고 하겠다. 여기서 우리는 1388년 6월에 명나라 태조의 대대적인 탐라도 알탄우룩 친왕집단 모시기 腹案이 제시되고 12월에는 구체적으로 이를 현지인 고려조정-이성계 일파의 협조를 구하면서 실천단계에 들어가고 있음을 볼 수 있다. 특히 12월에 있었던 명 태조의 조치에 대한 해석에서는, 그것이 당연히 쿠빌라이칸의 황통을 이은 마지막 대몽골국칸인 토고스테무르칸과 황태자 예정자로 추정되는 그의 아들 텐바오류가 10월에 부하 예수데르에게 弑害된 직후의 일이라는 점에 그 초점을 맞출 필요가 있다 하겠다. 이에 대한 모종의 본격적인 대응책을 획책하고 있음을 예감케 하기 때문이다.

여기서 주목되는 사실은 이런 구체적인 실천을 통해 몽골친왕집단을 탐라섬에 모실 기틀을 그 나름으로 어느 정도 잡자마자 명 태조 주원장이 사로잡아 귀양보낸 바이바이 王子가 돌연 다음해인 1389년 11월 기사부터 고려측 사료에서 拍拍(Bobo)太子=바이바이(Baibai) 皇太子로 화려하게 격상되어 나타나고 있다는 점이다. 雲南의 일개 분봉지의 왕인 발자와르미르 梁王의 아들인 바이바이 왕자가 일약 몽골대칸의 황태자인 大元帝國의 황태자 격으로 둔갑한 것이다. 물론 쿠빌라이칸의 직계 혈손이자 北元의 皇族이어서 비상상황하에서는 그런 자격은 있을 수도 있다. 그러나 아무리 부하의 弑害로 쿠빌라이칸의 황통이 끊겨버린 북원의 정세를 감안한다고 해도 물론, 명 태조 朱元璋과 이미 등극이 예정된 李成桂의 주도 아래 耽羅島에서 이런 중대한 사변이 일어나고 있다는 점은 분명 예삿일이 아니었다.

1368년에 토곤테무르칸이 주원장에게 황제 자리를 내어 준 다음에 1381년 四川省마저 함락되고 나서 사로잡힌 北元 토고스테무르칸 휘하 梁王 발자와르미르의 아들 바이바이 위순왕자가 탐라섬으로 귀양오더니, 1388년 3월에는 고려의 명나라 遼東 攻擊과 5월에는 이성계의 威化島回軍이 있었는가 하면, 10월에는 北元에서 쿠빌라이칸의 皇統이 끝장나는, 부하 예수데르에 의한 北元 마지막 칸인 토고스테무르칸과 그 아들 텐바오류의 弑害事件이 일어났다. 이처럼 긴박하게 북동아시아 정세가 휘몰아치는 바로 그해인 1388년을 전후해서 탐라섬에 귀양온 北元 토고스테무르칸 휘하 雲南의 梁王 아들 바이바이 왕자가 갑자기 일약 몽골황태자로 돌변케 된 데는 과연 어떤 국제정치적 내지는 전략적 배경이 숨어 있었을까? 패잔세력으로 포로가 돼 탐라섬에 귀양온 北元 토고스테무르칸의 휘하 황족인 위순왕자 바이바이가, 일약 토곤테무르칸과 奇올제이쿠툭 카툰 사이에서 태어나 몽골예케울루스 大元칸국의 황태자가 된 아유시리달라 황태자나 그의 계승자 토고스테무르 황태자와 그대로 동격이 되게 된 셈이다. 시해된 토고스테무르칸－황태자의 아들 텐바오류의 자리를 대신 차지한 격이 된 셈일 수도 있다.

梁王 발자와르미르의 왕자 바이바이를 주원장이 耽羅섬으로 호송했을 때부터 이미 그에게는, 상황의 추이에 따라 이를 이용할 어떤 복안이 있었던 것으로 보인다. 그래서 그로부터 20여 년 전 원나라가 망하려 할 무렵에 기왕에 탐라섬에 피난궁궐을 짓는 공사를 추진했던 원말 '대원칸국의 耽羅遷都 計劃'을 상징적으로 완성시켜 주는 차원에서 명 태조 주원장이 포로가 된 바이바이 황태자를 首班으로 하는 親王集團의 耽羅'南元'朝廷을 바로 그 자리에 초라하게나마 차려주었을 것으로 추정된다. 어디까지나 대명천자 명 태조 주원장의 예하에 둔 것이었으므로 皇太子 바이바이만 있을 수 있을

뿐으로 물론 '皇帝 바이바이(伯伯)대칸'을 탐라'남원'조정에 세우는 것은 비록 상징적인 것이었다고 해도 용납됐을 리가 만무하다. 토곤테무르칸까지만 황제로 인정해 順帝라는 칭호를 준 明나라 황제이니 순제의 아들 아유시리달라(愛猷識理達臘)는 아유시리달라칸 昭宗이 아니라 어디까지나 명나라에게는 황태자일 뿐이다. 더군다나 명나라 조정이 그의 후계자 토고스테무르칸을 황제로 인정했을 까닭이 없다. 어디까지나 이들은 고려여인 奇올제이쿠툭카툰의 피를 받은 황태자일 따름으로 모두 고려 탐라국과 인연이 닿을 수도 있는 존재들이었을 뿐이다.

그리고 이미 쿠빌라이칸의 목마장인 탐라국에 와 있는 바이바이 왕자 역시 마침 아유시리달라나 토고스테무르 황태자와 같은 쿠빌라이칸의 血孫이었다. 때마침 쿠빌라이칸의 정적이었던 아릭부케의 후손인 부하 예수데르에 의한 北元 토고스테무르칸－텐바오류 父子弑害事件으로 쿠빌라이칸의 皇統이 끝장난 판이니, 이틈에 쿠데타에 성공한 이성계와 합작하여 텐바오류와 같이 쿠빌라이의 혈손이 되는 北元 소속의 위순왕자 바이바이를 몽골황태자로 뒤를 잇게 하는 일은, 대내외적으로 명나라가 명분을 세워가며 명과 고려 내지는 조선 연합세력이 北元을 공략하는 국제적인 보루를 확보케 되는 기초작업이었다. 이런 호기를 놓칠 주원장과 이성계가 아니었다. 주원장의 탐라국 '남원' 바이바이 황태자 책봉은 이렇게 하여 이루어지게 된 것이라 하겠다.

그리하여 대명천자 주원장이 대원칸국을 모두 수용하는 중원의 정통계승자임을 정식으로 대내외적으로 과시할 수 있었을 뿐만 아니라, 전왕조의 후사를 잇게 은덕을 베푸는 그의 襟度를 四海에 선전할 수도 있게 되었을 것으로 보인다. 그리고 물론 이렇게 쌓은 명분의 토대 위에 叛逆이 횡행하는 당시의 北元을 공략할 수도 있었다 하겠다. 1250년대 몽골의 고려침략이 막바지에 이르렀을 때에 그의 5대조 李安社가 조국 고려를 배반하고 몽골에 투항했다가 대몽골칸국 원이 망하게 되자 그의 후예 몽골장군 李成桂는 다시 몽골을 배반하여 고려에 귀순했었다. 그런 그가 이번에는 다시 고려와 몽골이라는 두 상전을 한꺼번에 배반하고 親明을 표방하며 쿠데타를 해奪權하였으니, 몽골장군 출신으로 국내기반이 취약한데다가 이처럼 번복이 무상한 그의 정권에 대한 민심의 동향이 온전했을 리가 없다.

그런 상황 하에서 주원장과 함께 옛 상전인 몽골의 황통을 이어주는 積德을 하였고 그로 인해 명과 결합해, 대내적으로 직속상관인 崔瑩을 주살해 親元反明派를 누르고 대외적으로 北元에 대한 명-조선의 연합전선을 공고히 하였으니 이성계 역시 一擧兩得의 實利를 챙기는 擧事가 아닐 수 없었다. 한마디로 반명파 최영의 집권이 지속되는 한은 바이바이 몽골황태자를 중심으로 하는 탐라'南元'조정은 도무지 연출될 수가 없었던 것이라 하겠다.

그 밖에도 물론 抗明鬪爭의 중심으로 舊몽골세력을 결집시킬 칭기스칸 혈손집단인 이들 핵심세력을 태평양 한가운데 모양새를 갖추어 고립시켜 가두어둠으로써 그들이 이른바 '北元'과 接線할 계기를 사전에 봉쇄하고 또 그 한 대항세력으로 은연중에 명나라의 품 안에서 또 하나의 친명 알탄우룩 세력을 양성하여 '南元'이라 할 괴뢰몽골정부를 세워두는 것이 '몽골討伐戰의 몽골化'라는 고도의 전략에도 부합됐던 것이라고 하겠다. 그러니까 朱元璋이 때마침 親明反元 對高麗쿠데타에 성공한 李成桂 정권과 함께 北元에서 反예수데르칸 세력을 선동·집결시켜 그들을 공략할 보루를, 그간의 역사적 배경을 고려하면서 탐라도에 전격적으로 구축한 셈이라 하겠다.

추정컨대 그 85所 新舊房舍가 새로 단장된 자리는 분명히 元 惠宗 토곤테무르칸(妥懽帖睦爾 : 順帝)의 피난궁궐이 지어지던 바로 그 자리였을 것으로 보인다. 그러니까 명 태조 朱元璋은 이때, 1368년경에 토곤테무르칸이 대원칸국의 耽羅遷都計劃을 성공적으로 추진하여 탐라섬으로 피난했을 경우를 상정하여, 피난 도중에 梁王 발자와르미르가 자살했듯이 토곤테무르칸(惠宗)이 제거된 상황하에서 황태자 아유시리달라가 탐라도에 피난정부를 차리고 皇宮을 경영했을 것을 가상하여 쿠빌라이칸의 정통혈통 중에서 가장 피의 정통밀도가 높은 친왕인 자살한 北元 신하 梁王 발자와르미르의 아들 바이바이 왕자를, 시해당한 아유시리달라칸의 계승자인 토고스테무르칸의 아들 텐바오류의 代打인 황태자로 세워 이를 실제로 다시 연출시키는 고도의 예술성을 지닌 제국경영능력을 과시한 셈이라 하겠다. 실로 당시로서는 쿠빌라이 대칸의 황통에 반역하여 황통을 끊어버린, 北元의 예수데르칸을 공략하는데 이보다 더 좋은 대안은 없었을 것으로 보인다.

梁王 발자와르미르의 아들 威順王子가 바이바이 皇太子로 格上하는 기록은 1389년(己巳 : 고려 공양왕 원년) 11월조에 처음 나온다. 天元年號를 쓴 토고스테무르칸이라는 아유시리달라칸의 황태자 곧 昭宗(연호 宣光)의 후계자와 그의 맏아들 텐바오류가 1388년 10월에 明將 藍玉의 北征으로 토고스테무르칸은 그의 맏아들 텐바오류를 포함하여 겨우 수십 騎로 부이르호에서 카라코룸으로 가는 길에 톨河畔에서 부하 예수데르에게 父子가 모두 弑害당하는 바로 다음해 11월조의 기록에 등재된 내용인 것이다. 쿠빌라이의 皇統이 이에서 단절돼 北元이 공식적으로 종료되고 공백기를 맞아 일대의 混戰期에 접어들기 시작한 바로 그 시점이었다.

호기를 민활하게 포착한 이성계와 주원장의 공작이 즉각 개시되었던 것이다. 명 태조 洪武 22년이 되는 이해 1389년 11월에 주원장이 제주도에 유배시켰던 바이바이 태자의 아들 둘을 불러들였다.

여기서 중요한 것은 물론, 료시류를 '위순왕자' 바이바이의 아들이 아닌 '몽골황태자' 바이바이의 아들이라는 이름으로 소환하고 있었다는 사실이다. 그런데 이렇게 소환되었던 바이바이 황태자의 아들 료시류는 1390년 겨울 10월 甲戌日에 京師로부터 탐라섬에 귀환한 지 1년이 넘어서 죽게 된다. 1389년에 명나라 황제의 부름을 받고 京師에 갔다가 이내 돌아온 것으로 되는 셈이다. 이런 상황하에서 바이바이 황태자를 계승할 아들이 대가 끊겼다고 생각해서인지 명나라 조정에서는 그가 죽은 지 2년 후인 1392년(壬申 : 공양왕 4 ; 명 태조 홍무 25) 3월 乙巳日條에 주원장이 전 元 梁王의 자손인 아이얀테무르 등을 탐라에 함께 살게 배치했다. 바이바이 황태자의 후계자를 고려한 배려인 것으로 추정된다.

그러니까 애초부터 귀양보낼 때에 이미 후계구도까지 구상하여 耽羅南元

政府를 예비로 組閣했었던 것을 미루어 알 수 있다고 하겠다. 여기서 다시 바이바이를 황태자로 明示하고 있는 기록을 접할 수 있다. 이 유명한 1392년은, 고려에 대한 고려계 몽골장군 출신 이성계의 易姓革命이 마침내 매듭을 짓는 해이기도 하다. 그러니까 北元과 손을 잡고 명나라의 遼東을 치려하던 고려정부의 공격전쟁을 威化島回軍으로 박살내면서 1388년 5월에 쿠데타에 성공해서 1392년 7월 17일에 신왕조의 창업자로 등극하기까지는 완전히 전권이, 1388년의 좌군도통사에서 1391년의 삼군도총제사가 된 李成桂의 수중에 들어가 있었다. 바로 이러한 상황하에서 주원장의 바이바이 몽골皇太子 冊封이 이루어져 '南元'朝廷이 耽羅都에 차려졌던 것이다.

李成桂의 위화도회군은 連元攻明戰線을 連明攻元 내지는 連明攻高麗戰線으로 완전히 뒤집어 버렸다. 물론 이해 5월의 위화도회군과 동시에 6월 들어 이내 洪武 年號를 다시 사용케 됐다. 그러니까 이때의 바이바이 威順王子의 耽羅國 南元皇太子 擁立은, 단순한 의례적인 행위가 아니라 군 최고사령관 중의 하나로 北元의 내정에 대한 온갖 정보에 밝았을 李成桂가 奇올제이쿠툭 카툰의 血孫인 토고스테무르칸 父子의 弑害事件을 이용해 이런 '連明攻元'—'連明攻高麗'전략의 일환으로 명 태조 朱元璋과 합작해 감행한 일대의 사건이었다고 봐야 할 것이다. 그렇게 함으로써 이성계는 주원장에게 모든 몽골을 확실하게 상징적으로 바치는 공을 세우게 되고, 주원장은 이성계의 그런 親明行爲를 통해 궁극적인 소원이었던 대원칸국의 정통을 명실공히 상징적으로 이어받게 되는 터였다.

물론 주원장은 앞에서 지적했듯이 이성계의 친명반원노선과 결탁하여 北元을 공략하는 국제전선의 초석을 놓았다는 현실적인 실리도 노렸다. 더군다나 전설대로 아유시리달라칸(昭宗)을 탐라섬 元堂寺의 祈子塔에서 奇올제이쿠툭 카툰이 致誠을 드려 얻었던 것이라면 아유시리달라칸을 뒤이은 토고스테무르칸과 그의 맏아들 텐바오류 부자가 弑害당한 다음에 그를 대신하여, 같은 쿠빌라이칸의 血孫인 北元人 포로 바이바이 威順王子를 耽羅國 南元皇太子로 擁立하는 일은 그 당시의 몽골인들에게는 상승적인 정치적 효용성을 가질 수도 있는 터였다. 非쿠빌라이칸系 아릭부케의 후예 찬탈자 예수데르칸에 대한 징계 가능성을 열고, 쿠빌라이칸系 몽골황태자 바이바이의 탐라'남원'조정 수반 책봉으로 元朝皇統의 正統性을 復元하는 일이어서이다. 朱元璋은 이에 당시의 국면을 완전히 뒤집어 以夷制夷의 전략으로 '北元'에 대한 '南元'을 세워 北元까지 확실하게 확보하는 현실적인 전과를 노렸었음은 물론이다. 수천 년 아시아북방민족 발달사의 총화라 할 몽골세계칸국의 팍스 몽골리카체제가 하루아침에 중국남방발전사의 총화라 할 이른바 漢族中心의 역사로 뒤바뀌는 元·明革命의 결정적인 한 축을 이루는 사건이 李成桂의 威化島回軍이며, 그 와중에서 이성계의 親明反元－攻高麗政策 실천의 일환으로 朱元璋이 耽羅國에 바이바이(Baibai) 몽골황태자를 冊立하여 그와 합작해 세운 것이 南元朝廷이었다고 하겠다.

이 당시의 역사가 황무지로 묻힌 지 너무 오래 되다 보니까 엄존했던 이런 일대의 역사적 사실까지 상상조차도 못하게 된 지금 이 시대의 耽羅國史 인식상황이기는 하다. 오죽하면 『정종공정왕실록』 관련조항에 대한 脚註를 단 이가 이 시대를 대표하는 한 사가임에도 불구하고, 바이바이 몽골황태자를, 이런 역사속의 역사내용은 까마득하게 모른 채로 麗末鮮初에 탐라섬을 지배하던 한낱 한 '호족추장'이라고까지 했겠는가. 아무리 격변기 생태현실 속에서라지만, 실로 기막힌 일이 아닐 수 없다.

그래서 탐라섬이 다시 바다제국의 한 중심으로 개편돼 들어가게 된 이즈음에 이를 '있었던 그대로' 제대로 복원해 보는 일은 그만큼 더 시급하고도 긴요한 일이 된다고 하겠다. 이런 차원에서 위순왕자 바이바이(Baibai)가 '南元'皇太子로 冊封되었기 때문에, 그 후 조선조가 창업되고 나서도 이미 망국민이 된 이들에 대해 역대 조선왕들이 일정한 격식을 갖추어 특히 그 효용성이 유지되는 동안 그들을 국가차원에서 대우하고 관심을 가지고 돌보았던 것이라 해야 할 것이다. 그리고 그래서 甲午更張 이전까지 6백여 년을 외래 몽골인으로, 조선조가 몽골칸국과 역사적으로 대체로 적대적이었던 명·청의 중국과 宗藩關係를 맺어왔는데도 불구하고, 그들만은 버젓이 '大元'

이라는 本貫을 갖는 姓을 유지하며 조선국의 耽羅島에서 버텨올 수 있었던 것이라 하겠다.

조선조에 들어 '보보'(拍拍)태자에 대한 첫 기록은 1395년(조선 태조 4) 5월 초8일에 몽골황태자와 그의 손자에게 곡식과 옷감을 주었다는 것이다. 여기서 한 가지 주목되는 것은 『고려사』의 관련 기록들에서 '보보'(拍拍)태자라 적어 오던 바이바이(伯伯) 태자의 이름을 돌연히 1382년 명 태조 15년조의 『명사』에 나오는 표기를 따라 '바이바이'(伯伯) 태자라고 바꿔 적고 있다는 점이다. 우연이라기에는 이상할 정도로 그 마지막 기록인 1444년(조선 세종 26) 3월조 기록에 이르기까지 일관성을 유지하고 있다는 점이 주목된다. 고려말의 고려조정보다는 명나라의 지적인 정보를 더 정확히 수용할 수 있는 당시의 상황변화 때문이었을 것으로 추정된다.

아울러 梁王 발자와르미르의 '아들'인 바이바이 황태자에게도 주었고 양왕의 '손자'에게도 주었다고 한 것으로 보아, 그것도 梁王의 아들 바이바이 황태자와 양왕의 손자인 그 누구에게는 차등을 두어 주었던 것으로 미루어 보아 바이바이 황태자의 아들 료시류가 죽고 나서도 그의 아들벌이 되는 형식상의 후계자로서 어떤 존재－梁王의 손자가 있었던 것을 알 수 있다. 그런 후계구도 속의 그가 아이얀테무르였을 가능성도 염두에 두어볼 수 있다.

다시 이로부터 5년 뒤인 1400년(庚辰 : 조선 정종 2 : 명나라 惠帝 建文 2) 9월 16일에 몽골황태자가 환관을 보내 조정에 선물을 바쳤다고 했다. 여기서 朝鮮朝廷과 바이바이 황태자의 耽羅朝廷間에 일정한 외교적인 儀禮가 행해지고 있었음을 알 수 있다. 그리고 宦者를 보냈다고 한 것으로 보아 宦官이 바이바이 황태자의 신변에 집무하고 있었음을 알게 되는데 이는, 앞서 언급한 1388년 6월의 명태조의 聖旨에서 거론한 衛戍軍 수만 명 지원과 함께 당시의 명나라 조정에서 최소한의 皇宮의 儀制를 갖추려 했음을 엿볼 수 있게 한다. 적어도 명 태조 朱元璋의 外飾은 그런 의도를 내포하고 있었음을 능히 짐작할 수 있게 해 준다는 것이다.

이런 일이 있은 지 4년 뒤인 1404년(조선 태종 4) 10월 초4일에 몽골황태자가 제주에서 죽었다. 한 때 세계를 호령했던 쿠빌라이 대칸의 혈손 알탄우룩(黃金氏族) 키야드 보르지긴 씨인 그가 한 많은 일생을 탐라섬 南元皇宮에서 끝마쳤음을 알려주고 있다. 1382년 탐라섬에 유배되어 온 이래로 63년간 치욕스런 耽羅'南元'朝廷의 皇太子 노릇을 하다 간 셈이다. 물론 '卒'이라는 바이바이 몽골황태자의 사망을 알리는 글의 格式은 그를 황태자로 禮遇한 것이 결코 아니지만, 이는 儒者들이 득세하는 세태하에서 후세의 사가들이 일부러 더 그렇게 貶下해 적었을 가능성도 있다고 하겠다.

그 후 그의 직계 후손이나 梁王 발쟈와르미르의 손자 누가 그의 황태자 칭호를 계승했다는 기록은 없다. 다만 그로부터 30년 뒤인 1444년(甲子 : 조선 세종 26 : 명 英宗 正統 9) 3월 초3일에, 병조가 몽골황태자비에게 衣食을 도와주고 그 사위의 병역을 면제시켜 오로지 황태자비만 보양케 하라고 傳旨했다는 기록이 나올 뿐, 그 후로는 내내 그대로 역사의 심연 속에 묻혀 버리고 말았다.

그러나 여기서 우리는 1444년 당시까지는 적어도 世宗大王이 친히 관심을 가지고 바이바이(Baibai) 몽골황태자 일가를 이렇게 돌보고 있었음에 주목해야 할 것이다. 1894년 甲午更張 이전까지만 해도 大元이라는 本貫을 당당히 밝히고 살아온 이들이 있었던 것으로 보이는데, 그 후에는 '내가 몽골칸의 후예'라고 밝히고 나서는 이들이 거의 없는 모양이다. '있었던 그대로' 또는 '있는 그대로'의 나를 바로 보아내는 것이 '보고 싶은 대로' 또는 '보이는 대로'의 나만 보는 것보다 살아남는 싸움에서 훨씬 더 경쟁력을 제대로 확보할 수 있음은 두말할 나위가 없다.

이미 論及한 대로 1368년 元 惠宗 토곤테무르칸 일행의 北走는, 그들이 잠시 원나라 내부의 봉기군을 피해 전열을 가다듬으면서 자기들의 본거지인 광활한 스텝-타이가지역과 고려-탐라의 해양역량을 동원해 스텝과 해양에서 옛 남송지역을 협공해 漢族농민봉기를 제압하고 國基를 다시 일으켜 세우려 한 고도의 전략전술이었을 수가 있다. 토곤테무르칸을 위시한 그들의 指揮部

가 몽골스텝으로 가건 탐라섬으로 피하건 그것은 어디까지나 하나의 전술전략적인 작전행위로 생각했던 당시의 그들이었기 때문에 이런 추정을 해볼 수 있다는 것이다. 실제로 당시의 원의 멸망은 군사력의 해체나 소멸 때문이 아니라 江南의 농민봉기로 軍糧의 輸送이 杜絶되었기 때문이라는 지적이 이런 가설을 뒷받침해 준다.

비록 몽골스텝으로 쫓겨 돌아간 北元 지도부의 세력은 크지 않을 수 있지만 역시 몽골스텝은 유목기마전투의 胎盤이 되는 곳으로서 당시의 당지 몽골군사력의 총체적 역량 자체를 농경적 시각에서 파악해 당시의 북원을 군사적으로도 이미 망한 국가로만 평가하는 것은, 당시 북동아시아의 三國鼎立構圖의 本質을 축소 내지는 歪曲케 할 위험성이 크다. 특히 몽골 호족세력 역량들의 향배와 팍스 몽골리카체제에 내포됐던 여러 세력들의 연합 가능성을 염두에 두면, 그 후 전개된 역사적 상황으로 미루어볼 때 그것이 크게 잘못된 해석이었음을 깨닫게 된다. 明은 중원에서 막 새로 일어나는 국가로서의 강점과 약점이 있었고 元은 그것이 몽골본부를 근거지로 하는 한 철수한 기존의 강국으로서의 강점과 약점이 각각 있었음을, 냉엄하게 균형감각을 잃지 않고 객관적으로 파악해보는 일이 특히 중요하다고 하겠다.

실제로 元朝가 망할 무렵인 1370년경에 이미 새로운 세력으로 발돋움하기 시작한 티무르가 마침내 1405년(永樂 3)에는 칭기스칸 몽골칸국의 復元을 모토로 하는 東征을 외치며 明으로 다가오다가 시르하반에서 병사해 明이 一觸卽發의 위기에서 겨우 구원되었는가 하면, 永樂帝 成祖가 그의 세력기반인 燕京의 군대가 몽골기병에 크게 토대를 두고 있는 것을 활용해 1410~1424년에 5차에 걸쳐 50만 대군을 동원해 몽골스텝 親征을 감행타가 끝내 1424년 7월 18일에 우줌친기旗 동남 부근의 楡木川에서 歸路에 병들어 죽는 일이 있기도 했다. 그렇지만, 그 후에 긴장이 풀린 명조가 영락제의 몽골스텝 親征을 흉내내다가 1449년 8월 31일에는 50만 明軍을 동원한 英宗皇帝가 戰場에서 불과 2만 몽골군을 지휘하는 오이라트의 엣센太師에게 사로잡히는 유명한 '土木堡 大捷'이 이루어지고 명나라의 京師가 사실상 함락되는 지경에 이르게까지도 됐었다. 이로 미루어볼 때 장기적으로 보면 토곤테무르칸의 전략적 후퇴가 적어도 군사작전면에서는 전혀 헛된 것만은 아님을 알 수 있다.

실로 신흥왕조인 당시의 明朝에게는 北元의 존재는 일대 위협일 수밖에 없었고 이들이 백여 년 이상의 혈맹관계로 다져진 고려와의 聯合戰列을 다시 가다듬게 된다면 그 위협이 거의 치명적일 수 있었다. 바로 이러한 역사적 상황하에서 1388년 北元의 마지막 칸이라 할 토고스테무르칸과 그의 아들 텐바오류가 톨河畔에서 그의 부하인 예수데르에게 弑害되면서 1479~1517년에 걸쳐 만두하이부인의 後見하에 바트뭉크·다이얀칸이 등장해 봉건영주들의 세력을 牧主勢力으로 改編해 쿠빌라이계 알탄우룩 몽골皇統을 復元하는 과감한 개혁을 단행하기까지, 장기적인 칸권쟁탈전의 소용돌이 속으로 휘말려 들어가는 문턱에서 고려출신 奇올제이쿠툭 카툰의 혈통을 받은 北元 대칸의 예하에 있으면서 쿠빌라이대칸의 직계 후손이기도 한 바이바이 威順王子를 몽골皇太子로 책봉한 耽羅國 '南元'朝廷을 경영하는 朱元璋과 李成桂의 戰略이 구현됐던 것이라 하겠다.

형식상 北元의 몽골皇族 바이바이 몽골황태자는 부하 예수데르에게 弑害당한 北元 토고스테무르칸의 아들 텐바오류를 대신하지 않았을까 추정된다. 결국 바이바이 몽골황태자를 중심으로 하는 耽羅南元政權의 경영은 親元反明을 표방하는 崔瑩 일파의 고려 내부세력과 親明反元을 표방하는 李成桂 일파의 첨예한 대립이 이성계 일파의 승리로 가닥이 잡혀가는 가운데 耽羅國을 중심무대로 삼고 연출된 주원장과 이성계의 合作品으로, 그렇게 이루어진 反蒙聯合戰線 구축상의 한 결실이라고 할 수 있을 것이다. 그리하여 그 후 北元이라는, 명조와 조선조에 대한 위협세력을 제어하는데 효력이 있는 동안은 耽羅都의 南元政權의 위치도 그 나름으로 자리매김되어 갔을 것으로 보인다.

공교롭게도 바아바이 몽골황태자에 대한 기록이 마지막으로 나오는 조선조 세종 26년 바로 다음해인 세종 27년(1445) 6월 10일에, 태종 2년(1402)에

濟州島에서 당시 濟州의 豪族이 太子·星主(高氏)·王子(良氏)·都上(夫氏)의 칭호를 임의로 사용하였다고 하여 그 呼稱을 폐지한데 이어, 제주도에서 종래의 토착호족의 귀족계급체제를 완전히 폐지시키는 조처가 이루어지는데, 이 또한 耽羅都 南元朝廷의 바이바이 몽골황태자에 대한 기록이 역사의 심연 속으로 묻혀버리는 데 지대한 작용을 했을 것으로 추정된다.

V. 몽골 다리강가 스텝지대의 훈촐로오와 제주도 돌'하르방(弓王)'

1. 머리말

돌하르방 : 제주도 민속자료 2호, 1971년 8월 26일 지정. 소재지－제주시 二徒 1동, 남제주군 表善面 城邑里, 남제주군 大靜邑 仁城·安城·保城. 모두 47기가 남아 있다고 보고된 돌하르방에 관한 종래의 연구는 뜻밖에도 그리 많지 않다.[1] 뚜렷한 자기 전공분야를 가지고 자기 나름의 시각과 과학적인

---

1) 본 논문은 다음의 2가지 논문을 기본틀로 삼아 添削을 통한 손질을 거쳐 다시 쓴 것이다. 周采赫, 「제주도 돌하르방연구의 몇 가지 문제점 : 그 기능과 형태 및 계통－동부몽골 다리강가 스텝지대의 훈촐로오와 관련하여」, 『강원사학』 9집, 강원대학교 사학회, 1993. 12, 75~118쪽 ; 주채혁, 「제주도 돌하르방연구의 몇 가지 문제점 : 그 명칭과 개념정의 및 존재시기－특히 동부몽골 훈촐로오와 관련하여」, 『淸大史林』 6집, 청주대학교 사학회, 1994. 12, 215~251쪽의 자매편. 또한 위 보고 내용은 제주도 문화공보담당관실, 「돌하르방」, 『제주도 민속자료』, 1987. 12, 123~140쪽에 의거했다.
돌하르방이나 훈촐로오에 관한 지금까지 연구된 글들은 다음과 같다. Doglas Carruthers, *Unknown Mongolian*, vol. 1, London Hutchinson, 1914[국제한국연구원 최서면 원장 소장본] ; V. A. Kazakevich, The stone guards of the steppe, Mongolia 4, Ulaanbaatar, 1984 ; 현용준, 「濟州 石像 우석목 小考」, 제주도청, 1961, 128~140쪽(이 글은 현용준, 「濟州 우석목 小考」, 『제주도』 제8호, 1963으로 다시 정리됐다) ; 金榮墩, 「濟州道의 石像·石具」, 『무형문화재조사보고서』, 문화재관리국, 1968 ; 진성기, 『남국의 민속－제주세시풍속』, 교학신서7, 교학사, 1976 ; 趙允得, 『濟州 石像에 관한 硏究』, 이화여자대학교 석사학위논문, 1978 ; 김병모, 「한국 석상문화 소고」, 『한국학논집』 제2집, 한양대학교 한국학연구소, 1982 ; 하칸출루(哈勘超倫)와 박원길 師弟間의 타이완 정치대학 변정연구소 연구실 구두 토론 : 『몽골 훈촐로오와 제주도 돌하르방의 역사적 관계』를 문제로 제기했다(하칸출루는 몽골사학자 사란=哈莎玲의 아버

지), 1986 ; 제주도청 상공과, 『돌하르방 標準形 圖錄』, 제주 태화인쇄, 1986 ; 김병모, 「トルハルパンの起源」(上) 4-2 및 (下) 4-3, 『통일일보』, 1987(위에 든 김병모의 논문을 일본글로 옮겼다) ; 김인호, 「돋통시문화(30)－돌하르방 부락수호신 아니다①」, 『월간관광제주』, 월간관광제주사, 1989. 8, 132～141쪽 ; 김인호, 「돋통시문화(31)－돌하르방은 육지의 장승에서 전래되었다 ②」, 『월간관광제주』, 월간관광제주사, 1989. 9, 125～135쪽 ; 김인호, 「돋통시문화(32)－돌하르방 남방전래설 비판③」, 『월간관광제주』, 월간관광제주사, 1989. 10, 133～143쪽 ; 김인호, 「돋통시문화(33)－돌하르방 玄容駿 교수의 卓見④」, 『월간관광제주』, 월간관광제주사, 1989. 11, 90~99쪽 ; 「제주도의 문화재 : 그 현장을 찾아서－돌하르방」, 『한라일보』, 1990. 8. 15 ; 任東權, 「홈첼로(돌장승)－몽골문화탐방(3)」, 『중앙일보』, 1990. 8. 30(여기서 '홈첼로'가 돌장승을 가리키는 몽골말이라면 당연히 Хүн(훈) 촐로오(石 : чулуу) 곧 '훈촐로오(Хүн чулуу)'로 바로잡아 표기돼야 한다. '훈'은 사람이라는 뜻이고 '촐로오'는 돌이라는 뜻이다. 일본글로 표기된 것을 그대로 한글로 옮겨놓은 듯하다) ; 김인호, 「돋통시문화(43)－防邪塔과 거욱대」, 『월간관광제주』, 월간관광제주사, 1990. 9, 87~97쪽 ; H. Hakanchulu, 「Hara-bang的第二故鄕－濟州道」, 中華民國 蒙古文化協會, 『蒙古文化通訊』 第八期, 1990, 12～15頁 ; Дов Дойн Баяр, Чингисийн угсааны хаад язгууртны чулуун хөрөг, XIII～XIV зуун Улаанбаатар, 1990 ; 金秉模, 「돌승배사상－한민족 뿌리 찾기」, 『몽골학술기행』(15), 『조선일보』, 1990. 10. 6, 11쪽 ; 周采赫·남상긍·朴元吉·최기호 등, '『몽골비사』윤독회'(대우재단), 「제주 돌하르방은 몽골 遺風」, 『조선일보』, 1990. 12. 2, 11쪽 ; 任孝宰, 「蘇·中央亞 고고학 紀行」(14), 『경향신문』, 1990. 12. 8, 27쪽 ; 金秉模, 「'돌하르방은 몽골의 영향'反論에 답한다」, 『조선일보』, 1990. 12. 18, 9쪽 ; 홍순만, 「돌하르방 外地유래설에 반대한다」, 『조선일보』, 1990. 12. 20, 9쪽 ; 周采赫, 「몽골·고려사의 한 고찰－알랑여신·몽골호칭·돌하르방 등에 관한 문제제기」, 『강원인문논총』 창간호, 1990. 12, 151～191쪽 ; 周采赫·『몽골비사』학회·金秉模·玄容駿, 「北方遺風說·남방기원설·自生說－돌하르방 특집」, 『제주신문』, 1991. 1. 1, 30～31쪽 ; 김인호, 「돌하르방 起源論에 대한 비판」, 『제주신문』, 1991. 1. 8, 3쪽 ; 하칸출루(哈勘楚倫) 씀, 고창석 옮김, 「'하르방'의 제2의 고향(상)」, 『한라일보』, 1991. 4. 29 ; 金秉模, 「발리섬 石像－한민족 문화 뿌리찾기 海洋學術紀行(24)」, 『조선일보』, 1991. 8. 14, 11쪽 ; 周采赫 외, 한국『몽골비사』학회, 「몽골·몽골사람－한몽공동학술조사보고서」, 『제민일보』, 1991. 8. 19～1991. 11. 4("몽골 東끝에 돌하르방 마을" 1쪽 특종기사. 『제민일보』, 1991. 8. 19일의 이 특종기사에 이어 1991. 11. 4일까지 총 13회 관계기사가 계속해서 연재됐다. 그 결과로 "북유라시아에는 돌문화가 본래 없었다!"는 근거가 모호한 다소 황당한 추론을 『조선일보』에 대서특필했던 김병모 교수가 이점에 관한 한 침묵하게 됐다.) ; 최기호, 「제주도 돌하르방 몽골과 관련있다」, 『북방저널』 창간호, 1991. 10, 98～101쪽 ; 金秉模, 「대륙－해양과 고른 親緣性 확인 : 한민족 뿌리 찾기, 해양학술기행(33)」, 『조선일보』, 1991. 10. 15 ; 최기호, 「돌하르방과 꼭 닮은 몽골 '훈촐로오'」, 『역사산책』, 1991. 11, 58~63쪽 ; 강영봉, 「역사의 길－몽골 훈촐로오와 제주도의 돌하르방」, 『길』, 한진그룹, 1991. 11～12, 38~43쪽 ; 이종철, 「장승의 문화적 의미와 상징」, 『역사민속학』 제2호, 한국역사민속방법으로 접근해 이 시대 다른 연구자들이나 후대의 연구자들이 믿고 인용할 수 있는, 돌하르방의 역사적인 祖形-본꼴을 복원하는데 한 장의 벽돌이라도 될 수 있는 정확한 학술논문으로 쓰인 글은 저자가 보기에는 4~5편에 지나지 않는다.[2)]전문적인 시각이 없이 어떤 열정만 가지고 접근하다보니 구체적인 치밀한 논증과정도 거치지 않고 어떤 문제에 대한 해답을 교조적으로 속단을 내리는 일을 서슴지 않기도 하고, 논문에서는 금기로 돼 있는 "똑 같다!"거나

학회, 이론과 실천, 1992. 4, 145, 161쪽 ; 주채혁, 「몽골 다리강가지역의 훈촐로오와 제주도의 돌하르방에 대하여－답사보고를 중심으로」, 『역사민속학』 제2호, 한국역사민속학회, 이론과 실천, 1992. 4, 122~144쪽 ; 한몽학술조사연구협회·몽골과학원, 『한·몽공동학술조사－동몽골1차년도 보고서』, 1992(석인상에 관해서 조오순, 「복식 분야」, 138~169쪽 및 데. 바이에르, 「13~14세기 몽골 훈촐로오」, 251~263쪽(몽골문)이 각각 게재돼 있다.) ; 김병모 등, 『몽골－바람의 고향, 초원의 말발굽』, 조선일보사, 1993 ; Cho Oh Soon, A Compartive Study on the Costumes of Korean Mongolian Stone Statues(Ⅱ), Mongolian Studies, Korea, 1993. 137~143쪽 ; 데. 바이에르 지음, 박원길 옮김, 『몽골 석인상의 연구』, 혜안, 1994 ; 주채혁, 「興安嶺 지역의 室韋와 貊-'蒙'고올리와 '貊'고올리」, 『순록유목제국론－고조선·고구려·몽골제국의 기원 연구』, 백산자료원, 2008, 17~67쪽 ; 주채혁, 「부르칸(不咸)이즘과 柳花－그 母胎回歸신앙연구 補遺」, 『순록유목제국론－고조선·고구려·몽골제국의 기원연구』, 백산자료원, 2008, 103~136쪽 ; 주채혁, 「순록치기의 紅山文化 鑑賞法－유적, 유물과 문헌사료를 읽는 視角과 視力」, 『순록유목제국론－고조선·고구려·몽골제국의 기원 연구』, 백산자료원, 2008, 309~340쪽 ; Чү Чэхйөг, Монгол, солонгосчууд, "Халх овог - Нумтан угсаатан"－аас салбарл асан талаар х шинжилгээ－Act Mongolica, 2009, Volume9 [320], Center for Mongol Studies, Mongol national University, 2009. 5. 18, pp.125~146 ; 보르지기다이 에르데니 바타르, 『팍스 몽골리카와 고려』, 혜안 2009. 8 ; 周采赫, 「關于蒙古與韓國人的弓族分族考」, 『多元共存和邊緣的選擇圖們江學術論壇 2009』, 延邊大學 亞洲硏究中心, 2009. 10. 18, 111~129頁 ; 주채혁, 「東明[T'umen]루트－몽·한활겨레[弓族 : Qalqa obog] 分族考」, 『2010년 한·몽수교 20주년기념국제학술대회 논문집』, 한국몽골학회, 2010. 3. 26, 151~182쪽 ; 禹實夏, 「몽골 지역 석인상의 기원과 遼河文明」, 『애벌 周采赫교수 정년퇴임기념특집호 몽골학』 29호, 한국몽골학회, 2010. 8. 26, 145~183쪽 ; 주채혁, 「耽羅 '南元'政府의 성립 배경과 그 의미」, 본서 Ⅳ장 참조.

2) 그 밖의 관계 참고문헌으로는 아래와 같은 도서를 들 수 있다. 손진태, 『조선민족문화의 연구』, 을유문화사, 1948 ; 이상일·주영덕, 『한국의 장승』, 열화당미술문고 22. 1976 ; 이종철·황헌만, 『장승』, 열화당, 1988 ; 김두하, 『벅수와 장승』, 집문당, 1989 ; 이필영 글씀, 송봉화 사진찍음, 『솟대』, 대원사, 1990 ; 민속박물관학술총서 9, 『충남지방장승솟대신앙』, 국립민속박물관·충청남도, 1991 ; 김병모 등, 『몽골－바람의 고향, 초원의 말발굽』, 조선일보사, 1993.

"빼 닮았다!"거나 하는 따위의 형용사가 남발되고 있으며, 더러는 구체적인 인용조차도 하지 않고 남의 글을 베껴 쓴 흔적도 없지 않다.

그러므로 이런 돌하르방 연구 풍토에서 김병모가 이를 보다 학문차원에서 진지하게 과학적으로 연구해야 되겠다고 꼬집어 지적한 일은 시의적절한 것이라 하겠다. 열정을 가지고 연구하는 것은 좋지만, 돌하르방을 특정인들의 전유물인양 생각하고 연구를 독점해야만 한다고 여기는 경우가 있다면 이는 잘못이다. 특정지역에 자리잡고 발전돼온 구체적인 어떤 문화유산이면 그 나름의 특색을 갖게 마련이기는 하나, 그 역사적인 존재근거가 뜻밖에도 오랜 시간에 걸친 광범위한 관계 문화들의 상호작용과정에서 이루어질 수 있는 경우도 있게 마련이어서다. 그러므로 돌하르방이라는 한 유물이 일단 과학적인 연구대상으로 드러난 이상, 돌하르방은 이미 세계학계의 공유연구 대상물일 따름이다.

그 祖形을 언제, 어디서, 누가, 왜 만들었는가에 관한 문헌기록이나 금석문 및 구비전승 등의 구체적인 관계사료가 없는 대상을 연구하는 데는, 물론 많은 어려움이 따르게 마련이다. 그러나 선사시대의 역사유적이 엄연히 연구대상으로 연구되고 있는 오늘날에는 그 연구가 결코 불가능한 것만은 아닐 수 있다. A.D. 1600년 전후의 망원경·현미경시대에 이어 A.D. 2000년 전후의 IT·BT·NT시대권에 이미 깊숙이 진입해 있는 지금이다. 이제까지 개발된 여러 가지로 다양한 과학적 연구방법이 모두 동원되어 그것을 창조해 온 주체들의 생태-생업적 배경을 조직적으로 구체적이고 체계적인 분석과정을 거쳐 이 문제가 깊이있게 천착되기만 한다면, 돌하르방은 그것이 생성·발전되어온 시대의 역사를 복원하기 위한 중요한 연구대상이 되는 역사유산일 수 있다.

단순한 호기심에서 구체적이고 집요한 천착과정도 없이, 수필도 아니고 학술논문도 아닌 형태로 쓰인 글들이 남발되는 현상은 정작 진지하게 이 분야를 혼신의 힘을 다 바쳐 연구하려는 이들에게 많은 혼선을 경험하게 하고 있다. 독자의 호기심을 불러일으키기 위한 과장, 무책임한 단정, 군소리가 많은 것이 이러한 종류의 글들이다. 이 경우에 언론의 부추김에 놀아나는 연구자들의 자세가 물론 본질적인 문제일 수 있겠다. 과학성과 전문성이 돌하르방 연구접근의 근본이 돼야 한다. 저자도 이에서 궤도를 벗어날 수 있음을 깊이 자각하면서, 가능한 한 문제를 발견하고 해결해가는 데서 본령을 견지하려 한다.

물론 제주도 돌하르방 연구에서 제일 먼저 걸리는 문제는, 1971년에 어떤 연구경력을 가진 어떤 분야의 전문가 누가 어떤 꼴과 기능을 가진 어떤 석인상들을 돌하르방이라고 규정하고 민속자료로 지정했느냐 하는 점이다. 제주도에는 돌하르방의 다른 이름으로 우성목, 무성목, 벅수머리, 옹중석, 돌영감, 영감, 수호석, 수문장, 두룽머리, 동자석, 돌부처와 미륵 등이 있다. 그리고 지금 발굴되어 있는 것 말고도 그 밖에도 수백 기의 석인상들이 있는데, 왜 하필 그 47기만을 골라서 그 많은 이름 가운데 다 제쳐두고 돌하르방이라는 이름만을 굳이 붙였느냐 하는 문제가 있다. 그러니까 1990년 북방 사회주의권 개방이래로 제주도 돌하르방과 가장 가까운 형태로 보고되고 있는 동부몽골 다리강가지역의 훈촐로오(Хүн чулуу : 石人像[3])들을 이런 분류의 틀에 어떻게 포함시킬 수 있느냐, 아니면 전혀 별개의 전승들로 그 나름으로 분석해 정리할 수 있느냐 하는 문제도 우선 제기된다. 이와 함께 크게 보아 遼河文明圈에 속한다고 할 다리강가 스텝의 훈촐로오들이 중·신석기시대 요하문명권의 석인상들과도 역사적으로 접맥될 가능성을 염두에 두고, 이 점[4]을 구체적으로 천착해볼 필요성을 절감케 된다. 나는 위에 든 과학성과 전문성을 逸脫한 이런 연구경향을 한마디로, 이렇게 집약해 보고 있다. 제주도를 내포하는 동북아시아 발전사의 총체적인 전개, 그중에서도 특히 석인상 발전사의 전개과정에서 제주도 돌하르방을 구체적인 역사산물로 집요하게 파악해보려는 역사과학의 시각을 결여하는 데서 빚어진, 과학성을 표방하는 가장 비과학적인 연구 연출의 결산으로 본다는 것이다.

---

3) 원래는 '사람 돌'이 直譯이겠으나 관행상 '石人像'으로 옮겼다.

4) 禹實夏, 「몽골 지역 석인상의 기원과 遼河文明」, 『애벌 周采赫교수 정년퇴임기념특집호 몽골학』 29호, 한국몽골학회, 2010. 8. 26, 145~183쪽.

동부몽골 다리강가 스텝에는 제주도에서 돌하르방으로 분류하고 있는 석인상이나 동자석은 물론이고 심지어는 한반도 육지의 벅수머리(돌장승)나 13~14세기의 묘지 문신석과 유사한 형태들에 이르기까지 모두 거대한 목초지에 오보오와 함께 혼재해 있고, 이를 통틀어 훈촐로오 또는 별칭으로 하라닥(Haraadag)이라고 부르고 있다. 'Haraa'는 '지켜본다'나 '파수본다'는 뜻이고 '-dag'은 '늘 ~한다'는 동명사 어미로 'Haraadag'은 '늘 지켜보는'이라는 뜻을 갖는다. 곧 '늘 수호하는'의 뜻을 갖는다는 주장이 있다.[5] 다리강가 스텝에는 13~14세기 몽골칸국시대의 칸族으로 고증되는 훈촐로오도 있어서 'Haraa'에 '王' 곧 'vang'을 붙여 'Haraavang'－'하르방'으로 하르방의 말뜻을 캐어보는 이도 있다.[6] 그런가 하면 바이칼 호 올콘섬의 코리족 시조전설지에서 헨티·아이막과 도로노트·아이막을 거쳐 다리강가에 이르는 구비전설상의 코리족 이동루트상에 있는 다리강가 돌하르방을, 유명한 부이르 호반 숑크 타반 톨로고이[7]에 있는 고올리칸 훈촐로오를 '놈(Нум : 弓)한(кан : 王)'－놈(Нум : 弓) 바아타르(баатар)로 보아 놈숨(Нум сум : 弓矢) 하르바흐(Харвах)에서 비롯된 하르바치(Харваач : 弓士)－코리치(Qorči : 箭筒士)－하르바흐(Харвах)+'vang(王)'=弓王에서 하르방(Харвavang : 弓王)의 명칭기원을 찾기도 한다.[8] 이는 당연히 弓王이라는 뜻인 '숑크(赤) 타반(5) 톨로고이(頭)'

5) 周采赫, 「몽골 다리강가지역의 훈촐로오와 제주도의 돌하르방에 대하여－답사보고를 중심으로」, 『역사민속학』 제2호, 한국역사민속학회, 이론과 실천, 1992. 4, 5쪽 참조.

6) H. Hakanchulu, 「Hara-bang的第二故鄉-濟州道」, 『蒙古文化通訊』 第八期, 中華民國蒙古文化協會, 12~15頁 참조.

7) 아. 아르다잡 교수가 실링골에서 2000년 5월 29일에 '숑크(赤) 타반(5) 톨로고이(頭)'라는 주석을 붙여주었지만, "그 지명이 어떤 전설에서 비롯된 지명인가?"는 모르고 있었다.

8) 2009년 5월 28일 국립몽골대학교 몽골연구센터에서 가진 특강 「순록유목제국－몽골·한국의 할하(弓)족 分族論」에서 이를 문제로 제기했다. 저자가 1999~2000년에 걸쳐 훌룬부이르 몽골스텝에 거주하며 '할힌골'－'놈온한(諾門汗)'지역을 답사하고 그 후로도 계속해서 주목하며 조사한 결과를 정리한 내용이다. 코리치(Qorči : 箭筒士)나 하르바치(Харваач : 弓士) 및 麻立干(Мэргэн : 名弓手) 또는 하르방(Харвavang : 弓王)과 투멘(T'umen : 朱蒙)이 같은 의미계열의 말일 수 있다고 본다.

所在 고올리칸(Гуулин хан) 훈촐로오(弓王 石人像)과 직관되는 해석이기도 하다. 이 고올리칸 훈촐로오가 베. 수미야바아타르에 의해 '백발백중의 명사수' 투멘(Түмэн)－고구려 시조 朱蒙(Түмэн)으로 논증되고 있음은 이미 널리 알려진 사실이다.[9] 물론 몽골군제의 '천호장'에서 비롯된 아르반(Арван)－십호장에서 하르방이 기원했다고 보는 베. 수미야바아타르의 또 다른 주장도 있다.[10]

이런 다양한 문제의 제기들은 몽골스텝의 개방성이나 태평양 가운데에 있는 제주도의 개방성으로 보아 오랜 역사과정에서 충분히 숙고돼야 할 터이므로, 제주도 돌하르방이 무엇이어야 하는가 하는 그 역사적 주된 본질 및 조형-본꼴의 추구는 매우 진지하고 집요한 접근을 요구하고 있다고 하겠다.

실로 이는 제주도 나름의 독특한 개성을 가지고 있을 뿐만 아니라 한국의 돌장승문화에서 육지의 그것을 단연 압도하는 여러 요소를 지니고 있다. 뿐만 아니라 지금까지 밝혀진 세계의 석인상 문화에서도 제주도 돌하르방은 질이나 양 및 규모면에서 모두 두드러진 특성[11]을 보이고 있다. 무한경쟁이 강요되는 개활지대인 몽골스텝과 태평양의 海中島 제주도다. 물론 그 정도는 과학발전의 정도나 역사적 상황의 구체적인 발전 양상에 따라 각 시대마다 서로 차별성을 보일 수 있지만, 돌하르방의 주된 틀이 형성되기 이전이나 이후에도 각각 그런 생태나 생업상의 특징들이 작품에 알게 모르게 배어날 수 있었음에는 틀림이 없다. 물론 역사적 배경, 특히 구체적인 생태나 생업상의

9) 주채혁, 「興安嶺 지역의 室韋와 貊-'蒙'고올리와 '貊'고올리」, 『순록유목제국론－고조선·고구려·몽골제국의 기원연구』, 백산자료원, 2008, 17~67쪽 ; 주채혁, 「東明[T'umen]루트－몽·한활겨레[弓族 : Qalqa obog] 分族考」, 『2010년 한·몽수교 20주년 기념국제학술대회 논문집』, 한국몽골학회, 2010. 3. 26, 151~182쪽 참조.

10) 베. 수미야바아타르의 이 견해에는 그러나, 쿠빌라이칸의 카툰 차부이(察必 : Čabui ; 弘吉剌氏)의 목마장까지 있었던 제주도[『新增東國輿地勝覽』 卷之三十八 ; 二 「濟州牧」에 "忠烈三年 元爲牧馬場……二十六年 元皇太后 又放廐馬……"라 기록했다.]에 겨우 십부장만 배치했었느냐 하는 문제가 제기된다. 2009년 7월에 몽골과학원 어문연구소 베. 수미야바아타르 교수 연구실에서 함께 여러 번 토론했다.

11) 주채혁, 「제주도 돌하르방연구의 몇 가지 문제점 : 그 명칭과 개념정의 및 존재시기－특히 동몽골 훈촐로오와 관련하여」, 『청대사림』 6집, 청주대학교 사학회, 1994, 215~251쪽 참조.

역사배경이 없이 생성되고 발전되지 않는 문화창작품은 있을 수 없다.

더러는 특정시기에 사는 특정분야의 연구배경을 지닌 어떤 조사자의 단편적인 조사를, 그 인식한계에 대한 비판이 없이 무분별하게 받아들여 '돌하르방' 명칭의 1960년 전후 新造說을 내세우기도 한다. 그런가 하면 미시적인 사료비판 밖에는 거치지 않은 『탐라기년』이나 『탐라지』 및 『탐라순력도』 등에 의한 단편적인 고증을 통해 돌하르방이 18세기 초 이전에는 제주도에는 전혀 없었다고 간단히 속단하기도 한다.12) 나는 이런 연구경향을 한마디로, 이렇게 집약해보고 있다. 제주도를 내포하는 동북아시아 발전사의 총체적인 전개, 그중에서도 특히 석인상 발전사의 전개과정에서 제주도 돌하르방을 구체적인 역사산물로 집요하게 파악해보려는 역사과학의 시각을 결여하는 데서 빚어지는, 과학성을 표방하는 가장 비과학적인 연구 연출의 결산으로 본다.

맨눈으로 사물을 보던 시대와 현미경이나 망원경으로 관찰하던 시대는 그 성과가 판이할 수 있고, 당연히 IT·NT·BT시대의 그것은 그 이전과 아주 다를 수 있다. 역사창조주체의 체세포를 사료로 읽어 아주 넓은 범위에서 비교·검토를 할 수도 있어서이다.

시대가 분명히 6~7세기로 고증되고 있는 석인상만도 몽골스텝에 상당히 많이 분포돼 있다는 사실이 이미 적지 아니 보고돼온 터이다. 뿐만 아니라 전술한 대로 이와 함께 크게 보아 遼河文明圈에 속한다고 할 다리강가 스텝의 훈촐로오들이 중·신석기시대 요하문명권의 석인상들과도 역사적으로 접맥될 가능성을 염두에 두고, 이 점을 구체적으로 천착해볼 필요성을 절감케 된다. 그리고 고려시대의 석인상들도 엄존하는 판에 제주도에만 18세기 초에 비로소 석인상문화가 생겨났다면, 이는 제주도가 아프리카의 어느 후미진 섬처럼 인류역사권에서 동떨어져 있었다는 것을 전제로 하지 않는 한 수긍할 수 없는 견해다. 스텝이든 바다든 무한 개방이 전제되는 바람이

12) 周采赫, 「濟州道 돌하르방연구의 몇 가지 문제점 : 그 명칭과 개념정의 및 존재시기－특히 동부몽골 훈촐로오와 관련하여」, 『淸大史林』 6집, 청주대학교 사학회, 1994, 215~251쪽 참조.

셴 지대에 식량생산역사가 발전되면서 돌문화가 전개되는 것은 지극히 자연스러운 일이기도 하다. 동북아시아문화권과 제주도 사이에 있었던, 또는 제주도도 그 문화권에 내포돼 있었던 것으로 추정되는 그 이전의 이러한 오랜 역사적 관계는 제쳐 놓더라도 제주도는 이미 13~14세기에 몽골세계칸국의 새질서에 한국육지보다도 더 밀도가 높게 재편성돼 들어가 있었다.[13]

이때 몽골세계칸국은 이미 몽골스텝에서 훈촐로오－석인상문화 전통을 뚜렷이 향유하고 있었는데, 牧馬場과 관련되는 한 이들의 세계질서 핵심권에서 재편성된 제주도만은 과연 石人像文化의 발전사에서 역사의 무풍지대에 내내 그대로 내몰려 있었을 수가 있겠는가? 문헌기록에 목을 매지만, 팍스 몽골리카의 핵심축에 섰던 13세기의 칭기스칸이 문맹이었던 점을 상기할 필요가 있다. 이런 차원에서 볼 때, 그 견해 자체에 결정적인 오류를 내포하고 있는 것으로 보이기는 하지만, 이에 관한 김병모의 연구[14]가 제주도 돌하르방 연구를, 그 생성-발전을 총체적인 인류역사 발전과정에서 규명해가려고 했다는 점에서 역사과학의 차원으로 본격적으로 이끌어들이는 주목할 만한 역할을 맡아냈다고 하겠다. 제주도 돌하르방문화가 그 나름의 독특한 개성을 지니는, 질이나 양 및 규모면에서 한국은 물론 지금까지 보고된 세계의 석인상문화면에서도 뛰어난 측면이 있다면 그런 우수한 문화를 창조할 수 있는 濟州道史 나름의 역사배경이 반드시 전제돼야 한다. 다시 말하면 한국의 육지를 압도하고 세계인류가 우러러볼 만한 그 문화의 창조주체 또는 창조결과의 수요자가 그에 상응하는 사회-정치적 지위를 가지면서 어느 시대의 제주도사를 주도했어야 한다는 것이다. 제주도사상에서 그런 시대가 언제인가? 13~14세기 몽골－고려사, 더 구체적으로는 몽골－耽羅國史라는 濟州島

13) 제주도의 역사를 변두리에서 늘 주된 것에 종속적으로 관계됐던 역사로만 파악해온 관행 때문에, 비록 몽골칸室과의 연계하에서이기는 하지만 어떤 면에서는 한국 육지보다 오히려 더 주된 위치에 있었던 이 시기 제주도 역사를 제대로 바로 보지 못했던 것이 아닐까 한다. 開京-松都보다 耽羅都가 몽골칸실의 몽골황제권과 더 밀착됐을 수가 있기 때문이다.

14) 김병모, 「한국 석상문화 소고」, 『한국학논집』 제2집, 한양대학교 한국학연구소, 1982, 2쪽 참조

史가 전제되던 때를 빼고 다시 더 있었던 적이 있는가? 이에 본고에서는 같은 몽골 세계칸국의 국영목마장이면서 상당히 서로 닮은 점들도 있는 석인상들을 함께 가지고 있기도 하며 그 이름의 형태나 뜻도 Haraadag-Haraavang-하르방(守護者)이나 제주도 '돌하르방'도 하르바흐(Харвах : 활을 쏘다)에서 파생된 낱말-'Qorči(箭筒士)'-Харваач[archer, shooter]에서 그 기원을 찾아보는 Харвах+vang(王)=Harbavang(弓王)[15)]으로 서로 유사성을 보일 수 있는 동몽골 다리강가 스텝과 제주도 초원의 牧馬場 관계를 중심으로 13~14세기 몽골-耽羅國 : 濟州島史를 천착해가는 과정에서 제주도 돌하르방의 祖形-본꼴을 그 기능과 형태 문제를 중심으로 추구해보려 한다.

아울러 그 계통문제와 관련하여, 김병모의 남방기원설로 알려져 있는 견해가 깔고 있는 전제 자체의 문제점이나 후기 빙하기 이래 인류의 보편적인 남류현상과 정면으로 逆行하는 그의 견해가 갖는 모순성 문제 내지는 북방유래설 또는 북방기원설이 제기될 수 있는 그 역사적인 배경 및 이에 관한 연구전망에 대해서도 차제에 문제를 제기해볼 생각이다.

2. 기능과 형태

오늘날의 조사자들이 제주도에 현존하는 수백여 개나 되는 석인상 가운데 그 나름으로 돌하르방이라고 분류해놓은 대상만을 가지고 돌하르방의 생성, 다른 요소들과의 혼합과 변천이라는 역사과정의 복원 없이 그 정확한 기능을 구별한다는 것은 무의미한 일일 수 있다. 그 본꼴이 한반도 남부의 돌장승과 관련이 있든, 동부몽골의 훈촐로오-Haraavang(守護王)이나 Harbavang(弓王)과 관련이 있든, 또는 혹자의 주장대로 발리섬의 석상과 관련이 있든, 제주도

15) 周采赫, 「몽골과 한국의 할하오복(Qalqa obog)-弓族 分族考」, 『圖們江學術論壇 2009-多元共存和邊緣的選擇』, 연변대학 아주연구중심, 2009. 10. 18, 111~129쪽 중의 120쪽. 이는 名弓手라는 뜻을 갖는 메르겐(Мэргэн : 廝立干)이나 주몽(T'umen : 朱蒙)과도 상통하는 명칭일 수 있다고 본다.

돌하르방은 제주도의 역사 속에서 그 역사가 부여해온 여러 요소들과 상호작용을 하면서 변천돼 왔기 때문이다. 그것이 현재 마을 입구에 있느냐 무덤 앞에 있느냐 또는 절에 있느냐에 따라 기능과 형태가 구별되기도 하겠지만, 오랜 역사과정 속에서 그 내용들이 상호 침투되거나 경우에 따라서는 뒤바뀌어 존재할 수도 있다. 우리가 조사한 다리강가지역 훈촐로오의 경우에는 한국 육지의 돌장승이나 동자석 및 제주도의 돌하르방 같은 것들이 모두 오보오와 함께 목마장인 스텝에 서 있었다. 따라서 이런 사례로 보아 그 기능과 형태의 분화와 혼재 및 상호 침투가 제주도의 역사과정에서 그 나름대로 이루어져왔을 가능성도 배제할 수 없다.

이러한 상황 하에서나마 현재 돌하르방으로 분류되고 있는 유물들의 기능을 대체로 코리치－箭筒士나 弓王, 수호신, 경계표나 금표 등으로 정리해본 것[16]은 그 나름으로 의미가 있는 것이라고 하겠다. 기능으로만 보면 한국 남부의 돌장승과 다를 것이 별로 없고 그래서 그것이 한국의 육지에서 건너온 돌장승이라고만 성급하게 결론짓는 경우도 없지 않다. 돌하르방은 돌장승과는 달리 돌할아범과 돌할망이 나란히 서 있는 예가 없는 데도 그러하다. 가령 그렇다고 하더라도 그것이 오로지 문헌사료에만 근거하여 18세기 초 이후에나 있은 일이라고 하는 立論[17]은 그 실증성을 아무리 내세우더라도 제주도가 유사 이래로 고립되어 온 아프리카의 어느 섬처럼 보편적인 인류역사권 밖에 있었던 것을 상정하지 않는 한, 석기시대 이래로 형성·발전되어 왔을 수 있는 것으로 추정되는 돌장승의 역사나 제주도 자체의 인류사상의 위치로 보아 커다란 오류를 범하는 일일 수 있다. 한마디로 "18세기 초 이전에 제주도 돌하르방－정확히는 그 祖形이 있었으리라는 생각은 크나큰 착각"이라는 간단한 단언이야말로 단편적인 고증의 틀에서 벗어나지 못해

16) 코리치－箭筒士는 저자가 새로 넣은 것이다. 앞에 든 金榮墩, 「제주도의 石像·石具」, 『무형문화재조사보고서』, 문화재관리국, 1968 참조. 그 주술신앙 기능에 관해서는 앞에 든 문화공보담당관실, 「2. 돌하르방」, 『제주도 민속자료』에 구체적인 사료를 조사해 보고해 놓고 있다.

17) 김인호, 「돌하르방 起源論에 대한 비판」, 『제주신문』, 1991. 1. 8, 3쪽 참조.

총체적인 역사발전 속에서 제주도의 돌하르방을 파악하지 못하는 어이없는 착각일 수 있다. 몽골스텝에는 돌궐시대 석인상이 현존할 뿐만 아니라, 근래에 발굴된 요하문명권 紅山文化 중·신석기시대 석인상 유물들에 보이듯이 이미 기원전의 석인상도 엄존하지 않는가? 어느 경우에든 연구 시발단계에서의 속단은 금물이다.[18] 겸허하고 조심스런, 과학적인 접근 자세가 아니기 때문이다.

다만 그의 주장 가운데 "주민들간에 명칭도 알려지지도 않았고 마을마다 세워졌던 근거도 일체 없어 제주도 부락과는 무관한 존재로 부락수호신이라 함은 잘못이다"[19]라고 한 지적과 "제주·대정·성읍 이외의 제주도 촌락과 무관한 것"[20]이라는 지적에는, 제주도 돌하르방의 또 다른 본질적인 기능과 관련하여 주목할 만한 점이 있다. 그렇지만 그의 주장대로 '돌하르방의 모체가 한국육지의 장승'[21]이라고 추정한다면, 그 형태와 기능이 함께 들어왔을 터인데 어떻게 토착부락들과 무관할 수 있겠느냐는 문제가 제기된다. 특정 시대의 金夢奎라는 한국 육지의 官人을 통해 들어와서 그렇다는 설명은 미흡한데가 있다. 토착부락도 각 단계와 각 시대의 생태와 생업에 따라 재배치됐을 수도 있고 牧場을 수호하는 수호신이었다면 꼭 부락과 직관돼야 할 이유도 없다. 또 성읍 이외의 토착부락에 官의 권위를 드러내는 부락수호신의 기능을 가진 돌하르방을 세웠다면 이런 역사적인 전통관행이 배경을 이루며 전체 주민을 제압하는 그 나름의 효과가 있었을 수 있다. 그러니까 18세기 초 그 이전의 어느 시기부터 있어오던 전통상의 돌하르방과 구별되거나 그것에 또 다른 기능과 권위를 부여한 돌하르방의 본꼴이 있었고, 그것이

18) 周采赫, 「순록치기의 紅山文化 鑑賞法－유적, 유물과 문헌사료를 읽는 視角과 視力」, 『순록유목제국론－고조선·고구려·몽골제국의 기원 연구』, 백산자료원, 2008, 309~340쪽 참조.

19) 김인호, 「돋통시문화(31)－돌하르방은 육지의 장승에서 전래되었다②」, 『월간관광제주』, 월간관광제주사, 1989. 9, 128쪽.

20) 김인호, 「돋통시문화(32)－돌하르방 남방전래설 비판③」, 『월간관광제주』, 월간관광제주사, 1989. 10, 143쪽.

21) 김인호, 「돋통시문화(31)－돌하르방은 육지의 장승에서 전래되었다②」, 『월간관광제주』, 월간관광제주사, 1989. 9, 128쪽.

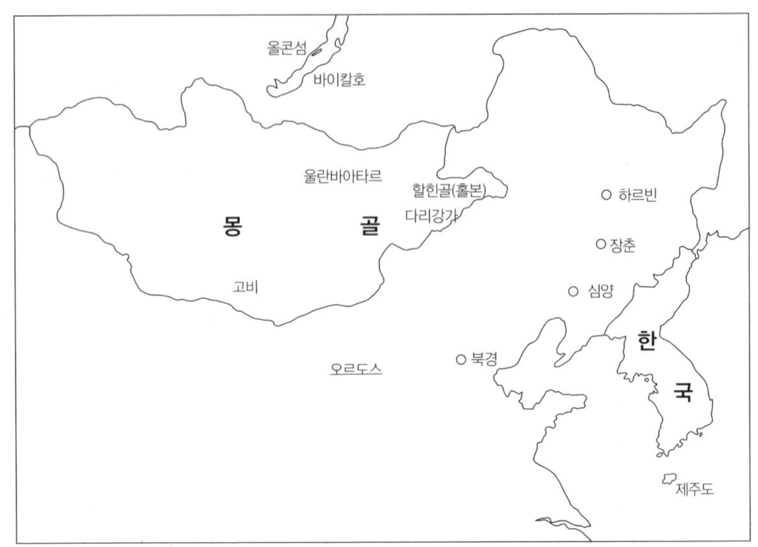

[지도 3] 몽골과 제주도

당시의 토착부락과는 거리가 먼 특수한 지배층의 수요에 따라 존재해올 수 있다는 것이다. 물론 붉은가지 버드나무 오보오의 薦新[22)]처럼 어떤 주기에 따라 석인상을 薦新했을 가능성도 충분히 고려되어야 한다. 또한 오랜 역사기간 동안에는 적대세력의 出沒과 함께 그 生滅의 飜覆이 無常했을 수도 있다.

앞에 든 김인호, 「돌통시 文化」(31)의 중앙아시아 스텝의 훈촐로오로 눈을 돌려보자. 카자흐 공화국의 초원에 여기저기에 서 있는 석인상은 마치 전남지방의 석장생이나 제주도 돌하르방과 유사한 것들이 대부분이다. 키는 높이가 90cm정도인데, 왼손은 대검에 손을 얹고 오른손으로는 술잔을 들고 있는 모습이 특징적이다. "부장이 생전에 죽인 적장을 석인상으로 만들어 세워 그 용감성을 기리기도 하고",[23)] "돌궐의 부장이나 선조를 석인상으로 만들어

22) 주채혁, 「부르칸(不咸)이즘과 柳花－그 母胎回歸신앙연구 補遺」, 『순록유목제국론－고조선·고구려·몽골제국의 기원연구』, 백산자료원, 2008, 103~136쪽.

23) 『隋書』 권48, 列傳 第49, 北狄 「突厥」條에 "有死者……於是 擇日 置屍馬上而焚之 取灰而葬 表木爲塋 立屋其中 圖畵死者形儀及其生時所經戰陣之狀 嘗殺一人 則立一石 有至千百者"라고 한 것이나 『周書』 列傳 第42, 異域下 「突厥」條에 "突厥者…… 葬訖 於其所立石建標 其石多少 依平生所殺人數"라고 기록한 점은 이를 잘 뒷받침해

세워 목초지를 수호해 주는 조상신으로 삼기도 했다는 해석이 있다"[24]는 보고에 주목할 필요가 있다. 여기서 우리는 돌궐계 석인상의 기능에 무덤과 함께 석인상은 그 주인공의 전공을 기리는 기능을 가지며 또 다른 석인상은 그들의 식량원인 양과 전력원인 말을 키우는 목초지를 수호해 주는 기능을 가진다는 점을 알 수 있다. 이들의 서로 다른 기능은 오랜 역사과정에서 상호 침투되거나 서로 바뀌면서 혼용되기도 했을 것으로 보이는데, 우리가 조사한 동부몽골 다리강가 스텝의 오보오와 함께 있는 몽골계 훈촐로오[25]가

준다. 김병모는 몽골 바이얀솜의 돌궐영웅 터뉴크그(6세기경) 기념상을 중심으로 배열된 돌기둥의 숫자에 압도되어, 이를 늦은 석기시대 내지 청동기시대에 기원된 것으로 알려진 선돌로 추정하는 오류를 범하기도 했다(앞에 든 김병모, 「돌숭배사상－한민족 뿌리찾기 : 몽골학술기행(15)」). 그렇지만 터뉴크그 碑文으로 관계학계에 널리 알려진 터뉴크그 무덤의 석인상 이외에도 문자기록이 없는 돌궐系 석인상들이 중앙아시아 스텝에 상당히 많이 발견되고 있다. 위의 사료를 통해 우리는 무덤에 있는 돌궐系 석인상의 기능을 한 가지 확인할 수 있다.

24) 任孝宰, 「蘇·中央亞 고고학 紀行」(14), 『경향신문』, 1990. 12. 8, 27쪽.

25) 任東權(「홈첼로(돌장승)－몽골문화탐방(3)」, 『중앙일보』, 1990. 8. 30, 9쪽)이나 金秉模(「돌숭배사상－한민족 뿌리 찾기 : 몽골학술기행(15)」, 『조선일보』, 1990. 10. 6, 11쪽)나 모두 그 보고서에서 몽골스텝에 있는 모든 훈촐로오들을 터키(突厥)系라고 大書特筆하여 소개하고 있지만, 이는 잘못이다. 물론 몽골학자들의 조언에 따른 것이라고는 하지만 그들이 대부분은 그 분야의 전문가가 아니므로 몽골학계의 이 분야 연구에 관한 전반적인 수준을 바로 보고 이들의 도움말에 신중하게 귀를 기울여야 했을 것이다. 우리와 함께 다리강가의 훈촐로오 유적 답사를 한 D. Bayar는 1980년대 초까지도 사진기가 준비되지 않아서 훈촐로오를 하나하나 그리면서 조사했다고 한다. 더군다나 사회주의혁명이 일어나면서 훈촐로오는 학문연구의 대상이 되기는 커녕 지배층의 유물이라고 대대적인 파괴를 당하는 형편이었으니, 그 연구현황을 짐작할 만하다고 할 것이다. 동부몽골에도 돌궐계 훈촐로오가 아주 없는 것은 아니나 서부몽골에 콧날이 날카롭고 눈의 윤곽이 뚜렷한 돌궐계－주로 몽골반점이 겉으로 드러나 보이지 않는 백인계로 보이는 돌궐계로 추정되는 훈촐로오가 압도적으로 많이 분포돼 있는데 반해, 동부몽골엔 윤곽이 뚜렷하지 않고 얼굴이 둥글둥글한 몽골반점이 있는 것으로 보이는 북방몽골로이드로 추정되는 훈촐로오들이 역시 압도적으로 많다. 돌궐제국이 이 지역을 장악했던 시기에도 이곳은 간접적으로 통치됐기 때문에 그 나름의 전통이 뚜렷이 살아 내려오게 된 듯하다. 우리가 조사한 다리강가의 몽골계 훈촐로오는 오보오와 함께 서 있는데 더러는 도굴자들이 그 오보오 밑을 파본 흔적도 보인다. 방언학을 전공한 강영봉은 이를 무덤으로 오인하고 무덤에서 훈촐로오가 발굴되고 있다고 보고하고 있으나 이 지대에 관한 한은 물론 그릇된 보고다(강영봉, 「역사의 길－몽골 훈촐로오와 제주도의 돌하르방」, 『길』,

갖는 기본 기능은 물론 후자이다. 다리강가 스텝은 중앙아시아지역에서도 가장 뛰어난 핵심적인 牧馬場의 하나이기 때문이다.

이곳을 장악하고 나서야 몽골스텝을 제패하고 中原을 넘볼 수 있다는 天惠의 목마장 다리강가 스텝은 그대로 세계칸국의 한 핵심 산실이라 할 만하다. 몽골의 칭기스칸도 이곳을 틀어쥐고 나서야 비로소 스텝의 패자로 떠올랐다. 당대 최대의 戰力源이라 할 몽골의 말들이 이 거대한 천혜의 목마장에서 산출되었고 바로 그 자리에 오보오와 함께 훈촐로오들이 집중적으로 분포돼 있다. 오보오 중의 오보오인 알탄(黃金)오보오와 이와 서로 연관을 맺어가며 몽골의 영웅전설을 자아내는 더쉬[26]산 및 요새 중의 대요새인 실링복드가 이곳에 함께 있어 몽골인들의 의식의 集點을 이루는 곳이기도 하다. 몽골칸국시대의 국영목마장의 하나였던 濟州島처럼 火山地帶[27]로 형성된 거대한 초원이다.

이처럼 목마장 중의 목마장인 다리강가 목마장이므로, 말을 기르는 악타치－'테우리'[28]는 이 다리강가 스텝에서 각지의 국영목마장으로 파견돼 갔다. 이때 목마장의 수호신인 훈촐로오－Haradaag 또는 Harbavang(弓王)도 그들과 함께 갔을 가능성이 아주 많다. 더군다나 제주도는 이들의 본고장과 아주 유사한 자연환경－화산지대에다 거센 바람과 무한개방 무한경쟁의 개활지라는 생태조건을 갖추었고 국영목마장에다 악타치와 征日戰의 패잔병들이 더불어 숨쉬어온 해상 전략요충지가 아닌가. 몽골칸국 중앙정권 元朝의 토곤테무르칸이 피난궁궐을 지으려고 기초공사까지 한 팍스 몽골리카체제하 최고의 명당일 뿐만 아니라 몽골칸국이 망하고 나서도 朱元璋의 비호

한진그룹, 1991. 11~12, 38~43쪽).

26) 모루(鐵砧)라는 뜻이다.

27) 대흥안령의 원주민어 이름은 '하라운 짓둔 다와'로 '하라'는 검은 돌로 화산석을 뜻한다. 짓둔과 다와는 다구르어와 몽골어로 각각 언덕을 의미한다. 다리강가 스텝도 이 대흥안령 南西자락에 자리잡고 있다.

28) 악타치는 去勢한 말을 치는 사람이고 테우리도 말치기인데, 몽골은 대부분의 숫말이 거세당한 것이지만, 테우리라는 用語는 지금 몽골스텝에서도 사라진 희귀한 古語이다. 1990년 8월에 방한해 제주도를 현지답사한 하칸출루 교수가 일깨워준 내용이다.

아래 투항한 칭기스칸의 후예들이 들어와서 좁은 땅에 가장 밀도 높게 지금까지 살아오고 있는 곳이다.[29)]

물론 궁궐의 주춧돌이 지금까지 남아 있는 것으로 보아 원조치하 팍스 몽골리카 권역내의 최고 수준의 石工이 여기에 파견되어 왔었음은 능히 짐작해볼 수 있고, 실제로 宮闕工事 책임자의 명칭까지 『고려사』에 등장하고 있는 터이다.[30)] 이러한 엄연한 역사적 배경이 있는데도 당장에 실증근거를 찾아낼 수 없다고 동부몽골 다리강가 스텝의 훈촐로오와 제주도의 돌하르방의 역사적 관계를 추정해보는 저자의 견해를 "중구난방 식으로 구태의연한 혼란만을 되풀이 하는 크나큰 착각"이라고 단칼로 잘라버릴 수 있겠는가. 가령 그 당시의 세계 최정상 수준급 석공들이 나라가 망해 당장 실현은 못했을지라도 그런 石工藝 기술은 후예들에게 傳授했을 가능성이 매우 크다.

실로 제주도가 한국육지를 압도할 만한 돌하르방문화의 수요세력이 있는, 그런 역사시기에만 육지를 능가하는 놀라운 돌장승문화 또는 돌하르방문화가 창조될 수 있다는 문화창조의 기본 틀을 염두에 두고 13~14세기 제주도 돌하르방문화의 본꼴-祖形의 追究가 진지하고 집요하게 이루어져야 할 것이다.

돌하르방의 기능과 관련하여 저자는 다음과 같은 결론을 내리려 한다. 다리강가 목마장에서처럼 제주도에서도 그것은 본래 목마장에서 牧草地를 수호하는 수호신－Haraadag(수호자)이나 Harbạvang(弓王)으로 세워졌고 그

29) 周采赫, 「몽골 다리강가지역의 훈촐로오와 제주도의 돌하르방에 대하여－답사보고를 중심으로」, 『역사민속학』 제2호, 한국역사민속학회, 이론과 실천, 1992. 4, 122~144쪽 중 3의 맺음말 참조.

30) 『고려사』 「세가」 권제41-27, 공민왕 4 공민왕 18년 9월조에 "辛酉……時 王召元朝梓人元世于濟州 使營影殿 世等十一人 挈家而來 世言於宰輔曰 元皇帝好興土木 以失民心 自知不能卒保四海 乃詔吾輩 營宮耽羅 欲爲避亂之計 功未訖而元亡 吾輩失衣食 今被徵復衣食 誠萬幸也 然元以天下之大 勞民以亡 高麗雖大 其能不失民心乎 願諸相啓王 宰輔不敢以聞"이라 기록돼 있고, 『고려사절요』 권8, 공민왕 3 己酉 18년 9월조에 "九月……時 王召元朝梓人元世于濟州 使營影殿 世等十一人 挈家而來 一日 世言於都堂曰 元帝好興土木 以失民心 自知不能卒保四海 乃詔吾輩 營宮耽羅 欲爲避亂之計 功未訖而元亡 吾輩失衣食 今被徵復衣食 誠萬幸也 然元以天下之大 勞民以亡 高麗雖大 其能不失民心乎 願諸相啓王 都堂不敢以聞"이라고 쓰여 있다.

것은 당시 몽골칸국의 최대의 무기를 관장하는 막강한 권위를 지닌 악타치－테우리와 함께 존재하기 시작했을 것이다. 따라서 몽골칸국이 망한 뒤에 오랜 역사기간을 지내오는 동안 전통상의 장승류와 혼융됐을 수도 있지만[31] 몽골칸의 후예를 비롯한 몽골세력이 몽골 치하에서뿐만 아니라 그 후에도 계속해서 살아왔기 때문[32]에 그 이전의 제주도의 토착세력과는 괴리된 그 나름의 특성을 지녀 내려오게 되었을 것이다. 따라서 그 기능이 한국 육지의

---

31) 전통적인 장승류와 다른 신앙요소가 혼융될 가능성도 배제할 수 없다. 따라서 발리섬의 석인상이 절에서 찾아지고 불교의 灌頂祈福信仰의 대상이 되고 있다고 하더라도 이것이 “샤머니즘에 바탕을 두고, 이에서 유래된 석장승 돌하르방과는 발생 근원부터 다른 것이니 전혀 비교의 대상이 될 것이 아니다”(김인호, 「돌통시문화(32)－돌하르방 남방전래설 비판③」, 『월간관광제주』, 월간관광제주사, 1989. 10, 138쪽)라는 간단한 단언에 이은, “발리섬 석인상에는 신병을 앓고 있는 환자가 聖水를 떠다 그 얼굴과 온몸에 뿌리며 (병이 낫기를－저자) 기원한다. 이는 현지인들의 灌頂祈福信仰이라는 점에서 볼 때 그 기원을 불교에 두고 있는 미륵불신앙임을 알 수 있음으로 결코 돌하르방과는 그 기원이 같을 수 없다. 따라서 양자는 서로 비교할 성질의 것이 아니다”(김인호, 「돌통시문화(31)－돌하르방은 육지의 장승에서 전래되었다②」, 『월간관광제주』, 월간관광제주사, 1989. 9, 135쪽)는 주장은 진지한 과학적 접근자세일 수 없다. 발리 고고학박물관장으로 巨石文化를 전공하고 있는 스타바가 “발리섬의 석인상들은 힌두교나 불교와는 무관한 토착신앙”이라고 증언하고 있는 점이 그 가능성을 보여주고 있기 때문이다(金秉模, 「발리섬 石像－한민족 문화 뿌리찾기 海洋學術紀行(24)」, 『조선일보』, 1991. 8. 14, 11쪽). 요컨대 석인상문화도 오랜 역사기간을 제주도의 각종 토착화한 신앙들과 공존해오면서 여러 요소들이 상호 침투되고 더러는 그 기능과 형태가 뒤바뀌기도 하면서 혼융-동화돼왔을 수 있다는 점을 깊이 통찰해 분석·정리하면서 규명해야 할 필요가 있다고 본다.

32) 제주대학교부설 탐라문화연구소 편집, 『제주 대정현 사계리 戶籍中草』, 1996 참조. 『濟州道誌』(1992) 제3장 중세사편에는 “제주도는 元·明代에 걸쳐 그들의 유배지로 이용됐기 때문에 濟州邑誌類 등에는 제주의 성씨 중에 ‘趙, 李, 石, 肖, 姜, 鄭, 張, 宋, 周, 秦’ 등 10성이 元을 본관으로 삼고 있고, ‘梁, 安, 姜, 對’ 등 4성이 雲南을 본관으로 삼고 있다고 하였다”고 쓰고 있다. 조선 성종조(1486)에 편찬된 『동국여지승람』의 기록에서, ‘원나라에서 들어온 성씨’를 ‘元을 본관으로 하는 성씨’로 바꾸고 ‘원이 망한 다음에 온 성씨들’을 ‘雲南을 본관으로 삼고 있는 성씨’로 바꿔 쓴 정도의 차이를 보이는 기록이긴 하다. 그동안 그런 식으로 호구단자에 정리해 제출해, 그것이 그대로 본관화 했을 가능성은 있다고 하겠다. 물론 1894년 갑오경장 이전의 상황을 전하는 기록 내용으로 보아야 할 것이다. 1992년 이 『제주도지』가 편찬될 당시에는 이미 원이나 운남을 본관으로 삼는 제주도 성씨들은 적어도 호적상에서는 이미 그 자취를 감추고 말았기 때문이다.

장승이 갖는 기능과 일부 혼융돼버리기도 했지만 역시 그 본래의 기능은 목마장의 목초지를 수호하는 수호신인 Haraadag(수호자)이나 Harbavang(弓王)이었을 것이다. 元朝가 망하고 明朝가 서서도 제주도에 계속 軍馬供給을 요구해왔었기 때문이다.[33)]

다음에는 돌하르방의 형태문제에 대해 살펴보기로 하자. "제주목의 석인상이 가장 클뿐더러 대정현과 정의현으로 갈수록 점점 작아진다. 또 각 부분이 길이라든지 얼굴의 인상, 눈, 코와 입 등이 모두 다른 모양새를 보이고 있다. 정의현의 석인상은 제주 섬의 것에 비해 단정한 모습을 보이면서도 표정이 온후하고 대정현의 석인상은 (제주 섬의 그것에 비해－저자) 표정이 희미하다"[34)]는 보고도 물론 근래의 조사자들이 돌하르방으로 분류한 석인상을 중심으로 그 분포와 형태를 관찰한 것이므로, 돌하르방의 본꼴을 내포하고는 있으면서도 그것이 새로 만들어 세워진 근래 어느 시기의 역사를 반영하는 역사성을 가진 것이라 하겠다.

물론, 전문적인 연대측정이 전혀 이루어지지 않은 그 밖의 수백 기에 달하는 제주도 석인상들이 모두 돌하르방의 본꼴과 아주 무관하다고는 결코 단언할 수 없다. 스텝제국에 이어 해양제국을 지향하면서 그 前哨 중심기지인 제주도의 석공예전통에 가한 13~14세기 팍스 몽골리카체제 하의 돌하르방문화의 충격은 워낙 컸던 것으로 추정되기 때문이다.

문제는 이런 석인상들의 본꼴이 중앙아시아 스텝, 특히 동부몽골 스텝이나 발리섬의 석인상으로 대표된다고 할 환태평양 석인상들과는 어떤 상관성이 있느냐 하는 점이다. 사실상 이들 석인상들을 카자흐고원의 스텝에 있는 것[35)]이나 동부몽골 다리강가 스텝의 오보오와 함께 있는 것[36)]과 발리섬에

33) 『고려사절요』 권29, 공민왕 23년(大明 洪武 7年) 가을 7월조에도 明에서 濟州 목마장에 말을 요구하고 있는 것을 보여주는 기록이 있다. 이런 명의 요구는 그 후에도 한동안 계속 있었다.

34) 「제주도의 문화재 : 그 현장을 찾아서－돌하르방」, 『한라일보』, 1990. 8. 15.

35) 任孝宰, 「蘇·中央亞 고고학 紀行(14)」, 『경향신문』, 1990. 12. 8, 27쪽.

36) 周采赫, 「몽골 다리강가지역의 훈촐로오와 제주도의 돌하르방에 대하여－답사보고를 중심으로」, 『역사민속학』 제2호, 한국역사민속학회, 이론과 실천. 1992. 4, 122~144

있는 것[37] 또는 요하문화유적에서 발굴된 중·신석기시대의 그것을 현실공간 속에서, 그리고 역사시간 속에서 함께 놓고 서로 비교·분석해보아야 그 실태를 알 수 있을 것이다. 망원경과 현미경 이전의 시대와 이후의 시대가 그랬듯이, IT·NT·BT시대에 든 지금은 사물에 대한 인식차원이 달라져야 하고, 그런 수준에서의 연구가 이루어져야 하기 때문이다. 그렇지만 그게 모두 누구에게나 가능한 것이 아니라면 우선 가능한 한도 내에서라도 연구가 이루어져야 할 터이다.

요하문화 유적의 그것은 논외로 하고 우선 그 밖의 것들은 불거져 나온 두 눈이나 모자 및 두 손의 자세 등에서 대체로 서로 비슷한 점이 있다고 볼 수 있겠고, 풍기는 분위기로 봐서도 그런 측면이 있다. 따라서 그 기능이 무덤의 석인상이든, 목초지나 마을의 수호자인 Haraadag(수호자)이나 Harbavang(弓王)이든 아니면 경계표나 禁標든, 그것도 아니면 불교의 이른바 灌頂祈福信仰儀禮用이든 그 형태의 본꼴은 그 오랜 생성과정에서 보면 서로 일정한 관계를 가지고 있을 가능성을 아주 배제해버릴 수는 없을 것 같다.

물론 세밀하게 관찰해보면, 제주도 석인상이 그러하듯 동부몽골 다리강가 스텝지역의 훈촐로오도 그 형태가 시대에 따라 또는 그것이 자리잡은 지역에 따라 그 나름의 특성을 가지고 있는 것을 알 수 있는데, 특히 의자에 앉은 13~14세기경의 칸이나 그 친지들의 복식과 모자 및 머리 모양새의 경우에는 이런 점이 상당히 명료하게 드러나고 있다. 우리가 지금까지 알고 있었던 것과는 달리 13~14세기의 것으로 고증된 훈촐로오보오다는 그 이전의 것으로 추정되는 훈촐로오가 압도적으로 더 많은 수를 점하고 있다는 사실은, 우리에게 충격적이었다. 북부는 예니세이 분지[38]로부터 바이칼 호 부근[39]을

쪽.

37) 김병모, 「한국 석상문화 소고」, 『한국학논집』 제2집, 한양대학교 한국학연구소, 1982.

38) Doglas Carruthers, *Unknown Mongolian* vol.1, London Hutchinson, 1914[국제한국연구원 최서면 원장 소장본] 54 및 60쪽에 북방 예니세이 분지의 훈촐로오를 소개하고 있다.

39) 任東權, 「훔첼로(돌장승)－몽골문화탐방(3)」, 『중앙일보』, 1990. 8. 30, 9쪽에서는

거쳐 다리강가 스텝지역을 포함하는 동부몽골 스텝에 이르기까지 분포된, 형태와 기능이 거의 비슷한 것으로 보이는 이 몽골계 훈촐로오들은 언제, 누가 왜 만든 것일까? 그리고 거의 뚜렷이 구별되고 있는 돌궐계 훈촐로오와의 차별화는, 어떤 각각의 역사배경에서 생성돼온 것일까? 특히 신석기시대 이래의 이곳의 역사를 집요하게 復元해보는 과정에서만 그 해답이 얻어질 수 있으리라 추정된다.

우선 각 지역에 분포돼 있는 석인상들의 특징을 살펴보기로 하자. 먼저 그 석인상들의, 서 있는 방향을 보면 현재 제주도에서 돌하르방으로 분류되고 있는 것들은 서로 마주보거나 정면을 향해 있으며 동부몽골 다리강가 스텝지역의 훈촐로오는 남쪽을 향해 서 있고 카자흐 공화국 스텝의 것을 비롯한 돌궐계 훈촐로오는 동쪽을 향해 서 있다. 몽골계 훈촐로오가 남쪽을 향해 서 있는 것은 몽골인들이 해가 남쪽에서 떠서 북쪽으로 진다는 관념을 가지고 있는 데서 비롯된 것이리라는 데. 바이에르의 견해가 덧붙여지기도 했다.[40]

존재양상을 보면 제주도의 것은 입상이고 몽골계의 것은 立像과 坐像이 섞여 있으며 돌궐계의 것은 입상이지만 때로는 이들이 주종관계를 이루며 줄지어 있기도 하다. 몽골계 좌상은 13~14세기에 출현했다고 한다.

다음에는 손의 위치를 보기로 하겠다. 제주도의 경우에는 오른손이 위로 가고 왼손이 아래로 간 것과 그와는 반대인 것이 반반쯤 분포되어 있다. 동부몽골 다리강가 스텝지역의 경우는 오른손이 위로 가고 왼손이 아래로 간 것이 거의 다이며, 우리 한·몽학술조사연구협회 합동조사단이 1990년 초 여름에 조사한 16기 중에 단 1기에서만 그와 반대인 왼손잡이로 추정되는 것을 발견했다. 돌궐계의 경우에도 잔을 든 오른손이 위로 가고 대검과

그가 시베리아 '쓰와' 자치공화국의 돌장승 사진을 소련대사관에서 발간한 책자에서 이미 1986년에 찾아보고는, "오른손은 가슴에까지 올리고 왼손은 내린 모습이 제주도의 돌하르방을 빼닮았다!"고 감탄해 마지않았던 일을 적어남기고 있다. 1990년 이른바 북방사회주의권 개방 초창기의 한 에피소드이다. '쓰와'는 '투바'의 音譯인 듯한데 훈촐로오(石人像 : 돌사람像)를 '훔첼로'라고 일본발음식으로 音譯한 사례에서 보듯이, 그의 글에는 前時代의 유풍을 아직 그대로 많이 담아내고 있다.

40) 데. 바이에르 지음, 박원길 옮김, 『몽골 석인상의 연구』, 혜안, 1994 참조.

같은 무기류로 보이는 것에 얹은 왼손이 밑으로 가 있었다. 발리섬의 것도 대체로 이와 유사하지만 합장하고 있는 것도 있는데 이러한 석상은 불교유물에 속한 것으로 보이며, 제주도에도 西門안의 미륵불 석상에서 이런 형태를 찾아볼 수 있다. 몽골과 돌궐 계통의 경우에는 오른손에 술이나 우유, 또는 불을 켜는 데에 쓰이는 기름을 담았던 것으로 보이는 잔을 들고 있는데 대해, 제주도나 발리섬의 경우에는 그것이 퇴화해 있거나 전혀 없었다.

데. 바이에르는 1993년 9월~1994년 3월에 한국에 와서 연구하는 동안에 제주도 돌하르방을 조사하고 나서 바로 이 점을 지적하여 다리강가 스텝의 훈촐로오와 제주도의 돌하르방이 서로 거리가 먼 존재라는 의견을 피력하기도 했다. 물론 당시의 그의 연구수준 한계 내에서 보여준 견해이기는 하다.

다리강가 스텝의 경우에는 고추를 드러낸 코믹한 훈촐로오도 보이며 심지어는 지금은 없어진 나신의 여자 훈촐로오도 있었고 그와 관련된 애절한 전설이 전래되어오고 있다는 현지 주민들의 증언도 있었다. 제주도의 그것과 차별화되는 점이라 하겠다. 다리강가 스텝에서 북으로 올라가 도로노드 아이막 부이르호반 숑크 타반 톨로고이에는 아주 유명한 대형 고올리칸(弓王) 훈촐로오[41]도 있는데 발받침까지 있어 주목된다. 발받침－헤부라이 성경에 등장하는 이 '발등상'은 왕족이나 그에 상당하는 귀족에게만 있을 수 있는 것이 서아시아의 관례라는 보고도 있어서 주목되고 있다.[42]

동부몽골 다리강가 스텝의 경우에는 훈촐로오 자체에도 '희모리'라는 색이 든 천을 감아놓아 이채를 띠었고, 제주도 돌하르방이나 돌궐계 훈촐로오들 가운데 어떤 것들에서 느껴지기도 하는 할아버지 같은 모습은 거의 없었다. 오히려 살포시 웃음을 먹음은 童顔과 같은 것이 있는가 하면 인상을 찌푸리고 있는 장난기 어린 익살맞은 훈촐로오조차도 없지 않았다.

---

41) 바로 그 언저리 할힌골(弓江) 스텝에는 놈인 바아타르(弓英雄)의 전설이 내려오거니와, 이는 내몽골쪽 할힌골의 異稱인 諾門汗과 관련해 주목되고 있다. '활의 영웅'이라는 몽골어의 音寫로 보이는 까닭이다. 이는 저자가 1999년 가을에 이지역의 군수에게서 傳聞한 口碑史料다.

42) 김성일·김영우 등, 『한국민족기원 대탐사－셈족의 루트를 찾아서』, 창조사학회, 1999의 기획자이며 현지답사자인 김영우 교수의 답사보고에 의거했다.

제주도의 경우나 몽골 다리강가 스텝의 경우에 절대 다수를 차지하고 있는 석인상의 石材는 모두 잔구멍이 많이 뚫린 후르멘촐로오(Хурмэн чулуу)－玄武岩이다. 두 지역이 모두 화산지대이기 때문에 석재의 공통점을 보여주는 것이라 하겠다. 심지어는 화산재를 '송이'라고 하는 용어조차도 다리강가 스텝과 제주도는 서로 같았다[43]. 다리강가 스텝지역에는 13~14세기의 것으로 고증되는 粗面岩[44]으로 만든 3기의 훈촐로오와 花崗岩으로 만든 2기의 훈촐로오가 있다.

석인상이 자리잡은 위치는 각각 어떠한가? 제주도에는 현재 돌하르방이라고 분류되고 있는 석인상이 자리잡은 위치가 城門밖이라 하는데, 동부몽골 다리강가 스텝지역에서는 오보오ㅅ 그와 함께 자리잡고 있는 거대한 牧草地다. 발리섬에서는 寺院에서 나왔지만 카자흐공화국의 스텝에서는 주로 묘지와 함께 서 있다. 물론 이는 어디까지나 저자가 지금까지 손에 넣을 수 있는 보고결과만을 가지고 정리해본 것이다. 앞으로 각 지역에서 석인상이 자리잡은 또 다른 다양한 유적들이 더 나올 수도 있을 것이다. 예컨대 중앙아시아 스텝에서도 灌頂儀禮用 석상들이 보이고 있는 것을 들 수 있다.

石人의 性이 가장 뚜렷이 구별된 것은 발리섬의 경우이지만 카자흐공화국 스텝의 경우에도 여성이 가끔 보이고 동부몽골 다리강가 스텝의 경우에도 마찬가지다. 다리강가 스텝과 발리섬에는 남자의 성기를 뚜렷이 조각한 것도 있다. 발리섬의 경우에는 여성의 성기를 뚜렷이 조각한 것이 있기도 하다. 제주도에는 大靜 우체국 앞에 선 훈촐로오가 족두리를 쓰고 오오지를 입었으며 여자다운 눈매와 입매를 지닌 것으로 고증되고 있다.[45]

---

43) 다리강가 스텝을 고향으로 하는 이들의 증언이다. 페. 우루쥔 루훈데브 대사가 남한주재 몽골대사로 재임시에 이런 정보를 주었고, 1990년대 말 제주대 탐라문화연구소에서 발표자로 동참한 몽골국립대 솝드 여교수도 이를 재확인해주었다. 제주대학교에서 열린 제주도-몽골관계 학술회의에서 당시 솝드 교수는 고창석 탐라문화연구소장에게 가느다란 실에 매어 가지고 온 작은 다리강가 스텝의 '송이'－화산재를 직접 공식석상에서 선물하기도 했다.

44) 주로 알칼리 長石으로 된 화산암의 일종이다.

45) 周采赫, 「몽골·고려사의 한 고찰－알랑여신·몽골호칭·돌하르방 등에 관한 문제제기」, 『강원인문논총』 창간호, 1990. 12, 179~188쪽, 돌하르방 참조. 복식문화사

석인상(제주도 소재). ① 제주시, ② 대정읍, ③ 성읍 (1994. 2, 데. 바이에르 제공)

한 가지 우리의 눈길을 끄는 것은 성기를 비롯한 그 특징을 조각해 남녀의 성별을 표시함에서 발리의 그것이 가장 뚜렷하고 그 다음이 중앙아시아 스텝, 특히 그 중에서도 다리강가 스텝지역이며 그 다음은 제주도이고 한반도의 육지에 오면, 하체의 경우에는 그 흔적이 발견되지 않는다는 점이다. 동부몽골 다리강가 스텝이나 발리섬에서는 몸통과 손은 물론 다리나 발까지 뚜렷이 조각한 경우가 적지 않지만, 제주도에서는 몸통과 손까지만 처리돼 있으나 한반도의 육지에서는 부산 영도의 석상[46] 이외에는 손이 처리된 것을 아직 찾아낸 적이 없다. 동부몽골 다리강가 스텝지역의, 13~14세기의 것으로 고증된 훈촐로오가 쓰고 있는 모자와 모양새가 비교적 뚜렷한 제주도 돌하르방이 쓴 모자가 모두 쿠빌라이칸시기의 이른바 북방식 모자라고 고증

전공자 曺五順 교수의 현지 조사, 비교·분석 연구보고에 따랐다.

46) 김병모, 「한국 석상문화 소고」, 『한국학논집』 제2집, 한양대학교 한국학연구소, 1982, 6쪽, 그림(4) 釜山市 影島.

석인상(동부몽골 소재). ① 도로노드·아이막 할힌골·솜온 숑크 타반·톨로고이, ② 수흐바타르·아이막 에르데니차간·솜온 센지 만달, ③ 수흐바아타르·아이막 다리강가·솜온 추르긴 춘디(1994년 2월, 데.바이에르 제공)

되기도 했지만,[47] 한반도의 육지에서는 全北 南原郡 山內面 實相寺(민속자료 15) 소재 석인상 이외에는 이런 모자를 쓴 돌장승이 아직 찾아지고 있지 않다.[48]

이처럼 중앙아시아 스텝, 특히 다리강가 스텝의 목초지나 발리섬을 대표로 하는 환태평양지구→ 제주도→ 한반도 남부→ 한반도 중부로 갈수록 퇴화현상을 보이는 점은 주목할 만하다. 제주도 돌하르방이 한국 육지의 돌장승에서 유래했다는, 그것도 18세기 초 이후에나 한국 육지의 돌장승이 들어와서

47) 주채혁, 「몽골·고려사의 한 고찰—알랑여신·몽골호칭·돌하르방 등에 관한 문제제기」, 『강원인문논총』 창간호, 1990. 12, 179~188쪽, 돌하르방 참조. 북방식 모자에 차양이 있는 것은 강열한 햇빛 아래서 스텝의 목초지를 감시하고 머리를 보호하는 데에 필요했을 것으로 보인다.

48) 金秉模, 「한국 석상문화 소고」, 『한국학논집』 제2집, 한양대학교 한국학연구소, 1982, 5쪽, 그림(3) 참조.

석인상(부산시 影島 소재). 김병모, 「한국 석상문화 소고」, 『한국학논집』 제2집, 한양대학교 한국학연구소. 1982. 6쪽. 그림(4) 전재.

석인상[발리섬 베사키(Besakih) 사원 소재]. 김병모, 「한국 석상문화 소고」, 『한국학논집』 제2집, 한양대학교 한국학연구소. 1982 전재.

제주도 나름으로 발전됐다는, 앞에 언급한 적이 있는 김인호의 가설이 그와는 오히려 정반대인 경우도 있을 수 있다는 가능성을 보여주기 때문이다. 곧 어떤 부류의 특성을 갖는 한국 육지의 돌장승은 도리어 제주도에서 흘러나간 곧 제주도에서 유래된 것일 수가 있다. 그러니까 어떤 부류의 특성을 갖는 한국의 돌장승은 그 진원지가 제주도로, 제주도를 핵으로 하는 일정한 磁場안에 그 분포권을 이루었을 수 있다는 것이다.[49]

赤峰 박물관 석인상. B.C. 6200~B.C. 5200추정(禹實夏 교수 촬영)[50)]

흥륭와문화 석인상. B.C. 6200~B.C. 5200 추정(林西縣 城關西山 흥륭와 문화 유적지)[51)]

이들 각 지역 석인상들의 크기를 보면 발리섬의 경우가 50~79cm이고 카자흐공화국 스텝의 경우는 90cm 전후이며, 동부몽골 다리강가 스텝의 경우가 70~140cm 쯤 된다. 13~14세기 칸이나 칸의 친족의 것으로 고증된 경우에는 의자에 앉은 석인상의 키이다. 이에 대해 제주도 돌하르방은 무려 2m 남짓한 것까지도 있다.[52)] 당연히 그 연대가 고증된 것만을 자료로 삼아 언급할 수밖에 없기는 하지만 카자흐공화국 스텝을 비롯한 중앙아시아 스텝

49) 周采赫.「몽골·고려사의 한 고찰－알랑여신·몽골호칭·돌하르방 등에 관한 문제제기」,『강원인문논총』 창간호. 1990. 12, 187쪽. 돌하르방 참조. 물론 스텝제국사상의 제국 흥망과 함께 얼마 남지 않는 유적마저도 철저히 초토화시켜버리는 유목적인 관행을 제주도 돌하르방 유적에도 적용시켜볼 필요가 있을 것이다. 그런 경우에는 당시의 돌하르방 유물이 도리어 제주도 밖의 인근 한국 육지지역이나 섬들에 잔존하거나 묻힌 유물로 발굴될 수도 있다고 본다.

50) 우실하,「몽골 지역 석인상의 기원과 遼河文明」,『애벌 周采赫교수 정년퇴임기념특집호 몽골학』 29호, 한국몽골학회, 2010. 8. 26, 163쪽.

51) 于建設 主編,『紅山玉器』, 呼和浩特 遠方出版社, 2004, 31쪽/ 우실하.「몽골 지역 석인상의 기원과 遼河文明」,『애벌 周采赫교수 정년퇴임기념특집호 몽골학』 29호, 한국몽골학회, 2010. 8. 26. 163쪽 재인용.

52) 각 지역 석인상의 크기는 기왕에 인용한, 각 지역 관계보고서들에 의거한 것이다.

紅山文化 석인상. B.C. 4500~B.C. 3000 추정[53)]

紅山文化 석인상. B.C. 4500~B.C. 3000 추정[54)]

중서부의 돌궐계 석인상들은 6~7세기의 것들이 있고, 동부몽골 다리강가 스텝지역의 훈촐로오들은 13~14세기의 것들과 그보다 훨씬 더 많은 그 이전 어느 시기의 것으로 추정되는 훈촐로오들이 있다. 제주도 돌하르방의 경우는 18세기 초 이후의 것이라고 하기도 하지만, 가령 조선조에 새로 만들어진 것이라고 하더라도 그 시기가 좀 더 올라갈 수도 있고, 그 본꼴은 이미 13~14세기경에 존재했었을 수가 있다. 물론 이 경우에 본꼴이라 함은 13~14세기경의 그것 이전의, 제주도에 있었던 것으로 추정되는 전통적인 석인상 형태와 습합되어 나타나고 발전해온 어떤 독특한 형태를 상정해본 것이다. 흥미로운 점은 다리강가 스텝지역에서 13~14세기 이후의 형식으로

53) 于建設 主編,『紅山玉器』, 呼和浩特 遠方出版社, 2004, 31쪽/ 우실하, 위의 논문, 163쪽 재인용.

54) 于建設 主編,『紅山玉器』, 呼和浩特 遠方出版社, 2004, 36쪽/ 우실하, 위의 논문,

된 훈촐로오가 어떤 이유에서인지는 몰라도 그 이후엔 다시는 더 나타나지 않는데[55] 대해, 앞서 살펴본 대로 제주도에서는 19세기 초에도 그것을 창건했다는 기록이 나오고 있다는 사실이다.

동부몽골 다리강가 스텝지역과 제주도의 관계를 여기서 다시 언급하고 싶지는 않다. 다만 훈촐로오와 돌하르방 및 동자석을 고찰해볼 때, 이밖에도 시불게르(Šibulger : 辮髮)가 같은 몽골식인 석인상과 목걸이를 한 라마승 석인상이 제주도에서도 나왔다는 점[56]을 이에 덧붙여 이야기해 두려 한다. 아울러 발리섬의 그것이나 카자흐공화국 스텝의 그것들과는 달리 13~14세기의 것으로 고증된 동부몽골 다리강가 스텝지역의 훈촐로오와 같거나 보다 더 큰 돌하르방이 제주도에 있다는 점에서 몽골칸 및 칸비의 국영목마장으로서의 다리강가 스텝과 濟州島-耽羅都를 다시 새롭게 파악하지 않을 수 없다. 이와 함께 제주도가 토곤테무르칸 때 피난궁궐지로 선정되어 궁궐의 신축이 기왕에 시작됐으며 원이 망한 후에도 명에 투항한 칸의 후예들이 여기서 살아왔는가 하면, 明의 軍馬 요구가 계속되면서 목마장도 어느 시기까지 여전히 운영되고 있었음을 다시 한 번 더 상기시키려 한다.

다리강가 스텝지역에서 13~14세기 이후의 훈촐로오가 그 후 더는 나타나지 않았는데, 제주도에서는 18세기 초 이를 새롭게 창건한 기록이 있는 것으로 보아 다리강가 스텝지역에서는 몽골칸국의 멸망과 함께 그 훈촐로오들을 수요로 하는 칸과 칸족의 세력도 거의 사라졌지만, 제주도에서는 새 왕조 明 창업자의 권장에 의해 투항하거나 그에게 포로로 잡혀온 몽골칸의 후예들이 그와 조선조 창업자 이성계의 필요에 부합하는 선에서 제주도 현지에 그대로 목마장과 함께 살아남아 제주도 돌하르방의 수요자로 잔존해 왔었기 때문에 각각 이런 차별화된 현상이 발생했던 것으로 추정된다.[57]

176쪽 재인용.

55) 「제주도의 문화재 : 그 현장을 찾아서-돌하르방」, 『한라일보』, 1990. 8. 15 참조.

56) 주채혁, 「몽골·고려사의 한 고찰-알랑여신·몽골호칭·돌하르방 등에 관한 문제 제기」, 『강원인문논총』 창간호, 1990. 12, 187쪽, 돌하르방 ; 주채혁, 「몽골 다리강가지역의 훈촐로오와 제주도의 돌하르방에 대하여-답사보고를 중심으로」, 『역사민속학』 제2호, 한국역사민속학회, 이론과 실천, 1992. 4, 122~144쪽 참조.

3. 계통

기왕에 제기된 이에 대한 3가지의 견해를 검토해 가면서, 돌하르방의 계통문제 연구와 그 문제점을 살펴보려 한다.

첫째로 環太平洋－東支那海로 이어지는 해양문화와 제주도의 돌하르방을 관련시켜 그 본꼴을 추구해보려는 김병모의 '南方起源說'이 있다. 그러나 이는 정확히 말한다면 海流를 따라 석상문화의 전파를 추적해본 토르 하이어달(Thor. Heyerdhal)의 이론[58]에 김병모가 돌하르방의 기원문제 연구를 接脈시켜본 것이므로, 토르 하이어달의 학설이라고 해도 좋을 것이다. 그런데 김병모는 이에서 陸·海의 석인상 역사를 총괄하는 시각으로 토르 하이어달의 이론을 비판적으로 수용해 돌하르방 기원문제를 풀어보려 하지 않았다는 자기한계를 안고 있다.

둘째로, 서귀포 하예동 본향당의 巫神인 木偶[59]나 정주목 神[60]이 18세기 초에 한반도 육지에서 들어온 돌장승과 접합되면서 돌하르방이 생겨났다고 추정해보는 현용준을 비롯한 현지연구자들의 '제주도 自生說'이 있다.

셋째로, 1986년 대만 정치대학 변정연구소에서 하칸출루와 박원길 師弟間에 상호 토론과정에서 이 문제를 제기하고 1990년 3월 26일 몽·한수교 이후부

---

57) 제주도에도 칸의 후예들이 살았다고는 하지만 다리강가 스텝지역의 13~14세기 유물로 고증된 칸 및 칸족의 것으로 추정되는 훈촐로오처럼 의자에 앉아 있고 발모양까지 조각된 돌하르방은 아직 찾아지지 않고 있다. 다리와 발이 조각되지 않은 제주도 돌하르방의 일반적인 특성 때문일까, 아니면 다리강가 스텝지역의 이와 관계된 훈촐로오와는 몽골세계제국 國亡 전후에 따라 그 存在位相이 사실상 서로 판이하게 다르기 때문일까 하는 문제는 앞으로 밝혀져야 할 것이다. 우유잔이나 술잔, 또는 聖火를 켜는 기름잔으로 추정되기도 하는 바른손에 든 그릇이 제주도의 돌하르방에 보이지 않는 것은 오랜 세월을 지내면서 퇴화해버린 까닭인지, 아니면 본꼴의 원래 형태가 애초부터 서로 달랐던 것인지도 이와 마찬가지로 앞으로 구체적인 몽골－제주도사의 전개를 고려하면서 밝혀져야 할 문제다.

58) Thor. Heyerdhal. T, Aku-aku, Penguin Books, 1974/ 김병모, 「한국 석상문화 소고」, 『한국학논집』 제2집, 한양대학교 한국학연구소, 1982, 2쪽의 주 3) 재인용.

59) 김인호, 「돋통시문화(31)－돌하르방은 육지의 장승에서 전래되었다②」, 『월간관광제주』, 월간관광제주사, 1989. 9, 128쪽 참조.

60) 현용준, 「濟州 石像 우석목 小考」, 제주도 제주도청, 1961, 128~140쪽(이 글은 현용준, 「濟州 우석목 小考」, 『제주도』 제8호, 1963으로 다시 정리됐다).

터 대우재단 연구실의 몽골비사윤독회를 국제한국연구원(당시 논현동 소재 ; 최서면 원장)에서 장소를 잠시 옮겨 열면서 수교 후 동참한 베. 수미야바아타르 외 몽골국 현지 연구자들과 카자케비츠(V. Kazakevich)의 *The stone guards of the steppe* (Mongolia 4, Ulaanbaatar, 1984)를 구해 읽으며 몽골의 훈촐로오와 제주도 돌하르방에 관한 연구 토론을 본격적으로 하기 시작했다. 다시 대만에서 원로 몽골학자 하칸출루가 국제한국연구원의 초청으로 이에 동참하며 더 한층 활기를 띠게 되었고, 이 해 8월초에 하칸출루－박원길 師弟팀이 제주도 돌하르방유적과 유물을 직접 현지답사하면서 그 절정을 이루었다.

1991년 여름 8월에 몽골비사윤독회팀이 제주도의 강영봉 교수, 서재철 사진작가 등 현지 연구자들, 몽골연구자들과 함께 마침내 제주도와 동부몽골 다리강가 스텝지역의 현지 관계 유적과 유물을 답사하면서 관계된 문헌자료들을 수집-검토-토론하는 과정을 통해 저자를 중심으로 이를 검증하고 논증해본 한국몽골비사학회의 '몽골遺風說'이 나오게 됐다. 물론 이는 팍스 몽골리카 체제 하에서 제주도가 이에 직속돼 몽골·고려관계가 근 백여 년을 지속해오면서, 종래에 이와 관계된 것으로 추정되는 제주도 전통문화가 몽골의 훈촐로오 문화에 棱木돼 제주도 나름의 독특한 개성을 지니는 돌하르방문화가 창출됐다고 보고 있다.

'몽골유풍설'은 아직 당시로서는, 일부 언론에서 편의상 제목으로 붙인 '북방기원설'에까지 견해를 피력해본 것은 결코 아니다. 1990년 이른바 북방 사회주의권이 개방된 이후부터의 현장연구에서 비롯된 것이므로 연구업적이 그만큼 축적된 것이 아니고, 또 13~14세기 몽골사연구자들이 제기한 견해이므로 우선 전공시대 밖의 문제를 다루는 것이어서 그런 본질적인 문제를 연구하기에는 능력이 미치지 못했기 때문이다. 그러나 1992년 여름에 동부몽골 다리강가 스텝지역을 한·몽학술조사팀을 구성해 여러 전공분야 연구자들이 함께 현지답사를 하는 과정에서, 다각적인 접근을 통해 이를 연구해갈 구체적인 연구계획을 세워 조금씩 실천해가고 있기는 했다.

먼저 '남방기원설'에 대해 살펴보기로 하자.

김병모가 제주도 돌하르방의 '南方起源說'을 제기하기까지의 과정 및 배경은 다음과 같다. 그는 1981년 겨울에 고인돌을 찾아 인도네시아 발리섬을 답사하러 갔다.[61] 뜻밖에도 1981년 1월에 여기서 많은 석상들과 마주치면서 그 생김새나 석상에 대한 주민들의 俗信이 한국의 그것들과 유사한 점이 있어 서로 비교·검토해야 할 필요성을 절감케 됐다고 한다.[62] 제주도 이외에도 돌하르방 類의 석상이 있다[63]는데 적잖은 충격을 받았던 것이다. 이런 그의 연장답사연구 체험이 그가 그 후에 '돌하르방 남방기원설'을 도출해내게 되는 기점이 됐던 것이다. 그 내용의 핵심을 축약해보면 이러하다.

> 저자가 본고에서 말하고자 하는 것은 우리나라 남부지방에 산재하는 석상들의 성격을 보다 학구적인 면에서 관찰하고자 하는 것이다. 한반도에서 발견되고 있는 석상들은 제주도의 돌하르방에서부터 남해안과 남해안에서 멀지 않은 내륙지방에서 주로 발견되며, 한반도의 북반부나 그 이북에서는 발견되고 있지 않은 점에 대하여는 종래까지의 연구에 나타나 있다. 왜 이 석상들의 모양이 한국인의 모습과는 조금도 비슷하지 않으며, 왜 그것들은 넓은 滿洲나 시베리아의 광활한 지역에서는 발견되지 않고 반도의 남부지방 島嶼地方에서만 많이 발견되는가? 이런 오랫동안의 의문을 한번 풀어보고자 하는 試圖의 一端이 되겠다.[64]

그러나 이 문제가 제기된 1982년에서 10년이 지난 현시점에서 그의 문제제기 자체에 근본적으로 오류가 있었음이 명백하게 밝혀지고 있다. 그가 종래의 어떤 연구결과들을 구해 읽고 "한반도의 북반부나 그 이북－넓은 滿洲나

61) 金秉模, 「발리섬 石像－한민족 문화 뿌리찾기 : 海洋學術紀行(24)」, 『조선일보』, 1991. 8. 14, 11쪽 참조. 이 글은 김병모 등, 『몽골－바람의 고향, 초원의 말발굽』, 조선일보사, 1993에서 다시 다루고 있으나 별로 달라진 것이 없다.

62) 김병모, 「한국 석상문화 소고」, 『한국학논집』 제2집, 한양대학교 한국학연구소, 1982, 2쪽.

63) 김병모, 「발리섬 石像－한민족 문화 뿌리찾기 : 海洋學術紀行(24)」, 『조선일보』, 1991. 8. 14, 11쪽 참조.

64) 김병모, 「한국 석상문화 소고」, 『한국학논집』 제2집, 한양대학교 한국학연구소, 1982, 2~3쪽.

시베리아의 광활한 지역에서는 석상들이 발견되지 않고 있다"는 그 나름의 결론을 내리고 나서, '돌하르방 남방기원설'을 그토록 대담하게 추론하기에 이르렀는지는 알 수 없다.

그러나 1914년에 이미 北예니세이盆地에 동부몽골 훈촐로오類의 석인상이 있다고 보고되고 있고,[65] 1927년에 카자케비츠를 비롯한 소련 고고학자들이, 저자가 보기에는 지금까지 발견된 다른 어느 곳의 그것보다도 제주도 돌하르방과 가장 유사한 점이 많은 동부몽골 다리강가 스텝지역의 훈촐로오를 조사·보고하고 있으며,[66] 이는 다시 1980년대 초에 데. 바이에르를 비롯한 몽골 고고학자들에 의해 더욱 자세히 그 범위를 넓혀 재조사해 보고되고 있다.[67] 또 임동권도 1986년에 소련의 관계 자료에서 이를 발견하고 시베리아의 투바(쓰와는 서툰 발음을 표기한 것-저자) 자치공화국에도 훈촐로오들이 엄연히 존재하고 있음을 보고하고 있다.[68] 1990년대 전반에 13~14세기 몽골사 전공자인 우리도 이런 자료 정도는 어렵지 않게 수집할 수 있는데 하물며 이 분야의 전공자들은 어떠하겠는가? 그간에 발표된 더 많은 관계 연구결과가 쏟아져 나올 수 있는 가능성이 결코 없지 않다. 또 근래에 발굴되면서 혁명적인 동북아시아사 인식전환을 요구하고 있는 遼河文明圈의 중·신석기시대 석인상들을, 그런 어설픈 인식틀로 과연 어떻게 정리해낼 수 있느냐 하는 문제도 당장에 제기된다.

이제 북부 예니세이분지에서 시베리아와 동부몽골 및 만주의 일정한 지역에 걸치는 지대에서 서로 유사한 계통의 몽골계 훈촐로오가 분포되어 있다는 사실은, 그 자신[69]과 한국몽골비사학회 회원들 및 현지답사에 동참한 몽골과학원 고고학자들[70]에 의해 직접 확인되기에 이르렀다. 그가 1990년 여름에

65) Doglas Carruthers, *Unknown Mongolian* vol.1, London Hutchinson, 1914[국제한국연구원 최서면 원장 소장본].

66) V. Kazakevich, *The stone guards of the steppe*, Mongolia 4, Ulaanbaatar, 1984.

67) 데. 바이에르 지음, 박원길 옮김, 『몽골 석인상의 연구』, 혜안, 1994.

68) 任東權, 「홈첼로(돌장승)-몽골문화탐방(3)」, 『중앙일보』, 1990. 8. 30, 9쪽.

69) 金秉模, 「돌승배사상-한민족 뿌리 찾기 : 몽골학술기행(15)」, 『조선일보』, 1990. 10. 6, 11쪽.

몽골고원에 첫발을 디디면서 "아! 몽골스텝에도 옛날에 선돌과 석인상이 있었구나!"하고 탄성을 지르는 그 순간에 이미 그가 한반도 북반부 이북인 만주와 시베리아를 비롯한 중앙아시아에는 석인상들이 없다는 短見을 전제로 하고 그 기반 위에서 출발한 그 거창한 '돌하르방 남방기원설'은 사실상 이미 와르르 허물어지고 있었던 것[71]은 아닐까 한다.

그는 제주도의 돌하르방이 한국인의 모습과는 조금도 비슷하지 않다고 했지만, 그렇다고 그것이 동부몽골 다리강가 스텝지대의 훈촐로오보오다 조금은 더 발리섬의 그것을 닮았느냐 하면 그렇지도 않아 보인다. 저자가 보기에는 바람이 센 무한개방지대에 자리잡은 두 곳의 석인상이 그렇게 그 자리에 설만한 생태적이고 역사적인 조건이 반드시 있는 것으로 보이는데, 제주도 돌하르방이 지금은 태평양 바다 가운데 서 있지만 그래도 습기 찬 바닷바람에 씻긴 발리섬의 석인상보다는 한랭 고원 건조지대의 거센 대륙풍에 스친 시베리아 벌판의 무게를 느끼게 하는 동부몽골 다리강가 스텝의 훈촐로오와 훨씬 더 방불한 그런 인상을 풍기고 있다.

물론 중앙아시아 스텝에 여기저기 산재해 있는, 윤곽이 뚜렷하고 콧날이 날카로운 돌궐계류의 그것과는 구별된다는 점에서, 민속신앙의 대상물들이 흔히 괴이하게 과장돼 표현되곤 한다는 사실을 고려한다면, 저자는 제주도 돌하르방의 본꼴이 차라리 다른 사람들보다는 몽골인이나 고려인을 더 닮을 수밖에 없었던 것이 아닐까 한다. 13~14세기 팍스 몽골리카체제 하의 제주도와 몽골관계 그 이전부터 있었던 그들간의 상호관계사의 밀착도로 봐서도 그러하다[72]는 것이다. 그리고 아시아 대부분의 집단세력들이 이동유목세력과 정착농경세력의 상호 결합과정에서 전자의 주도하에 형성돼왔다는 역사

---

70) 주채혁, 「몽골 다리강가 스텝지역의 훈촐로오와 제주도의 돌하르방에 대하여-답사보고를 중심으로」, 『역사민속학』 제2호, 한국역사민속학회, 이론과 실천, 1992. 4, 122~144쪽.

71) 그러나 그는 그럼에도 불구하고 기왕에 있었던 자기의 오류에 대해서는 일언반구도 언급함이 없이 2011년 오늘에 이르고 있다.

72) 愼鏞廈, 「耽羅國의 형성과 초기 民族移動」, 『한국민족의 형성과 민족 사회학』, 신용하저작집 1, 지식산업사, 2001, 275~312쪽.

적 순리로 봐서도 그럴 가능성이 아주 높다 하겠다.

그런데 김병모가 석인상이 유라시아의 깊은 내륙에서는 발견되지 않는 것으로 전제하고 제주도 '돌하르방의 남방기원론'을 들고 나온 후, 1990년 여름에 몽골을 답사하고 나서 몽골스텝에 적지 않은 석인상들이 분포되고 있음을 몸소 확인하면서 또 다른 문제가 생겨나게 된다. 그는 몽골학술원 부원장인 역사학자 볼트의 도움말에 힘입어 몽골스텝지대에 있는 석상은 6~7세기의 터키사람들이 만든 것이라는 견해를 비판 없이 전폭적으로 수용해 국내 주요 일간지에 대대적으로 소개하게 된 것이다.[73] 물론 잘못된 조사결과였다.

지금까지 보고된 몽골스텝지역의 훈촐로오들은 기왕에 언급했듯이, 크게 돌궐계와 몽골계로 나뉘고 그들은 서 있는 방향이나 전체적인 윤곽, 변발이나 모자 모양과 집중적인 분포지역이 각각 서로 다르다. 그는 이런 점을 총체적으로 파악하지 않고 비전문적인 견해를 그대로 수용해 "몽골지방의 선돌이나 석상을 만드는 풍습은 6~7세기 터키족의 유풍이지 13세기부터 새로 일어난 몽골족의 원나라풍속이 아닌 것"이라고 보았다. 북방 유라시아 내륙지역에 석상문화가 있다는 사실을 인정한 것은 그의 현지답사를 통한 아주 빠른 코페르니쿠스적인 인식 전환인 셈이다. 그러나 이는 아직 1921년 사회주의혁명 후 1991년 당시까지 외부인의 진입을 금지해온 드넓은 동부몽골지역이 현지 연구의 공백상태로 상존하고 있는 터에, 그가 다시 한번 더 오류를

73) 김병모, 「돌숭배사상－한민족 뿌리 찾기 : 몽골학술기행(15)」, 『조선일보』, 1990. 10. 6, 11쪽. 이에 대해서는 임동권도 동부지방의 돌장승들은 터키족이 세운 것으로 몸통에 터키문자 銘文이 있다고까지 하고 있다. 그 견해의 출처는 울란바아타르 국립박물관장의 도움말이라고도 분명히 밝히고 있다(任東權, 「홈첼로(돌장승)－몽골문화탐방(3)」, 『중앙일보』, 1990, 8, 30, 9쪽). 그러나 그 관장의 전공분야가 무엇인지는 명기하지 않고 있다. 정작 훈촐로오를 직접 현지조사하며 연구해 관계 저서까지 내고 있는 데. 바이에르의 견해는 아주 다르다. 실제로 우리가 1990년 초반에 직접 현지답사로 파악한 다리강가 스텝지역의 훈촐로오에는 터키문자 銘文은커녕 몽골문자 명문이 있는 것조차 단 1기도 발견되지 않았으며, 서부몽골지역의 돌궐계 석상들과는 서 있는 방향도 얼굴의 윤곽도 서로 달랐다. 당시의 이에 관한 현지 몽골학계의 연구수준과 그 전반적인 연구풍토를, 여유를 가지고 침착하게 바로 간파하지 않은 데서 오는 잘못된 조사 결과라고 하겠다.

범할 수 있는 담론이었을 뿐이다. 무엇보다도 旣述한 대로 우실하가 遼河文明圈의 중·신석기시대 석인상이 동부몽골 다리강가 스텝지역의 그것들과 역사적 맥이 이어질 수도 있는 가능성이 없지 않다고 보기 때문이다. 물론 당시의 한국몽골비사연구팀에게는 현지에서 태어나 몽골학을 오래 전공해온 요하문명권인 通遼 지역이 고향인 臺灣系 몽골인 원로학자 하칸출루(哈勘超倫)와 그 제자 박원길의 1986년 대만정치대학 변정연구소 상호토론과정에서 이 문제를 이미 제기했고, 역시 요하문명권이라 할 다리강가 스텝이 고향이며 1956~1961년에 북한의 김일성종합대학에서 조선어문학을 연구한 몽골과학원의 베. 수미야바아타르가 이들과 더불어 우리의 토론에 동참하고 있기도 했다.[74)]

그의 반론[75)]은 이렇게 계속된다.

> 제주도 돌하르방 모양을 갖춘 석상이 13세기 때에 고려와 원나라가 만나기 이전에 이미 존재했단 말인가. 그런 증거가 어디 있다고 제주도 돌하르방이 몽골의 영향을 받아 만들어졌다고 쉽사리 주장한단 말인가.

최근까지도 기왕에 벌여놓은 북방내륙아시아 돌문화 부재론을 단정해 마지않던 그다. 그걸 부정하고 드넓은 그 벌판들에 돌문화전통이 엄존함을 조금이라도 확인했다면, 먼저 자기의 실언해 대해 자인하는 사과의 변부터 언급하고 다음 이야기를 전개하는 게 상식이다. 너무나도 큰 거짓말을 공언해 버렸기 때문이다. 그는 지금 그 일망무제의 몽골스텝의 한 자그마한 귀퉁이를 잠시 밟고 서서 거대한 추론을 거침없이 토해낼 뿐, 정작 몽골계 훈촐로오의

---

74) 당시에 이런 모임은 서울 강남구 논현동의 국제한국연구원에서 있었고, 이를 주선한 이는 최서면 원장이었다.

75) 金秉模, 「'돌하르방은 몽골의 영향' 反論에 답한다」, 『조선일보』, 1990, 12. 18, 9쪽. 여기서 그는 "많은 사람들이 최교수처럼"이라고 전제하고 견해를 피력하고 있지만, 이는 기왕에 밝힌 대로, 언론지상의 보도와는 달리 최 아무개의 견해가 아니다. 신입회원으로 한국어 연구자인 그에게는 그런 정보도 연구력도 당시에 구비한 적이 없었기 때문이다. 굳이 적고 싶다면 '한국몽골비사연구회'의 견해로 정정해야 옳았다.

분포지에는 발을 들여놓을 수도 없었고[76] 또 실제로 발을 들여놓은 적도 없다. 다시 한번 더 강조해두거니와 이미 언급했듯이 1986년에 요하문명권인 通遼 지역이 고향인 臺灣系 몽골인 원로학자 하칸출루와 박원길 師弟가 대만 정치대학 변정연구소의 상호토론과정에서 이 문제를 제기했고, 무엇보다도 당시의 한국몽골비사학회에는 1950년 후반경에 북한에서 공부한, 역시 요하문명권이라 할 다리강가 스텝 현지 출신 연구자인 베. 수미야바아타르가 모두 함께 동참하고 있었다.

여기서 이미 13~14세기 몽골계 훈촐로오는 물론 그 이전의 것으로 추정되는 훈촐로오가 다리강가 스텝지역에 蒙·元代의 그것과 혼재해 있으며, 심지어는 도로노드 아이막 부이르 湖畔 숑크 타반 톨로고이에 있는 2기의 훈촐로오 중의 하나는 고올리칸(弓王)으로 볼 수 있다는 추론까지 나오는 정도였다.[77]

76) 1990년 당시까지만 해도 몽골국 정부는 아직 이 지역을 외국인들에게 개방하지 않고 있었다. 그러므로 1927년경에 러시아의 탐사자 V. A. Kazakevich가 이 지대를 답사해 보고서를 쓴 이래로 외국 학자에 의한 현장 연구보고서는 전무한 터였다. 1991년 8월 한국몽골비사연구회－한국몽골학회팀의 현지답사가, 그 후로는 65년만에 처음인 셈이었다.

77) 周采赫, 「몽골·고려사의 한 고찰－알랑여신·몽골호칭·돌하르방 등에 관한 문제제기」, 『강원인문논총』 창간호, 1990. 12, 151~191쪽 참조. 이 훈촐로오에 관해서는 1992년 7~8월에 걸친 한·몽합동탐사대의 동부몽골대탐사과정에서 현지 주민이 고올리나라의 장군 또는 칸이나 '람(스님)'이라고 이야기하고 있는데 이 언저리가 바로 고올리국의 국경선이었다고도 했다는 구비자료를 수집했다. 베. 수미야바아타르가 高朱蒙이 고구려를 세운 땅이라고 보는 할힌골=紇升骨=忽本이 바로 이웃해 있는 이 지역의 주민들은, 지금도 이곳의 몽골 부녀자와 고올리 부녀자들이 게르 밖에서 만나면 서로 같은 혈족임을 상징하는 일련의 인사의례를 행하고 있다고 증언한다(한·몽학술조사연구협회·몽골과학원, 『한·몽공동학술조사－동몽골1차년도 보고서』, 1992 ; 『송년특집다큐멘터리 유목민의 땅 몽골을 가다』 제1~2부. SBS-TV 홍성주·홍순철제작자 현지취재보도, 1992). 1999년 가을에 하일라르에 사는 조선교포 徐昌海(1930년대 중후반에 태어남, 1934년생 정수일 교수의 延邊 학교 후배) 정협 위원은, 당시 80세 전후의 조선교포 노인들에게서 '高麗河'가 있다고만 들어왔는데 그것이 어느 江河를 이르는 것인지는 구체적으로 확인치 못했다고 했다. 저자는 이것이 바로 紇升骨인 弓河일 수 있다고 추정해보고 있다. 고올리칸(弓王) 훈촐로오와 직관되는 것으로 추정되는 구비전승이 바로 이 지역인 현재의 내몽골 쪽에도 있는데, 여기서는 그것이 '놈인 바아타르'=Нум(弓)의 Хан=諾門汗 : 弓英雄이라는 호칭으로 불리며 전해져오고 있다. 이는 1990년 가을에 이 지역 군수로부터 저자가 직접 전해 들은 정보다. 고올리칸=놈온한 : 弓王이 되는 것이다. 놈온한은

그 석재는 粗面岩이다. 그리고 마침내 이듬해인 1991년 여름에는 한국몽골비사학회가 직접 몽골의 훈촐로오 연구자 데. 바이에르를 비롯한 고고학자들 및 제주도의 돌하르방 현지조사자 강영봉[78]과 함께 제주도의 제민일보의 후원 하에 동부몽골 다리강가 스텝지역의 훈촐로오 유적을 공동답사하여 그간의 탁상토론 내용들을 확인-검증하는, 우리 나름의 일차적인 현지연구과정을 거쳤다.[79]

13~14세기 이전에도 몽골족의 역사는 있었고, 이 당시에 몽골족으로 포용되는 여러 종족들의 역사가 일정한 역사단계를 거치면서 존재해왔다면 이 지역에 몽골계 훈촐로오가 그 이전부터 존재해온 사실이 조금도 이상할 것이 없다. 물론 근래에 출토되어 크게 문제시되고 있는 요하문명권의 중·신석기시대 석인상들이 이를 입증해주고 있기도 하다. 그 후의 돌궐이나 몽골계 무덤으로 이미 當代부터 돌무덤 유적들로 상존해온 터에 유독 석인상만은 없으라는 법이 없겠고, 돌궐의 지배기조차 이 동부몽골지역은 주로 간접지배를 받았기 때문에 몽골계 훈촐로오의 전통은 그 훨씬 이전 시기로 遡及될 수 있는 터이다.[80]

바로 외몽골 할힌골 언저리의 '숑크(赤) 타반(5) 톨로고이(頭)'에 있는 석인상 '고올리칸'의 내몽골식 호칭이다. 이 지역의 훈촐로오들은 대부분이 목이 달아나거나 깨어져 있다고 하는데, 유목부족간의 전투에서는 승자가 패자의 유물이나 유적을 철저히 파괴해버리는 관행이 있었다고도 한다. '고올링올스'(Гуулин улс : 고올리의 나라)가 高句麗 또는 高麗를 지칭했음은 이 지역 주민들에게는 상식이다. 그런데 지금의 몽골땅에 고구려 帝王石人像이 대를 이어 늘 새롭게 세워져 왔다는 현지인들의 傳言은 어인 일일까?(주채혁, 「興安嶺 지역의 室韋와 貊-'蒙'고올리와 '貊'고올리」, 『순록유목제국론-고조선·고구려·몽골제국의 기원연구』, 백산자료원, 2008, 17~67쪽 참조).

78) 강영봉 교수(제주대)는 1991년 8월 5일 첫 訪蒙時에 한국몽골학회가 한국문화사절단의 격식을 갖춰 차린, 1990년 3월 26일 한·몽수교 후 몽골사회과학원과 첫 만남의 자리에서 상징적으로 제주도 특산품인 돌하르방을 공식적으로 몽골측의 Gerel Dorjipalam 몽한친선협회장(현 주한몽골대사)에게 기증했다. 이 자리에는 권영순 초대 주몽골한국대사와 당시의 몽골사회과학원 부원장 베. 차드라 및 국제몽골연구협회(I.A.M.S)의 셰. 비라 교수가 동참했다.

79) 주채혁, 「몽골 다리강가지역의 훈촐로오와 제주도의 돌하르방에 대하여-답사보고를 중심으로」, 『역사민속학』 제2호, 한국역사민속학회, 이론과 실천, 1992. 4, 122~144쪽 참조.

1990년대 초중반의 몽골스텝 현지 훈촐로오 유적 첫 답사 직후에 김병모가 "몽골에는 석상이 많다. 또 그 석상들은 여러 시대에 걸쳐 여러 가지 모양으로 만들어졌다.……그중에서도 돌하르방의 특징인 ① 立像 ② 높이가 다른 두 손의 위치 ③ 불그러진 눈망울의 요건을 갖춘 것은 많지 않다"고 한 지적은, 어디까지나 그가 동부몽골의 몽골계 훈촐로오를 보고 지적한 것이 아니라 서부몽골－그것도 실은 울란바아타르 근교의 돌궐계 훈촐로오만을 주로 보고 한 지적임이 명백해지게 된다. 동부몽골 다리강가 스텝지역만 보아도 그런 몽골계 훈촐로오가 대부분이기 때문이다. 몽골 훈촐로오와 제주도 돌하르방의 관계를 논하는 한은, 본질적으로 주로 몽골과 한국의 관계이지 돌궐과 한국의 그것은 아니라는 것이다. 김병모는 훈촐로오와 돌하르방 사이에 흐르는 맥을 헛짚어도 아주 엉뚱하게 헛짚은 꼴이 된다. 몽골고원에서 동·서부 몽골을 가르는 경계선은 대체로 바이칼 호수를 기준으로 물이 태평양으로 흘러드는 권과 물이 북극해로 흘러드는 권으로 크게 나뉜다고 할 수 있다.

---

80) 張久和 지음, 북방사연구팀 옮김, 『몽골인 그들은 어디서 왔나?』, 소나무, 2009 참조. 1990년 초에 몽골의 뿌리찾기와 관련해 빼놓을 수 없는 연구자가 김태곤이다. 그는 한국무속연구의 개척자로 그 뿌리를 찾아 몽골스텝에 와서 먼저 돌궐계 훈촐로오와 마주쳤고, 이내 그 뿌리가 되는, 물이 북극해로 흘러드는 바이칼권에 진입했으며 그런 현지조사과정에서 그 거대 태반이 북극해권임을 직감하고 사하로 돌입했다. 당연히 경악할 만한 북방몽골로이드 태반[순록유목태반－저자]이 그 땅에 아직 상존함을 직관하고 흥분해 한겨울에 무려 4번이나 사하 답사를 감행했다. 적응과정도 없이 영하 40~50도를 오르내리는 그 지역에 이미 노쇠한 몸으로 답사한 것이 무리여서 결국 그는 1996년 초 한겨울에 급서했다. 그가 돌아가기 전해인 1995년 7월 2일 울란바아타르 호텔 로비에서 저자에게 "내가 뭔가 보여주겠다!"고 사하지역 답사를 꿈꾸며 했던 그 말이 유언이 됐다. 1950년대 중반에 고교 졸업 후 씨마늘을 걸머지고 충남 서산에서 한국학을 연구하겠다며 무작정 상경해 시작한 그의 고난에 찬 한겨레 뿌리찾기 탐사프로젝트는 여기서 바통을 후래자에게 남긴 채 멎었다. 그의 연구접근방법의 구태의연함을 말하는 구미유학파 연구자들의 말들이 더러 있지만, 그것도 현지연구과정에서 새로 배우고 나름대로의 독창적인 방법을 개척해 가며 발전시켜가는 것이 아닐까? 그와의 인연은 1970년 초에 30살 전후의 무모한 도전자인 저자의 「거북신앙과 處容歌」 논문을 학회 간부였던 그가 『한국민속학』 학회지 6집, 한국민속학회, 1973, 19~49쪽에 과감하게 등재시켜줌으로서 비롯됐다.

6~8세기에 제작된 투르크 석인상(몽골국 오브스 아이막 타리아란 솜 할하이틴 소재)81)

동부몽골의 몽골계 훈촐로오. 수흐바아타르·아이막 다리강가·솜온 추르긴 춘디 소재(1991. 8). 후르멘촐로오(玄武岩)로 만듦. 후르멘촐로오는 바탕이 단단하고 검은색 화산암으로 건축재료로 많이 쓰인다.

동부몽골의 몽골계 훈촐로오. 수흐바아타르·아이막 다리강가·솜온 추르긴 춘디 소재(1991. 8). 후르멘촐로오로 만듦. 남근을 조각했다.

81) 특히 몽골국의 중서부에 많이 분포돼 있는 투르크계 훈촐로오다. 얼굴의 윤곽이 뚜렷하고 코가 크며 좌우가 대칭이고 대체로 근엄하다. 1990년 여름에 김태곤組나 김병모組가 몽골국 답사 중에 울란바아타르에 근접해 있는 지역에서 접한 훈촐로오는 투르크계다.

수흐바아타르·아이막 다리강가·솜온 추르긴 춘디 소재(1991.8) 훈촐로오(서재철 작가 촬영)[82]

그는 또 "몽골과 고려의 관계로 돌하르방이 우리나라에 생겨났다면 왜 몽골이 지배했던 한반도 전부에 돌하르방이 나타나지 않는지 그 이유가 분명히 설명돼야 한다"고 따졌다. 아주 時宜適切하고 예리한 문제제기이다.

몽골이 당시에 고려를 파악할 때 그들의 눈으로 보면 고려 육지와 제주도는 그 관계사의 배경이 아주 판이했다는 점을 반드시 짚고 넘어가야 한다. 몽골 정권 담당자들에게 제주도는 高麗國의 제주도가 아니고 日本國보다도 상위개념으로 파악되는 엄연한 독립된 직속 예속국 '耽羅國'이었을 따름이다. 중국 25史 중에서 유일하게 『元史』「外夷列傳」에서만 "고려·탐라·일본…"식으로 耽羅를 하나의 국가로 당당히 수록하고 있을 뿐만 아니라 '탐라국'을 고려의 우방국으로 보고 놀랍게도 일본국의 상위국으로 팍스 몽골리카체제

82) 13~14세기의 것으로 시대가 고증된 석인상이다. 이곳에 없는 粗面岩으로 된 정교한 석인상으로 석재가 제주도의 玄武岩과는 다르고 도르노드·아이막 숑크 타반 톨로고이 소재의 고올리칸상과 같은 粗面岩이다. 뿐만 아니라 양자는 坐像으로 발받침인 '발등상'까지 구비하고 있어 칸 또는 귀족상으로 주목된다. 최기호 교수(中)와 저자(右)가 제주도 돌하르방과 역사적인 첫 相見禮를 치르게 하고 있다.

내에서 자리매김해 기록하고 있는 것을 알 수 있다. 물론 상황에 따라 현실적인 출입이 있었기는 했으나, 본질적으로 팍스 몽골리카체제 하에서는 늘 그러했다.

고려를 복속시킨 쿠빌라이칸이 탐라국을 남송과 일본의 衝要로 삼아 주목하다가[83] 탐라에서 그곳을 거점으로 삼아 항거하는 고려의 삼별초를 섬멸하자마자 '탐라국'을 사실상의 몽골칸국 직할지로 재편해버렸던 것은, 몽골세계칸국의 사실상의 창업자[84]이자 그 중앙정부 원조의 정통을 잇는 후계구도가 그의 혈통으로 확정되게 중앙집권적 기반을 구축했던 쿠빌라이 대칸에게는 지극히 당연한 일이었다. 따라서 몽골의 국영목마장이 탐라국에 있었다는 것은 예삿일이 결코 아니다. 그 후 몽골의 어느 칸의 탐라국 장악도 그 당대의 그것과 비견될 수 없었기 때문이다. 그러므로 팍스 몽골리카체제 속에서 파악한다면 고려 내륙의 開京-松都보다 도리어 해중의 탐라국-耽羅都가 더 제국권력의 중심권일 수 있다. 국영목마장의 중심이 다리강가 스텝이었다면 제주도는 그 해상중심의 국역목마장이라 하겠고, 스텝과 대양이라는 개활지여서 바람이 세고 그만큼 돌문화가 만발할 조건을 갖추었을 뿐만 아니라, 두 지대가 모두 화산지대여서 현무암 등의 화산석 석재가 풍부했었다.

물론 몽골 牧夫들이 상주했던 점도 두 지대가 서로 비슷하다. 원말에 피난궁궐을 짓고 耽羅'南元'政權을 꾸릴 준비를 하던 차원에서는 물론, 원이 멸망한 후에 칭기스칸의 후예들을 비롯한 다수의 몽골인들이 牧夫로서 계속 상존해왔다는 점에서도 제주도는 다른 고려의 여타지역과는 당시의 역사적 입지조건이 매우 달랐다.[85] 목장의 수호자인 Haraavang(守護王)이나

83) 『元史』 권208, 列傳 第95, 外夷1에 "高麗·耽羅·日本……耽羅 高麗與國也 世祖旣臣服高麗 以耽羅爲南宋·日本衝要 亦注意焉"이라고 기록해 있다.

84) 몽골세계칸국의 핵을 마련해 준 것은 물론 칭기스칸이지만, 그가 당시에 이룩한 칸국이란 스텝과 타이가 지역을 축으로 한 것으로, 그의 손자 쿠빌라이대칸시에 완성한 몽골세계칸국의 1/3도 채 안 되는 정도의 규모였다. 농경지대를 아우르는 진정한 중앙집권적인 세계칸국의 기본틀을 양적이나 질적인 면에서 아울러 완성한 이는, 그러므로 역시 쿠빌라이 대칸이라고 해야 할 것이다.

85) 周采赫, 「耽羅 '南元'政府의 성립 배경과 그 의미」, 본서 Ⅳ장.

Harbavang(弓王) 석인상이 세워져 올 수 있었다는 것이다. 그것이 세워진 이후에 새롭게 交替될 때 붉은가지 버드나무(紅柳)오보오의 薦新儀式처럼 이전 것을 모두 없애버리고 왔는지는 지금으로서는 확인할 길이 없다. 다만 도로노드·아이막 숑크 타반 톨로고이의 고올리칸(弓王)상이 고구려의 朱蒙(T'umen) 석인상이라고 볼 경우에 이미 근 1,000~2,000년 세월을 지내오는 동안 그런 석인상의 천신의례가 불가피했을 것으로 보이지만, 그 잔재석각 파편들이 언저리에서 아직 발견된 사례가 보고되지 않고 있는 것으로 보아 그런 추정도 가능하리라는 점을 지적해 둘 필요는 있다고 본다.

김병모는 이처럼 '돌하르방 남방기원론'을 제기한 1982년 이후, 1990년 북방사회주의권 개방을 계기로 학계의 관계분야 연구의 진척은 물론 그 자신의 인식도 북방 현지답사로 인해 크게 달라질 수밖에 없었음에도 불구하고 아직도 이에 여전히 집착해, "그렇기 때문에 저자는 몽골의 하르방 모양 석인상들은－많지는 않지만－몽골에 잡혀간 7만여 명의 고려여인들 중 제주도 출신들에 의한 제주형 문화의 몽골이식현상이 아닌가 생각한다"[86]고까지 했다. 지극히 궁색한 변명인 셈이다. 백여 년의 밀착된 팍스 몽골리카체제하의 몽골－제주도 관계사가 엄존했음에도 불구하고, 저자가 이 책을 내놓는 2011년 현재까지도 그 역사적 기본관계의 개론조차도 제대로 서술된 글이 없는 터에, 그런 영향을 끼칠만한 제주도 여인의 공녀 운운은 典據가 없는 所見이다. 찬반양론을 막론하고 이런 기초적인 시대상식과 그 한계는 모두 진솔하게 인정하면서 토론이 진행돼야 하는 것이 과학적 접근 자세다. 12~13세기 몽골－고려사상에 과연 제주도 출신 공녀가 있기는 있었는가? 있었으면 몇 명이나 됐고 그 영향력은 어떠했는가? 저자가 확인해본 한도 내에서는 모두 典據가 없는 가상일 뿐이다. 물론 가상이라도, 다리강가 스텝지역 소재 훈촐로오들의 존재 위상이나 본질로 보아 거의 그 가능성조차도 없는 추론이라고 하겠다.

다리강가 스텝지역 소재 훈촐로오에는 13~14세기 이후의 것으로 추정되

86) 金秉模, 「'돌하르방은 몽골의 영향'反論에 답한다」, 『조선일보』, 1990. 12. 18, 9쪽.

는 것은 없다고 보고[87]되고 있고, 제작연대가 고증되지 않은 것들 중에는 앞에서 禹實夏의 보고연구서[88]를 인용해 언급한 대로 이와 동일문화권으로 볼 수 있는 遼河文明圈의 중·신석기시대의 훈촐로오 유물이 출토되는 것으로 보아 그 훨씬 이전의 것들이 전승됐을 가능성을 보여주는 측면도 엿보인다. 가령 고려 貢女들이 원나라에 갔을 경우라도 당시의 몽골 상류층에 일던 고려 공녀에 대한 인기도가 매우 높았던 것[89]으로 미루어보면 그들 대부분이 당연히 고비 이남의 燕京-大都를 위주로 배치되었을 것은 상식적인 차원에서 이해될 수 있는 것으로, 다리강가 스텝 목마장에까지 가서 석인상 예술에 영향을 끼쳤으리라는 추론은 너무 억지스럽다. 석인상의 목마장 수호 기능을 인정한다면 당시의 중앙목마장이 다리강가 스텝의 목마장이고 제주도는 그 한 지부였음을 고려할 때, 석인상 예술의 전파가 어느 방향에서 어떻게 이루어졌을까는 가히 짐작이 간다.

김병모는 그가 1982년도까지 살펴볼 수 있는 석인상들을 그 나름으로 고찰하고 나서 "이들 석상문화를 이룬 사람들은 열대 내지는 아열대의 해양문화와 관계가 있는 사람들이다. 그렇기 때문에 유라시아의 깊은 내륙에서는 발견되지 않는 것으로 보인다"[90]고 했다. 그러나 이는 유라시아 내륙에 상당히 많은 석상이 분포돼 있다는 사실을 아직 전혀 모르는 채로 그 당시에 그의 수준에서 그 나름으로 내렸던 어설픈 결론이었을 뿐이다.

그는 이어서 "더구나 제주도를 중심으로 한 석상문화는 환태평양–동지나해로 이어지는 해양문화의 내용 중 '거인숭배신앙'이 우리나라에 전파된 것으로 보이는데 그 시기는 고인돌이 생겨나던 청동기시대보다는 늦어 보인

87) 「제주도의 문화재 : 그 현장을 찾아서–돌하르방」, 『한라일보』, 1990. 8. 15 참조. 몽골제국 중앙정부인 원의 몰락과 함께 제국의 다리강가 스텝 목마장도 크게 타격을 받아 그 면모가 급변케 된 것이 아닐까 한다.

88) 禹實夏, 「몽골 지역 석인상의 기원과 遼河文明」, 『애벌 周采赫교수 정년퇴임기념특집호 몽골학』 29호, 한국몽골학회, 2010. 8. 26, 145~183쪽.

89) 李龍範, 「奇皇后의 冊立과 元代의 資政院」, 『중세동북아세아사연구』, 동국대학교 대학원, 1975, 92~122쪽 참조.

90) 金秉模, 「한국 석상문화 소고」, 『한국학논집』 제2집, 한양대학교 한국학연구소, 1982, 11쪽.

이스트섬의 모아이 석상 (손성태 교수 제공)

다. 왜냐하면 기록상으로도 고려시대까지 밖에는 추적되지 않고 석상을 제작하는 기법을 생각해 보아도 청동도구로는 정교한 얼굴표정 같은 것이 조각되기 힘들기 때문이다"[91]라고 결론짓고 있다. 여기서 한국의 석인 발생시기를 청동기시대보다 늦게 잡고 그 이유로 청동도구보다 강한 것으로만 석상을 만들 수 있다고 한 그의 立論에는 동의하기 어려운 데가 있다. 이미 구석기시대 후기에 정교한 비너스상이 나오고, 마야인들은 철기는 만들어 본 적도 없는데도 정교한 석공예유물들을 훌륭히 만들어내고 있었다. 물론 더 직접적으로는 같은 문명권이라 할 요하문명의 중·신석기시대 훈촐로오 유물도 출토됐다. 약한 것으로 강한 것을 뚫는 예는 적지 않다. 어디 숫돌이 강해서 숫돌로 쇠를 가는가.[92] 아주 극단적인 사례를 든다면, 일정한 시간이 허용되는 경우에는 물방울이 돌을 깎기도 한다. 마야문명의 거대하고도 정교한 석조문화는 본격적으로 철기시대에 들기 이전에 이루어진 것이다.[93] 실로, 선돌이나 석인상의 경우에는 이미 식량생산 단계에 들어갔

91) 金秉模, 「한국 석상문화 소고」, 『한국학논집』 제2집, 한양대학교 한국학연구소, 1982, 11쪽.

92) 1990년대 중반에 구석기시대사 전공자 崔福奎 교수(강원대 사학과)와 이 문제를 둔 토론과정에서 오고간 견해이다. 그는 金秉模 교수가 한국사상의 삼국시대 고분 전공자로 선사고고학 분야에 대해 특히 이런 관계 문제를 熟知하지 않고 있어서 이처럼 잘못된 추론을 했을 것으로 본다고 했다.

93) "그러나 선생님이 문의한 부분은 매우 일반적으로 이미 잘 알려진 사실로서, 굳이 어떤 책을 인용하지 않더라도 충분히 서술할 수 있을 것 같습니다. 그 부분에 관한 멕시코와 중남미 지역의 상황은, 대체로 다음과 같이 요약할 수 있습니다. 선생님의 말씀대로 '철기문명이 없이도 거대한 석주 문명이 존재한다'는 것입니다. 그러한 사례로 멕시코의 톨테카문명의 거대한 석주들, 마야의 치첸이차 지역의 거대한 석주들, 그리고 남미에서는 잉카제국의 석인상과 칠레의 이스트 섬의 모아이 석인상 등이 매우 유명합니다. (모아이 석인상 사진 첨부) 멕시코부터 중남미에 이르는

던 신석기시대 이래로 사유재산이 생기고 계급분화가 시작되면서부터 그 발생 가능성이 있었다고 보아야 할 것이다.

또 하나 문제시되는 점은 후기빙하기 이래로 1만여 년의 기간 동안 인류가 추운 데서 따뜻한 데로 주로 이동해왔지 더운 데서 추운 데로 이동해 갔었는가. 아마도 전쟁으로 쫓겨가는 일부의 사례－貢女도 이 범주에 내포되겠지만－를 제외한다면 후자는 일반적인 경향으로 될 수는 없을 것이다. 그리고 특히 북유라시아의 경우에 주로는 유목과 농경이 결합되면서 스텝·타이가·툰드라 쪽에서 광역 거대 집단－제국이 먼저 성립됐지 해양의 해변이나 섬에서 먼저 그런 집단이 성립된 것은 아니었다. 그래서 결과적으로 인류역사상 해양제국에 앞서 먼저 스텝유목제국이 개방된 무한공간의 무한경쟁과정에서 성립되지 않았던가. 팍스 몽골리카가 그것이다. 개방된 무한공간이라서 바람이 세차고 그래서 돌문화가 발달할 수 있었으며, 광역에서 권위를 과시하기 위해서는 드넓은 만큼 거대해야 하므로 양 지대에서 각각 서로 다른 양상으로 서로 다른 시기에 상호 영향을 주고받거나 직접 점령－피점령이나 기타의 이동과정을 경험하면서, 다양한 돌문화를 빚어냈을 수가 있었을 것이다. 그러나 이런 시각에서 보더라도 그 기원은 북방내륙이지 남방 해변이나 섬은 아니었을 것으로 추정된다.

따라서 김병모가 '돌하르방 남방기원설'을 억지로 더 연장하여 그것이 한반도 육지를 거쳐 만주와 중앙아시아, 특히 시베리아 북부 예니세이 분지까지 전파되어갔다는 이론으로, 그 수많은 내륙의 석인상들의 유래를 13~14세기 몽골에 대한 고려공녀에 의한 전파설 따위로 호도해보려고 안간힘을 쓴다고 해도 이는 한낱 헛수고에 지나지 않게 될 것이다. 그 이전의 장구한 중·신석기시대의 요하문명권 훈촐로오들은 고사하고라도, 6~7세기의 것으

지역은, 신대륙 발견 이전에는 '철기문명이 존재하지 않았습니다.' 이들의 문명은 '청동기문명'으로 간주하는 것이 일반론입니다. 물론 아즈텍인들은 분명하게 철을 녹여서 필요한 물건을 만들 줄은 알고 있었으나, 신대륙 발견 이전까지 철이 나지는 않았습니다. 그들이 사용한 철은 '隕鐵'로서, 하늘에서 떨어진 운석을 주워서 녹여 사용했던 것입니다."－2010년 10월 19일 손성태(이 분야를 개척중인 손성태 교수의 서신이다. 본인의 양해 없이 필요한 부분만 발췌해 실었다.)

로 그 시기가 고증된 내륙아시아의 석인상만도 이미 많이 조사, 보고되어 왔기 때문이다. 이와는 반대로, 환태평양의 석인상들이 알래스카를 통해 북아메리카에로, 여기서 다시 남아메리카로 이동해간 경로를 따라 또는 그 밖의 또 다른 어떤 그런 경로들을 통해 석상이 전래되고 海流를 따라 퍼져 환태평양 석상권을 이루었다는 주장이 차라리 더 설득력이 있다고 하겠다.

이 경우에 해류를 통해 역으로 제주도 돌하르방에 이들의 영향이 만에 하나라도 있었을 수 있다는 가능성까지는 물론, 쉽게 부정하기 어려우리라 본다. 이런 추론이 예니세이 강으로부터 바이칼 호 부근과 동부몽골 대스텝 및 만주와 한국으로 이어지는 일련의 역사적인 맥으로 보아, 후기빙하기시대 이래의 인류의 南流 경향과 함께 더 사실에 접근된다고 보는 것이다. 이 지역 내의 좀날석기 등의 구석기형태가 유사성이 있다거나 이 지역이 모두 신석기시대의 빗살무늬토기권이라거나 청동기시대에 들면서 요녕식 비파형 청동단검이나 세문경의 출토권이라는 점, 또 돌무지무덤이 분포되고 있다는 점 등이 그 배경을 이루면서 신석기시대 이래로 생성·발전되어 왔을 가능성을 보이는 석인상문화도 共有하는 같은 문화권이었다가 13~14세기 몽골-고려사, 특히 몽골-제주도사가 특이하게 전개되면서 Haraadag－Haraavang(파수꾼王)이나 Harbavang(弓王) 문화가 그 전통의 기반 위에 본꼴을 갖추며 발전하게 되었던 것이 아닐까 한다.[94]

94) 이러한 문제들은 1992년 여름부터 수행된 한·몽학술연구협회의 동부몽골유적답사와 발굴과정에서 고고학자와 민속학자들에 의해 제기된 문제들을 기점으로 삼아 앞으로 점차로 구체적인 연구 접근이 다양하게 이루어져갈 것으로 기대된다. 장승의 기원을 『삼국지』「한전」 마한조에 보이는 솟대에서 비롯된 것으로 보는 손진태의 견해를 참고한다면 神竿과 함께 있는 오보오나 훈촐로오와 함께 있는 오보오에서, 또 오보오와 성황당이 서로간에 상관있다고 본 손진태의 견해를 고려한다면 성황당과 장승의 관계에서 솟대와 훈출로오 및 돌장승의 상관관계를 추구해볼 어떤 실마리를 찾을 수도 있으리라 본다(손진태, 『한국문화의 연구』, 을유문화사, 1948 및 『민속학론고』, 민학사, 1975 참조). 그들 자신이 고구려의 후예라 믿고(閔泳珪, 「Ulan Batur本 ALTAN TOBČI에 대하여」, 『연희춘추』 2호, 1953. 7. 1) 있고 서부몽골인들이 한국을 솔롱고스(Solongos : 索倫)라고 부르고 있는(동부몽골에서는 1921~1924년까지는 솔롱고스라는 명칭은 몰랐고 오로지 '고올링 올스－高(句)麗國'만 알았다) 근거가

다음에는 제주도 전통문화—俗信에서 자생으로 발전해 나온 것이 돌하르방이라고 보는 견해에 대해 언급하겠다. 이런 연구에 관해서는 무엇보다도 제주도라는 생태무대가 태평양 가운데에 있는 무한개방지대임을 전제로 하고 제주도사를 넓고도 깊은 안목을 가지고 그 전통문화를 천착한다는 접근자세가 중요하리라 본다.

서귀포 하예동 본향당의 巫神이 木偶임을 감안해서, 돌하르방의 전신이 木하르방으로 이에서 유래하지 않았을까 하는 견해는 김인호가 지적했듯이 그 직접적인 근거가 없기는 하다.[95] 그러나 그것이 장구한 돌하르방의 생성발전과정에 전혀 영향이 없었다는 증거 또한 없고 보면 앞으로의 연구과제로 남겨두는 여유가 있어야 하리라 본다. 북방몽골로이드들이 스키타이의 제철기술을 수용, 말을 타고 스텝으로 진출해 양치기가 되기 이전의 기나긴 삼림툰드라-타이가 순록치기시절의 오보오는 버드나무 오보오이었다가 그 후 나무가 적거나 없고 바람이 더 드세고 건조한 개활지인 스텝으로 진출하면서 돌오보오로 발전되는 사례가 엄존하기도 하기 때문이다.

또 다른 하나는 우석목의 '목'을 '木'으로 보아 역시 돌하르방 이전에 木하르방이 있었으리라는 추정하에 돌하르방을 정주목 神의 석인상에로의 발전의 산물로 보는 현용준의 견해다.[96] 집으로 돌아오는 길목에 대문 대신으

되고 있다고도 하는 솔론(Solon : 索倫)이 내포되는 에벵키족의 무당탈은 한국의 하회 양반탈과 매우 흡사한 점이 있어서 놀랍다(주채혁, 「몽골 다리강가지역의 훈촐로오와 제주도의 돌하르방에 대하여—답사보고를 중심으로」, 『역사민속학』 제2호, 한국역사민속학회, 이론과 실천, 1992. 4, 131~132쪽 및 주16) 참조). 저자는 1993년 6월 중순경에 울란우데 지역을 현지답사하면서 처음으로 이곳에 있는 한 야외 박물관에서 많은 솟대들을 접하게 됐다. 이와 관련해서는 임동권이 몽골 이전에도 돌장승은 있었지만 (13~14세기경의) 한·몽관계사의 영향으로 그것이 몽골영향이 짙게 나타난 돌하르방으로 발전했을 것이라고 한 견해가 그 정곡을 찌른 것으로 보인다(任東權, 「훔첼로(돌장승)—몽골문화탐방(3)」, 『중앙일보』, 1990. 8. 30, 9쪽).

95) 김인호, 「돌통시문화(31)—돌하르방은 육지의 장승에서 전래되었다②」, 『월간관광제주』, 월간관광제주사, 1989. 9, 128쪽.

96) 현용준, 「濟州 石像 우석목 小考」, 제주도 제주도청, 1961, 128~140쪽(이 글은 현용준, 「濟州 우석목 小考」, 『제주도』 제8호, 1963로 다시 정리됐다). 그는 여기서 偶石木의 前身이 정주목으로, 이는 그 발전적 변형이요 정주목 神의 影像에 불과하다고 주장한다. 그는 그것이 왜 그럴 수밖에 없느냐에 관한 과학적인 논증도 없이

로 양쪽에 기둥을 하나씩 세웠는데 이를 정주목이라고 하고 양쪽 기둥에 홈을 파서 끼워 넣는 橫木을 정랑이라 한다.[97] 이는 제주도의 전통가옥에만 있는 것이다. 물론 이것이 돌하르방의 본꼴과 같은 시기에 몽골스텝으로부터 제주도에 들어와서 상호 침투되거나 혼용되면서 발전됐을 수는 있다. 그러나 스텝에 방목하던 말을 그대로 풀어 놓아 놓고 말들이 다른 데로 가지 못하게 하는 보호구역에 세워진 이 촬룽(Chualung)－정랑[98]은 다리강가 스텝지역의 경우에는 말들이 방목되는 대스텝에 오보오와 함께 세운 것으로 훈촐로오와는 별개로 발전되고 있음을 알 수 있다. 그러므로 정주목－'촬룽'神이 바로 훈촐로오인 Haraadag－Haraavang(파수꾼王)이나 Harbavang(弓王)으로 발전했다고 추정하는 데는 무리가 없지 않다. 촬룽(Chualung)－정랑은 강력한 빗장형태가 아니라 나무막대를 걸쳐만 놓아도 말이 그의 발이나 몸통에 걸리면 나가지 않는 까닭에 좀 엉성해 보이기까지 하는 문걸개 장치다.

맹렬히 이를 들고 나오면서, 그러니까 정랑(촬롱)－정주목 신이 몽골의 촬롱에서 유래된 사실을 역사적으로 구체적으로 꼼꼼히 따져 천착해볼 겨를도 없이, 이를 13~14세기의 몽골－제주도사의 전개과정에서 그 영향하에 돌하르방이 그 본꼴을 갖추었다고 보는 한국몽골비사학회의 견해를 부정하는 결정적인 논증의 무기로 들고 나오고 있다. 물론 그는 이를 그 나름의 '돌하르방 제주도 자생설'을 강변하는 핵심논리로 삼고 있고 이를 재강조하는 수단의 하나일 수 있다. 그럼에도 불구하고 사료비판 여하에 따라서는 이를 도리어 한국몽골비사학회의 견해를 보강해 주는 방증자료로 삼을 수도 있으리라 본다(周采赫, 베. 수미야바아타르, 박원길 외 몽골비사학회·金秉模·玄容駿, 「北方遺風說·남방기원설·自生說－돌하르방 특집」, 『제주신문』, 1991. 1. 1, 30~31쪽 참조).

97) 제주도 문화공보담당관실, 「2. 돌하르방」, 『제주도 민속자료』, 1987. 12, 123~140쪽에서는 실제로 돌하르방의 몸체에 패인 홈을 실례로 들어 이를 논증하기도 했다. 팍스 아메리카나 시대에 韓屋에 洋屋樣式이 끼어들듯이 팍스 몽골리카 시대에 제주도 전통가옥에 끼어든 몽골가옥 양식으로 저자는 이를 파악하고 있다. 그 당시에 제주도가 근 백년간 몽골직할령인 해상기지로 지내온 역사의 산물로 이런 양식의 출현배경을 추정해보고 있다.

98) 정주목－정랑에서 정랑이 곧 몽골의 Chualung과 같은 말 뿌리에서 비롯된 것임은 1990년 8월초에 국제한국연구원(원장 : 최서면)의 초청으로 몽골제국사 전공자인 딸 哈莎玲(H. Saran)과 함께 제주도 현지유적을 답사한 하칸출루 교수·朴元吉 박사 師弟에 의해 고증된 것이다. 하칸출루는 타이완의 몽골계 원로 몽골학자다(周采赫, 「몽골·고려사의 한 고찰－알랑여신·몽골호칭·돌하르방 등에 관한 문제 제기」, 『강원인문논총』 창간호, 1990. 12, 151~191쪽 참조).

이밖에도 촌락의 동산에 세워지는 방사탑과 거욱대도, 신간의 오보오와 관련되고 오보오가 성황당과 관련된다는 손진태의 견해를 염두에 둔다면 오보오와 훈촐로오 Haraadag－Haraavang(把守꾼王)이나 Harbavang(弓王)이 함께 있는 다리강가 스텝지역 유적의 경우로 보아, 이것과 돌하르방의 상호관계. 그 영향들의 상호침투문제 및 상호혼융 문제 등의 시각에서 천착해볼 필요가 있다고 본다.[99]

끝으로, 돌하르방과 관계되는 것으로 보이는 제주도 전통문화에 13~14세기 몽골·고려사의 전개로 수용될 수밖에 없었던 몽골의 강력한 영향이 습합돼 돌하르방 나름의 독특한 개성을 지닌 그 본꼴이 창출됐다고 보는 한국몽골비사학회-한국몽골학회의 견해에 관해서는 '맺음말'에서 저자 나름으로 정리해 보려 한다.

4. 명칭과 개념정의

가령 돌하르방[100]이 돌장승의 한 종류라고 하더라도 돌하르방이라고 하는 별개의 이름이 분명히 있는 만큼, 적어도 그렇게 된 역사적인 천착만은 반드시 이루어져야 할 것이다. 이 명칭에 관한 한 이상하게도, 현지조사자들 사이에 대체로 견해의 일치를 보고 있는 것을 알 수 있는데, 그 주장은 다음과 같은 틀에서 벗어나고 있지 않다.

"돌하르방이라는 명칭은 어디서나 널리 통용되는 호칭이지만 1945년 해방 이후에 생겨난 한갓 속칭이다.……'돌하르방'이란 '돌할아버지'라는 제주도 방언이다. 그 형태에서 유래된 명칭으로서……그 일반성을 중시해서 문화재의 이름으로 채택됐다"[101]라는 견해에 이어 좀 더 구체적으로 "이는 1960년경

99) 제주도 문화공보담당관실, 「2. 돌하르방」, 『제주도 민속자료』, 1987. 12, 123~140쪽 ; 김인호, 「돌통시문화(43)－防邪塔과 거욱대」, 『월간관광제주』, 월간관광제주사, 1990. 9, 87~97쪽 참조.

100) 진성기나 김인호는 '돌할으방'으로 쓰고, 교정상의 오류로 보이지만 김병모도 '돌하루방'으로 쓴 곳이 없지 않으나 현용준을 비롯한 연구자들은 대체로 '돌하르방'으로 쓰고 있어서 저자도 이에 따르고 있다.

에 제주시 동문통에 있는 석상 주변에서 놀던 아이들이 부르던 돌할아버지라는 뜻의 방언으로 만들어진 新造語였다"[102]라고 성급하게 단정해버린 주장이 그 주류를 이룬다는 것이다. 물론 엄밀한 현지조사의 결과라는 것이 이러한 견해를 고수하는 이들의 입장이다.

그런데 그 아이들 가운데 당시에 몇 살이었던 어떤 아이가 그 이름을 부르게 되는 기점이 있었다는 사실까지 좀 더 구체적으로 지적됐더라면, 그 新造한 개인의 이름과 함께 역사에 돌하르방이라는 명칭이 길이 기록돼 남을 수 있었으리라 생각된다. 1960년대에 아이들이었다면 2011년 현재도 환갑 전후의 나이로 아직 살아 있을 수 있어서, 그를 다시 찾아 그 말의 유래처를 採根한다면 좀 더 신빙성 있는 돌하르방 명칭의 기원을 밝히는 실마리를 잡아낼 수도 있지 않을까 해서다. 그러나 가령 돌하르방의 역사를 아주 짧게 보는 이의 경우라도 돌하르방이라는 제주도 방언이 조사자인 현용준이나 조사된 아이들이 세상에 태어나기 이전에도 이미 있었던 것으로 인정한다는 점을 감안하면, 그 이전 시대에도 그 시대 나름으로 석인상 주변에 모여 놀던 아이들이 있었겠고 이 아이들도 이를 돌할아버지 곧 돌하르방으로 불렀을 가능성은 얼마든지 있다 하겠다.

카자흐공화국 스텝에 산재해 있는 석인상을, 그것을 만들어 세웠던 돌궐인들의 호칭과는 상관없이 언제부터인가 러시아어로 '카멘나야파파(Ка̇мэнная ба̇ба)' 곧 '돌할아버지'라고 부르고 있다고 한다.[103] 사람이 사는 곳이면 언제 어디서나 그것을 만든 지가 오래되고 더구나 그 창조주체가 다른 이들로 代置됐을 경우에 그 유래도 명칭도 알 수 없는 시대상황 속에서, 당시의 주민이 그 석인상을 그 형태나 기능 등으로 보아 그렇게 편리한대로 불렀을 수 있었으리라 본다. 물론 이러한 시대상황 속의 그 호칭과정이 문헌에

101) 제주도 문화공보담당관실, 「돌하르방」, 『제주도 민속자료』, 1987. 12, 124~125쪽.

102) 周采赫 외 『몽골비사』학회·金秉模·玄容駿, 「北方遺風說·남방기원설·自生說－돌하르방 특집」, 『제주신문』, 1991. 1. 1, 30~31쪽의 玄容駿, 「돌하르방－濟州習俗·俗信由來說」 참조.

103) 任孝宰, 「蘇·中央亞 고고학 紀行(14)」, 『경향신문』, 1990. 12. 8, 27쪽.

기록돼 남지 않는 경우는 너무나도 많다. 그 창조의 주체가 세력을 잃었거나 아주 소멸됐을 경우에는 더욱 더 그러하다. 따라서 1960년 어느 시점에 어느 장소에서 벌어진 조사자가 몸소 목격한 그 상황을 기점으로 비로소 그 명칭이 신조됐다는, 이와 같은 조사자의 단언은 조사자의 인식한계 내에서만 과학적일 수도 있다.[104] 이는 방증하는 이들이 있다고 해도 마찬가지다.

돌하르방이 신조된 호칭이라는 주장의 과학성을 조사자의 인식한계에 대한 비판 없이 과학이라는 이름 아래 견지하는 이들의 시각으로 보면, 돌하르방의 '하르'와 몽골 훈촐로오의 별칭이기도 한 Haraadag－Haraavang(把守꾼王)의 'Haraah'를 연관시켜 보거나 Harbavang(弓王)의 'Harbah'를 연결시켜 돌하르방의 역사적 실체를 糾明해보려는 시도[105] 자체를 말도 안 되는 일이라고 이유 없이 속단해버릴 수도 있다. 그러나 말도 인되는 것은 오히려 오랜 역사적인 시간과 공간 속에서 생성·발전되어온 엄연한 역사의 소산물인 제주도 돌하르방의 실체를 제대로 밝혀보려는 시도를 아예 묵살해 버리는 이들의 자기 인식한계에 대한 무비판, 그 자체일 수가 있다는 것이 저자의

---

104) 저자가 알고 있는 한계 내에서는 제주도 현지인으로 돌하르방을 학문적으로 처음 연구하기 시작한 연구자는 현용준이다. 그런데 한 가지 아주 공교로운 점은, 그가 처음으로 돌하르방에 관한 조사를 시작한 1959년 9월에서 1960년이라는 시점(김인호, 「돋통시문화(33)－돌하르방 玄容駿 교수의 卓見④」, 『월간관광제주』, 월간관광제주사, 1989. 11, 91쪽 참조)과 동문통에 있는 석상 주변에서 놀던 아이들이 그 석상을 돌할아버지라는 뜻으로 '돌하르방'이라고 신조했던 그 역사적인 순간이 바로 또한 1960년으로 딱 맞아 떨어지고 있다는 사실이다. 현용준이라는 조사자의 첫 조사시기와 돌하르방 호칭의 신조시기를 무비판적으로 혼동해서 인식하고 있는 것은 아닐까. 조사자 현용준이 10여 년 앞당겨 조사했더라면 그 기점이 10여 년 정도 앞당겨졌을 가능성은 없을까? 이른바 돌하르방 호칭 기점이 1960년경이라는 설의 출발이 바로 현용준의 돌하르방 첫 조사 기점에서 그 결과보고로 비롯됐다는 이 놀라운 사실을 확인한 점은 매우 중요한 일이라고 하겠다. 그러나 이를 무비판적으로 수용해서 그간 그와 똑같은 견해만이 절대 진리인양 계속 묵수만 해 왔다면, 이 또한 그 연구의 자기한계성 또는 정체성을 극명하게 반영하는 것이라고 하지 않을 수 없다. 언제, 어디에 있는 누구이든간에 연구자의 시대별, 분야별 또는 개인의 연구능력별로 주어지는 視角과 視力의 자기한계가 대체로 있기 마련이어서이다.

105) 주채혁, 「몽골 다리강가지역의 훈촐로오와 제주도의 돌하르방에 대하여－답사보고를 중심으로」, 『역사민속학』 제2호, 한국역사민속학회, 이론과 실천. 1992. 4, 123~125쪽 참조.

논지다. 돌하르방의 기능과 형태 및 계통문제를 다룬 저자 논문의 한 부분인 「돌하르방의 유래－역사문제」를 다루면서 詳論하지만 저자는 13~14세기는 물론, 그 이전부터도 이와 상관되는 문화요소가 제주도 현지에 있어왔다고 추정한다.

물론 그런 흐름이 팍스 몽골리카체제 하에서 가장 충격적이고도 지속적인 목마장문화와 접맥되면서 돌하르방이라는 이름으로 고착돼왔다고 저자는 보고 있다. 당연히 외세지배나 내부의 정권교체 등으로 그 强度는 浮沈이 있어왔겠고 그런 과정에서 명맥을 이어온 돌하르방이라는 명칭이 형태나 기능상의 유사성에서 불리는 제주도 방언의 돌하르방과 서로 혼융되면서 지금 우리의 입에 오르내리는 감동적인 명칭으로 자리잡게 된 것이라고 하겠다.

김인호의 견해대로 그것이 한국육지의 돌장승을 계승한 것이라면 당연히 짝을 맞추어 돌하르방과 돌할망이 있어야 할 터인데 왜 돌하르방만 외톨이로 세워두었느냐 하는 점과, 왜 육지에 있는 돌장승이나 나무장승은 할아버지라고 하지 않고 유독 제주도의 그것만을 그렇게 불렀을까 하는 점도 주목해야 할 필요가 있다고 본다. 우성목, 무성목,106) 벅수머리, 돌영감, 영감, 수호석,

106) 우성목을 현용준의 글들에서는 偶石木으로 추정하고 있고, 김인호의 글들에서는 衛城木으로 추정하고 있으며, 항간의 속칭인 유성목－무성목을 대비시켜 有聲木이나 無聲木으로 추정해보고 있는 이도 있다. 현용준의 경우는 "偶石에 또 偶木까지 있으니 이는 본래 우목에서 우석에로의 발전을 시사하는 이름으로 볼 수 있겠고, 따라서 우석목의 전신이 정주목으로 우석목은 그 발전의 변형이오 정주목신의 影像에 불과하다"는 추론까지 전개하고 있다(현용준, 「濟州 石像 우석목 小考」, 제주도 제주도청, 1961, 128~140쪽[이 글은 현용준, 「濟州 우석목 小考」, 『제주도』 제8호, 1963으로 재정리됐다]). 그러나 다른 한편 김인호는 이기형과의 대담기사(『월간관광제주』, 1987년 7월호)를 인용하면서 "'돌할으방'은 城의 목을 지키는 수호신이었습니다"라는 구두증언에 의거해서 우석목의 '목'이 우석·우목하는 석인의 재료인 나무를 뜻하는 것이 아니고 길목에서의 '목'을 뜻하는 것이라는 견해를 披瀝하기도 한다(김인호, 「돌통시문화(30)－돌하르방 부락수호신 아니다①」, 『월간관광제주』, 월간관광제주사, 1989. 8, 141쪽). 이것이 사실로 논증된다면 현용준의 추론은 그 문제제기의 근거 자체를 잃게 된다, 그러나 돌하르방이 묘지에 선 석인상인지, 불교의 미륵상인지 아니면 장승인지 하는 그 본래적인 기능이 뚜렷이 밝혀지지 않은 현재의 상황에서 어떤 돌하르방을 우성목이라고 했는지도 명확치 않다. 물론

수문장, 두룽머리, 동자석, 翁仲石,[107] 돌부처와 미륵 등으로 불렸다는 보고가

이 모두를 뭉뚱그려서 제주도 방언으로 막연히 돌로 된 하르방이라고 호칭했을 경우는 문제가 없을지 모르나 그것은 제주도 돌하르방의 역사적 본질을 追究하는 전문차원의 천착이 될 수 없다고 본다. 따라서 우석목=돌하르방이라는 등식의 호칭은 현재로서는 다른 많은 호칭들과 마찬지로 과학적 시각에서의 분석을 거친 검증된 결론으로 수용하기 어렵다. 돌하르방이 한반도 육지의 돌장승에서 유래됐다는 추정은 김인호, 「돌통시문화(31)－돌하르방은 육지의 장승에서 전래되었다②」, 『월간관광제주』, 월간관광제주사, 1989. 9, 125~135쪽과 김인호, 「돌통시문화(32)－돌하르방 남방전래설 비판③」, 『월간관광제주』, 월간관광제주사, 1989. 10, 140쪽에서도 제기되고 있고, 任東權, 「훔첼로(돌장승)－몽골문화탐방(3)」, 『중앙일보』, 1990. 8. 30, 9쪽에서도 같은 계통이라고 보고 있다. 그러나 남녀가 짝지어 있지 않은 것을 보면 돌장승과는 다른 계통의 역사배경을 가졌을 수도 있다고 봐야 할 것이다.

107) 옹중석이라는 이름이 그 많은 이름들 가운데 문헌에 기록된, 돌하르방을 지칭하는 것으로 추정되는 이름으로는 가장 오래된 것이라고 하겠다. 金錫翼, 『耽羅紀年』(1918)에 "甲戌 三十年 淸乾隆 十九年 牧使 金夢奎設翁仲於城門外"라고 한 기록과 淡水契編, 『耽羅誌』에 "翁衆石 제주읍성 東西南 三門外에 在하였고 4087年 甲戌 英祖 30年에 牧使 金夢奎가 창건한 바인데"(김인호, 「돌통시문화(30)－돌하르방 부락수호신 아니다①」, 『월간관광제주』, 월간관광제주사, 1989. 8, 136쪽 재인용)라고 한 기록이 사실이라면, 1754년에 이미 '翁仲石' 또는 '翁衆石'이라는 명칭이 있었다고도 할 수 있다. 물론 서지학에 造詣가 있는 김인호의 사료비판에 의하면 그 기록의 정확도가 문제되는 사료로 보이지만, 이는 돌하르방 존재시기 문제를 논할 때 다시 다루기로 하겠다. 그러나 이 경우에도 어떻게 발전돼온 어느 단계의, 어떤 성격의 석인상을 그 시대 나름으로 그렇게 불렀느냐에 따라 그것이 곧 돌하르방일 수 있느냐 아니냐 하는 문제를 따져볼 수 있을 것이다. 당연히 이는 돌하르방이라는 명칭이 오랜 역사성을 갖는 것으로 보고 돌하르방이 그 나름의 독특한 본질적인 기능을 수행해온 것으로 파악하는, 그런 시각에서의 문제 제기이다. 翁仲石이라는 명칭의 유래는 『耽羅紀年』에도 전혀 밝혀져 있지 않아서 그것이 그 책이 편찬된 1918년에 처음으로 쓰인 것인지 아니면 1754년에 창건됐을 당시부터 전래돼 오던 것을 인용해 쓴 이름인지 알 길이 없다는 지적이 있고 보면(김인호, 「돌통시문화(31)－돌하르방은 육지의 장승에서 전래되었다②」, 『월간관광제주』, 월간관광제주사, 1989. 9, 127쪽), 그 역사적인 유래도 분명히 究明될 수 없기는 하다. 이에 다시 제주도교육위원회, 『耽羅文獻集』(교육자료 29호, 1976. 1.)에서는 "옛 중국의 진시황 시절에 阮翁仲이라는, 귀신도 잡을 만큼 유력한 귀신이 있어서……그를 상징해서 옹중석을 성문 밖에 세웠다"는 故事를 인용한, 그 유래의 설명이 어떤 典據도 없는 채로 적당히 덧붙여지고 있다(제주도교육위원회, 『耽羅文獻集』, 교육자료 29호, 1976. 1, 126쪽). 이에 김인호는 『魏志』 註인 "景初元年 大發銅 鑄作銅二人 號曰翁仲"이라는 기록을 인용해 이는 곧 銅像을 뜻한다고 해석하기도 했다. 그러나 그것이 石像이든 銅像이든 阮翁仲이라는 故事로 附會할 수 있는 가능성은 모두 있는 것이므로 별다른 발전으로는 보이지 않는다. 저자의 管見으로는 이 또한

있고, 구체적으로 언제, 어느 지역에서 주로 그렇게 불렸으며 왜 그렇게 불리게 되었는가를 조사자의 인식한계가 전제된 것이기는 하지만 나름대로 추구해본 경우도 있다.[108] 이 가운데서 벅수머리는 장승을 가리키고, 동자석은 무덤에 선 석인상을 가리키며, 돌부처나 돌미륵은 불교와 관계되는 것이라면 이처럼 기능이 서로 다른 3종류의 석인상을 통틀어 돌하르방이라는 한 가지 이름으로 불렀다는 사실 자체가 본래적인 것이 아니었다고 보아야 할 것이다. 오랜 역사과정에서 그 본래의 기능이 상실되거나 혼재되어 전개되면서 생성된 역사의 소산물로 보는 것이 타당하다고 여겨진다.

돌하르방이 과연 이들을 통틀어 제주도 방언으로 우연히 가져다 붙인, 역사성이라곤 전혀 없는 이름이었을까? 그렇다면, 한국의 다른 곳에도 흔히 있는 석인상이나 木偶의 한 형태라면 굳이 제주도 돌하르방을 이렇게 문제삼아야 할 이유가 전혀 없다. 그 나름의 독창성이 돋보이고 제주도 역사와 떼어놓을 수 없는 그 나름의 독특한 역사성과 다른 곳의 석인상류에서 찾아볼 수 없는 빼어난 그 나름의 예술성이 있기 때문에 제주도 돌하르방이 유별나게 문제시됐을 따름이다. 다른 지역의 석인상들이 제주도의 그것들을 대체할 수 없는 그 나름의 개성을 지닌 것이라면 오랜 역사과정에서 그 나름의 뚜렷한 자기기능을 가지고 역사상 상당한 세력을 가진 이들의 수요에 부응해 왔음에 틀림이 없다고 보아야 한다. 그처럼 독특한 개성을 지닌 빼어난 작품들이 별다른 역사적 배경도 없이 하루아침에 탄생됐으리라는 가설이야말로 있을 수도 없고 있어서도 안 되는, 역사성조차도 없는 신화－허구일 수밖에 없다.

따라서 저자는 돌하르방은 제주도 나름의 역사성과 밀착된 작품으로 그 나름의 뚜렷한 자기기능을 가졌으며 그에 상응하는 자기 나름의 특성을

그 석인상의 유래가 까마득하게 지워진 역사적 상황 속에서 당시의 어설픈 지식인들이 故事에 멋대로 부회해본 이름에 지나지 않는다고 생각한다.

108) 이제까지 거론해온 현용준·진성기·김인호의 여러 글들과 제주도 문화공보담당관실, 「돌하르방」, 『제주도 민속자료』, 1987. 12, 123~140쪽에서 이런 문제들을 다루고 있다.

갖는 이름을 가져온 것이라고 본다. 그 많은 이름들 가운데 유별나게 돌하르방이라는 명칭만 그토록 폭넓은 호응을 받게 된 데는 제주도 나름의 시대성도 작용했겠지만, 그 현대라는 기점의 시대성조차도 제주도 역사의 분명한 산물이라는 측면과 직관되어 있는 것으로 보지 않을 수 없다. 그렇다면 그 분명한 개성으로 보아 그 역사성이 오히려 더 절대적인 비중을 가지고 돌하르방 형성과정의 심층에서 작용했으리라고 보지 않을 수 없다.

생각건대 돌하르방이라는 호칭이 13~14세기 또는 그 이전에 있다가 자취를 감추었을 수도 있고, 그러다가 그 어디엔가 잔명을 부지하고 살아남아오던 중에 시대적 여건이 허용되는 시기에 그 나름으로 되살아났을 수도 있다. 1374년에 고려가 崔瑩 도통사 지휘하에 중앙군을 투입해 제주도의 몽골세력을 討滅하고 제주도를 탈환하는 판국에, 100년 제주도 몽골세상이 뒤엎어지는 상황하에서는 비록 돌하르방이라는 이름이 있어도 그 실체는 殘命을 부지하기 힘들었을 것이다. 그런데 1368년 元·明交替期 이래로 朱元璋이 투항한 元朝 칸의 후예들을 제주도에 보내어 몽골皇統을 유지토록 한 일련의 조처들은 그런 가운데서도 돌하르방과 그 이름의 명맥을 유지케 하는 작용을 했을 것으로 짐작된다. 옛날에 이름이 있다가 정권이 바뀌고 주민의 구성과 그 구조가 바뀌면서 오랜 역사과정 속에서 없어져버린 이름들[109]이 얼마나 많은가?

---

109) 김인호는 돌하르방이라는 이름이 1945년 이전에는 없었다는 증거로 석주명, 『제주도 방언』(서울신문사, 1948)에 그 명칭이 들어 있지 않다는 점을 지적하고 있으나, 이런 시각에서 보면 결코 그것이 절대적인 논증이 될 수 없음을 알게 된다. 이 책은 1943년 4월~1945년 5월까지 만 2년 동안 당시에 서귀포 토평동에 자리잡고 있었던 경성제국대학 생약연구소 제주도 시험장에 근무한 그가 애월면 출신인 장주연과 서귀포 호근 출신 金南雲을 시켜 수집한 자료집이다. 세계적인 나비연구자로 알려진 그였지만, 김인호가 평했듯이 방언수집에서는 그 나름으로 자기한계를 보여 누락된 어휘가 많은 만큼 최초로 나온 제주도 방언집이라는 점에 더 그 의의가 있는 책이라고 하겠다. 그런데 여기에 꼭, 600~700여 년간 明滅의 역사를 거듭해왔을 것으로 추정되는 '돌하르방'이라는 이름이 실리라는 법이 있는가. 그는 민속학자나 언어학자가 아니고, 그것도 그가 몸소 수행한 조사가 아니고 그의 조교격 수하를 부려 수집한 방언들에 불과했다. 따라서 김인호의 이런 견해는 微示的인 논증의 오류를 벗어나지 못할 수 있음을 간과해서는 안될 것이다.

우리는 이 문제를 풀어내는데, 다음과 같은 연구사례를 참고할 필요가 있다.

『新增東國輿地勝覽』 권3, 한성부 「산천」조에도 "古稱漢山河"라고밖에 나오지 않는 한강의 옛 이름이 '阿利水'였다는 사실은, 현지 주민을 대상으로 하는 우리시대의 조사자나 『신증동국여지승람』이 편찬된 1530년 또는 『동국여지승람』 초간본이 나온 1455년 이래 400~500년간에 출간된 문헌연구만으로는 밝혀낼 수 없는 문제다. 廣開土大王碑文이 찾아지고 그 비문의 "渡阿利水"라는 기록이 치밀한 고증과정에서 "한강을 건너다"라는 뜻으로 해석되는 학문적 성과가 축적되고 나서야 비로소 그런 천착이 가능하게 됐다. 뿐만 아니라 『몽골비사』 8절의 "Qoritumad-un Gajar-a Arig-usun-na"라는 몽골여조상 Alan-Go'a가 태어난 땅에 관한 기록의 Arig-usun이 그 후 Arig-usu→ Ari-su로 역사적 전개를 보여 阿利水와 역사적 맥이 이어지는 것임은, 그 언어사적인 분석이 없이는 밝혀낼 수 없는 것이다. 阿利水 곧 Ari-su는 '깨끗한 물, 성스러운 물'을 뜻한다고 한다.[110] 문자기록이 없고 유적·유물만 있는 경우에는 유적·유물의 분석을 통해 이런 천착이 가능할 수도 있다.

제주도 돌하르방의 '하르'와 몽골 훈촐로오의 별칭인 Haraadag－Haraavang(把守꾼王)의 'Haraah'를 연관시켜 보거나 Harbavang(弓王)의 'Harbah'를 연결시켜 돌하르방의 역사적 실체를 규명해보려는 시도도, 그 역사적 맥락이 이와 관련된 그간의 총체적인 역사적 분석을 통해 이루어질 수 있다고 본다.[111]

---

110) 周采赫, 「몽골·고려사의 한 고찰－알랑여신·몽골호칭·돌하르방 등에 관한 문제제기」, 『강원인문논총』 창간호, 1990. 12, 175쪽, 「아리수」조 참조.

111) 김인호는 '한국몽골비사윤독회설'을 비판한다면서, 이런 문제를 제기했다. Harah＋baragan 곧 '지키다'라는 동사어간 Harah에 그대로 물체라는 뜻을 갖는 Baragan이라는 명사어미가 붙어 한 단어를 이룰 수 있느냐는 식의 한 소박한 견해를 말했다(김인호, 「돌하르방 起源論에 대한 비판」, 『제주신문』, 1991. 1. 8, 3쪽). 그러나 몽골어에는 이런 경우가 매우 많다. Harah＋Dag도 동사어간 Harah에 동명사어미 Dag이 붙어서 된 명사다. 또 Harah＋Vang(王)＝하르방의 경우도 있다. 한·일고대사를 전공한다는 김인호의 경우는 학회를 특정 개인의 독주무대로 잘못 아는 듯하다. 거듭 밝혀두거니와 '한국『몽골비사』윤독회'는 13~14세기 각 분야 몽골연구전문가들이 모여 공부하는 연구모임이고 학회의 견해일 뿐 특정전공자 개인의 견해는 있어본 적도 없고 있을 겨를도 없었다. '한국 『몽골비사』 윤독회'의 견해란 정확히는 1986년

물론 오랜 기간에 걸친 집요한 조사·발굴연구과정이 필요로 된다. 1991년 8월 7일~10일에 걸쳐 있었던 제1차 한·몽학자의 동부몽골유적에 대한 공동답사에 이어 10여 년간 계속 추진될 조사·연구과정[112]에서 구체적인 문제가 점차로 조금씩 바로 해결돼 갈 것으로 보이지만, 우선 1차년도의 공동답사를 마치고 나서 저자가 내린 잠정적인 결론은 이러하다.

> 민속자료 제2호로 지정, 보호되고 있는 돌하르방은 그 제작연대와 기능 및 제작자가 모두 미상이며, 우석목을 비롯한 여러 명칭들도 그 모양새나 기능을 보고 붙여진 이름일 뿐 요새 널리 쓰이고 있는 돌하르방조차 언제 어떻게 붙여졌는지 알 길이 없다.[113]

는 고백이 가장 진실하고 올바른 인식이라는 것이다. 어설픈 과학결과에 대한 過信·墨守가 史實을 있는 그대로 총체적인 역사발전 속에서 파악하는

대만 정치대학 변정연구소에서 교수와 청강생 사제관계로 만난 하칸출루와 박원길이 토론한 내용에서 처음 문제로 제기된 것을, 1990년 3월 26일 몽·한 수교후 베. 수미야바아타르 등이 동참해 더 깊이 있게 토론한 내용이다. 학문적인 토론 내용은 일점일획이 목숨처럼 소중하게 정확히 다루어져야 함은 물론이다. 시정잡배의 물건값 흥정하듯 하는 자세가 학문의 본질을 뒤틀어 놓게 됨은 더 말할 나위가 없다). 뒷날 한국『몽골비사』윤독회에 동참한 몽골어 연구자 유원수는 Harah에 Vang(王)이 접목될 수 있기는 하나 왕이면 Ong이지 Vang이 되기는 어렵고 그것도 Haraḥ에 Ong이 이어질 수는 없는 법이라고 반대토론을 벌이기도 했다. 그렇지만 민속유물에 관한 원주민들의 호칭이 꼭 그렇게 기초문법을 따져 부르기만 하는 것이 아니며 '하라흐'+'왕'이 할아버지의 제주도 사투리 '하르방'과 혼용되면서 그렇게 變容돼 쓰이게 됐을 가능성도 충분히 염두에 두어야 할 것으로 생각된다.

112) 주채혁, 「몽골 다리강가지역의 훈촐로오와 제주도의 돌하르방에 대하여－답사보고를 중심으로」, 『역사민속학』 제2호, 한국역사민속학회, 이론과 실천, 1992. 4, 122~144쪽에, 당시 답사단원의 구성 내용과 답사과정이 자세히 실려 있다. 그 후에 고고학자 손보기 단장이 조사단을 지휘하면서 조사단의 구성과 조사대상도 많이 달라지고 2000년대에 들면서 저절로 해체되어갔던 것으로 기억된다. 1996년 이후 저자는 물과 목초를 따라 유목사 유적을 추적하는 답사를, 몽골의 기원지라 할 훌룬부이르 몽골스텝을 기지로 삼고 계속해오게 돼, 사실상의 고고학 발굴팀인 이 답사단 부단장 직책에서 이탈했다. 이는 몽골유목사를 전공하는 이들을 중심으로 결성된 한국몽골비사학회－한국몽골학회의 소외문제도 자못 심각했기 때문이기도 했다.

113) 「제주도의 문화재 : 그 현장을 찾아서－돌하르방」, 『한라일보』, 1990. 8. 15.

눈을 오히려 멀게 하고 그런 눈을 뜰 그 가능성마저도 봉쇄한다는 생각조차 든다.[114)]

이러한 꽉 막힌 듯한 연구풍토 속에서 1990년 8월 6일에 제주도를 답사한 하칸출루가

> 제주도 석인상들에 대한 여러 이름들에도 불구하고 제주도를 상징하는 특유의 石人이 가져온 원명은 돌하르방일 가능성이 많다.

고 한 주장[115)]은, 훈촐로오 돌하르방 연구사상 실로 획기적인 새 시각을 제시하는 의의를 갖는 것이라고 하겠다. 특히 이는 동부몽골 다리강가 스텝지역의 훈촐로오를 현지주민들이 지금도 Haraadag이라고 특별히 부르기도 한다는 점과 관련해 주목되는 터이다, 또한 그곳에서 발견된, 13~14세기로 그 연대가 고증된 Haraadag이 칸이거나 칸족으로 밝혀지고 있다는 점에서 하칸출루가 하르방을 Hara+vang(王)으로 파악해본 사실[116)] 또한 동부몽골

114) 이와 같은 현지 토론자들의 新造說 墨守에는 과학적 요소 외에도, 濟州道史에서 우러난 제주도민 특유의 의식형태도 작용하고 있는 것으로 보인다. 물론 자기 자신이나 자기 가족들에 관해서는 자기 자신들이 더 잘 아는 측면이 있지만 그러나 특정분야의 병증상의 진단에도 전문의가 필요 없는 것은 결코 아니다. 투자 자본력과 다수결이 때로는 힘이 될 수는 있지만, 객관적인 과학적 양심이 결여된 과다투자는 도리어 史實과 眞實 및 原理와 眞理를 가리는 악순환만 반복케 하기도 하며, 다수결이 옳은 것이 아니고 옳은 것이 다수로 결정되야 참된 힘이 되는 것은 萬古의 진리이다.

115) 제주도 문화공보담당관실, 「돌하르방」, 『제주도 민속자료』, 1987. 12, 123~140쪽 참조. 하칸출루는 언어·서지·민속 등을 연구해 온 遼河文明圈이라 할 通遼지역 출신 臺灣系 원로학자로 대만 정치대학 변정연구소에 오래 재직했다. 한국연구자와의 학연은 내몽골현대외교사 연구자 김선호가 그의 제자이며, 1980년대 중반에 박원길도 그의 강의를 청강한 바 있다. 13~14세기 몽골사연구자 哈莎玲(蒙藏委員會蒙事處)이 그의 딸이다.

116) H. Hakanchulu, 「Hara-bang的第二故鄕－濟州道」, 『蒙古文化通訊』 第八期, 中華民國蒙古文化協會, 1990, 12~15頁. 베. 수미야바야타르는 十戶長을 뜻하는 Arban이 13세기경에는 Harban이라고 쓰였으므로 여기서 '하르방'이라는 이름이 유래했으리라고 추정해보기도 했다. 그렇지만 수흐바아타르·아이막 훈촐로오들 가운데 몇몇의 경우에는 칸이나 귀족의 복식과 치레거리, 의자 따위가 있고, 제주도 또한 그 규모나 예술성으로 보아, 쿠빌라이칸 正后 차부이(察必) 카툰의 목마장이 경영되기도 하였는가 하면, 元末에는 피난 궁궐터 기초공사까지 시도한 유적이 있는 터에 하필 十戶長이

통료지역 상부계층 출신 몽골인 연구자인 그의 남다른 식견을 말해주는 것이라 하겠다. 그의 출신지역인 通遼가 중·신석기시대 석인상이 출토되고 있는, 다리강가 스텝과 근접한 遼河文明圈이어서 더욱 그러하다. 물론 저자는 Haraavang(把守卍王)의 'Haraah'의 구체적인 實體役을 더 천착해서 Harbavang(弓王)의 'Harbah'[117]를 연결시켜 돌하르방의 역사적 실체를 '놈인 바아타르(弓英雄)'－고올리칸(高麗王) 곧 코리치(箭筒士) 놈숨 하르바아치(弓矢射者)에서 구하기에 이르렀다.[118] '돌하르방' 명칭의 기원을 하르바흐(Харвах : 활을 쏘다)에서 파생된 낱말－'Qorči(箭筒士)'－Харваач[archer, shooter]에서 찾고 있다는 것이다.

5. 존재 시기

제주도에 언제부터 돌하르방이 존재해 왔느냐 하는 문제에 대해 집요하게 따져본 연구자들은 역시 현지조사에 유리한 조건을 갖추고 있는 현지의 연구자들이다. 현용준이나 김인호 등의 현지연구자들의 결론은, 오로지 문헌증거에만 근거한다면 1754년 곧 조선조 영조 30년 甲戌 이전에는 돌하르방이 제주도에 존재하지 않았다는 것이다. 물론 이런 견해조차도 翁衆石 또는 翁仲石이 곧 다름 아닌 제주도를 상징하는 독특한 돌하르방이라는 사실이 고증돼야 그 타당성을 인정받을 수 있을 것이다. 그들이 제시하는 문헌근거란 다음과 같은 것들이다.

甲戌三十年 淸乾隆十九年 牧使 金夢奎 設翁仲石於城門外(金錫翼, 『耽羅紀年』,

라는 낮은 직위의 수호자상을 세웠겠느냐 하는 문제점을 안고 있는 견해라 할 수 있다(이는 1991년 사석에서 나눈 담론으로 그 후 글로 발표했다고 하는데 2011년초 현재에 아직 찾지 못하고 있고, 2009년 여름 그의 몽골사회과학원 연구실에서의 토론시에는 다만 페테르부르크엔가 '아르반'이라는 거리이름이 있다는 사례를 더 추가해 주었다).

117) '활을 쏘다'라는 몽골어 동사이다.

118) 周采赫, 「關于蒙古與韓國人的弓族分族考」, 『多元共存和邊緣的選擇圖們江學術論壇2009』, 延邊大學 亞洲硏究中心, 111~129頁 참조.

1918)

옹중석 제주성읍 동서남 삼문외에 在하였고 4087년 甲戌 英祖 30年에 목사 김몽규가 창건한 바인데 三門毁로 因하여 二座는 觀德亭前에, 二座는 삼성사입구에 移置됐다.(淡水契 編纂, 『耽羅誌』, 1950년 전후)[119)]

위 두 기록이 이른바 '돌하르방 1754년 제주도 창건설'을 떠받치는 典據의 모두이다.[120)] 그러나 편찬 주체인 김석익이나 담수계가 어떤 존재인지를 밝힌 글이 없을 뿐더러 김병모가 지적하고 있듯이 그것이 기왕에 있던 것을 옮겨놓은 것인지 그때 그 자리에서 처음으로 石匠이 만들어 세운 것인지를 알 수 없다.[121)] 뿐만 아니라 翁仲石 또는 翁衆石이라는 명칭도 종래에 불러오던 것을 1754년 당시에도 그렇게 썼다는 것인지 1918년 『탐라기년』을 편찬할 때 편의상 그렇게 붙인 것인지를 밝히지 않았다.[122)] 언제, 어느 지역의 누가 또는 어느 부류가 그렇게 불렀는지에 관한 고증이 전혀 없는 것이다. 두 사료가 모두 그 典據를 전혀 밝히지 않았는데, 편찬연대로 보아 『탐라지』가 『탐라기년』을 참조했으리라고 추정된다. 그렇지만 翁仲石을 翁衆石이라고도 표기하여 표기의 엄밀한 통일성이 결여됐으며, 규장각도서본 사본 4 『濟州大靜旌義邑誌』(編者 未詳, 年紀 未詳 1책(45張) 사 30.2X21.3cm)에서는 창건을 주도한 本土人인 '金夢奎' 牧使가 '金夢烓'로도 쓰여 있는 것으로

119) 김인호, 「돌통시문화(32)－돌하르방 남방전래설 비판③」, 『월간관광제주』, 월간관광제주사, 1989. 10, 133~143쪽에는 진성기의 견해라고 밝히고 있다. 檀紀 4087년이라는 年紀가 있는 것으로 보아 대체로 이를 전후한 시기라고 추정된다는 논자의 견해도 이에 덧붙여 있다.

120) 김인호, 「돌통시문화(30)－돌하르방 부락수호신 아니다①」, 『월간관광제주』, 월간관광제주사, 1989. 8, 136쪽 참조.

121) 김병모, 「한국 석상문화 소고」, 『한국학논집』 제2집, 한양대학교 한국학연구소, 1982, 7쪽.

122) 김인호, 「돌통시문화(32)－돌하르방 남방전래설 비판③」, 『월간관광제주』, 월간관광제주사, 1989. 10, 142쪽에는 그밖에도 위에 든 사료가 매우 부정확하다는 점을 일일이 지적하고, 사료비판이 없이 이런 자료를 그대로 인용해 立論해 온 논자들의 연구자세에 문제가 있음을 지적했다.

보아[123] 기록의 정확성도 다시 검토돼야 할 史料라 하겠다.

이렇게 정확도가 의심스러운 사료의 기록임에도 불구하고 '제주도 돌하르방 1754년 창건설'이 주장되는 근거는 또 『耽羅巡歷圖』라는 화보첩에 돌하르방의 그림조차도 보이지 않는 데 있다고 본다. 이 화보첩은 1702년 7월에 제주목사로 부임해온 李衡祥 목사가 畵工 金南吉을 시켜 그해 10월 29일부터 20일간 제주도를 순력하며 그린 것으로 모두 41쪽에 달한다. 여기에 돌하르방이 그려져 있지 않으니 1754년 이전에는 물론 1702년 이전에도 제주도에는 돌하르방이란 있었을 수 없다는 立論이다.[124] 이에 이르면 물론 15세기 초엽에 제주의 三邑城이 축조되면서 돌하르방이 성문밖에 세워졌으리라는 추정은 당연히 있을 수가 없는 것이 된다.[125]

이와 함께 돌하르방의 최초 존재는 고려시대에 처음 나타났다는 사실도 연구가 되어 있다는 주장(김병모, 「국제화시대의 제주도 연구 발표요지」, 60쪽)[126]도 김인호가 주장하듯 가장 중요한 제주도 돌하르방에 관한 지식이 거의 없는 데서 오는 착각·유추·비약[127]에 불과하게 된다. 물론 김병모가

---

123) 김인호, 「돌통시문화(32)−돌하르방 남방전래설 비판③」, 『월간관광제주』, 월간관광제주사, 1989. 10, 138쪽 참조. 金榮敦의 「濟州道의 石像·石具」(『무형문화재조사보고서』, 문화재관리국, 1968, 163쪽)에서는 金夢奎가 本土人이라고 밝히고 있다.

124) 김인호, 「돌통시문화(30)−돌하르방 부락수호신 아니다①」, 『월간관광제주』, 월간관광제주사, 1989. 8, 138~139쪽 참조.

125) 김인호, 「돌통시문화(32)−돌하르방 남방전래설 비판③」, 『월간관광제주』, 월간관광제주사, 1989. 10, 143쪽 참조.

126) 김인호, 「돌통시문화(32)−돌하르방 남방전래설 비판③」, 『월간관광제주』, 월간관광제주사, 1989. 10, 135쪽에 그가 1988년도 제주도연구회 제4회 전국학술대회에서 직접 경청했다는 내용과 함께 인용하고 있다.

127) 몽골제국 수도 건축지 上都에서 제주도 돌하르방과 거의 같은 유형의 석인상이 확인되고 있다. 제국의 어느 시기 이후에 수도 건축지가 목초지와 함께 병존할 경우에는 이런 현상이 있었던 것으로 보인다. 원조 말기 제주도에 피난궁궐이 축조되는 기초공사가 이루어졌음은 다 잘 아는 터이다. 이 당시에 돌하르방의 조형이 축조되었을 가능성은 얼마든지 있다. 이런 김인호의 견해야말로 그가 이 시대 역사에 관한 지식이 거의 없는 데서 오는 착각·유추·비약에 불과한 것이라 하겠다. 당연히 제주도 돌하르방이 그 나름의 독특한 개성을 가지고 돌장승문화에서 한국 육지의 그것을 단연 압도하며 지금까지 밝혀진 세계의 석인상문화에서도 질이나 양 및 규모면에서 모두 아주 빼어난 문화유산이라는 점에 주목해야 하고, 거기에는 그럴만

제주도 성읍리 소재 돌하르방(데. 바이에르 제공, 1994년 2월)

소개한 돌하르방 고려시대 발생설을 그의 돌하르방 남방기원론과 관련시킬 때, 돌하르방이 과연 고려 때 발리섬에서 배나 뗏목을 타고 제주도에 표류해왔느냐, 그리고 그 후 그것이 제주도에서 뚜렷한 역사배경도 갖지 않았는데도 제주도 현지에서 제주도를 상징하는 뚜렷한 석인상으로, 한국의 육지의 그것을 능가할 정도로 과연 그렇게 발전할 수 있었겠느냐 하는 문제가 없지 않다. 그러나 그렇다고 하더라도 위에 든 지극히 부정확한 사료나 그에 근거하는 소박한 논거로만 이를 간단히 부정해버린다는 것은 역시 있을 수가 없는 일이라 하겠다.

한 어떤 역사배경이 있어서 비록 時勢에 따라 때로 明滅의 과정을 겪었다고는 하더라도 그렇게 생성-발전돼 왔음을 상정해보아야 한다. 예컨대 훌룬부이르 몽골스텝 陳巴爾虎 지역 헤름투 유적지에 세워져 있는 붉은가지 버드나무(紅柳)오보오의 薦新처럼, 어떤 주기에 따라 석인상을 薦新했을 가능성도 충분히 고려되어야 한다. 또한 오랜 역사기간 동안에는 적대세력의 出沒과 함께 그 生滅의 飜覆이 無常했을 수도 있다.

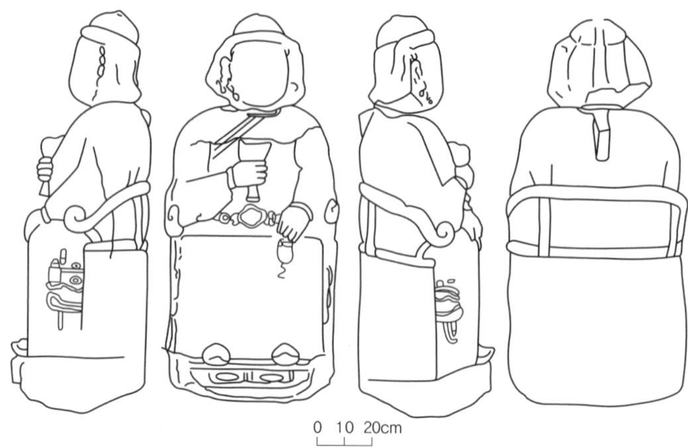

동부몽골 수흐바아타르·아이막 옹곤·솜 쉬베르 소재 훈촐로오(데. 바이에르 제공, 1994년 2월)

발리섬 베사키 절의 석상(김병모, 「한국 석상문화 소고」, 『한국학논집』 제2집, 한양대학교 한국학연구소, 1982, 8쪽)

알탄오보오 (1927년 촬영)[128]

김인호도 지적하고 있듯이 『耽羅紀年』이나 『耽羅誌』 및 『耽羅巡歷圖』와 같은 자료는 철저히 사료비판을 해서 써야 할 것이다. 그는 그 이유로 몽골제국이 100여 년에 걸치는 제주도 지배의 역사적 영향을 충분히 고려해야 하고, 제주도 돌하르방류의 석인상이 한국의 육지를 비롯한 남태평양에 위치한 여러 島嶼들에도 분포돼 있다는 사실을 함께 고려해야 하기 때문이라고 한다.[129] 물론 그도 김병모와 마찬가지로 1900년도 초부터 이미 구미학자들이 조사-보고해오고 있는 중앙아시아의 석인상들에 관한 정보나, 특히 1991년 8월 초에 있었던 동부몽골 다리강가 스텝지대의 훈촐로오에 관한 한·몽학자들의 공동답사결과[130]를 접하기 이전에 이런 문제들을 제기했다.

---

128) V. A. Kazakevich, *The stone guards of the steppe*, Mongolia 4, Ulaanbaatar, 1984. 책 뒤의 사진자료에 실린 1927년경의 실상. 1930년대에 들어 소련의 使嗾를 받은 몽골정부에 의해 파괴되었던 것을, 그 후 소련의 후퇴와 함께 최근에 이 사진을 근거로 復元시켰다. 그러나 돌무지 위에 있는 붉은가지 버드나무(紅柳) 오보오는 복원되지 않고 있어서 이 오보오가 본래는 용솟음치는 샘물과 관계있는 버드나무 오보오이었음을 알아보기 어렵게 하고 있다. 주변에 있는 몇 기의 훈촐로오와 함께 제사의 대상이 되고 있다. 물과 버드나무, 버드나무 오보오와 목초지-훈촐로오의 밀접한 관계를 摘示해 주고 있다.

129) 김인호, 「돌통시문화(30)-돌하르방 부락수호신 아니다①」, 『월간관광제주』, 월간관광제주사, 1989. 8, 136쪽 참조.

130) 주채혁, 「몽골 다리강가지역의 훈촐로오와 제주도의 돌하르방에 대하여-답사보고를 중심으로」, 『역사민속학』 제2호, 한국역사민속학회, 이론과 실천, 1992. 4, 122~144

예니세이(또는 줄렉)강에서 바이칼 호를 지나 동부몽골 스텝에 이르기까지 분포되어 있는 훈촐로오들은, 저자가 아는 한 제주도 돌하르방과 그 밖의 다른 지역에 분포된 그것들보다 훨씬 더 유사성을 보이고 있다. 그런데 유사 이래 중국인 여행자들의 여행기들이나 그 밖의 어떤 기록에 이들 훈촐로오를 기록으로 남겼다는 것을, 과문한 탓인지 저자는 아직 들어본 적이 없다.[131] 그러나 기록에 남지 않았다고 이 훈촐로오들이 없었는가? 천만의 말이다. 엄연히 수백 년 또는 그보다 훨씬 더 오랜 세월을 그 창조주체세력의 消長史에 따라 스텝에 서 있기도 하고 땅속에 묻히기도 하면서 존재해왔다. 물론 경우에 따라서는 점령자가 그 영역의 영유를 확고히 하기 위해 전에 살던 주민의 역사를 말살하는 차원에서 철저히 파괴해버리기도 했다. 1374년 7월 崔瑩이 국가적인 차원에서 탐라섬 牧胡세력을 토벌하고 탐라섬의 주권을 회복할 때, 대규모 몽골 목호 토벌군이나 탐라섬 원주민들에 의해 탐라섬 牧草地에 기존했을 수 있는 돌하르방들이 파괴됐을 가능성은 매우 크다.[132] 물론 오보오의 경우처럼 薦新儀禮가 때에 따라 이루어졌을 수도 있다.

쪽 참조.

131) 하칸출루 역시 구체적인 문헌근거를 제시하지 못했다. 그는 元末 陶宗儀 編纂, 『輟耕錄』에 나오는 "今人家正門適當巷陌橋道之衝 則立一小石將軍或植一小石碑鐫其上曰 石敢當以厭禳之"라는 기록을 인용해 '石敢當'을 이와 관련시켜 거론해보고 있기는 하다(H. Hakanchulu, 「Hara-bang的第二故鄕－濟州道」, 『蒙古文化通訊』 第八期, 中華民國 蒙古文化協會, 12~15頁 참조). 그렇지만 이것이 牧草地의 수호신으로 알려진 동부몽골 스텝의 훈촐로오를 내포하는 기록이라는 어떤 증거도 없다. 또 수흐바아타르·아이막 다리강가·솜이 고향인 베. 수미야바아타르도 자신의 고향에 있는 유적이라 유달리 관심을 가지고 연구해왔으나 아직까지 별다른 기록을 찾아내지는 못했다고 했다. 1992년 8월초에 몽골의 울란바아타르에서 열린 제6회 세계몽골학자대회에서 하칸출루 교수를 다시 만나 이 문제를 토론할 때, 그는 훈촐로오와 고구려 돌문화와의 관계 가능성을 특히 강조하고는 있었으나 구체적으로 실증적인 어떤 사료를 거론하지는 않았다.

132) 周采赫, 「耽羅 '南元'政府의 성립 배경과 그 의미」, 본서, Ⅳ장에, 1368년에 원이 망한 후에도 탐라섬 牧胡 항명사건이 줄을 이었으며 1374년 7월 최영이 토벌군 25,605명과 병선 314척을 동원하여 이들을 진압하고 탐라섬의 주권을 되찾았을 때에 무려 牧胡 3,000騎가 있었다고 할 정도였다. 이런 상황하에서 최영의 토벌군이나 탐라섬 주민들에 의해 탐라섬 牧草地에 기존했을 것으로 보이는 돌하르방들이 파괴됐을 가능성은 매우 크다.

그리고 제주도 돌하르방의 본꼴이 동부몽골 스텝의 훈촐로오와 관련이 있다는 우리의 가설이 전제된다면, 제주도 돌하르방이 13~14세기에도 근래처럼 城과 관련되어 세워졌으리라는 고정관념을 가지고 제주도의 築城史를 집요하게 추적해 돌하르방의 역사를 밝혀보려 한 김인호의 시도는 모두 부질없는 일에 지나지 않는다.[133] 대체로 동부몽골 스텝에는 농경사회식의 城이 없고 따라서 훈촐로오들은 성과는 무관하게 오히려 드넓은 牧馬場에 세워져 있었기 때문이다. 몽골세계칸국의 국영목마장이기도 했던 제주도에는 그렇지 않으리라는 법이 있는가?

한 가지 이해하기 어려운 점은, 김인호는 그 자신이 그렇게 조심스럽게 보아야 할 자료로 경고한 문헌과 화보첩을 근거로 "이 순력도가 입증한 대로 18세기 초까지도 제주에는 돌하르방이 없었고 그 이후에나 도입된 것"이라는 어이없는 주장을 펴면서 "역사연구는 철저한 실증주의에 서야 하는 法"이라는 익살스러운 설교까지 덧붙이고 있다는 사실이다.[134] 여기서 그가 가지고 있는 어설픈 실증주의의 자기한계가 불을 보듯이 드러나고 있지 않은가.

---

133) 축성연대와 돌하르방 창건연대를 동일시하여 아무런 논증도 없이 아예 "大靜縣은 1418년이고 旌義縣은 1423년이며 濟州牧은 1754년"이라고 거침없이 써내려간 이까지도 있다(홍순만, 「돌하르방 外地유래설에 반대한다」, 『조선일보』, 1990. 12. 20, 9쪽). 그리고 그의 확신에 넘치는 결론은 "분명한 것은 이 석상들이 제주도가 원제국의 지배를 받던 13~14세기의 것도 아니요, 또 남방문화의 영향으로 생겨난 것도 아니라는 사실이다"라는 것이다. 어떤 근거로 왜 그런가. 도대체 그 논거가 무엇이란 말인가? 그것을 댈 수 없다면 이것은 학술토론이 아니라 생떼에 불과할 따름이다. 언론사에서 구색을 맞추려고 그냥 토론에 끼워넣은 듯한 느낌이 든다.

134) 김인호, 「돋통시문화(30)-돌하르방 부락수호신 아니다①」, 『월간관광제주』, 월간관광제주사, 1989. 8, 140쪽. 제주도 돌하르방도 연구해야 하고 그와 어떤 형태로든 상호작용해온 역사상의 관계 석인상문화도 연구해야 되지만, 저자가 보기에는 그 어떤 분야도 기초연구조차 제대로 되지 않은 초보적인 단계임을 그 누구도 자인하지 않는데 문제의 심각성이 있다. 그러니까 무엇과 제주도의 무엇이 관련있다 운운하기에 앞서 제주도의 역사와 문화에 대한 연구가 선행돼야 할 것이다(김인호, 「돌하르방 起源論에 대한 비판」, 『제주신문』, 1991. 1. 8, 3쪽)라고 한 인용문의 현용준 주장도 결코 흡족한 수준만큼 제주도의 그것을 연구하고 하는 발언이 아님이 분명하다는 것이다. 어느 시대 어떤 전문분야의 누구에게나 전공 시각과 시력의 자기한계가 있음을 자인하지 않을 때는, 토론이란 성립조차 될 수 없을 수도 있다.

제주도에는 돌하르방이라고 몇몇 현대의 연구자들이 분류해 놓은 몇 십기 이외에도, 그 시기와 기능과 형태들이 제대로 분석되지 않은 수백 개의 석상들이 있고 또 더 발굴될 가능성도 결코 배제할 수 없다. 다리강가 스텝지대의 훈촐로오들에 제주도 돌하르방이나 동자석 및 한국 육지의 돌장승과 같은 유형들이 한데 섞여 오보오와 함께 서 있는 것을 보노라면, 한때는 Haraadag이라고 불렸을 수도 있는 제주도 돌하르방의 본꼴도 또 다른 기준으로 다른 시각에서 재분류·재분석해봐야 할지도 모른다는 생각이 든다. 이런 문제의식이 전제될 때, 누가 감히 18세기 초 이전에는 제주도에 돌하르방이 없었다고 경망스럽게 단정해버릴 수 있겠는가.

김병모가 1988년 제주도연구회 제4회 전국학술대회『국제화시대 제주연구 발표요지』, 60쪽에서 "돌하르방의 최초의 존재는 고려시대에 처음 나타났다는 사실도 연구가 되어 있다"는 보고는 의미심장하다. 몽골-제주가 직속되는 팍스 몽골리카체제 하에서 세계사적인 규모와 질을 갖춘 제주도 돌하르방의 본꼴이 처음 출현했다는 것은, 팍스 몽골리카를 직접 체험하고 나서야 비로소 세계사적인 소리글자인 한글이 창제돼 나왔다는 것과 같은 맥락에서 이해될 수 있기 때문이다. 다만 그 연구가 언제 어디서 누구에 의해 수행됐는지, 그리고 그렇게 나타날 수밖에 없는 역사적인 배경을 어떻게 서술해냈는지에 관한 구체적인 내용을 나는 오늘날에 이르도록 아직 그의 논문에서 확인하지 못하고 있다. 팍스 몽골리카체제 하의 몽골 제주도 직속사를 고려한다면, 그것도 당대의 최정예 무력인 騎馬射術을 가능케 하는 전투력 창출기지로서의 몽골목마장 중앙부와 그 한 海中 分枝로서의 제주도의 지위를 염두에 두고 문제를 천착해 들어간다면, 13~14세기의 제주도에서 돌하르방의 이름과 祖形이 胎動됐을 가능성은 충분히 있다고 하겠다.

그렇다고 이런 주장이, 물론 그 이전에 있었을 것으로 추정되는 전래의 석인상이 제주도에는 전혀 없었다거나 있었을 경우에 이것과 당시에 새로 들어온 석인상의 요소가 서로 습합되며 그 후에 발전돼 왔으리라는 가능성을 부정하는 것은 아니라고 본다. 실제로 이규보(1241년에 죽음), 고려 고종(1259

고려 고종 홍릉 앞 석인상

년 죽음)과 공민왕(1374년 죽음)의 무덤 등 13~14세기의 고려무덤들 앞의 석인상들에서는 제주도 돌하르방이나 동자석 및 동부몽골 다리강가 스텝지대의 훈촐로오와 비슷한 형태가 적잖이 발견되고 있다.[135)]

長栍의 人面化가 조선조에 들어 15세기에 비로소 이루어지기 시작했다는 어느 논자의 견해[136)]를 빌어 이에 반론을 펼 수도 있겠으나, 그 견해 자체도 넓은 시각에서 石人像의 전개사를 객관적이고도 구체적으로 고찰해보면 반드시 비판되어야 함을 알게 된다. 중앙아시아 스텝에 6~7세기경의 突厥系[137)] 석인상

135) 김인호, 「돌통시문화(32)－돌하르방 남방전래설 비판③」, 『월간관광제주』, 월간관광제주사, 1989. 10, 140쪽에서는 "석장승·돌하르방이 왕릉에 한하여 세울 수도 있는 것이 왕릉묘제의 풍속이었다면 세종대왕을 모신 영릉에는 왜 없는가에 대한 해명도 있어야……" 하는 문제를 제기하고 있다. 그러나 왕릉뿐만 아니라 大臣의 무덤도 몽골-고려가 이어지던 시대와 明(漢族政權)-조선이 이어지던 시대가 꼭 같으라는 법이 있는가? 대내외적으로 모두 그 시대역사의 주도세력 구성내용이 크게 뒤바뀌고 그에 따라 문화유형도 緩急間에 적지 않은 변화가 있었던 시기임을 충분히 감안해야 하리라 본다.

136) 김인호, 「돌통시문화(32)－돌하르방 남방전래설 비판③」, 『월간관광제주』, 월간관광제주사, 1989. 10. 140쪽에서는 장생의 인면화가 고려시대 이미 되어 있었다는 논증이 있어야 이 견해가 성립된다고 주장하고 있다. 그런가 하면 김인호, 「돌통시문화(33)－돌하르방 玄容駿 교수의 卓見④」, 『월간관광제주』, 월간관광제주사, 1989. 11, 93쪽에서는 李圭泰의 "15세기에 들어서야 장생의 인면화가 이루어진다"는 주장을 무비판적으로 인용해 이를 그대로 부정하고 있기도 하다.

137) 여기서 '돌궐계'나 '몽골계'는 크게 나누어 편의상 쓰는 것일 뿐, 꼭 돌궐칸국시대나

들이 널려 있다는 사실이 김병모[138]나 임효재[139]의 보고에 의해 한국학계에도 이미 알려졌고 동부몽골 다리강가 스텝지대에는 14세기 이전의 몽골계 훈촐로오가 적잖이 산재해 있다는 사실도 이미 한국학계에 조사·보고[140]되어 있다. 저자가 보기에는 다리강가 스텝의 훈촐로오 유적에는 그보다 훨씬 더 앞선 시기의, 아직 그 시대가 밝혀지지 않은 훈촐로오가 훨씬 더 많다[141]고 여겨진다.

그럼에도 불구하고, 이런 석인상 발달의 역사적 흐름 속에서 유독 한국에서만 長栍의 人面化가 늦어질 수 있겠는가 하는 의구심이 강하게 든다. 가령 그 이전에 유물이 없어서 증명할 수 없다손 치더라도, 13~14세기의 몽골-제주도 직속관계사 시기의 목마문화분야에서 마저도 한국의 장승세계는 전혀 역사의 무풍지대에 머물러 있었는가 하는 문제가 당시 관계유물들의 엄밀한 분석·검토과정에서 반드시 검증돼야 함은 물론이다. 스텝이든 바다이든 바람이 센 개활지에 돌문화가 크게 일어나게 됨은 지극히 자연스러운 생태자연적 현상이다. 이를 감안해서, 스텝 몽골리안루트가 바다로 이어지는 江海몽골라안루트의 석인상 문화도 이와 동시에 유기적인 역사적인 상호관계 발전사 속에서 반드시 천착되어가야 하리라고 본다.

결국 근대적인 관찰방법을 습득한 관찰자에 의해 제주도의 전형적인 석인상이라 할 돌하르방이 확인된 기록으로는, 1925년 당시에 경성고등공업학교 교수이던 후지시마 가이지로(藤島亥治郎)의 『제주도여행기』[142]가 가장 이른

몽골칸국시대의 훈촐로오를 가리키는 것이 아님을 지적해 둔다.

138) 金秉模, 「돌숭배사상-한민족 뿌리 찾기 : 몽골학술기행(15)」, 『조선일보』, 1990. 10. 6, 11쪽 참조.

139) 任孝宰, 「蘇·中央亞 고고학 紀行(14)」, 『경향신문』, 1990. 12. 8, 27쪽 참조.

140) 주채혁, 「몽골 다리강가지역의 훈촐로오와 제주도의 돌하르방에 대하여-답사보고를 중심으로」, 『역사민속학』 제2호, 한국역사민속학회, 이론과 실천, 1992. 4, 122~144쪽 참조.

141) 우실하, 「몽골 지역 석인상의 기원과 遼河文明」, 『애벌 周采赫교수 정년퇴임기념특집호 몽골학』 29호, 한국몽골학회, 2010. 8. 26, 145~183쪽. 이 우실하의 연구보고서에서 이와 동일문화권으로 볼 수 있는 遼河文明圈의 중·신석기시대의 훈촐로오 유물이 출토되는 것으로 보고되고 있는 점으로 보아 그 훨씬 이전(B.C. 6000년경)의 것들이 전승됐을 가능성을 보여주는 측면도 엿보인다.

시기의 것이라고 할 수 있다. 그러나 이러한 문헌사료에만 근거해 18세기초에나 제주도에 돌하르방이, 한국 육지에서 돌장승이 들어옴으로써 비로소 새로 생겨나게 됐다는 김인호의 立論에는 적잖은 문제가 있다. 가령 그의 주장대로 한국 육지의 돌장승이 제주도에 들어와서, 그것도 빨라야 18세기초에 들어와서 양이나 질에서 한국육지의 그것을 단연 압도하는 석인상(돌장승)—돌하르방 문화를 불과 200~300년 내에 꽃피울 수 있었다면 그럴 수 있을 만한 그간의 제주도사에서의 역사배경이 있어야겠고, 그 돌하르방 문화의 수요계층이 점하는 그에 상응하는 사회적 위상이 전제돼야 함은 물론, 그런 여러 조건들이 한국 육지의 그것을 압도해야 된다. 이는 제주도에 몽골스텝처럼 바닷바람이 거세고 또 돌이 많다는 자연조건을 감안하더라도 마찬가지다.

과연 18세기초 이후의 제주도사에서 이를 어떻게 설명해낼 수 있을까? 이를 정주목—정주목神의 전개[143)]나 서귀포 본향당의 巫神인 木偶[144)] 따위의 제주도 전통문화의 전개로만 볼 경우에는, 이것과 18세기초 이후의 한국 육지에서의 돌장승 전래과정에서 그것과의 습합을 감안하더라도 또 다른

142) 김인호, 「돋통시문화(32)—돌하르방 남방전래설 비판③」, 『월간관광제주』, 월간관광제주사, 1989. 10, 142~143쪽 참조. 그는 이러한 관찰기록을 남기고 있다. "濟州의 성문밖 좌우에는 석인상이 대좌 위에 서 있었다. 높이는 2m. 머리 길이는 몸 길이의 삼분의 일 정도. 넓은 編帽와 같은 갓을 쓰고 이어진 눈썹 아래 둥그런 눈과 커다란 주먹코가 툭 튀어나왔으며 입은 一字로 다물었다. 무엇이라고 할 수 없는 익살스러운 얼굴이다. 그 밑으로 유방만 겨우 튀어나온 몸뚱이가 있을 뿐. 모난 어깨로부터 수직으로 내려진 손끝은 갑자기 꼬부라져 큰 손바닥의 오른쪽은 젖가슴 부근에 있고 왼쪽은 배 부분을 누르고 있다"고 하고, 西門 안에 '미륵불'석인상이 있는 것도 지적하고 있다. 이어서 그는 "이런 종류의 석인상은 육지의 天下大將軍·地下大將軍과 그 의도는 같지만 직접적으로 연계되지는 않는다. 원형은 전남 지리산의 實相寺 입구에 가까운 언덕에 서 있는 석인상이라고 한다.……본디 이것들은 조선시대의 작품으로 새로운 것이지만 그 내면에는 무엇인가 祖形을 전하는 것이 있다"라고 하고 있다, 놀라운 통찰력이다. 그는 조선시대의 새로운 창작물인 이들 석상에서 석상의 오랜 생성·발전·융합과정을 꿰뚫어보고 그 본질적인 祖形을 찾아내려 하고 있는 것이다.

143) 현용준, 「濟州 石像 우석목 小考」, 제주도 제주도청, 1961, 128~140쪽(이 글은 현용준, 「濟州 우석목 小考」, 『제주도』 제8호, 1963으로 다시 정리됐다) 참조.

144) 김인호, 「돋통시문화(31)—돌하르방 은 육지의 장승에서 전래되었다②」, 『월간관광제주』, 월간관광제주사, 1989. 9, 128쪽 참조.

문제가 생긴다. 그 이전의 제주도사에서 한국 육지를 압도할만한 역량을 지닌 시기가 있어, 그때 만들어진 문화역량과 그 전개에서 빚어진 제주도 나름의 그럴만한 전통역량을 천착해낼 수 있어야 하기 때문이다.[145)]

6. 맺음말

제주도 돌하르방의 이름으로는 우석목·무성목·벅수머리·옹중석·돌영감·영감·수호석·수문장·두뭉머리·동자석·돌부처·미륵 등이 더 있다. 이에는 돌장승이나 묘지석, 또는 불상에 해당되는 이름까지 混融돼 있는 사실을 볼 수 있는데 한마디로 돌하르방이 현지주민들의 인식역사 속에서 그 생태사의 전개에 따라 다시 태어나온 혼융의 역사를 말해주는 것이라 하겠다. 그런데 이런 제각기 다른 기능과 형태들을 가진 모든 제주도의 석인상들을 한데 뭉뚱그려 돌하르방이라고 했다면 문제의 초점이 흐려진다. 제주도 석인상 나름의 독특한 개성을 발휘하는 돌하르방의 역사적 본질을 천착해 가며 그 祖形·본꼴을 복원시켜보려는 것이 저자의 주된 의도이기 때문이다.

근래의 연구자들이 어떤 것을 어떤 기준으로 돌하르방이라고 규정하고 있든, 그 역사적 본질을 캐는 작업 곧 본꼴을 되살려내는 일은 앞으로의 연구과제이지 이미 완료된 것은 결코 아니다. 그것은 태평양 중의 섬이라는 무한개방지의 역사 발전과정에서 생성되어온 산물인데, 그 역사 복원 자체가 아직 총체적인 기본틀도 잡지 못하고 있는 현재의 역사연구 수준 때문에 그러하다. 실로, 돌하르방의 기본 기능과 그와 직관되는 그 명칭의 개념정의는 그 역사의 연구·복원과정에서 산출되는 연구결과에 의해서만 이루어질 수

145) 중국대륙과 홍콩은, 홍콩이 영국의 직할령으로 있어온 결과로 서구화-산업화에서 중국대륙과 판이하게 크게 발전해왔음은 다 아는 사실이다. 팍스 몽골리카 하 1세기동안의 제주도는 사실상 몽골의 직할령 濟州島史가 전개되었다는 점에서 한국 육지의 고려·몽골관계 하의 역사 발전과 판이했던 점이 있었음을 반드시 고려해야 할 것이다. 그것도 제주도는 당시의 최첨단무력이라 할 騎馬射術을 직접 뒷받침해 주는 몽골 직영 核心海上基地 牧馬場이라는 兵站基地이자 막대한 國富를 창출해주는 海上貿易基地이었음을, 특히 주목해야 하리라 본다.

있을 것이다.

그 본꼴의 한 형태로 보이는 동부몽골 다리강가 스텝의 훈촐로오－Haraadag－Haraavang(把守꾼王)이나 Harbavang(弓王)은 한국 육지의 돌장승이나 제주도의 돌하르방 및 동자석, 심지어는 고려 고종릉이나 공민왕릉 및 이규보 묘와 같은 고려말기(13~14세기경)묘의 文臣石類가 오보오와 함께 서 있는 까닭이다. 다리강가 스텝지역의 훈촐로오를 제주도 돌하르방의 본꼴 가운데 중요한 하나로 상정할 경우에 이러한 기능의 분화과정은 고려, 그 중에서도 특히 제주도에 와서 있게 되지 않았을까 한다. 이러한 추정을 전제로 한다면, 다리강가 현지유적에서 13~14세기의 유물로 고증되는 칸의 의관을 갖춘 훈촐로오들이 발굴되고 있는 점으로 미루어보아 그 별칭으로 현지주민이 부르고 있는 Haraadag 곧 '늘 지켜보는 이'－파수꾼과 관련하여, 목초지를 지키는 Khan-王(Vang)이라는 의미로 유추하여 하칸촐루가 풀이한 Haraavang(把守꾼王)이나 그 Haraavang은 '활의 영웅', 弓將軍 또는 활의 칸(Qoriqan) －Harbavang(弓王 : Xapвax+vang)이 하르방의 본디 이름일 수 있다. 무엇보다도 그것이 본래 서 있었던 것으로 보이는 제주도 牧馬場 牧草地의 역사를 주목해 보면 그러할 수 있다는 것이다.

저마다 특정한 인식한계를 갖게 마련인 특정분야 전공자인 어떤 특정시대 조사자의 단편적인 조사결과에 무비판적으로 매달려 '하르방' 호칭의 1960년경 新造說을 묵수하는 경우나, 미시적인 사료비판 밖에 이루어지지 않은『탐라기년』이나『탐라기』,『제주대정정의읍지』및『탐라순력도』와 같은 문헌사료의 단편적인 고증에만 매달려 18세기초 이전에는 제주도에 돌하르방이 없다는 견해를 마치 가장 과학적인 주장인양 떠받드는 경우가 있다. 이는 한국을 포함하는 동북아시아사, 특히 석인상역사의 총체적인 발전과정 속에서 제주도 돌하르방을 파악하는 근대 역사과학의 시각을 결여한 데서 빚어진 결과라고 보여진다.

시기가 6~7세기 돌궐제국시대의 것으로 뚜렷이 고증되는 人面化한 훈촐로오들이 중앙아시아 스텝에서 19~20세기 이래 계속해서 발굴되고 있고,

최근에는 동부몽골 다리강가 스텝지대에는 14세기 이전의 몽골계 훈촐로오가 적잖이 산재해 있다는 사실도 이미 한국학계에 조사·보고돼 있다. 뿐만 아니라 다리강가 스텝의 훈촐로오 유적과 이와 동일문화권으로 볼 수 있는 遼河文明圈의 중·신석기시대의 훈촐로오 유물이 출토됐다는 최근의 禹實夏의 연구보고서로 보아, 그 훨씬 이전의 것들이 전승됐을 가능성도 엿보인다. 정녕, 아직도 돌하르방 문화가 전승돼오는 태평양의 개활지인 耽羅都-제주도는 유사 이래로 인류역사권과는 동떨어진 채로 고립될 수만 있다고 想定할 수 있는가. 팍스 몽골리카체제에 松都 高麗보다 더 세계와 직접 접목된 몽골의 해상첨단기지인 이 지대다.

15세기에 한국장승이 人面化되었고 18세기 초에나 한국 육지에서 돌장승이 전래되어 제주도의, 그 개성이 너무나도 뚜렷하고 한국 대륙의 그것보다도 질이 아주 높은 돌하르방 문화를 창조할 수 있었다는 견해는 동북아시아 석인상발전사의 보편적인 흐름조차 간과한 한낱 아마추어적인 발상에 지나지 않는다고 저자는 본다. 제주도는 당시의 팍스 몽골리카체제 하에서는 고려국이 아니고 고려나 일본과 맞먹는, 高麗國에 버금가고 日本國보다 상위에 위치하는 엄연한 '耽羅國'이라는 한 나라였다. 물론 상황에 따라 현실적인 출입이 있었기는 했으나, 본질적으로는 그러했다. 그러므로 제주도는 몽골과 직속관계를 맺고 고려와 상관없이 직접 몽골과 교류를 텄을 수 있다. 저자는 돌하르방의 경우가 그런 몽골-耽羅 : 제주 관계사의 대표적인 소산품으로 보려는 것이다.

다 아는 대로 제주도는 이미 13~14세기에 처절하게 삼별초의 대몽항전이 이곳에서 최후의 막을 내린 다음, 팍스 몽골리카체제 속에 고려와는 거의 별도로 재편돼 들어갔으며, 그 해체기이기는 하지만 몽골칸국 중앙정부 元朝의 대칸이 이곳에 避難宮闕을 짓기 시작했을 정도로, 특히 牧馬場과 관련되는 한 몽골칸국과 밀착된 사실상 또다른 몽골의 직할지역이었다. 물론 막대한 해상무역의 이권이 달린 해상무역기지 확보 및 개척과 수호의 몽골제국 해상중심기지였다. 그래서 쿠빌라이 대칸의 正后 차부이(察必)

카툰의 목마장－당시의 최첨단무력창출기지가 자리잡기까지 했던 것이다. 또 元이 망하고 明이 선 다음에도 牧胡와 호위병들은 논외로 하더라도 몽골칸의 피붙이만도 거의 100호에 달하는 무리를 이루어 이곳에 정착해 오늘에 이르기까지 살아오고 있는 터이다. 그런데도 목초지와 직관된 몽골칸국 중앙목마장인 동부몽골 다리강가 스텝의 훈촐로오－Haraadag－Haraavang(把守卭王)이나 Harbavang(弓王)은 제주도 목초지에 전무했었다는 것이 말이나 되는 소리일까 하는 생각이 든다.

그래서 인류사상 최초 최대인 몽골세계칸국의 직속령이었던 제주도-'耽羅國'이 그 당시에도 몽골중앙목마장 훈촐로오의 영향을 전혀 받지 않는 무풍지대로 온전히 남아 그 이전의 관계 석상전통을 계승해오다가 18세기에 들어서나 돌연 섬밖에서 유입된 석인상문화의 충격을 받아 제주도 나름의 독특하고 거대한 세계사적인 돌하르방문화를 빚어냈다는 주장은, 너무나도 허구적인 가설의 냄새를 피운다. 이런 인류사상 찾아보기 힘든 빼어난 예술성과 대단한 규모를 과시하는 돌하르방문화가 세계사적인 주류 석인상문화와 接脈되지도 않은 채로 돌연 2~3백년 만에 독창됐다는 견해야말로, 未嘗不 역사성조차도 없는 推論에 지나지 않는다고 할 수 밖엔 없다. 당연히 팍스 몽골리카체제 하에서 '南元'의 耽羅都와 몽골이 직접 棱木되면서 이런 석인상 문화의 위대한 전통은 斷續的으로 전승돼 왔음에 틀림이 없다. 그렇지만 예컨대, 1374년 고려가 崔瑩 도통사 지휘 하에 중앙군을 투입해 제주도의 몽골세력을 討滅하고 제주도를 탈환하는 판국에, 100년 제주도 몽골세상이 뒤엎어지는 상황 하에서는 비록 돌하르방이라는 이름이 있어도 그 실체는 殘命을 부지하기 힘들었을 것이다. 그런데 1368년 元·明交替期 이래로 朱元璋이, 투항한 元朝칸의 후예들을 제주도에 보내어 몽골皇統을 유지토록 한 일련의 조처들은 그런 가운데서도 돌하르방과 그 이름의 명맥을 유지케 하는 데에 일정한 작용을 했을 것으로 짐작된다. 옛날에 이름이 있다가 정권이 바뀌고 주민의 구성과 그 구조가 바뀌면서 오랜 역사과정 속에서 없어져버린 이름들이 얼마나 많은가?

한국 육지에는 돌장승이 아주 희귀할 뿐만 아니라 조각 또한 조잡하지만 제주도 돌장승은 단연 돌장승으로서는 뛰어나다는 논평에 이의를 제기하는 이는 없을 것이다. 量이나 質面에서 모두, 돌할망과 짝지어있지 않은 돌하르방은 대체로 부부가 짝지어 있는 한국돌장승문화권의 핵심권을 이루고 있을 뿐만 아니라, 크기에 있어서도 발리섬의 그것이 50~70cm이고 카자흐공화국의 그것은 90cm정도이며 동부몽골 다리강가 스텝지역에서 저자가 조사한 훈촐로오의 경우가 70~140cm－13~14세기 칸이나 칸族의 것으로 고증된 경우는 의자에 앉은 키이다－인데 대해 제주도의 돌하르방은 200cm 남짓한 것까지 있다. 극소수의 칸이나 칸족들의 그것들을 제외하고 잔구멍이 뚫린 화산석으로 된 것들만을 고려한다면 그 예술성 또한 다리강가 스텝지역의 훈촐로오들보다도 뛰어난 것으로 보인다.

그렇다면 이러한 제주도 돌하르방문화가 창조될, 그럴만한 역사배경이 전제되지 않고는 이 제주도 돌하르방의 생성과 발전을 설명해낼 수 없음이 자명해진다. 따라서 그 문화창조의 주체들, 또는 창조결과의 수요자들이 점하는 역사사회적 지위가 당시 한국 육지에 사는 한국인들의 그것을 압도했을 뿐만 아니라 인류문화사상에서도 그러했었다고 추정해봐야 한다. 제주도 사상에서 그렇게 추정될 수 있는 시기가 언제인가. 13~14세기의 몽골-고려사, 몽골-제주도사가 전개되던 때뿐이었다.

제주도에서 1273년에 三別抄가 장렬한 최후를 맞은 다음부터, 1373년 崔瑩이 都統使가 되어 중앙군을 동원한 끝에 고려영역내의 최후의 몽골기지인 제주도의 몽골세력을 토멸하기까지의 100여 년의 역사 기간과 그 관계의 質을 究明해야할 뿐만 아니라, 元·明交替後에도 '大明天子' 朱元璋의 비호하에 투항한 칭기스칸의 피붙이들이 제주도에 정착한 이래로 여전히 지금까지 살아오고 있는 역사의 그것도 아울러 천착될 필요가 있다. 그리하여 몽골본토에도 이미 없어진 몽골 상류사회의 언어와 민속들이 제주도에는 의연히 살아남아올 수 있었던 역사배경을 밝혀내야 한다.

동부몽골 다리강가 스텝지역의 훈촐로오에는 13~14세기 양식 이후의 것이 없지만 제주도에는 돌하르방으로 추정되는 翁仲石(또는 翁衆石)이 1754년에도 다시 창건됐다는 기록이 보이고 있다는 점에 주목할 필요가 있다. 제주도라는 지역이 한정성을 갖고 몽골스텝처럼 드넓은 목초지가 결코 아니다. 이럴 뿐만 아니라 또 溫暖多濕한 기후풍토관계 때문에 牧草가 스텝에 비해 비교적 풍부해서 遊牧이 아닌 放牧을 하며 牧馬場과 그 언저리에 주로 오래 머물러 대를 이어 살아왔으므로, 훈촐로오－석인상을 만드는 石工藝 기능과 그런 관행이 그대로 계승·발전될 수 있었던 것으로 보여서다.

다리강가 스텝지대가 거대한 화산지대요, 제주도 또한 화산지대여서 多孔質 火山石 후르멘촐로오(Хүрмэн чулуу)－玄武岩이 돌Haraadag－돌하르방을 만드는 자료로 제공됐다. 화산이 폭발해 만들어진 산을 다리강가 스텝지대에서 '한노'라고 하는데 제주도에는 '한나'산이 있다. 다리강가 스텝지대가 몽골세계칸국을 일으켜 세워낸 거대한 천혜의 중심목마장인데, 제주도 또한 몽골칸국의 한 分枝인 국영목마장이었다. 다리강가 스텝에 오보오 중의 오보오인 알탄오보오가 있고 이와 상호관계를 가지면서 스텝의 몽골영웅전설을 빚어내는 더쉬(모루)산과 강가 호수가 있는가 하면, 이곳을 장악해야 천하의 패자가 돼 천하를 장악할 수 있다는 요새 중의 요새 실링복드가 있다는 점도 주목된다. 모든 몽골인들의 정신적인 구심점을 이루는 역사적인 신앙유산들이 모여있는, 그들의 마음의 고향이자 천혜의 목마장인 이 다리강가 대스텝에 몽골의 훈촐로오 곧 돌Haraadag이 서 있고, 이곳과 생태환경이 많이 유사한 몽골칸국의 군사경제적인 바다요새이자 그들이 가장 어려운 막다른 고비를 거기서 보내고 싶어 했던 몽골인들의 또 하나의 심정적인 고향 땅 제주도에도 돌Haraadag과, 다른 어느 지역의 석인상보다도 더 많이 닮은 Haraavang(把守끈王)이나 Harbavang(弓王)이라 할 돌하르방이 개활지의 거센 바람을 맞받아 감내하며 서 있다는 것은 당시 팍스 몽골리카체제 하에서의 몽골－濟州島史 전개의 필연적 소산일 수 있다고 본다.

그러므로 이런 역사적인 배경으로 보아, 대체로 13~14세기에 있었던 돌하르방의 祖形은 원래는 牧草地에 서 있었을 것으로 추정된다. 토착부락과는 동떨어진 채로 한꺼번에 14만 명이 동원되기도 했던 1274년과 1281년 2차에 걸치는 征日軍의 패잔병들이 본고장으로 돌아가지 못하고 제주도나 고려 육지의 남부 및 臺灣에 주로 스며들어 거주하게 됐다는 사실도, 당시의 인구가 불과 1~2만에 지나지 않았을 제주도의 그 후 역사 전개에 끼치는 영향이 적지 않았을 것으로 보인다.

전통 중국왕조가 아닌 몽골세계칸국의 중앙정부 元朝가 제주도를 파악한 안목은 다른 중국왕조들과는 크게 달랐다. 25史 가운데 오로지 『元史』에서만 '高麗·耽羅·日本……'式으로 耽羅國을 독립왕국으로 高麗國과 竝列해 立傳하고 있다는 사실이 이를 웅변하고 있다. 쿠빌라이칸 正妃 차부이(察必)카툰이 목장으로 썼는가 하면, 토곤테무르칸비인 고려여인 奇올제이쿠툭(吉祥의 뜻) 하땅(皇后)이 목장으로 쓰기도 했던 이 땅에 마침내 몽골칸국의 피난궁궐을 짓기 위해 당시에 세계적으로 가장 빼어난 石匠들을 동원해 제주도에서 대역사를 일으켰다. 원조가 망해 이는 곧 중단되기는 했지만, 이들 石匠들의 그 후 행방이 史書에 더는 기록되지 않고 있다.

이런 가운데, 四川省의 칭기스칸 피붙이 梁王을 비롯한 朱元璋에게 사로잡히거나 투항한 칸족들이 계속 보내져 와서 제주도에서 대를 이어 사는 역사 속에서 제주도 돌하르방문화가 창출됐다면, 또 몽골 목마장중의 목마장인 다리강가 대스텝에서 '악타치'-'테우리'라는, 몽골칸국에서 대단히 높은 지위를 누리는 목마자들이 파견돼 왔다면, 제주도민들, 특별히 梁氏 성을 가진 이들 가운데서 우리가 칭기스칸이나 쿠빌라이칸의 얼굴을 보아내고 제주도 돌하르방 가운데서 다리강가 스텝지역 목마장의 훈촐로오-돌Haraadag의 표정을 읽어낼 수 있을 때만 비로소 돌하르방의 祖形-본꼴이 상당히 제대로 연구·복원될 수 있을 것으로 저자는 본다. '테우리'라는 말이 몽골에서는 사라졌는데 제주도에는 아직도 남아있듯이, 몽골에서 사라진 13~14세기 이후의 돌Haraadag이 제주도에는 그대로 살아남아 올 수 있다고 보아서다.

실제 남·북한에서 주한몽골대사로 모두 비교적 오래 살았던 페. 우루쥔루훈데브는 한국 내에서 제주도 사람들이 가장 몽골인을 많이 닮았다고 하는가 하면 臺灣 국적 몽골인으로 근래에 중·신석기시대 석인상이 출토되고 있는, 다리강가 스텝과 근접한 遼河文明圈 通遼지역 출신인 1990년 당시의 원로 몽골학자 하칸출루가, 제주도에서 몽골 상층 전통문화를 어느 곳에서보다도 더 가장 심도 있게 체휼할 수 있었다고 하는 것을 보면, 그럴 가능성이 매우 클 것으로 생각된다. 한반도 석인상 분포도 "전라남북도의 것은 거의가 석인상이고 경상남도와 충청남도의 것은 석인상과 나무장승이 섞여 있는데, 나무장승이 석인상보다 더 많다. 석인상이 세워진 위치는 촌락입구나 절터가 대부분이고 강화도의 고려 고종릉과 개성의 공민왕릉의 경우는 왕릉 앞에 문신상으로 세워졌다"[146]고 한다. 이에서 볼 수 있듯이, 대체로 개성-강화도-진도-마산-제주도로 그 분포의 주류가 이어지고 있는데 물론 그 중심은 단연 제주도다. 이런 일련의 선이 곧 삼별초를 비롯한 항몽세력의 저항 근거지인 동시에 몽골이 고려를 장악하고 중국과 일본을 제압하는 기본적인 전략기지이기도 했다. 물론 대체로 거친 바닷바람이 직접 미치는 개활지로 돌문화의 발전을 견인하는 생태환경이기도 했고 중국대륙과 일본열도의

---

146) 이상일·주영덕, 『한국의 장승』, 열화당미술문고 22, 1976. 이 점에 관해서는 임동권이 "몽골에서는 立像形·坐像形·頭像形·半身形으로 훈촐로오의 형태가 구분되는데, 원래부터 나무장승은 없고 돌장승뿐이었던 것으로 해석된다. 제주도와 남해안 지방에서는 돌장승인 까닭도 몽골의 영향을 이해하는 데 중요한 단서를 제공한다. 몽골의 장승은……돌을 구하기 쉽고 또 영구성이 있었기 때문인 것으로 풀이된다"(任東權, 「홈첼로(돌장승)-몽골문화탐방(3)」, 『중앙일보』, 1990. 8. 30, 9쪽)고 한 견해가 일리가 있다고 본다. 이에 개활지라 바람이 세어 돌의 사용이 불가피했던 점도 물론 고려돼야 할 것이다. 다만 물이 태평양 쪽으로 흘러드는 북부 대만주권이 몽골인들의 주요 태반임을 고려하여, 몽골인들이 스키타이의 제철기술과 결합해 말鐙子와 철제 화살촉을 만들어 騎馬射術을 습득해, 몽골스텝이라는 드넓은 개활지로 진출해 기마 양유목을 하기 이전에는 툰드라나 삼림툰드라에서 순록치기로, 수렵생활을 겸행하는 오랜 생태생업사를 영위했음에 주목할 필요가 있다. 바람은 세지만 나무를 자료로 구할 수 있어서 목장승이 있었을 수 있다. 현재에도 이 지대에는 '세르게이'나 버드나무 오보오가 있음을 알 수 있다. 아울러 한 가지 강조해 둘 문제는 牧馬는 당시로서는 오늘날의 핵무기 제조만큼이나 중요한 최첨단 유목무력을 담보하는 것이었으므로 오늘날의 몽골에도 존재하지 않는 말치기-'테우리'라는 말이 지금도 제주도에 상존한다는 점은 매우 중요한 의미를 갖는다는 하칸출루의 지적에 거듭 충분히 주목할 필요가 있다.

掩護를 받으며 바다로 치고나갈 수 있는 몽골칸국의 해양진출의 전진기지이기도 했다. 물론 원말에 이르면 제주도는 몽골국고 수입의 한 大宗을 이루는 몽골제국 해상무역의 중핵이 되는 거점이기도 했다.

제주도 돌하르방이 서부몽골의 돌궐계 훈촐로오나 발리섬의 석인상보다 동부몽골 다리강가 스텝지역의 훈촐로오－돌Haraadag과 우선 전체적인 인상면에서 훨씬 더 가깝다는 것은, 다리강가 스텝지역의 훈촐로오－돌Haraadag과 제주도 돌하르방 유적을 현지조사해본 이들이 거의 모두 입을 모아 하는 증언이다. 구체적으로 북방식 모자[147]나 辮髮(Šibulger)과 손이 놓인 위치 따위가 서로 똑같지는 않지만 비슷한 사례가 많이 있다. 다리강가 스텝지대의 유물들이 未分化돼 있듯이 제주도의 경우도 동자석이나 근래의 조사자들이 하르방으로 분류한 것을 모두 뭉뚱그려 비교할 경우엔 더욱 그러하다. 대정읍 대정우체국 앞의 여자석인상이 족두리를 쓰고 오오지(Uuji)라는 몽골의 전통옷을 입고 있으며 목걸이를 한 라(喇嘛) 석인상도 보이는 것으로 고증되고 있는 점 또한 주목된다.[148] 동부몽골과 제주도는 각각 무한정한 개활지여서 바람이 세고 화산지대여서 석재를 구하기가 비교적 쉬워서 돌문화가 발전될 생태적 조건을 갖추고 있다. 그래서 임동권이 "몽골에서는 立像形·坐像形·頭像形·半身形으로 훈촐로오의 형태가 구분되는데, 원래부터 나무장승은 없고 돌장승뿐이었던 것으로 해석된다. 제주도와 남해안 지방에서는 돌장승인 까닭도 몽골의 영향을 이해하는데 중요한 단서를 제공한다. 몽골의 장승은……돌을 구하기 쉽고 또 영구성이 있었기 때문인 것으로 풀이된다"고 논파한 견해는, 원로 민속학자의 精製된 慧眼의 번뜩임을 感知케 해준다.

147) 삼별초가 섬멸되고 1273년에 제주도가 몽골의 직할령이 되었다가 몽골칸국의 고려지배 기반이 공고화한 1294년에 이르러 이를 다시 고려에 돌려줄 즈음에, 북방식모자와 구두(靴)를 기념으로 몽골조정에서 제주도에 下賜하고 있다(『고려사』, 충렬왕 20년 11월 4일조). 터키인에게는 외관상의 몽골반점이 확인되지 않고 있다는 점을 오늘날의 몽골인들이 너무나도 잘 알고 있다. 그러므로 그들은 석인상의 모습도 터키계와 몽골계를 제대로 구별해 볼 줄 안다.

148) 周采赫, 「몽골·고려사의 한 고찰－알랑여신·몽골호칭·돌하르방 등에 관한 문제제기」, 『강원인문논총』 창간호, 1990. 12, 151~191쪽의 '돌하르방'란 참조.

물론 동부몽골 다리강가 스텝지대의 훈촐로오가 갖는 별칭인 돌Haraadag과 Haraavang(把守꾼王)이나 Harbavang(弓王)이라는 하르방이 보여주는 명칭상의 유사성이나 그것들이 내포하는 '늘 지켜보는 이' 곧 '파수꾼' 또는 '수호하는 이'나 '활을 쏘는 이'라는 의미가 서로 一脈相通하는 점이 있는 명칭이어서 양자간의 상관성을 말해주는 결정적인 단서를 제공하고 있다고 본다. 바로 이것이 실마리가 돼서 동부몽골 다리강가 스텝지대의 훈촐로오와 제주도 돌하르방의 역사적인 祖形 곧 본꼴을 추적하는 한국몽골비사학회의 조사·연구작업이 비롯됐던 것도 사실이다.149)

한마디로 돌하르방의 명칭은 동부몽골 다리강가 스텝지대 훈촐로오의 별칭인 돌Haraadag과 관련하여 목초지를 수호하는 왕(王 : Vang)과 연관시켜 Haraavang(把守꾼王)에까지 나아가고 그 당시의 Haraavang의 본질적 기능과 관련하여 활을 쏘는 왕(Vang)인 Harbavang(弓王)에까지 이르도록 깊이 있게 거슬러 올라가 궁극적으로 천착돼야 한다고 하겠다. 그리하여 그 돌하르방의 역사적인 본질의 복원을 통해 그 발생 동기와 장소 및 시기는 물론 그 발전과정을 동북아시아 고원지대의 석인상 특히 牧草地 石人像의 발전사 속에서 제대로 재발견하고 재구성해내야 할 것이다.150)

한 가지 덧붙여 두고 싶은 것은 '하르방'이 할아버지의 제주도 사투리에서 비롯됐다면, 왜 한국 육지에서 돌장승을 돌할아버지라고 부른 흔적이 없으며,

---

149) 주채혁, 「몽골 다리강가지역의 훈촐로오와 제주도의 돌하르방에 대하여－답사보고를 중심으로」, 『역사민속학』 제2호, 한국역사민속학회, 이론과 실천, 1992. 4, 123~125쪽. 1993년 9월 ~1994년 3월에 걸쳐 한 · 몽학술조사연구협회(공동회장 : 손보기, 부회장 : 저자)의 초청으로 한국에 와서 제주도 유적현장과 유물을 현지답사한 데. 바이에르 몽골과학원 역사연구소 고고학연구실 연구원은, 잔을 손에 들지 않은 제주도 돌하르방을 보고 동몽골 훈촐로오와 제주도 돌하르방의 계통이 서로 다를 수도 있으리라는 견해를 피력했다. 그러나 그는 당시에 그 많은 석인상들 가운데, 어느 것을 누가, 언제, 왜 돌하르방으로 규정했는지도 몰랐을 뿐만 아니라 그 당시에는 동부몽골의 훈촐로오에 대해서조차도 시기별, 소재별, 형태별, 소재위치별 분석을 면밀히 하고 있지 못했다. 제주도 현지에 오기 전에 한 해 동안 몽골과학원에서 수교후 처음으로 개설한 저자의 한국사－한국어 특강을 듣기는 하였으나 양측면 모두 조사에 활용하기에는 力不及이었다.

150) 任東權, 「훔첼로(돌장승)－몽골문화탐방(3)」, 『중앙일보』, 1990. 8. 30, 9쪽.

더군다나 그것이 장승類라면 할머니 곧 '할망'도 있어야 할 터인데 왜 돌할망이라는 이름이 없느냐 하는 문제가 남는다는 점이다. 몽골이나 터키의 훈촐로오에도, 발리섬의 석인상에도, 또 제주도의 석인상에도 여자 석인상이 있는 것으로 보아 이 점도 반드시 짚고 넘어가야 하리라 본다. 이 문제가 해명될 수 없다면 '돌하르방'은 역시 돌할아버지보다는 장승류와는 계통을 달리하는 돌Haraavang(把守꾼王)이나 돌Harbavang(弓王)에 그 뿌리를 갖는 이름이라 봄이 옳지 않을까 한다.

또 한 가지 더 짚고 넘어가야 할 점은 발과 다리를 포함하는 下體나 남녀의 성별을 나타내는 심벌의 조형이 제주도 돌하르방은 그 나름의 특색을 가지고 있다는 사실이다. 즉 동부몽골 다리강가 스텝지역의 석인상이나 발리섬의 그것들은 비교적 그 조형이 뚜렷한 측면이 있는데, 이에 대해 제주도의 경우에는 그것이 생략된 채로 몸통과 손만 주로 새겨져 있는 서로 차별화되는 특성을 보이고 있다. 한국의 육지에서는 부산시 影島의 석인상 이외에는 제주도의 그것과 같은 형태마저도 찾아지지 않고 있고, 전라북도 남원의 산내면 실상사의 돌장승이 북방식 모자를 쓰고 있는 것 말고는 이런 모습마저도 달리 찾아볼 수가 아직은 없다. 요컨대 제주도를 그 핵으로 삼고 그 磁場에서 멀어질수록 돌하르방적 형태의 특색이 점점 더 퇴화해가고 있는 것을 관찰해낼 수 있다는 것이다.

이런 사실들을 고려하여 저자는 "요컨대 이로 미루어보면 그 뒤 明朝 이후의 中國을 중심으로 하는 宋·明理學式 주자학적 세계질서 속에서 자리잡고 있던 朝鮮朝의 漢陽을 핵으로 하는 磁場 안의 한 나무장승권이 이루어졌듯이 그 당시 몽골중심의 '元朝 朱子學'-魯齋之學的 세계질서[151] 속에서는 제주도를 핵으로 하는 磁場 안의 또 다른 돌장승이나 돌하르방권이 생겨났을 것을 추정해볼 수 있지 않을까 한다"고 지적한 적이 있다. 여기서 한반도 육지의 돌하르방은 나무장승의 영향을 받아 돌장승으로 변해간 것으로 추정된다. 이 경우에는 물론 고려왕과 개경이 이어지는 데에 대해 몽골칸국

---

151) 주채혁, 「元 萬卷堂의 '魯齋之學' 몽골官學化 주도와 '元朝 朱子學'의 擡頭」, 본서 Ⅲ장 참조.

중앙정부 元朝의 대칸과 제주도가 이어지고, 대칸의 직영목마장 총본부인 다리강가 대스텝지역의 목마장과 그 한 분지이자 몽골칸국의 대양진출 중심 전진기지인 제주도 국영목마장이 이어지는 것을 전제로 하고 있다.

임동권이나 김병모와 같은 몽골스텝 현지유적 답사자들이 몽골스텝지대의 훈촐로오가 모두 터키계라고, 이 부문에는 현지의 비전문적인 어설픈 조언자들의 유적과 유물 소개를 비판을 거치지 않고 그대로 수용해 즉각 언론에 대서특필해냈다. 그래서 김병모와 같은 보고자는 몽골 훈촐로오와 제주도 돌하르방은 유사성이 없다고 못 박기까지 했지만, 이는 물론 잘못된 보고다. 몽골고원에도 서부몽골에는 터키(突厥)계 훈촐로오가 주로 분포돼 있고 동부몽골에는 몽골계 훈촐로오가 분포돼 있다. 터키계는 東向이고 몽골계는 南向이며, 터키계는 주로 묘지 부근에 서 있고 몽골계는 주로 오보오와 함께 목초지에 서 있다. 변발이나 모자 모양도 서로 다를 뿐만 아니라 터키계에는 13~14세기경에나 나타나고 있는 의자에 앉은 훈촐로오가 없다. 터키계는 묘지석으로도 서 있고 목초지의 수호자로도 서 있지만, 우리가 조사한 몽골계는 목초지의 수호신으로 오보오와 함께 서 있었다.

무엇보다도 터키계는 콧날이 날카롭고 전체적인 윤곽이 비교적 뚜렷한데 대해, 몽골계는 둥글둥글하고 밋밋하다. 겉으로 분명하게 드러난 몽골반점이 없는 인종인 터키계는 대체로 엄숙한 표정인데 대해, 몽골반점이 뚜렷한 몽골계는 상오를 찌푸리고 입이 삐뚤어져있기도 하며 때로는 해학적으로, 때로는 達觀한 모습으로 미소를 머금은 동자상으로 나타나기도 한다. 몽골계는 그 분위기면에서도 한국의 돌장승이나 제주도 돌하르방과 상당히 비슷한 점이 있다고 하겠다.

임동권은 울란바아타르 박물관장의 말을 빌어 "동부지방의 장승들은 터키족이 세운 것으로 몸통에 터키문자 銘文이 있다"는 대체로 誤報를 하고 있지만, 다른 한편으로는 "박물관 벽지도에는 석인상의 지역적 특징이 표시돼 제주도의 돌하르방처럼 모자의 둘레가 있는 것은 주로 동부몽골에 분포돼 있다"고도 하고 있다. 목초지의 수호신은 드넓은 스텝에 내려쬐는 따갑고 강렬한 햇살 속에서 말, 양과 소 및 목초지를 감시해야 되고 그러기 위해서는 차양이 있는 둥근 테 모자가 필요한데, 이를 쓰고 있는 것은 주로 터키계가 아니라 오보오와 함께 선 몽골계 훈촐로오다.

이에 대해 김병모의 경우는 아예 서부몽골의 터키계 훈촐로오만 보고 그것이 몽골 훈촐로오의 전부로 오인한 나머지 몽골 훈촐로오와 제주도 돌하르방은 형태상 별로 닮은 데가 없다는 간단한 결론을 성급히 도출해내고 있다. 동부몽골 스텝의 몽골계 훈촐로오를 보지 못한 이상, 이는 지극히 당연한 견해라고 하겠다. 한국몽골비사학회가 주장하는 견해는, 데. 바이에르가 훈촐로오가 손에 받쳐 들고 있는 잔이 몽골 훈촐로오의 경우에는 있고 제주도의 그것에는 없다고 해서 이의를 제기하고 있기도 하지만, 어디까지나 그것은 그 전승·발전과정에서 각각 생태사적 환경변화에 따라 생겨난 변형일 뿐이고 대체로 동부몽골 스텝의 몽골계 훈촐로오와 제주도의 돌하르방이 같은 祖形－본꼴을 역사과정 속에서 共有했을 수 있다는 점을 摘示하고 있을 따름이다.

끝으로, 김병모의 제주도 돌하르방의 '남방기원론'과 제주도 현지 논자들 중의 일부가 주장하는 제주도 전통문화 전개의 산물이라는 立論에 관해서 저자 나름의 管見을 정리해보겠다.

후자의 경우에는 그 가능성을 인정하되 제주도 전통문화의 개념을 어떻게 정의하느냐 하는 문제가 있다. 적어도 脫역사적인 전통문화는 종종 허구로 흐를 가능성이 있기 때문이다. 제주도 돌하르방이 한국 석인상문화의 중심권을 이루며 세계석인상문화권에서도 빼어난, 이러한 문화유산으로 창출되려면 그럴만한 제주도사상의 역사적 배경이 반드시 있어야 하는데, 이 견해는 이 점에서 설득력을 결여하고 있다. 아울러, 그것이 토착 부락민들의 신앙으로 정착하지 못하고 일반 주민들과 괴리되어 발전해왔다는 점 또한, 그렇게 된 역사적 배경을 반드시 천착해 그 이유를 규명해봐야 할 것으로, 이로써 보아도 팍스 몽골리카체제 하의 몽골·고려사가 아닌 몽골·제주로 직관되는 백여 년의 역사－특히 목마장의 역사를 논외로 하고 이런 입론을 하는 일은 매우 무리한 것이라 할 수밖에는 없다.

전자의 경우인 김병모의 '남방기원론'은 석인상이 한국 북반부 이북 곧 예컨대 만주나 시베리아와 같은 유라시아 내륙지방에는 없다는, 사실과 전혀 다른 잘못된 가정 하에 석인상에 대한 지극히 자기 한계를 갖는 1982년의 인식수준의 토대 위에서 전개된 것일 따름이다. 물론 그것도 엄격히 말한다면 김병모의 설이라기보다는 어디까지나 환태평양 석인상문화의 海流를 따른 전파를 주장하는 토르 하이어달의 견해에 그가 제주도 돌하르방의 역사적 생성·발전문제를 끼워 넣어본 견해라 함이 옳을 것이다. 그런데 김병모는 이에서 陸·海의 석인상 역사를 총괄하는 시각으로 토르 하이어달의 이론을 비판적으로 수용해, 돌하르방 기원문제를 풀어보려 하지 않았다는 치명적인 자기한계를 안고 있다.

김병모는 그가 1982년도까지 살펴볼 수 있는 석인상들을 그 나름으로 고찰하고 나서 "이들 석상문화를 이룬 사람들은 열대 내지는 아열대의 해양문화와 관계가 있는 사람들이다. 그렇기 때문에 유라시아의 깊은 내륙에서는 발견되지 않는 것으로 보인다"고 했다. 그러나 이는 유라시아 내륙에 상당히 많은 석상이 분포돼 있다는 사실을 아직 전혀 모르는 채로 그 당시에 그의 수준에서 그 나름으로 내렸던 어설픈 결론이었을 뿐이다. 그는 이어서 "더구나 제주도를 중심으로 한 석상문화는 환태평양—동지나해로 이어지는 해양문화의 내용 중 '거인숭배신앙'이 우리나라에 전파된 것으로 보이는데 그 시기는 고인돌이 생겨나던 청동기시대보다는 늦어 보인다. 왜냐하면 기록상으로도 고려시대까지밖에는 추적되지 않고 석상을 제작하는 기법을 생각해 보아도 청동도구로는 정교한 얼굴표정 같은 것이 조각되기 힘들기 때문이다"라고 결론짓고 있다.

여기서 한국의 석인 발생시기를 청동기시대보다 늦게 잡고 그 이유로 청동도구보다 강한 것으로만 석상을 만들 수 있다고 한 그의 立論에는 동의하기 어려운 데가 있다. 이미 구석기시대 후기에 정교한 비너스상이 나오고 마야인들은 청동기나 철기시대는 들어본 적도 없는데도 거대하고 정교한

石城들을 훌륭히 만들어내고 있었다. 약한 것으로 강한 것을 뚫는 예는 적지 않다. 어디 숫돌이 강해서 숫돌로 쇠를 가는가. 아주 극단적인 사례를 든다면, 일정한 시간이 허용되는 경우에는 물방울이 돌을 깎기도 한다. 선돌이나 석인상의 경우에는 이미 식량생산 단계에 들어갔던 신석기시대 이래로 사유재산이 생기고 계급분화가 시작되면서부터 그 발생 가능성이 있었다고 보아야 할 것이다. 가까운 예로는 旣述한 대로, 동부몽골 다리강가 스텝 돌하르방 유적과 같은 문화권이라 할 요하문명권에서도 이와 접맥될 가능성이 있어 보이는 중·신신석기시대 훈촐로오의 출토가 근래에 보고되고 있다.

또 하나 문제시되는 점은 후기빙하기 이래로 1만여 년의 기간 동안 인류가 주로 추운 데서 따뜻한 데로 주로 이동해왔지 더운데서 추운 데로 이동해갔었는가 하는 것이다. 아마도 전쟁으로 쫓겨가는 일부의 사례—貢女도 이 범주에 내포되겠지만—를 제외한다면 이는 일반적인 경향으로 될 수는 없을 것이다. 그리고 북유라시아의 경우에 특히 주로는 유목과 농경이 결합되면서 스텝-타이가-툰드라 쪽에서 광역 거대 집단이 먼저 성립됐지 해양의 해변이나 섬에서 먼저 성립된 것은 아니었다. 그래서 결과적으로 해양제국에 앞서 먼저 스텝제국이 개방된 무한공간의 무한경쟁과정에서 북유라시아지대에서 성립되지 않았던가. 개방된 무한공간이라서 바람이 세차고 그래서 돌문화가 발달할 수 있었으며 광역에서 권위를 과시하기 위해서는 드넓은 만큼 거대해야 하므로 양 지대에서 각각 서로 다른 양상으로 서로 다른 시기에 상호 영향을 주고받거나 직접 점령—피점령이나 기타의 이동과정을 경험하면서 다양한 돌문화를 빚어냈을 수가 있었을 것이다. 그러나 이런 시각에서 보더라도 그 기원은 북방내륙이지 남방 해변이나 섬은 아니었을 것으로 추정된다.

따라서 그가 이제 그의 돌하르방 남방기원설을 억지로 더 연장하여 그것이 한반도 육지를 거쳐 만주와 중앙아시아, 특히 시베리아 북부 예니세이 분지까지 전파되어갔다는 이론으로, 중·신석기시대 이래의 그 수많은 내륙의 석인상들의 유래를 13~14세기 몽골에 대한 고려공녀에 의한 전파설 따위로 호도해보려고 안간힘을 쓴다고 해도 이는 한낱 헛수고에 지나지 않게 될 것이다. 그 이전의 장구한 시기는 고사하고라도 6~7세기의 것으로 그 시기가 고증된 내륙아시아의 석인상만도 이미 많이 조사-보고돼왔기 때문이다. 어디 그뿐인가? 이제 요하문명권의 중·신서기 훈촐로오가 계속 출토되고 있는 판이다.

차라리 이와는 반대로, 환태평양의 석인상들이 알래스카를 통해 북아메리카로, 여기서 다시 남아메리카로 이동해간 경로를 따라 또는 그 밖의 또 다른 어떤 그런 경로들을 통해 석인상이 전래되고 海流를 따라 퍼져 환태평양 석인상권을 이루었다는 주장이 더 설득력이 있다고 하겠다. 이들 해양문화의 거인숭배신앙 자체도 오히려 그 옛날 순록유목시대 이래의 북유라시아 고원지대의 유목민 영웅에 대한 추억과 그 동경에서 빚어졌던 것[152]이 아닐까 하는 생각마저도 든다. 그것이 다시 해류를 타고 제주도에, 만에 하나라도 영향을 주었을 수 있다는 점을 단호히 부정하기는 물론 어렵다.

이런 추론이 예니세이 강으로부터 바이칼 호 부근과 동부몽골 대스텝 및 만주와 한국으로 이어지는 일련의 역사적인 맥으로 보아, 후기빙하기시대 이래 인류의 南流 경향과 함께 더 사실에 접근된다고 보는 것이다. 이 지역 내의 좀날석기 등의 구석기형태가 유사성이 있다거나 이 지역이 모두 신석기시대의 빗살무늬토기권이라거나 청동기시대에 들면서 요녕식 비파형청동단검이나 세문경의 출토권이라는 점, 또 돌무지무덤이 분포되고 있다는 점 등이 그 배경을 이루면서 신석기시대 이래로 생성·발전돼왔을 가능성을 보이는 석인상문화도 共有하는 같은 문화권이었다가 13~14세기 몽골-고려사, 특히 몽골제국-濟州島의 耽羅國史가 특이하게 전개되면서 Haraadag-Haraavang(把守꾼王)이나 Harbavang(弓王) 문화가 그 전통의 기반 위에 본꼴을 갖추며 발전하게 된 것이 아닐까 한다.

대체로 그 시기가 6~7세기로 추정되는 터키계 훈촐로오를 중심으로 하는, 이 같은 계통으로 추정되는 훈촐로오들이 서부몽골 스텝에 주로 분포돼

152) 주채혁, 『순록유목제국론-고조선·고구려·몽골제국의 起源 연구』, 서울 백산, 2008 참조.

있고 『몽골비사』의 본무대로 몽골국의 태반이 되는 동시에 13~14세기 몽골-고려, 특히 몽골-제주도 관계에서 떼려야 뗄 수 없는 관계를 가진 곳이기도 한 동부몽골 스텝지대에는 오보오와 함께 있는 몽골계 훈촐로오들이 주로 분포돼 있다. 특히 북부 예니세이 분지로부터 바이칼호-부이르호반 할힌골-다리강가 스텝으로 이어지는 동부몽골 대스텝에는 이런 유형의 훈촐로오들이 산재해 있다. 저자는 槁離國의 胎盤을 根河 언저리로 보고 광개토대왕비문에 나오는 동명왕이 건넜다는 奄利大水를 훌룬부이르 몽골스텝의 이민하로 추정하고 있지만,[153] 베. 수미야바아타르는 부이르湖를 沸流水로, 할힌골-忽本을 『삼국사기』「고구려본기」에 나오는 紇升骨로 일찍이 상정해본 적이 있다.[154] 그는 부이르 湖畔 숑크 타반 톨로고이에 서 있는 고올리칸(弓王) 훈촐로오를 동명성왕 석인상이라고 보는 견해도 종종 토로하곤 했다. 이처럼 돌하르방(石弓王) 문화유산은 팍스 몽골리카체제 그 이전의 몽골과 한국이 아직 미분화됐던 기원전후의, 존재했을 수도 있다고 추정되는 석인상 전통과도 접맥될 수 있을지도 모른다.

아울러 제주도 돌하르방이 13~14세기 몽골-제주도사의 특수한 직접적인 소통과 접목을 통해 동부몽골 스텝지대 훈촐로오 곧 Haraadag-Haraavang(把守꾼王)이나 Harbavang(弓王) 문화가 그를 전후한 유관한 석인상 전통의 기반 위에 서로 혼융과정을 거쳐 그 나름의 개성을 갖는 독특한 본꼴을 갖추며 발전되어와서 현지 주민들의 생활과 괴리된 측면이 있었음에도 불구하고, 오늘날에 이르기까지 제주도 현지인을 위시한 한국인 모두에게 그 나름으로 친근감을 느끼게 하는 것도 이런 오랜 문화기층의 공유에서 비롯됐을 수가 있다는 점을 添言해 두고자 한다.[155] 돌하르방의 '하르'와 몽골

---

153) 周采赫, 「關于蒙古與韓國人的弓族分族考」, 『多元共存和邊緣的選擇圖們江學術論壇2009』, 延邊大學 亞洲硏究中心, 111~129頁 및 주채혁, 「東明[T'umen]루트-몽·한 활겨레[弓族 : Qalqa obog] 分族考」, 『2010년 한·몽수교 20주년기념국제학술대회 논문집』, 한국몽골학회, 2010 3. 26, 151~182쪽) 참조.

154) 베. 수미야바아타르, 『몽골과 한국겨레의 기원-언어관계문제』, 몽골과학아카데미 어문학연구소, 울란바아타르, 1975 참조.

155) 周采赫, 「제주도 돌하르방연구의 몇 가지 문제점 : 그 기능과 형태 및 계통-동부몽골

훈촐로오의 별칭이기도 한 Haraadag－Haraavang(把守꾼王)의 'Haraah'를 연관시켜보거나 Harbavang(弓王)의 'Harbah'를 연결시켜 돌하르방(弓王 : Харвах+vang)의 역사적 실체를 糾明해보려는 시도[156]가 가장 핵심이 되는 연구접근일 수 있기 때문이다. 특히 후자는 당연히 弓王이라는 뜻인 '숑크(赤)타반(5) 톨로고이(頭)' 소재 고올리칸(Гуулин хан) 훈촐로오 : 弓王 石人像과 직관되는 해석이기도 하다. 이 고올리칸 훈촐로오가 베. 수미야바아타르에 의해 '백발백중의 명사수' 투멘(Түмэн)－고구려 시조 朱蒙(Түмэн)으로 논증되고 있음은 이미 널리 알려진 사실이다. 저자는 이에 耽羅都의 쿠빌라이칸 황통 왕손들이 지금까지 살아오고 있는 점을 고려해서 물론, '돌하르방'이 고올리칸=弓王이라는 주장을 내어 놓으려 한다.

끝으로 조사연구의 치밀성과 비교분석의 예리함 및 집요한 사실 천착－논증－복원 자세에서 저자에게 진지하게 시사점을 던져주는 후지시마 가이지로(藤島亥治郎),[157] 『제주도여행기』(1925)[158]의 현장 유물-유적 답사보고서를 인용하면서 글을 마치려 한다.

> 濟州의 성문밖 좌우에는 석인상이 대좌 위에 서 있었다. 높이는 2m. 머리길이는 몸길이의 삼분의 일 정도. 넓은 編帽와 같은 갓을 쓰고 이어진 눈썹아래 둥그런 눈과 커다란 주먹코가 툭 튀어나왔으며 입은 一字로 다물었다. 무엇이라고 할 수 없는 익살스러운 얼굴이다. 그 밑으로 유방만 겨우 튀어나온 몸뚱이가 있을 뿐. 모난 어깨로부터 수직으로 내려진 손끝은 갑자기 꼬부라져

다리강가 스텝지대의 훈촐로오와 관련하여」, 『강원사학』 9집, 강원대학교 사학회, 1993. 12, 75~118쪽 ; 주채혁, 「제주도 돌하르방연구의 몇 가지 문제점 : 그 명칭과 개념정의 및 존재시기－특히 동부몽골 훈촐로오와 관련하여」, 『淸大史林』 6집, 청주대학교 사학회, 1994. 12, 215~251쪽.

156) 주채혁, 「몽골 다리강가지역의 훈촐로오와 제주도의 돌하르방에 대하여－답사보고를 중심으로」, 『역사민속학』 제2호, 한국역사민속학회, 이론과 실천, 1992. 4, 123~125쪽 참조.

157) 그는 세키노 다다시(關野貞)의 제자로 1930년에 유명한 『조선건축사론』이라는 단행본을 냈다.

158) 김인호, 「돌통시문화(32)－돌하르방 남방전래설 비판③」, 『월간관광제주』, 월간관광제주사, 1989. 10, 142~143쪽 참조.

큰 손바닥의 오른쪽은 젖가슴 부근에 있고 왼쪽은 배 부분을 누르고 있다.

고 하고, 西門 안에 '미륵불' 석인상이 있는 것도 지적하고 있다. 이어서 그는

이런 종류의 석인상은 육지의 天下大將軍·地下大將軍과 그 의도는 같지만 직접적으로 연계되지는 않는다. 원형은 전남 지리산의 實相寺 입구에 가까운 언덕에 서 있는 석인상이라고 한다.……본디 이것들은 조선시대의 작품으로 새로운 것이지만 그 내면에는 무엇인가 祖形을 전하는 것이 있다고 하고 있다.

고 했다. 실로 놀라운 통찰력이다. 그는 조선시대의 새로운 창작물인 이들 석상에서 석상의 오랜 생성·발전·융합과정을 꿰뚫어보고 그 본질적인 祖形을 찾아내려 하고 있는 것이다.

참고문헌

1. 문헌사료

賈耽, 『古今君國志』.
葛洪, 『抱朴子』 內篇 1~7, 3권 「對俗」(晉).
『康熙字典』.
『契丹國志』.
『古宮印存』, 한국문화재관리국, 藏書閣, 1971.
『高麗史』
『高麗史節要』.
『管子』「揆度篇」《海內王弊 七筴》.
『廣開土大王碑』.
『槐西雜誌』.
괴테, 『파우스트』.
『舊唐書』(중화서국, 1975년판) 권199하, 열전 제149하 「北狄」.
『舊五代史』 권141, 「五行志」 3.
『國語』「楚語」下.
權文海, 『大東韻府群玉』(朝鮮朝), 1589.
『金史』 권135, 「열전」 제73 外國下 <高麗>.
金錫翼, 『耽羅紀年』, 1918.
『大金國志』, 熙宗 7년(1147).
佚名撰, 『史料四編 大元馬政記』, 廣文書局, 1972.
단테, 『신곡』.
淡水契編, 『耽羅誌』.
陶宗儀 編纂, 『輟耕錄』「몽골씨족성 72종」(元).
『東都事略』 附錄.
『杜詩諺解』, 1481년 발간, 초간본.

杜佑,『通典』「夫餘」.
Rashid al-din,『集史』.
Лувсанданзаны АЛТАН ТОВЧ, Хөх хот(17～18세기의 문헌), 1984.
『滿文老檔』.
『滿洲實錄』.
『明史』.
『明太祖實錄』.
『牟頭婁墓誌』.
『몽골비사』 274절.
『蒙韃備錄』.
『蒙語類解』 下,「國號」'蒙古';「走獸」.
『蒙兀兒史記』 권제51, 1「諸公主表」제3 ; 권137,「李孟·吳直方」列傳 제119.
『梵語雜名』.
北匡老人,『揆園史話』.
『史記』「五帝本紀」'帝舜';「趙世家」; 권111,「衛將軍驃騎列傳」제51 ;「索隱」.
『辭源』, 1908~1983년 편찬.
『三國史記』「고구려본기」 제1 ;「신라본기」 제1, 유리왕 ;「신라본기」 제3, 炤知麻立干 9년 春2월.
『三國遺事』 王曆 第1, 紀異 第2「古朝鮮」·「高句麗」; 권1, 脫解王.
『三國志』「魏書」'東夷傳' 韓 ; 권30,「魏志」30, 열전30,「烏丸·鮮卑·東夷傳」'夫餘'.
『三朝北盟會編』引用 史愿,『亡遼錄』; 趙良嗣,『燕雲奉使錄』.
『山海經』「大荒北經」卷之17 ; 제18,「海內經」;「海外東經」 권9,「君子國」.
徐兢,『宣和奉使高麗圖經』 권제2,「王氏」.
『釋名』「釋飮食」.
『定宗恭靖王實錄』.
『太祖康獻大王實錄』.
『宣和書譜』.
『星湖僿說』 제1권, 天地門,「鮮卑山脉」; 제15권, 人事門 和寧.
『世宗莊憲大王實錄』 地理志.
『續資治通鑑長編紀事本末』.
孫穆,『雞林類事』.
『松漠紀聞』.
『宋史』 권487,「열전」 제246 외국3「高麗」.
『隋書』「백제전」; 권48, 列傳 제49 北狄「突厥」.
『詩經』「大雅」'文王之什' 皇矣.
『新唐書』「北狄」.

『新元史』.
「十三經注疏」'正字' 권8.
朴浚, 『樂章歌詞』.
成俔 等, 『樂學軌範』, 1493.
閻復, 「加封孔子制」『元文類』 권11.
『五代史記』 引用 胡嶠, 『陷虜記』.
『王先謙疏證補』.
王充, 『論衡』 권2, 제9 「吉驗篇」.
『遼史』「營衛志」;「天祚紀」;「太宗紀」;「道宗紀」; 권63, 表 第1 「世表」.
姚燧, 『牧菴集』 권3, 「高麗瀋王詩序」; 附錄 「年譜」 大德 11년 丁未.
『元史』 권1, 「本紀」제1 太祖 ; 권208, 「열전」 제95 外夷1 '高麗'.
『魏書』 권1, 「帝紀」 1, '成帝 毛－聖武帝 詰汾' ; 권100, 「열전」 제88, '勿吉' ; 권100, 「열전」 88, '室韋'.
陸佃, 『埤雅』(宋).
李圭景, 『五洲衍文長箋散稿』.
李奎報, 『東國李相國集』 全集 권3, 1241.
李承休, 『帝王韻紀』「檀君本紀」, 1287.
李時珍, 『本草綱目』(明).
『爾雅』「釋山」.
李荇 等, 『新增東國輿地勝覽』 권지38, 二 「濟州牧」.
李齊賢, 『櫟翁稗說』 前集1, 『高麗名賢集』2, 成均館大學校 大東文化研究院, 1973.
李齊賢, 『益齋亂藁』『益齋集』 권9상, 16 「忠憲王世家」; 권25, 「元宗」 元年 3월 丁亥條 ; 『益齋文集』 誌2, 「鷄林府院君謚文忠李公墓誌名(李穡撰)」.
李衡祥 기획, 金南吉 그림, 『耽羅巡歷圖』(화보첩), 1702년 10월 29일부터 20일간 순력 내용.
『逸周書』「王會篇」.
『應製詩註』 第二十張.
『資治通鑑』, 東晉 穆帝 永和 2年.
張穆, 『遊牧記』(淸代).
『戰國策』「趙策」.
『全韻玉篇』.
『前漢書』 24下, 「食貨志」 9.
丁謙, 『浙江圖書館叢書』 第1集, 「後漢書烏桓鮮卑傳 地理攷證－仁和丁謙益甫之學」(淸).
丁若鏞, 『我邦疆域考』「薉貊」.
『濟州大靜旌義邑誌』.

濟州대학교부설 耽羅文化연구소, 『제주 대정현 사계리 戶籍中草』, 1996.
濟州道교육위원회, 『耽羅文獻集』(교육자료 29호), 1976.
『濟州道誌』, 1992.
『朝鮮金石總覽補遺』, 조선총독부, 1923.
周公旦, 『周禮』(冬官), 「考工記」.
『周書』 列傳 第42, 異域下 「突厥」.
『周易』.
「中原高句麗碑」.
陳立, 『白虎通疏證』 12권(淸), 6 「右論封禪之義」.
『冊府元龜』 권969, 「外臣部」 朝貢2.
『楚辭』 「大招」.
崔世珍, 『訓蒙字會』.
崔濟愚, 『東經大全』.
『漢書』 권28상, 「지리지」 제8상, '左馮翊 雲陽縣' ; 권55, 「衛靑霍去病傳」 제25 ; 권85, 「霍光·金日磾」 제38 ; 『漢書』 94上, 「匈奴傳」 제64상 ; 권28하, 「지리지」 제8하, 玄菟郡.
許愼, 『說文解字』(後漢).
許衡, 『語錄』 上, 「許文正公遺書」 권1.
洪錫謨, 『東國歲時記』, 1849.
『皇朝經世大典』, 1329~1340.
『淮南子』 9, 「主術訓」.
『後漢書』 권85, 「열전」 제75, 「東夷列傳」 夫餘 ; 「東夷列傳」 75, 句驪.
『히브리 성서』 「창세기」 3장 및 22장 ; 「출애굽기」 3장 8절.
『欽定四庫全書』 「毛詩注疏」 권23.

2. 한국 저서

高裕燮, 『韓國美術文化史論叢』, 通文館, 1966.
『古硯百選』, 『월간문화재』, 한국 서울, 1973. 6.
김광수, 『고구려 고대 집권국가의 성립에 관한 연구』, 연세대학교 대학원 박사학위논문, 1983. 12.
김두하, 『벅수와 장승』, 집문당, 1989.
김병모 등, 『몽골－바람의 고향, 초원의 말발굽』, 조선일보사, 1993.
金秉模, 『금관의 비밀』, 푸른역사, 1998.
김성일, 김영우, 이강근 등, 『세계 최초의 민족이동 탐사 다큐멘터리 : 한민족 기원 대탐사－셈족의 루트를 찾아서－』(4부작 필름), 창조사학회, 1999. 5.

김정배, 『한국민족문화의 기원』, 고려대학교 출판부, 1973.
김효신, 김형효 서문, 『상고연구자료집』, 도서출판 새남, 1992.
『몽골리안루트를 가다』, 홍성주·홍순철 등 제작, SBS-TV, 1995.
『몽골리안루트』, KBS-TV, 2001.
『몽골·유라시아 뉴밀레니엄 특집－새千年을 꿈꾸는 땅』(1～7편), YTN-TV, 1999.
박창범, 『하늘에 새긴 우리의 역사』, 김영사, 2002.
보르지기다이 에르데니 바타르, 『팍스 몽골리카와 고려』, 혜안, 2009.
복기대, 『요서지대의 청동기시대 문화연구』, 도서출판 백산자료원, 2002.
서길수, 『고구려 유적 조사－忽本 · 國內城』, 사계절, 1998.
석주명, 『제주도 방언』, 서울신문사, 1948.
손진태, 『한국민족설화의 연구』, 제6편 「세계적으로 분포된 설화」, 을유문화사, 1947.
손진태, 『조선민족문화연구』, 을유문화사, 1948.
손진태, 『민속학론고』, 민학사, 1975.
신채호, 『조선상고사』(단재 신채호 전집 上), 단재 신채호선생기념사업회, 1972.
SBS-TV 홍성주·홍순철제작자 현지취재보도, 『송년특집다큐멘터리 유목민의 땅 몽골을 가다』 제1~2부, 1992.
SBS창사20주년 특집다큐, 『최후의 툰드라』(총 4부작), 2010.11.14~2010.12.05방영.
양민종 글, 장승애 그림, 『알타이 이야기』, 정신세계사, 2003.
梁柱東, 『麗謠箋注』, 서울 : 을유문화사, 1954.
禹實夏, 『동북공정 너머 요하 문명론』, 소나무, 2007.
『元代性理學』(圃隱硏究叢書2), (사)포은사상연구원, 1993.
유재원, 『터키, 1만년의 시간여행』2, 성안당(책문), 2010.
윤은숙, 『몽골제국의 만주 지배사－옷치긴 왕가의 만주 경영과 이성계의 조선 건국』, 소나무, 2010.
이병도·한갑수, 『태극기해설』, 민족사상선양사, 1965.
李福揆, 『부여·고구려 건국신화 연구』, 집문당, 1998.
이상일·주영덕, 『한국의 장승』, 열화당미술문고 22, 1976.
李相哲·金于齋, 『萬方吉凶寶典』, 明文堂, 1997.
李載浩 역주, 『삼국유사』(1), 光文출판사, 1969.
이정희 역, 『재미있는 몽골민담』(「코리-투마드족의 전설」), 백산자료원, 2000.
이종철·황헌만, 『장승』, 열화당, 1988.
이필영 글, 송봉화 사진, 『솟대』, 대원사, 1990.
이형구, 『발해연안에서 찾은 한국고대문화의 비밀』, 김영사, 2004.
이홍규, 『한국인의 기원』, 우리역사연구재단, 2010.
李熙秀, 『터키史』, 대한교과서주식회사, 1993.
任東權, 『한국의 민담』, 서문문고31, 1986.

全虎兌, 『고구려고분벽화연구－내세관표현을 중심으로』, 서울대학교 대학원 국사학과 박사학위논문, 1997. 2.
정인보, 『조선사연구』(上), 서울신문사, 1947.
정형진, 『실크로드를 달려온 신라왕족』, 일빛, 2005.
제주도 상공과, 『돌하르방 標準形 圖錄』, 제주 태화인쇄, 1986.
조철수, 『고대 메소포타미아에 새겨진 한국신화의 비밀』, 김영사, 2003.
조흥윤, 『한국의 원형 신화 원앙부인본풀이』, 서울대학교출판부, 2000.
존 카터 코벨, 『한국문화의 뿌리를 찾아』, 학고재, 1999.
周采赫, 『口碑史料 몽골민담』, 서울 : 정음사, 1984.
周采赫, 『元朝官人層硏究－정복왕조기 중국사회신분구성의 한 연구』, 正音社, 1986.
주채혁 역주, 『몽골구비설화』, 서울 : 백산자료원, 1999.
주채혁, 『순록치기가 본 조선·고구려·몽골』, 혜안, 2007.
주채혁, 『순록유목제국론－고조선·고구려·몽골제국의 起源 연구』, 백산자료원, 2008.
周采赫, 『蒙·麗戰爭期의 살리타이와 洪福源』, 혜안, 2009.
진성기, 『남국의 민속－제주세시풍속』(교학신서7), 교학사, 1976.
處容刊行委員會(김경수 외 13인)編, 『처용연구전집』(1~7), 도서출판 역락, 2005.
최남선, 『兒氏朝鮮』, 동양서원, 1927.
최남선, 정재승·이주현 역주, 「不咸文化論」(우리국학총서1), 우리역사재단, 2008.
최남선, 『삼국유사해제』, 1946.
崔　棟, 張道斌 서문, 『朝鮮上古民族史』, 동국문화사, 1996.
崔夢龍, 『한국문화의 원류를 찾아서 : 고고기행』, 학연문화사, 1997.
崔常壽, 『한국민간전설집』, 通文館, 1958.
『충남지방장승솟대신앙』(민속박물관학술총서 9), 국립민속박물관·충청남도, 1991.
통계청, 『한국인의 성씨 및 본관 보고서』, 1985.
『한국사 2』(원시사회에서 고대사회로2), 한길사, 1994.
한국[KBS. MBC. SBS]TV카메라기자협회 영상사업부, 『문화대탐험 '아시아 4만km'』(총14편), 1995.
한몽학술조사연구협회·몽골과학원, 『한·몽공동학술조사－동몽골1차년도 보고서』, 1992[석인상에 관해서 조오순의 「복식분야」, 138~169쪽 및 도. 바야르, 「13~14세기 몽골 훈촐로오」, 251~263쪽(몽골문)이 각각 게재돼 있다].
허정윤·반재원, 『태극기』, 도서출판 한배달, 2006.
홍기문, 『조선신화연구』, 지양사, 1989.

3. 한국 논문

강영봉,「역사의 길－몽골 훈촐로오와 제주도의 돌하르방」,『길』, 한진그룹, 1991.
「고구려 領土는 東몽골까지－입증 遺蹟·遺物발굴」,『한국일보』, 1994. 8. 29, 1면 특종.
高柄翊,「麗代東征行省의 硏究」,『역사학보』14, 1961. 4 ;『역사학보』19, 1962. 12)/『東亞交涉史의 硏究』, 서울대학교 출판부, 1970 재수록.
高柄翊,「高麗 忠宣王의 元 武宗 擁立」,『역사학보』제17·18집, 1962. 6/『東亞交涉史의 硏究』, 서울대학교 출판부, 1970 재수록.
김광철,「14세기초 원의 정국 동향과 충선왕의 吐藩유배」,『한국중세사연구』3, 1996.
김병모,「한국 석상문화 소고」,『한국학논집』제2집, 한양대학교 한국학연구소, 1982.
김병모,「トルハルバンの起源」(上) 4-2 및 (下) 4-3,『통일일보』, 1987.
김병모,「국제화시대의 제주도 연구 발표요지」, 1988년도 제주도연구회 제4회 전국학술대회.
金秉模,「돌숭배사상－한민족 뿌리 찾기」,『몽골학술기행』(15),『조선일보』, 1990. 10. 6.
金秉模,「'돌하르방은 몽골의 영향'反論에 답한다」,『조선일보』, 1990. 12. 18.
金秉模,「발리섬 石像－한민족 문화 뿌리찾기 <海洋學術紀行>(24)」,『조선일보』, 1991. 8. 14.
金秉模,「대륙－해양과 고른 親緣性 확인 ; 한민족 뿌리 찾기」,『해양학술기행』(33),『조선일보』, 1991. 10. 15.
김병모,「金秉模의 고고학 여행 6 : '한민족의 뿌리를 찾아서' "두 마리의 물고기, 그 의미를 찾아 헤맨 40년"」,『월간조선』2004년 3월호, 월간조선사.
金庠基,「李益齋의 在元生涯에 對하여－忠宣王의 侍從의 臣으로서－」,『大東文化硏究』1, 성균관대학교 대동문화연구원, 1963. 8.
金榮墩,「濟州道의 石像·石具」,『무형문화재조사보고서』, 문화재관리국, 1968.
金容九,「處容硏究」,『충남대학교 졸업논문집』1, 1956.
김인호,「돌통시문화(30)－돌하르방 부락수호신 아니다①」,『월간관광제주』, 월간관광제주사, 1989. 8.
김인호,「돌통시문화(31)－돌하르방은 육지의 장승에서 전래되었다②」,『월간관광제주』, 월간관광제주사, 1989. 9.
김인호,「돌통시문화(32)－돌하르방 남방전래설 비판③」,『월간관광제주』, 월간관광제주사, 1989. 10.
김인호,「돌통시문화(33)－돌하르방 玄容駿 교수의 卓見④」,『월간관광제주』, 월간관광제주사, 1989. 11.
김인호,「돌통시문화(43)－防邪塔과 거욱대」,『월간관광제주』, 월간관광제주사, 1990. 9.

김인호, 「돌하르방 起源論에 대한 비판」, 『제주신문』, 1991. 1. 8.
金貞培, 「豆莫婁國硏究－夫餘史의 連結과 관련하여－」, 『국사관논총』 29집, 국사편찬위원회, 1991.
金泰坤, 「國師堂 신앙 연구」, 『백산학보』 8, 백산학회, 1970.
김태곤, 「性器信仰 연구」, 『한국종교』 창간호, 한국종교사학회, 1971.
金澤均, 「春川 貊國說에 관한 연구」, 강원대학교 대학원 사학과 석사학위논문, 1983.
노형석, 「조선, 아침의 나라가 아닌 순록 키우는 북방유목민?」, 『한겨레신문』, 2001. 2. 22, 10쪽(주채혁의 '朝鮮-高(句)麗 순록유목 기원설' 관계논문 소개 첫 기사).
文暻鉉, 「新羅 國號의 연구」, 『증보 신라사연구』, 한국 대구 교서관, 2000.
文喆永, 「麗末 新興士大夫들의 新儒學 수용과 그 특징」, 『韓國文化』 3, 서울대학교 한국문화연구소, 1982.
閔泳珪, 「Ulan Batur本 ALTAN TOBČI에 대하여」, 『연희춘추』 2호, 1953. 7. 1.
朴政學, 「학술 : 동아시아 고대사의 열쇠 '치우천왕' 논쟁－"치우를 잃으면 고조선 역사도 사라진다"」, 『신동아』 2003년 11월호, 동아일보사.
新羅五嶽調査團, 「新羅五嶽調査團의 調査報告」, 『중앙일보』, 1967. 5. 20.
愼鏞廈, 「耽羅國의 형성과 초기 민족이동」, 『한국학보』 제90집, 1998년 봄호.
申鉉德, 「몽골어 수수께끼에 나타난 chaagan의 의미 연구」, 『몽골연구』, 한국 몽골학회, 1999.
安健勳, 「최남선의 불함문화론에 나타난 민족문화사관」, 『역사와 역사관』, 서광사, 2007.
연합통신, 「몽골·몽골인－그 삶과 문화(상) "한국은 어머님의 나라"」, 『연합』(연합통신사창간 10주년기념특집), 1990. 12.
禹實夏, 「몽골 지역 석인상의 기원과 遼河文明」, 『애벌 周采赫교수 정년퇴임기념특집호 몽골학』 29호, 한국몽골학회, 2010. 8. 26.
劉昌惇, 「震民族의 動物觀」, 『국학논총』, 1955.
윤명철, 「장보고 시대의 해양활동과 동아지중해」, 『장보고의 해상활동과 국제관계』, 학연, 2002.
에르덴 바아타르, 「제주도의 칭기스칸 후예들에 관하여」, 『몽골학회 98춘계학술대회 발표자료집』(강원대학교 정보통신연구소 국제회의실), 한국몽골학회, 1998. 5. 23.
李玠奭, 「『고려사』元宗·忠烈王·忠宣王世家 중 元朝關係의 註釋硏究」, 『동양사연구』 18, 2004.
李吉周, 「하늘을 닮은 마을, 바이칼 사람들」, 『바이칼, 한민족의 시원을 찾아서』, 정신세계사, 2003.
李丙燾, 「江西 古墳壁畵의 硏究」, 『東方學志』 1, 연세대학교 동방학연구소, 1943.

이병도, 「삼한시대연구－附州胡考」, 『한국고대사연구』, 박영사, 1976.

李　玉, 「弗矩內왕 신화가 제시하는 몇 가지 종교사적 문제」, 『霞城 李瑄根박사 고희기념 논문집』, 형설출판사, 1974.

李佑成, 「三國遺事所載 處容說話의 一分析－高麗其人制度의 起源과의 關聯에서－」, 『金載元博士回甲紀念論叢』, 乙酉文化社, 1969.

李龍範, 「奇皇后의 冊立과 元代의 資政院」, 『역사학보』 17·18합집, 1962/『中世東北亞細亞史 硏究』, 동국대학교 대학원, 1975.

李龍範, 「成釴(익) 蒙古牛 貿入과 枝三·南草」, 『震檀學報』 제28집, 1965.

이종철, 「장승의 문화적 의미와 상징」, 『역사민속학』 제2호, 한국역사민속학회, 이론과 실천, 1992. 4.

李亨雨, 「萬卷堂에 대한 일고찰－고려의 性理學 수용에 끼친 영향을 생각하며－」, 『元代 性理學』(圃隱硏究叢書 2), (사)포은사상연구원, 1993.

李亨求, 「고구려 享堂制度연구」, 『동방학지』 32집, 1982. 9.

任東權, 「홈첼로(돌장승)－몽골문화탐방(3)」, 『중앙일보』, 1990. 8. 30.

任孝宰, 「蘇·中央亞 고고학 紀行」(14)」, 『경향신문』, 1990. 12. 8.

張重信, 「豫防醫學과 漢方醫學」, 『漢方의 醫學』, 日本 도쿄 東亞醫學會, 1969.

鄭璟喜, 「단군사회와 청동기문화」, 『한국학보』 23, 일지사, 1981.

鄭玉子, 「麗末 朱子性理學의 導入에 대한 試考－李齊賢을 中心으로－」, 『震檀學報』 51, 진단학회, 1981.

정재서, 「신화가 돌아오고 있다」, 『문화일보』, 2001. 11. 2, ‘포럼’.

제주도 문화공보담당관실, 「돌하르방」, 『제주도 민속자료』, 1987. 12.

「제주도의 문화재 ; 그 현장을 찾아서－돌하르방」, 『한라일보』, 1990. 8. 15.

Cho Oh Soon, “A Compartive Study on the Costumes of Korean Mongolian Stone Statues(Ⅱ)”, *Mongolian Studies*, Korea, 1993.

趙允得, 「濟州 石像에 관한 硏究」, 이화여자대학교 석사학위논문, 1978.

周采赫, 「거북신앙과 그 분포」, 『한국민속학』 6, 한국민속학회, 1973. 10.

주채혁, 「거북신앙과 處容歌－고대종교사상을 중심으로 한 문제제기」, 『월간문화재』 제3권 제4호, 월간문화재사, 1973.

周采赫, 「元 萬卷堂의 설치와 高麗儒者」, 『손보기박사 정년기념 한국사학논총』, 지식산업사, 1988.

주채혁, 「몽골－고려사 연구의 재검토 : 몽골－고려전쟁사 연구의 시각문제」, 『애산학보』 8, 애산학회, 1989.

주채혁, 「몽골－고려사연구의 재검토 : 몽골－고려사의 성격문제」, 『국사관논총』 8, 국사편찬위원회, 1989. 12.

周采赫, 「몽골·고려사의 한 고찰－알랑여신·몽골호칭·돌하르방 등에 관한 문제제기」, 『강원인문논총』 창간호, 1990. 12.

周采赫·남상긍·朴元吉·최기호 등, 「제주 돌하르방은 몽골 遺風」(“『몽골비사』윤독회”, 대우재단), 『조선일보』, 1990. 12. 2.

周采赫 외, 「『몽골비사』학회·金秉模·玄容駿, 「北方遺風說·남방기원설·自生說－돌하르방 특집」, 『제주신문』, 1991. 1. 1.

주채혁, 「『몽골秘史』의 연구와 두 민족의 起源 문제」, 『몽골비사』에 관한 한몽심포지엄 주제발표논문, 울란바아타르 몽골과학아카데미 강당 : 국제몽골학자협회/한국『몽골비사』학회 공동주최, 1991. 8. 5.

周采赫 외, 한국『몽골비사』학회, 「몽골·몽골사람－한몽공동학술조사보고서」, 『제민일보』, 1991. 8. 19~1991. 11. 4[「몽골 東 끝에 돌하르방 마을」, 1쪽 특종기사](총13회 관계기사 연재).

주채혁, 「몽골 다리강가지역의 훈촐로오와 제주도의 돌하르방에 대하여－답사보고를 중심으로」, 『역사민속학』 제2호, 한국역사민속학회, 이론과 실천, 1992. 4.

주채혁, 「몽골학술대탐사②－한·몽역사의 동질성」(기획특집), 『문화일보』, 1993. 5. 14.

주채혁, 「제주도 돌하르방 연구의 몇 가지 문제점 : 그 기능과 형태 및 계통－동몽골 다리강가 훈촐로오와 관련하여」, 『강원사학』 제9집, 강원대학교 사학회, 1993. 12.

주채혁, 「고올리 성터와 동몽골 지역의 고구려 신화와 전설」, 『전망』, 대륙연구소, 1994. 10월호.

주채혁, 「몽골 오르홍 골짜기 찬트에 있는 고려 종이 공장 터에 관하여－답사보고」, 『史學論叢』, 滄海 朴秉國 교수 정년기념 논총 간행위원회, 1994.

주채혁, 「제주도 돌하르방 연구의 몇 가지 문제점 : 그 명칭과 개념정의 및 존재시기－동몽골 다라강가 훈촐로오와 관련하여」, 『청대사림』 제6집, 청주대학교 사학회, 1994. 12.

주채혁, 「興安嶺지역의 室韋와 貊－蒙‘고올리’와 貊‘고올리’－」, 『한민족학연구』 3, 단국대학교 한국민족학연구소, 1995.

주채혁, 「‘몽골秘史’ 註釋, 그 문제점(1)」, 『북방민족사연구』 창간호, 북방민족사학회, 1995.

주채혁, 「이지르부카 瀋王」, 『東아시아의 人間像』(黃元九교수정년기념논총), 혜안, 1995.

주채혁, 「바이칼문화의 연구, 그 문제와 視角」, 『강원인문논총』, 강원대 인문과학연구소, 1996.

주채혁, 「몽골과 한국의 기원－‘몽’고올리와 ‘맥’고올리」, 『한·몽골교류 천년』, 한·몽골교류협회, 1996.

周采赫, 「‘몽골’의 貊과 高句麗 起源 문제」, 『중앙민속학』 8(月山 任東權 박사 고희기념 특집), 1996. 12. 25.

주채혁, 「임꺽정을 몽골초원으로!－고구려와 몽골의 기원에 대해(1)」, 『태평양시대』 제21호, 한국 태평양시대위원회, 1997. 8.

주채혁, 「몽골은 고구려의 外孫민족, 東明聖王 石像도 있다」, 『월간조선』 1998년 5월호, 조선일보사.

주채혁, 「민족사 2천년의 가장 긴 전쟁과 속박－몽골 침입期 재조명 : 몽골세계제국을 통해 한반도는 세계와 접목됐다 ; 李成桂는 몽골 군벌 출신 몽골將軍」, 『월간조선』 1999년 1월호, 조선일보사.

주채혁, 「札剌亦兒台(Jalairtai)와 몽골秘史 成書年代」, 『몽골硏究』 1, 한국몽골(사)학회, 1999.

주채혁, 「朝鮮·鮮卑의 '鮮'과 馴鹿遊牧民－몽골유목기원과 관련하여」, 『동방학지』 110집, 연세대학교 국학연구원, 2000. 12.

주채혁, 「흥안령에서 본 密陽」, 『밀양문화』 창간호, 밀양문화원, 2000. 12.

주채혁, 「부르칸(不咸)이즘과 柳花, 그 母胎回歸 신앙 연구」, 『백산학보』 59집, 백산학회, 2001. 6.

주채혁, 「조선의 뿌리는 소얀族?」 『문화일보』, 2001. 11. 30, '포럼'.

주채혁, 「朝鮮·鮮卑의 鮮(Soyon)族 起源考」, 『白山學報』 63, 백산학회, 2002. 8.

주채혁, 「조선은 '순록유목민의 나라', 단군은 '수달임금'이었다?」, 『강대신문』 제922호, 2002. 9. 30.

주채혁, 「추적/한민족 기원지」, 『주간조선』, 2002. 12. 19.

주채혁, 「朝鮮의 순록유목 起源史 연구 試論」, 『한국시베리아학보』 제4집, 한국시베리아학회, 2002.

주채혁, 「한민족북방기원 연구와 유라시아 고원지대 게놈분석」, 『한국시베리아연구』 제6집, 2003.

주채혁, 「'鮮'의 고려와 '小山'의 馴鹿 연구」, 『백산학보』 67, 백산학회, 2003.

주채혁, 「<스페셜 리포트> "韓민족 기원 미스터리 : 한국인은 어디에서 왔나?"－<한민족 기원 3> "북방기원설" 북방의 순록유목민 한반도로 이동」, 『월간중앙』 2003년 7월호 특별부록, 『역사탐험』 2.

주채혁, 「鳳山城 對蒙決死抗戰, 春州史에서 무엇인가?」(4. 「貊」과 濊－「山獺」과 水獺, 「貊高麗」와 "몽골"), 『春州文化』 제18호, 2003.

주채혁, 「우리에게 바이칼은 무엇인가 : 몽골시베리아 역사 낳고 기른 '자궁'－한민족은 바이칼에서 온 순록유목민의 후손 <시원 알기 위해서는 고대 국가의 중심부가 아닌 기원지에 주목해야 : 알타이 사얀山에서 비롯해 순록의 먹이인 이끼 따라 한반도로 이동>」, 『월간중앙』 2004년 6월호 별책부록, 『역사탐험』 13호.

주채혁, 「황금 '엘' 神像과 김씨네의 '祭天金人'」, 『강원사학』 19·20합집, 2004. 8.

주채혁, 「高麗의 시원영역 遊牧草地, 그 부르칸(不咸)이즘과 한국축산의 비전」, 『한국초지학회지』 24, 한국초지학회, 2004.
주채혁, 「몽골, 유목형 '고구려'세계제국!」, 『북방민족신문』, 2005. 5. 15자 창간호.
주채혁, 「Lichen Road<蘚路>와 유목태반 코리안의 母胎回歸신앙 Burqan<不咸>ism」, 『제11회 영양사료 단기과정』, 한국동물자원과학회 영양사료연구회, 2005.
주채혁, 「시베리아 겨울기행 21」, 『해동문학』 통권 50호, 해동문학사, 2005년 여름.
주채혁, 「'몽골'-貊高麗, 유목형 '고구려' 世界帝國考」, 『백산학보』 76, 백산학회, 2006. 12.
주채혁, 「安珦의 國族 몽골중심 魯齋之學 도입과 元朝 萬卷堂 역사 바로 읽기」, 『민족발전연구』, 중앙대학교민족발전연구원, 2006.
주채혁, 「후고구려 세계제국 몽골! 코리족 발해 대족들의 망명정부가 중핵태반 추정」, 『순록치기가 본 조선·고구려·몽골』, 혜안, 2007.
주채혁, 「맥국 터와 예국 터 답사 가이드」, 『순록치기가 본 조선·고구려·몽골』, 혜안, 2007.
주채혁, 「단군은 수달임금, 주몽은 산달 사냥꾼-'獸祖'와 '유목' 코드로 한민족 태반사 읽기…조선·고구려는 순록유목 생태생업문화권 소산-」, 『뉴스메이커』[특별기획 코리안루트 1만km대장정] 제754호, 2007. 12. 18.
주채혁, 「웅녀와 호녀의 사랑싸움 이야기-툰드라지역 곰 토템족이 사냥꾼 범 토템족과 경쟁해서 살아남다」, 『뉴스메이커』 755호[특별기획 코리안루트 1만km대장정], 2007. 12. 25.
주채혁, 「솔롱고스 부족과 동명성왕의 사연-테무진과 훌란 공주의 몸에도 솔롱고스의 혈맥이 뛴다」, 『뉴스메이커』 제756호[특별기획 코리안루트 1만km 대장정], 경향신문사, 2008. 1. 1.
주채혁, 「불함-홍류 하느님과 유화 성모신앙-부르칸은 천손을 앙태하는 모태로 '모성적인 하느님'」, 『뉴스메이커』 757호[특별기획 코리안루트 1만km 대장정], 2008. 1. 8.
주채혁, 「유라시아 몽골리안 루트, 시온(鮮)의 길-朝鮮의 선, 한반도 아닌 몽골리안루트-」, 『한민족국제학술대회 논문집』 4, 도서출판 한민족, 2007. 6. 26.
주채혁, 『馴 鹿遊牧과 紅山文化-蚩尤·朝鮮·槁離의 起源問題』, 『제3회 紅山文化 한중 국제 학술회의-홍산문화를 통해 본 동북아지역의 민족기원』, 국학학술원, 2008. 8. 22.
주채혁, 「순록치기의 길-蘚路, 유라시아 몽골리안 루트-朝鮮半島에는 鮮(сопка)이 없다」, 『순록유목제국론-고조선·고구려·몽골제국의 기원연구』, 백산자료원, 2008.
주채혁, 「부르칸(不咸)이즘과 柳花-그 母胎回歸신앙연구 補遺」, 『순록유목제국론-고조선·고구려·몽골제국의 기원연구』, 백산자료원, 2008.
주채혁, 「순록치기의 紅山文化 鑑賞法-유적, 유물과 문헌사료를 읽는 視角과 視力」,

『순록유목제국론－고조선·고구려·몽골제국의 기원연구』, 백산자료원, 2008.
주채혁, 「東明[T'umen]루트－몽·한활겨레[弓族 : Qalqa obog] 分族考」, 『2010년 한·몽수교 20주년기념국제학술대회 논문집』, 한국몽골학회, 2010. 3.
최기호, 「제주도 돌하르방 몽골과 관련있다」, 『북방저널』 창간호, 1991. 10.
최기호, 「돌하르방과 꼭 닮은 몽골 '훈촐로오'」, 『역사산책』, 1991. 11.
하칸출루(哈勘楚倫), 고창석 옮김, 「'하르방'의 제2의 고향(상)」, 『한라일보』, 1991. 4. 29.
「한·몽공동학술조사－동몽골 1차년도 보고서－」, 한몽학술조사연구협회·몽골과학원, 1992.
한몽학술조사연구협회·몽골과학아카데미, 『한몽공동학술연구』 1～4집, 1992～1995.
許容範, 「몽골과 濟州－7백년을 이어온 草原의 血脈을 찾아서」, 『월간조선』 1998년 10월호.
현용준, 「濟州 石像 우석목 小考」, 제주도 제주도청, 1961/ 「濟州 우석목 小考」, 『제주도』 제8호, 1963.
홍순만, 「돌하르방 外地유래설에 반대한다」, 『조선일보』, 1990. 12. 20.

4. 외국 저서

姜成厚·紀永長 主編, 『富裕縣志』, 北京 中共黨史資料出版社, 1990.
姜一涵, 『元奎章閣及奎章人物』, 臺北 燕京出版事業公司, 1981.
吉林省野生經濟植物志編輯委員會 編著, 『吉林省野生經濟植物志』, 吉林省人民出版社, 1961, 21頁[楊柳科(Salicaceae) 鑽天柳(Chosenia bracteosa Nakai)欄, 朝鮮柳(胡先驌), 順河柳(東北), 紅柳, 上天柳 等 別稱併記].
內蒙古大學蒙古語文研究室 編, 『蒙漢辭典』, 呼和浩特 : 內蒙古人民出版社, 1976.
內蒙古社會科學院 歷史研究所 『蒙古族通史』 編史組, 『蒙古族通史』 中, 民族出版社, 1993.
니콜라 디코스모 著, 이재정 譯, 『오랑캐의 탄생』, 황금가지, 2005.
다파타 하시오·가나마루 요시코 등 지음, 원정식·이연주 옮김, 『중국소수민족 입문』, 현학사, 2006.
데. 바이에르 지음, 박원길 옮김, 『몽골 석인상의 연구』, 혜안, 1994.
Doglas Carruthers, Unknown Mongolian vol.1, London Hutchinson, 1914.
陶克濤, 『氈鄕春秋』, 內蒙古人民出版社, 1997. 8.
Д. Гонгор, Халха Товчоон I (1970), II(1978), Улаанбаатар.
杜·道爾基, 『鄂漢辭典』, 海拉爾 : 內蒙古文化出版社, 1998.
d'Ohsson 著, 佐口透 譯, 『モンゴル帝國史』, 東洋文庫128, 平凡社, 1970.

陶宗儀,『輟耕錄』, 世界書局, 1964.

Levey. G, Rachel, Religious conceptions of the stone age(Orig. title The Gate of Horn, 1948), Harper Torch book The Cloister Liblary, 1963.

룩 콴텐 지음, 송기중 옮김,『유목민족제국사』, 대우학술총서번역1, 민음사, 1984.

馬逸清 等,『大興安嶺地區野生動物』, 東北林業大學出版社, 1989.

마쓰모토 히데오(松本秀雄) 지음, 박선술 옮김,『일본인은 어디에서 왔는가－혈액형 유전자로 입증한 일본인의 뿌리－』, 보고사, 2001.

白歌樂·王路,『蒙古族』, 呼和浩特：民族出版社, 1989.

村上正二 譯註,『モンゴル秘史』1, チンギスカン物語(東洋文庫 163), 平凡社, 1972.

모로하시 데쓰지(諸橋轍次),『大漢和辭典』(15책), 大修館書店, 1959(13책), 일본대만 초판/1984(14권)/1986/1994/索引.

무라야마 지쥰(村山智順) 지음, 김희경 옮김,『朝鮮의 鬼神』, 東文選, 2008.

米文平,「鮮卑石室尋訪記」, 中國邊疆探察叢書, 山東 直隸出版, 1997.

베. 수미야바아타르,『몽골과 한국 겨레의 기원, 언어 관계문제』, 몽골과학원 어문학연구소, 울란바아타르, 1975.

베. 야. 블라디미르초프 지음, 주채혁 옮김,『몽골사회제도사』, 대한교과서주식회사, 1990.[원본：Б. Я. Владимирцов, Общественный Строй Монголов -Монгольский кочевой Феодализм, Ленинград·Издательство Академии НАУК СССР, 1934.]

Б. Ринчен, Монгол ард улсын Хамниган аялгуу, БНМАУ шинжлэх ухааны академин хэвлэл улаанбаатар, 1968.

부리아드 몽골공화국 문화부 지음, 정재겸 역,『부리아드족의 전통과 문화』, 소욜출판사, 1995/『봉우국학』2, 鳳宇思想연구소, 精神세계사, 2001.

V. A. Kazakevich, The stone guards of the steppe, *Mongolia* 4, Ulaanbaatar, 1984.

謝光輝 主編,『常用漢字圖解』, 北京大出版社, 1997.

『辭海』, 上海版, 1989.

The Secret History of the Mongols, a Mongolian epic chronicle of the thirteenth century, volume I. translated with historical and philological commentary by Igor de Rachewiltz, Lieden, Boston, 2006.

孫秀仁·孫進己·鄭英德·馮繼欽·干志耿,『室韋史研究』, 北方文物雜誌社, 1985.

孫進己 지음, 임동석 옮김,『東北民族源流』, 동문선, 1992.

스기야마 마사아키(杉山正明) 지음, 이진복 옮김,『유목민이 본 세계사－민족과 국경을 넘어』, 학민사, 1999.

Ш. Б. Чимитдоржиев, Буряадай тү－үхэ бэшэгүүд, Улаан－үдэ：Буряад й номой хэблэл, 1992.

Selwyn Dewdney and Kenneth E. kidd, *Indian Rock Paintings of the Great Lakes*, University of Toronto press Canada, 1967.

A. R. Radcliffe-Brown, *The Social Organization of Auttralian Tribes*, Oceania, 1, 1930.

恩和巴圖, 『達漢小詞典』, 內蒙古人民出版社, 1983.

呂光天, 『北方民族原始社會形態硏究』, 寧夏人民出版社, 1981.

에르데니 바아타르, 『원·고려 지배세력 관계의 성격 연구』, 강원대 대학원 사학과 박사학위논문, 2006. 9.

烏雲達賚 著, 『鄂溫克族的起源』, 呼和浩特 : 內蒙古大學出版社, 1988.

小澤重男(Ozawa Shigeo), 『元朝秘史全釋』(上), 東京風間書房, 1986.

于建設 主編, 『紅山玉器』, 呼和浩特 遠方出版社, 2004.

우량하이(烏瑞陽海)·주(趙)·알탄게렐(阿拉坦格日樂), 『蒙古族姓氏錄』, 內蒙古人民出版社, 1996.

夒志賢·傅萬金 編著, 「赫哲文庫」叢書 『簡明赫哲語·漢語對照讀本』, 黑龍江省 民族硏究所, 1987.

William W. Rockhill trans, *The Journey of William of Ruburuck to the Estern parts of the World 1253 ~5*, Peking print, 1941.

유리 세미오노프 지음, 김우현 옮김, 『시베리아 정복사』, 경북대학교 출판부, 1992.

岩村 忍, 『モンゴル社會經濟史硏究』, 京都大學 人文科學硏究所, 1968.

林尹·高明 主編, 『中文大辭典』, 臺北 中華學術院, 1976.

陸思賢, 「鮮卑族名與'鮮卑郭洛帶'」, 『內蒙古社會科學』, 1984年 第3期.

張久和, 『原蒙古人的歷史 : 室韋-達怛硏究』, 中國 高等敎育出版社, 1998.

張久和 지음, 북방사연구팀 옮김, 『몽골인 그들은 어디서 왔나?』, 소나무, 2009.

張榮祖, 『中國動物地理』, 中國科學出版社, 1999.

쟌즈브도르쥔 롬보, 「조선민주주의 인민공화국 주석 김일성동지의 회고록 《세기와 더불어》 7권중에서 〈할힌골전투〉」, 『몽골조선인민공화국관계 60년』(한글판), 평양, 2007.

재레드 다이아몬드 지음, 김진준 옮김, 『총(guns), 균(germs), 쇠(steel)』, 문학사상사, 1998.

J. G. Frazer, *The Golden Bough*, New York : The Macmilian Company, 1958.

제프리 세인트 존, 「귀금속」, 『라이프 지구 대발견』, 한국일보사, 1986.

「朝鮮の鄉土娛樂」, 『朝鮮總督府照査資料』 47輯, 1941. 3.

曹永年, 『蒙古民族通史』3, 內蒙古大學出版社, 1991.

趙正階 主編, 『中國東北地區 珍稀瀕危動物志』, 中國林業出版社, 1999.

존 카터 코벨, 『여성화된 보살상의 아름다움－문수, 보현, 범천, 제석천』/ 김유경 엮어 옮김, 『한국 문화의 뿌리를 찾아－무속에서 통일신라 불교가 꽃피기까지』(학고재신서20), 학고재, 1999.

朱芳圃,『甲骨學商史編』上·商五·八, 中華書局, 1935.
周清澍 主編,『內蒙古歷史地理』, 內蒙古大學出版社, 1993. 7.
中國社會科學院 考古學硏究所·呼倫貝爾 民族博物館·海拉爾區 文物管理所 編著,『海拉爾謝爾塔拉墓地』, 北京 : 科學出版社, 2006.
中國社會科學院 譚其驤 編纂,『中國歷史地圖集－元·明』第七冊, 中國地圖出版社, 1982.
陳蒙家,「殷墟卜辭綜述」,『考古學專刊』甲種一第2號, 中國社會科學院 考古學硏究所, 1956.
찰스 다윈 지음, 송철용 옮김,『다윈 종의 기원』, 동서문화사, 2009.
Percival, Lowell, *Choson : the Land of the Morning Calm, A Sketch of Korea*, Boston Ticknor and Company, 1886.
萩原淳平,『明代蒙古史硏究』(東洋史硏究叢刊之三十二), 同明舍, 1980.
Talât Tekin, *Orhon Yazitlari*, Ankara, 1988.
Т. А. Очир, Монголчуудын Гарал, Нэршил ; Улаанбаатар, 2008.
Thor. Heyerdhal T., *Aku-aku*, Penguin Books, 1974.
토왕(德王 : Demchukdoggrub),『토왕군의 역사』, 1921년경.
Институт гуманитарных исследований Респуьлики Тыва, Истоия Тувы том 1, Издание второе, переработанное и дополненное Под общей редакцией С.И.Вай нштей на и М.Х.Маннай -оола, Новосиьирск, НАУКА, 2001.
하자노프 著, 金浩東 譯,『유목사회의 구조』, 지식산업사, 1990.
韓儒林 主編,『元朝史』上·下, 北京人民出版社, 1986.
韓有峰·孟淑賢,『鄂倫春漢語對照讀本』, 北京 : 中央民族學院出版社, 1993. 8.
헨드릭 하멜 지음, 김태진 옮김,『하멜 표류기』, 서해문집, 2009.
胡和,『다구르·漢語 對照詞滙』, 흑룡강성 민족연구소 및 다구르족학회, 1988.
藤島亥治郎(ふじしまがいじろう),『濟州道旅行記』, 1925.

5. 외국 논문

岡田英雄(takomaruryousi),「元の瀋王と遼陽行省」,『朝鮮學報』14, 1959.
丸龜金作,「元·高麗關係の一齣－瀋王に就いて－」,『靑丘學叢』14, 1934.
護雅夫(もり まさお),「いわゆるbökliについて－民族學と間－」,『江上波夫敎授古稀記念論文集』(民族·文化篇), 東京, 1977.
白鳥庫吉,「亞細亞族の辮髮に就いて(1)」,『史學雜誌』제37권 제1호, 1926.
白鳥庫吉,「高麗史に見えたる蒙古語の解釋」,『白鳥庫吉全集』(全10卷) 3卷, 岩波書店, 1969~1971(1970).

北村秀人(Hideto Kitamura),「高麗時代の瀋王について一考察」,『人文研究』24-1, 大阪市立大學, 1973.

愛宕松男(Otagi Matsuo),「元の中國支配と漢族社會－首領官制度：正官と首領官」,『岩派講座世界歷史』9(中世3：東洋編), 東京, 1974. 3.

烏熱爾圖,「速勒都思」,『훌룬부이르일보(呼倫貝爾日報)』2쪽(전면), 2005. 8. 10.

周采赫,「韓國學者的蒙古史情結」上.下,『呼倫貝爾日報』, 2000. 1. 19；1. 21.

周采赫,「關于蒙古與韓國人的弓族分族考」,『多元共存和邊緣的選擇圖們江學術論壇2009』, 延邊大學 亞洲硏究中心, 2009. 10. 18.

Japan Human Resources Development Center of Mongolia, "World History in the Halhingol battle(Nomonhan Incident)：70th Anniversary International Conference", In 2009, 2 to 5 July, at Ulan Bator(National University of Mongolia, memorial museum).

Дов Дойн Баяр, Чингисийн угсааны хаад язгууртны чулуун хөрөг, XⅢ～XⅣ зуун Улаанбаатар, 1990.

Чү Чэхйөг, Монгол, солонгосчууд "Халх овог - Нумтан угсаатан"－аас салбарл асан талаар х шинжилгээ-Act Mongolica-2009 Volume9[320], Center for Mongol Studies, Mongol national University, 2009. 5. 18.

H. Hakanchulu,「Hara-bang的第二故鄉－濟州道」,『蒙古文化通訊』第八期, 中華民國蒙古文化協會, 1990.

찾아보기

_ㅅ

_ㅇ

주채혁(周采赫 : Chu, Chae-hyok)

1942년 천안시 동면 모산 시묘막골 출생
1958~1961 대전고등학교 졸업
1962~1985 연세대학교 학·석·박사 과정 졸업
1979~2008 세종대학교 및 강원대학교 교수 역임
1990~1992 초대 한국몽골학회장
1991~2011 현재 국제몽골연구협회(IAMS) 한국측 집행위원

논저

『口碑史料 몽골민담』(정음사, 1984), 『元朝官人層 硏究』(정음사, 1986), 『몽골사회제도사』(역서, 베.야.불라디미르초프 지음, 대한교과서주식회사, 1990), 『실용몽골어회화』(데 욘동과 공저, 청림출판사, 1995), 『몽골구비설화』(역주, 백산자료원, 1999), 『순록치기가 본 조선·고구려·몽골』(혜안, 2007.2), 『순록유목제국론－고조선·고구려·몽골제국의 기원연구』(백산자료원, 2008.7), 『몽·려전쟁기의 살리타이와 홍복원』(혜안, 2009.12)

몽 · 려 활겨레문화론
주채혁 지음

2011년 11월 15일 초판 1쇄 발행

펴낸이 · 오일주
펴낸곳 · 도서출판 혜안
등록번호 · 제22-471호
등록일자 · 1993년 7월 30일

주소 · ㉾ 121-836 서울시 마포구 서교동 326-26번지 102호
전화 · 3141-3711~2 / 팩시밀리 · 3141-3710
E-Mail hyeanpub@hanmail.net

ISBN 978-89-8494-435-0 93910

값 32,000 원